城市更新与老旧小区改造丛书

城镇老旧小区改造
实用指导手册

张佳丽　主编　　刘杨　副主编

中国建筑工业出版社

图书在版编目（CIP）数据

城镇老旧小区改造实用指导手册 / 张佳丽主编．—北京：中国建筑工业出版社，2021.5
（城市更新与老旧小区改造丛书）
ISBN 978-7-112-26090-4

Ⅰ.①城… Ⅱ.①张… Ⅲ.①城镇—居住区—旧房改造—指南 Ⅳ.①TU984.12-62

中国版本图书馆 CIP 数据核字（2021）第 070813 号

责任编辑：陈夕涛　徐　浩
责任校对：李美娜

城市更新与老旧小区改造丛书
城镇老旧小区改造实用指导手册
张佳丽　主编　　刘杨　副主编
*
中国建筑工业出版社出版、发行（北京海淀三里河路 9 号）
各地新华书店、建筑书店经销
逸品书装设计制版
天津图文方嘉印刷有限公司印刷
*
开本：787 毫米 ×1092 毫米　1/16　印张：33　字数：610 千字
2021 年 5 月第一版　　2021 年 5 月第一次印刷
定价：**198.00** 元
ISBN 978-7-112-26090-4
（37667）

如有印装质量问题，可寄本社图书出版中心退换
（邮政编码 100037）

编写委员会

王清勤　中国建筑科学研究院有限公司副总经理

刘本芳　云南省曲靖市人民政府党组成员、副市长

赵路兴　住房和城乡建设部政策研究中心研究员

董沂峰　新疆生产建设兵团第八师石河子市党委书记、
　　　　第八师政委，石河子市人大常委会主任

程同普　中国建筑第二工程局有限公司副总经理、正高级经济师

赵燕菁　厦门大学双聘教授、博士生导师

周亚敏　云南省宾川县人民政府常务副县长

主　　编：

张佳丽　全国市长研修学院副研究员、中国城市科学研究会城市
　　　　老旧小区改造专业委员会副秘书长

副 主 编：

刘　杨　中国生态城市研究院环境工程所所长、中国城市科学研究会
　　　　城市老旧小区改造专业委员会委员

参编人员：

贺斐斐　余　猛　王崇烈　许　阳　赵乃妮　张恒斌

温　标　王　云　钱　铭　刘　欣　朱荣鑫　朱东剑

曾永光　刘　楚　赵子渲　潘　琳　王一丹

贯彻以人民为中心的发展理念
推动高质量发展的城市更新与老旧小区改造

党的十九届五中全会通过的《中共中央关于制定国民经济和社会发展第十四个五年规划和二〇三五年远景目标的建议》明确提出实施城市更新行动，这是以习近平同志为核心的党中央站在全面建设社会主义现代化国家、实现中华民族伟大复兴中国梦的战略高度，准确研判我国城市发展新形势，对进一步提升城市发展质量作出的重大决策部署，为“十四五”乃至今后一个时期做好城市工作指明了方向，明确了目标任务。我们要深刻领会实施城市更新行动的丰富内涵和重要意义，在全面建设社会主义现代化国家新征程中，坚定不移实施城市更新行动，推动城市高质量发展，努力把城市建设成为人与人、人与自然和谐共处的美丽家园。

城镇老旧小区改造不搞大拆大建，主要是提升现有设施，整合现有资源，提高服务质量，改善现状环境，但意义重大，党中央、国务院高度重视，是补短板、惠民生、促投资的重大举措，是促进高质量发展的关键路径，对满足人民群众美好生活需要、推动惠民生扩内需、推进城市更新和开发建设方式转型、促进经济高质量发展具有十分重要的意义。习近平总书记多次作出重要指示，要加快老旧小区改造，不断完善城市管理和服务，彻底改变粗放型管理方式，让人民群众在城市生活得更方便、更舒心、更美好。李克强总理作出明确部署，2020年4月14日主持召开国务院常务会议，确定加大城镇老旧小区改造力度，推动惠民生扩内需，提出改造后不光要“好看”，关键要“好住”。国务院办公厅印发的《关于全面推进城镇老旧小区改造工作的指导意见》(国办发〔2020〕23号文)，标志着城镇老旧小区改造工作正式上升到国家层面，老旧小区改造开启了中国城镇化下半场以高质量发展为核心的城市更新新篇章。

面对新时代新形势新任务，在城乡建设领域应率先变革，致力于高质量发展和绿色发展，主动响应人民群众对加快提高生态环境和人居环境质量的热切期盼。过去我国城镇化快速发展的40年解决了“有没有”的问题，展示了中国速度，现在则要着力解决“好不好”的问题，实施城市更新行动，全面提升城市发展质量，是实现中华民族伟大复兴中国梦的关键举措。贯彻落实以人民为中心的发展理念，推动致力于高质量发展的城市更新与老旧小区改造，是我们责无旁贷的历史使命。

城市更新与老旧小区改造是我国2060年实现碳中和的重要载体。2020年9月22日，习近平总书记在第七十五届联合国大会一般性辩论上郑重宣布:“中国将提高国家自主贡献力度，采取更加有力的政策和措施，二氧化碳排放力争2030年前达到峰值，努力争取2060年前实现碳中和。”这一重要宣示为我国应对气候变化、绿色低碳发展提供了方向指引，擘画了宏伟蓝图。2019年我国城市化率达到了60.6%，产业、能耗和人口在城市空间高度聚集，城市经济产出占比超过全国的90%，能源电力占比逼近95%。因此，城市更新、老城区改造和新基建，需要纳入碳约束，严防碳锁定，从根本上消除碳需求。鼓励步行距离或自行车可达，不需要机动车辆的交通，鼓励城市汽车更新，不仅要淘汰燃油汽车，甚至燃气汽车也要加以碳排放的核算。对于小区屋顶和可以安装太阳能光伏发电设备的，要鼓励并利用自然的各种解决方案，提供能源服务，减少化石能源的燃烧和排放需求。积极采用新材料提升建筑节能水平，借助互联网高效调控城市低碳运行，包括居家办公、视频会议等，都是减碳的有效途径。更加重视城市的绿地多样性和建筑立体绿化，不仅提升城市韧性，而且吸收二氧化碳形成碳汇或生物质能，是碳中和的有效手段。

城市有机更新与老旧小区改造是增加我国有效投资的重要途径。过去近40年的城市规划建设遗留了许许多多缺陷，集中体现在老城区环境品质下降、空间秩序混乱等方面。城市有机更新与老旧小区改造有别于传统规划建设，不必大拆大建，而是采用“城市修补”的办法来消除隐患，改善人居环境。据不完全估算，我国城市有近400亿平方米的既有建筑，近一半必须进行各种各样的修补改造。全国有超过30万个城镇老旧小区，涉及居民7000余万户，存在市政配套设施不完善、公共服务设施不健全等问题，亟须改造提升。初步测算，“十四五”时期做好城市建设领域扩大内需的重点工作尤其是城市更新与老旧小区改造方面，可拉动投资和消费约30万亿元，其中，城镇老旧小区改造约5.8万亿元，新市民租赁住房约10.8万亿元，钢结构住宅约6.5万亿元，物业服务业约1.4万亿元，社区居家养老约2.4万亿元，城市水系统基础设施约3万亿元。因此，以城市更新为主的城市建设是构建以国内大循环为主体、国内国际双循环相互促进的新发展格局的重要支点。

城市更新与老旧小区改造是建设韧性城市的重要举措。“城市更新”和“韧性城市”在国家“十四五”规划建议中均被重点提到，引发社会高度关注。按照国家要求，加快建设城市运行管理服务平台，推进城市治理“一网统管”，完善城市综合管理服务评价体系，加强城市网格化管理，推动城市管理进社区，继续深入推进美好环境与幸福生活共同缔造活动。通过实施城市更新行动，重点解决城市发展中的突出问题和短板，建设安全健康、设施完善、管理有序的完整居住社区，加强城市治理中的风险防控，提升城市安全韧性，进而不断提升城市人居环境质量、人民生活质量、城市竞争力，走出一条有中国特色的城市发展道路。

因此，城市更新与老旧小区改造要注重把握以下几点：一是先整体规划，后具体实施。可采用编制菜单式的整体项目规划，编制过程中鼓励居民参与，同时通过发挥典型项目的示范效应，调动居民支持和参与改造的积极性。二是注重技术创新和体制改革。现有技术规范和地方管理章程一般不满足城市更新与老旧小区改造项目，需及时编制新的标准，符合新的需求，不能简单地拘泥于不合时宜的旧标准，受其约束。三是集成节能减排技术的叠加效应。加快推动低碳城市和低碳社区改造，积极运用互联网和物联网进行绿色单元各方面调控，使各种分布式绿色设施协同工作，最大限度发挥综合性节能减排效应，适宜时机推进绿色更新项目和旧小区改造星级标准评定，并探索节能减排补贴激励机制。四是及时建立、健全长效管理机制。项目实施前期鼓励积极探索PPP模式、物业管理创新模式等，鼓励多元主体参与和社会资本介入，当地政府应加强这方面的指导和帮助，架构旧改产业链，形成地方经济新的增长点。

《城市更新与老旧小区改造》丛书通过对城市更新与老旧小区改造的政策、经验、关键举措、详细实施方案、资金筹措模式以及保障机制等进行阐述，总结了可复制可推广的地方典型经验，提供了城市有机更新与老旧小区改造的实施路径，探索了城市有机更新与老旧小区改造的资金保障机制，为各级政府全面深入推进这项工作提供有价值有意义的思路和指引。推进城市更新与老旧小区改造是改善民生诉求的重要途径，是提升基层治理的有力抓手，不能唱“独角戏”，而是“大合唱”，需要“共享共建”和“共同缔造”；推进城市更新与老旧小区改造是完善城市治理体系的重要路径，探索机制创新的实践基础，不能当项目当工程干，而是体系和制度的建设，需要综合治理能力的提升；推进城市更新与老旧小区改造是推动城市转型的重要手段，提升城市品质的关键举措，不是一朝一夕，不能朝令夕改，而是长期工作，需要系统谋划和长期坚持。我们必须坚持以习近平新时代中国特色社会主义思想为指导，坚持以人民为中心，坚持和贯彻新发展理念，坚持绿色发展和生态优先的发展新路，推动致力于高质量发展的城市更新与老旧小区改造，满足人民群众对美好环境与幸福生活的向往，让人民群众在城市生活得更方便、更舒心、更美好，充满了安全感、获得感、幸福感。

2021年2月19日

序

1988年，我参与了西柏林和巴黎老城的旧城更新项目，在柏林36邮政区与东巴黎更新项目中，我深感在国内老城改建的技术规范支撑条件的差异。

记得在1981年，我跟随阮仪三先生参与了平遥古城保护规划，当时所面临的最大挑战是：

一、旧城的价值还不为民众和地方领导所重视；

二、规划设计的力量不足；

三、当时没有意识到成熟、实用的技术指导手册的重要支撑作用。

跟着我的导师Frick先生做巴黎和柏林的旧城改建，是一个非常好的经历，可以同时比较巴黎和柏林的旧城改建实操中的差异和共同性。虽然两个城市的文化地位差异巨大，西柏林当时还是游离于整个民主德国的一个孤岛，而巴黎则是世界大都会，但是它们却有以下四个共性：

一、有齐备的法律法规，为旧城改建提供了法律保障和清晰的权利边界；

二、全市人民对于城市文化遗产的高度重视。在调研中，有很多被访者都会提到祖辈对与某栋老建筑的故事，可见稳定的产权对历史建筑尤为重要；

三、城市政府和国家政府，以及历史保护和城市规划协会都编制过基于相当的专业实践基础的技术手册，通过先例来支撑城市改建的实践；

四、逐步形成了可持续的经济投入产出模式。

终于，我的书桌上有了这本《城镇老旧小区改造实用指导手册》的初稿。仇保兴理事长为此投入了大量的精力，全国市长研修学院的同事们邀请、组织了许多一流的专家讲解我国旧城改建的经验和教训，汇聚各方的智慧和经验，编写出这本《城镇老旧小区改造实用指导手册》。我认为这是一本重要的、里程碑式的手册，在我国从速度追求的建设走向品质城镇化的过程中，奠定了一块坚实的基础，为城市的可持续发展、人民城市的幸福家园都做了很好的技术指导支撑。我希望在未来城市老旧小区的实践中，一线人员身边有一本字典式的手册，随时可以翻找到他需要的知识、经验和技术。

由此，我向大家推荐这本手册，也希望随着我国城市建设水平的提升、旧城改建不断走向技术成熟，还会有新的版本出现。

吴志强

2021.4.2 于同济大学建筑设计研究院104

前言

城镇老旧小区改造是贯彻落实党中央、国务院决策部署的重要举措，是推进城市建设高质量发展的有力抓手，是惠及4亿人居住生活品质提升的重大民生工程。《国务院办公厅关于全面推进城镇老旧小区改造工作的指导意见》(国办发〔2020〕23号文）指出，城镇老旧小区改造对满足人民群众美好生活需要、推动惠民生扩内需、推进城市更新和开发建设方式转型、促进经济高质量发展具有十分重要的意义。

本手册依托于2019年住房和城乡建设部科技示范项目“典型区域老旧小区改造技术创新与模式总结”和2020年住房和城乡建设部软科学课题“我国城镇老旧小区改造的多元化融资模式及地方典型案例研究”，由全国市长研修学院和中国生态城市研究院牵头，联合国内众多顶级单位共同参与。在课题前期研究过程中，课题组对接了住房和城乡建设部老旧小区部分试点城市，汲取了很多好的经验和做法，同时调研了湛江、运城、衡水、钦州等正在开展老旧小区工作的地方城市，深入了解各地方老旧小区改造工作的困难和需求。为有效解决城镇老旧小区改造中对政策把握不准确、技术标准掌握不全面、整体实施方案不落地、项目运作与资金不平衡、组织保障机制不匹配等问题，同时将好的经验推广出去以及提高城镇老旧小区改造的系统性和科学性，本手册从“实用”目的出发，详细阐述城镇老旧小区改造的重要政策、典型经验、关键举措、详细方案、资金筹措以及保障机制，提供老旧小区改造的实施路径，探索老旧小区改造的资金保障，期望为各级政府全面深入推进老旧小区改造提供思路和工作指引。

手册包含七大章节和附录，借鉴了国外城市更新的先进做法，分析了国内老旧小区改造试点省市以及先行城市的模式和经验，同时也是编者们近年来研究和实践的总结。第一章为背景政策与现状问题，从时代背景、政策分析及现状问题三方面，深入剖析国家政策背景，点明老旧小区改造的重要意义，总结目前工作进展及面临的主要问题；第二章为部分发达国家的经验借鉴，介绍了国际上一些国家城镇化进程中老旧小区改造的顶层机制和工作框架，并进行分类总结适合我国国情的改造经验；第三章为国内实践探索，总结了我国部分省、直辖市改造实践，试点城市改造经验以及典型城市改造经验，以期对各层级城市和地区开展此项工作的推进提供借鉴；第四章为总体实施方案，从顶层设计的角度，提出了总体统筹原则和要点，给出既有老旧小区与改造需求摸底的方法、改造对象范围和任务内容，明确了区域统筹与规划衔接以及改造行动计划的具体内容；第五章为详细实施方案，基于工作流程和改造适宜技术清单，提供了老旧小区改造的工作思路、工作框架以及改造的关键措施和技术方案等；第六章为项目运作模式与资金平衡机制，探讨了目前老旧小区改造主要运作模式、资金来源方式和资金回报机制，对典型改造实施案例进行剖析；第七章为实施保障机制，从优化组织实施、动员社会参与、改造项目审批、存量资源整合、财税支持政策、各级部门职责、地方责任落实、长效机制建立、宣传引导工作等方面提出配套政策与组织保障建议；附录罗列了国家部委老旧小区改造政策，地方相关办法、相关标准及实施方案，作为手册使用的参考和依据。

本书编写过程中，我们得到了多方的大力支持和帮助，在此谨向住房和城乡建设部相关司局、浙江省住房和城乡建设厅、山东省住房和城乡建设厅、中国城市科学研究会老旧小区改造专委会表示感谢！向广州市住房和城乡建设局、湛江市住房和城乡建设局、运城市住房和城乡建设局、衡水市住房和城乡建设局、钦州市住房和城乡建设局、石河子市住房和城乡建设局、曲靖市住房和城乡建设局、本溪市住房和城乡建设局等地方住建管理部门表示感谢！向中国城市规划设计研究院、北京市城市规划设计研究院、中国建筑科学研究院有限公司、中国建筑第二工程局有限公司、愿景集团等单位表示感谢！最后，向手册的编写委员会、两次咨询会的专家以及其他关心和支持手册编制的专家和同仁表示感谢！

由于手册体量较大，编制工作时间紧、任务重，老旧小区改造这项工作本身也是不断出现新情况和新问题，如何应对并没有现成的答案，手册难免存在疏漏和不足，还请读者给予宽容和谅解，并提出宝贵意见和建议。愿本书能为老旧小区改造过程中的管理人员、设计人员、施工人员以及广大学者提供借鉴和参考，让我们共同为城镇老旧小区改造事业添砖加瓦，为城市更新事业作出贡献，全力打造更加美好的生态宜居家园。

2021年3月25日

目录

第一章

背景政策与现状问题

1.1 时代背景

1.1.1 党中央、国务院高度重视

党中央、国务院高度重视城镇老旧小区改造工作。习近平总书记多次作出重要指示批示，指出要加快老旧小区改造，不断完善城市管理和服务，彻底改变粗放型管理方式，让人民群众在城市生活得更方便、更舒心、更美好。李克强总理作出明确部署，2020年4月14日，总理主持召开国务院常务会议，确定加大城镇老旧小区改造力度，推动惠民生扩内需，提出改造后不光要"好看"，关键要"好住"。国务院办公厅印发的《关于全面推进城镇老旧小区改造工作的指导意见》（国办发〔2020〕23号文），标志着城镇老旧小区改造工作正式上升到国家层面，要求按照党中央、国务院决策部署，全面推进城镇老旧小区改造工作，满足人民群众美好生活需要，推动惠民生扩内需，推进城市更新和开发建设方式转型，促进经济高质量发展。老旧小区改造在国家层面按下了"快进键"（表1-1～表1-3）！

党中央有关决策　表1-1

党中央有关决策
2019年7月30日，中共中央政治局会议，要求实施城镇老旧小区改造
2019年12月10日至12日，中央经济工作会议，确定加强城市更新和存量住房改造提升，做好城镇老旧小区改造
2020年2月26日，中共中央政治局常务委员会，强调加快补齐老旧小区在卫生防疫、社区服务等方面的短板
2020年4月17日，中共中央政治局召开会议，强调要积极扩大有效投资，实施老旧小区改造
2020年7月2日，中共中央政治局常委会审议核心区控规时强调，分类推进老旧小区综合整治，引入社会资本参与

国务院有关部署　表1-2

国务院有关部署
2019年《政府工作报告》，城镇老旧小区量大面广，要大力进行改造提升①
2019年6月19日，国务院常务会议对推进城镇老旧小区改造进行部署
2019年6月25日，全国深化"放管服"改革优化营商环境电视电话会议，老旧小区改造既是为人民服务，也是拓展内需潜力
2019年7月11日，国家应对气候变化及节能减排工作领导小组会议，结合城镇老旧小区改造推进建筑节能改造

①《2019年3月5日在第十三届全国人民代表大会第二次会议上的政府工作报告》。

续表

2019年7月15日，经济形势专家和企业家座谈会，因地制宜推进城镇老旧小区改造，实现惠民生和促发展双赢
2019年7月31日，国务院常务会议，确定鼓励把社区医疗、养老、家政等生活设施纳入老旧小区改造范围
2019年9月11日，国务院常务会议，尊重居民意愿加大城镇老旧小区改造力度
2020年4月14日，国务院常务会议确定加大城镇老旧小区改造力度，推动惠民生扩内需
2020年《政府工作报告》，新开工改造城镇老旧小区3.9万个，支持管网改造、加装电梯等，发展居家养老、用餐、保洁等多样社区服务①

国家部委出台的老旧小区改造政策　　表1-3

国家部委出台的老旧小区改造政策	要点
《住房和城乡建设部关于推进老旧小区试点工作的通知》(建城函〔2017〕322号)	在秦皇岛、张家口等15个城市开展老旧小区改造试点工作，探索城市老旧小区改造新模式，为推进全国老旧小区改造提供可复制可推广的经验
住房和城乡建设部会同国家发展改革委、财政部、人民银行、银保监会等部门制定《城镇老旧小区改造试点工作方案》(2019年9月30日)	组织山东、浙江2省和上海、青岛、宁波、合肥、福州、长沙、苏州、宜昌8个城市开展深化试点工作，重点探索九大体制机制
财政部 住房和城乡建设部关于印发《中央财政城镇保障性安居工程专项资金管理办法》的通知(财综〔2019〕31号)	明确了专项资金主要用于老旧小区水电路气等配套基础设施和公共服务设施建设改造，小区内房屋公共区域修缮、建筑节能改造，支持有条件的加装电梯支出。明确了老旧小区专项资金分配方案
国家发展改革委关于印发《中央预算内投资保障性安居工程专项管理暂行办法》的通知(发改投资规〔2019〕1035号)	明确了专项资金用于老旧小区改造的配套基础设施建设，包含了小区内基础设施、小区的公共服务设施与小区直接相关的道路和城镇基础设施项目
住房和城乡建设部等部门关于《开展城市居住区建设补短板行动的意见》(建科规〔2020〕7号)	以建设安全健康、设施完善、管理有序的完整居住社区为目标，以完善居住社区配套设施为着力点，到2025年前，基本补齐既有居住社区设施短板，新建居住社区同步配套各类设施
国务院办公厅关于全面推进城镇老旧小区改造工作的指导意见(国办发〔2020〕23号	大力改造提升城镇老旧小区，2022年基本形成城镇老旧小区改造制度框架、政策体系和工作机制；到“十四五”期末，结合各地实际，力争基本完成2000年底前建成的需改造城镇老旧小区改造任务

①《2020年5月22日在第十三届全国人民代表大会第三次会议上的政府工作报告》。

1.1.2 城镇化发展新阶段

1.改革开放以来我国城镇化取得历史性成就

改革开放以来，我国经历了世界历史上规模最大、速度最快的城镇化进程，仅用四十年时间就走完了发达国家近三百年的城镇化道路，创造了世界城市发展史上的奇迹。2019年我国常住人口城镇化率达60.6%，城市综合实力和人民生活水平不断提升，城市面貌发生了翻天覆地的变化。特别是党的十八大以来，在以习近平同志为核心的党中央坚强领导下，在习近平新时代中国特色社会主义思想科学指引下，我国城市发展质量显著提升，城市功能不断完善，人民获得感、幸福感、安全感明显增强，城市建设取得了举世瞩目的新成就。

1）城镇化快速发展

（1）城镇化率快速提升。1978年末，我国常住人口城镇化率仅为17.9%。2019年末，我国常住人口城镇化率达60.6%，比1978年提高42.7个百分点，年均提高1.04个百分点（图1-1）。

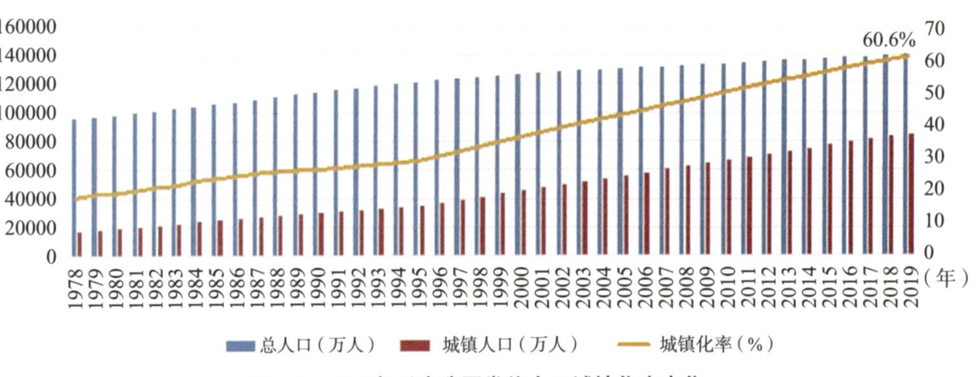

图1-1 1978年以来我国常住人口城镇化率变化

（2）城市数量大幅增加。2019年末，全国城市数量达到679个，建制镇数量达到18744个，分别比1978年增加486个和16568个（图1-2）。

（3）城市规模显著扩大。1981年，全国城区人口1.44亿人，城市建成区面积7438平方公里，城市建设用地面积6720平方公里。2019年，城区人口5.24亿人，城市建成区面积6.03万平方公里，城市建设用地面积5.83万平方公里（图1-3）。

2）住房问题已基本解决

（1）中高收入群体以购买商业地产为主。1998年以来，符合城市规划要求的、土地利用集约化的、公共设施配套成系统的、成街坊成片区的住宅开发，成为新建住房的主流模式，大批规划设计好、施工质量高、绿化环境美的住宅小区

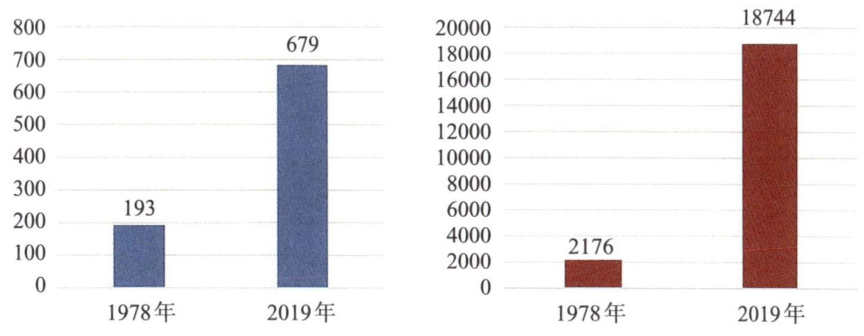

图1-2　1978年、2019年我国城镇数量变化（个）

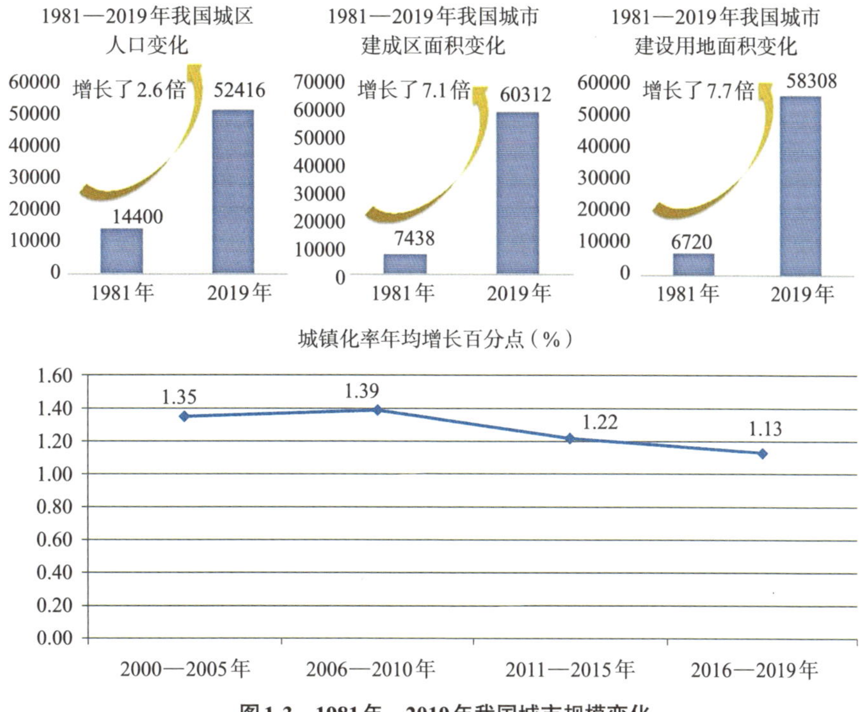

图1-3　1981年、2019年我国城市规模变化

涌现。具有房地产开发资质的企业成为房屋建设和销售的主力军。在一系列举措之下，新建住房质量不断提高，住房功能和配套设施逐步完善，居民住房条件显著改善。2019年，城镇居民人均住房建筑面积达到39.8平方米。央行2020年发布的城镇居民家庭资产负债情况调查报告数据显示，我国城镇居民家庭住房自有率达96%，拥有2套房的家庭达31%，拥有3套房的家庭达10.5%，户均拥有住房1.5套。在全球主要大国中，我国家庭住房拥有率或达全球第一。

（2）中低收入群体通过保障房基本覆盖。部分城镇中低收入家庭通过购买经济适用住房等配售型保障房改善了居住条件。截至2018年底，通过购买经济适适用住房等配售型保障房，5000多万买不起商品住房、又有一定支付能力的城镇中低收入群众有了合适住房，实现了稳定居住。“十三五”期间全国棚改累计开工预计超过2300万套，帮助5000多万居民搬出棚户区住进楼房。截至2019年底，3800多万困难群众住进公租房，累计近2200万困难群众领取了租赁补贴，低保、低收入住房困难家庭基本实现应保尽保，中等偏下收入家庭住房条件有效改善。各省市大力发展小户型、低租金的政策性租赁住房，加快解决新市民住房问题。国家通过大规模实施保障安居工程，累计帮助约2亿困难群众改善了住房条件。

2. 我国城镇发展进入以城市更新为主的新阶段

1）我国经济发展进入新常态、城镇化增速趋缓

党的十八大以来，我国经济进入了“新常态”，GDP增长速度由高速转为中高速，经济发展转向结构优化升级，消费渐成主力，比例不断攀升，经济发展动力由要素、投资驱动转为创新驱动。与之相应的是城镇化趋向平稳增长，2000—2010年为我国城镇化率年平均增长率最快的十年，2010年以后我国城镇化率年平均增长率增速趋缓，进入城镇化率快速发展阶段向稳定阶段转折的时期（图1-4、图1-5）。

2）国际城市化发展规律

美国地理学家诺瑟姆研究发现，世界城市人口增长的运动轨迹呈S形曲线，城市化进程分为初期、快速发展和稳定三个阶段，城市化率60%～70%正处于第二阶段（快速发展阶段）向第三阶段（稳定阶段）转折的时期。从国际经验和城市发展规律看，城市化率达到60%左右，正是社会矛盾和问题集中在城市凸显的时期，不仅要持续解决城市化过程中带来的问题，还要注重解决城市发展本身所产生的问题。

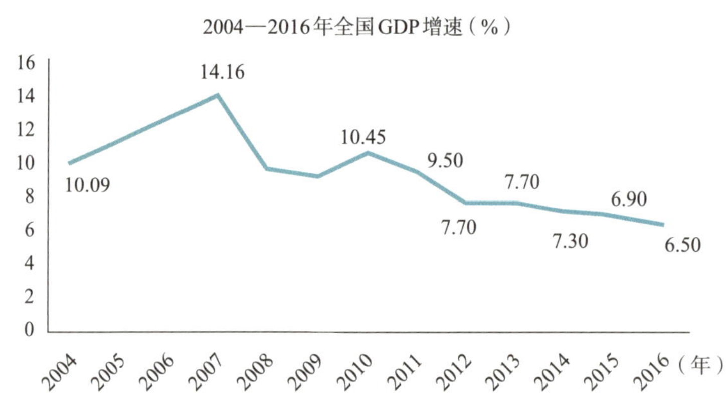

图1-4 2004—2016年全国GDP增速变化

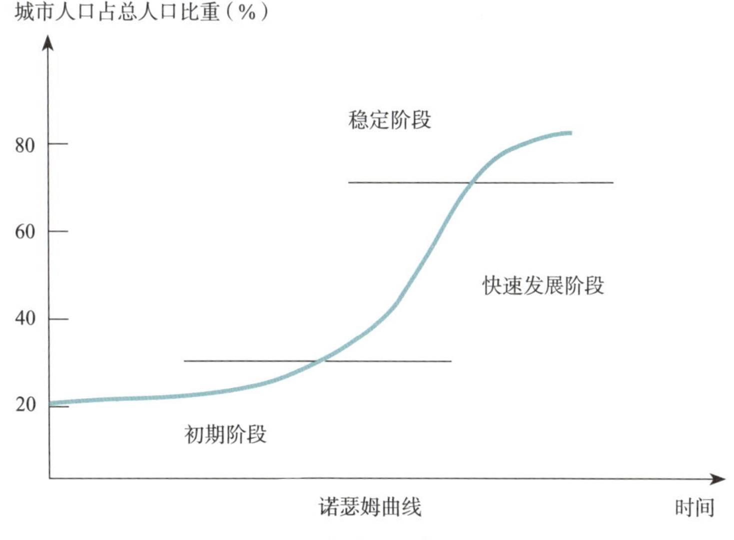

图1-5　2000—2019年我国城镇化年均增长率变化

3）我国城镇发展全面进入城市更新时代

经过40多年的快速发展，2019年我国常住人口城镇化率达60.6%，已经进入了城镇化较快发展的中后期，我国社会结构、生产生活方式和治理体系发生重大变化。城市发展进入城市更新阶段，主要有两个重要特征：

一是城市发展由大规模增量建设转为存量提质改造和增量结构调整并重。目前我国的住房问题已从总量短缺转为结构性供给不足，从粗放满足面积的数量要求转向对高质量和好环境的要求。大规模的住房消费需求也出现转向，主要集中在新市民租赁住房和老旧小区改造等方面。

二是从“有没有”转向“好不好”。随着我国社会主要矛盾的变化，人民群众对更好的居住条件、更优美的生活环境、更完善的公共服务等充满期待，迫切需要通过推动城市更新，全面提升城市发展质量，增强人民群众的获得感、幸福感、安全感。

3.老旧小区改造是城镇化发展的重要环节

“十三五”时期，全国棚改累计开工超过2300万套，帮助5000多万居民出棚进楼。2020年，国家发布专项通知，剩余500万套棚改任务完成后，“棚改拆迁”将全面停止。当前，我国城镇化进程已迈入中后期，需要加强城市存量空间的合理改造和再利用，推动城市发展从外延式扩张向内涵式发展转型。进入2020年，财政部、住房和城乡建设部等各部委均从各个方面强调推进老旧小区改造，城镇老旧小区改造是新时代推进城市建设的重要抓手，以决策共谋、发展共建、社区共治、成果共享为原则，以建筑修缮、环境提升、文化保育、产业提升、社区活化为改造重点，全面推进城镇老旧小区综合改造，让人民群众在城市生活得更方便、更舒心、更美好。国务院办公厅出台《关于全面推进城镇老旧小区改造工作的指导意见》(国办发〔2020〕23号)，标志着城镇老旧小区改造工作正式上升到国家层面。住房和城乡建设部等13部门联合印发《关于开展城市居住社区建设补短板行动的意见》(建科规〔2020〕7号)，部署了近期将开展的五项重点任务：合理确定居住社区规模、落实完整居住社区建设标准、因地制宜补齐既有居住社区建设短板、确保新建住宅项目同步配建设施和健全共建共治共享机制。同时意见指出，到2025年，基本补齐既有居住社区设施短板，新建居住社区同步配建各类设施，城市居住社区环境明显改善。

1.2 政策分析

1.2.1《国务院办公厅关于全面推进城镇老旧小区改造工作的指导意见》(国办发〔2020〕23号)解读

2020年7月10日，为全面推进城镇老旧小区改造工作，国务院办公厅下发23号文件。

1.明确改造对象范围

城镇老旧小区是指城市或县城（城关镇）建成年代较早、失养失修失管、市政配套设施不完善、社区服务设施不健全、居民改造意愿强烈的住宅小区（含单栋住宅楼）。各地要结合实际，合理界定本地区改造对象范围，重点改造2000年底前建成的老旧小区。

老旧小区改造需要区分轻重缓急，突出改造重点。并且要考虑地区差异，不搞一刀切，也不层层下指标、压任务。市、县人民政府界定城镇老旧小区改造对象范围时，要切实评估论证财政承受能力，不盲目举债铺摊子。地方财政、管理和组织等方面尚有余力，或者在推进相邻小区及周边地区联动改造中有需要，对地方改造2000年后建成的老旧小区并不作限制。部分省市已将2005年前后的、现状问题突出的小区也纳入改造范围内。

2.合理确定改造内容

城镇老旧小区改造内容可分为基础类、完善类、提升类三类。①基础类。为满足居民安全需要和基本生活需求的内容，主要是市政配套基础设施改造提升以及小区内建筑物屋面、外墙、楼梯等公共部位维修等。②完善类。为满足居民生活便利需要和改善型生活需求的内容，主要是环境及配套设施改造建设、小区内建筑节能改造、有条件的楼栋加装电梯等。③提升类。为丰富社区服务供给、提升居民生活品质、立足小区及周边实际条件积极推进的内容，主要是公共服务设施配套建设及其智慧化改造。

这三类改造内容一是重要程度有差异。基础类改造提升，均可直接惠及全体居民；而完善和提升类改造，受居民偏好不同，短期内直接受益的往往只有部分居民。二是对改造的要求不同。基础类坚持应改尽改原则，一次性改造到位；完善类、提升类结合供给侧改革和补齐社区公共服务设施短板的要求，给居民提供菜单式选择。三是财政支持力度有所不同。基础类主要由中央和各级政府提供补助资金，同时通过多种方式落实居民出资责任。对完善类和提升类，要鼓励社会资本参与，各级政府视情况给予一定补助和支持。

3. 建立统筹协调机制

各地要建立健全政府统筹、条块协作、各部门齐抓共管的专门工作机制，明确各有关部门、单位和街道（镇）、社区职责分工，制定工作规则、责任清单和议事规程，形成工作合力，共同破解难题，统筹推进城镇老旧小区改造工作。

一是要形成工作合力。推动市、县建立由地方政府总揽，住建部门指导，街道办事处组织实施，社区“两委”全程参与和相关企业积极配合的工作格局，通过机制建设形成工作合力。二是要解决一些实际问题。整合实施条线改造资金和项目，加快项目审批进度。

4. 健全动员群众参与机制

各地在改造中发动居民共同参与改造不够的问题比较普遍。一是群众工作不细致不到位，往往“政府干、群众看”。二是待改造的城镇老旧小区，有不少党的基层组织覆盖不全，社区服务功能弱化。三是一些基层工作人员做群众工作的办法不多，调动居民参与的积极性、主动性不到位。

要求地方党委、政府加强统筹协调，强化基层组织建设，构建“纵向到底、横向到边、协商共治”的社区治理体系。城镇老旧小区改造要与加强基层党组织建设、居民自治机制建设、社区服务体系建设有机结合。建立和完善党建引领城市基层治理机制，充分发挥社区党组织的领导作用，统筹协调社区居民委员会、业主委员会、产权单位、物业服务企业等共同推进改造。

5. 完善小区长效管理机制

结合改造工作同步建立健全基层党组织领导，社区居民委员会配合，业主委员会、物业服务企业等参与的联席会议机制，引导居民协商确定改造后小区的管理模式、管理规约及业主议事规则，共同维护改造成果。

城镇老旧小区改造的任务，不仅是工程项目建设，更重要的是“花钱买机制”。这就要求在改造中因势利导，同步确定物业管理模式、小区管理规约及居民议事规则，建立改造后的老旧小区配套设施养护、小区管理的长效机制。

6. 落实居民出资责任

按照谁受益、谁出资原则，积极推动居民出资参与改造，可通过直接出资、使用（补建、续筹）住宅专项维修资金、让渡小区公共收益等方式落实。

在2015年，住房和城乡建设部与财政部已联合印发《关于进一步发挥住宅专项维修资金在老旧小区和电梯更新改造中支持作用的通知》，2021年实行的《中华人民共和国民法典》，降低了使用维修资金的业主决策通过比例。就目前看来，提取住房公积金用于老旧小区改造已在上海、厦门等地取得了较好的效果。

7. 加大政府投入

将城镇老旧小区改造纳入保障性安居工程，中央给予资金补助，按照“保基本”的原则，重点支持基础类改造内容。中央财政资金重点支持改造2000年底前建成的老旧小区，可以适当支持2000年后建成的老旧小区，但需要限定年限和比例。就目前来看，资金问题是目前老旧小区改造最需迫切解决的。仅仅依靠财政兜底难以维持，必须树立“谁受益谁出资”的意识，在基础改造的范围外，鼓励居民和社会共同参与。在此基础上，充分挖掘改造项目的受益点，建立改造投资盈利模式，吸引社会资本参与。

8. 加快城镇老旧小区改造项目审批

现行工程建设项目审批制度、相关法律法规，主要适用于新建项目，城镇老旧小区改造项目大多难以适应。各地要结合审批制度改革，精简城镇老旧小区改造工程审批事项和环节，构建快速审批流程，积极推行网上审批，提高项目审批效率。

9. 完善适应改造需要的标准体系

跟审批制度一样，现行的标准规范体系主要适用于新建项目，老旧小区改造项目难以适应。因改造利用公共空间新建、改建各类设施涉及影响日照间距、占用绿化空间的，可在广泛征求居民意见基础上一事一议予以解决。

1.2.2《住房和城乡建设部等部门关于开展城市居住社区建设补短板行动的意见》（建科规〔2020〕7号）解读

完整社区概念最早由我国两院院士吴良镛先生提出。他指出，人是城市的核心，社区是人最基本的生活场所，社区规划与建设的出发点是基层居民的切身利益。不仅包括住房问题，还包括服务、治安、卫生、教育、对内对外交通、娱乐、文化公园等多方面因素。既包括硬件又包括软件，内涵非常丰富，这才是完整社区。社区规划与建设的完整，既包括对物质空间创造性设计，以满足实现生活的需求，更包括从社区共同意识、友邻关系、公共利益的需要出发，对社区精神与凝聚力的塑造。

针对当前居住社区存在规模不合理、设施不完善、公共活动空间不足、物业管理覆盖面不高、管理机制不健全等突出问题和短板，2020年8月18日，住房和城乡建设部、教育部等13部门联合印发7号文件，旨在贯彻落实习近平总书记关于更好为社区居民提供精准化、精细化服务的重要指示精神，建设让人民群众满意的完整居住社区。

1.工作目标

到2025年，基本补齐既有居住社区设施短板，新建居住社区同步配建各类设施，城市居住社区环境明显改善，共建共治共享机制不断健全，全国地级及以上城市完整居住社区覆盖率显著提升。

2.重点任务

1）因地制宜确定居住社区规模

以居民步行5～10分钟到达幼儿园、老年服务站等社区基本公共服务设施为原则，以城市道路网、自然地形地貌和现状居住小区等为基础，与社区居民委员会管理和服务范围相对接，因地制宜合理确定居住社区规模。原则上单个居住社区以0.5万～1.2万人口规模为宜，结合实际统筹划定和调整居住社区范围，明确居住社区建设补短板行动的实施单元。

2）确保新建住宅项目同步配建设施

要落实完整居住社区建设标准。新建住宅要严格按照完整居住社区建设标准，结合地方实际，将基本公共服务、便民商业服务等设施和公共活动空间建设作为开发建设配套要求，明确规模较小的新建住宅项目，要在科学评估周边既有设施基础上按需配建；规模较大的，要合理划分成几个规模适宜的居住社区，按照标准配齐设施，并按照有关规定和合同约定做好产权移交。

3）因地制宜补齐既有居住社区建设短板

结合城镇老旧小区改造等城市更新改造工作，通过补建、购置、置换、租赁、改造等方式，因地制宜补齐既有居住社区建设短板。

优先实施排水防涝设施建设、雨污水管网混错接改造。充分利用居住社区内的空地、荒地及拆除违法建设腾空土地，以及公有住房、社区居民委员会办公用房和社区综合服务设施、闲置锅炉房等配建设施，增加公共活动空间。统筹利用公有住房、社区居民委员会办公用房和社区综合服务用房、闲置锅炉房等资源，增设基本公共服务设施和便民商业服务设施。要区分轻重缓急，优先在居住社区内配建居民最需要的设施。推进相邻居住社区及周边地区统筹建设、联动改造，加强各类配套设施和公共活动空间共建共享。加强居住社区无障碍环境建设和改造，为居民出行、生活提供便利。

4）确保新建住宅项目同步配建设施

新建住宅项目要按照完整居住社区建设标准，将基本公共服务、便民商业服务等设施和公共活动空间建设作为开发建设配套要求，明确规模、产权和移交等规定，确保与住宅同步规划、同步建设、同步验收和同步交付，并按照有关规定和合同约定做好产权移交。规模较小的新建住宅项目，要在科学评估周边既有设施基础上按需配建；规模较大的，要合理划分成几个规模适宜的居住社区，按照标准配齐设施。地方相关行政主管部门要切实履行监督职责，确保产权人按照规定使用配套设施，未经法定程序，任何组织和个人不得擅自改变用途和性质。

5）建全共建共治共享机制

按照基层党组织领导下的多方参与治理要求，推动建立“党委领导、政府组织、业主参与、企业服务”的居住社区管理机制。鼓励引入专业化物业服务，暂不具备条件的，通过社区托管、社会组织代管或居民自管等方式，提高物业管理覆盖率。推动城市管理进社区，将城市综合管理服务平台与物业管理服务平台相衔接，扩大城市管理覆盖面，依法依规查处私搭乱建等违法违规行为，协助开展社区环境整治活动。

3.完整社区建设标准体系

完整社区建设标准体系见表1-4。

完整社区建设标准体系表 **表1-4**

目标	序号	建设内容	建设要求
一、基本公共服务设施完善	1	一个社区综合服务站	建筑面积以800平方米为宜，设置社区服务大厅、警务室、社区居委会办公室、居民活动用房、阅览室、党群活动中心等
	2	一个幼儿园	不小于6班，建筑面积不小于2200平方米，用地面积不小于3500平方米，为3～6岁幼儿提供普惠性学前教育服务
	3	一个托儿所	建筑面积不小于200平方米，为0～3岁婴幼儿提供安全可靠的托育服务。可以结合社区综合服务站、社区卫生服务站、住宅楼、企事业单位办公楼等建设托儿所等婴幼儿照护服务设施
	4	一个老年服务站	与社区综合服务站统筹建设，为老年人、残疾人提供居家日间生活辅助照料、助餐、保健、文化娱乐等服务。具备条件的居住社区，可以建设1个建筑面积不小于350平方米的老年人日间照料中心，为生活不能完全自理的老年人、残疾人提供膳食供应、保健康复、交通接送等日间服务
	5	一个社区卫生服务站	建筑面积不小于120平方米，提供预防、医疗、计生、康复、防疫等服务

续表

目标	序号	建设内容	建设要求
二、便民商业服务设施健全	6	一个综合超市	建筑面积不小于300平方米，提供蔬菜、水果、生鲜、日常生活用品等销售服务。城镇老旧小区等受场地条件约束的既有居住社区，可以建设2～3个50～100平方米的便利店提供相应服务
	7	多个邮件和快件寄递服务设施	建设多组智能信包箱、智能快递箱，提供邮件快件收寄、投递服务，格口数量为社区日均投递量的1～1.3倍。新建居住社区应建设使用面积不小于15平方米的邮政快递末端综合服务站。城镇老旧小区等受场地条件约束的既有居住社区，因地制宜建设邮政快递末端综合服务站
	8	其他便民商业网点	建设理发店、洗衣店、药店、维修点、家政服务网点、餐饮店等便民商业网点
三、市政配套基础设施完备	9	水、电、路、气、热、信等设施	建设供水、排水、供电、道路、供气、供热（集中供热地区）、通信等设施，达到设施完好、运行安全、供给稳定等要求。实现光纤入户和多网融合，推动5G网络进社区。建设社区智能安防设施及系统
	10	停车及充电设施	新建居住社区按照不低于1车位/户配建机动车停车位，100%停车位建设充电设施或者预留建设安装条件。既有居住社区统筹空间资源和管理措施，协调解决停车问题，防止乱停车和占用消防通道现象。建设非机动车停车棚、停放架等设施。具备条件的居住社区，建设电动车集中停放和充电场所，并做好消防安全管理
	11	慢行系统	建设连贯各类配套设施、公共活动空间与住宅的慢行系统，与城市慢行系统相衔接。社区居民步行10分钟可以到达公交站点
	12	无障碍设施	住宅和公共建筑出入口设置轮椅坡道和扶手，公共活动场地、道路等户外环境建设符合无障碍设计要求。具备条件的居住社区，实施加装电梯等适老化改造。对有条件的服务设施，设置低位服务柜台、信息屏幕显示系统、盲文或有声提示标识和无障碍厕所（厕位）
	13	环境卫生设施	实行生活垃圾分类，设置多处垃圾分类收集点，新建居住社区宜建设一个用地面积不小于120平方米的生活垃圾收集站。建设一个建筑面积不小于30平方米的公共厕所，城镇老旧小区等受场地条件约束的既有居住社区，可以采用集成箱体式公共厕所
四、公共活动空间充足	14	公共活动场地	至少有一片公共活动场地（含室外综合健身场地），用地面积不小于150平方米，配置健身器材、健身步道、休息座椅等设施以及沙坑等儿童娱乐设施。新建居住社区建设一片不小于800平方米的多功能运动场地，配置5人制足球、篮球、排球、乒乓球、门球等球类场地，在紧急情况下可以转换为应急避难场所。既有居住社区要因地制宜改造宅间绿地、空地等，增加公共活动场地

续表

目标	序号	建设内容	建设要求
四、公共活动空间充足	15	公共绿地	至少有一片开放的公共绿地。新建居住社区至少建设一个不小于4000平方米的社区游园，设置10%～15%的体育活动场地。既有居住社区应结合边角地、废弃地、闲置地等改造建设“口袋公园”“袖珍公园”等。社区公共绿地应配备休憩设施，景观环境优美，体现文化内涵，在紧急情况下可转换为应急避难场所
五、物业管理全覆盖	16	物业服务	鼓励引入专业化物业服务，暂不具备条件的，通过社区托管、社会组织代管或居民自管等方式，提高物业管理覆盖率。新建居住社区按照不低于物业总建筑面积2‰比例且不低于50平方米配置物业管理用房，既有居住社区因地制宜配置物业管理用房
	17	物业管理服务平台	建立物业管理服务平台，推动物业服务企业发展线上线下社区服务业，实现数字化、智能化、精细化管理和服务
六、社区管理机制健全	18	管理机制	建立“党委领导、政府组织、业主参与、企业服务”的居住社区管理机制。推动城市管理进社区，将城市综合管理服务平台与物业管理服务平台相衔接，提高城市管理覆盖面
	19	综合管理服务	依法依规查处私搭乱建等违法违规行为。组织引导居民参与社区环境整治、生活垃圾分类等活动
	20	社区文化	举办文化活动，制定发布社区居民公约，营造富有特色的社区文化

1.2.3 深刻意义再认识

城镇老旧小区改造，是目前城市存量中矛盾最突出、居民反映最集中的问题。全国有超过30万个城镇老旧小区，涉及居民7000余万户、住宅建筑面积约为60多亿平方米，存在市政配套设施不完善、公共服务设施不健全等问题，亟须改造提升。党中央、国务院作出的大力提升城镇老旧小区改造的重要决定和部署，是关系到大约4亿人居住生活品质提升，直接关系到千家万户的获得感、幸福感、安全感，是为广大城镇居民拥护和支持的一项非常有意义的民生工程。并以此作为切入点，深化供给侧结构性改革，推动过度房地产化的城市开发建设方式转型，从大规模、高速度的增量建设为主转向存量提质改造与满足结构性需求的增量建设并重，从粗放型外延式发展转向集约型内涵式发展[①]。初步测算，“十四五”时期做好城市建设领域扩大内需的重点工作可拉动投资和消费约30万亿元，其中城镇老旧小区改造约5.8万亿元。城镇老旧小区改造既是一项民生

① 国务院参事仇保兴:《对城镇老旧小区改造正当时》。

工程，也是一个非常有效的稳投资举措，通过外部环境和基础设施的改造、服务设施的健全，拉动居民改善自家室内设施，既保民生又稳投资同时拉内需，一举多得（图1-6）。

带动室内装修　　带动汽车消费

提升二手房成交率

提升周边商业价值

图1-6　老旧小区改造效益

1.3 现状问题

1.3.1 老旧小区改造的范畴和特征

城镇老旧小区是指城市或县城（城关镇）建成年代较早、失养失修失管、市政配套设施不完善、社区服务设施不健全、居民改造意愿强烈的住宅小区（含单栋住宅楼）。以下小区虽然建成年代较早、基础设施不完善，但不属于城镇老旧小区改造范畴：

（1）已纳入城镇棚户区改造计划、拟通过拆除新建（改建、扩建、翻建）实施改造的棚户区（居民住房）。如果小区已纳入棚户区改造计划，那么日后它将会进行拆除重建或扩建，如果还允许它先进行老旧小区改造，而待正式进行棚户区改造时，所有的改造成果将拆除，这样将造成严重的浪费。

（2）以居民自建住房为主的区域和城中村。以居民自建住房为主的区域和城中村大多位于城乡接合部，很多房屋属于居民（或村民）私自建设，没有合法手续，对这些区域进行老旧小区改造，不利于日后政府对这些区域进行综合整治。

需改造的城镇老旧小区产权构成较复杂，涉及公房（含房改房）、商品房、拆迁安置房、单位集资房、政策性保障住房等。它普遍具有以下几个特点：

（1）建成时间比较早。目前各地多数以2000年以前建成作为老旧小区划分的时间点。

（2）市政基础设施不齐全或老化严重。供水、污水管网老化严重，影响供水的质量与排污能力；电力线路存在安全隐患，消防设施不齐全，消防通道普遍被占用。

（3）房屋本体损坏严重。房屋存在外墙脱落、保温效果差、墙面污损、楼道等公用区域被住户用来堆放杂物。

（4）房屋普遍没有电梯，不适合老人居住。老旧小区由于建成年代较久，房屋多为6层以下的住宅，按照当时的技术规范，是不安装电梯的（有些地方甚至有9层住宅未安装电梯的极端情况）。但老旧小区普遍为老龄化社区，老龄化程度普遍高于所在城市的老龄化水平。

（5）小区缺停车场地和设施。由于小区建成时代久远，那时汽车对于多数中国家庭还是一个遥远的梦想，当时的住宅设计规范对于小区汽车的配比并无强制规定或仅规定了很低的配比要求。导致在汽车普遍进入中国家庭的当今，老旧小区严重缺乏停车场地和设施，停车难成为老旧小区居民反映最强烈的问题。

（6）小区环境杂乱、违章建筑众多。老旧小区多为当年单位分配给职工的房改房和公房，居民自治意识和能力偏低，没有花钱享受服务的意识，小区也多数没有实行社会化的物业管理，导致小区公共环境没人负责、没人爱惜，小区环境脏乱差、地面坑洼不平。住户为了自身利益纷纷圈占空地，导致违章建筑众多，使小区本来就狭窄的公共空间更加拥挤。

（7）配套服务设施缺乏。小区普遍缺乏超市、菜场等便民服务设施和托幼、养老等服务机构，住户的基本生活需求得不到有效满足。

1.3.2 工作情况和工作成效

1.工作情况

城镇老旧小区改造在各地已开展多年，少数省市在2010年前开展老旧小区改造工作，上海在1982年，浙江在2000年，江苏、黑龙江在2003年，新疆在2007年，辽宁省在2010年；大多数省份在2010年后全面开展老旧小区改造工作，北京、天津、吉林、内蒙古、甘肃、贵州、江西、宁夏、福建、广东、广西、湖北、陕西、云南14省（市、区）启动于“十二五”时期（2011—2015年）；2015年中央城市工作会议后，湖南、河南、河北、山东、海南、重庆等6省市和新疆生产建设兵团启动改造工作。2017年底老旧小区改造试点开展前，各地老旧小区改造以单项改造为主，之后转向小区综合改造。

2017年12月1日，住房和城乡建设部在厦门召开老旧小区改造试点工作座谈会。王蒙徽部长在会上说，推进老旧小区改造，有利于改善居民的居住条件和生活品质，提高群众获得感、幸福感、安全感；有利于加强和创新基层社会治理，打造共建共治共享的社会治理格局。会后，住房和城乡建设部发布了《住房和城乡建设部关于推进老旧小区改造试点工作的通知》(建城函〔2017〕322号)，在秦皇岛、张家口、呼和浩特、沈阳、鞍山、淄博、宁波、厦门、许昌、宜昌、长沙、广州、韶关、柳州、攀枝花等15个城市开展老旧小区改造试点工作。重点探索创新工作组织、资金筹措、项目建设、长效管理等方面的体制机制。15个试点城市按照住房和城乡建设部的要求，都制定了试点工作实施方案，从指导思想、改造内容、工作机制和保障措施等方面对试点工作进行了部署。截至2018年12月，试点城市共改造老旧小区106个，惠及5.9万户居民，形成了一批可复制可推广的经验。

2019年4月，住房和城乡建设部办公厅、国家发展改革委办公厅和财政部办公厅联合发布《关于做好2019年老旧小区改造工作的通知》(建城函〔2019〕243号)，将城镇老旧小区改造纳入城镇保障性安居工程，首次将其列入中央财政补助支持项目，2019年6月19日，李克强总理主持召开国务院常务会议，部署推进城镇老旧小区改造工作，会议认为，加快改造城镇老旧小区，群众愿望强烈，是重大民生工程和发展工程。

为落实国务院常务会议关于加快城镇老旧小区改造工作的部署，做好下一步工作，2019年7月8日—8月2日，住房和城乡建设部会同国家发展改革委、民政部、财政部、人民银行、国资委、国管局等21个部门和单位，对30个省、自治区、直辖市（西藏除外）和新疆生产建设兵团的老旧小区改造情况进行调研摸底。7月底经汇总各地上报的数据，全国有改造需求的小区32.7万个，总建筑面积65亿平方米，涉及居民7323.3万户。

2019年10月，针对城镇老旧小区改造中需要重点解决的问题，住房和城乡建设部会同国家发展改革委、财政部、人民银行、银保监会等部门制定深化试点方案，确定山东、浙江2省及上海、青岛、宁波、合肥、福州、长沙、苏州、宜昌8市开展深化试点工作。试点任务包括建立城镇老旧小区改造工作统筹协调机制、建立城镇老旧小区改造项目生成机制、建立改造资金政府与居民合理共担机制、探索社会力量以市场化方式参与的机制、探索金融机构以可持续方式支持的机制、建立健全动员群众共建机制、建立健全改造项目推进机制、建立存量资源整合利用机制和完善小区长效管理机制等九个方面的机制建设。

2020年，新冠肺炎疫情席卷全球，全球经济遭受重大影响，在此背景下，中央决定加大老旧小区的改造力度，全年改造老旧小区3.9万个，比2019的1.9万个增加一倍多。各地根据中央的决策、部署，克服新冠肺炎疫情带来的不利影响，在抓好疫情防控的基础上，全力开展老旧小区改造工作。各地建立了由省（直辖市、自治区）、市政府领导任组长的老旧小区改造领导小组，统筹当地的老旧小区改造工作；各省（直辖市、自治区）纷纷出台《城镇老旧小区改造技术导则》，从改造内容、组织实施和长效机制等方面对当地的老旧小区改造内容进行规范；各地还制定了《城镇老旧小区改造实施方案》对当地的老旧小区改造工作进行规划和部署（表1-5）。

2020年全国城镇老旧小区改造情况 **表1-5**

序号	省份	新开工改造小区数（个）	惠及居民户数（万户）
1	海南	197	2.19
2	安徽	785	20.88
3	江苏	244	11.58
4	河北	1941	34.26
5	甘肃	1020	17.45
6	山东	1745	50.84
7	内蒙古	1018	13.04
8	北京	181	13.71
9	天津	49	3.24
10	吉林	1948	27.37
11	广西	1476	16.93
12	黑龙江	1147	39.49
13	青海	505	5.09
14	上海	213	26.80
15	辽宁	894	35.86
16	重庆	729	25.11
17	河南	5560	68.24
18	浙江	594	28.46
19	江西	1506	33.16
20	宁夏	265	5.23
21	山西	946	19.53
22	新疆生产建设兵团	35	1.79

续表

序号	省份	新开工改造小区数（个）	惠及居民户数（万户）
23	湖南	2258	33.27
24	贵州	360	6.03
25	四川	4221	46.59
26	新疆	1093	19.48
27	福建	1044	19.29
28	广东	420	20.52
29	陕西	2943	36.67
30	云南	2388	18.77
31	湖北	2532	34.52
32	西藏	22	0.33
合计		40279	735.73

2019年，城镇老旧小区改造在全国推进，各地改造城镇老旧小区1.9万个，涉及居民352万户；2020年，各地城镇老旧小区改造工作明显加速，全年新开工改造城镇老旧小区4.03万个，惠及居民约736万户[①]，超额完成了《政府工作报告》提出的任务目标。2019年和2020年中央财政分别安排了300亿元和303亿元补助资金，支持地方进行老旧小区改造，中央补助资金重点支持基础类改造项目。

2.工作成效

1）改造成果得到居民的高度肯定

通过小区内的基础设施的改造，补齐老旧小区水电管网破旧、煤气光纤不通、生活设施缺乏等“短板”，完善老旧小区基础设施，消除基础设施运行中的安全隐患；通过对房屋本体的改造，整修了房屋外立面，增强了房屋保温效果，修缮了门窗、楼道等共有空间；通过对小区环境的整治，拆除了违章建筑，修整了小区道路，增加了小区绿化、休闲空间；通过公共服务设施的改造，改善了公共服务。在改善老旧小区居住生活硬件条件基础上，多地将社区养老、托幼、医疗、助餐、保洁等公共服务“软件”环境也纳入改造范围中来。重庆在推进老旧小区改造提升工作中，明确将街道综合服务中心、社区便民服务家园、社区养老等公共服务设施向老旧小区集中合理布局。有些地方政府补助资金、简化审批程序鼓励小区老旧加装电梯，极大地改善了小区老年人的生活质量。上述改造成果完善了小区的基础设施，提升了设施功能，改善了小区环境，丰富了服务业态，

① 2020年全国新开工改造城镇老旧小区4万个，2021年1月20日住房和城乡建设部官网。

改造成果得到居民的高度肯定。同时，改造后的小区房产都得到不同程度的升值，特别是改造标准高、加装了电梯的小区房产升值明显。

2）社区治理得到明显改善

老旧小区改造既是一个物质空间改造工程，同时又是一个社会基层治理的完善过程，需要内外兼顾，软硬结合。老旧小区改造是城市发展过程中一个永恒的主题，其核心理念是贯彻以人民为中心的发展思想，贯彻“创新、协调、绿色、开放、共享”的发展理念，贯彻“实事求是、因地制宜”的改造原则。老旧小区改造作为一项民生工程，必须鼓励社会公众积极参与，及时听取社会各界意见，形成良好的工作氛围。要着力解决群众反映强烈的突出问题，让群众在老旧小区改造中有更多获得感，这一过程必然是一个共商、共建、共治、共享的社会治理过程。通过老旧小区改造，密切了党群关系，畅通政府与居民的沟通渠道，发挥社团组织在社区中的桥梁、纽带作用，提高社区治理水平。

3）工作机制进一步完善

各地在推进老旧小区改造工作中，针对老旧小区改造中出现的难点和问题，积极总结经验，对老旧小区管理机制和工作机制进行了积极探索，形成了一批可复制、可推广的经验：

（1）建立激励先进机制方面。宜昌市按照年度改造任务的120%编制项目清单，由社区入户调查，将居民出资意愿强、积极缴纳物业费、配合拆除违章建筑的小区优先纳入计划；苏州市构建“居民申请、社区推荐、街道核准、县（市）区确定”的项目生成机制，综合小区老旧程度、配套设施建设情况、专家打分排序、居民意愿、出资比例等因素，确定年度计划。

（2）简化项目审批方面。2020年9月7日，福建省发布《福建省人民政府办公厅关于印发城镇老旧小区改造实施方案的通知》（闽政办〔2020〕40号），规定不涉及土地权属变化的项目，无需再办理用地手续。对新增建设用地和新建、改建、扩建公共服务用房、市政公用设施的，自然资源部门加强指导协调；因改造利用公共空间新建、改建各类设施涉及影响日照间距、占用绿化空间的，可在广泛征求居民意见基础上一事一议予以解决。

（3）建立存量资源整合利用机制。2020年6月20日，山东省济宁市人民政府办公室发布《关于印发济宁市老旧小区改造工作实施方案的通知》（宁政办字〔2020〕34号），规定深入挖掘小区内空间资源，整合小区周边零星碎片化土地，利用小区共有房屋、机关企事业单位的空置房屋等，在老旧小区内及周边健全社区养老、托幼、医疗、停车场、体育健身、文化娱乐等公共服务设施，完善家政、助餐、便民市场、便利店等社会服务设施。

4）对当地的经济增长有一定拉动作用

城镇老旧小区改造关联行业多、产业链条长，对拉动投资、促进消费、增加就业有积极作用。城镇老旧小区改造本身会增加建材、水泥、管线等需求；同时小区改造后，会促进居民对自家房屋进行装修，居民对房屋装修后，又需要购置家具和家电；小区服务设施完善后，会增加居民对家政、餐饮、娱乐休闲等服务的需求。上述投资和消费的增加，必然增加当地的就业机会，对当地经济的增长有一定的拉动作用。

1.3.3 面临的问题

在中央的统一部署和领导下，各地老旧小区改造取得了很大的成绩，改造成果也得到广大居民的充分肯定。但在各地老旧小区改造的实践中，仍有一些问题还没有得到解决，制约老旧小区改造工作顺利推进，影响改造效果的长期保持。

1.改造资金来源单一

目前，老旧小区改造资金主要来源于政府财政投入。2019年4月，住房和城乡建设部办公厅、国家发展改革委办公厅和财政部办公厅联合发布《关于做好2019年老旧小区改造工作的通知》（建城函〔2019〕243号），首次将老旧小区改造列入中央财政补助支持项目，所以从2019年开始，政府财政投入除地方财政资金外，还包括中央财政补助资金（如湖南省2019年获得中央财政补助资金31亿多元）。此外，供热、供水、排水、电力、通信等基础设施运营企业会承担部分或全部各自管线改造费用。目前，由于老旧小区改造赢利模式不清晰，社会资本介入老旧小区改造的项目不多。小区居民虽然是老旧小区改造的直接受益方，但目前普遍对老旧小区改造没有实质的资金投入或出资很少（图1-7）。

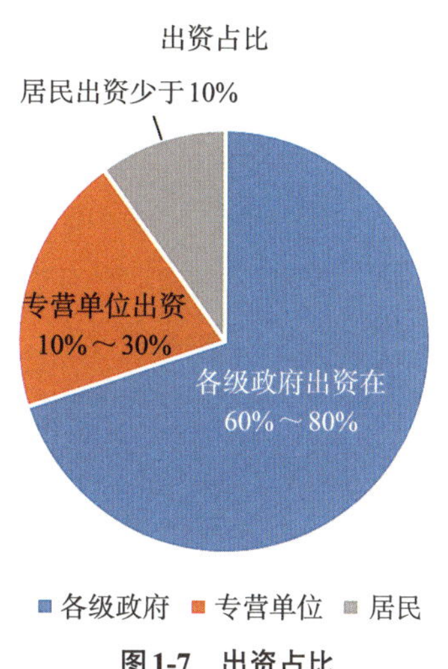

图1-7 出资占比

2020年7月17日在住房和城乡建设部大力推动下，国家开发银行与吉林、浙江、山东、湖北、陕西5省，中国建设银行与重庆、沈阳、南京、合肥、福州、郑州、长沙、广州、苏州9个城市，分别签署支持市场力量参与城镇老旧小区改造战略合作协议。根据签约内容，在未来五年内，国家开发银行、中国建设银行预计将向5省9市共提供4360亿元贷款，重点支持市场力量参与的城镇老旧小区改造项目。其中，国家开发银行预计将向吉林等5个省提供2610亿元贷款，中国建设银行预计将向重庆等9个城市提供1750亿元贷款。这个战略协议的签订将有助于金融机构加快对各地老旧小区改造项目的资金支持。

2.项目审批流程复杂

改造项目实施主体不尽相同，建设单位难以确定，这样由谁来负责报批是一个难点；改造项目可能涉及的部门包括住建、发改、自然资源、城管、文旅、气象、人防、能源、市场监管、生态环境、市政等十几个部门或单位，改造方案分别报送各部门会商或审查效率低下；部分老旧小区由于各种历史原因，无法按要求提供土地手续；部分改造项目不新增建筑面积，办理建设工程规划许可必要性不大，不办理流程少一个阶段，流程上无法有效衔接；部分改造项目前期手续不完善，办理竣工验收和备案存在障碍。所以，老旧小区改造项目采用传统的建设工程报批手续，往往需要很长的时间，加上资料不全，还存在无法报批的情况。

3.发动群众难

新一轮的老旧小区改造采取自下而上的方式，小区居民的改造意愿强烈是进行老旧小区改造的前提条件；而多数小区居民对老旧小区改造有观望态度，特别是在涉及改造后需要收取物业管理费、改造项目涉及切身利益时（如拆除防盗窗、清理违章建筑、加装电梯）有抵触情绪，需要社区和实施单位反复做工作；老旧小区有许多业主并不在本小区居住，如何征集他们对小区改造的意见也是一个难题。

4.项目推进机制有待进一步完善

城镇老旧小区改造涉及面非常广，而且情况各异、问题复杂，是一项系统工程。改造工作牵涉部门较多，如2020年5月北京市发布的《2020年老旧小区综合整治工作方案》附件中“市各有关部门和各区政府老旧小区综合整治工作职责”就规定了市住房和城乡建设委、市发展改革委、市财政局、市民政局、市公安局、市应急管理局、市消防救援总队、市规划自然资源委、市城市管理委、市交通委、市水务局、市国资委、市园林绿化局、市市场监管局、市金融局、市城管执法局和市住房资金管理中心等17个单位在老旧小区改造中的职责。目前，各地基本采取市级筹划指导、区县统筹负责、街道社区具体实施的项目推进机制。项目推进牵涉的部门过多，街道（社区）承担工作过多，责任过重，无法形成持续、高效的项目推进机制。

5. 标准规范体系的适用

老旧小区建成年代久远，当时有很多方面（如消防、绿化、日照、通风等）没有标准、规范的强制要求，或者要求比现行标准规范低。现在对老旧小区进行改造，如果适用现行的标准规范，那么很多改造项目将无法进行，如加装电梯、增建配套设施，而现行的标准规范的强制要求一般情况下是不允许突破的。如果允许突破，什么情况下允许突破，突破的范围有多大，责任如何划分，也是实践中的难题。

6. 长效管理机制亟待建立

城镇老旧小区大多是单位分配给职工的房改房，小区居民大多属于中低收入阶层，其中有相当比例的退休职工。小区大多数都没有引入正规的物业服务，居民也没有交纳物业费来享受物业服务的习惯。这样小区改造后，如果还像以前那样处于“失管”状态，那么改造效果就很难保持。所以，需要培养小区居民的交费习惯，构建“一次改造、长期保持”管理机制，从而达到巩固改造成果、完善社区治理机制的目标[①]。

（编写人员：张佳丽、贺斐斐、曾永光、刘杨、王云、王一丹）

① 数量17万个涉及上亿人，2019年老旧小区改造进展如何？新华社“新华视点”记者李劲峰、郑钧天、翟永冠，2019年12月30日新华网。

第二章

部分发达国家的经验借鉴

国际上一些国家和地区城镇化进程较早，住区更新改造走在中国前面。纵观各个国家城市发展的历史，城镇化水平加速发展的阶段也是城市问题集中爆发的阶段，欧美国家旧城更新和住区改造开始于20世纪60年代，经过三四十年的探索，形成了相对稳定的改造逻辑和较为完善的工作框架。中国老旧小区改造在全国正如火如荼地展开，学习和吸纳国外住区更新改造经验，结合本土特色，形成全新的改造理念和完善的老旧小区工作框架极为必要。

从城市更新和住区改造理念发展来看，欧美发达国家在20世纪50年代之前大多应用城市重建的手法，解决小区设施现代化问题，但是推翻重建带来交往冷漠、多样性毁灭等诸多社会问题。60年代后，旧城更新兴起，住区改造也从解决基本的安全和卫生问题转向多元目标的社区综合化治理（包括关怀老幼、社会融合、绿色发展、城市活力再生等），从政府主导到社区规划、邻里自治和第三方参与。如德国提出“谨慎更新十二条”的原则，注重对现有建筑的修缮，避免大拆大建，将改造与当地人文特质相结合，物质与精神并重，成为欧洲城市更新和社区改造的通用原则；将贫困社区和重点地段社区的更新改造与“公租房”相结合，促进社会融合和提升社会保障。法国采用强制性规范和经济激励措施并举的方式，要求建筑节能改造、安装高能效供暖设备和使用可再生能源的，引导住区改造朝着绿色生态人文方向迈进；英国从第二次世界大战后由中央政府主导社区改造到赋权邻里社区自主发展，形成了多元互动的可持续的社区治理模式；美国探索多方合作模式，从主要依赖政府拨款逐渐转化为用少量的城市资金吸引私人部门投资，配合财税减免政策，形成多资金渠道共同支持社区改造的局面。

从运行机制和保障措施来看，亚洲国家和地区与中国国情相似，老旧小区在空间形成与更新改造中面对的社会问题也近似，亚洲国家和地区的经验教训对中国城镇老旧小区更新改造的模式以及政策制定方面具有一定的参考价值。新加坡形成“市镇—小区—邻里”的三级社区治理层级，与我国“城市—街乡—社区”颇为相似，新加坡编制多层次的社区更新规划，将老旧小区改造衔接城市更新体系，分级分类推动改造内容，构建长效性的社区更新管理制度与周期性的社区更新机制方面，值得借鉴。日本形成了刚性管控与弹性引导结合的法规政策，出台公寓设计、建筑和城市规划三层国家法规，形成多样的激励和补偿性政策。

2.1 新加坡

1959年，新加坡取得自治，为了解决当时严重的房荒问题，在20世纪60年代，政府颁布并实施《新加坡建屋与发展令》，明确了"居者有其屋"的住房发展目标及方针，同时，成立了建屋发展局（HDB），具体负责相关工作的推进与发展，随后建造了大量的公共住宅（组屋）以满足住房需求①。在1961至1995年间，通过7个"五年计划"，累计建成超过80万套的组屋，公共住宅占比一度超过90%②。新加坡老旧小区改造始于1990年，主要针对公共住宅。最初公共组屋的建造虽然基本解决了房荒的问题，但由于当时建造资金有限，建设时间紧张等方面的限制，公共住宅的建造质量不能满足人们对更加宜居生活方式的追求和老年居民就地养老的愿望，亟须进行更新③。随后，政府制定了主要翻新计划（MUP）、中期翻新计划（IUP）、选择性整体再开发计划（SERS）、家居改善计划（HIP）、再创我们的家园（ROH）等一系列计划手段，对老旧住宅进行改造。

新加坡的住宅改造计划是动态更新、适时调整的，并伴随着老旧小区改造范围的不断扩大和改造标准的不断提高。新加坡的住宅改造会结合城市更新进行综合统筹规划，也逐渐形成了分层分类和长效管理的工作框架，对我国完善老旧小区改造工作框架具有借鉴意义。

2.1.1 衔接城市发展，多级制定改造计划

新加坡实行"市镇—小区—邻里"的三级社区治理体系，政府在制定社区更新计划时与此体系相对应，从宏观到微观分别制定计划，将老旧社区的更新融入整个城市的规划体系内。并且政府组屋每次的更新改造，都与新加坡的概念总蓝图或称之为城市总体规划图紧密结合，作为组屋改造强有力的支撑体系④。

1.市镇层面

先后制定了"部分街区重建计划"（SERS）与"再创我们的家园计划"（ROH）。在1995年，建屋发展局启动了"部分街区重建计划"，在SERS的过程中，老旧

① 贾梦圆，臧鑫宇，陈天.老旧社区可持续更新策略研究——新加坡的经验及启示[C]//中国城市规划学会、沈阳市人民政府.规划60年：成就与挑战——2016中国城市规划年会论文集（2017住房建设规划），2016：331-340.

② 苏多永.新加坡住房保障制度及其启示[J].中国房地产，2010，358（10）：63-64.

③ 张天洁，李泽.优化住宅存量下的新加坡公共住宅翻新[J].建筑学报，2013（03）：28-33.

④ 崔东红.居者有其屋——新加坡公共住宅规划与建设[J].大连干部学刊，2010，26（6）：9-14.

住宅区被拆除，代之以更新、更高密度的住宅，之前居住于此的居民有优先选择新住宅的权利，这项计划既为现有居民提供了就地安置的机会，也为新住户提供了住房，并且为老旧住区提供了更多的绿色的公共空间，丰富了住宅类型。2007年，李显龙总理在国庆集会上公布了“再创我们的家园”倡议，作为更新和进一步发展现有建屋发展局市镇的全面蓝图，着眼于整个城市地方特色的塑造，并满足社会不断变化的需要。在建屋发展局片区独特的基础上，这些计划将确保城镇中心地带保持活力和可持续性。新加坡在市镇层面的计划，从整体层面统筹老旧住区的改造与重建，进行资源的合理配置，更新公共服务设施，提升区域的活动空间质量，改善人们的居住环境质量。

东海岸（East Coast）区域于2011年被列为ROH计划的第二批改造地区（图2-1）。该区域内包含有组屋、共管式公寓、少量私人住宅。改造计划在Bedok市镇中心新建了购物中心，并将综合巴士转换站与共管公寓和购物中心连接，方便居民购物，提升地区价值。在各项翻新更新计划下，建屋发展局在市镇以及组屋区不断改进生活环境。具体的实施内容包括新建住宅项目，提升地区居住容积率，新建城市公共设施，如市镇广场、游泳馆和体育馆、多层停车场，并且增加新的地铁站，增加自行车专用道，整修了步行道（图2-2）。

图2-1　Bedok户外娱乐长廊项目[①]

① 图片来源：https：//www.hdb.gov.sg.

图2-2　Bedok 市镇中心的改造措施[①]

2.街区层面

实行"主要翻新计划"(MUP)、中期翻新计划(IUP)、"邻里更新计划"(NRP)等，将多个邻里结合，进行基础设施的完善和活动空间品质的提升，以此增加设施的多样性并减少重复性，满足居民的不同需求。最新的邻里更新计划(NRP)于2007年推出，该计划的重点是结合两个及以上的邻里单元，对街区层面进行改造，并且采用社区参与方法，例如市政厅会议、展览和焦点小组等，以帮助政府了解社区对于更新的具体需求。NRP适用于1995年之前建造但尚未通过MUP或IUP的区块，所有费用均由政府提供。考虑到社区参与的重要性，NRP实施的结果在新加坡各地差异也较大[②]。

2012年4月，主要翻新计划(MUP)中的宏茂桥镇德义宏苑组屋翻新竣工。德义宏苑组屋在翻新时屋龄约30年，通过改造有效改善了邻里、楼栋和组屋单位内的居住环境(图2-3、图2-4)。由于合理的筹划和良好的沟通，居民们对此表示出高度的满意，部分楼栋甚至举办特别聚会，自费宴

① 图片来源：https：//www.hdb.gov.sg.

② Glass，M.R.and A.E.Salvador(2018). "Remaking Singapore's heartland：sustaining public housing through home and neighbourhood upgrade programmes." [J] International Journal of Housing Policy 18(3)：479-490.

请施工工人和承包商以表示感谢[①]。

具体的改造措施包含以下三方面：

(1) 增设适老化设施：无障碍电梯厅，无障碍坡道，无障碍连廊；

(2) 翻新公共设施：翻新邻里凉棚，增设学习角，翻新游戏和篮球场；

(3) 翻新外立面：普通窗改为落地窗。

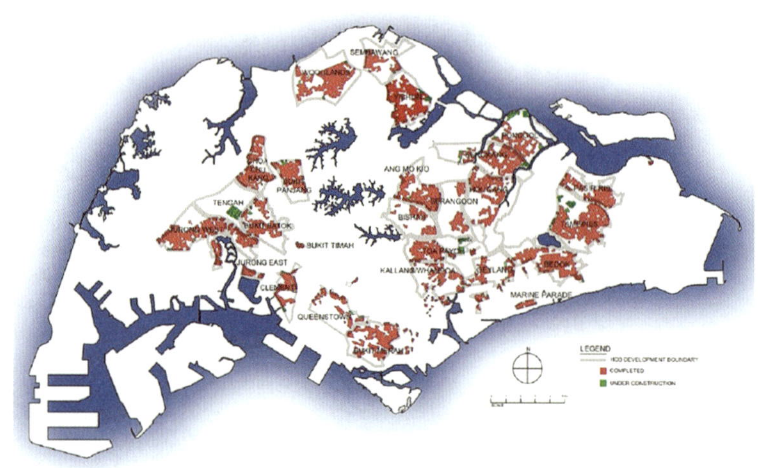

图2-3　新加坡主要翻新计划的组屋邻里分布[②]

图2-4　德义宏苑实施改造后效果[③]

① 林诗慧.主要翻新计划功德圆满：共拨33亿元，13万户家庭受惠[N].新加坡联合早报，2012-04-20.

② 图片来源：https://services2.hdb.gov.sg/ebook/AR2020-keystats/html5/index.html?&locale=CHS&pn=15.

③ 图片来源：张天洁，李泽.优化住宅存量下的新加坡公共住宅翻新[J].建筑学报，2013(03)：28-33.

3.住宅层面

新加坡目前实行“电梯翻新计划”（LUP）与“家居改善计划”（HIP），电梯翻新计划为了适应多类型的家庭的需求，特别是有老年人、小孩和残疾人的家庭，使每层均有电梯直达，可视为住宅层面适老化项目的保障计划。“家居改善计划”则涵盖基础类必要项目、可选项目以及适老化项目（EASE）。

最后，新加坡政府为了保障三级更新计划的顺利实施，在不同层面通过多种途径，保障居民的有效参与。在市镇层面的社区更新项目中，虽然采用“自上而下”为主的方式，由新加坡都市重建局联合其他部门通过调研和分析，负责更新项目的决策与规划，但也通过调查回访、居民听证会等方式，听取居民的意见和反馈，从而调整和优化更新项目。在街区和住宅层面的更新，采用“自下而上”的方式，在都市重建局发布参与更新项目的社区范围后，若有75%以上的居民同意，则此社区和楼栋即可参与更新改造计划项目。在项目设计和进行中，政府和设计单位积极听取居民的意见，通过市政厅会议、楼栋聚会、小型展览、对话会谈和社会调查获得居民的反馈。同时，在制定决策时，任何异议者都可向新加坡的分层地契局提起申诉，也可向法院提出诉讼请求，这一程序设计同样保障了公众的权利。

2.1.2 明确必要内容，分类推动改造实施

新加坡的社区改造项目根据难易程度、必要性等因素划分为基本内容、品质提升内容和适老化三类。第一类为基本内容，主要解决组屋因建造时间增长，房屋及设施老化而带来的安全隐患，例如修复建筑结构、维修市政管网、更换老旧电梯等。第二类为住宅品质提升内容，以适应随着科技进步与社会发展所带来的人们生活方式和生活需求的变化，为人们提供更好的居住环境。这类更新内容包含对建筑本体、公共环境的改造，如户内马桶和浴室的更换，户外更新或增加社区运动场、步行道、健身场地等活动场所。第三类为适老化的改造，解决新加坡因人口老龄化而带来的对住宅需求的变化，例如户内对卫生间进行防滑处理、修补户内台阶，户外修补无障碍坡道，增加老年食堂和老年活动场地等。其中必要项目由政府进行出资保障，对参与项目的所有住宅进行改造；可选项目以及适老化项目可根据不同家庭的需求进行有选择的改造，根据户型不同，不同家庭需要负担5%～12.5%的费用，并且即使自己的社区未参与“家居改善计划”，居民同样可以申请适老化项目的改造，此举提升了改造的灵活性。

从新加坡的改造目标和内容来看，可以发现几个特点：一是分级分类，项目根据难易程度、必要性等因素划分为基本内容、品质提升内容和适老化内容；二是非常重视适老化改造内容，将适老化作为单独选项，特别提出“适老化计划”。

为了帮助居民解决行动不便的问题，建屋发展局与业界合作设计了一种适用于公共组屋的轮椅升降器。这可以在居民出入房屋时为他们提供帮助。根据试验计划，如果由于场地限制而无法安装根据EASE提供的坡道解决方案，将为带有多级入口的单位提供轮椅升降器（图2-5）。

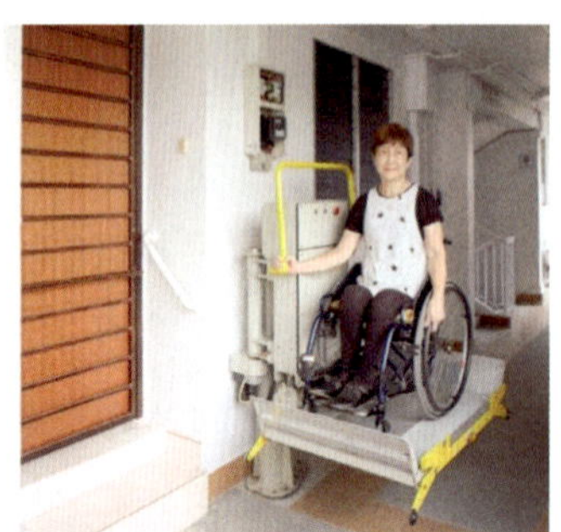

图2-5 “适老化计划”中的轮椅升降机计划[①]

新加坡已经将通用设计（UD）纳入城镇住区改造的方方面面，以使生活环境更具包容性，促进全龄友好。例如，无障碍坡道布置将串联多种功能，连接停车场、公交车站和商店等便利设施。

2.1.3 加强长效管理，周期性开展住区更新

一方面，新加坡非常重视公共住宅改造后的管理和运营。以市镇理事会作为组屋售后维护管理的核心机构，负责各项管理事务和资金安排。公共住宅的物业管理通常由专门的物业管理公司承担，市镇理事会每年都会与物业管理公司签订合同，并定期搜集社区居民的意见和建议，与物业管理公司进行协商，对不符合居民需求的物业管理公司进行撤换。如果哪家物业公司违反条例，或不按照规章办事，建屋发展局将吊销其营业执照。从制度层面规范物业管理行业的行为，提高社区物业管理水平[②]。并且在社区中成立业主委员会，发挥居民的个人专业技能，形成社区互助组织，以及由业主组成的纠察小组，检查私自搭建、侵占绿地等行为，维护社区环境整治成果。与此同时，新加坡政府也发挥自身的主导作

① 图片来源：https：//www.hdb.gov.sg/cs/infoweb/residential/living-in-an-hdb-flat/for-our-seniors/.

② 李俊夫，李玮，李志刚，等.新加坡保障性住房政策研究及借鉴[J].国际城市规划，2012，27（4）：36-42.

用，每年在预算中预留部分资金弥补小区公共管理部分赤字[①]，同时在房屋运转利润中留存部分作为小区管理资金，政府约承担40%，居民承担60%。

另一方面，新加坡的组屋的更新改造理念是保持常新状态，为此新加坡建屋发展局建立了住区的动态维修的更新机制。政府补贴对公共住房小区进行全方位的翻新整治，并严格按照周期来实施，政府规定每5年对整幢楼房外墙、公共走廊、楼梯、屋顶及其他公共场所进行一次维修，所需资金“政府出大头、居民出小头”。每7年进行外墙粉刷维修，更新加压泵，每14年进行屋顶更换，每15年进行中央垃圾处理系统和水箱更换，每20年进行电缆线路更换，每28年进行电梯大修或更换[②]。并且建立社区管理的信息库，一方面于对社区常住人口、流动人口进行有效管理，另一方面对周期性的更新进行记录，便于对更新项目质量进行监管。

2.2 日本

第二次世界大战后，日本开始重建复兴，随后婴儿潮的到来造成了住宅短缺的社会问题。从20世纪50年代起，日本政府在城市以及近郊供给了大量住宅。到20世纪70年代，以东京、大阪、名古屋三大城市为首的近郊，形成大规模的郊外大型住区。随着经济的进一步发展和人民生活水平的提高，到20世纪80年代，住宅的规划建设重点转向了居住环境的提升。20世纪90年代，阪神大地震等自然灾害的发生使得日本住区的开发建设开始强化防灾功能与公共服务。进入21世纪后，日本进入了少子高龄化社会，住宅空置、适老性差以及年轻人口流入不足导致了早期开发的住区的逐渐衰落，日本政府亟须通过更新改造活化老旧住区。无论是哪个阶段的旧区改造，均以全国及重点地区（三大城市圈和地方圈）的人口和家庭预测数为基础，进行住宅分类别的空置率测算，确定不同阶段的更新改造楼体（主要确定楼龄、建筑抗震安全、卫生等条件），以居住环境改善、居住便利性提升等问题为导向开展工作。在国家层面制定全国性的居住生活总体规划（每10年制定一次），从居住者视角、解决住宅存量视角、促进产业发展和地域活力魅力视角制定老旧住区更新改造的方针和目标。

总体来看，我国与日本的快速城市化过程相似，老旧小区在空间形成与更新改造中所面对的社会问题也近似，日本的经验教训对我国城镇老旧小区更新改造

① 刘锋.我国老旧小区有机更新中的权属问题[J].中国房地产，2016，(15)：75-80.

② 黄春明.借鉴新加坡经验 保证城市持续更新[N].珠海特区报，2014-04-27(008)：1-3.

的模式以及政策制定方面具有一定的参考价值。

2.2.1 因地制宜，采取多样化的改造方式

为了满足人民的需求，实现多样化的改造目标，日本的老旧小区改造模式因地制宜，可归纳为以下五种类型：

（1）土地出让型：基于《公寓重建法》的土地出让机制，实现业主卖地分钱。另外，利用该制度的容积优惠机制，抬升公寓土地溢价，优化卖地收益。该类型只适用于产权房。

大阪府经营的公租住宅运用了“资产活用”方式，通过出让部分住区土地筹集老旧府营住宅的重建资金。另外，通过“修缮提升方式”对老旧府营住宅进行环境提升改造（图2-6）。

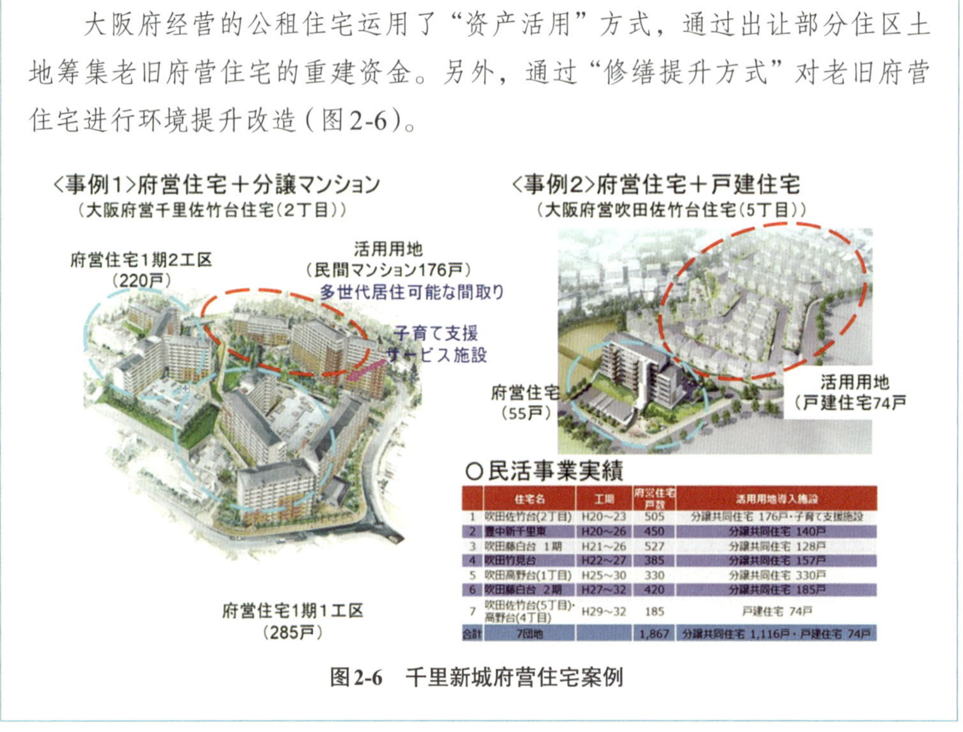

	住宅名	工期	府営住宅戸数	活用用地導入施設
1	吹田佐竹台(2丁目)	H20～23	505	分譲共同住宅 176戸・子育て支援施設
2	豊中新千里東	H20～26	450	分譲共同住宅 140戸
3	吹田藤白台 1期	H21～26	527	分譲共同住宅 128戸
4	吹田竹見台	H22～27	385	分譲共同住宅 157戸
5	吹田高野台(1丁目)	H25～30	330	分譲共同住宅 330戸
6	吹田藤白台 2期	H27～32	420	分譲共同住宅 185戸
7	吹田佐竹台(5丁目)・高野台(4丁目)	H29～32	185	戸建住宅 74戸
合計	7団地		1,867	分譲共同住宅 1,116戸・戸建住宅 74戸

图2-6　千里新城府营住宅案例

（2）自主更新型：基于《公寓重建法》由业主委员会自主进行老旧住区更新。该类型只适用于产权房。

谷中地区老旧社区的改造为自主更新型，活用的“再生产策略”，以台东区历史都市研究会NPO为主导推动运作，在空间维度通过整修实现了“安全”，在社会经济维度通过经营使得功能再生实现了“安心”，在文化维度通

过恢复历史文化并营造社区凝聚力而实现了“安宁”，实现了魅力的再生产①（图2-7、图2-8）。

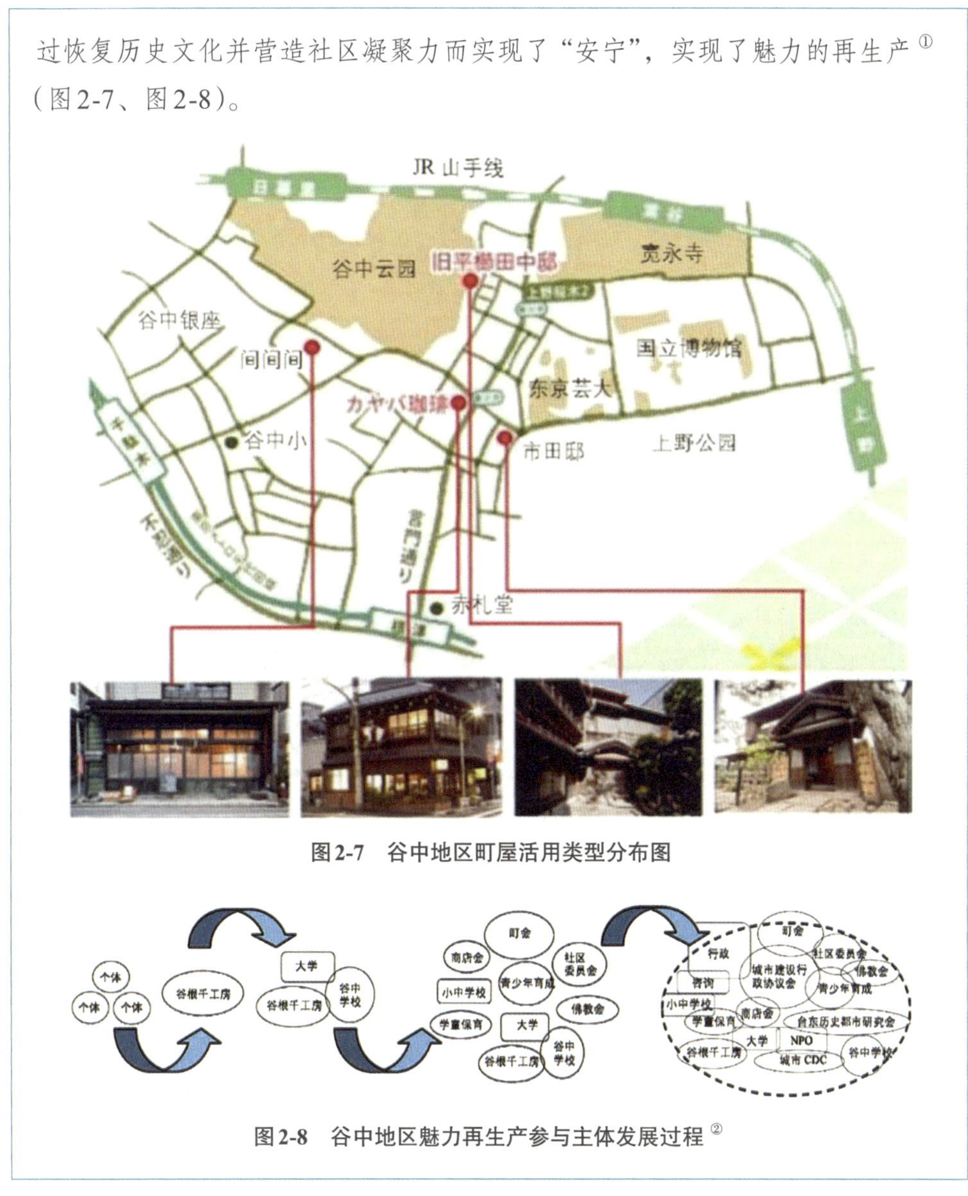

图2-7　谷中地区町屋活用类型分布图

图2-8　谷中地区魅力再生产参与主体发展过程②

（3）资产活用型：个人业主或公租房运营机构，通过在更新改造时出让一部分住区土地或者楼面来筹集更新改造资金。该类型适用于产权房或公租房。

（4）综合配套型：在老旧住区更新改造时，除了住宅部分的提升，更引入养

① 樊星，吕斌，小泉秀树. 日本社区营造中的魅力再生产——以东京谷中地区为例[J]. 国际城市规划，2017，32（03）：122-129.

② 图片来源：樊星，吕斌，小泉秀树. 日本社区营造中的魅力再生产——以东京谷中地区为例[J]. 国际城市规划，2017，32（03）：122-129.

老院、托儿所、医疗机构等生活支援设施以完善周边公共设施配套。该类型适用于产权房或公租房。

（5）修缮提升型：通过加装电梯、淋浴间、扶手、升级管网等修缮方式来提升老旧住宅的品质。该类型适用于产权房或公租房。

丰四季台社区于1964年开发运营，占地面积约32.6公顷，共103栋住宅楼，提供4666户的租赁住宅单元，成为集教育、医疗、商业等一体的大型综合社区，但随着住宅老化，到2015年，社区居住人口减少为约6000人，老龄化率也高达41%，为此对构筑社区环境与景观提出了三大生态理念[①]。完善多种配套设施，并集中力量进行适老化改造，建立了健康景观系统，以期推动社区的全龄友好（图2-9～图2-11）。

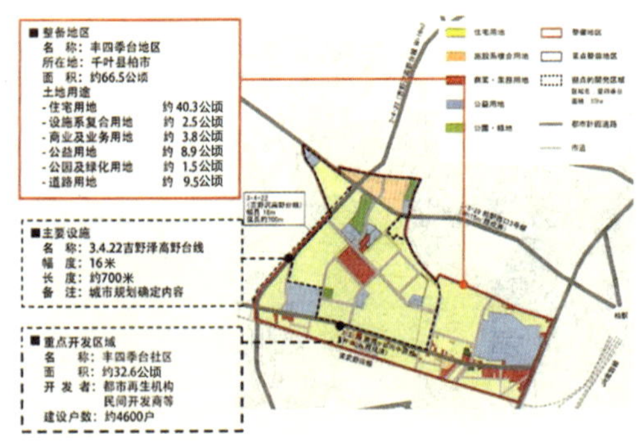

图2-9　丰四季台社区改造前规划及户型分布[②]

图2-10　三大生态理念下的社区改造[③]

图2-11　社区改造后效果

① 伊藤增辉.可持续社区居住环境与健康景观设计——以日本再生社区样板为例[J].住区，2019（06）：94-103.

② 图片来源：日本千叶县官网https：//www. Pref.chiba.lg.jp/kendosei/.

③ 图片来源：伊藤增辉.可持续社区居住环境与健康景观设计——以日本再生社区样板为例[J].住区，2019（06）：94-103.

2.2.2 刚弹结合，制定完备的政策法规

1.出台公寓设计、建筑和城市规划三层法律

首先，日本的公寓住宅更新改造时，产权划分与决议规则主要依据《区分所有法》。该法作为民法的特别法规定了产权公寓中“专有部分”与“共有部分”的定义，以及规定了公寓管理与重建由业主进行集体决议。其主要内容包括：住户室内部分为业主专有部分；土地、楼道等为共有部分，不能单独买卖；业主组成“管理委员会”实施管理与决策；修缮或重建由所有业主进行集体决议。其次，在建筑法规方面，依据《建筑基本法》实行综合设计制度和同一区域综合设计制度，在法规与制度层面给予住宅改造一定的优惠性政策。最后，在城市规划法规上，依据《都市计划法》，统筹布置同一地区的住宅设施，保障城市的优良居住功能，在城市规划层面可将50户以上的集团住宅以及附带的道路等基础设施定性为“同一区域的住宅设施”，并由当地政府制定该区域的规划指标。其主要规划指标为：区域面积、建筑物遮挡率上限、容积率上限；低层、中层、高层住宅的供给计划；公共设施、公益设施及住宅的布局方针。在城市层面，也会依据《建筑基本法》第86条第1项，对于需要整体改造建设或整体保护的地区，在城市规划层面可划定范围并由当地政府制定“地区计划”。从在法律上在城市、建筑、住宅层面层层传递并分别给予政策指引。

2.在总体规划中明确老旧社区的改造方针与标准

日本每10年制定一次“居住生活总体规划”，从中央政府层面明确了住宅供给以及老旧住区更新改造的方针与目标。2017年制定的最新版“居住生活总体规划”（全国总规）针对老旧住区更新改造制定了如下目标：

目标1：充实住区功能，满足各年龄层居民的需求。具体为：

（1）公租住宅区（100户以上）更新改造时需配套面向“育儿家庭”“高龄家庭”以及“残疾人家庭”的生活支援设施。

（2）由UR都市机构[①]更新改造的大型住区（1000户以上）需配套地区医疗据点设施。

（3）提高住宅更新改造时的无障碍化比率（2015年的比率为41%，2026年提高到75%）。

目标2：加快促进老旧住区更新改造的制度构建。具体为：

（1）创建“公寓土地一次性出让制度”以促进老旧住区更新改造。

① UR都市机构为国有城市开发机构，也是日本最大的公有住宅供给主体。

（2）加强老旧住区更新改造中“街区再开发方式”的应用，以促进更新改造方式的多样化。

（3）建立促进老旧住区更新改造的新型业主议事机制。

（4）旨在解决住区业主委员会管理人才不足的问题，探讨保障“管理费”有效征收以及建立“长期修缮计划”与“修缮更新基金”等保障机制。

3.关联法规实行“容积优惠”政策，激发市场积极性

日本通过一系列的法律和政策条例，放宽了改造的门槛，并通过容积率奖励的方式，调动了改造的积极性。

首先，综合设计制度依据《建筑基本法》第59条第2项，规定项目建设时，在项目用地中留有一定比例的公共服务空地，且一定程度上改善了街区的环境，则对该项目实行容积率优惠以及放宽道路斜线等高度管控要求。其次，同一区域综合设计制度依据《建筑基本法》第86条第1项，规定对一定区域内的2个及2个以上的建筑物，在其相互关系合理且在结构安全、防火、卫生等方面达标的前提下，可将其视为同一地块计算总体容积率，在更新项目中可通过该方法消化新建住房的剩余容积率。例如，狄中住宅项目通过运用“综合设计制度”和“同一地区综合设计制度”来提升容积率；町田山崎住宅通过运用《公寓重建法》和“地区计划”制度来提升容积率，并通过卖出剩余容积和土地来充实更新改造资金。

4.提高项目决议标准的弹性，建立完善的补偿性政策

1）引导支援性政策

2002年，日本政府为了简化公寓住宅在更新中的繁琐程序，创立了《公寓重建法》作为《区分所有法》的补充。《公寓重建法》规定了业主可以组成重建委员会自行更新住宅，开发商也可加入其中参与公寓更新。更新改造时，土地以及建筑的产权在更新改造过程中会暂时集中到重建委员会，大大简化了更新改造的程序。2015年，日本政府基于《公寓重建法》创立了“公寓土地一次性出让制度”，该制度旨在针对那些抗震性差的老旧住宅，通过一次性土地出让的方式实现业主迅速卖地分钱。并且当建筑物需要重建时，满足保有土地面积标准并可改善街区环境的情况下，也可享受容积率优惠，极大促进了改造的积极性。

为了降低改造的门槛，促进老旧住区的更新改造，日本在2016年改革了《都市开发法》。改革前要求经过全体土地所有者同意才可进行开发，改革后则放宽了决议标准，2/3以上的土地所有者同意便可实施开发。相较于过去《区分所有法》和《公寓重建法》规定的4/5业主同意的标准更宽松。

2）补偿政策

首先，为提升街区整体防灾能力促进棚户区的改造，“防灾街区整备事业”和“住宅地区改良事业”的改造计划，使得居民在政府补贴层面享受前期调查费、土木整备费以及附带的公共设施整备费33.3%的中央财政补贴。其次，为了促进建设更加坚固、安全的优良住宅，日本政府创立了“优良建筑物整备补助”制度，其可分为重建补助和修缮补助。在满足土地面积、建筑对象等一系列的要求下，即可享受调查费、设计费、改造费、现金补偿等补助，该补助费由中央财政、地方财政、开发建设主体共同承担。

2.2.3 深挖市场，形成多元资金结构

日本在老旧住区更新改造中的资金方略可归纳为以下三种方式：

（1）政府补助：运用“优良建筑物整备补助”“防灾街区整备事业”等政府补助筹集部分更新改造资金。

（2）土地物业出让，自筹资金：出让一部分住区土地或者楼面来自筹更新改造资金。

（3）金融创新，深挖市场需求：首先是长期低息房贷，日本住宅金融支援机构向购房者提供长期低利息贷款，是促进老旧住区更新以及稳定房地产市场的重要举措；其次是老年贷，通过向老年人提供住房贷款，每月只需还利息，在老人去世后银行卖出其抵押房屋或者由子女来偿还本金；最后是买房装修一体贷，为促进二手房流通而推出的一种可用于房屋装修的贷款。

2.3 法国

第二次世界大战后法国政府牵头在城镇郊区大量建设“大型居住区”解决住房问题。20世纪70年代初这些住宅楼开始劣化，房屋密度高、交通不便、公共服务设施匮乏等问题显现，引起当地居民不满，社会骚乱频发。法国中央政府开始改造这些住区，阶段和工作重点为（表2-1）：

法国大型居住区改造阶段和措施表　　表2-1

阶段	年代	名称	评估因素	公共程序	提出的措施	实施
第一阶段	20世纪70—80年代	大型居住区	住宅楼状态劣化	居住与社会生活	住宅楼修复 公共服务设施配置 居民参与社区更新	√ √ ×

续表

阶段	年代	名称	评估因素	公共程序	提出的措施	实施
第二阶段	20世纪90年代	城市敏感地区	大型居住区（或住房条件退化的区域），居住人数和就业人数不成比例	街区社会发展	住宅楼修复 街区卫生环境改善 年轻人教育和就业	√ √ ×
				城市规划重大项目	住宅楼修复 公共环境美化 交通基础设施配置 公共服务设施配置 社区治安保障	√ √ √ √ √
第三阶段	20世纪90年代	城市敏感地区	大型居住区（或住房条件退化的区域），居住人数和就业人数不成比例	国家城市翻新项目	拆除、新建住宅 地区绿化环境配置 交通基础设施完善 公共服务设施完善 植入商业办公业态 提供就业岗位	√ √ √ √ √ √
	2002年起	优先发展地区	以200米×200米的方格网为单位。考虑人口总量、多样性和活动，地区的开放程度、交通环境、社区管理等	新国家城市更新项目	拆除、新建住宅 公共服务设施完善（重点投资教育） 创造就业岗位 居民参与纳入法律	实施中

第一阶段维修状态不佳的建筑并帮助居民参与社区生活。

第二阶段提出“社会混合”（Mixité sociale），帮助发展困难的居住区重新融入城市，吸引公共机构和私人公司入驻。

第三阶段全面建设“混合型住区”。提倡大规模干预，拆除状态不佳的保障性住房并新建多元的住宅，补充各类设施，促进地区社会经济发展。

2.3.1 改造分类施策，改造内容软硬结合

自对大型居住区改造初期起，法国政府提出的措施中就包含了公共服务设施和交通基础设施的完善。今天，在创建“混合型社区”目标下，更是以增设教育和文体设施、完善住区无障碍设施系统、植入商业和办公等业态并提供就业岗位，以及法律赋权公众参与为手段，不断提高当地居民的居住和生活水平，尤其体现出对弱势群体的关爱。

尽管法国住区改造的公共程序阶段性较为明显，但也有政策和程序交叉并行的情况出现，一般来说，市镇会根据政策地区的实际情况采取不同的改造方式，以是否对住宅进行拆除重建为切入点，对大型居住区的改造可分为“环境整治”和“半拆半建”两种方式。

1.环境整治型

此种改造类型对居住区的干预最小。在这一阶段，通过在住区周边植入商业和办公功能吸引外部人口来此工作，加大区域内不同阶级人口的流动，初步形成“社会混合”效果。

巴黎奥林匹亚居住区于2002年至2010年在“城市规划重大项目”框架下进行了一期更新工程。规划分为五个方面实施：第一，完善公共服务设施，包括建设新的健身房、托儿所以及重新装修初中和体育场。第二，改善步行环境，包括开辟新的步行通道、增加景观小品、夜间照明以及完善无障碍设施。第三，实现公共交通通达，包括增设轨道交通站点，新增公交线路。第四，立面整饬，包括重新粉刷幼儿园和居住建筑墙面。第五，增加安保人员和设施，包括安装摄像头和增加警力巡查。至2019年，巴黎市政府仍在对该街区进行持续的、小规模的更新（图2-12～图2-15）。

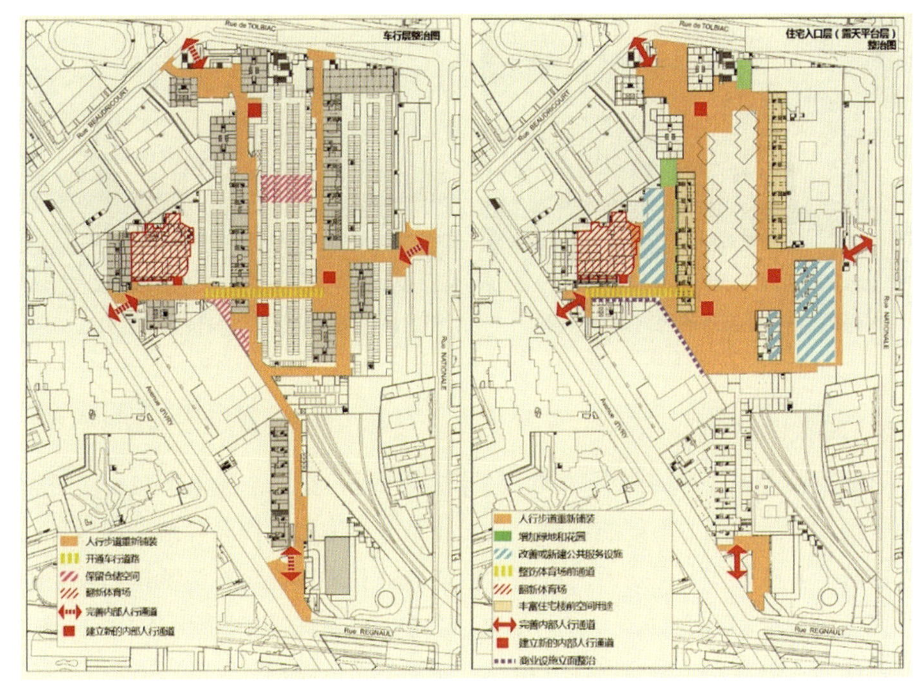

图2-12　奥林匹亚街区环境整治规划图①

① 图片来源：Atelier parisien d’urbanisme. GPRU OLYPIADES Diagnostic urbain et propositions. 2002. 图例为作者自译。

图2-13　在住区入口加设电梯和扶梯，入口处同时张贴住区下一轮改造工程公告[①]

图2-14　整饬后的住区广场为居民提供交往场所

在街区南部，进行了一家汽车公司废旧厂房（1916年）的改造工作，作为法国铁路公司旗下建筑设计公司总部所在地（图2-16）。

图2-15　更新后的地下车库入口

图2-16　建筑公司总部与奥林匹亚住区关系

2.“半拆半建”型

与前阶段不同，2004年开始的“国家城市翻新项目”，提出了对建筑进行大规模干预，即拆除状态不佳的住房。搬迁政策分为本地置换和异地搬迁两种：在本地建造低密度住房，在贫困人口较少的街区征收现有住房作为拆迁居民新的住所。为达到社会融合的目的，进一步吸引各阶层人群在街区中生活，植入办公、商业等功能；创造新的就业岗位，指导失业人员重回职场。

位于圣迪济耶市东北部郊区的绿林住区在2004—2014年间实施了第一期城市更新行动。该行动主要包括：第一，迁移原隔离住区与市中心的国

① 四张现状照片由张之菡拍摄于2019年10月。

道，原址改建为林荫大道，消除居民区隔离感，增加交往空间，促进城市各个区域间人员流动。第二，拆除22座低质高层住宅楼，补充的新建住宅均为低层建筑，实现住房模式的多样化。第三，提出本地置换和异地搬迁两种搬迁政策，优先考虑老人和妇女儿童的需求。第四，城市更新局通过向人才市场推荐的方式，帮助失业人员重新融入社会。第五，住区西部建设商业楼宇，并创立小微企业孵化器，吸引大量创业伊始的年轻人在此工作和生活，从而调整了住区人口结构[①]（图2-17～图2-19）。

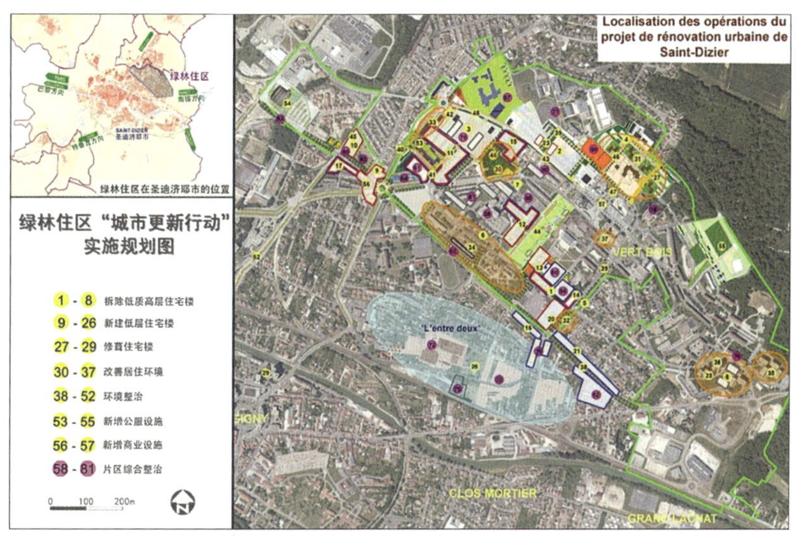

图2-17 绿林住区“国家城市翻新项目”实施规划图[②]

图2-18 住区80年代面貌[③]

图2-19 新建低密度住宅与保留住宅关系

① 张之菡，苏原，李洵.法国城市旧区更新政策演进及特征浅议[J].城市规划通讯，2019（07）：15-16.

② 规划图和新建住宅照片来源：Projet de renouvellement urbain et social de Saint-Dizier pour le quartier du Vert-bois. 2014. [EB/OL].http：//www.haute-marne.gouv.fr/content/download/ 8803/65103/file/Annexe%202%20PSL.pdf.图例为作者自译。

③ 图片来源：https：//twitter.com/renaud_epstein.

2.3.2 成立专职机构，实行项目全流程评估

法国的城市规划工作呈现出两个特点：第一，委派或单独成立政府管理机构负责某个特定公共程序的实施，这种“国家牵头、权力集中”的形式有助于实施国家政策以及划拨公共资金；第二，对各类规划尤其是国家级项目秉承前期准备—项目实施—后期评估，时间和精力分配为9:1:9的做法，认为前期可行性评估和后期实施效果评估是项目成功的关键，可起到压缩项目实施时限、避免重复错误的作用。同时，在每一阶段政策实施中，政府部门均会向多学科学者要求评估报告，扩展思路。针对大型居住区的改造更新工作体现了以上特点及优势。

在大型居住区更新项目初实施时，强调国家部委间的合作，以及市镇之间、市镇与国家之间的合作关系。对“城市敏感地区”实施更新项目时期，中央政府配置了三个机构：“全国城市与城市社会发展议会”（Conseil national des villes et du développement social urbain）对战略和实施提出意见，“城市与城市社会发展部际委员会”（Comité interministériel des villes et du développement social urbain）负责指导，“城市与城市社会发展部际代表团”（Délégation interministérielle à la ville et au développement social urbain ）负责落地实施，形成了一套完整的、对国家总理负责的公共行为框架。

而自21世纪初期“新国家城市更新项目”起，中央政府成立“国家城市更新局”，由一直以来的部委合作机制，改为由该局全权负责项目的组织、审批和资金的发放。以现阶段正在实施的“新城市更新项目”为例，要得到资金和政策支持，需要经过严格的申请和审批流程：第一阶段为预协定编制，第二阶段为制定分项目投资协议。第一阶段要求提出项目申请的市镇编制详细的项目和预算并呈给国家城市更新局，此过程要求进行多种的、长期的、多团队的评估，以保证项目的合理性。

2.3.3 鼓励绿色改造，出台环保节能标准

进入存量时代后，法国每年的新建建筑数量很少，近些年来一直推行“新建筑应消除浪费能源的漏洞，老建筑应提高能源使用效率”的政策，以应对当前全球温度上升和气候变暖的挑战。在政策框架下颁布了多部严格的建筑标准，并采取财政优惠和广泛宣传等多重手段，鼓励私人部门和居民遵守相关规定。

为达到节能目标，法国首先出台了“建筑热工法”，与我国的工程标准强制性条文相类似，主要针对新建民用建筑规定相关最低指标要求。同时制定建筑改造法规，对建筑改造时的保温隔热层、窗型材质的选择、热源等技术标准均做了规定。

法国采用强制性规范和经济激励措施并举的方式，贯彻执行有关节能要求。个人所得税减免是法国政府鼓励住宅节能的一项重要激励政策。2005年和2006年法国政府出台的两项法令规定对采取建筑节能改造、安装高能效供暖设备和使用可再生能源的居民给予一定的税收减免。同时政府规定经济来源有限的退休人员可为其住宅申请“养老金补贴”，主要用于管道、卫生间、采暖设备等项目的改造[①]。

2000年，法国通过了新的“全国改善能源消耗效率计划”，还为此建立了紧贴基层的信息网——能源信息点，为个体经营者、小型企业和地方政府提供服务。2001年，法国耗资3000万法郎通过新闻媒体开展了关于节能的宣传活动。此外，法国还设立了环境保护和节制能源消耗基金，帮助中小企业进行节能性投资，并制订了可再生能源开发计划。

2.4 德国

德国的老旧小区改造主要集中在20世纪80年代。70年代以前，住宅建设以量为主，在郊区建设条式多层和点式高层的建筑，规划设计上打破了以往的围合住宅模式、街道塑造和轴线传统布局等手法，呈现自由流线格局。80年代，房屋数量已经能够满足人们的需求，国家和社会重新认识到城市作为居住地的价值，旧城和内城的更新改造成为城市建设的重点。德国开始修缮城市历史地段、“内向发展”、增加文体设施、改造大型居住区的城市更新。另外，德国的城市更新是想在中心城区获得与“外城”一样的生活品质，因此关注社区改造的健康和舒适，提出了“安静交通的住宅区”“生态型住宅”“城市个性和气质”“土地混合利用丰富住区活力”等口号。

2.4.1 强调谨慎更新，延续城市特色风貌

1987年，柏林建城750周年纪念，西柏林举行了“内城作为居住场所”的国家建筑展览。国家建筑展览通过在街区改造中按照居民的实际需要改善住房，形成了谨慎更新的“十二条原则”(表2-2)，成为德国城市改造普遍采用的原则。谨慎更新的核心思想是更加注重对现有建筑的修缮，将更新区域的居民当作主体，围绕实际生活需要，将改造与当地人文特质相结合，以达到物质与精神并重。

在“谨慎的城市更新”理念指导下，改造中主要采取修复、添补和替换三种

① 中国砖瓦工业协会.法国建筑节能政策及推行情况[J].砖瓦世界，2013(004)：38-40.

谨慎更新的“十二条原则”　　表2-2

• 更新必须与当地居民的利益相协调；
• 更新必须综合考虑技术规划与社会规划；
• 保留街区空间的独特风貌，以唤醒地域文化；
• 建筑首层多元化使用，尽快修复实体结构损坏；
• 更新必须采取渐进式的模式开展；
• 改善庭院绿化，修复或重新设计外墙；
• 结合实际需求对公共服务设施、街道空间及绿色空间改善与建设；
• 社会规划过程中全面顾及所有相关人员的参与权和物质权利；
• 加强利益相关者代表性；规划决议具有透明性、公开性；
• 更新既需要资金，也需要培养信任感；
• 建立关注于地方利益的全新的代表制度；
• 谨慎的更新是一种长期的责任

方法。修复是指保留老城街区和空间形态，为解决社会问题，对区域内原有建筑进行改造。添补是在保护肌理的基础上，利用闲置空间，通过新增建筑创新城市空间和功能，改善生活环境或者带动地区经济。替换包括城市形态和功能的替换，形态替换是重新梳理城市空间，适当减少街区内建筑密度，达到改善通风采光的目的；功能的替换是指以新的建筑功能替代原有过时的功能。

萨克森广场居住街区更新项目是“谨慎城市更新”计划下改造技术的一个典型案例。萨克森广场居住街区位于格拉市中心的南部，随着格拉市工业衰落和人口外迁，萨克森广场居住街区空置率极高，尤其是街区内部庭院内的许多搭建物（主要作为业主的工作间或储存室）大多空置或十分破旧（图2-20～图2-21①）。

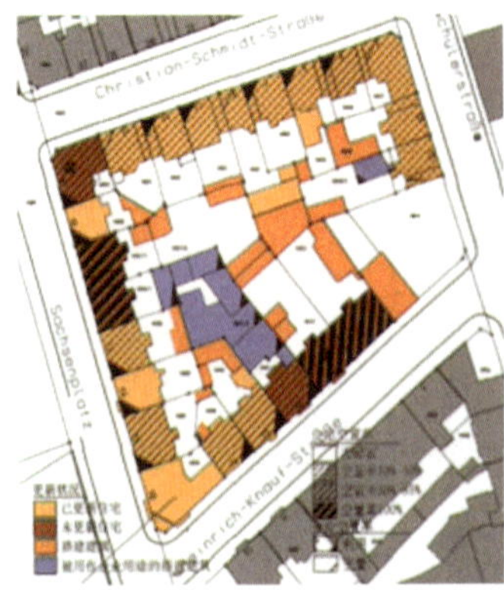

图2-20　改造前总平面图

图2-21　改造后总平面图

① 图片来源：葛岩.德国格拉城市更新——以萨克森广场居住街区更新项目为例[J].城市建筑，2006（12）：50-52.

图2-22　改造前庭院空间

图2-23　改造后庭院空间

街区的更新措施包括：

(1)保留沿街的历史建筑，新增建筑延续历史风貌和城市肌理；

(2)将庭院内现存的商业设施迁出，营造一个作为公共空间和活动场地的绿色庭院；

(3)保持并加强主要建筑底层的商业和餐饮功能，为迁出的商业设施提供空间。

2.4.2 制定租金政策，保障弱势住房需求

德国通过政府主导贫困地区的社区改造，提供多样化住宅，制定租金上浮政策，向低收入人群提供低于市场价格的租赁房屋或者可购房，有效解社会弱势群体的基本居住问题。

德国住区更新改造分为自上而下政府主导的改造和自下而上社区自发组织的更新改造两种。社区自发组织的更新改造是由志愿者、第三方或其他创意人士牵头自发组织更新的项目，这类社区往往是具有创意、具有较大的影响力或者地段较好的地区。政府主导更新改造的住区一般是衰败落后、缺乏活力的社区，这些社区往往存在外来移民多、邻里沟通少、公共空间不足、失业率高、居民平均受教育水平低、平均收入等问题，政府将其确定为“邻里管理区”，提供资金帮助。社区可以通过正规的流程实现社区更新项目的资金申请和项目实施。社区邻里管理办公室承担申请组织者的身份，组织引导社区进行微更新规划的制定。改造后，由政府主导，向低收入人群提供低于市场价格的租赁房屋。以汉堡的邻里管理区为例，旧城改造后的房子15%可以由居民购买，绝大部分房屋对外租赁，租金由政府确定，通常占租住家庭收入的20%～25%。

提供多样化住宅，保证社区居民结构多样化。例如马灿-黑勒斯多夫居住区

中，提供了多种类型的住宅，包括高档住宅发、残疾人的公寓、自助式居民自建房等。

地方政府对“租金浮动上限”做出法律规定，以避免原住民被置换出去，保障了社区社会发展的多样性。德国住区改造很多是开放式的资金筹措和自发更新项目，在没有适当的规定约束下，将不可避免地导致租金上涨。只有将租金限制在一个合理的范围内，业主与房客之间才存在相互协商的基础与可能，改造任务与促进社会融合的目标才能同时实现。这个平衡杠杆就是“租金浮动上限”，该租金规定由地方办公室制定，避免原住居民被置换出原住地。

借鉴德国经验，我国地方政府应将房地产投资行业所获得的税收和土地运作获得的土地价格增值，适当地返还至城市住房保障工作，通过廉租房、经济适用房的建造，保障城市住房体系的良性循环和社会弱势群体的基本需求。

2.5 美国

第二次世界大战后美国中产阶级郊区化，城市中心房屋空置率上升、犯罪率和失业率增长，基础设施和公共服务迅速衰败问题显著。意识到内城交织的经济和社会问题无法再用简单的贫民窟清理解决，政府将居住区更新的手段转变为社区综合治理。以具体措施为脉络，可分为两个阶段：

第一个阶段（1945—60年代）联邦政府主导展开了“城市更新”行动，清理了城市中心大量贫民窟以发展高档住宅和商业。此时期大规模建造了公共住房以解决贫困人口和拆迁居民的住房问题，这些居住区在投入使用后出现了种族隔离、贫困集中、社区衰败等问题。

第二个阶段（70年代至今）多方合作进行“社区重建”。此阶段的改造对象包括老旧住宅区和公共住房区；改造措施包含维护社区稳定、改善居住环境、提升公服水平、促进经济增长等。此阶段代表性项目见表2-3。

代表性社区更新计划的实施机构、目标和措施表 **表2-3**

计划	目标	措施
纽约社区保护计划	提高重点地区的住房质量，防止房屋衰败蔓延	住房修复； 公共服务提升； 社区设施建设

① 杨昌鸣，张祥智，李湘桔.2015.从“希望六号”到“选择性邻里”——美国近期公共住房更新政策的演变及其启示[J].国际城市规划，2015，30(06)：41-49.

续表

计划	目标	措施
加利福尼亚州社区重建计划	改善或复兴恶化、衰败的区域	建造或修复住房； 建设和改善基础设施； 建设和修复文体设施； 振兴商业、帮助小企业； 减少犯罪率； 修复环境景观
“希望六号”计划[①]	改善居住条件； 改善社区环境； 提供住房，减少贫困家庭集中； 建设可持续发展社区	将公共住房区改造为混合收入社区，减少贫困人群聚集； 提高住房品质，吸引高收入群体入住； 建立公共服务设施； 为居民提供再教育和就业培训

2.5.1 成立管理机构，逐级推进社区更新

美国上至联邦政府，下到社区内部，均有专门的管理机构或组织承担着资金筹措、计划制定、业务管理等不同职能，以推进更新项目的实施。在“社区”概念不断深入人心的今天，大量社区重建机构和内部组织不断发展成为业务更为综合、体系更为庞大的机构并具有极大的可复制性。

美国联邦政府领导社区重建的部门是“住宅与城市发展部”（Housing and Urban Development），负责批准设立特许重建区、提供资助、推广成功经验、统一项目标准。该部每年下发千亿美元资金，用于补助建设和维修公共住房，以及向符合条件的特许重建区拨款。

在州政府一级，以加州为例，有经济发展委员会负责有关优惠政策的实施，协调全州的重建事务，统一向住房与城市发展部申请资金并分配重建资源[①]。

在市/县层面，有社区重建局（Community Redevelopment Agency）独立于地方政府进行土地经营，同时向地方政府议会负责，这个代表城市居民公共利益的中立机构负责复兴城市的衰败区域，工作内容包括提供就业岗位、完善市政基础设施、提供社区福利设施等。举例来讲，加州有397个社区重建局，在当地市议会、县监事会或一个单独任命的董事会监督下，负责重建项目的具体实施。工作流程为：重建开始前，市议会或监事会必须对一个地区进行调查，评估其重新开发的必要性；当地规划委员会选定项目区域，重建局准备项目所需的计划草案和环境影响报告等；经过与利益相关者协商、公众听证会等程序，各项内容获得批准后，启动重建计划。

① 吴文思. 借鉴美国经验 搞好社区重建[J]. 特区理论与实践，2000（05）：59-61.

"中国城"社区重建区是洛杉矶31个重建区中较早划定的一个。自1980年第一个重建方案获批，又经过1994年、2001年、2005年和2011年四次修编。

至规划期末（2022年），社区重建局共计划新建1023套公共住房，修缮627套现有住宅。重建局还投入了约1000万美元，用于建设服务于中国城商业中心的公共停车场，新建和改造社区休闲设施和教育设施，以及改善街道安全、疏通交通拥堵、安装双语路牌等。

另外，重建局还协助两处富有中国移民文化特色和历史意义的公共空间Central Plaza和West Plaza申请成为国家级历史遗产。

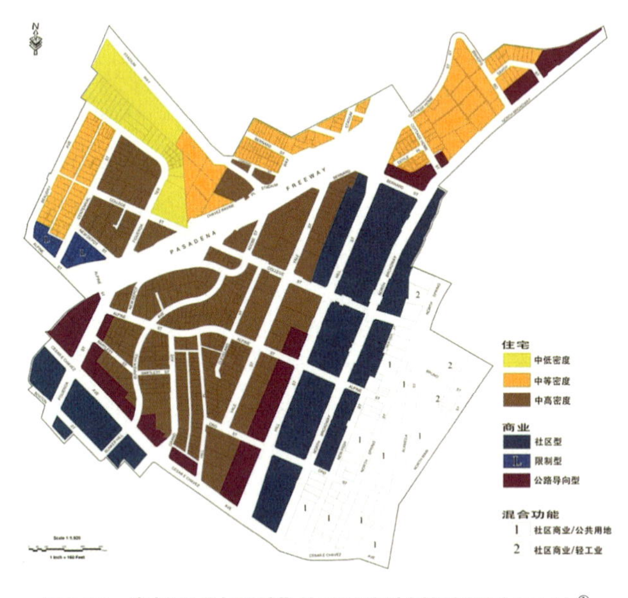

图2-24 洛杉矶"中国城"社区重建计划规划图（2005）①

有的市县在社区层面成立了社区办公室，例如牛玉石住房和发展管理局在划定的5个社区保护计划实施区各成立了社区办公室。这些办公室一方面与房屋所有人联系，提出房屋维护策略并告知其融资机会，另一方面说服城市相关负责人积极响应社区需求，这些组织在居民与官员间起到了纽带作用。

2.5.2 开展公私合作，探索多方参与模式

经过半个世纪的探索，美国的社区改造与重建从主要依赖政府拨款逐渐转化为用少量的城市资金吸引私人部门投资，配合财税减免政策，形成多资金渠道共

① 图片来源：https ://planning.lacity.org/plans-policies/overlays/chinatown，图例由作者翻译.

同支持社区改造的局面。同时，在社区保护计划、社区重建等项目实施和管理中，公、私、社区间的合作伙伴关系愈发强化：地方政府及其授权的半公共中介机构或公司（如城市发展公司、城市更新机构、经济发展组织等）通过创设各种借贷工具、发型债券、基金补贴、减税等政策工具激励私人投资；社区非营利组织代表居民利益参与社区改造；私人投资部门负责投资和实施改造项目。改造项目通常需要在私有产权保护、开发商投资利润和社会公共利益为主之间寻求平衡。

美国在多年的实践中发展出了多种组织，其中“社区发展公司”（Community Development Corporation）发展最为快速。这个非营利组织通常由本社区居民、商业代表、社区官员等人组成的理事会负责，以对一定区域范围内的社区进行综合发展和管理为宗旨进行活动。20世纪70年代，城市中的非营利社区发展公司主要负责发展维护可负担性住房，90年代开始发展社区综合服务，例如房屋维修、住户咨询、托幼服务等，同时注重与政府、商业和其他机构的合作。

纽约南布鲁克斯区域的SoBro社区组织成立于1972年。该组织以“通过加强商业为年轻人和成年人提供经济、住房、教育和职业发展计划，提高南布朗克斯的生活质量”为目标，服务内容包括：为青年提供学术技能和工作培训、为失业和低收入人群提供基础教育和安置服务、为低收入和中等收入家庭建造高质量的廉价住房、协助小企业成长和繁荣并创造就业机会、吸引商业和企业等。

图2-25 南布鲁克斯社区组织SoBRO网站[①] 介绍了其工作范畴，并承诺为居民提供丰富多元的服务

① 网址：https ：//www.sobro.org/communitydevelopment.

同时，联邦、州和地方政府也会对这些社区组织提供支持，如向其提供资金、帮助提高社区组织领导者的组织和管理能力、与社区组织紧密合作并在具体项目上提供技术和人员帮助等。

多个不同类型的社区非营利组织也可通过合作进行更大规模的项目运作、增大服务面积、提升整体信用度，由此吸引更多组织参与并带来更多的项目投资。

> 萨德纳基金会（Surdna Fondation）和其他12个基金对纽约南布鲁克斯区域的6个社区发展公司进行了投资，帮助这6个社区发展公司共同开发了托儿所、兴建了购物中心和最先进的废纸回收处理厂。全国性环保组织自然资源保护委员会（the Natural Resources Defense Council）和其他的造纸厂或废品回收公司也共同参与了废纸回收处理厂的运作。

2.5.3“社区”作为单元，不断完善服务体系

尽管美国的宪政体系复杂，各更新项目实施的法律依据、负责机构、资金来源差异较大，但一直以“社区”为对象，致力于创建功能更全面、居民阶层更多元的混合型社区。这些项目通常包括住房改善、基础设施完善以及公共服务保障。以对居住建筑的措施为分类标准，模式可分为“维护修缮”和“拆除重建”两种。

1.维护修缮型

纽约市“社区保护计划”开始于20世纪70年代，纽约市政府意识到单纯的迁移居民无法解决其因各项技能不足而在市场中缺乏竞争力，出台了提高重点地区住房质量、保护社区文化、加强居民的教育和技能培训的政策。

位于纽约曼哈顿岛北部的华盛顿高地于1978年开始进行社区保护计划。在此之前，尽管社区内几乎没有任何荒废的住房，但大量5～6层的公寓状态劣化，其基础设施需要更替或升级。

计划实施初期，万余套公寓通过多种抵押援助、税收减免政策以及签署维修协议等方式融资并实施了修复工程。在此基础上，政府加大了对公共服务设施和社区设施的投入，为低收入人口提供了更好的生活环境。

图2-26 华盛顿高地翻新后的公寓立面图[①]

满足收入和家庭规模要求者可申请租住

2. 拆除重建型

以“希望六号”(Hope VI)计划为例，该计划全称为“严重破旧的公共住房[②]振兴”(Revitalization of Severely Distressed Public Housing)，也称为“都市再生示范计划”(Urban Revitalization Demonstration program)。该计划是集环境整治、社会发展、社区治理和城市复兴等措施为一体的综合性政策，提倡建设功能和人口混合的社区。

① 图片来源：https：//newyorkyimby.com/2021/01/housing-lottery-launches-for-cloth-amsterdam-in-washington-heights-manhattan.html.

② 公共住房（Public Housing）是美国联邦福利住房政策中的一部分，该住房由政府建造、维护和管理，并以低额租金为城市低收入家庭提供居所。

阿瑟卡皮尔—卡罗尔堡（Arthur Capper—Carrollsburg Dwellings）住宅区建于1958年，由707套公共住房组成，其中300套供老人使用。更新之前，该地区因被高速公路隔离而长期处于被忽略的状态，并出现了投资减少、贫困聚集和犯罪频发等问题。

该地区的“希望六号”工程启动于2001年，项目通过用新建的混合收入住房代替了原有的公共住房、植入商业和休闲场所、建设美国职棒大联盟体育场、新增中心公园以及创建步行友好的交通系统等手段，实现了创建混合型社区的目标。

该项目吸引了超过20亿美元的私营部门投资，为该地区增设了60万平方英尺的办公空间，7.5万平方英尺的零售空间，提供了3.2万个工作岗位。

图2-27　阿瑟卡皮尔—卡罗尔堡社区原貌鸟瞰[①]

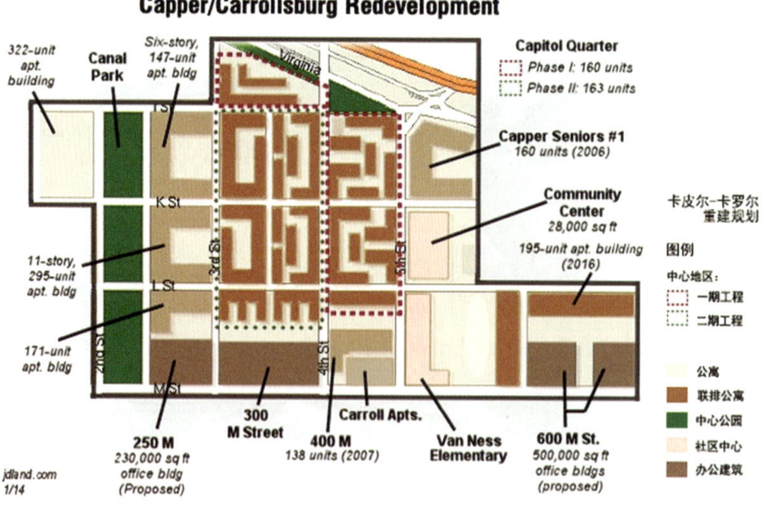

图2-28 “希望六号”计划中建筑功能分布图[②]

① 图片来源：https：//tortigallas.com/case-study/arthur-capper-carrollsburg.

② 平面图和混合收入住宅照片来源：https：//tortigallas.com/case-study/arthur-capper-carrollsburg.图例为作者翻译。

如今，在“希望六号”计划的基础上提出了“选择性邻里”计划，其中增加了多项针对居民的帮扶内容，如帮助搬迁居民搜寻住房、提高更新后住宅及周边邻里居民的经济自给自足能力、改善社区青少年的教育状况等。

另外，一些标准规范的出台也从技术上保证了社区功能的完整，例如纽约市制定的《纽约社区设施配置与项目选址》等。

2.6 英国

作为老牌的工业化和城市化国家，英国城市社区改造与治理起源于城市更新背景下，对城市社区贫困和社区环境的问题，通过政府与非政府组织、社区及其他公共部门的协同合作，推进城市社区改造与治理目标的实现。英国社区改造的重点是应对高福利国家政策和长期自由市场经济过度自由化的弊端，用“多元福利经济”应对“国家福利主义”，通过“公共社区发展”代替“个人市场主义”，在住区环境人性化和智慧化、邻里规划、社区治理等改造措施方面有诸多尝试，在完善法规体系、形成多方互助合作的方式以及制定鼓励监管制度等方面也是非常有效的经验。

2.6.1 人地共同再生，改造强调归属感

英国是土地私有制国家，居民只有自愿参与、自行交付、自行管理，才能实现社区改造。社区改造强调从物质空间到精神世界给居民带来更多地对社区的认同感和归属感，从而自发的维护公共设施和提供公共服务。因此，英国社区改造强调“人”和“地区”共同再生的价值观，从物质空间形态、社会环境和自然环境等方面进行了一系列的研究和整治。

首先，物质空间人性化。20世纪80年代，英国终止政府住房建设，鼓励居民自己改善住宅条件，对内城老旧住区进行整治或渐进式的改造。在区域层面，政府评估区域内经济适用房的面积、数量、需求人群，明确社区公共服务设施配置要求。邻里尺度则根据居民需求，对社区建筑进行自我管理、自行交付。主要措施包括形成建筑围合度较高的街区，沿街增加商品房，改变原有住宅的朝向、入口；践行可持续发展的混合居住模式，充分利用内城废弃地、历史建筑、荒废的办公楼，建设和改造成混合社区，通过高密度和低密度住宅的组合设计、新旧住宅的融合，给低收入者提供多种居住选择；建设公共空间，通过加强建筑与室外空间在尺度及形态上的亲和性，创造丰富的街区过渡空间，从私密到半私密再到公共，形成多层次的街区人际交往空间，注重绿化和开发空间的布置及里面装饰，保障较好的通风和采光，从而获得高质量的生活场所。

Byker wall住区

Byker地区位于纽卡斯尔市东郊，是一个以造船和机械工业为支柱的工业城镇，这里的社区以两层联排、高密度住宅为主，缺少社区管理维护和社区归属感。20世纪60年代，政府酝酿着社区重建，在调查了居民发展意愿后，开始了长达10年的社区重建计划。Byker社区以“Byker wall”闻名，在住区北部形成总长1000米的条式高层住宅，通过环绕四周如同围墙一般的建筑隔绝周边高速公路的噪声，将社区交往空间环绕在社区内部。通过“墙”的转折，在南侧围合出多个尺度宜人的组团，围合形成稍大的公共空间。在“墙”和低层建筑的连接组团内，通过贯通的阳台创造半私密的公共交往空间。这样的社区不仅形成了独一无二的视觉和空间效果，更重要的是给居民带来更多对社区的认同感和归属感（图2-29～图2-31）。

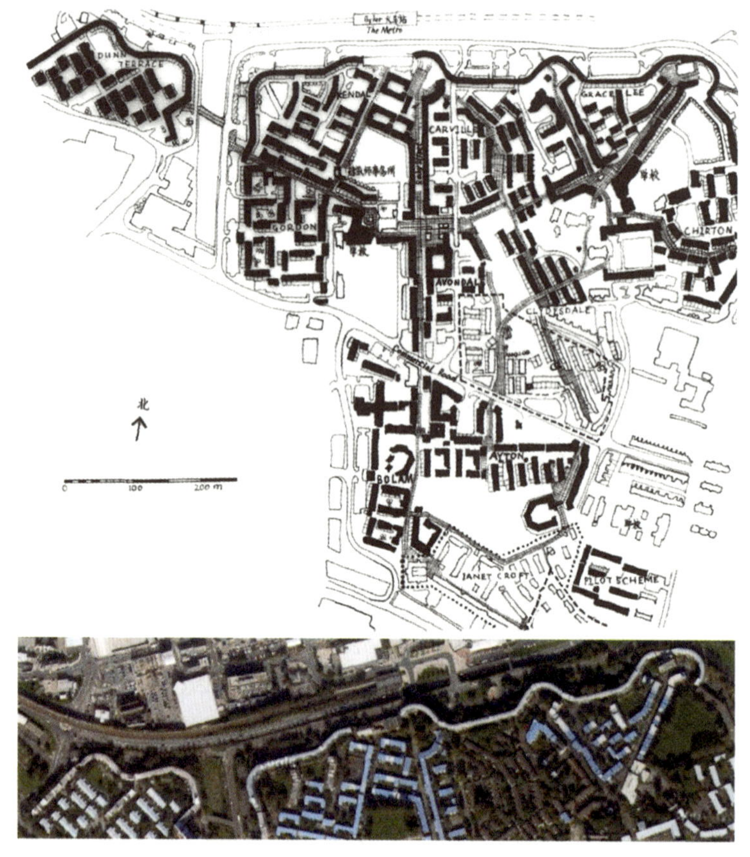

图2-29　Byker wall住区总平面图和北侧连续的似墙的住宅[①]

① 图片来源：钱云，武旭阳，冯霁飞. Byker Wall住区[J]. 住区，2012：72-74.

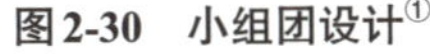

图2-30　小组团设计[①]

图2-31　公共阳台设计[②]

其次，社会环境智慧化。通过非阶层管理民主化，调动了居民们对于社区管理实务的参与性与对自己每日生活环境的关注度；专业人士指导共建，设计师团队在项目建造过程中定期参与社区居民董事会的讨论，与居民个人或团队探讨各户住宅的空间布局等问题；坚持开展公共活动共享化，从本质上帮助人们摆脱现代社区所产生的社交孤立和社会隔离。

此外，社区自然环境生态化，包括低能源策略和低环境影响策略。采用被动式设计技术最大化地利用自然环境，创新设计排水系统等节约和利用社区的雨水资源，应用太阳能、风能、水能等自然能源，安装仪器检测住宅的碳排放等。

斯普林希尔合作生态住区

1995年，英国地产开发商大卫·迈克尔在拍卖杂志上看到一处闲置的维多利亚风格的住区，于是和另外几个家庭交付房款后买下该住区并且居住在此。除了物质空间人性化改造、社会环境智慧化改造，还充分考虑最大化地利用自然资源。一方面，住区改造环境低影响化，鉴于英国西北部潮湿多雨的天气，在住区沿步行道两侧设置洼地、池塘和小溪，将雨水排入这些雨水花园中，并且收集存储起来。另一方面，改造采用绿色材料和绿色能源。选取可再生木材作为主要框架结构，安装三层玻璃和隔热保温层，所有屋顶采用太阳能光电屋面板，为居民的生活提供需要的能源。经过检测，住

① 图片来源：钱云，武旭阳，冯霁飞. Byker Wall住区[J].住区，2012：72-74.

② 同上。

区的年人均碳排放量和贝丁顿零能耗村持平（图2-32）。

太阳能光电屋面板

路边雨水花园

建筑材料——木材

图2-32　斯普林希尔合作生态住区绿色化改造效果 ①

2.6.2 促进多元互动，鼓励社区自主改造

经过多年社团的发展，英国从法律保障、专业城市规划的支持和公共活动的激励等方面，逐步形成了政府、社区部门、营利及非营利机构多方互助的社区规划制度和可持续的社区治理模式（图2-33）。

首先，政府通过发展第三部门（政府、市场、社区与志愿组织共同组成的非正式管理机构），提供财政拨款和减税减息等政策。英国于1998年签署COMPACT协议（全称为英格兰与威尔士地方政府与社区部门关系协定），确定英国政府和第三部门建立一种伙伴关系，政府在城市规划政策制定时始终是主

① 图片来源：吕芳青，夏海山.从物质空间规划到公众参与——以英国斯普林希尔合作生态住区论智慧社区规划[J].世界建筑，2015：124-131.

导力量，但是充分发挥民间组织的积极推动作用。2010年，政府推动大社会计划，包括社区自我运作、购买公共服务、社会企业、市场化操作、建立大社会银行、鼓励志愿活动等8个方面，同时从国家层面将更多的权力和资金下放给第三部门[①]。2012年4月，英国首相卡梅伦推出“大社会资本计划”，使英国政府成为世界上第一个社会投资购买商，将6亿英镑分发给第三部门。

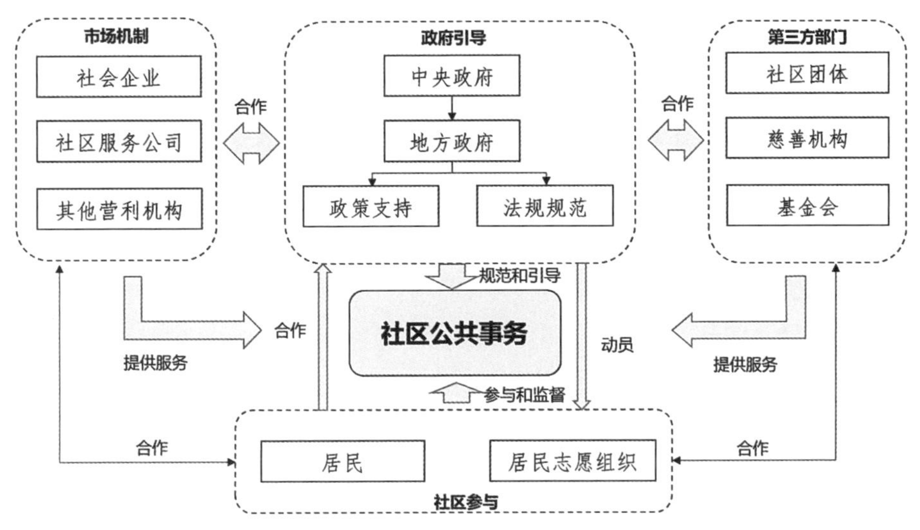

图2-33　英国城市社区治理模式

其次，赋予邻里规划法律地位。英格兰地区于2011年颁布《地方主义法案》，赋予了住在同一邻里社区内的居民自行申请编制规划的权利。在此之前，英国的规划体系是国家战略规划指导、区域空间战略以及地方发展框架三级体系，2011年地方化法案将权力下放，移除了区域空间战略，引入邻里规划作为新的规划层次。英国邻里规划赋予邻里规划法律地位，允许和鼓励多种渠道参与邻里规划，给予邻里对于规划中的关键性问题的自由裁量权。

此外，成立专业工作者协会，辅助居民社区治理。1969年利物浦庇护邻里行动计划首次促成了建筑师参与邻里居民共同工作，并在伦敦成立了一个服务社区的建筑咨询组织，是最早的专业工作者进入社区的初步尝试。1976年皇家建筑师协会（RIBA）成立了社区建筑小组，开始推动社区建筑与全国网络的建立，1983年成立一个全国性的组织社区技术协助中心协会，从建筑技术协助到社区技术协助，保障社区规划的科学性。

① 阎耀军，李佳佳.英国政府社区治理政策与实践及对我国的启示[J].北京工业大学学报（社会科学版），2014，14（04）：8-11.

最后，以公共活动促进市民参与城市与社区治理的热情和积极性。1971年第一届国家设计参与会议在曼彻斯特举办，1981年公共参与被定为欧洲都市复兴年的主体，1986年RIBA与《泰晤士报》合办第一次社区建筑专业奖励计划，鼓励各地提出具有创意的社区参与计划。

2.6.3 避免市场失灵，加强政府管控引导

英国住区发展的主体是政府和社区，政府承担鼓励社区治理、修正市场失灵、规范社区建设的职能，同时提供财政拨款和减税减息等政策，引导社区改造目标的实现。在社区社会经济效益提升的同时，也能明确各个参与主体的责权范围，做出监管，实现社区治理的良性可持续发展。

政府在住房规划体系中担负调查和评估地方住房需求的角色，明确区域内经济适用房的面积、数量、需求人群等，制定社区公共服务设施配置指标，包括社区中心、小学、门诊、药店、酒吧和邮局等。另外用ECOHOMES评估体系对社区健康、舒适性和绿色生态做出评估，以财政支持和税收优惠等手段，使得绿色建筑和绿色社区被市场广泛关注和接受。

英国《城市设计手册》中的一些参考指标　　表2-4

用途与设施		基准人数	占地面积（公顷）	用地面积/千人（平方米）
教育	幼儿园	2000	0.5	2500
	小学	5000	0.9	1600
健康与社区中心	门诊	4000	0.08	200
	药店	5000	0.01	20
	社区中心	4000	1	2500
	邻里中心	—	0.15	—
	街坊中心	—	0.07	—
	酒吧	6000	0.06	100
	邮局	5000	0.06	120
	运动和休闲中心	24000	1	417
出行	公交换乘站	—	0.07	—
	公交站	—	0.07	—

注：英国没有关于社区公共服务设施配置的全国性指标，具体指标由地方政府制定。英国的《城市设计手册》中有一些参考指标。

对于社会资本和社会企业，政府鼓励市场在资源配置中的决定性作用，但是对于超过1万英镑营业额的社会部门，英国也有综合性管理机构进行登记和监督审查。

2.7 经验总结

2.7.1 工作框架方面

构建系统的顶层设计。考虑国家层面的专项立法，为老旧小区改造提供法律依据，成立专职管理机构，加强对老旧小区改造的统筹推进。并在地方做好衔接，为改造实践在“宏观引导—中观控制—微观指导”各个方面提供制度支撑。大多发达国家和地区已经形成健全的法律法规体系。如日本以1969年《都市再开发法》为基础，明确城市更新的内容和程序，而后日本国土交通省编制《老旧住区型公寓再生手册》等标准指南，日本内阁设立都市再生部，主导制定基本方针和政策法规。美国则在城市层面设立社区重建局来推进社区重建改造。

构建地方政府的保障机制。从工作组织、规划设计、资金筹措、利益协调、评估标准到长效管理的制度保障，推动老旧小区改造工作更好开展。地方政府应建立专职机构，对本地老旧小区问题进行分析和统计，明确财政安排、申报标准、技术指南、评估要求和更新周期等，推进老旧小区改造制度化、常态化和标准化。如英国地方政府在城市层面评估，明确区域内经济适用房的面积、数量、需求人群等，制定社区公共服务设施配置指标规范社区建设。如法国实施项目全流程评估，秉承前期准备—项目实施—后期评估，时间和精力分配为9:1:9的做法，对项目前期可行性和后期实施效果进行重点评估。如新加坡构建常态化和周期性更新机制，制定专门的财政政策，保障长期管理与运营。形成专门的工作组织、闭环的工作框架和完善的制度是老旧小区改造能够久久为功的必要保障。

2.7.2 规划目标和改造措施方面

老旧小区改造应追求多元目标，软硬结合，既注重物质空间提升，也注重弱势群体需求、提升住房保障、推动社区绿色化改造和社区治理等。目前我国老旧小区改造还处在较初级的阶段，更多地关注基础物质空间的提升。欧洲国家普遍以形成人口和功能混合的社区为最终目标，促进以社区为核心的经济社会发展。日本《居住生活总体规划》《UR租赁住宅存量再生与整合方针》中明确了老旧住区更新改造中不仅要提升居住环境的品质，也要注重住区的养老、育儿等生活配套设施建设。德国和法国将政府主导的社区改造和保障弱势群体的住房需求相结合。英国用ECOHOMES评估体系和税收优惠政策等推进社区自然环境生态化建设。我国务院办公厅52号文提出，“促进养老托育服务健康发展”，老旧小区改造应该重点关注“一老一小”的需求，构建全龄友好的社区，同时还应该将老旧小区改造与住房保障相结合，将其作为完善社区治理体系、推进城市绿色低碳建设的重要契机。

老旧小区改造不只是关注小区内部的空间环境提升，需要形成“城市—街道—社区”三层次改造体系。英国构建了国家战略规划指导—区域空间战略—邻里规划三级体系，将老旧小区的更新融入整个城市的规划体系内。新加坡实行“市镇—小区—邻里”的三级社区治理体系，政府在制定社区更新计划时与此体系相对应，从宏观到微观分别制定计划。只有从城市、街道和社区多个层面考虑设施和服务的补齐，才能更好地提升老旧小区的居住品质。

制定改造技术清单，区分必要改造内容、可选改造内容和鼓励改造内容，根据小区意愿，采用适宜的更新改造技术。新加坡的社区改造项目根据难易程度、必要性等因素，将组屋维护问题划分为基本项、可选项、适老项目三类。欧洲国家土地私有，小区改造内容因社区居民需求而异，但是英国政府制定城市设计手册，明确社区改造基础的设施配套要求，确定改造的必选项；通过绿色评估标准和财税减免政策，推广作为鼓励项的绿色改造技术。分类施策充分尊重居民的改造意愿，也能减少政府资金投入。

2.7.3 工作机制与保障措施方面

在居民共建与长效管理方面，奠定公共参与老旧小区改造的制度保障，搭建公共参与平台，明确业主同意机制，协调大众利益。像英国的第三方部门、德国的“改造项目顾问委员会”，搭建居民参与和监督的平台，是形成私有产权、开发商利益和公共需求平衡的必要措施。同时，建立业主同意机制，可以避免因为个别业主不同意而导致工作无法推进的情况。日本在《都市开发法》中明确规定，2/3以上的土地使用者同意才能实施开发。新加坡为保障老旧组屋住宅发展计划推进，要求一栋组屋内75%的屋主同意才能翻新。

在工作统筹与持续推进方面，调动多方参与的积极性，协调利益，形成多方合作、居民共建的合作形式。英国地方政府通过第三方组织（社区组织）给社区自治赋权和提供资金支持，第三方组织由居民参与或监督，与专业的市场化改造企业和非营利组织合作，进行社区改造。德国构建承上启下的开发公司模式。上承政府更新项目的委托，负责政府资金的安排与使用，负责协调地方公共部门参与城市更新；下启公共参与、讨论协商，凝聚多元力量，成为社区更新项目的实际项目经理。借鉴国外经验，我国应依托居委会，形成由政府、居民、企业、社区规划师参与，以推动社区可持续发展为目的的社区治理机构。上承国家资金补助、明确区域改造要求，下连居民需求，积极邀请社会资本加入，落实老旧小区改造。

在资金筹措与市场运作方面，政府适当补助，深挖市场潜力，形成多元供给的资金结构。如日本通过政府补助、土地物业出让与自筹资金、金融创新（开发老年贷、装修贷）三种方式，构建多元供给的资金结构。新加坡建立了“备用金”制度，《地契分层法令》规定业主需向理理事会交纳管理基金与备用金，备用金用于中大型目的维修与装更。德国和法国运用财税开展重点地区的改造，但是更多的是以税收减免鼓励社会企业认领和自主改造。美国利用房地产税制度，一方面通过房地产税增额筹措启动资金，另一方面通过房地产税收减免激励业主进行住房修缮。

构建常态化和周期性的住宅更新机制。新加坡通过法律法规对小区维修期限做出详细的规定，如规定每5年对整幢楼房外墙、公共走廊、楼梯、屋顶及其他公共场所进行一次维修，每7年进行外墙粉刷维修等。同时，形成专门的售后维护管理机构——市镇理事会，负责各项管理事务和资金安排。资金来源小部分是新加坡政府每年财政支出中的预留资金，大部分是房屋运转利润中留存的部分，形成了良好的社区长效管理机制。

（编写人员：许阳、曹双全、张之菡）

第三章
国内实践探索

当前推进老旧小区改造，是落实中央城市工作会议任务，解决城市发展不平衡不充分问题，满足老旧小区居民日益增长的美好生活需要的重要举措，是实现全面建成小康社会目标的重要工作。党中央、国务院高度重视城镇老旧小区改造工作，已经成为政府主要工作任务之一。

新中国成立以来，我国住宅小区经历了从公共配给住房到商品房的转变，建于20世纪下半叶的房屋因当时的建设技术、建设年代等原因，逐渐出现房屋安全隐患、设施陈旧、功能不完善等问题。具体而言，老旧小区是指建造时间久远、市政配套设施老化、公共服务缺项等问题比较突出的居住小区，普遍存在着建筑老化、功能缺失、不安全、不宜居、不节能、不适老、物业弃管等问题，当前老旧小区改造工作从国家到地方层面都已得到重视，这既是一项民生工程，也是一项有效的投资举措。

我国老旧小区主要位于中心城区，与城市共同发展，承载着城市的历史、文化与记忆，周边配套齐全，居民归属感强，房屋价值较高，但空间环境还处于建设初期，为保障居住安全、改善居住环境，提升社区品质，部分特区、省、直辖市（包括香港、北京、上海、江苏、浙江等）预见了老旧小区改造的重要性，已开展此项工作多年，积累了丰富的实践经验。在2019年10月，住房和城乡建设部会同国家发改委、财政部、人民银行、银保监会等部门组织山东、浙江2省和上海、青岛、宁波、合肥、福州、长沙、苏州、宜昌8个城市开展深化试点工作，重点探索了政策体系、统筹协调、融资模式、长效管理等方面的做法和经验。随着全国老旧小区改造工作的全面铺开，涌现出一批典型城市，在党建引领、社会资本引入，物业管理等方面形成了特色，可供其他城市参考。

现将国内在老旧小区改造方面的工作实践总结如下，以期对未来其他城市此项工作的推进提供借鉴。

3.1 部分省、直辖市、特别行政区改造实践

3.1.1 香港实践——法律化和制度化的顶层设计

香港对土地开发极其节制，其土地政策限制大面积的土地开发。目前香港仍

有75%的土地因历史、地理环境等原因仍属于郊野地区。香港历史上实施勾地制度，在这期间，多次因发展商勾地价格低于政府底价导致土地流拍，也变相收紧了土地供应。种种因素导致了批地数量的减少，地产商竞争激烈，地价的升高导致了房价的升高。在香港，住房主要分为公屋、居屋、夹屋和私人楼宇四类。其中公屋、居屋、夹屋由政府提供支持，租金价格适宜。这些房屋为香港约48%的市民提供住房。另外约51%市民居住于私人楼宇中，私人楼宇的改造和修复义务归属于产权人，而非政府机构。

在此背景下，香港进行了三个阶段的城市更新，更新的目标从最初解决战后居住环境恶化、卫生条件差等安全隐患问题，发展到现在以解决城市老化、增强地区活力、提升人居环境质量为导向。现阶段香港地区城市更新采用“以人为先，地区为本，与民共议”的工作方针，并设立专门负责城市更新的实体机构——市区重建局，基本法律为《市区重建局条例》，基本政策为《香港城市更新策略》，有效推进了香港城市的房屋更新。纵观香港的城市更新历程，是根据目标与政策机制的变化进行适时调整，动态变化提升的过程。从最初基础性的公共卫生问题到应对建筑老化及土地建筑使用不合理引起安全等问题，最终致力解决社会问题，实现公众高度参与，有效地保护社区文化特色，重塑邻里关系网络。

1.工作机制——率先立法、政府引导

香港开展城市更新的首选战略为：率先立法，并依法设立专业机构。2000年7月，香港特别行政区政府制定了《市区重建局条例》，作为城市更新的基本法律。同年，依据条例规定，成立了市区重建局，并明确了市区重建局在更新中的九项权力，同时对市区重建局的财政做了安排，项目更新程序以及土地回收等都做出了具体的规定，使其成为有官方背景支持和约束的独立运作机构。随后通过《市区重建策略》的制定，明确了政策标准。在相关法律完善后，香港特别行政区政府于2001年11月进行社会咨询，制定第一版《香港城市更新策略》。但为了更好地适应城市内外部环境变化，满足市民的实际需求，香港特别行政区政府不断进行广泛的民意调查与社会检讨，于2011年2月修订新版《市区重建策略》，进一步明确了更新的原则与目标、财政安排、土地征集以及社会影响评估等，在顶层设计上更好地指导了新时期的城市更新工作[①]。

城市更新的相关法律也会分别保障重建发展、楼宇修复、保育活化等相关更新项目的进行。重建发展主要依据《城市规划条例》《土地（为重建发展而强制售卖）条例》《收回土地条例》《土地注册条例》《建筑物（规划）规例》。楼宇修复计

① 陶希东.新时期香港城市更新的政策经验及启示[J].城市发展研究，2016，23(02)：39-45.

划则依据楼宇复修相关法律主要包括《建筑物管理条例》《建筑物（检验及修葺）规例》《消防安全（建筑物）条例》，对业主承担的责任、住宅维修工程以及相关奖惩措施都做了具体的规定。保育活化主要参考《古物及古迹条例》，依法对法定古迹和评级历史建筑的保护要求进行保育活化[①]。

2.社会资本参与——资本多元、明确权责

香港市区重建局的资金供给在市场调节为主的基础下，通过政府财政支持，增加公共资金、金融机构贷款、法定机构发行债券、私人资本等多种融资手段，形成了多元供给的资金结构。此外，为了提升更新改造的公众性，香港市区重建局还采用维修物料资助计划、楼宇业主立案法团低息贷款、维修专业服务、修葺费用发还计划等系列措施鼓励居民共同参与到重建和修复项目中[②]。

在资金供给多元的同时，需要明确资金权责和收益分配。例如，“强制验楼”与“强制验窗”的策略规定了房屋所有人的义务和承担的法律责任，将楼宇修复的资金责任明确为房屋所有人。在招标卖地和分红卖楼中获得盈利，将盈余的资金投入到楼宇复修和保育活化活动中来，以实现长远运行的目标。另外，香港成立的市区重建局作为负责更新资金统筹分配的特定机构，在政府财政监督机制的管控下，实现市区重建非盈利与盈利项目间的平衡。

3.公众参与——建立平台、完善机制

（1）政府设立专门的“城市更新地区咨询平台”。平台成员为城市更新领域的专业人士，保障了相关研究与规划评估的合理性。政府以此更好地发挥组织作用，开展一系列公众参与活动，广纳公众对于城市更新的建议，因地制宜提升各区的城市更新工作。

（2）政府采用多种方式，全方位听取各种团体和民众的需求和意见。具体可采用问卷调查、访谈、展览、第三方研究机构参与评估等形式，确保政府的更新方案与民众的需求相一致。

（3）促进更新区域居民的自我参与。当本地区的更新工作与居民的意见相背时，居民会发挥自组织能力，集体向政府表达利益诉求，使规划能够满足居民合理的意愿与诉求。例如香港利东街/麦加利歌街项目所成立的“关注重建小组”（H15），该小组的出现极大地提升了公众参与在城市更新的重要性，极大地争取了居民在城市生活空间中的自主权[③]。

① 李晨静.高密度背景下的香港市区重建机制研究[D].哈尔滨：哈尔滨工业大学，2018.

② 周丽莎.香港旧区活化的政策对广州旧城改造的启示[J].现代城市研究，2009，24（02）：35-38.

③ 陶希东.新时期香港城市更新的政策经验及启示[J].城市发展研究，2016，23（02）：39-45.

（4）通过自我检讨策略与问责制度，主动促进公众参与。政府会不时检讨和修订市区重建策略，并会在将来就任何市区重建策略的修订先行征询公众意见。市建局的董事会应对公众负责，项目运作应及时对公众公开，保证工作的透明。

4.改造内容——整体统筹、因地施策

1）构建以地图信息系统为本的“市区更新资讯系统”

近年来，随着智能化和信息化技术的发展，为高效率地对城市更新这项涉及庞大且复杂数据的工作进行全面长远规划研究，香港正积极研究一套更高效的规划分析工具，即以地图信息系统为本的“市区更新资讯系统”，透过连接不同政府部门的开放数据，加强数据共享及分析能力，处理城市更新相关重要的资料数据，例如土地规划用途、楼宇状况、楼龄、地债比率、道路网络、水电设施、人口结构及状况和物业资料，更准确掌握区域性发展的局限及契机，以制定未来的城市更新发展概念蓝图，并作为未来决策规划设计的主要工具之一。此外，市区重建局也正联合科研机构研发针对市区高密度环境的设计评估系统，以初步快速的环境评估技术（包括日照、通风及受热等范畴）进行不同方案的比较，促使更新前期能更有效的完成可行性研究。

2）采取“4R”的开发策略

重建发展：以政府为主导，市建局会参照“咨询平台”的建议、楼宇状况调查以及考虑本身的人力及财政状况，以开展重建项目。

观塘市中心项目是香港最大的重建项目之一，占地面积达57000平方米，在该区域内，主要为中低层商业及住宅楼宇。由于这些建筑年久失修，设计陈旧，服务不足，维修费用越来越高，效率也越来越低。

在公众咨询文件中，市区重建局列出五项指导原则，这是成功重建观塘市中心的基础：广泛的公众咨询和参与规划和设计；了解和接受市建局现行的受影响人员的补偿及安置政策；分阶段发展，尽量减少对该区的影响，并维持该区的经济活力；为21世纪的市中心采用富有创意和远见的设计；审慎的融资策略，以确保财务可持续性。

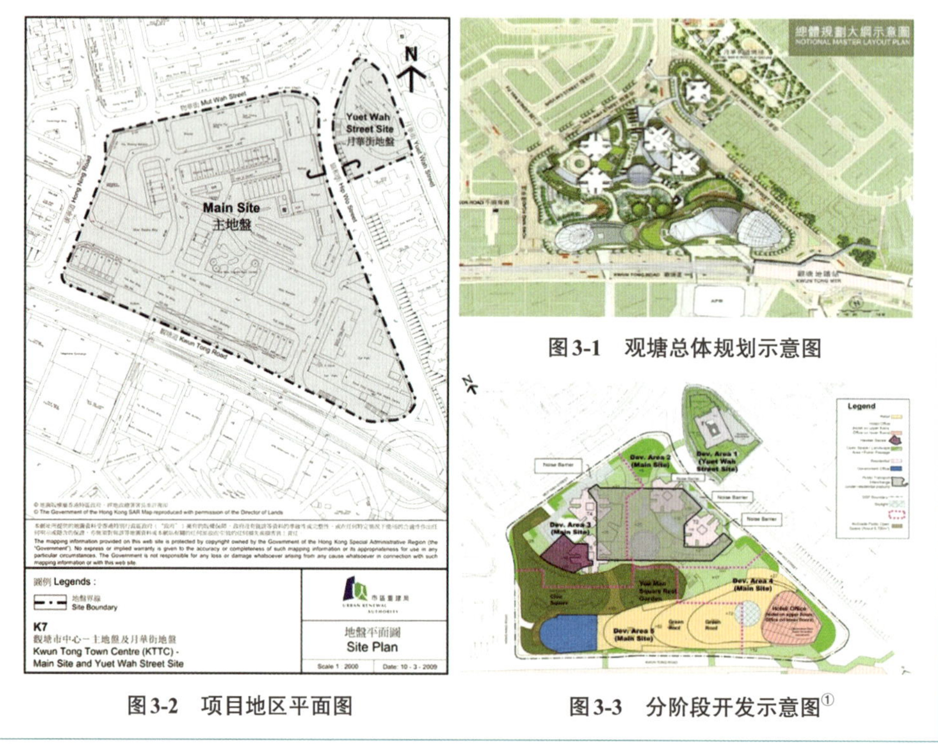

图3-1　观塘总体规划示意图

图3-2　项目地区平面图

图3-3　分阶段开发示意图①

楼宇复修：有效地进行楼宇的保养维修是旧区更新的重要环节。楼宇复修不但有助于改善市区环境、舒缓拆卸重建的急迫性，同时亦切合政府的可持续发展政策。

① 图片来源：香港市区重建局官网，https：//www.ura.org.hk/en.

定安大厦楼宇修复项目

地址：土瓜湾道78-80W号；建筑年份：1973年；单位总数：954；维修工程完成年份：2015年。

图3-4　定安大厦复修前后对比图

主要复修工程费总额约：HK$32090000，平均单位工程费：HK$33600。

主要维修工程项目：结构修葺；公用地方外墙油漆/重铺瓷砖；公用地方内墙油漆/重铺瓷砖；更换排水渠管；更换食水喉管；重铺天台防水层；消防装置工程；更换/维修消防门；更换/维修窗；大堂改善工程。

文物保育：市区更新包括文物保育。市区重建局应保存市区更新项目范围内的历史建筑物应包括：保存和重修具历史、文化和建筑学价值的楼宇、地点及构筑物；以及保留有关社区的原有地方色彩和不同地区的历史特色。

旧区活化：把重建、复修及保育三个方面在点、线、面立体上协同联系，发挥作用。并且为提升活化效应，市区重建局在相关重建、复修及保育项目的周边地区引进多项社区活化方式如街道美化项目、增加公共空间等[①]。

① 周丽莎.香港旧区活化的政策对广州旧城改造的启示[J].现代城市研究，2009，24(02)：35-38.

2007年，市区重建局对位于重建区内的合源建筑公司和和昌大押进行了业权的收购，并采取了保育维修工程。通过保育活化后，合源建筑公司转化成为特色餐厅，和昌大押的底层变化为商业，进行古董与食品的销售，上层变成了特色餐饮与酒吧。此策略使得老湾仔的建筑公司和当铺的建筑形式均得到了完整的保留，与四周新建的高楼大厦对比，形成呼应，在新旧交融中向湾仔变迁史致敬[①]。

图3-5　和昌大押保育前后对比[①]

3.1.2 北京实践——多机制、多模式的探索

北京市实施综合整治和老旧小区改造后，小区基础设施得到完善，人居环境大幅改善，居民的获得感、幸福感和安全感不断增强。在以疏解为主、城市建设从增量转存量的总体方向背景下，北京市老旧小区综合整治和改造工作采取了以政府支持、基础组织、公众参与、引入社会资本进入的多模式、多机制相结合的发展方式。

1. 背景研判——疏解为主、存量发展

2017年9月，北京市公布《北京城市总体规划（2016年—2035年）》，要求抓住疏解非首都功能这个“牛鼻子”，以疏解整治促提升，实施人口规模、建设规模双控，严守人口总量上限、生态控制线和城市开发边界三条红线；降低城六区人口规模，城六区常住人口在2014年基础上每年降低2～3个百分点，争取到2020年下降约15个百分点，控制在1085万人左右，到2035年控制在1085万人以内。由此，从增量向存量转变的发展思路就成为北京城市建设的主要方向，老

① 周丽莎.香港旧区活化的政策对广州旧城改造的启示[J].现代城市研究，2009，24(02)：35-38.

② 图片来源：李晨静.高密度背景下的香港市区重建机制研究[D].哈尔滨：哈尔滨工业大学，2018.

旧小区的综合整治和整体改造也就成为改善小区环境、完善市政基础设施和服务设施，提高建筑安全性和舒适性，提高城市环境品质和宜居水平的重要工作。

2020年12月，北京发布《中共北京市委关于制定北京市国民经济和社会发展第十四个五年规划和二〇三五年愿景目标的建议》，再次明确提出“坚定不移疏解非首都功能，深入落实中央‘控增量’‘疏存量’政策建议”；“统筹利用疏解腾退空间，推动腾笼换鸟，改善人居环境，优化提升首都功能”。北京市提出制定实施专项行动计划，创新存量空间资源提质增效政策机制，推行以街区为单元的更新实施模式，不仅注重主要生活街道的改造更新，同时要求推进背街小巷环境的精细化整治提升。

2.政策指引——政府引导、公众参与

北京市财政部、市住建委会同市重大项目建设指挥部于2017年印发了《北京市市级保障性安居工程财政专项资金办法》的通知，之后，北京市人民政府在制定《老旧小区综合整治工作方案（2018—2020年）》（京政办发〔2018〕6号）的基础上，于2020年5月，北京市住建委、发改委等7部门再次联合发布了《2020年老旧小区综合整治工作方案》（京建发〔2020〕103号），同年10月，北京市发布《老旧小区综合整治市政专业管线改造统筹工作方案（试行）》。方案明确了“基层组织、居民申请、社会参与、政府支持”的实施方式。

1）综合整治方案的主要内容

2018年3月，北京市人民政府办公厅发布《老旧小区综合整治工作方案（2018—2020年）》（京政办发〔2018〕6号）。按照该《工作方案》，老旧小区综合整治主要实施“六治七补三规范”。即：治危房、治违法建设、治开墙打洞、治群租、治地下空间违规使用、治乱搭架空线，补抗震节能、补市政基础设施、补居民上下楼设施、补停车设施、补社区综合服务设施、补小区治理体系、补小区信息化应用能力，规范小区自治管理、规范物业管理、规范地下空间利用。

具体整治内容采用菜单式，分为基础类和自选类。基础类是必须改造整治的内容，自选类是在已实施基础类改造整治的前提下，根据居民意愿确定的改造内容（表3-1）。从北京的老旧小区综合整治内容来看，其所提出的“治开墙打洞、治群租、治地下空间违规使用”是其他省市在老旧小区改造内容所没有的。这说明北京市是围绕“疏解非首都功能，以疏解整治促提升”总体目标来推进老旧小区综合整治的，通过老旧小区综合整治来促进城六区人口向郊区转移，实现降低城六区人口密度的目标。北京市文件中，没有使用“老旧小区改造”而是使用“老旧小区综合整治”，这也说明在北京老旧小区改造中，治理是很重要的内容，而且北京市规定“坚持先治理再改造”，治理类内容基本完成后，再启动改造类施工。

老旧小区改造整治菜单　　表 3-1

范围	类别	改造整治内容
楼本体	基础类	拆除违法建设
		整治开墙打洞
		清理群租
		地下空间治理
		对经鉴定不满足抗震设防要求的楼房同时进行抗震加固和节能改造
		对性能或节能效果未达到民用建筑节能标准 50% 的楼房进行节能改造
		根据实际情况，对楼内水、电、气、热、通信、防水等设施设备进行改造
		进行空调规整、楼体外面线缆规整
		对楼体进行清洗粉刷
		拆除楼体各层窗户外现有护栏，对一层加装隐形防护栏
		光纤入户改造
		完善无障碍设施
	自选类	多层住宅楼房增设电梯等上下楼设施
		楼体抗震加固增加阳台
		多层住宅楼房平改坡
		屋顶美化
		太阳能应用
小区公共区域	基础类	拆除违法建设
		进行地桩地锁专项整治和清理废弃汽车与自行车
		绿化补建
		修补破损道路
		完善公共照明
		更新补建信报箱
		完善安防、消防设施
		根据实际情况进行水、电、气、热、通信、光纤入户等线路管网和设施设备改造，架空线规范梳理及入地
		维修完善垃圾分类投放收集站
		增设再生资源收集站点
		有条件的大型居住小区增建公厕
		无障碍设施和适老性改造
	自选类	增建养老服务设施和社区综合服务设施
		补建停车位及电动汽车充电设施
		完善小区信息基础设施和技术装备
		完善小区治理体系
完善小区治理	基础类	实施规范化物业管理

所以，在本部分将使用“老旧小区综合整治”来介绍北京的相关情况和经验。

2）综合整治方案取得的成效

《工作方案》规定，按照属地管理原则，各区政府是本区老旧小区综合整治工作的责任主体，并对各区政府和市政府有关部门在老旧小区综合整治中的职责做了明确规定。

按照“基层组织、居民申请、社会参与、政府支持”的实施方式，2018年北京市实施了100个老旧小区综合整治试点项目，涉及住宅楼1165栋、638万平方米、居民7.62万户。北京市还大力推进老楼加装电梯，全年加装电梯开工990部，完工投入使用378部，超额完成年度任务。

2019年，北京市持续推进老旧小区综合整治，充分发挥个人、社区、基层党组织、街道、企业和政府主管部门等各方力量，搭建由居委会、实施主体、施工单位和业主自治组织（业主代表）组成的小区综合整治议事协商平台，着力解决项目实施中热点、难点问题。全年累计确认243个老旧小区综合整治项目，涉及2303栋住宅楼、17.8万户、建筑面积1275.4万平方米。其中开工98个项目，完成44个项目，涉及住宅楼395栋，建筑面积293万平方米，居民3.8万户。全年老楼加装电梯新开工693部，完成555部。自2010年开始推进老楼加装电梯工作以来，截至2019年底，累计开工2212部，完成加装且投入使用1462部，方便了两万多户居民上下楼。

2020年北京市贯彻落实党中央、国务院大力推进老旧小区改造的决策，将老旧小区综合整治纳入北京市重点工程。2020年5月，北京市住建委、发改委等7部门联合发布《2020年老旧小区综合整治工作方案》（京建发〔2020〕103号），从工作目标、工作任务、工作机制和组织领导等4方面对2020年老旧小区综合整治工作进行了全面部署。

为加大老旧小区综合整治和管线改造统筹实施力度，探索将管线改造纳入全市老旧小区综合整治计划项目，2020年10月，北京市发布《老旧小区综合整治市政专业管线改造统筹工作方案（试行）》，要求由区牵头部门会同实施主体组织各行业管理部门和专业公司对老旧小区专业管线进行情况摸排，明确改造计划，作为老旧小区综合整治重要内容纳入老旧小区综合整治项目储备库并统一编制方案。以专业管线改造带动综合整治提升，实现专业管线改造更新后专业管理进小区，建立权责清晰的专业管线维护管理制度。

按市领导“再安排一批项目，并加强调度”的指示，2020年北京市加大老旧小区整治工作推进力度，确保了各项任务的顺利实施。截至2020年12月25日，全年新开工项目192个，涉及232个小区、建筑面积886.73万平方米（2021年1月8日北京住房和城乡建设委员会官网发布的“北京市住房和城乡建设委员会2020年度绩效任务工作总结”中的数据；住房和城乡建设部公布的“2020年全国城镇老旧小区改造情况”中北京数据为2020年新开工181个小区，惠及居民13.7万户）；新完工56个。此外，全市老楼加装电梯新开工476部，完成636部，超额完成全年任务。[①]

3. 工作机制——多方联动、长效管理

1）多方联动的工作推进机制

北京市建立老旧小区综合整治联席会议制度，负责解决老旧小区综合整治工作中遇到的重点难点问题，推动项目顺利实施。联席会议由市政府分管副市长担任召集人，分管副秘书长负责日常协调工作，成员单位包括市住房城乡建设委、首都综治办、市发展改革委、市民政局、市公安局、市财政局、市规划国土委、市城市管理委、市交通委、市水务局、市社会办、市国资委、市园林绿化局、市城管执法局等单位和各区政府。

按照属地管理原则，各区政府是本区老旧小区综合整治工作的责任主体。各区在老旧小区综合整治实践中，探索出一套行之有效的工作机制。西城区明确各属地街道作为本辖区内老旧小区综合整治工作的责任主体，牵头推进辖区内相应整治工作的落实，确定整治菜单、小区管理模式，并进行入户调查，切实发挥社区主体作用。一是创新采用三级联动新模式。为推动老旧小区综合整治工作顺利实施，探索实现“区、街道、实施主体”三级联动的工作新方法，由区重大办全面统筹协调老旧小区综合整治过程中相关问题；街道作为本辖区内老旧小区综合整治工作的责任主体，牵头做好居民工作，同时做好待综合整治小区的拆违和引进物业管理等工作；实施主体做好工程的具体组织实施工作。二是积极借助智能化手段。2019年由区建委牵头开发的小区用户APP已经运用到了小区综合整治的具体项目中，小区居民可登录APP为小区综合整治献言献策，了解综合整治实时动态，并进行交流讨论，做到足不出户参与老旧小区的综合整治工作。

2）建立长效管理机制

为巩固老旧小区综合整治成果，防止改造后失管，建立长效管理长效机制。2018年6月，北京市住房和城乡建设委员会等部门发布《关于建立我市实施综合改造老旧小区物业管理长效机制的指导意见》，要求坚持改造与管理同步实施的原则。实施综合改造的老旧小区，改造工作启动前物业管理与改造工程同步表决，业主同意实施物业管理并交纳物业服务费的，才能列入综合改造计划。改造

①《北京市住房和城乡建设委员会2020年度绩效任务工作总结》，2021年1月8日北京住房和城乡建设委员会官网。

中物业服务企业或其他管理单位要全程参与，提出合理化建议。改造后管理单位要无缝对接，即时有效开展物业服务。坚持业主缴费与政府扶持相结合的原则。改造后的老旧小区物业服务费用由业主缴纳，各区政府可结合实际情况予以支持。《北京市2020年老旧小区综合整治工作方案》再次强调了“居民同意物业服务标准、收费标准，并签订物业服务协议的，综合整治项目方可实施”和“改造工程竣工验收完成后，实施主体向物业服务企业移交施工有关资料，物业服务企业应当及时有效开展物业服务，并按照物业服务协议的约定，收取物业费”这两项规定，最大限度地保证长效管理机制落到实处。

北京市各区在老旧小区综合整治中积极探索建立长效管理机制。

海淀区印发全市首个老旧小区物业管理提升工作方案。一是组织机制创新。贯彻“切实向街道放权赋权”工作要求，建立街镇统筹谋划、社区组织实施、部门政策保障的工作体系。二是措施机制创新。建立小区自治组织、完善社区多方议事协商机制、开展老旧小区硬件整治提升、确定社区化物业管理模式、实行“先尝后买”收费机制、建立物业服务管理补贴机制，推动形成共同决定、共同治理的运行机制。三是保障机制创新。成立专班提供政策保障，购买服务提供专业技术保障，建立居民付费、政府补助、公共资源收益等多渠道资金筹措机制提供资金保障，加强日常巡查并建立以业主、居民满意度为核心的社区物业管理履约考评机制，提供监管保障。

北京市统筹推进老旧小区综合整治和物业管理长效机制建立。“十三五”时期共实施老旧小区综合整治433个项目，涉及511个小区，整治项目基本实现物业管理全覆盖，454个小区成立了业委会或物管会，比例达89%，居民满意度在90%以上，初步实现了在综合整治的老旧小区建立“一次改造、长期保持”的长效管理机制的目标。

4.社会资本参与——劲松模式、首开经验

北京市规定各区政府可以选择符合条件的企业作为投资主体，负责资金筹措、前期准备、统筹组织等工作。投资主体可将市区两级财政投入资金作为老旧小区综合改造资本金，依托区政府确定的改造区域内相关公共资源，搭建投融资平台，吸引社会资本参与自选类改造。鼓励具备投资、规划设计、改造施工、运营服务能力的民营企业作为投资、实施和运营主体；鼓励市属国有企业参与老旧小区综合整治。在引导社会资本参与老旧小区综合整治中，北京形成了“劲松模式”和“首开经验”。

1）劲松模式

北京劲松小区是改革开放后第一批成建制的楼房住宅区，始建于20世纪70

年代，目前楼龄已超过40年，小区基础设施老旧，缺乏绿地和文体、停车设施，且没有物业公司管理。之前虽已开展过抗震加固、外墙保温等改造工程，但未能从根本上改善居住条件。改造的难点主要集中在：一是涉及多个主体协调、多方利益平衡的问题；二是存在较大的资金缺口问题。2019年，北京劲松街道引入愿景集团进行老旧小区综合整治，由愿景集团投资对劲松北社区进行环境整治和配套服务设施（菜市场、生活超市、便利店、咖啡馆和餐馆等）改造与完善，愿景集团投入改造的项目属于自选类，涉及市政基础设施的完善和房屋本体的加固等基础类的改造仍由政府投资（图3-6、图3-7）。政府通过将这些新建或改建的配套服务设施的20年经营权授予愿景集团，愿景集团可以通过配套服务设施的租金收入来弥补其投入；同时，改造后的劲松北社区由愿景集团的下属物业公司进行管理，这样后期的物业管理收入也能平衡愿景集团的一些前期投入。这就是引导社会资本参与的“劲松模式”。

图3-6 小区公园改造前后对比图

图3-7 美好会客厅改造前后对比图

2）首开经验

首开集团是北京市唯一的非经营性资产接收、管理、处置、运营的“航母”平台，接收在京市管非经资产以及在京央企“三供一业（即供水、供电、供热和物业管理）”分离移交的资产，这在全国尚属首创。首开集团在京非经资产超过3000余万平方米，在管物业面积4000多万平方米，其中大部分是位于城六区的老旧小区。这些物业60%是多层楼房，没有电梯，小区环境差，与人民对美好生活的追求有较大差距。

2019年7月11日，首开集团与石景山区人民政府签署达成了包括推进老旧小区综合整治、推动街区更新发展、开展区企全方位合作三大方面内容的战略协议，通过建立高层对接、联席会议、日常沟通等工作机制，构建开放式合作平台，加强区企合作的广度和深度，在城市规划、建设、管理各领域实现开放、合作、共赢的良性发展格局①。石景山区共有老旧小区71个，建筑面积697万平方米，其中首开集团管理的就占到了约70%。

2019年8月23日，首开集团与工商银行北京分行签署战略合作协议，获得500亿元授信额度，用于非经平台建设和老旧小区改造。加上之前与平安银行、交通银行及北京农商银行签署的合作协议，首开集团授信额度总计1200亿元。有了这些银行信贷资金的支持，首开集团在北京老旧小区综合整治中将发挥更大的作用②。

2020年5月，西城区人民政府与首开集团签署深化战略合作协议。双方将聚焦老旧小区综合整治，在西城区范围内，以首开集团非经营性资产为重点，通过多种合作方式，实施老旧小区综合整治，解决小区失管问题，建立长效管理机制，提高城市宜居水平③。

首开集团非经资产的接收、管理、运营与处置，同老旧小区综合整治的基本要求是高度融合的。这些物业普遍存在基础设施薄弱、物业管理长效机制不健全的问题。接管非经资产后，首开集团投入大量的人力、物力、财力进行维修维护，改善小区居住条件和居住环境。首开集团参与的西城区禄长街头条19号院老旧小区整治项目就是一个很好的范例。该小区地处天桥附近，共有6栋多层非经资产房屋和5栋多层央产“三供一业”分项移交房屋，面积约3.9万平方米，636户居民，建设于1976年至1990年间。2019年夏天，禄长街头条19号院被列为老旧小区改造示范点，在街道和社区的协调下，3家产权单位将物业管理服务权限移交给首开集团天岳恒物业，实行“先提供服务，再收取费用”，也就是让居民对物业服务“先尝后买”。首开集团下属物业公司提供的专业化物业管理让禄长街头条19号院成为破解失管老旧小区难题的样本。

在“打造全国领先的非经营性资产管理处置平台，力争成为城市有机更新的

① 牛慧丽.老旧小区改造加速推进市场先行先试在行动[N].中国建设报，2019-07-16.

②《(“十三五”成就)首开老旧小区改造：打出漂亮“组合拳”》，2021年1月26日新浪网转自《首都建设报》。

③《西城区与首开集团签订协议合作推进老旧小区改造》，2020年5月21日北京西城文明网。

综合服务企业”新定位的指引下，首开集团积极参与北京老旧小区综合整治工作，形成多方参与、可持续发展的良性机制，初步形成可借鉴、可复制的“首开经验”，为构筑和谐宜居的首善之都做出大型国企的担当。

3)“首开经验”和“劲松模式”对比

(1)整治工作范围不同。“首开经验”强调的是对非经老旧小区进行综合整治及城市有机工作；“劲松模式”则是对原有社区占地规模比较大、社区内较多低效用地、未来经营资源较多，但没有正规物业管理的老旧小区引入社会资本参与改造。

(2)凝聚社会合力不同。“首开经验”强调的是区企联动，借助市级国企在提供城市服务和保障城市运营方面的主力军作用，合力推进老旧小区综合整治工作；“劲松模式”则是引入具备投资、规划设计、运营管理全链条业务能力的第三方公司为运营方，政府通过提供闲置低效空间经营权、物业和停车管理等使用者付费项目帮助企业实现投资平衡，并取得一定收益，通过“微利可持续”长效运营来参与老旧小区综合整治工作。

(3)物业收费模式不同。“首开经验”强调的是根据产权变化等采取差异化收费，如二次交易上市、赠予、继承等产权发生变更和单位发放物业补贴的房屋，按照商品房标准收缴物业费；“劲松模式”则是以物业服务“先尝后买”形式收取物业费，先让居民免费享受物业服务，通过物业服务企业提供的优质服务，使居民逐步接受物业服务付费理念，同时建立党建共同体让居民全程参与监督与制定后期长效化管理机制。

“首开经验”的优势在于通过压实产权单位管理资金责任，最终实现老旧小区综合整治的良性循环；“劲松模式”的优势则是引入民间资本参与到投资、设计和运营的全链条服务，最终实现老旧小区综合整治市场化和可持续的推进模式。

3.1.3 山东实践——多元、长效的政策机制

1.改造进程：试点到整体，探索中前进

2015年7月，山东省住房和城乡建设厅、山东省发展和改革委员会和山东省财政厅等部门联合发布《关于推进全省老旧住宅小区整治改造和物业管理的意见》(鲁建发〔2015〕5号)，启动新一轮老旧小区改造工作，将全省城镇和国有工矿区1995年前建成的老旧住宅小区(含楼房院落和单栋楼宇)作为整治改造的对象。《意见》将老旧小区改造与物业管理全覆盖统一进行规定，要求用五年时间推进全省老旧住宅小区整治改造和物业管理，2015年开展试点，2016年起整体推开，到2020年底基本完成整治改造，实现物业管理全覆盖，这样就有助于老

旧小区改造后长效管理机制的建立。

在总结老旧小区改造经验的基础上，为老旧小区改造提供指导，2018年7月，山东省住房和城乡建设厅、山东省发展和改革委员会和山东省财政厅三部门联合发布《山东省老旧住宅小区整治改造导则》，对老旧小区改造的范围适当放宽，1995年后建成投入使用、各类配套设施较差、居民群众整治改造意愿强烈的老旧住宅小区，也可适当延长至2000年前。按照该《导则》的规定，它的有效期至2020年12月31日。

2020年3月，山东省人民政府办公厅发布《山东省深入推进城镇老旧小区改造实施方案》，要求到"十四五"（2021年—2025年）末，在确保完成2000年前建成的老旧小区改造基础上，力争基本完成2005年前建成的老旧小区改造任务，建设宜居整洁、安全绿色、设施完善、服务便民、和谐共享的"美好住区"。这样，山东省就将老旧小区改造的范围扩展到2005年12月31日前建成的需要改造的小区。

2020年7月，山东省住房和城乡建设厅发布《山东省城镇老旧小区改造技术导则（试行）》，要求"在摸底调查的基础上，逐级生成县、市、省老旧小区改造总体计划（2020—2025）和分年度计划，科学确定改造项目及时序"。该《技术导则（试行）》还对基础类改造内容、完善类改造内容和提升类改造内容做了详细规定；明确了各级政府在老旧小区改造中的责任：各市政府为改造责任主体，县（市、区）政府为实施主体，街道办事处具体实施，社区居委会协助街道办积极参与老旧小区改造的相关工作；要求建立长效管理机制，改造之初即应落实物业管理模式（正规的市场化物业管理模式、公益性物业管理模式、并入相邻小区统一管理模式）；要求改造项目在办理相关建设手续时，按照工程建设项目审批制度改革有关规定，实行绿色通道办理，纳入工程建设项目审批综合服务窗口统一受理；鼓励以街道办事处为单位，集中打捆组织设计、施工、监理等招标，规范项目管理。

山东省高度重视城镇老旧小区改造工作，紧紧把握"走在前列、民生工程、发展工程"三个定位；在已开工项目上，突出抓好"项目进度、工程质量、长效机制"三个关键；在新项目的谋划上，要重点做好"区域联动、多元参与、扩大投资"三篇文章；在保障机制上，要落实好"优化审批、金融支持、协同联动"三项政策[①]。从2015年启动新一轮老旧小区改造，到2019年底累计开工改造老旧

① 全省城镇老旧小区改造现场观摩会暨专题培训班召开，2020年11月20日山东省住房和城乡建设厅官网。

小区6083个、建筑面积1.78亿平方米，涉及居民217万户。山东省2020年改造老旧小区1745个，惠及居民50.84万户，改造户数位列全国31个省（直辖市、自治区）之首。

2.加强统筹协调，建立老旧小区改造政策体系

山东省委、省政府将城镇老旧小区改造摆在突出位置，列入省委常委会工作要点和省《政府工作报告》，省政府常务会议和省委财经委会议多次专题研究。2020年3月山东省政府发布《山东省深入推进城镇老旧小区改造实施方案》，召开视频会议全面部署，确定18项重点任务，逐一明确牵头部门和责任部门，统筹协调推进。山东省住房和城乡建设厅成立工作专班，建立月调度、季通报制度，及时掌握进展，研究解决问题；并将改造项目纳入重点工作督战范围，分组对16个地级市每月开展现场督导。在总结全省各地老旧改造经验的基础上，并借鉴其他省（自治区、直辖市）的先进经验，山东省住房和城乡建设厅发布《山东省城镇老旧小区改造技术导则（试行）》，指导和规范全省的老旧小区改造工作。

各市认真贯彻落实《山东省深入推进城镇老旧小区改造实施方案》和有关文件要求，济南、青岛、淄博、枣庄、东营、烟台、潍坊、济宁、泰安、威海、日照、临沂、德州、聊城、滨州等15市以市政府办公厅（办公室）名义印发实施方案（实施意见）；青岛、淄博、枣庄、烟台、潍坊、济宁、日照等7市制定出台老旧小区改造技术标准，济南、青岛、烟台、潍坊、日照、德州、聊城、滨州等8市新制定出台既有住宅加装电梯政策；济南、青岛、枣庄、潍坊、济宁等5市初步建立较为系统的政策体系①。

3.以审批制度改革破解改造项目审批难题

2020年11月山东省优化提升工程建设项目审批制度改革专项小组办公室印发《关于优化城镇老旧小区改造项目审批的指导意见（试行）》（鲁建审改字〔2020〕24号，以下简称《项目审批指导意见》），全面精简城镇老旧小区改造项目审批事项和环节，构建快速审批流程，推行网上审批，提高审批效率。全省不新增建筑面积、不涉及主体结构变动、不改变土地用途的低风险改造项目全流程审批时间不超过10个工作日；加装电梯、新增建筑面积等其他改造项目全流程审批时间不超过20个工作日。

1）优化改造项目组织实施，解决各方利益协调难的问题

为了解决实践谁来牵头办理改造项目审批手续的问题，《项目审批指南意见》

① 山东省住房和城乡建设厅《关于公布2020年第四季度全省老旧小区改造工作进展情况的通知》，2021年1月8日山东省住房和城乡建设厅官网。

突破了一般工程建设项目建设单位应与土地使用权所有人一致的原则，规定在经小区业主或产权单位同意后，允许老旧小区改造牵头单位、街道办事处、社区居委会、市场化运营公司、物业服务企业等作为改造项目报建单位，办理审批手续，并承担相应质量安全责任；鼓励以街道或社区为单位对区域内的老旧小区联动改造，统一编制改造方案，统一设计、审查、审批、招标、建设和竣工验收，提高审批效率，确保工程质量和施工安全。

2）优化改造项目前期流程，解决改造方案多次审来回改的问题

对实行改造方案联合审查。《项目审批指南意见》要求牵头部门组织住房城乡建设、发展改革、财政、自然资源和规划、人民防空、气象、行政审批服务、城市管理等部门联合审查改造方案，邀请水电气暖信等专营单位及社区居委会、业主代表参加。对项目可行性、市政设施、建筑效果、消防、建筑节能、日照间距、建筑间距、建筑密度、容积率等技术指标一次性提出审查意见。审批部门根据审查通过的改造方案和联合审查意见，一次性告知所需办理的审批事项和申请材料，直接办理立项、用地、规划、施工许可等。

3）优化改造项目审批流程，解决审批手续多的问题

（1）简化立项用地规划许可。不涉及土地权属变化的改造项目，无需办理建设用地预审与选址意见书、用地规划许可等用地手续，可用已有用地手续等材料作为土地证明文件。

（2）精简合并工程建设和施工许可。不增加建筑面积（含加装电梯、外墙增加保温层、楼顶平改坡等）、不改变既有建筑功能和结构的城镇老旧小区改造项目，无需办理建设工程规划许可证；对不涉及权属登记、变更，无高空作业、重物吊装、基坑深挖等高风险施工，建筑面积在300平方米以内的新建项目可不办理施工许可证；改造项目（含加装电梯工程）无需办理环境影响评价手续。

（3）实行联合竣工验收。由实施主体组织参建单位、相关部门、居民代表等开展联合竣工验收，无需办理建设工程规划许可证的改造项目，无需办理建设工程竣工规划核实；简化竣工验收备案材料，报建单位提交工程竣工验收报告、施工单位签署的工程质量保修书、联合验收意见即可办理竣工验收备案；简化档案验收，城建档案管理机构可按照改造项目实际形成的文件进行归档。

4）优化改造项目审批服务，解决建设单位申报效率低的问题

（1）优化招标投标服务。为加快项目前期手续办理，在实施主体承诺在投标截止日前提供项目审批文件后，允许提前进入勘察、设计招标程序；实施主体承诺在投标截止前提供初步设计或概算批复文件并承担初步设计或概算批复改变责任后，允许提前进入监理、施工招标程序。

（2）推行网上审批。要求各市在城市工程审批系统中设置“老旧小区改造项目”审批模块，明确网上办理流程，实行“一网通办”。

（3）设立审批绿色通道。将老旧小区改造项目审批纳入工程建设项目综合服务窗口，实行“一窗受理”。

（4）“一张表单”整合申报材料。各市要按照“一张表单”要求，制定并公布立项用地规划许可、工程许可、竣工验收三个并联审批阶段的申请表和服务指南。

（5）试点开展“清单制+告知承诺制”。公布改造项目审批服务事项清单，扩大告知承诺制覆盖范围，制定并公布具体要求和承诺书格式文本。实施主体按照要求作出书面承诺，审批部门直接作出审批决定。

4.建立多元化的资金筹措渠道，解决资金来源单一问题

2020年，山东省共争取中央补助资金38.6亿元，省级财政列支8亿元，市、县财政计划投入25亿元，发行地方政府专项债券26.6亿元、抗疫特别国债7.07亿元。7月17日，在住房和城乡建设部大力推动下，国家开发银行与吉林、浙江、山东、湖北、陕西5省签订《开发性金融支持城镇老旧小区改造战略合作协议》，该协议明确未来5年支持山东省城镇老旧小区改造贷款授信800亿元。

1）创新改造方式和融资模式

《山东省老旧小区改造实施方案》要求，按照不增加政府隐性债务、保持房地产市场平稳健康发展、培育形成相对稳定现金流、引入社会资本的原则，结合城镇低效用地再开发，创新老旧小区及小区外相关区域“4+N”改造方式和融资模式。

（1）大片区统筹平衡模式。把一个或多个老旧小区与相邻的旧城区、棚户区、旧厂区、城中村、危旧房改造和既有建筑功能转换等项目捆绑统筹，生成老旧片区改造项目，加大片区内D级、C级危房改造力度，做到项目内部统筹搭配，实现自我平衡。

（2）跨片区组合平衡模式。将拟改造的老旧小区与其不相邻的城市建设或改造项目组合，以项目收益弥补老旧小区改造支出，实现资金平衡。

（3）小区内自求平衡模式。在有条件的老旧小区内新建、改扩建用于公共服务的经营性设施，以未来产生的收益平衡老旧小区改造支出。

（4）政府引导的多元化投入改造模式。对于市、县（市、区）有能力保障的老旧小区改造项目，可由政府引导，通过居民出资、政府补助、各类涉及小区资金整合、专营单位和原产权单位出资等渠道，统筹政策资源，筹集改造资金。

（5）鼓励各地结合实际探索多种模式。引入企业参与老旧小区改造，吸引社会资本参与社区服务设施改造建设和运营等。

2020年山东省确定50个“4+N”融资试点项目，涉及老旧小区515个、居民

11万户，其中，大片区统筹项目15个、跨片区组合项目10个、小区内自平衡项目6个、政府引导的多元化投入改造项目14个、其他模式项目5个，预计社会化资金投入28亿元[①]。

2）出台支持政策，引导和鼓励市场主体参与老旧小区改造

（1）发挥财政资金引导作用。明确各级财政补助资金可作为投资补助、项目资本金、贷款贴息等统筹使用，放大财政资金效应，减少市场主体初始资本投入。

（2）创新规划管理和土地政策。在老旧小区内及周边新建、扩建服务设施的，可适当放宽建筑密度、容积率限制；对老旧小区"15分钟生活圈"内城镇低效用地开发整理后腾出的土地，优先用于小区公共设施建设；市场主体投资老旧小区内新增公共建筑的，与业委会达成权属协议后，予以不动产确权登记。

（3）加大信贷税收支持。地方政府专项债券、政策性贷款优先向市场主体投放、降低融资成本。据统计，2020年全省城镇老旧小区改造基础类、完善类、提升类项目计划总投资约108亿元，市场主体预计投入约35亿元。

枣庄市台儿庄在项目改造过程中，初步探索形成了"中央资金+省级资金+市区配套资金+社会资金+专营单位投资+个人出资"的"六位一体"老旧小区改造融资模式，充分激发了政府、社会资金、专营单位和居民四方面的资金活力，有效破解了资金瓶颈问题，确保老旧小区改造顺利实施[②]。

5.建立长效管理机制，巩固老旧小区改造成果

山东省坚持党建引领，完善老旧小区物业服务。各地积极开展党建引领、红色物业主题活动，协调社区居委会、业主委员会、产权单位、物业服务企业共同推动改造后长效管理，变脱管为托管。截至2020年底，有1545个老旧小区项目确定物业管理模式，其中社区党组织领导下的以居委会为主的管理模式104个、物业公司运营模式752个、原产权单位代管模式190个、简易物业管理模式512个、多元管理模式13个。

东营市广饶县深入推进"红色物业"建设，结合老旧小区改造，通过"兜底、支持、提升"三步走，实现老旧小区物业服务全覆盖[③]。一是政府兜底，把物业服务引进来。2019年，广饶街道将县城区54个破产单位或自建小区划分为6个片区，投资600余万元，选聘优质物业公司入驻，实现物业服务全覆盖。二是强

① 老旧小区改造进行时　山东：以引导市场主体参与改造为重点深化城镇老旧小区改造"九项机制"探索[N]. 中国建设报，2020-12-28.

② 一手抓老旧小区改造，一手抓物业服务提升枣庄市台儿庄区"双管齐下"提升居民幸福感，2020年9月30日山东省住房和城乡建设厅官网。

③ 广饶打造红色物业，让老旧小区更美好，2020年10月16日山东省住房和城乡建设厅官网。

化支持，让物业企业留得住。街道设立“开荒专项补贴”，投资300余万元，用于老旧小区道闸、监控、绿化、道路维修等基础设施建设。多方协调原产权单位，采取改造或新建的方式，解决物业用房紧张问题。县和街道每年拿出“真金白银”，对老旧小区物业服务企业实施5年逐年递减的补贴政策，既减轻企业负担，又逐步提高居民物业缴费意识，推动老旧小区实现市场化物业管理。三是健全机制，让服务质量上水平。充分发挥小区党支部引领作用，健全“五方办”议事机制，引导老旧小区居民积极参与到物业服务管理中来，切实解决了一批老旧小区停车难、出行难等问题。统筹整合多方资源，做实网格党建，开展“党员亮身份—敲门行动”，架起了组织与党员、党员与群众间的“连心桥”。

3.1.4 浙江实践——老旧小区改造结合未来社区建设

2019年12月浙江颁布《关于加快推进全省城镇老旧小区改造工作的指导意见》，要求鼓励支持有条件的小区按未来社区建设模式改造。2020年底发布《关于全面推进城镇老旧小区改造工作的实施意见》，要求积极开展未来社区试点，鼓励城镇老旧小区分类开展未来社区试点，探索“三化九场景”体系落地有效路径，形成具有浙江特色的高级改造形态，不断总结经验，加快推进未来社区试点建设，实现城镇老旧小区一次改到位，努力打造以人为核心的现代化城市平台。

2020年9月24日，浙江省未来社区建设工作推进电视电话会议在杭州召开，省委副书记、代省长郑栅洁出席会议并讲话。会议研究部署下一阶段重要任务，高标准高质量推进未来社区建设。会议指出，浙江省一些地方老旧小区公共配套长期欠账，落实“九大场景”面临着空间制约问题，要认真研究和借鉴省内外的好做法，大胆创新、切实解决场景配套空间难题①。

浙江省注重老旧小区改造与未来社区建设的结合，实现城镇老旧小区一次改到位。2019年9月公布首批选定的24个省级未来社区建设试点项目，其中，21个老旧小区改造项目②。浙江省第二批36个省级试点项目，准备再谋划一批新的试点项目，到2021年底，培育省级试点100个左右，其中改造更新类试点85个左右。

1.补短板、做样板、多措并举的政策机制

2019年10月，浙江省被国家确定为老旧小区改造深化试点省，加快了老旧

① 郑栅洁代省长谈未来社区：共商共建未来社区共创共享美好生活，2020年9月26日浙江省住房和城乡建设厅官网。

② 袁家军：《共建未来社区，共享美好生活》，2019年8月22日《浙江新闻》。

小区改造工作的步伐。同年12月，浙江省住房和城乡建设厅、浙江省发展和改革委员会和浙江省财政厅联合发布《关于加快推进全省城镇老旧小区改造工作的指导意见》和《全省城镇老旧小区改造试点工作方案》，要求大胆探索城镇老旧小区改造模式和运作管理机制，全面改善城镇老旧小区居住环境和功能品质，切实增强基层治理能力建设，将全省城镇老旧小区改造打造成为“百姓得实惠、企业得效益、政府得民心”的民生工程和发展工程，为全国城镇老旧小区改造提供浙江样板。

针对疫情期间暴露的盲区短板，2020年3月初，浙江省住房和城乡建设厅及时发布《关于做好城镇老旧小区改造中防疫能力提升工作的通知》，对完善小区防疫功能、防疫公共空间、防疫管控和应急管理制度提出要求，巩固防疫成果。

2020年3月20日，浙江省住房和城乡建设厅召开全省城市建设管理工作视频会议。会议指出，按照“站位高、定位准、走位实”的要求，扎实推进试点省建设；要针对老旧小区改造中存在的统筹协调难、政策突破难、资金筹措难、发动群众难、后续管理难等问题，多措并举，建立完善体制机制。2020年全省要实施500个老旧小区改造，让改造后的小区实现“六个有”目标。“六有”宜居社区是指有完善设施、有整洁环境、有配套服务、有长效管理、有特色文化、有和谐关系等的社区。

2020年12月，浙江省人民政府办公厅发布《关于全面推进城镇老旧小区改造工作的实施意见》。要求到2022年累计改造不少于2000个城镇老旧小区，基本形成城镇老旧小区改造制度框架、政策体系和工作机制，到“十四五”期末基本完成2000年底前建成的需改造城镇老旧小区改造任务。《指导意见》将浙江省的老旧小区改造分为综合整治和拆改结合两种类型，允许在房屋结构存在较大安全隐患、使用功能不齐全、适修性较差的城镇老旧小区实施拆改结合改造，这也是浙江省老旧改老旧小区改造比较独特的地方。《指导意见》还从建立健全组织实施机制、建立改造资金合理共担机制、完善配套支持政策和强化组织保障等方面对全面推进城镇老旧小区改造工作进行了部署。

2020年12月18日上午，浙江省政府召开全省城镇老旧小区改造工作视频会议，深入分析形势，明确目标任务，对全省城镇老旧小区改造工作进行再部署、再动员[①]。会议从构建新发展格局、满足美好生活向往、强化基层治理等三个维度深入阐述了深化城镇老旧小区改造的重要意义，从工作推动、实施效果、制度供给等三个方面指出了当前浙江省城镇老旧小区改造工作存在的问题和不足，围

① 全省城镇老旧小区改造工作视频会议在杭召开，2020年12月20日浙江省住房和城乡建设厅官网。

绕全力打造新时代城镇老旧小区改造的浙江样板，提出了具体要求。会议强调，城镇老旧小区改造是一项系统工程，省级层面要在提供思路、标准、政策等方面强化统筹谋划；地市层面要在加大投入力度、出台实施细则、打通项目审批绿色通道等方面发挥好桥梁纽带作用；县（市、区）层面要将这项工作摆上重要议事日程，明确工作责任，注重政策集成、资源倾斜，不折不扣抓好落实，保障项目高标准高质量落地。

在城镇老旧小区改造中，浙江省将加装电梯作为一件惠及广大居民特别是老年人群体的民生实事，重点进行推动。按照“群众的事情群众商量着办”的原则，初步形成了“业主主体、社区主导、政府引导、各方支持”和“能改则改、愿改尽改”的加装模式。截至2020年11月底，全省累计完工住宅加装电梯1985台，另外还有在建1174台，通过联审426台，三个环节合计3585台[①]；而截至2019年8月底，全省累计完成加装电梯673台，在建施工348台，通过审批252台，合计1273台。从2019年9月份到2020年11月底，全省累计完成加装电梯1312台，在建施工826台，通过审批174台，合计2295台。加装电梯速度明显加快。

2019年全省共开工改造小区393个，涉及6231幢、1335万平方米，惠及居民14.6万户。2020年浙江省开工改造594个小区，惠及居民28.46万户，圆满完成年初提出的500个老旧小区改造目标。

2.未来社区建设的六大内涵和九大场景创新

2019年3月20日，浙江省政府印发了《浙江省未来社区建设试点工作方案》（浙政发〔2019〕8号）（以下简称《试点方案》），标志着浙江省未来社区建设试点工作全面启动。《试点方案》明确了未来社区建设试点目标定位、任务要求、措施保障，为下一步全面开展未来社区建设试点指明了方向。浙江省未来社区建设试点将聚焦人本化、生态化、数字化三维价值坐标，以和睦共治、绿色集约、智慧共享为内涵特征，突出高品质生活主轴，构建以未来邻里、教育、健康、创业、建筑、交通、低碳、服务和治理等九大场景创新为重点的集成系统，打造有归属感、舒适感和未来感的新型城市功能单元，促进人的全面发展和社会进步，打响浙江省“两个高水平”建设新名片。

2020年9月18日，浙江省委书记袁家军对未来社区建设作出批示：开展未来社区建设，是忠实践行“八八战略”，奋力打造“重要窗口”的内在要求，是构建以人为核心的城市现代化平台，满足人民对美好生活向往的重要举措。近年来，各地各有关方面认真落实省委省政府决策部署，扎实开展未来社区试点工作，形

① 全省住宅加装电梯工作现场推进会在温州召开，2020年12月17日浙江省住房和城乡建设厅官网。

成了良好的推进态势。希望各级党委政府及相关部门深入贯彻习近平总书记考察浙江重要讲话精神，坚持以人民为中心的发展思想，坚持“房子是用来住的，不是用来炒”的定位，坚持统筹旧改新建，加快未来社区试点建设工作。要围绕落实“三化九场景”框架体系，加强政策创新与综合集成，以政府有为确保市场有效，把提供公共服务可持续性作为主攻方向，推动产业联盟头部企业协同参与未来社区建设运营一体化。不断提升人民群众的获得感、幸福感、安全感。为创建美好家园、谱写新时代中国特色社会主义在浙江生动实践的崭新篇章做出积极贡献。

与传统社区相比，未来社区有六个方面的独特内涵：

（1）美好生活是目标追求。更加注重人的美好生活需要，以功能复合的邻里中心为依托，构建24小时全生活链功能体系，有机叠加教育、健康、商业、文化、体育等高品质公共服务，并合理配建适老化公寓、婴幼儿托育中心，为“一老一幼”提供友好生活环境。

（2）美丽宜居是环境底色。更加注重社区优美环境打造，充分运用新材料新技术，减少建设过程和建筑本身的环境污染。合理优化社区空间规划，打造多样化、个性化的立体绿化空间，建设成网成环的慢跑绿道，演绎绿意盎然的生态交响曲，让居民能够遥望星空、看见绿意、闻到花香。

（3）智慧互联是基本特征。更加注重数字技术在社区建设运营中的应用，对标日本5.0超智能社会，利用互联网、物联网、大数据、云计算、人工智能等先进技术为社区赋能。依托智慧社区服务平台，打造现实与数字“孪生”社区，以新技术、新业态、新模式提升社区服务的精准化、精细化水平。

（4）绿色低碳是核心理念。更加注重低碳生活方式和生产方式，强化TOD（公共交通导向）布局理念，提升绿色低碳出行比例。应用“光伏建筑一体化+储能”的供电系统、“热泵+储冷储热”的集中供冷（热）系统，降低社区能耗水平。严格实行垃圾分类，促进生活垃圾源头减量，创建无废社区。

（5）创新创业是时代风尚。更加注重大众创业、万众创新，建立一批低成本、泛在化、开放式的社区众创空间，为人才提供优质的创新创业环境，演绎浙江版的“硅谷车库创业文化”。依托社区智慧平台，激发共享经济潜能，促进社区资源、技能、知识全面共享，让供给和需求零距离对接。

（6）和睦共治是治理方式。更加注重多元主体共同参与，鼓励发挥社区议事会、社区客厅等自治载体和空间作用，强化社区自治功能，由居民共同管理社区事务。优化提升“基层治理四平台”，实现基层事务统筹管理、流程再造、智能服务，有效推进社区治理体系和治理能力现代化。

未来社区建设试点的治理九大场景创新：邻里、教育、健康、创业、建筑、交通、低碳、服务[①]。

（1）未来邻里场景：针对社区邻里关系淡漠、缺少文化交流平台的现象，营造交往、交融、交心的人文氛围，构建“远亲不如近邻”的未来邻里场景。

（2）未来教育场景：针对托育难、入幼难，优质教育资源稀缺、覆盖人群少的现状，服务社区人群教育需求，构建“终身学习”的未来教育场景。

（3）未来健康场景：针对社区医疗、养老设施与服务缺失、健康多元化需求难以满足的问题，面向全人群和全生命周期，构建“全民康养”的未来健康场景。

（4）未来创业场景：针对缺乏适宜创业的办公设施与环境、人才公寓供给不足、初始创业成本高的问题，顺应未来生活与就业融合新趋势，构建“大众创新”的未来创业场景。

（5）未来建筑场景：针对土地集约利用效率低、建筑品质不高、建筑风貌缺乏特色、公共场所与开放空间不足的现状。创新空间集约利用或功能集成，打造“艺术与风貌交融”的未来建筑场景

（6）未来交通场景：针对停车难、公共交通出行不便、物流配送服务不完善的现状。通过社区内部街道网布局、人车分流、社区交通管控、智慧共享停车、新能源汽车供能保障、非机动车管理、物流配送集成服务、社区的TOD对外交通衔接、无障碍慢行交通连接、智慧出行运营服务构建“5、10、30分钟出行圈”的未来交通场景。

（7）未来低碳场景：针对能源供给方式单一、综合利用效率不高、资源利用方式粗放的现状。聚焦多能集成、节约高效、供需协同、互利共赢，构建“循环无废”的未来低碳场景。

（8）未来服务场景：针对老旧小区物业服务不足、服务收费与服务品质不匹配、便民惠民服务设施覆盖不全的现状，围绕社区居民24小时生活需求，打造优质生活零距离的未来服务场景。

（9）未来治理场景：针对社区居委会、业委会、物业公司“三张皮”矛盾突出、社区治理效率不高的现状，依托社区数字精益管理平台、构建党建引领的“政府导治、居民自治、平台数治”的未来治理场景。

为确保未来社区试点建设工作高质量推进，2019年11月浙江省人民政府办公厅颁布《关于高质量加快推进未来社区试点建设工作的意见》（浙政办发〔2019〕60号），《意见》共有11条具体措施，重点围绕土地利用、空间开发、资金保障、社

①《未来社区是“让老百姓幸福”的新平台——访浙江省委副书记、省长袁家军》，2019年11月25日《学习时报》。

区治理、公共服务、数字转型等方面提出政策支持。

3.注重以考评为推手，完善政策支持，采取资金共担的方式

针对城镇老旧小区改造普遍存在统筹协调难、政策突破难、资金筹措难、发动群众难等问题，浙江省在试点中坚持问题导向、目标导向、效果导向，对上述问题的解决进行了有益的探索，初步形成了可复制、可推广的实践经验。

1）加强顶层设计

浙江省成立由政府各有关部门组成的城镇老旧小区领导小组，由分管副省长担任组长，并明确了各成员单位的职责，加强对全省老旧小区改造工作的统筹领导；发布《关于全面推进城镇老旧小区改造工作的实施意见》，对浙江省的老旧小区改造进行了全面部署，是浙江省老旧小区改造的纲领性文件；制定《浙江省城镇老旧小区改造技术导则（试行）》，强化对老旧小区的技术指导；颁布了《关于优化城镇老旧小区改造项目审批的指导意见》简化审批程序，精简申报材料，积极推进“清单制+告知承诺制”探索。

2）建立改造资金合理共担机制

（1）加大财政资金支持。统筹各类财政资金用于城镇老旧小区改造，对相关资金开展全过程预算绩效管理，提高资金使用效益。2019—2020年浙江省获得中央补助资金34.3亿元，省财政每年拿出2亿元用于城镇老旧小区改造以奖代补；各市县都安排专项资金用于老旧小区改造。如杭州市出台《杭州市老旧小区综合改造提升专项补助资金管理办法》，明确对2000年前建成的老旧小区实施改造提升的，由市级财政给予补助，其中对上城区、下城区、江干区、拱墅区、西湖区补助50%，对滨江区、富阳区、临安区、钱塘新区补助20%，其他区、县（市）补助10%。补助资金基数按核定的竣工财务决算数为准（不包括加装电梯和二次供水等投入），高于400元/平方米的按400元/平方米核定，低于400元/平方米的按实核定。

（2）引导小区居民出资。可以通过直接出资、申请使用（补建、续筹）住宅专项维修资金、申请使用住房公积金、让渡小区公共收益、投工投劳等方式落实居民出资参与改造。台州市黄岩区金桂花苑旧小区改造工程总投资464万元，业主通过小区物业维修基金筹集114万元；金华市浦江县金狮湖周边中山路区块老旧小区环境综合整治工程，政府出资1622万元、居民自筹540万元，居民出资比例达到25%。

（3）加强金融服务支持。支持老旧小区改造实施运营主体采取市场化方式，进行债券融资；争取金融机构对老旧小区改造的信贷支持。国家开发银行与浙江省签署800亿城镇老旧小区改造战略合作协议，目前宁波、嘉兴、绍兴、台州、丽水等地市多个项目已与国开行达成初步意向。舟山市定海区向中国工商银行定海支行成功申请了3.5亿元为期15年的银行贷款，用于城区所辖昌国、城东和环南共三个街道老旧小区改造。

（4）吸引社会力量参与。鼓励专业化公司参与养老、抚幼、助餐服务设施建设和后续运营；对配建停车设施、快递服务站点等，明确投资建设者的产权，实现投资、建设、所有、受益及运营责任相统一，形成投资盈利模式。杭州市拱墅区和睦街道和睦新村老旧小区改造中，引入浙江慈继医院管理有限公司在和睦新村投建康养中心、健养中心，总投资近600万元，是全省首家民营康复医疗中心。在这里，老人不仅有“健康管家”，还能享受专业的康复护理服务，全面推进辖区“居家+社区+机构”养老化进程。

3）完善配套支持政策

（1）优化简化项目审批。精简审批事项和环节，构建快速审批流程，积极推行网上审批，提高项目审批效率。市县政府授权建设部门牵头组织有关部门联合审查改造方案，认可后由相关部门直接办理立项、用地、规划审批；不涉及土地权属变化的项目，可用已有用地手续等材料作为土地证明文件，无需再办理用地手续；探索将工程规划许可和施工许可合并为一个阶段，简化相关审批手续；不涉及建筑主体结构变动的低风险项目，实行项目建设单位告知承诺制，可不进行施工图审查；项目完工后，可由项目建设单位召集相关部门、参建单位、居民代表等进行联合验收。

（2）制定适应改造需求的标准规范。建设部门牵头制定城镇老旧小区改造技术规范，明确设施改造、功能配套、服务提升等建设要求，鼓励综合运用物防、技防、人防等措施满足小区应急防控和智能安防需要，合理构建居家生活、公共服务空间。因改造利用公共空间新建、改建各类设施涉及影响日照间距、占用绿化空间的，可在广泛征求居民意见基础上一事一议予以解决。

（3）整合利用存量资源。打破“小区问题小区解决”的思维惯性，鼓励各地从社区层面整体考虑。通过大片区统筹、跨片区组合、小区内自平衡等模式，整合利用小区及周边空地、荒地、闲置地及闲置房屋等存量资源，为新建停车场（库）、加装电梯及各类服务设施、活动场所等腾挪出空间和资源。

2020年开始，嘉兴市区在老旧小区改造三年行动计划基础上，对照《浙江省城镇老旧小区改造技术导则（试行）》，对剩余老旧小区改造项目进行梳理整合，将68个老旧小区划分为8个片区，以“划片改造”方式统筹推进，集中力量解决一些突出的民生问题，系统推动小区及周边区域的基础设施更新，努力营造服务齐全、宜居便利的15分钟社区生活圈，实现片区服务设施、公共空间共建共享，盘活小区内及周边存量用地，推进土地集约混合利用，并优先用于配套设施及服务设施建设。例如在运南片区改造中，对片区进行整体优化布局，围绕社区大门后的主要景观轴、吉水路沿街店面的风貌及社区服务中心进行整体提升，沿小桥港和京杭运河打造“慢循环”系统，串联慢行步道、居民大舞台、社区中心、运河风光等景观节点，提升居民慢行空间，补齐了单个老旧小区内服务设施缺乏的“短板”。

4）以考评作为推进工作的抓手

浙江省要求对各地城镇老旧小区改造工作情况每年开展绩效评价，评价结果与中央、省级奖补资金挂钩，对于工作突出的市县按照有关规定进行褒扬激励。2020年底，浙江省专门下发《关于组织开展2020年城镇老旧小区改造综合考评的通知》,《通知》指出，通过综合考评，促进各地营造比学赶超、争先创优氛围，推动各地进一步创新思路方法，健全体制机制，完善政策举措。同时，综合考评结果将作为省级奖励资金的分配依据。

综合考评分四个阶段：一是市县自查，由各设区市组织各地自评；二是交叉复查，组织各市交叉复查；三是绩效评价，委托第三方机构对各市县的改造情况进行绩效评价，并对相关材料进行复核；最后是综合评定，省旧改办审核前三阶段自评和复核情况进行综合评定，得出最终审核得分。交叉复查是浙江省考评中比较有特点的一个做法：通过互相检查各地工作进展情况及其他台账资料，互比互看行动力度、投入力度和干部作风；互相学习借鉴推进城镇老旧小区改造工作的措施方法，促进工作落实；围绕统筹领导、监督检查、项目推进、资金筹集、长效管理等机制创建情况检查台账资料，对复查市县的自评情况进行复核。

4.典型案例：因地制宜打造全新美好生活

杭州上城区始版桥社区作为典型的老旧小区，曾面临着安全隐患多样、矛盾纠纷多发、群体诉求多变的“三多”严峻态势。始版桥社区，占地面积540亩，有65幢建于80年代初的居民楼，常住人口6000多人。自2019年被列入浙江省首批未来社区试点以来，上城区抓住试点机遇，进行拆改重建，规划地上建筑面积70万平方米，容积率3.5～5.5，规划绿地率15%、停车位3278个，回迁安置人口7400人，人才引进人口1600人，为居民创造“上城之上、空中坊巷”的全新美好生活。杭州萧山区的瓜沥七彩小镇，借鉴新加坡经验，作为“全新规划建设+老旧小区改造”于一体的试点项目，充分运用TOD模式的建设理念，建成符合中国老百姓生活习惯的“新城镇文化生活综合体”，预计受益居民1.3万人以上。

3.2 第一批试点城市改造经验

3.2.1 宁波市经验——全方位开展工作，打造全国试点

1.基本情况

2017年12月和2019年9月，宁波市相继入选住房和城乡建设部和国家老旧小区改造试点城市。开展工作至今，老旧小区改造政策体系基本建立，基本形成了“党建引领、基层推动、多元共建、建管并举”的老旧住宅小区改造“宁波模式”。不仅有效提升了人居环境品质，增强了人民群众的获得感和幸福感，还探索实现了从“政府包办”向“共同缔造”、从“点上修整”向“综合更新”、从“单纯改造”向“长效善治”的思路性转变。

到2019年底，宁波市完成了76个项目改造、面积308.81万平方米，2020年，城镇老旧小区改造计划涉及115个小区，建筑面积834万平方米，完成民生实事工程300万平方米，启动的老旧小区改造项目涉及申请央补资金项目69个（图3-8～图3-10）。

图3-8　正大花园大门改造前后对比图

图3-9　槐树小区围墙改造前后对比图

图3-10 民安小区改造效果图

2.建立统筹协调机制，自上而下形成合力

1）坚持党建引领，健全组织实施机制

宁波市委、市政府高度重视城镇老旧小区改造工作，市政府成立了市政府主要领导任组长的工作领导小组和工作专班，下设办公室在市住建局，由市长担任组长，分管市长担任副组长，同时明确了各成员单位职责，负责统筹协调推进城镇老旧小区改造各项工作。建立了"市级筹划指导、区级统筹负责、街道社区实施、居民自治参与"的组织实施机制。

2）建立层级分明的统筹协调机制

市级层面，在领导小组的统筹协调下，完善顶层设计，创新体制机制，出台《关于推进老旧住宅小区改造工作的实施意见》等政策文件，组织编制宁波市老旧小区改造年度计划，并推进实施。区级层面，区县（市）党委、政府是老旧小区改造的责任主体，建立健全工作推进机制，对街道办事处实施老旧小区改造进行指导监督。街道层面，作为实施主体，通过"两次表决"，组织征集辖区老旧小区居民改造意愿并确定改造方案，向区县（市）住房和城乡建设等部门提出改造申请，委托开展老旧小区改造方案设计、工程预算、施工招标投标等，组织开展竣工验收及决算审核，做好居民出资收取。社区层面，配合街道组织和发动居民、相关单位参与改造各个环节，指导建立健全后续长效管理机制（图3-11）。

3）注重顶层设计，构建政策保障体系

宁波市积极构建"1+X"配套政策保障体系。"1"是《宁波市城镇老旧小区

阶段	责任主体	主要内容
第一阶段	县（市）、区分管部门	1. 老旧小区普查，包括民意调查。 2. 建设城镇老旧小区改造综合管理信息系统。
	⬇	
第二阶段	县（市）、区分管部门	1. 组织申报。 2. 组织专家打分评估，初选入库名录。
	⬇	
第三阶段	市级主管部门	审核确立老旧小区改造储备入库名录。
	⬇	
第四阶段	县（市）、区分管部门	1. 2/3 民意摸底确认。 2. 1/3 社会出资比例确认。 3. 确认启动老旧小区改造名录。
	⬇	
第五阶段	县（市）、区分管部门	以一年为周期，动态更新入库名录。

图3-11　宁波市老旧小区项目申报流程示意图

改造三年行动方案（2020—2022年）》，已经市政府常务会议审议通过，以市政府办公厅名义正式印发。按“谋划一批、生成一批、实施一批、储备一批”的原则，建立了三年改造项目库。项目库实行动态管理，原则上每年可调整一次，各地在申请中央补助资金、市级财政补助资金及申报地方政府专项债时均以项目库为基础；“X”包括已出台实施的城镇老旧小区改造2020年工作要点、竞争性管理的指导意见、改造设计指引、管线整治改造工作的指导意见、专项工程统筹整合的指导意见、规划师进社区工作方案、设计师进小区工作方案、美好环境与幸福生活共同缔造活动实施方案、目标责任考核办法、简化办理流程和审批环节的实施意见、专项资金管理办法、改造设计导则、工程质量验收导则等一系列文件（表3-2）。

宁波市老旧小区项目生成机制评价表　　**表3-2**

序号	一级权重		二级权重		分值
1	小区基本属性	30	周边位置	0.1	0～100
			产权权属	0.3	0～100
			建造年代	0.4	0～100
			小区配套	0.2	0～100
2	资金来源渠道	30	政府出资比例	0.2	0～100
			企业出资比例	0.3	0～100
			居民出资比例	0.3	0～100
			金融机构出资	0.2	0～100

续表

序号	一级权重		二级权重		分值
3	居民改造意愿	30	居民改造意愿比例90以上	0.4	0～100
			居民改造意愿比例70以上	0.3	0～100
			居民改造意愿比例50及以下	0.2	0～100
			愿意开展"一块"来改造	0.1	0～100
4	其他加分因素	10	存量房产	0.4	0～100
			存量土地	0.3	0～100
			党员比例	0.3	0～100

注：1.采取百分制，对入选小区进行多因子评估打分，按小区分值排序确定实施先后次序。

2.每个权重因子按照好、中、差三个等级打分，其中好（80～100），中（60～80），差（60以下）。

3.周边位置主要考虑土地获取方式和房屋产权清晰与否；建造年代按照实际建造年代区分，年代越早分值越高；小区配套按照现有设施完善程序予以分类梳理，反向打分；政府出资比例、企业出资比例、居民出资比例以及金融机构出资按照有无此类型以及实际出资比重按照好、中、差打分；居民改造意愿比例按照居民意愿的实际数值填写；存量房产、存量土地按照实际情况，用好、中、差三个等级打分，党员因子按照党员占小区人数比例实际数值填写。

4）推进片区化改造，实现有机更新

社区是基层治理的基本单元，也是推进老旧小区改造工作的关键。在推进改造过程中，打破传统"小区"概念，合理拓展改造范围至片区，以街区更新统筹推进老旧小区连片改造提升，整合利用相邻小区及周边地区的公共空间，系统推动小区内外公共服务和社会服务联动更新，实现存量资源在利用、改造、运维等方面的统筹与整合，打造15分钟生活圈。

根据整体谋划、分批实施和成熟一片、改造一片的原则，以片区内老旧小区改造为主导，通过政府资金项目梳理、存量资源整合利用、社会力量市场化参与、金融机构信贷支持等方式梳理安排了一批围绕提升社区整体品质和完善公共服务功能的年度项目计划，主要涉及市政基础设施改造提升、社区养老抚幼设施完善、菜场改造提升和停车场（库）建设等内容。

5）发挥社区党组织"战斗堡垒"作用

把推进城镇老旧小区改造与加强基层党组织建设有机结合，充分发挥街道、社区党组织的核心领导作用，探索建立社区党委领导下的居委会、业委会、物业公司、机关党员共同参与的多方联动工作机制，统筹推进入户调研、宣贯动员、答疑解惑、组织实施等工作，有力保障改造工作的顺利推进。

海曙区在党建网格社情民意集聚回应、“党建+公益”社会组织培育等方面积极探索，在高塘花园改造中，成立了由社区党委委员、小区网格党支部书记、业委会党员、居民骨干等20名成员组成的小区综合改造治理监督委员会，以“月光墙门会”为党群协商平台，先后多次召开座谈会，有力推进了小区改造和管理工作。

6）激发党员干部“先锋模范”作用

开展党员“一员双岗”锋领行动，要求机关事业单位在职党员到居住地社区党委“报到”，通过定期和不定期的培训，打造一支素质高、能力强、多元化的城市社区专业化人才队伍，以身作则协助开展老旧小区改造、生活垃圾分类等社区工作。

海曙区在高塘花园、白鹭园、东方花园三个老旧小区101个楼道建立党员包片联系岗，制定党员包片责任清单，35名党员认领上岗，在推进老旧小区改造中发挥了积极作用。

3.构建多元融资体系，建立专项资金管理办法

1）建立改造资金政府与居民合理共担机制

出台了《宁波市城镇老旧小区改造设计指引（试行）》，明确改造项目清单和不同改造内容的居民出资比例：对于满足居民公共安全需要和基本生活需求的基础类改造，由政府负责出资；对于满足居民改善型生活需求和生活便利性需要的完善类改造，根据改造内容的权属和使用功能与居民关联的不同紧密程度确定不同的居民出资比例，政府给予一定奖补；对于丰富小区及周边配套服务的供给的提升类改造，改造资金主要由政府出资为主，引导社会服务市场化主体投入。

江北区引导业主共同出资参与城镇老旧小区改造，出资可包括但不限于物业专项维修资金、房改房维修资金、共有部位及共有设施设备补偿资金、小区公共收益、赔偿资金、个人提取公积金、直接出资、企业对小区的捐资捐物等，业主资金直接划入街道专项账户，其中业主直接出资部分主要用于楼栋设施和建筑修缮，业主资金中占项目总投5%的部分纳入区级财政出资范围用于小区改造，超出部分划转至物业专项维修资金账户。

2）社会力量以市场化方式参与的机制

鼓励和引导社会资本以多种方式参与老旧小区改造，特别是对建设停车库（场）、加装电梯等有现金流的改造项目，充分运用市场化方式吸引社会力量参与，按照“改造+运营服务”一体化的市场运作模式推进小区改造。

鄞州区把区域性居家养老服务中心作为朱雀小区改造工程的一部分，引进社会资本宁波怡颐养老服务有限公司，对社区原有的公用大车棚进行改造，目前该养老服务中心已建成并投入使用。

奉化区以广告经营权转让方式引导企业出资为住宅楼加装单元门禁。

3）金融机构以可持续方式支持的机制

在不增加地方政府隐性债务，保持本地区房地产市场平稳健康发展的前提下，探索金融机构以可持续方式加大对城镇老旧小区改造的金融支持。积极培育城镇老旧小区改造规模化实施运营主体。充分利用金融机构提供的住房租赁金融产品和服务，积极推进增加租赁住房供应的城镇老旧小区改造。

北仑区星阳片区已明确市滨港建设投资有限公司为融资主体，打包改造区域内各类资产，成立了由区政府副区长挂帅，区住建和街道牵头，发改、财政、城管等6个部门协同的工作专班，计划完成星阳菜场改造和北电小区改造项目，启动三条道路整治提升工程，确保完成投资4000万元。

4）专项资金管理办法

出台了《宁波市老旧住宅小区改造专项资金管理办法（试行）》，发挥市级财政资金引导作用，规范资金使用管理，构建共同缔造的老旧住宅小区改造工作机制。专项资金补助以小区为单位以奖代补，主要依据改造核定总投资额、基本补助比例、共同缔造（小区居民出资比例）绩效系数进行分配。

（1）核定总投资额。

小区改造项目总投资额按区审计核定的竣工财务决算数为准。如高于500元/平方米的，按500元/平方米核定，低于500元/平方米的，按实核定（不包括电梯和建筑幕墙更新投资额，按相关办法另行补助）。

（2）市级资金基本补助比例。

市级资金基本补助比例按核定总投资额中政府出资部分的40%确定。

（3）共同缔造（小区居民出资比例）绩效系数。

小区居民出资（不包括用于电梯和建筑幕墙更新的出资）占核定总投资的比例，超过10%时，每增加1%（不到1%的以1%计算，下同），市级资金补助比例增加1%，最高增加10%；不到10%时，每减少1%，市级资金补助比例减少1%。

（4）市级补助资金核定。

某小区改造市级补助资金=核定总投资额中政府出资部分×（基本补助比例40%±共同缔造绩效系数）

4.完善配套政策，做到“最多改一次”

1）建立健全动员群众共建机制

印发了《在城镇老旧小区改造中开展美好环境与幸福生活共同缔造活动实施方案》，运用美好环境与幸福生活共同缔造理念和方法，把推进城镇老旧小区改造与加强基层党组织建设、社区治理体系建设有机结合。搭建沟通议事平台，实现决策共谋、发展共建、建设共管、效果共评、成果共享。组织专业力量参与老旧小区改造，出台了《关于在全市开展社区规划师试点工作的通知》《关于在全市开展设计师进小区试点工作的通知》，加强基层专业力量，具体有：

（1）组建社区规划师。

社区规划师可以从各县市区资规（分）局及下属事业单位工作人员中遴选，也可以商请大专院校、设计单位和其他热心于社区工作的社会人士担任。社区规划师应具备参与公共事务的热情和积极态度，擅于沟通，公道正派，具有一定的规划建筑景观工程等相关专业知识和经验。

（2）社区规划师职责。

社区规划师为街道社区更新工作提供长期跟踪指导和咨询，全过程参与社区规划的编制与实施，搭建政府与基层群众沟通互动的桥梁，承担行政沟通、技术咨询、公众协调等，主要职责包括：

负责与街道社区、相关专业管理部门与社会公众之间的多向沟通；为街道社区建设提供专业咨询服务，在15分钟生活圈、社区微更新等规划编制过程中提供技术支撑，对道路整治、绿化提升、公共空间微更新项目的设计、实施进行技术指导和专家咨询，引导和帮助老旧小区改造达到更好的品质（图3-12）。

2）建立健全改造项目推进机制

明确城镇老旧小区改造的责任主体和实施主体。制定城镇老旧小区改造工作流程、项目管理机制，明确相应的责任制。研究制定了《关于进一步简化宁波市城镇老旧小区改造项目办理流程和审批环节的实施意见》，结合工程建设项目审批制度改革，建立审批绿色通道。健全适应改造需要的标准规范体系，已制定出台了《宁

图3-12 社区规划师职责

波市城镇老旧小区改造设计技术导则》《宁波市城镇老旧小区改造工程验收导则》。

3）建立存量资源整合利用机制

合理拓展改造实施单元，推进相邻小区及周边地区联动改造，实现片区服务设施、公共空间共建共享。研究支持存量资源整合利用的政策，推进既有用地集约混合利用。整合老旧小区周边存量闲置政府公房资源，盘活小区内及周边闲置社会商业用房进行统筹使用。

鄞州区华严片区在改造中将大步街闲置城管局大楼盘活，并引入社会力量，培育社交聚会、城市书屋等公共服务业态。

奉化区光明片区已完成广南商城（底商住宅）改造提升，并计划通过周边拆违和边角地改造，增设停车设施，完善公共服务功能。

4）改革和精简工程审批手续

制定了老旧小区整治“N”类审批事项清单及流程图，将改造项目开工前审批事项由9项压缩到5项，保留了立项许可阶段的项目建议书、项目审核转报、项目初步设计审批，以及施工许可阶段的工程质量监督手续办理、招标投标书面情况报告。审批时间由“最多100天”压缩到20个工作日，并同步推行工程总承包（EPC）、全过程工程咨询试点等工程建设新模式，有序推进改造项目实施。

江北区对列入辖区老旧小区改造的工程项目，其单项合同估算价在100万元人民币以下的勘察、设计、监理服务项目，经各街道（镇）班子会议集体讨论决定后，可采取直接委托的方式，进一步加快了项目改造进度。

5）努力实现“最多改一次”

为了避免反复改造扰民问题，按照“实施一批、谋划一批、储备一批”的原则，统筹安排改造时序，优化项目组织实施，实现所有改造任务统一谋划、一次性完成改造；推动规划师进社区、设计师进小区，辅导居民有效参与老旧小区改造。在资金使用上，整合住建、民政、公安、水利等部门政策和资源，发挥各条块资金集聚效应，结合居民意愿，同步整治小区环境秩序类的“面子”问题，改造基础设施和公共服务设施等“里子”问题，切实改善小区居住条件。

余姚市以老旧小区改造工作为平台，将供电设施改造升级、污水零直排工程有机整合，同步实施，并以此降低项目成本、加快工程进度，在南园新村、舜南新村等项目改造时，将电力线路入地改造、小区雨污分流等其他项目一并纳入改造预算，统一拟定施工时序计划，不仅节约了招标代理、设计、监理等配套费用，降低了土建施工成本，还加快了项目改造进程。

5.强化社区物业管理，推行智慧小区建设

1）完善小区长效管理机制

积极构建社区居委会、业主委员会、物业服务企业等多主体参与的管理机制。建立健全老旧小区房屋专项维修资金归集、使用、续筹机制，促进改造后的小区实现自我管养。坚持贯彻“改管结合、以改促管”，引入专业化物业管理，建立物业服务收费与物业服务水平挂钩的动态调价机制。出台了《宁波市物业企业和项目经理信用信息管理办法》《宁波市物业招投标管理办法》，把物业招标投标与物业企业信用相挂钩，营造公平竞争、优胜劣汰的市场环境。

江北区对改造完的老旧小区全面引入专业化物业管理，根据引入物业服务企业的小区管理服务情况适当给予补贴。

镇海区聚焦建立物业管理长效机制，区委、区政府主要领导召开了小区物业管理提升工作会议，出台了《关于加强基层社会治理全面提升小区物业管理水平的实施意见》，积极探索社区运维与区域物业管理高效机制，在强化党建引领、规范业主委员会建设、提升物业企业服务质量、落实联合执法进小区等方面取得了阶段性成效。

2）搭建信息化管理平台

应用各种线上线下手段，因地制宜搭建小区议事协商平台，从提出改造倡议、到商量改造方案均由居民全程参与。开发了业主投票决策信息系统，通过互联网终端方便居民在线申请改造资格、在线确认改造方案、在线投票决策。

> 江北区贝加边小区改造期间，共召开“睦邻议事会”12期，组织征求意见600余人次，并就停车位设置、车棚改造居民出资方式等问题进行了专题协商。

3.2.2 广州市实践——“微改造”延续城市文脉，打造“老城市新活力”

1.基本情况：坚持“微改造”理念

2017年12月，广州作为唯一的一线城市，被住房和城乡建设部列为全国首批15个老旧小区改造试点城市之一。2018年6月，广州市政府根据当地实际情况，率先提出老旧小区“微改造”理念。政府基于广州文化内涵丰富、历史建筑众多的特色，在老旧小区改造中活化利用历史建筑，挖掘再生老城资源，延续城市文脉记忆，积极引入社会资本参与老旧小区“微改造”。打造出如永庆坊、旧南海县、泮塘五约、广船鹤园等一大批富有广州特色的老旧小区微改造品牌项目，增强了居民对城市空间的认同感及归属感。民调显示，超过80%的市民认为老旧小区改造使其生活品质得到提升，改造成效得到了社会各界的广泛认可（图3-13）。

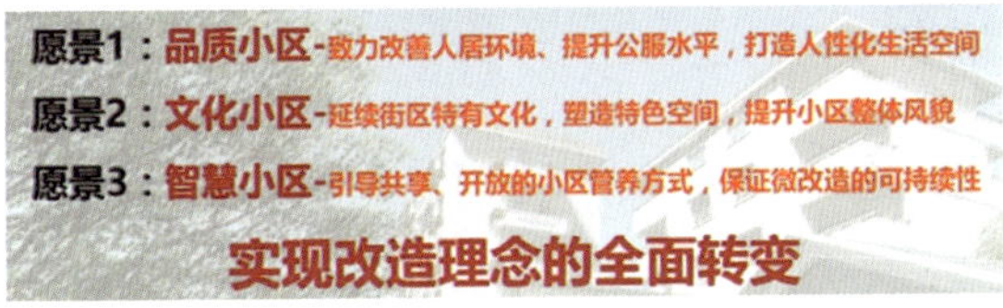

愿景1：品质小区-致力改善人居环境、提升公服水平，打造人性化生活空间
愿景2：文化小区-延续街区特有文化，塑造特色空间，提升小区整体风貌
愿景3：智慧小区-引导共享、开放的小区营养方式，保证微改造的可持续性
实现改造理念的全面转变

图3-13　广州市老旧小区微改造愿景目标

据统计，截至2020年11月，广州市已完成492个老旧小区的改造，改造老旧建筑3561万平方米、整治“三线”1619千米，拆除违章乱搭建123万平方米，整治雨污分流297千米，增设无障碍通道74千米，完善消防设施44万个，完成电梯加装6465台，改造口袋公园155个，惠及54万户家庭173万居民。2021年，广州市将进一步“一区一策”常态化推进人居环境改善工作，实现在册779个老旧小区项目基本完成，建成“老城市新活力”广州示范区，总结形成“广州经验”（图3-14～图3-17）。

图3-14　越秀区东源社区造前后对比

图3-15　恩宁路改造前后对比

图3-16　白云区鸦岗南社区改造前后对比

图3-17　越秀区旧南海县社区改造前后对比

2. 多级联动、多元协同共治，顶层设计构建管理保障体系

1）党建引领，统筹多部门参与共治

广州市委、市政府高度重视城镇老旧小区改造工作。市政府成立了城市更新工作领导小组，并由政府各部门主要领导组成工作专班，建立政府“主要领导亲自抓、分管领导具体抓”的工作机制。由市城市更新局牵头（2019年后改由市住建局牵头），明确多部门职责，统筹市发改委、市国土规划委、市住建委等相关部门协同推进，加强老旧小区改造的制度建设、机制保障和技术支撑，坚持完善机制，提升质量，统筹协调开展城镇老旧小区改造的各项工作。

2）三级联动，创建多层次工作机制

广州市建立市、区、街三级联动机制，采用“市级谋划、区级统筹、街道组织、社区实施、居民参与”的五层次工作体制和组织方式，压实区级作为老旧小区改造项目主体、街道作为属地管理单位的工作责任，加快形成合力共同推进，保障工作质量，提升工作效率。

市级层面，在城市更新领导小组的协同推进下，完善工作机制，创新工作体制，优化工作流程，相继出台一系列政策文件，组织编制《广州市老旧小区微改造三年（2018—2020）行动计划》等，明确改造内容和建设标准，并大力推进实施。区级层面，区县（市）党委、政府是老旧小区改造的第一责任主体，负责组织开展数据摸查、项目评估、方案审定、计划制定、资金筹集、项目实施、信访维稳等工作。街道层面、社区等基层组织层面，作为实施主体，具体负责相关内容的实施，积极引导居民、产权单位、社会组织等参与改造，同时指导建立健全后续长效管理机制。

越秀区为深化微改造部门间的统筹协调，建立了微改造工作领导小组，成员单位包括发改、财政、文广、规划、更新、建设、城管等部门，通过由分管副区长牵头召开领导小组联席会议，各部门分管领导参与协调微改造相关问题，研究讨论社区改造和城市规划、治理、历史文化名城保护等工作任务。

3）问计于民，注重顶层设计指导机制

广州市政府充分发挥街道、居委会等基层组织的宣传动员和协调作用，广泛向老旧小区居民征集改造意愿和需求，根据改造条件和居民意愿等因素区分轻重缓急，遴选老旧小区微改造政策、规划、设计、建设等方面的专业人才，组成专家库，从专业角度出发，高标准高质量编制如《广州市老旧小区微改造实施方案》《广州市老旧小区微改造设计导则》等，对广州市的老旧小区进行系统性划分，分别针对不同类型提出不同的改造设计要点，并全程提供专业顾问指导，把加强顶层设计和坚持问计于民相结合，全方位推动老旧小区改造水平和能力的提升（图3-18）。

4）动态管理，构建全过程保障体系

广州市对本地区老旧小区进行全面摸底调查，积极构建老旧小区改造基础数据库及动态项目库，针对数据库及项目库实施台账式动态管理，编制项目实施方案，确定具体的改造内容、出资方式和后续管养方式，全过程跟踪进度，监督管理，统筹项目推进。已出台实施的政策意见包括《广州市老旧小区微改造内容及标准》《老旧小区微改造相关部门职责分工》《广州市“三线”整治工作实施方案》《老旧小区微改造项目清单》《“四网融合”模式工作实施方案》《老旧小区微改造项目施工许可证办理意见》《关于优化广州市老旧小区微改造项目建设流程的指导意见》《老旧小区微改造工程设计指引》《老旧小区微改造安全文明施工管理指引》《老旧小区微改造三年（2018—2020）行动计划》等一系列文件，以及城镇老

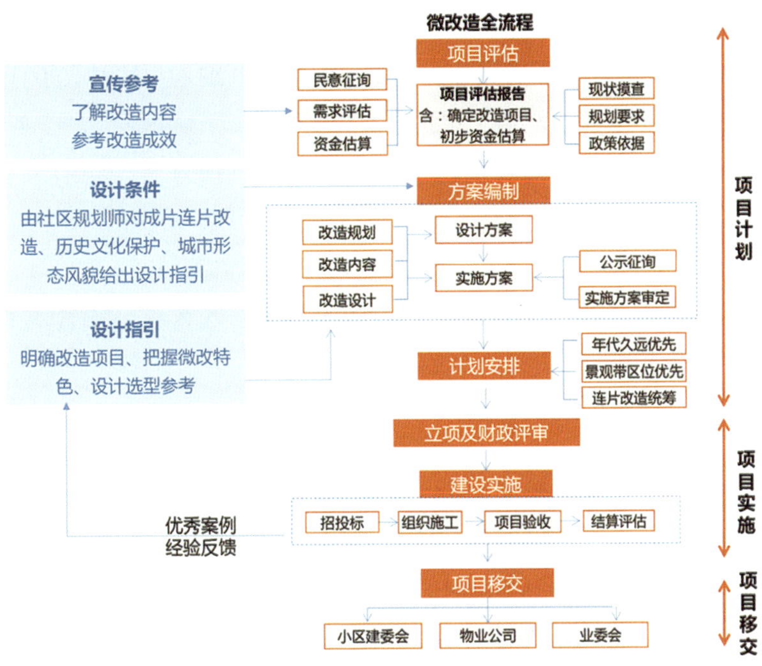

图 3-18　广州市老旧小区微改设计导则造流程图

旧小区改造计划项目台账、城镇老旧小区改造进展情况表、老旧小区微改造项目评估表等一系列计划表。

5）构建网络，发挥基层党组织核心作用

充分发挥基层党组织的核心领导作用，加强基层党组织建设与老旧小区改造的有机结合，广州市探索构建“区—街—社区—网格—楼宇”五级党组织网络，健全基层党组织下的多元化治理方式，形成党支部引领，党员带头的工作机制，有力保障改造工作的顺利推进。

> 天河区德欣社区在改造项目实施过程中，以“1+N+X”组织架构（社区党总支部+助理网格员+兼职网格员）为抓手，搭建社区党群服务平台，为疫情期间社区的疫情排查防控提供了强有力的组织和队伍保障，有力推进了社区的改造和管理工作。

3. 政府补助结合居民自筹，社会资本创新“异地平衡”，多重资金保障“微改造”工作顺利推进

1）加强各级政府财政资金保障

出台了《广州市老旧小区微改造三年（2018—2020）行动计划》，明确市、区财政安排专项资金用于老旧小区微改造，分别按8:2的比例分担改造资金。市级补助经费由城市更新局根据项目推进计划核定总额并纳入年度财政预算，在市城市更新政府投资项目计划下达后，通过专项转移支付下达各区，用于各老旧小区改造工作。原则上，对于基础完善类项目以市财政补助为主，区财政、个人出资为辅，优化提升类项目以区统筹、个人出资为主，市财政资金补助为辅。

泮塘五约作为38个试点项目之一，经历了两次改造，均由政府主导，主要依靠政府公共资金的投资进行改造。

越秀区旧南海县社区作为国家试点项目，为实现国务院提出的“重点改造建设小区水电气路及光纤等配套实施”，在市政府的支持下，供电局与通信运营商、有线电视运营等管线单位通力合作，推动项目开展三线下地和四网融合建设。由政府部门对下地土建费用出资，管线单位对管线下地内容出资，共同出资出力改造。

2）发动居民自筹资金

政府鼓励居民通过自筹捐资、房屋维修基金等渠道筹集资金。尤其针对老旧小区改造中涉及的加装电梯、加建停车场等热点问题方面，动员居民出资，在此基础上政府给予一定补助政策。

越秀区旧南海县社区针对老旧小区楼宇多、老年人多的特点，摸查建立了可加装电梯的楼宇清单，宣讲关于财政资金为每台电梯奖励10万元建设成本、对其中困难居民业主补助的利好政策，通过缓解资金压力的方式鼓励居民加装电梯、享受优质居住条件，想方设法排解老旧小区居民主动出资改造方面的顾虑。

3）拓宽社会投资渠道

吸引社会资本出资参与老旧小区后期提升改造，按照市场化原则，采用承租或提供中介招商服务的方式，推动社区产业及人群的快速转型。鼓励以企业投资、捐资冠名等方式吸引社会力量捐资或捐赠城市家具、雕塑等项目，原产权单位通过捐资捐物等方式支持小区改造。

越秀区惠吉西坊巷按照项目资金平衡原则，采取“政府主导、国企运作、多方共建”的运作模式，选取合适房屋作为旅游服务中心，同时根据社区历史文化特色开展设计工作，提升空间载体效益，积极引入国企发挥社会担当，按照保本微利原则参与改造。

荔湾区永庆坊片区改造采用政府与市场合作的BOT+微改造模式，项目改造主体为广州市荔湾区城市更新局及其下属事业单位荔湾区旧城改造项目中心、广州市万科房地产有限公司，定位打造成集众创办公、教育营地、长租公寓、生活配套为一体的“创客小镇”。

4）创新“异地平衡”资金政策

广州市将创新地试行“异地平衡”的政策，为老旧小区微改造和历史街区改造注入社会资本的活水。所谓“异地平衡”，就是整合项目，统筹协同推进老旧小区微改造项目、历史文化遗产保护利用项目及其他特殊控制区内的更新项目，与城市更新全面改造项目组合实施。在城市更新改造中探索在本区内跨项目统筹、开发运营一体的新模式，实行统一规划、统一实施、统一运营。除此之外，广州市还计划通过联动改造、开发权益转移、储备用地支持等方式实现异地平衡的实施路径，推进项目实施。

4. 推进共建共享，整合特色资源，加强监督指导，优化建设流程

1）推进全民共建共治共享模式

广州市会同相关部门制定落实“共同缔造”理念，推进老旧小区微改造的相关政策指导文件出台，以“共同缔造”理念赋能社区有机更新。政府部门引入社区治理工作方法，搭建居民议事平台，成立小区自管组织，引导居民积极参与。同时建立社区规划师、社区建筑师等制度，成立咨询委员会、工作坊等机构，吸引社会组织参与，提供咨询与服务，强化技术支持，形成“纵向到底、横向到边、协商共治”的治理体系。遴选具有代表性的老旧小区，广泛宣传，发动更多人为老旧小区微改造提供“金点子”，在项目建设全过程中拓宽思路（图3-19）。

2）加强监督指导机制

在全国率先编制设计指引、标准图集，如《广州市老旧小区微改造设计导则》《广州市老旧小区微改造设计指引图册》等，加强全过程、全方位、全周期的建设监督指导。每半年组织专家对各区工作进行评估考核，组织竞赛，评选精品工程、亮点工程，从专业角度把控项目建设。

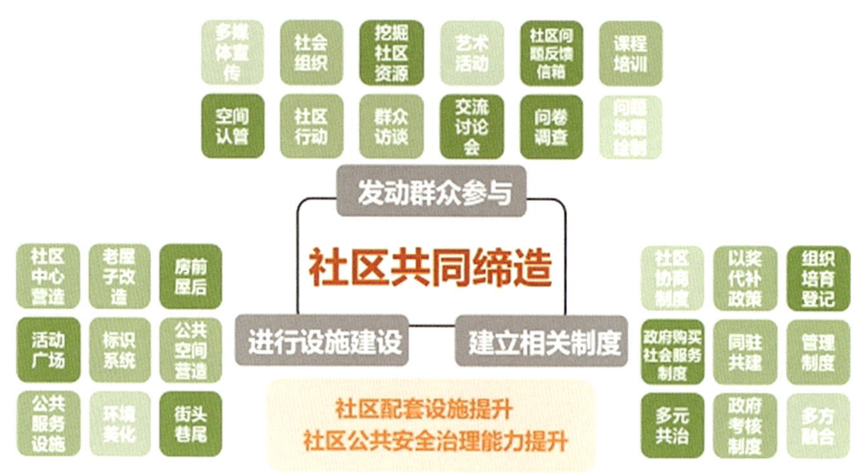

图3-19　共同缔造理念示意图

> 海珠区青葵社区等5个小区成功举办第二届老旧小区微改造规划设计方案竞赛。

3）整合特色资源，打造精品工程

坚持成片、连片打造的原则，将老旧小区改造置于“15分钟生活圈”内全面统筹，进行整体化、精细化的策划和改造，推动完整社区建设。以街区为单位，“一区一策”分类打造（此“区”定义为片区），形成“一街一品牌”“一社区一特色”的设计理念。按照“修旧如旧，建新如旧”的原则，以“绣花”功夫打造精品工程，结合环境整治、公共服务设施、文化保护与传承、业态提升等，对全市36个片区进行全要素改造提升。

> 越秀区旧南海县社区充分挖掘和凸显社区的艺术元素，结合社区内众多的历史文化遗存，联合美术高校建立“又见三家巷——旧南海县社区介入微改造工作坊”，打造社区品牌，彰显文化特色，共同助力项目建设。

4）优化改革项目建设流程

出台《关于优化广州市老旧小区微改造项目建设流程的指导意见》，并设计了老旧小区微改造项目建设流程图，针对“策划—立项—报建—施工—验收”五阶段流程提出优化措施，灵活采用成片集中打包报建及单项报建相结合的方式，推行“一站式服务”“并联审批”，提升审批效能，创新实施模式，通过EPC

总承包（设计施工一体化）、BOT（建设—经营—转让）等模式开展改造，提升实施效率。

> 越秀区旧南海县社区协调区发改、建设、财政等审批部门用好政策红利，优化项目报批流程，探索实施适用于老旧小区微改造项目的容缺受理、材料预审、设计施工一体化招标等机制，审批效率提高20%以上。

5.构建多级长效管理机制，健全常态运行管理保障

1）强化基层长效管理职能

充分发挥街道党组织和办事处的属地管理职能，加强基层组织建设，加强改造全过程及改造后的指导、管理及服务。

广州市引导社区成立“建设管理委员会”或“居民议事会”，街道指导搭建小区议事平台，成立小区自管组织，引导居民积极参与意见征询、方案制定、施工管理、后续管养全过程。街道指引成立咨询委员会，吸引社会组织参与，提供咨询与技术服务，强化技术职称。街道根据小区实际情况，指导居民通过购买服务等方式建立长效管养机制，探索老旧小区物业专项维修资金、房屋维修基金的建立和便捷使用机制，以及通过新增设施有偿使用等方式解决小区长效管养的资金来源。

2）完善社区长效管理机制

积极推动老旧小区改造后的移交接管，引导完成微改造的老旧小区落实长效管养，因地制宜实行专业物业管理、准物业管理或业主自治管理，巩固社区微改造成果。

> 越秀区旧南海县社区积极推动成立物业管理议事会，公开推选出楼组长、热心居民担任议事会成员，制定社区公共服务管理议事会，制定社区公共服务管理清单，创新推出“一楼一策一标准”的物业管理标准，改变了原来无物业管理的局面，社区自治物业管理实现收支平衡。

3）健全常态长效运行保障机制

广州市按照“实施一批、谋划一批、储备一批”的原则，加强老旧小区改造项目储备，强化项目前期核查，提高入库质量，各区建立常态化项目储备机制，市级老旧小区项目库数据被半年更新一次，实行常年筛选、滚动储备，形成市区联动的储备项目动态管理。

3.2.3 青岛市经验——政策创新，形成“青岛模式”引领改造

1.基本情况

2019年10月，青岛市被列为第二批全国城镇老旧小区改造试点城市之一。开展工作至今，青岛市以7个试点小区为抓手，逐步形成了老旧小区改造的“青岛模式”，成为城市“补短板”“惠民生”“提品质”的重要推动力（图3-20～图3-22）。

图3-20 市南区八大湖小区改造后效果

图3-21 胶州市顺德花园改造后效果

图3-22 李沧区翠湖小区改造后效果

截至2020年底，青岛市拟计划开工改造的111个老旧小区项目已全部开工，共涉及建筑604栋，建筑面积168万平方米。其中胶州市3个项目已完工，西海岸新区57个项目已完成工程量的95%。全市计划在“十四五”期间改造老旧小区1512个，建筑面积4470万平方米，涉及居民53万户。

2.“自上而下”多级协同，“自下而上”问需居民

1）坚持党建引领下的多级统筹协调机制

青岛市按照国家有关部署，组建了由市长担任组长、分管副市长担任副组长的青岛市推进老旧住宅小区整治改造和物业管理工作领导小组，统筹领导、协调推进全市城镇老旧小区改造工作。领导成员包括市委组织部、宣传部、政法委分管领导，市政府分管副秘书长，市政府各有关部门、各区（县级市）政府、驻青有关单位、各专营企业的主要领导，共40人。领导小组办公室设在市住房城乡建设局，该局主要领导、分管领导分别担任办公室主任、副主任，同时组织各区（县级市）、街道、社区成立相应领导机构，形成“市级全面统筹，各区（市）负责实施，街道社区配合”的机制。

2）构建多元主体协同的下沉机制

抽调精兵强组建青岛市城镇老旧小区改造工作专班，下设综合协调、政策研究、项目推进三个工作组，实行集中办公。同时针对10个试点项目成立了4个攻坚突击队，对试点项目的改造方案、工作进度、融资方案等进行现场指导、协调、调度、督查。通过专人负责、重点突破，确保各项工作的顺利推进（图3-23）。

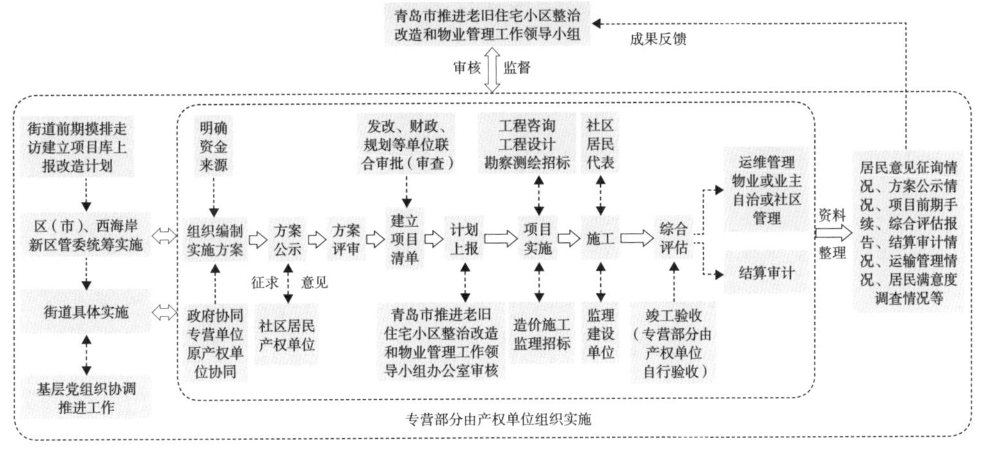

图3-23　城镇老旧小区改造工作流程图

3）注重顶层设计，完善项目生成机制

青岛市政府根据国家、省有关部署和要求，制定《青岛市城镇老旧小区改造试点工作方案》，明确工作原则和任务要求。结合居民改造意愿，建立老旧小区改造项目储备库，编制改造规划和年度改造计划，逐级确定拟改造项目及时序，有序组织实施，推进老旧小区改造。各区政府结合实际情况，制定相应行动计划、实施步骤等，指导项目的具体推进实施。

城阳区制定《城阳区推进老旧住宅小区整治改造攻坚三年行动作战方案》(青城住建发〔2019〕110号)，围绕改善居民居住环境和生活质量，重点实施老旧住宅小区整治改造攻坚行动，主要内容包括外墙保温改造、屋面防水修缮、自来水“一户一表”改造、基础设施整治改造等四项攻坚内容。

市南区印发《市南区老旧小区改造工作实施方案》，明确了调查摸底、资金落实、初步设计、概算评审、立项批复阶段、预算评审阶段、施工、监理招标投标阶段、开工手续办理、项目施工管理、项目报审阶段等实施步骤及要求。

4）坚持“问需”居民和专家智库相结合

青岛市老旧小区改造坚持居民自愿、自下而上的原则，充分尊重群众意愿。对存在争议的改造项目，市建立了由高等院校、开发建设、设计、施工、监理、造价、金融和物业管理等方面专家400余人组成的城镇老旧小区改造工作专家库，反复论证，做好风险评估及应急预案，在意见统一后再实施改造。同等条件下，优先对居民改造意愿强、参与积极性高的小区实施改造。同时，出台了《青岛市城镇老旧小区改造专家及专家库管理办法》，充分发挥专家学者在城镇老旧小区改造中的业务咨询、技术指导和评审等作用，进一步提高城镇老旧小区改造工作的科学化、规范化、专业化水平。

李沧区东李花园小区组织了民办实事征集活动，根据征集的居民意见，东李花园小区需要改造的呼声很高，占据整个楼院整治需求总量的一半以上。同时，通过对小区有针对性的开展问卷调查和现状摸底调查，搜集居民真实的呼声和诉求，拟定东李花园小区环境综合整治方案，并进行公示，接收建议和意见，由居民决定整治内容。以此因地制宜、量体裁衣制定楼院整治方案。

3.政府与居民合理共担，机构与企业共同参与

1）建立改造资金政府与居民合理共担机制

出台了《青岛市城镇老旧小区改造试点工作方案》，结合不同改造内容明确出资机制，明确将老旧小区改造内容划分为基础、完善、提升三类。基础类改造，政府重点予以支持。完善类、提升类改造，根据具体改造项目，明确各方承担的出资比例。完善类改造，由居民承担部分改造费用，政府统筹中央补助资金、地方财政性资金及各类涉及住宅小区的专项资金，给予适当补助。提升类改造，以市场化运营为主，政府重点在资源统筹使用方面给予政策支持。

引导居民出资。鼓励居民通过申请房屋专项维修资金、提取住房公积金、银行信贷、捐资捐物等方式筹集改造资金，依法合规用于居民单元防盗门加装或更换、加装电梯、结合外墙节能改造更换密封窗、屋面防水、楼梯间公共设施更新、户内水电气暖设施等改造。

李沧区翠湖小区充分发挥街道、社区“统筹协调”作用，利用自身资源并协调其他相关部门对社区的部分基础设施及服务设施进行了改造和完善。投资6万余元建造了党建服务岗，成立了以党员骨干力量为主的志愿者服务队伍，充分发挥基层党员的先锋模范作用，为民办实事、解难题，带动社区居民建家园、爱家园的积极性；投资20余万元建造了老兵服务岗，组织成立了30余人的社区退役老兵应急分队，在社区管理、重大事件维稳中起到了一定的作用；协调社会公益团体单位，在社区的主要位置设立小黄狗垃圾分类箱、饮水机、老旧衣物回收柜等设施，服务于民、方便于民；并协调移动、联通、电信、有线电视等公司，将裸露在外的网线归拢入线槽，既排除了安全隐患又整齐美观。

城阳区夏塔路社区教师楼改造项目，改造内容包括基础类、完善类和提升类，由街道办事处、社区居委会充分征求居民意愿，对户内的供暖设施通过居民每户出资约为1万余元参与改造，提升居民获得感和幸福感。

胶州顺德花园改造中，若加装一部电梯，青岛市补贴10万元，胶州市补贴10万元，街道和社区再解决一部分资金，居民共同参与只需再投入15万元左右。

2）社会力量以市场化方式参与的机制

采取政府采购、新增设施有偿使用、落实资产权益等方式，吸引专业机构、社会资本参与养老、抚幼、助餐、家政、保洁、购物、文体等服务设施的改造建设和运营。引导和鼓励国有企业、民营企业、房地产开发企业投资实施老旧小区公共服务设施改造和物业管理。对建设停车库（场）、充电桩和加装电梯等改造项目，充分运用市场化方式吸引社会力量参与，按照“改造+政策扶持+运营服务”一体化的市场运作模式推进老旧小区改造。

在老旧小区改造工作中，深挖本地资源，倡导选用本地品牌企业产品。协调海尔、海信、海润、特来电新能源、尼得科等本地品牌企业举行产品推介会。大力实施海尔、海信空调以旧换新活动，新增设海润直饮水机、特来电充电桩，本地电梯企业开展让利于民的政策，提高业主对本地品牌的认知度和接受度，进一步提升本地品牌配套率。

> 李沧区翠湖小区周边停车场改造项目由北京建工集团有限责任公司使用国开行贷款在翠湖小区东侧实施，涉及车位160余个。计划建成后交社区经营，以收取涵盖成本价方式向周边居民提供半公益性停车位。

> 西海岸新区在天龙花园B小区、阿里山小区新建养老抚幼、社区活动用房等项目，引入海高集团、青岛瑞源物业有限公司共计280余万元，投资占比约10%，后续通过租金、运营等形式实现资本营收。

3）金融机构以可持续方式支持的机制

青岛市按照住房和城乡建设部和山东省住建厅关于老旧小区改造融资方面的要求，重点通过发行政府专项债券、利用政策性银行贷款、引导专营单位投资、引入社会化投资、倡导集体企业投资五个方面的举措，积极拓宽老旧小区改造资金筹集渠道，推进老旧小区改造。

> 西海岸新区将57个小区捆绑纳入海洋高新区基础设施建设工程，共发行政府专项债券1亿元，今年又申请增发1亿元；最近又将天龙花园B小区和阿里山路小区申请发行专项债券4439万元；另外城阳区、胶州市也在申请发行专项债券。

> 崂山区金岭新村小区倡导集体企业投资，共获得社区自筹资金3000多万元，进行基础设施和服务设施的改造完善，提升了居民的幸福感和获得感。

4）创新“4+N”投融资模式

探索“4+N”模式改造方式和融资模式，在土地招拍挂过程中与老旧小区改造项目进行捆绑，由土地中标方出资承担相应老旧小区改造资金，有效保障青岛老旧小区改造资金需求。

4.优化项目推进机制，实现资源整合利用

1）试点先行

2020年5月，山东省住房和城乡建设厅对外发布《全省老旧小区改造重点项目名单的通知》，将青岛市7个老旧小区改造项目列入全国城镇老旧小区改造试点任务项目名单，分别为李沧区翠湖小区改造工程，西海岸新区隐珠街道办事处、珠海办事处57个小区捆绑项目，西海岸新区长江路街道办事处阿里山小区项目，西海岸新区王台镇天龙花园B小区项目，城阳街道东果园小区项目，城阳区夏庄教师楼小区项目，崂山区金家岭街道金岭新村小区项目。同时还将这7个小区列为"4＋N"改造融资模式试点项目。青岛市的老旧小区改造通过试点先行，打造样板引领，从而总结经验，创新模式，推动全市老旧小区改造进一步高水平实施，也为后期的改造任务打下了坚实的基础。

2）建立健全动员群众共建机制

推进老旧小区改造与加强基层党组织建设、社区治理体系建设有机结合，充分发挥基层党组织统领全局、协调各方的作用，推动构建"纵向到底、横向到边、协商共治"的社区治理体系。搭建沟通议事平台，利用"互联网+共建共治"等方式，坚持改造前问需于民、改造中问计于民、改造后问效于民，实现决策共谋、发展共建、建设共管、效果共评、成果共享。

> 李沧区为配合翠湖小区改造工程改造，社区在楼山街道党工委、办事处的领导下，专门成立了由书记任组长、由两委成员任副组长、各支部书记兼任成员的工程领导小组，同时成立了由分管副主任任组长，社区议事会成员为组员的工程协调小组。社区党委多次召开居民动员大会，利用宣传栏、橱窗、展板、LED大屏幕、致居民的一封公开信等形式，广泛宣传海绵工程给居民带来的好处，让居民共同参与，共建共享。

3）建立健全改造项目推进机制

明确城镇老旧小区改造的责任主体和实施主体。制定老旧小区改造工作流程、项目管理机制，建立适应改造需要的项目审批制度和模式，结合实际情况进行改革，建立"绿色通道"，实行联合审查，简化审批环节，优化老旧小区改造土地、环评等手续，适度放宽各类技术指标，进一步提高项目审批效率。鼓励老旧小区改造项目采用工程总承包模式整体设计。健全适应改造需要的标准规范体系，建立老旧小区改造评价机制，委托第三方机构综合评价打分，评价结果作为下一年度财政资金安排的依据。

西海岸新区采用“八个一”方式推进老旧小区改造：项目准备阶段——一封信、一张表；手续办理阶段——一个方案、一张图；项目实施阶段——一个小组、一份报；长效管理阶段——一张单子、一张票。

城阳区简化审批流程推进老旧小区改造，一是由办理项目建议书代可行性研究报告；二是依据项目初设概算批复、财政预算评审报告及施工图审查合格证进行施工招标备案，不再要求提供规划部门审核意见，进一步简化项目前期审批流程。

4）建立健全资源整合利用机制

青岛市充分挖掘老旧小区存量资源，合理拓展改造实施单元，推进相邻小区及周边地区联动改造，对居民基本生活产生影响且与小区直接相关的道路、管线、公厕等城镇基础设施项目，可结合小区改造一并整改，实现片区服务设施、公共空间共建共享。在符合要求的前提下，研究支持存量资源整合利用的政策。对改造中拆除违法违规建筑、临时建筑腾空的土地，整理乱堆乱放区域等获得的用地，优先用于配套设施、服务设施建设，或用于改善小区及周边环境。对各类公有房屋进行统筹使用。利用社区综合服务中心、社区居委会办公场所、社区卫生站以及住宅楼底层商业用房等小区公有住房，增设公共服务设施。推进既有用地集约混合利用，整合海绵城市建设，既有建筑节能保温、加装电梯、停车场建设各方面资源，统筹推进城镇老旧小区改造，着力丰富老旧小区服务设施，满足居民的美好生活需求。

李沧区翠湖小区在改造过程中，借助海绵城市建设新理念，通过设置雨水存储罐、建下沉式绿地、采用透水铺装等形式，打造成为雨水自然积存、自然渗透、自然净化的海绵小区。

城阳区东果园小区在改造中，一是利用社区一处闲置仓库改造成幼儿园，不仅盘活了闲置房屋，还完善社区公共服务设施，能够满足社区居民托幼需求，增强居民的认同感；二是利用小区空地建设居民健身广场，并升级完善健身设施，满足居民的文化健身需求，增强居民的获得感和幸福感。

胶州顺德花园东关小区以海绵城市理念改造小区车行道、步行道，增加停车泊位数量，增加公共活动空间，进一步补齐小区配套设施，整治提升小区绿化水平，改善小区居住环境，提升小区品质和价值。

5）努力实现“应改尽改，一次到位”

按照“实施一批、谋划一批、储备一批”的原则，优化项目组织实施，统筹安排改造时序，尽量做到所有改造任务应改尽改，一次到位。积极开展设计师、设计团队进社区与市民面对面活动，充分征求居民意见，实行设计划片区负责制，优化改造设计方案，利用专业技术人员的技术力量，辅导居民有效参与改造，切实改善小区居住条件。

5.信息管理平台助力完善长效管理机制

1）完善小区长效管理机制

建立小区党组织领导，居委会、业主委员会、物业公司等多主体参与的小区管理机制，坚持“重改更重管”，协商确定小区管理模式、管理规约及居民议事规则，共同维护老旧小区改造成果。按照规定选聘物业服务企业实行物业管理。建立健全老旧小区房屋专项维修资金归集、使用、续筹机制，促进改造后的小区实现自我管养。

城阳区建立长效管理机制，制定了老旧小区改造后续管理扶持政策，指导街道办事处对改造后的老旧小区按属地化管理制定物业管理区域整合方案，采取选聘引进物业公司管理或委托社区就近管理等多种模式，推进物业整合管理。结合基层政权建设，强化党建引领，积极创建“红色物业”，提供兜底服务。对改造后引进物业管理的，根据托管面积由区财政一次性给予5万～20万元不等的物业整合管理奖励资金。各街道办事处同时建立配套的奖补政策，对老旧小区管理单位按照管理面积连续奖补3年，后续由物业管理单位通过收取物业费和车位费等方式，完善造血功能，实现收支平衡、良性发展。

2）搭建信息化长效管理平台

青岛市正与海尔集团合作研发老旧小区改造APP，搭建线上议事平台，推动居民全程参与老旧小区的改造与管理。

3.3 典型城市改造经验

3.3.1 曲靖市经验——以城市更新统筹老旧小区改造

1.基本情况

曲靖市（沾益、马龙、麒麟、经开区）共有老旧小区（重点为2000年底前的老旧小区，其余为2000年底至2005年底前建成的小区）615个，老旧小区总建筑面积约656.12万平方米。截至2020年12月，已改造的老旧小区共259个，总建筑面积约227.87万平方米（图3-24）。

图3-24　曲靖市已改造小区现状照片

“十四五”期间，曲靖市将通过三年时间对市辖区内未改造的老旧小区进行改造，计划实施改造老旧小区673个、66057户、9272栋、673.48万平方米，2021年计划实施改造老旧小区383个、26964户、1983栋、240.78万平方米，力争到2023年，全面完成“十四五”计划改造任务。

2.强化党建引领，动员全员参与

按照党建+自治模式，以人居环境提升为突破，坚持党建引领、政府主导、群众参与、自治管理的思路，以城市基层党建为抓手，社区党总支在小区的治理上，充分发挥党员先锋模范带头作用，在小区成立自主管理委员会，并选举自主管理委员会成员，负责小区的日常管理，制定相关管理制度，明确管理职责，设置自管委员会办公室和居民议事场所，真正实现了小区的事情居民自己说了算，极大地满足了居民诉求。充分发挥群策群力的作用，用集体的智慧，共同搞好老旧小区后期长效管理工作，让小区居民对新的管理模式有认同感、归属感，激发每个人对社区建设、老旧小区长效管理的主动性、积极性，共同搞好老旧小区整治工作。

3.发挥示范引领作用，带动老旧小区改造

麒麟区对城镇老旧小区改造内容、改造标准等进行全方位、多角度、深层次的广泛宣传，充分发挥示范引领作用，赢得广大居民的支持和参与。

位于麒麟区白石江街道南宁北路168号的白石江街道片区（农村信用合作联社生活区）改造项目，2020年5月进场施工，同年10月即完成了改造任务。农村信用合作联社生活区始建于20世纪80年代，属于自建自管小区，生活区4栋楼房面临着年久失修、供水排水老化、屋顶漏水严重、窗户生锈、部分墙体脱落、院内柴棚破旧、绿化带花台破损等问题。如今，该小区通过屋面改造、供水排水系统改造、墙面改造、入户改造以及配套设施改造等一系列工程，恢复了房屋主体使用功能，改造了小区排污排水管网、供水供电设施、室内供水排水管网，完善小区内部交通、小区内部绿化，健全了小区物业管理服务设施，回应居民关切，让小区居民获得更多的幸福感和安全感，使老旧小区焕发出新的生机（图3-25～图3-26）。

图3-25　曲靖市麒麟区农村信用合作联社生活区改造前情况

图3-26　曲靖市麒麟区农村信用合作联社生活区改造后情况

曲靖市麒麟区水电十四局生活小区，经过老旧小区改造工程，原来道路两边、房屋前后各式各样私自搭建的违章建筑不见了，被当作菜园子的、已经荒废的花台不见了，路变宽了，小区变整洁了，而最让居民满意的是：房屋屋顶漏水的事情终于可以解决了，而这正是老旧小区改造开始后的新气象（图3-27）。

图3-27　曲靖市麒麟区水电十四局生活小区改造后情况

4.引导社会资本参与，多渠道争取资金来源保障

曲靖市沾益区原水泥厂生活区属于沾益区2019年老旧小区改造项目，位于西平街道玉龙社区九龙北路。该小区改造的资金来源于两个方面：一是积极争取上级补助资金。争取下达上级补助资金4914万元。其中，央补资金2614万元，中央预算内投资计划2300万元。二是积极争取社会力量支持。区政府通过引导管线单位或国有专营企业出资参与改造，明确相关设施设备产权关系，支持管线单位或国有专营企业对供水、供电、供气、通信等专业经营设施设备的改造提升。其中，自来水公司计划投资1021.5万元用于供水市网改造，燃气公司计划投资150万元用于燃气管网建设，铁塔公司计划投资5万元用于小区电瓶车充电桩建设，供电、供气、通信等企业的施工也在同步进行中。目前该小区已完成了安全工程的改造，实现了防水措施处理、楼道护栏及扶手修配、楼道墙面进行清理粉刷、增设单元防盗门、场外排水处理、更换屋顶损坏的雨落管、增设标准垃圾房、增设停车位（图3-28）等功能的提升，对小区环境进行了整治，还新建了城市标准公厕93平方米，配备了感应出水、残疾人通道及专用卫生间等设施，实现了小区环境的整体提升。

5.积极探索新思路，创新改造方式

师宗县率先引入“红色物业”，积极探索“以社区党建为引领、政府治理为主导、社会参与为平台、居民需求为导向、改革创新为动力”的老旧小区改造

图3-28　曲靖市沾益区原水泥厂生活区改造后情况

新模式，构建共谋、共建、共治、共享的长效机制，实现老旧小区物业服务全覆盖，实现政府治理、社会调节和居民自治良性互动，有效解决基层社会治理难题。罗平县用活用好城镇老旧小区改造政策，围绕居民诉求科学确定改造内容，建立健全协同联动机制，共同会商、联审项目申报计划，并将老旧小区改造与"美丽县城"结合起来，统一部署、统一安排、统一落实。富源县积极做好群众工作，鼓励居民户均出资3000元参与改造，鼓励产权单位补足差缺部分资金，为老旧小区改造提供了有力支撑。

6.盘活闲置资源，繁荣城市经济

近年来，沾益区委、区政府紧紧围绕高质量跨越式发展需求，以供给侧结构性改革为主线，以城市工作和城乡融合为抓手，按照提升城市环境、盘活闲置土地、丰富城市业态、聚集消费人气的总体目标大力发展城市经济。沾益老火车站，始建于1944年，1966年转为民用，巅峰时期曾经承担曲靖近90%的货物和旅客运输量，2014年7月7日正式关闭后，缺乏长效管理，脏、乱、差问题严重。2020年，按照区委、区政府的总体部署要求，西平街道按照结合实际、挖掘元素、彰显特色的要求，通过招商引资引入社会资金对老火车站闲置资源进行改造提升，打造"车站记忆"主题公园。目前，该项目景点已成为曲靖市沾益区一个新的网红"打卡点"，让老火车站片区"老树开新花"，成为沾益城市经济发展亮点（图3-29、图3-30）。①

"车站记忆"主题公园项目位于龙华北路沾益老火车站以西，2020年7月启动规划设计和工程建设，盘活铁路既有线长期闲置土地70亩。车站记忆项目围绕唤醒文化记忆、童年记忆、爱的记忆、美食记忆，分两期建设。其中一期占地30亩，主要建设火车轨道、彩色枕木、主题雕塑、"站台走廊"、老式火车车

① 图片来源：蒋所昌（摄）.云南沾益："车站记忆"主题公园成网红地，人民网，2020-12-29.

图3-29　沾益“车站记忆”主题公园的夜景

图3-30　沾益“车站记忆”主题公园照片[①]

头及车厢等历史文化元素；提升改造周边闲置建筑，规划布局音乐餐厅、运动场馆、休闲酒吧、精品民宿、特色小吃等经营业态，预计每年产生收益120万元左右，5年可基本收回建设成本。项目二期用地40亩，目前正在实施基础设施建设，业态布局以主题美食街、网红打卡点、特色商业区为主。

如今的沾益老火车站已经彻底摆脱了过去脏乱差的局面，通过推进爱国卫生“7个专项行动”，老火车站旧貌换新颜，有效改善铁路既有线周边人居环境，提升城市品质，形成业态聚集，打造沾益城市经济及夜间经济新的增长点，让闲置资源重新焕发生机，由痛点变热点，热点变卖点。

3.3.2 石河子市经验——整体谋划规划引领，充分调动基层能动性

1.基本情况

石河子市共有5个街道，65个社区，101个居住组团（小区），居住人口约45万人，其中61%的人口居住在市政管网老化、路面破损坑洼、楼体年久失修、停车设施不足、绿化管护不到位、物业管理碎片化、老龄化程度达24.8%的老城组团。2019年初，师市党委启动了石河子第一批老旧小区改造试点工程，石河子5号、6号、7号小区改造项目，在2020年启动“9+28”个小区改造工程，改造后的小区空间通透、街容整洁、秩序井然，小区面貌焕然一新，获得广大市民

的纷纷点赞，不仅打造了石河子老旧小区改造的重要样本，而且提升了政府的公信力和美誉度（图3-31）。

图3-31　石河子老旧小区改造前后对比

2.规划先行，整体谋划、统筹推进，分步实施

在老旧小区改造具体工作开展之前，进行城市更新暨老旧小区改造专题研究，加强顶层设计，对石河子所有老旧小区进行摸底调查，根据各老旧区实际存在的问题，按照综合改造、专项提升以及商业再开发等不同改造实施方式进行分类，提出整体改造系统实施方案，制定了石河子老旧小区三年行动计划，有序推进所有老旧小区改造工作，重点解决老旧小区建筑物破损、市政设施不完善、环境脏乱差、管理机制不健全及社区治理体系不完善等问题，真正做到小区缺什么就补什么、群众需要什么就完善什么，什么问题突出就解决什么（图3-32）。

在此基础上，为推进老旧小区改造工作可持续健康发展，石河子制定了《石河子市老旧住宅小区改造建设指南》《石河子老旧小区要素设计导则》《石河子老旧小区改造模式与资金筹措研究》。

3.党建引领，共同参与，形成合力

石河子市成立了由一名师市党委常委挂帅的领导小组，住建局、发改委、财政局、自然资源局等部门为成员单位。领导小组下设综合组、保障组、拆迁组、宣传组、维稳组、项目组、督察组7个专项工作组，分别负责组织、协调和统筹

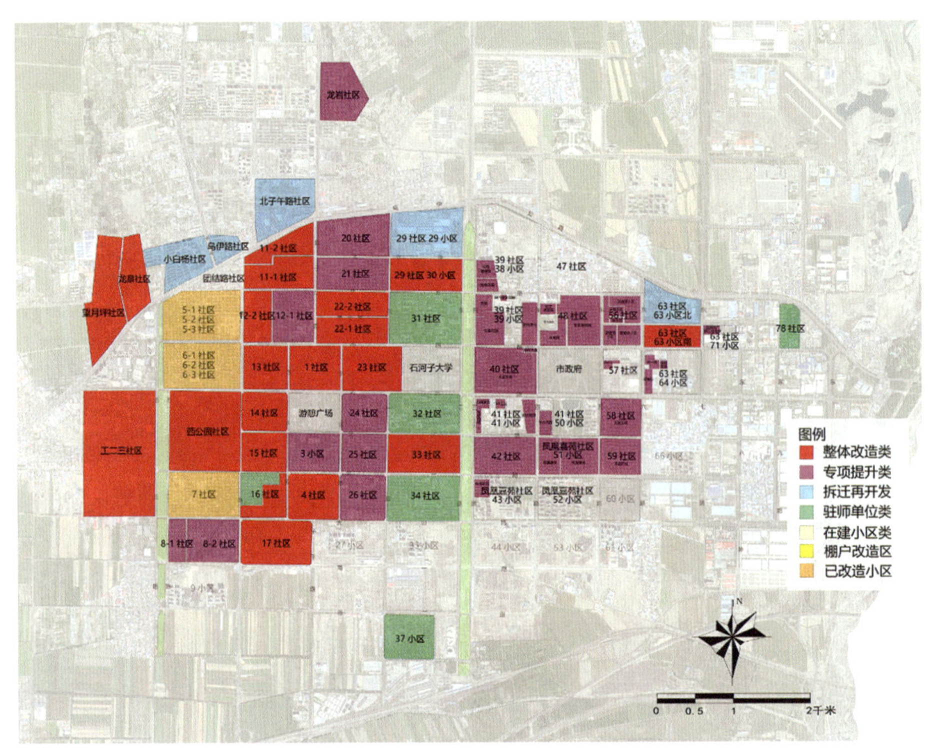

图3-32　石河子市中心城区老旧小区改造示意图

项目计划的实施；落实专项资金的筹措、拨付和监管；制定征收补偿、拆迁安置方案，进行“两违”认定；做好宣传报道，引导社会舆论；协调处理各类信访案件，提供法律咨询和服务；办理报批报建手续，协调水电气暖管线迁改、广电通信线路迁改、安防设施建设等同步实施；督查检查各主体落实工作职责，监督施工进度，落实奖惩措施。

建立街道社区党工委核心地位，由党组织领导、业主决策和部门指导相结合的原则。从人民群众最关心最直接最现实的利益问题出发，充分调动小区关联单位和社会力量支持、参与改造，实现决策共谋、发展共建、建设共管、效果共评、成果共享。政府组织街道办事处（乡镇人民政府）及相关部门做好具体事项的实施、推进与协调工作；各行业主管部门按照各自职责加大业务指导和行业监管力度。

2019年月7月以来，师市党委书记、八师政委董沂峰带头，师市党委常委分片包干带队，每周六开展党员“双报到”活动，深入社区与居民面对面交流，收集居民改造意愿1700多条，入户调查1.67万户，共收集《老旧小区改造居民意愿清单》6万多份，92%的居民支持小区改造工作。

图3-33 “双报到”活动

4.因地制宜，精准施策，多线并行

石河子在老旧小区改造中，坚决树立全市一盘棋的理念，决不就地块改地块、就小区改小区、就功能改功能，而是统筹全市学校、卫生服务站、日间照料站、托育、幼儿园、市场、口袋公园、小游园、城市支路等公共服务设施谋篇布局，因地制宜进行调整优化。

1）拆改并行

老旧小区改造“拆”字当先，拆迁拆违拆旧拆废拆平，破墙建墙，拆出公共空间。在拆迁拆违中，坚持一把尺子量到底，一个标准不走样，党员干部带头拆迁拆违。

2）规招并行

按照“谁收益、谁出资”原则，结合实际合理确定改造费用分摊规则。通过居民意愿清单以菜单的方式，征求居民改造内容和出资意愿，按照5:4:1的比例，政府出资改造小区道路、绿化、路灯、抗震加固、楼体外保温等公共部位；居民出资改造单元楼栋以内公共部分，每户分摊大约1500元；鼓励居民自选加装电梯、更换门窗、对讲系统等自费改造项目，其中加装电梯费用政府出资50%、住户出资50%；水、电、气、热、信改造费用采取“谁家的孩子谁抱走”原则由企业主体承担；建立市场化运行机制，物业、停车、快递箱、充电桩、养老托幼、便民市场等公共服务类通过市场主体收益返还。

3）点面并行

按照以点带面、点面结合的原则，通过老旧小区改造带动一批产业、锤炼一批干部、夯实一批基层组织，坚持贯彻老旧小区改造与产业发展、社区治理、夯实基层基础锤炼干部队伍相结合。

为推动老旧小区改造项目执行落地，石河子实行老旧小区改造“三包”机制，即师市党委常委分片包街道，部门主要领导包社区，选派26名年轻后备干部进驻社区蹲点。通过基层实践，锤炼一批会做群众工作、敢于担当、敢啃硬骨头的年轻干部。

4）建管并行

（1）建立大社区机制。优化公共资源共享共治共管，按照万人社区的标准，整合现有街道社区，由原来的65个社区整合为40个左右。

（2）实施物业整合。由原来157个碎片化物业站整合成40家左右，实现规模化集约化管理，提升物业管理水平和服务内容。

（3）引导居民成立自治委员会。制定社区管理规定及居民公约，居民的事居民管，让居民成为管理社区的主体。

（4）完善停车收费制度。针对现在的乱停车、不收费、地下停车库闲置等尖锐矛盾，加强停车管理，建立收费制度。

（5）设立社区关爱基金。以社会捐赠、物业赞助、居民捐资捐物等方式建立关爱基金，社区专款专户管理，用于帮扶关爱社区老弱病残人员和困难家庭。

5.问需于民，鼓励居民全过程参与

前期意见征求阶段，在被列入改造计划后，社区、街道牵头组织摸底调研，再次征集居民改造意愿，争得80%以上的居民同意，对改造内容达成共识。方案设计阶段，应通过公开招标投标确定设计单位，编制改造方案后在小区公示不少于5个工作日，广泛征求居民意见，居民无异议后，再进行深化设计。组织实施阶段，建设单位、施工单位、设计单位与小区居民紧密联系，遇到难以决策的问题通过召开协调会解决。竣工验收阶段，项目完成后，由社区或业委会、居委会签字确认，施工单位按照竣工验收程序，向市住建局或属地街道提出初步验收申请；由住建局或街道组织验收，验收通过后移交社区或业委会，也可由物业企业同步接管。

6.多级联动，多元治理，多样服务

1）成立社区党委，加强党建引领；建立社区联防联控联动工作机制

街道党工委牵头，成立社区党委，进一步完善社区党委、“网格”党支部、楼栋党小组三级组织体系。以社区为单位，依托三级组织体系，建立一个适应维

稳和疫情防控需要的群防群控、联防联动机制，形成社区党委书记、“网格”党支部书记、楼栋党小组组长、单元长层层负责、层层联动的防控工作体系。

2）成立社区议事会，推动多元治理

社区牵头成立由居民委员会、产权单位、物业服务企业、业主委员会、辖区单位、政府相关部门及其他自治组织等共同参与的小区议事协调委员会，协商解决小区治理中的重要事项。

3）成立业主大会，强化居民自治；制定“居规民约”，加强自我约束

街道办事处（镇人民政府）牵头，社区居委会组织实施，依法成立业主大会，选举业主委员会。按照“一区一规”原则，在社区居民协商一致的基础上，制定“居规民约”，主要对法律法规及规章政策未做出具体规定，但又直接影响社区风俗养成、内部管理、邻里和谐等事项做出约定，提高居民自我管理、自我教育、自我服务的意识和能力。

4）开办“生态美超市”，倡导生态文明

运用小区公共资源、配套设施、企业赞助等方式开设“生态美”超市，居民可用捡拾的部分废品、垃圾兑换生活用品，进一步推动垃圾分类处理，促进资源循环利用，保护小区文明环境。

5）开展“一户一树一地”认领认养活动，提高居民“主人翁”意识

将小区绿地、树木划分为若干份额，由居民自愿认领，负责日常管理管护。社区对管护成效进行评比，以适当方式对管护成效突出的居民给予表彰、奖励。将小区树木绿地管护由单一的社区管、物业管转变为社区、物业、居民共管共护。

6）整合物业服务，提升工作质量

原则按照“一个小区一家物业服务企业”的标准，通过招标投标或业主认可的其他方式依法选聘物业服务企业，进一步明确小区管理模式，物业服务内容、等级及收费标准等相关事项，充分发挥物业作为小区服务“排头兵”作用。

3.3.3 湛江市经验——传承历史文化，推动有机更新

1.基本情况

2019年，湛江市结合创建文明城市行动，逐步开启了老旧小区整治工作。2020年，结合城市更新的要求，由湛江市住建局牵头，各县（市、区）配合实施，对全市2000年前建成的老旧小区情况进行摸底，全面开展老旧小区综合改造工作。经摸排，全市现有问题比较突出的2000年前的老旧小区共计982个，涉及住户158870户，面积1327万平方米。

湛江市老旧小区改造工作开局良好，在充分落实广东省相关指导意见的基础上，已印发改造工作推进方案。截至2020年底，市住建局、发改局、财政局共同完成2020年老旧小区改造配套基础设施第二批中央预算内投资计划项目核准和申报。

图3-34 霞山区汉口路立面改造前后对比

图3-35 赤坎区中华街道改造后效果

图3-36　霞山区法式风情街改造前后对比

图3-37　赤坎区民国风情街改造后效果

2. 结合自身实际，明确改造目标

湛江市对照《国务院办公厅关于全面推进城镇老旧小区改造工作的指导意见》，结合自身实际，区分轻重缓急，切实评估财政承受能力，因地制宜确定改造内容清单、标准和支持政策，提出切实可行的工作目标，科学编制本地区老旧小区专项改造规划，推动建设安全健康、设施完善、管理有序的完整居住社区。目前已印发改造工作推进方案，明确目标任务和具体工作要求。按照居民自愿的原则，明确2021年改造计划，优先对居民改造意愿强、参与积极性高的小区实施改造，并成功申报了2021年中央财政补助、省补助支持城镇老旧小区改造计划，涉及小区101个（表3-3）。

2021年湛江市老旧小区改造计划表 **表3-3**

分类	小区数（个）			居民户数（户）			楼栋数（栋）		
	2000年底前	2000年底后	合计	2000年底前	2000年底后	合计	2000年底前	2000年底后	合计
1. 城市（建成区）	210	0	210	61465	0	61465	2963	0	2963
2. 县城（城关镇）	37	0	37	11000	0	11000	6	0	6
全市（区、县）合计：	247	0	247	72465	0	72465	2969	0	2969

3. 抓住机遇，借力城市更新时代背景

随着社会经济逐步发展，人民对美好生活的需要日益增长，城市更新工作的重要性与紧迫性日趋凸显。城市老旧小区改造作为城市更新的重要组成部分，能够有效提升城市品质，改善人民群众生活环境，扩大投资，激发内需，近年来在全国呈现出全面推进的态势。

湛江历史悠久，文化传承丰富。但由于主城区范围大，老旧房屋密集，居民情况复杂，居住环境较差，导致改造提升难度大，问题重，给老旧小区改造带来不少难题。湛江市政府在城市更新的大背景之下，抓住机遇，顺势而为，迎难而上，紧跟城市更新的步伐，全面推进老旧小区改造。

湛江市政府借鉴其他试点城市的先进经验和做法，充分做好调研论证，因地制宜确定改造思路和改造方式，集中人力、物力、财力主抓示范项目，做到“整治一片、规范一片、美化一片”，做到既统筹推进，又突出重点，力求老旧小区改造既有新变化，又能保留历史风貌，突出地方特色。在老旧小区改造项目中，湛江市充分聚焦城市历史、文化发展、人口经济等社会因素，不仅局限于项目本身，更能够对所在区域乃至城市发展战略进行关联思考，更加关注空间重构和社区激活、生活方式和空间品质、功能复合和空间活力、历史传承和特色塑造、公共参与和社会治理等方面，从而有效发挥以点带面促进城市整体发展复兴的作用，这是基于城市更新宏观大背景之下的多维度系统性改造，也是借老旧小区改造之力对城市有机更新的一次全面助推。

> 赤坎区老旧小区改造可结合骑楼老街、旧码头、旧商埠等特色历史元素，彰显城市文化，吸引社会力量参与，实现改造工作。

> 霞山区结合老旧小区改造打造四大主题街区，传承城市历史文化，推动城市更新升级。以海滨大道南、青岛路、汉口路的改造形成完善统一的法式文化风情街区；以建新东路、建新西路以及南站片区重要城市界面打造民国文化风情街区；新园、新兴街道结合老旧小区内部空间以及连通的小街巷，打造岭南文化风情街区；现代主题风情街区以人民大道两侧老旧小区结合已形成较好现代风格的沿街界面进行改造。

1）自上而下，扎实有序的工作方法

湛江市确立了自上而下的机制体制，市级统筹各个部门形成合力，共同推进组织市住建局、发改局、财政局、各区政府以及各牵头部门多方联动，重点对老旧小区普遍存在的公共设施投入少、房屋结构老化、活动场所缺少、基础设施损坏较为严重、失修失养、消防隐患严重、路不平、灯不亮、下水不畅、车位严重紧缺、绿化不足等问题进行了详细摸排，摸清家底；对老旧小区范围、数量、户数、建筑面积、产权属性、居民改造意愿等基本情况进行系统分类；对小区内部及周边的历史文化、自然环境等资源进行梳理，并登记造册；合理安排老旧小区改造年度计划，建立老旧小区改造项目库，及时滚动更新。市政府各部门深入了解小区建成环境和居民迫切需求，为更新改造工作奠定了扎实的基础。

图3-38　湛江市住建局领导率队调研赤坎区老旧小区改造工作

2）因地制宜，有机更新的改造手法

老旧小区是乡愁的承载地，是市民获得感、幸福感最直接的体现，是衡量城市精细化管理的标尺，是长期持续推进的重要民生发展工程。湛江市在老旧小区改造的不断摸索中，立足地域文化特色，秉承“一区一策”，凭借细微处见功夫、见质量、见情怀的工作力度，做到基础和改善提升型改造相结合，以“绣花”功夫搞好老旧小区改造和城市更新管理。同时，不断探索以片区为单位的整体设计，确定分区改造标准，科学编制专项改造规划和计划，形成老旧小区连片改造，联动改造，确定主题示范街巷，以街区为尺度盘活资源，建立鲜明的文化特征和城市风貌，促进城市有机更新与发展。

霞山区对需改造的老旧小区进行分区划分，并提出相应标准。划分为重点改造小区、优化改造小区及一般改造小区。重点改造小区主要包括：重要的历史文化路段、城市的重要界面地段、老旧小区集中的区域。优化改造小区主要包括城市的重要地段。老旧小区较为集中的区域以及老旧小区集中区域的背街小巷。一般改造小区主要包括老旧小区相对比较完善、外立面形象较好及比较独立分散，且不在城市主要界面的老旧小区。

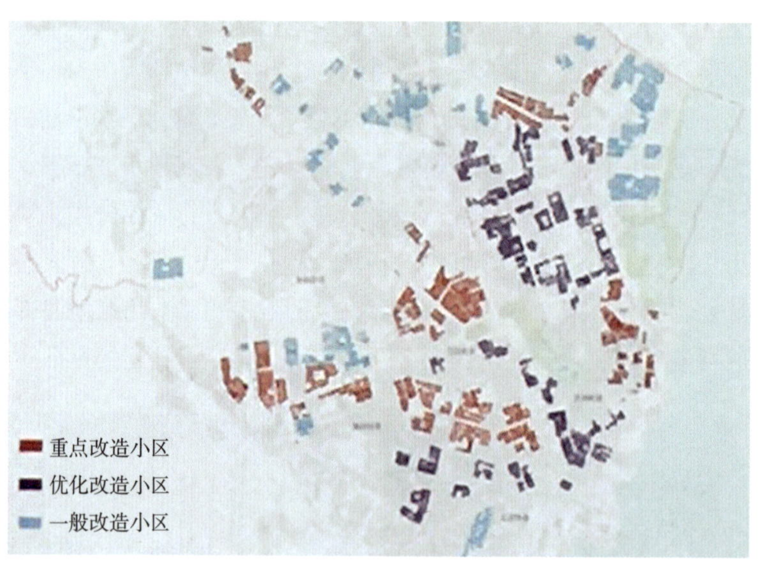

图3-39　霞山区老旧小区分类图

3）以人为本，共同缔造的建设理念

湛江市在老旧小区改造过程中积极探索共建共治共享模式，以人为本，结合社区老年人多的现状，提出打造15分钟助餐服务圈，构建以养老服务机构和餐饮企业为主体、其他社会力量为补充、信息化服务平台为依托的老年助餐服务体系，不仅注重物质空间的提升，更注重与社区治理相结合。在项目改造前充分征询居民意见，针对居民改造意愿强烈的企事业单位住宅区先行改造，形成成熟经验后再全面铺开。在项目建设过程中积极动员居民广泛参与，发挥主人翁精神，按照“业主主体、社区主导、政府引领、各方支持”的原则，确保改造工作顺利推进。通过多元参与，汇集民意，培育居民主体能力，实现共同缔造，真正做到让居民满意。

赤坎区前进社区和新江社区发动全社区群众参与老旧小区改造。居民都是自觉自愿，倾情参与，以主人翁精神，争分夺秒，撸起袖子加油干，把小区当成自己的家来建设，花费3个多月时间进行改造治理便很快取得成效。

4）稳步创新，多措并举的资金筹措模式

除向国家申请中央财政补助资金和中央预算内资金以外，湛江市老旧小区改造项目还计划积极引入社会资本，采用微利可持续形式，建立资金投入标准。同时充分利用新增政府债券等资金，加快做好前期工作，为后期高效推进后续工作打下坚实基础。政府还鼓励居民自筹资金，尤其针对电梯、停车场、楼梯间、适老配套等需求量大、关注度高的服务设施，引导居民共同参与社区建设。

赤坎区百园片区项目改造中，街道及社区政府鼓励居民自筹资金增设电梯设备。

赤坎区新江社区在首期治理中，居民自筹资金购买健身器材，安装监控摄像头，整修门卫设施等。

5）行动与机制并重，综合长效的治理手段

湛江市为更好地推进老旧小区改造工作，利用街道社区的地缘优势，充分发挥街道和社区党组织的领导作用，统筹协调社区居民委员会、业主委员会、产权单位、物业服务企业等，共同推进改造。同时积极培育本地的社区服务企业，提升社区物业服务质量。湛江市通过强调物质空间改造与长效机制建立相结合，处理好改造提升与有机更新、近期实施与远期计划、政府目标与居民诉求间的关系，构建多层次、全要素的改造体系，积极推动老旧小区改造的长效治理。

4.文化传承，创建城市更新示范样板

湛江位于中国南端、广东省西南部，旧称“广州湾”，于1899年被划为法国租界，于民国三十四年（1945年）收回，并设市级建置，定名湛江市。由于湛江历史悠久，在发展进程中历经波折，因此整个城市文化底蕴深厚，在城市建设过程中不仅传承了地道的本土文化，如“雷州文化”，也发扬了岭南地区如“广府文化”“客家文化”“潮汕文化”等一系列传统文化，更融合了西洋文化，形成中西结合的文化特色。

湛江市在老旧小区改造的项目推进中，携手历史文化街区、历史文化名城共同打造，充分融入传统文化特色元素。针对处于不同历史风貌时期的老旧小区、历史街巷，采用不同的改造设计手法。尤其在老旧小区的建筑改造设计方面，区分法式风格、民国时期风格、岭南风格，分时代、分片区、分类型精心打造，赋予特色的城市文化内涵，创建城市有机更新的示范样板。

霞山区在对法式风情街的改造中，提取法式建筑元素的廊柱、山花、屋顶、角线等元素，采取外加装饰的形式对老旧建筑的屋檐、屋顶、窗户、阳台进行包装装饰来体现法式建筑文化特色。在对岭南风格街区的改造中，为了更加体现岭南文化特色，修缮沿街骑楼，提取了非常具有代表性的镬耳墙、人字山墙作为特色元素用于沿街建筑核心及入户处。

赤坎区在民国情街的改造中，采用中西融合的建筑风格，以简化融合欧陆风格的女儿墙、柱头、条状方状装饰浮雕以及拱廊型的窗眉等建筑元素和构建，复刻民国时期别具欧陆风情的中西合璧的建筑特色。

3.3.4 钦州市经验——老旧小区改造助推品质城市建设

1.基本情况

2018年，钦州市政府制定《钦州市生态修复和城市修补工作实施方案》，其中明确提出要加快推进城市棚户区和老旧小区改造，开展老旧小区环境综合整治，稳步推进老旧建筑加装电梯，完善城市棚户区、老旧小区市政基础设施和公共服务、便民服务配套设施。2019年，在自治区住房城乡建设工作会议上，区政府特别提出要推进老旧小区改造，提升城市功能和品质，加强城市精细化管理。钦州市政府充分解读国家、自治区的政策方针和工作指导意见，从2019年起，全市开始逐步推进老旧小区改造，并将2020年定为大力实施老旧小区改造的第一年，全面实施老旧小区改造工作。

2019年9月，钦州市住建局对主城区老旧小区进行了初步的摸底调查，并开展一期暖心工程项目，计划改造完善6个老旧小区配套基础设施，改造户数1126户，建筑总面积17.65万平方米。2020年钦州市选定68个小区作为第一批先行改造对象，并将交通稽征稽查处宿舍、北部湾大学旧宿舍、钦州市粮食局小区、钦州市工业供销总公司住宅小区列入示范小区。涉及住户3984户，总建筑面积29.67万平方米。其中主城区（钦南区、钦北区）48个，涉及住户2185户，建筑面积共16.9万平方米，灵山县11个，涉及住户1229户，总建筑面积7.83万平方米，浦北县8个，涉及住户498户，总建筑面积4.17万平方米，自贸区钦州港片区1个，涉及住户72户，总建筑面积0.78万平方米，共完成投资4176万元，争取上级资金7038万元。钦州市计划在2021年改造老旧小区102个，涉及户数6902户，2021—2025年计划改造老旧小区256个，涉及户数11506户，力争在“十四五”末基本完成2000年底以前建成的需要改造的城镇老旧小区。

据统计，截至2020年11月底，钦州市第一批开工改造的68个老旧小区基本竣工，其中，包括北部湾大学旧宿舍、交通稽征稽查处宿舍等4个示范小区在内的30个老旧小区已改造完成，其余老旧小区进度已超过80%，大大提升小区环境，增强群众的获得感、幸福感和安全感。

图3-40　粮食局小区改造前后对比

图3-41　粮食局小区改造后效果

图3-42 北部湾大学旧宿舍改造前后对比

图3-43 灵山县政府三宿改造前后对比

图3-44 灵山县燕山新村运动场地改造前后对比

图3-45 灵山县公安局住宅小区改造前后对比

2.老旧小区改造引领城市品质提升

提升城市品质是提升城市环境质量、人民生活质量、城市竞争力的重要措施之一，是近年来的热议话题。老旧小区改造工作在全面提升城市品质的过程中可谓“牛鼻子”工程，是建设品质城市的内在需要，是人民群众改善居住条件的迫切愿望，更是提升群众满意度、幸福感的民生实事工程。

钦州市是岭南广府文化重要的兴盛地、传承地之一。由于其历史悠久，文化丰富，导致老旧小区分布广，数量多，密度高，且多与历史街区、城中村、棚户区相结合，使得拆迁、改造难度加大。2020年初，在钦州市两会上，代表委员们就如何更好建设钦州这座“江海宜居城”的议题展开深入讨论，其中钦州市老旧小区的改造工作被重点关注。钦州市政府以老旧小区改造为抓手，持续提升城市品质，将老旧小区改造融入城市发展战略，纳入全市重点项目一体化建设体系，与城市同步建设、同步发展、和谐共生。

3.统一思想认识，提升思想高度

要全面提升城市品质，必须全力抓好老旧小区改造工作，而做好老旧小区改造这篇文章，必须从根本上提升思想高度。钦州市政府从源头抓起，强调老旧小区的改造要从“改造”思想认识开始，提高站位，强化担当，要站在更高的维度观大局、望全局，从思想认识上加深对这项工作重要性的认识。面对钦州市老旧小区与城中村混合，私搭乱建多，改造难度大的问题，政府各部门高度统一思想，克服畏难情绪和惰性心理，越是老问题、“硬骨头”，越是列为重点，尽全力攻克，真正做到了动起来、干下去，顺利推进老旧小区改造工作的开展。

4.工作主动下沉，多级统筹形成有效合力

1）党建引领，多部门统筹协调

钦州市政府将老旧小区改造工作纳入全市城市品质提升工作中，在2020年5月发布《关于成立钦州市城镇老旧小区改造专责领导小组的通知》，成立城镇老旧小区改造工作领导小组，由市政府主要领导担任组长，由市住建局牵头开展各项工作，市发改委、市财政局协同推进相关工作，并定期将老旧小区改造任务分别下达到各县区政府，形成“市级统筹、县区组织、街道落实、居民参与”的工作机制。领导小组下设现场调查组、政策研究组、项目包装组，充分发挥政府领导作用，统筹协调老旧小区改造工作的全面推进。

2）创新下沉工作方式，保障民意需求

钦州市政府为全面掌握全市老旧小区改造需求情况，创新通过政府购买摸底调查服务方式开展老旧小区大排查，重点调查老城区内2000年以前建成、公共设施落后影响居民基本生活、历史遗留问题多、群众反映强烈的老旧小区的基本情况。摸底调查数据详实详尽，全面反映了老旧小区的基本现状，摸清了居民改造意愿，为老旧小区改造项目申报的前期工作提供了基础数据。

市委、市政府及相关领导多次组织项目现场调研，听取老旧小区改造工作进展情况汇报。在全面调研的基础上，钦州市按照“一区一策”的办法，针对每一个小区的实际问题，反复勘察现场，开展“进小区、访住户、听民声”活动，征求群众意见，充分论证方案，科学规划设计，分别制定改造方案组织实施，有重点地解决停车难、雨污水堵塞、房屋漏水、管道破损等问题，彻底解决群众最关心的问题，保障民意需求。

3）联合各级部门，形成有效聚合力

在老旧小区改造过程中，钦州市住建局联合市城管执法局、市城投公司等部门，以及钦南区、钦北区、灵山县、浦北县、钦州港区，强力推进打非治违等各项工作，各街道办以此为契机，深入开展自查自纠、专项行动等，多管齐下，解决难题，为老旧小区改造的后续工作打下坚实的基础。

4）发挥基层党组织核心作用

市住建局在老旧小区改造工作中，积极发动党员在居民群众中主动发声，宣传动员辖区住户推动老旧小区改造工程，并及时将上级和街道的政策、精神宣传到位。针对重点违建拆除户，指导社区通过集中开会、多次入户劝导做思想工作，为改造工作顺利进行打下坚实基础。同时，把推进老旧小区改造与加强基层党组织建设相结合，探索建立物业小区党支部，推动老旧小区党建治理工作的开展。

5.积极争取多方补助，鼓励居民出资共建

在坚持“业主主体、社区主导、政府引领、各方支持”的基本原则下，钦州财政联合项目主管部门，多方共同协作努力，多渠道筹措改造补助资金，通过申报中央预算内基建投资和保障性安居工程积极向上争取补助，共争取补助资金7038万元，有效缓解项目改造的资金需求压力。

鼓励居民发挥主人翁意识，承担一定出资责任，按照“谁投资、谁受益”的原则建立共享成果机制，居民通过直接出资、使用（补建、续筹）住宅专项维修资金、个人提取住房公积金、捐资捐物、投工投劳等多方式参与改造。同时也鼓励产权单位和管线单位积极投资改造，一定程度上保障老旧小区改造的资金来源。

6.“以点带面”强化监管，合理有序组织建设

1）试点先行

钦州市政府根据现场调研摸排，结合居民意愿调查，将居民意愿高、条件成熟的市本级小区作为试点，建成示范项目。通过试点示范带动作用，打造样板，为后期的老旧小区改造工作提供经验，奠定基础。

2）坚持先实用后美观，力求全面覆盖

老旧小区改造内容全面，包括了基础设施、环境设施、安防及消防设施综合改造提升等内容，从地下到地上、从楼内到楼外都需要实施改造。钦州市在老旧小区改造推进过程中坚持改善民生为核心，先进行基础类改造，内容以公共安全需要、基础生活需求为主。后进行完善类、提升类改造，内容以改善生活便利和需求、丰富社会服务供给、提升居民生活品质为主。

3）掌握实时进度，保障监管到位

钦州市建立了老旧小区改造项目台账，对项目进度和资金进行监管。同时，对项目请款材料加大审核力度，通过现场查看、核对照片等方式核实工程进度，确保项目资金按工程进度拨付，保证财政资金的安全与使用绩效。加强与市发改委、市住建局和项目业主的沟通对接，实时了解改造项目的施工进度，在确保项目全程监管到位的情况下，合力推进老旧小区的改造工作。

4）挖掘潜力，加大改造力度

钦州市在老旧小区改造过程中强化设计引领，坚持“经济实用、安全绿色、特色美观”原则，开展设计师、工程师进社区活动，从专业角度出发，科学规划，重点完善养老托幼、医疗卫生、文化体育、停车充电、菜市场、社区食堂等社区服务，着力打造“完整社区”“绿色社区”，切实解决群众身边的操心事、烦心事、揪心事。

同时，要认真评估小区改造和开发价值，按照“成熟一批、公布一批、实施一批”的原则，统筹推进老旧小区改造，改善市民居住环境，促进城市品质提升。坚持“人民城市人民建，人民城市为人民”，将“从群众中来、到群众中去”的工作方法融入提升城市品质的具体工作中，切实做好改造老旧小区这件触及老百姓切身利益的大事，提升百姓的幸福感和政府的信誉度，大力推进“江海宜居城”的建设。

7.综合使用长效治理手段

1）建立长效管理机制

对已完成改造的老旧小区，引进物业服务企业、组建社区物业服务中心、成立业主委员会，并制定居民公约、卫生保洁、停车管理、秩序维护等一系列管理办法，实现了小区环境和管理秩序的双提升，确保“一次改造，长期保持”，建立了良好的长效管理机制。

粮食局小区在改造后出台涉及无物业小区的管理办法，加强管理和引导，指导成立业主委员会或者“伙计议事会”，鼓励和推动实施“自治式”管理。

2）加强宣传，营造良好氛围

充分利用传统媒体和新媒体、墙报、宣传单，全方位、多角度宣传城镇老旧小区改造政策、先进经验和取得的成效，营造政府、社会、居民共同参与城镇老旧小区改造的良好氛围。提高居民改造意愿，由“要我改”向“我要改”转变，促进改造后的老旧小区实现自我管养。

3.3.5 衡水市经验——践行共同缔造，严抓项目监督考核

1.基本情况

衡水市自2018年开始，连续三年开展老旧小区改造工作。2018年对各县市区符合条件的老旧小区进行了全面的摸排，建立老旧小区改造项目库，结合实际先后制定了《衡水市推进老旧小区改造实施方案》和《衡水市老旧小区改造内容及改造标准》，通过实施示范改造、全面启动、攻坚收尾“三步走”战略部署，全面完成老旧小区改造工程。

根据《国务院办公厅关于全面推进城镇老旧小区改造工作的指导意见》（国办发〔2020〕23号）文件精神，衡水市制定老旧小区改造“十四五”规划，继续推进实施727个老旧小区的改造任务，其中包含2000年底前建成的城镇老旧小区共计503个，2001—2005年建成的城镇老旧小区共计224个。2021年计划完成城镇老旧小区改造312个，至2022年底全面完成“十四五”城镇老旧小区改造任务（图3-46、图3-47）。

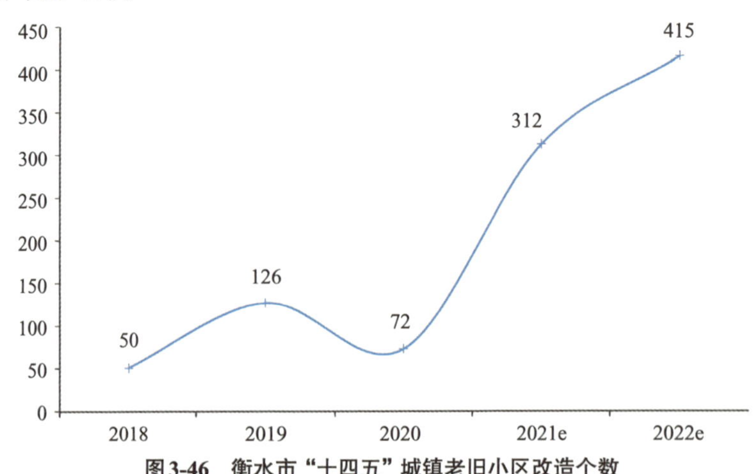

图3-46　衡水市“十四五”城镇老旧小区改造个数

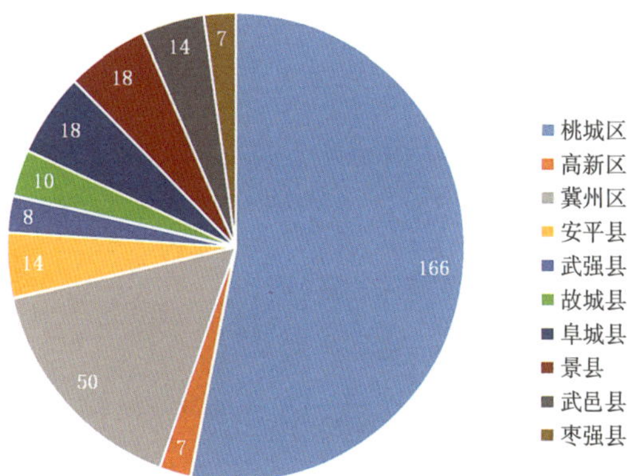

图3-47　衡水市各辖区2021年老旧小区改造占比

2. 改造内容

根据衡水市人民政府印发的《衡水市全面推进城镇老旧小区改造工作方案》。城镇老旧小区是指城市或县城（城关镇）建成年代较早、失养失修失管、市政配套设施不完善、社区服务设施不健全、居民改造意愿强烈的住宅小区（含单栋住宅楼）。国有企事业单位、移交政府安置的军队离退休干部住宅小区、军队所属城镇老旧小区按属地原则纳入当地城镇老旧小区改造范围。已纳入城镇棚户区改造计划、拟通过拆除新建（改建、扩建、翻建）实施改造的棚户区（居民住房），以及以居民自建住房为主的区域和城中村等，不属于城镇老旧小区改造范围。

城镇老旧小区改造内容分为基础类、完善类和提升类。根据居民意愿和小区实际，改造内容采取N+X的方式确定，N项基础类改造内容主要由财政资金出资，X项完善类和提升类改造内容根据当地政府财政能力确定业主出资比例。

3. 代表项目介绍

1）桃城区广厦家园小区

广厦家园小区位于胜利西路888号，始建于1998年，占地213亩，住宅楼47栋，共1877户。小区建成二十余年，硬件设施已跟不上时代发展，公共设施损坏严重，小区环境差强人意。2020年，按照上级相关政策指示，在桃城区中华街道办事处的主持下，小区实施老旧小区改造。

施工前夕，中华街道办事处工作人员和设计单位技术人员多次深入小区搞调研，对小区道路、排水、绿化、广场等几十个涉及改造的项目现场勘测，并逐楼入户走访、召开业主座谈会，倾听业主意愿和建议，研究制定改造提升实施方案。改造提升工程施工过程中，办事处分管小区改造项目的工作人员认真负责，不分昼夜，奋战在工程一线，全程监管，协调解决业主提出的合理要求，现场办公，着力开展道路整修、管道改造、绿化建设、外墙粉刷等小区改造工程，及时解决了扬尘污染、交通不畅等问题。

2020年12月24日，河北省住建厅通报了城镇老旧小区改造省级示范小区评选结果，15个小区入选，其中便有衡水市桃城区广厦家园（图3-48）。

图3-48　广厦家园改造后照片

2）桃城区滏兴路交通局生活区

位于滏兴路的交通局生活区建于20世纪90年代初，院内有3栋居民楼、近百户居民，由于年久失修，改造前出现楼顶漏雨、墙皮脱落、路面坑洼不平、排水化粪池雨污管道堵塞、落水管老化破损、照明设备损坏等问题，严重影响居民的正常生活。

2020年7月开始，通过更换污水管道、新建围墙、内墙粉刷、楼道窗户更换等措施，桃城区对该生活区进行升级改造（图3-49）。

3）桃城区南盐道胡同

南盐道胡同的变化更是桃城区实施老旧小区改造工程的一个缩影。该胡同包含多个老旧家属院，基本都建于20世纪七八十年代，2020年被列入改造的共有11栋住宅楼，总建筑面积大约2万平方米，受益居民380多户。这些建筑年代较久远的住宅楼，存在着下水管道堵塞、屋顶漏水、线路老化等诸多问题。

进行改造时，全面清理拆除了各类违章建筑物，修缮道路，增设停车位，还安装了安防监控，修建了岗亭、值班室，并配建起了物业管理用房等。已完成改造的桃城区南盐道胡同引入并实行了准物业管理。由物业公司统一管理，为各小区安装电子大门和智能监控系统，提升小区的安全保障，设立一个门岗借助监控对几个小区进行管理。安排专门的保洁员每天对几个小区进行楼道、楼院打扫和清运（图3-50）。

4）中华大街街道裕丰社区

中华大街街道裕丰社区针对老旧小区无人解决，居民环境脏乱差等问题，联结党建引领，引进物业解决，强化社区供职，企业信用征信平台，全面提高了社

图3-49　滏兴路交通局生活区改造前后对比

图3-50　盐道胡同改造后照片

区的治理程度。

裕丰社区共有12个小区，6个有物业，6个没有物业，社区党支部针对无物业小区逐一制定治理方案，分为了三个步骤推进，入户推选单元长—成立业委会（成立自治小组），拟定征求意见表，挨家挨户就供职项目和收费情况征求意见—签订物业供职协议。但凡一栋楼以上的小区全部成立业委会，只有一栋楼的小区成立小区自治小组，之后由业委会和自治小组跟物业签订物业供职协议。乱泊车问题、乱堆乱放问题、小广告等都获得了治理，小区全封闭管理（图3-51）。

图3-51　中华大街街道裕丰社区改造后照片

经过两年多的努力，裕丰社区实现了“两个全覆盖”，辖区所有小区业委会和自治小组全覆盖，所有小区物业全覆盖，业委会和自治小组增强了居民的主人翁意识，物业公司的进驻从供职上提升了居民的幸福感和满意度。

4.主要政策举措

1）加强组织领导，共担应尽之责

衡水市委、市政府高度重视老旧小区改造工作，将其作为补齐民生短板、增强群众获得感、提升群众满意度的重要途径之一，列为市政府民生实事项目强力推进。市政府成立了由政府主管领导任组长，市住房城乡建设局、市发改委、市财政局、市自然资源和规划局等有关单位和各县（市、区）政府主要领导为成员的老旧小区改造工作领导小组，领导小组下设办公室，统筹指挥调度全市老旧小区改造工作（图3-52）。

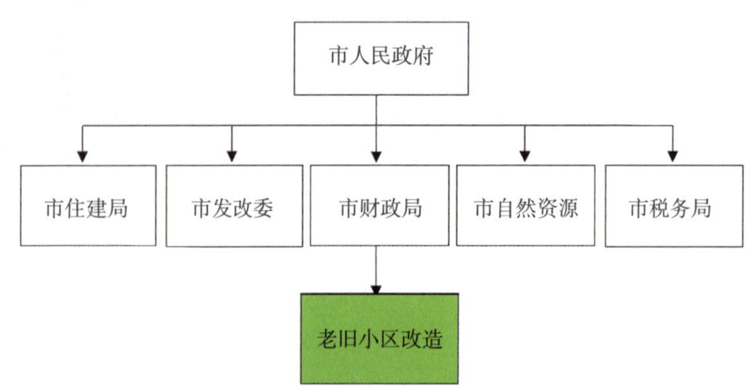

图3-52　衡水市老旧小区改造工作组织架构

实施过程中，建立了“政府主导、部门联动、街办统筹、社区协调、业委会实施、居民全程参与”的工作机制。各部门分工明确，市住房城乡建设局牵头指导和协调实施城镇老旧小区改造工作，会同其他相关单位做好政策制定、计划安排、督查指导、考核验收等工作；市发改委负责立项审批，争取国家老旧小区改造等保障性安居工程专项资金，会同相关部门做好资金分配；市财政局负责制定和落实城镇老旧小区改造财政支持政策，加强对各级财政资金使用的指导、监督和管理；市自然资源和规划局负责制定和落实适合城镇老旧小区改造规划等相关政策措施，指导办理老旧小区内及周边新建、改扩建公共服务和社会服务设施等的规划、土地、不动产登记手续；市税务局负责落实国家关于城镇老旧小区改造有关税费减免政策。建立了全市老旧小区改造项目审批绿色通道，简化立项、财政评审、招标、消防、施工等审批及竣工验收手续。

2）居民全程参与，共建美好家园

坚持以人为本，改造前问需于民。依托“居委会—院长—楼长”治理网络，发放调查问卷，参与党小组会、居民议事会、楼长会，精准了解老中青不同居民群体的所烦所急所需，征求80%以上小区居民改造意见，确定改造方案，并对老旧小区进行分级。

坚持居民自愿、自下而上的原则，确定拟改造项目及时序，制定年度改造计划，切实将居民“最关心、最直接、最现实”的诉求纳入改造内容。同时，利用居民征集意见会、宣传栏、倡议书、居民代表座谈会、微信群平台等多种渠道，全面深入地了解小区居民关心的热点问题。

在此基础上，充分论证，科学规划，按照“一区一方案”“一院一方案”制定改造方案，重点围绕老旧小区水、电、路、公共通道等基础设施以及小区美化、亮化等方面加快工作推进，通过改造消除安全隐患、提高小区品质，为社区居民提供良好生活环境，提升居民生活质量。

探索以市场化方式引入有实力的大公司、大企业参与老旧小区改造，切实减轻财政支出压力。对具备市场化运作条件的老旧小区，借鉴北京市、保定市的做法，探索实施老旧小区改造项目“工程总承包+长效运营（EPC+O）”一体化招标投标模式，采取小区业主利益捆绑开发（包括赋予小区特许经营权、建设停车位、养老、托育、医疗、文化、体育、商业等居民所需的生活配套设施）、商业捆绑开发（与城市其他优质项目打捆）等政策激励方式，引导有实力的企业参与投资改造（图3-53）。

3）严格监督考核，共保改造成效

建立健全项目推进机制，制定专项工作方案，实行“日报告、周调度、月督

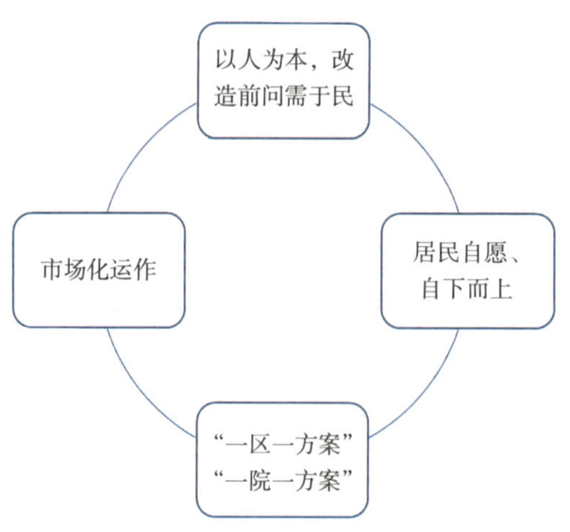

图3-53　衡水市老旧小区改造的居民激励举措

查”制度，压紧压实各级主体责任，重点对老旧小区改造内容、改造标准、工程施工和任务落实情况进行督导调度，严格规范施工标准，强化质量监管，严守安全红线。按程序科学安排施工队伍进场次序和时间，为工程实施提供用水、用电、场地等支持便利，禁止收取不合理费用。施工中邀请居民代表参与工程质量安全监督。鼓励选用经济适用、绿色环保的技术、工艺、材料、产品等用于老旧小区改造。涉及历史文化街区、历史建筑的改造项目，要严格落实相关保护修缮要求。

落实项目法人责任制、招标投标制、竣工验收备案制、工程质量负责制，落实建设单位质量安全首要责任以及设计、施工、监理等企业主体责任。落实河北省住建厅关于《老旧小区基础设施及环境综合改造技术标准》的要求，加强工程质量安全监管，及时发现和解决工程质量安全问题，杜绝各类隐患（图3-54）。市重点工作大督查对各责任单位工作情况不定期进行督查，印发督查通报，要求限期整改。同时，及时总结和推广工作中的好经验、好做法，发挥好典型示范作用。建立健全老旧小区改造激励机制，将老旧小区改造工作纳入年度考核

图3-54　衡水市老旧小区改造施工现场

重点内容，实行量化考核，确保取得实效。考核达标的，兑现奖补政策；不达标的，予以通报批评。

4）加强后期管理，共治和谐社区

老旧小区改造前，针对无物业管理公司的小区，把引进物业管理列入征询意见的问题之一，由小区大多数居民集体自主选择，通过招标方式确定物业管理公司，利用适当收取的物业费来支撑日常管理、卫生清理和垃圾清运等服务，实现物业管理从无到有。老旧小区改造后，充分发挥街道办事处的属地管理职能，指导老旧小区成立业主大会、业主委员会或业主自治组织，创新老旧小区业主自治管理模式，实现小区后续管理的正常化、专业化，共同维护改造成果（图3-55）。

图3-55 衡水市老旧小区改造物业管理

3.3.6 本溪市经验——创新物业管理模式，巩固老旧小区改造成果

1.基本情况

2019年，本溪市针对平山区、明山区、溪湖区、南芬区、高新区共计57个小区进行老旧小区进行改造提升；2020年对市内15个老旧小区进行改造提升。老旧小区改造提升后，推进了本溪市特色商业街进程，提升了城市品位，并且带动了社会投资、促进了居民消费，扩大了社会就业。这是扩内需、惠民生、保稳定的重要结合点，也是深得民心的德政工程、福利工程（图3-56、图3-57）。

2.建立物业管理长效机制

市住建局负责研究制定全市物业与住宅区管理发展规划，完善配套政策，核定行业标准，协调相关部门在各自职责范围内做好物业与住宅区管理工作，形成齐抓共管的局面。

各县（区）承担辖区内物业管理主体责任，组织成立物业与住宅区管理机构，明确职责、核定编制、充实力量，探索建立县（区）、乡镇（街道）、社区三级物业与住宅区管理责任体系；要将物业管理工作纳入社区建设管理体系，制定应急

图3-56　华夏花园小区改造后

图3-57　彩云小区改造后

预案，妥善解决住宅区失管、弃管问题，并协调相关执法部门，处理物业与住宅区管理过程中的违法、违规行为。

业主委员会负责召集召开业主大会，执行业主大会决定，维护业主合法权益；代表业主签订物业服务合同，监督和支持物业服务企业履行合同；调解业主之间、业主与物业企业之间因物业使用、维护和管理产生的纠纷；督促业主按时交纳物业服务相关费用，组织和监督住宅专项维修资金的筹集和使用；及时向业主公示物业服务相关资料和情况。物业服务企业要认真贯彻执行国家、省、市物业管理条例和相关政策，服从物业行业主管部门的监管和指导，自觉接受业主和业主委员会监督，全面履行物业服务合同约定，协助开展社区文化和精神文明建设活动。

3.加强制度建设，规范物业行业管理

1）健全规章制度

宣传贯彻《辽宁省物业管理条例》《辽宁省住宅物业服务等级标准》，制定出台符合本溪市实际的住宅物业服务指导价格标准、信用等级评定、准入退出办法等规范性文件，形成一系列科学的物业管理规章制度，建立质价相符的物业服务收费机制和物业服务等级考评机制，实现物业管理科学化、规范化、标准化、专业化。

2）严格准入退出

完善物业服务企业选聘机制，探索实施物业服务履约保证金制度；加强前期物业招标投标监管，对政府购买物业服务和业主大会重新选聘物业服务企业的招标投标，探索引入物业管理行业专家评审制度，规范物业管理招标投标市场秩序；实行物业项目管理退出预警报告制度，引入第三方机构，加强共用设备设施维护保养查验，对不按规约履行责任的物业服务企业列入“黑名单”，依法清退。

3）建立行业诚信

依托省物业企业信息平台，建立物业企业诚信体系，推行信用等级评定制度，将评定结果与物业项目评优、资质管理和招标投标等挂钩；鼓励成立物业服务行业协会，建立物业企业及从业人员诚信档案；实行项目经理人制度，建立项目经理流动和诚信考核机制；实行物业服务公开制度，公示业主大会议事规则、管理规约、服务合同、服务内容、服务标准、收费项目、收费标准等，接受社会监督；加大企业失信惩戒力度，杜绝行业恶性竞争，构建和维护良好的物业服务市场秩序；提倡建立个人诚信档案，对无故拖欠物业费的人员由物业服务企业或社区通知相关部门记入个人诚信档案。

4.完善配套设施，做好前期物业管理

1）进一步保障物业设施设备质量

新建住宅小区的供水、供电、供气、供热等设施设备同建筑工程同时验收，竣工验收合格后由专业经营单位接收管理；鼓励开发企业积极配套安防门禁、视频监控、垃圾分类、休闲娱乐、居家养老、汽车充电桩等设施设备；按照相关规定配备物业管理用房，将小区物业设施设备和房屋质量纳入房地产开发企业信用等级评价的重要内容；实行质保期内物业设施设备和房屋质量预警制度，探索建立房地产开发企业物业设施设备和房屋质量保证金机制。

2）进一步加强前期物业服务管理。

按照“建管分离”的原则，从物业项目的前期入手，切实规范物业管理行为。建设单位通过招标投标选聘符合条件的物业服务企业实施前期物业管理，建立完善的物业管理移交手续，将小区配套设施材料全部移交物业服务企业。经物业行业监管部门核准后，不动产登记部门要对物业服务用房的位置、面积等进行实地核查，无误后方可办理初始登记手续。县（区）物业行政主管部门、乡镇（街道办事处）、社区、前期物业服务企业应共同参加交接，确保新建小区全面实行规范的物业管理，经县（区）物业行政主管部门审查后，方可办理商品房预售许可证。

5.创新工作方法，扶持物业行业发展

1）物业服务标准化

贯彻落实《辽宁省住宅物业服务等级标准》，开展物业服务标准化试点工作，加快制定不同类型物业的服务标准和规范，构建多层次、多等级的服务标准体系，实行"菜单式"组合，逐步构建"质价相符"的物业服务体系。各县（区）要通过共用设施、设备维护养护管理，公共秩序及环境卫生维护、绿化补植、精神文明建设、小区事务开展、业主满意率和管理效益等工作对物业服务企业进行综合考核，将考核结果纳入等级评定。

2）创新物业服务方式

鼓励物业企业开展多种经营，拓展服务范围，开展个性化服务，由单一的物业管理服务向多种服务提供商转变，如家政服务、专有部分维修服务、家居养老服务等。各县（区）要积极扶持优秀物业企业采用现代信息手段，创新管理模式，开发建设智能管理服务信息平台，加强智慧物业社区建设；鼓励物业企业、通信运营企业和社会资本对已建成小区进行智能改造；探索物业服务资源的联通共享，通过企业间服务资源整合，成立卫生保洁、保安服务等专业公司，使服务资源发挥更大效能，降低运营成本，提升服务水平。

3）探索物业企业减负创收新模式

各县（区）要拓宽老旧小区收入渠道，允许利用公共部位开展经营，利用老旧小区公共路面规划停车位，收取停车费用。在老旧小区改造中，对于有条件的可依法建设物业服务用房和一定比例的物业服务经营性用房，所得收益作为老旧住宅小区维护管理费用的补充资金，依法、依规用于住宅小区内公用设施设备维护管理和运行、保洁、绿化等产生的用水、用电、用气等费用。物业管理用房供暖费按照民用价格收取。对优秀物业企业在税收等方面予以优惠或政府给予奖励性质的补贴。探索住宅专项维修资金使用方式，建立绿色通道、简化使用程序，需要应急使用的，可以不经过业主"双三分之二"表决同意，直接申请使用维修资金。没有征收住宅专项维修资金的住宅小区，提倡管理单位对重点公共设施、设备（如电梯）进行投保，解决大额维修资金支出难的问题。探索第三方代行收费模式，培养业主自觉缴费意识，维护物业企业正常经营秩序。

4）探索建立纠纷化解新机制

完善业主大会和业主委员会指导规则，明确职责、权利和义务；探索社区和业主委员会成员"交叉任职"、有偿服务模式，提高业主委员会成员的责任意识、法律意识和服务意识，发挥应有的纠纷调解作用；探索建立物业管理联席会议工作制度，推进人民调解委员会及司法物业调解委员会建设，构建人民调解、行政调解、司法调解相结合的物业服务纠纷快速处理调解组织体系，着力解决物业服务纠纷问题；推广“易安居”物业管理平台，及时受理、处理、解决业主报修和投诉；加强与民心网投诉数据的互联共享，畅通群众诉求渠道。

6.因地制宜，齐抓共管，实现老旧小区长效管护全覆盖

1）抓好老旧小区改造

落实2019年国务院《政府工作报告》有关部署，大力进行老旧小区改造提升，将老旧小区改造纳入城镇保障性安居工程。各县（区）住建、发改、财政等部门建立协调配合、齐抓共管工作机制，做好调查摸底和标准认定，按照实施一批、谋划一批、储备一批原则，合理安排年度改造计划，尊重群众意愿，鼓励社会力量参与，拓宽资金筹集渠道。

2）巩固老旧小区整治成果

以省住建厅《坚持“共谋、共建、共治、共评、共享”做好早期棚改小区维修改造工作方案》（辽住建〔2019〕45号）为指导，在老旧小区综合整治以及后续接管工作中，各县（区）要积极主动作为，探索建立县（区）、乡镇（街道）、社区三级物业管理责任体系，落实管理责任。对已整治完的老旧小区落实专业经营单位的管理责任，特别是理清交接好供水、供电、供气、供热、排水、通信、环卫等部门的维修、管护责任，加强电梯等设施设备维修管护，督促开展15年以上老旧电梯更新改造。

3）促进老旧小区管理提档升级

针对老旧小区的不同特点“对症下药”，以国有房产管理为主，鼓励业主自治，逐渐实行专业化物业管理，实现资源共享；推广“红色物业”管理模式，提高管理和服务水平；将老旧小区管理纳入城市管理“网格化”管理体系；聘请物业监督员，充分发挥“市政110”系统作用，着重解决老旧小区突出问题；结合老旧小区改造，创新小区治理模式，提升基层治理能力，构建“纵向到底、横向到边、协商共治”的城市治理体系，打造共建、共治、共享的社会治理格局。

3.3.7 济宁市经验——创新“4+N”模式，打造“济宁模式”新范本

1.基本情况

2014年，济宁市制定了老旧小区实施综合整治三年行动计划，开始对主城区的88个老旧小区进行综合改造，正式拉开了济宁市老旧小区改造的序幕。济宁市委、市政府高度重视老旧小区改造工作，基于上层政策要求，分别于2020年6月和7月印发了《济宁市老旧小区改造工作实施方案》及《济宁市支持城镇老旧小区改造十条措施》，致力于通过实施试点项目，从工作机制、融资模式、改

造模式、全要素保障等方面，积极探索老旧小区改造的新路径、新模式，引导社会力量参与，推动社会资本介入，形成可复制、可推广的经验做法，为今后老旧小区改造提供参照。

据统计，截至2020年7月济宁市共改造老旧住宅小区432个，总建筑面积1555万平方米，惠及居民16.5万户。2020年，济宁市计划改造老旧小区68个、2.6万户、228万平方米，涉及11个县（市、区），截至2020年10月，全市已完工22个老旧小区的改造（图3-58）。

图3-58　济宁市任城区老旧小区改造后效果图

2.特色模式——社会资本助力老旧小区改造

1）政策支持，申报试点

2020年5月，山东省住房和城乡建设厅、山东省财政厅等6部门，联合发布《关于公布全省老旧小区改造重点项目名单的通知》，济宁市成功申报省财政支持老旧小区改造试点城市，其中，济宁市承担了9个全国城镇老旧小区改造试点任务项目与5个“4+N”改造融资模式试点任务项目。

2）机制创新，广受好评

“4+N”改造融资模式中的“4”代表了创新老旧小区四种改造方式和筹资模式：一是大片区统筹平衡模式；二是跨片区组合平衡模式；三是小区内自求平衡模式；四是政府引导的多元化投入改造模式。“N”代表了在此基础上，鼓励各地结合实际探索“N”种模式，引入企业参与老旧小区改造，吸引社会资本参与社区服务设施改造建设和运营等（图3-59）。

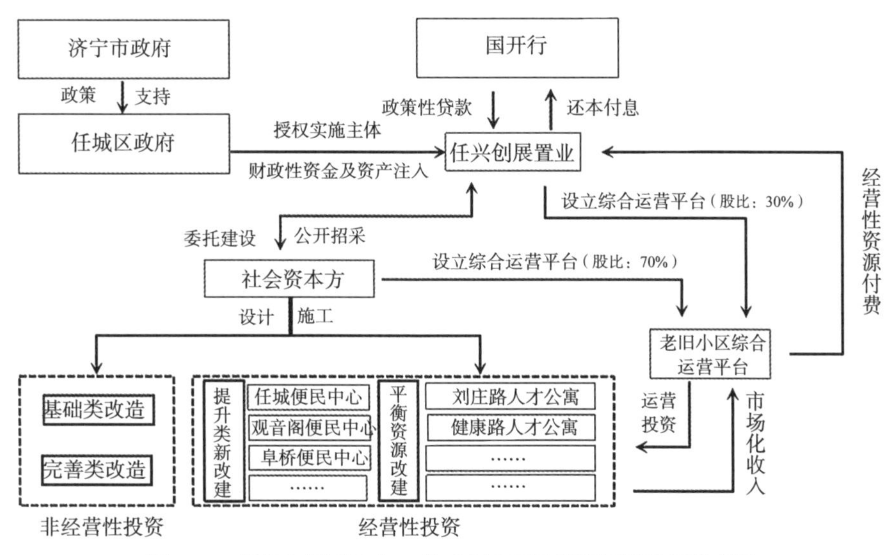

图3-59　济宁市任城区“4+N”老旧小区改造项目投融资模式图

济宁市为解决老旧小区改造资金难题，以不增加政府隐性债务、培育形成相对稳定现金流为目标，坚持政府主导、市场运作，全方位借助社会力量，破解融资渠道狭窄的堵点，探索出老旧小区改造融资新路子，形成“济宁模式”。《人民日报》对济宁市老旧小区“4+N”改造方式和融资模式进行了专题报道，并高度赞扬。

3）多元融资，全省推广

济宁市老旧小区改造试点任务项目成功吸引了住房和城乡建设部、国开行、省住建厅前来考察。针对任城区3个试点项目（马驿桥大片区、康桥金茂华居跨片区、文化小区）的改造，《山东新闻联播》对其坚持在多元融资上下功夫，积极推动创新“4+N”改造方式和融资模式，并成功申请获批国开行5亿元贷款进行了专题报道。2020年10月，山东省住房和城乡建设厅下发通知，在全省推广济宁市任城区老旧小区改造经验做法（图3-60）。

济宁任城2020年老旧小区整治改造将是山东4+N模式的落地示范项目，成为住房和城乡建设部城镇老旧小区改造全国可复制、可推广模式，创造济宁模式、山东经验、全国典范！

济宁任城老旧小区改造在住房和城乡建设部城镇老旧小区改造“九项机制”中的7项中都体现了领先于其他区域的创新亮点

1.创新实践，山东4+N模式示范项目，全国老旧小区改造标杆		资金平衡
2.党建引领、多元共治、政务下沉，基层治理现代化长效运营	长效运营	
3.文化牵引，延续儒家文脉、弘扬运河文化，任城风貌再塑造	文化传承	
4.民意为先，因地制宜补充便民服务短板，养老医疗融合全新模式	七有服务	
5.政府主导，政策金融机构支持，居民自筹，社会资本参与	资金来源	

住房和城乡建设部城镇老旧小区改造“九项机制”：1.项目统筹协调机制；2.项目生成机制；3.资金来源；4.社会资本参与；5.金融机构支持；6.居民参与；7.项目推进；8.存量资源利用；9.长效运营

图3-60　山东省济宁市任城区“4+N”老旧小区改造项目机制创新

1.创新运作模式，提供平台支持

任城区立足老旧小区改造项目实际，强化工作指导，理清融资思路，将3个试点项目，各类财政补助资金约5343万元，以及闲置楼房等资产，注入区属企业——任兴集团创展置业公司，作为老旧小区改造项目规模化实施运营主体，并明确其作为国开行贷款的支持对象。同时，采取公开招标方式，引入北京愿景集团，全程参与老旧小区改造项目设计、施工等。推动创展置业公司与北京愿景集团成立联合运营公司，负责老旧小区改造后的资源平衡及公共便民服务设施的运营等。

2.理清组织架构，明确权利义务

任城区通过厘清北京愿景集团、创展置业公司两个实体在联合运营公司中的定位、优势、分工，由北京愿景集团负责老旧小区改造项目的规划、设计、施工、运营等；由创展置业公司向国开行申请"老旧小区改造专项贷款"，用于老旧小区改造及经营性资源建设，并作为投资管理单位，负责改造建设实施。充分发挥联合运营公司在项目融资中的主阵地、主平台作用，履行好项目运营、监督、协调等职责，并由其负责实现老旧小区改造项目的运营收益，二者共同对国开行还本付息。

3.激活闲置资源，实现微利可持续

任城区围绕"拓还款来源、提信用等级"，指导制定了贷款专案，打包包装可利用资源，将拟改造小区与周边闲置单位宿舍楼、闲置厂房等资源统筹规划，新增便民服务中心、停车场、社区食堂等有收益的服务设施，通过20年运营，以未来现金流作为还款来源。马驿桥大片区统筹平衡项目，涉及6个小区、2353户、建筑面积17.6万平方米，片区内改建约1万平方米阜桥街道便民服务中心，计划打造成为党建文化高地、政务下沉实体、保障服务中心、便民惠民平台，"多节点"利用片区内其他闲置空间改造便民服务设施，满足居民停车、助餐、养老、托幼等需求。康桥金茂华居跨片区统筹项目，涉及7个小区，通过改建、新建片区内1处闲置资源及片区外3处闲置资源，打造便民中心、建设租赁住房、完善服务设施，进行综合运营盈利，实现资金平衡。文化小区项目，涉及586户、5.6万平方米，新建家园中心，增建停车场，改建自行车棚、便民商业网点等，通过后续管理运营等实现小区改造后收益自平衡。

3. 创新组织工作机制，强化政策引导模式

1）完善组织领导，建立统筹协调工作机制

济宁市建立了由分管副市长任指挥长的老旧小区改造工作指挥部，市政府分管副秘书长、市住房城乡建设局局长任副指挥长，市政府相关部门、专营单位、县（市、区）为成员单位，办公室设在市住房和城乡建设局，下设项目审批组、融资和资金保障组、专营设施改造服务组、宣传报道组等工作组。各县（市、区）同时建立了相应的领导协调机制，市级统筹协调，县（市、区）负责实施，科学安排计划，层层压实责任，实现协同联动，推动工作落实。

兖州区部署、谋划和协调老旧小区改造工作，成立工作专班，“一对一”包保服务各改造项目，着力解决项目开复工过程中的手续审批、人员返岗、场地场所、防疫物资等方面困难问题。多部门协调联动，为老旧小区改造工程开辟绿色通道，提前完成项目可研、规划选址、立项、施工许可等前期手续，确保项目按期开工。

2）创新工作机制，全要素保障实施

济宁市强化齐抓共管，各有侧重，建立了“部门主抓、专营单位主建、街道社区保障”的工作推进机制，科学划分市、县、街道及有关部门、单位的职责，明确参建各方的任务目标和责任边界，形成了高效推进的强大合力。

3）强化政策支持，建立项目生成机制

济宁市政府根据国家、省有关部署和要求，制定《济宁市老旧小区改造工作实施方案》，并出台《济宁市支持城镇老旧小区改造十条措施》，明确工作原则和任务要求，进一步加快推进老旧小区改造工作。根据老旧小区建筑现状、居民出资户数比例、改造后预计效益、项目手续完善情况等确定实施老旧小区改造的项目，并建立项目库，切实评估论证财政承受能力，有序组织实施。对存在争议的改造项目，应反复论证，做好风险评估及应急预案，在意见统一后再实施改造。同等条件下，优先对居民改造意愿强、参与积极性高的小区实施改造。对在小区内及周边新建、改扩建社区服务设施的，在不违反国家有关强制性规范、标准的前提下，可适当放宽建筑密度、容积率等技术规范。鼓励出台支持大片区统筹或跨片区组合改造的政策措施。

4）加强督导评价，加大宣传力度

济宁市建立了“周调度、月通报”督导调度机制，对进展快的县（市、区）进行表扬，对工作推进不力的县（市、区）进行通报批评。实行定期检查与随机抽查

相结合的考评监督办法，根据年度改造计划，适时对各县（市、区）改造项目的立项、开工、竣工及改造内容、资金支付、物业管理长效机制建立等进行督导评价。在此基础上，济宁市充分利用各种媒体，加大宣传力度，扩大宣传覆盖面，全方位、多角度、宽领域宣传老旧小区改造提升的重要意义、方法步骤和改造成效，引导社会各界和广大居民积极参与，为老旧小区改造营造良好的舆论氛围。

4.多元资金保障改造工作顺利推进

1）建立改造资金多渠道筹集机制

济宁市引导居民通过住宅专项维修资金、小区公共收益、捐资捐物等渠道出资参与改造。统筹中央补助资金、地方各渠道财政性资金及有关部门各类涉及住宅小区的专项资金用于改造。对符合条件的老旧小区改造项目，探索发行地方政府专项债券支持改造。探索社会资本以市场化方式和金融机构以可持续方式参与和支持改造。济宁市加强与政策性银行和商业银行的战略合作，开发适合老旧小区改造的特色金融产品，通过发放老旧小区改造贷款、经营性物业贷款等多种形式，采取优惠利率、扩大授信额度、延长贷款期限、简化审批流程等措施，加大对参与老旧小区改造的市、县两级所属投融资公司、社会资本方、物业服务企业和个人的信贷支持。鼓励和引导政府融资担保机构向配套老旧小区改造的企业融资提供担保。推动专营单位、鼓励原产权单位出资参与改造。

2）加大财政支持力度

对老旧小区既有多层住宅符合条件加装电梯的，按照属地管理原则，济宁市实行“先建后补”，县（市、区）财政按照每台电梯安装总费用（包含设备费用、安装费用、土建费用等）的20%进行补助，每台最高补助不超过10万元，验收合格后，市财政统筹市以上财政资金从次年开始按照同等标准进行奖补。对于接管已改造老旧小区的物业服务企业，县（市、区）财政按照每月0.15元/平方米给予补助后，市财政统筹市以上财政资金按每月0.05元/平方米给予奖补，限期3年。

3）“4+N”创新融资模式

济宁市通过引入社会资本，利用城镇低效用地再开发，创新老旧小区及小区外相关区域“4+N”改造方式和融资模式，积极探索社会资本以市场化方式和金融机构以可持续方式参与和支持改造。

5.优化项目建设审批流程，整合存量资源分区改造

1）规范改造程序

济宁市明确县（市、区）政府（管委会）为老旧小区改造责任主体，支持各类国有企业单独或与社会资本合作参与老旧小区改造，按照骨干培训、宣传发动、成立自治组织、自愿申报、制订方案、小区公示、市县两级评审、依法招标、项目审批、施工建设等程序，依法依规组织实施老旧小区改造。申报改造前，必须征求小区90%以上业主的意见，且获得其中80%以上的业主同意，承诺自愿支持小区改造、拆除违法建筑、实施物业管理服务，并就小区内公共资源建设和利用等达成一致意向。小区内新建、改扩建公共服务和社会服务设施，在产权明晰的基础上，探索所增加公共建筑不动产登记的具体做法，按照“谁投资、谁受益”的原则，由投资方经营至约定年限后，产权归全体业主所有。

2）坚持共同缔造，创新成片改造

济宁市强化社区概念，按照“一区一策”的理念，合理划分改造区域，对具备土地、交通、人口条件的相邻老旧小区进行成片改造，实施大片区统筹改造、跨片区组合改造、小区内自求平衡改造，以节约成本，提升效果。坚持“共同缔造”理念，充分调动居民积极性，尊重居民意愿，满足居民需求，充分利用老旧小区内及周边现存的低效用地或闲置用地，增设公共服务类设施，鼓励居民以多种方式参与老旧小区改造工作，实现片区内服务设施、公共空间的共建共享，力争将具备条件的相邻老旧小区打造成为舒适方便的15分钟生活圈。

兖州区下属街道、社区组织人员深入小区，广泛宣传老旧小区改造政策、内容、标准、程序，引导动员居民积极支持、参与老旧小区改造工作。科学制定改造方案，践行“共同缔造”理念，充分吸纳街道、社区和物业企业、业委会及居民代表意见，多方形成合力，共同推进老旧小区改造项目开工。

任城区康桥华居小区利用小区闲置空间，增设乐善会客厅、手工作坊，定期举办“跳蚤”市场（图3-61）。

图3-61　济宁市任城区老旧小区闲置空间改造再利用

3）盘活存量资源的整合利用

针对社区服务设施的完善，济宁市允许将行政事业单位、国有企业的闲置低效划拨土地及房产、国有零星空闲土地，按程序通过调增容积率、改变土地用途后建设公共配套设施。其中，非经营性配套的土地划拨性质不变，经营性配套用地应办理土地有偿使用手续。行政事业单位、国有企业利用划拨土地建设配套经营性设施，且不改变土地使用权人的，可以协议方式办理出让；原则上面积小于3亩、无法单体规划、需整合建设片区配套经营性设施的零星地块，也可以协议方式办理出让。土地出让条件可依据规划对地块产业要求、公共服务、公益设施等配建和产权移交内容进行明确；土地出让底价可在市场评估基础上综合考虑产业导入、公共服务配套等因素合理确定；对于新建、改建社区服务、公共服务、解危排险设施所得收益，实行封闭运行，全部用于老旧小区改造。对利用低效用地新建不动产的，不动产登记机构应开辟“绿色通道”，支持办理不动产登记。

4）提高审批效率

济宁市建立项目审批“绿色通道”，按照“一窗受理，一表审批”要求，实行联合审查。对列入老旧小区改造年度计划项目的立项、用地、规划许可、施工许可等手续，在提供相关要件材料基础上，可容缺受理。在保证质量安全的前提下，优化审批流程，简化审批手续。

6. 长效管理与公共收益管理并行

1）加强后续长效管理

济宁市及下辖区县组织街道办事处建立健全政府主导、居民自治、社会力量协同的小区治理体系。建立分类施策的老旧小区管理模式，根据居民意愿，结合小区实际，改造后的老旧小区通过市场化物业管理、业主自管等模式实现全覆盖。实施市场化物业管理的小区，由业主委员会或社区环境和物业管理委员会与物业服务企业协商确定服务标准。对接管老旧小区的物业服务企业给予财政补贴、信用激励、招标投标加分等优惠政策。建立健全老旧小区住宅专项维修资金归集、使用、续筹机制，促进改造后的老旧小区实现自我管养。

兖州区积极探索老旧小区物业管理新模式，经过广泛调研及深入研究，确定了“公益为主、市场为辅”的实施方式和“政府补点，业主交点，物业贴点”的收费机制，对老旧小区进行分级分类，差异化管理。对面积较大、基础设施相对完善的小区，采取“先期介入、先行接管、先行服务、适当补助”的方式，交由专业物业企业管理。对零星独栋、弃管小区，采取“财政补助与居民自筹相结合”的方式，由居委会实施简易物业或打包交由物业企业接管。

2）强化公共收益管理

济宁市针对老旧小区内及周边存量闲置公房资源进行整合，利用经过改造治理的空置房屋，引入社会机构、社会资本，发展养老家政、邻里中心等社区配套设施和新型社区服务业态功能。盘活改造小区公共资源，将增设停车位计取的停车费、公共区域部位获取的广告费、新增便民设施（含充电桩场地、智能快件箱等）的租赁收入、经营租赁权产生的收益，按投资主体与相关主体的约定处理，投入到小区后续管理中，确保改造小区的良性运转。

3.3.8 宾川县经验——打造宾川美丽县城

1.基本情况

宾川县共有87个符合改造条件的老旧小区，共有住户2852户，建筑幢数882幢，总建筑面积约407500平方米，计划在2019年至2021年三年时间完成改造。

宾川县老旧小区改造主要针对小区内住宅的修缮改造和小区配套基础设施的提升改造。其中房屋主体主要改造的是屋面防水处理，厨房、卫生间排水管网改造，住宅外立面修缮加固改造；配套基础设施主要改造的是室外道路、室外供水、排水、电力、通信、天然气管网、小区路灯照明、公共厕所、垃圾收集设施、停车场位、小区物管用房、公共活动场所、绿化、监控设备、消防设备、小区围墙及大门、门禁系统等。通过改造，以期恢复小区居住的基本功能、美化宜居环境。

2.加强组织领导，统筹规划

为加快推进工作，圆满完成老旧小区改造工程。宾川县人民政府成立了工作领导组，县长任组长，常务副县长任副组长，县公安局、县住建局、县财政局、县发改局、金牛镇等多个部门为成员单位，高位推进老旧小区改造工作。在实施过程中成立了工作专班，县住建局成立了主要领导任工程建设领导组组长，分管领导任副组长，具体牵头负责老旧小区改造建设工作，局市政所、房管所、质检站、项目办，县人居办等单位主要负责人为成员，从规划设计到工程建设、施工管理等方面统筹推进，确保改造工程按计划稳步实施。

3.党建引领，深入基层，推进群众参与

宾川市老旧小区改造过程中始终坚持党建引领，充分发挥街道、社区基层组织、老旧小区产权单位的主体责任，兼顾居民需求，创新老旧小区自治管理模式，建立共建共治共享的治理格局，实现小区后续管理规范化、专业化，并形成长效机制。在老旧小区改造工作的前期调研、基础资料收集、规划方案编制、方案汇报、施工图设计、工程建设、工程管理等过程中，宾川县政府通过定人定小区的办法，一是采取上门发放调查问卷的方式，积极获取业主对小区改造的意见和建议。所有改造小区均完成了80%以上住户的满意度问卷调查，并作为小区档案归档。二是深入各小区召开业主大会，邀请改造小区的居民代表、小区主管单位负责人参与的方式，进一步对改造工作进行沟通协商，听取业主对改造工作的最新建议。充分征求居民的意愿，哪里改，怎么改，由居民自己拍板，然后结合实际及时修订设计方案，做到使业主满意，把老旧小区改造项目做成真正的民心工程。通过以上全方位的交流沟通，增强了群众对老旧小区改造的参与度。

4.规范建设程序，把控改造质量

老旧小区改造是一个系统复杂的民生工程，群众关注度高，涉及居民的切身利益，项目的建设质量不仅要高标准，工程建设也必须要快速完成。宾川县严格按照项目基本建设程序，严格把控项目审批和招投标程序，择优选择经验丰富、实力雄厚、信誉上佳的设计、施工、监理等单位参与工程建设，科学安排力量和施工计划，顺排进度，倒排工期。在监理全程监督下，邀请小区居民现场跟踪检查，委托质检全程跟踪，对工程材料严把质量关，杜绝不合格的建筑材料进场使用。在老旧小区改造实施两年以来，工程进展顺利，没有收到业主对质量方面的投诉。

5.积极调动企业参与改造

在改造过程中，宾川县政府大力推进企业，特别是小区所属单位对改造工作的支持及参与。例如天然气企业自筹资金参与了小区改造，做到天然气管道进小区。电动汽车充电桩企业自筹资金为每个小区安装充电桩。截至2020年，两家企业已自筹资金完成约150万元的投资，完成所有相关改造任务。部分小区主管单位及住户为更好地推动老旧小区改造，已自筹资金约250万元参与小区改造工作。

6.结合“美丽县城”建设，完成小区风貌建设

在小区改造项目规划设计中，总体实现现代化和特色化兼具一体的“田园城市、瓜果飘香”的美丽目标。在改造过程中，以美丽县城为总体目标，对小区建筑外立面进行了统一改造，绿化景观亮化改造增加水果元素，达到了改造有特色、有效果，融入了水果元素，打造了以石榴、葡萄、柑桔等形象的主题公厕，洗手台、垃圾桶以及铺砖改进上也充分体现了水果元素（图3-62、图3-63）。

图3-62　城市公厕石榴方案效果图和实景①

图3-63　洗手台、垃圾桶及广场铺砖设计②

（编写人员：张佳丽、贺斐斐、曾永光、钱铭、刘杨、王云）

① 图片来源：昆明理工大学设计研究院.宾川美丽县城项目——城市公厕、洗手台、垃圾桶、垃圾集中点，2020-11.

② 同上。

第四章
总体实施方案

老旧小区改造工作基本遵循市级统筹、区级负责、基层组织的路线，其中市、区级政府是指导街道办事处、乡镇政府以及城乡居民社区推进详细层面改造实施工作的基本盘，本章就市、区两级政府的总体统筹实施方案进行详述。

4.1 总体统筹原则

以习近平新时代中国特色社会主义思想为指导，全面贯彻党的十九大和十九届二中、三中、四中、五中全会精神，坚持以人民为中心的发展思想，坚持新发展理念，按照高质量发展要求，大力改造提升城镇老旧小区，改善居民居住条件，建设安全健康、设施完善、管理有序的完整居住社区。在深化落实国办发〔2020〕23号文《关于全面推进城镇老旧小区改造工作的指导意见》、建办城〔2020〕41号文《关于申报2021年城镇老旧小区改造计划任务的通知》、建科规〔2020〕7号文《关于开展城市居住社区建设补短板行动的意见》等文件中的指导思想与基本原则基础上，市、区两级政府的总体统筹工作应重点应遵循以人为本、因地制宜、政府引导、多元参与，统筹联动几项原则，推进老旧小区改造工作。

1.以人为本，把握改造重点

各地要从人民群众最关心、最直接、最现实的利益问题出发，征求居民意见并合理确定改造内容，大力改造提升建成年代较早、存在安全隐患、失养失修失管、市政配套设施不完善、社区服务设施不健全、居民改造意愿强烈的住宅小区。在改善居住条件、提高环境品质的同时，展现城市特色，延续历史文脉。

2.因地制宜，做到精准施策

结合城市空间区位、资源禀赋及功能定位，严格评估财政承受能力，科学确定改造目标，分类制定政策，有序开展老旧小区改造工作，既尽力而为又量力而行，不搞“一刀切”、不层层下指标；合理制定改造方案，体现小区特点，杜绝政绩工程、形象工程，严禁借城镇老旧小区改造之名变相搞房地产开发。

3.政府引导，激发市场活力

充分发挥政府统筹引导作用，研究制定老旧小区改造支持政策，健全部门联动机制，强化统筹推进力度；充分激发市场活力，吸引各类专业机构等社会力量参与居住社区配套设施建设和运营。

4. 多元参与，共谋共治共享

广泛开展“美好环境与幸福生活共同缔造”活动，激发居民参与改造的主动性、积极性，充分调动小区关联单位和社会力量支持、参与改造，实现决策共谋、发展共建、建设共管、效果共评、成果共享。

5. 统筹联动，实现“块统条专”

创新老旧小区改造建设模式，统筹推进地区城市更新与老旧小区综合整治提升工作，整合各类空间资源，有针对性地补短板、强弱项，推进老旧小区改造高效有序开展。

4.2 总体统筹要点

市、区两级政府统筹工作要点包括组织机制统筹、工作流程统筹、配套政策统筹和技术标准体系统筹等四大方面。

4.2.1 组织机制统筹

1. 确定专项工作主责机构和领导小组成员

各地市老旧小区改造专项工作主责机构一般由市住建部门承担。同期成立市级领导小组，主责机构主管领导任副组长，市级党政主管领导任组长，领导小组成员为相关委办局主管老旧小区改造工作的领导同志。领导小组是推动老旧小区改造专项工作的决策中枢。

2. 成立专项工作专班（或领导小组办公室）

各地市可因地制宜，在市级老旧小区改造专项工作领导小组下设工作专班（或领导小组办公室）。

工作专班是领导小组决策的参谋者和第一执行者，是推动部门联动、专营单位协同、社会力量参与、居民共建共治、规划与计划编制、实施项目审批与监管、后期维护与长效管理、相关政策集成、技术标准更新等后续一系列工作的关键组织。

工作专班一般分为统筹组和专项组，其中统筹组由主责机构的核心部门架构，专项组由相关委办局、区县政府的专项负责人组成。

各委办局及区县政府参照市级政府老旧小区改造工作组织，同时组建本层级职责范围内的领导小组和工作专班，以期及时承接市级工作传导。根据国家政策，国有企业和军队纳入属地管理。

各地市可考虑在工作专班之外引入专家咨询组，充分发挥专家在市区党政决策方面的智库、参谋作用。

3.完善行政许可与服务、行业监管、社区治理长效管理机制

市、区政府积极推进完善老旧小区改造过程中的行政许可、备案、监管，提高物业管理覆盖率、加强社会主体参与等日常工作及长效管理机制，纵深推进“放管服”。

市、区政府指导主责机构建立健全老旧小区改造专项抽样调查与体检、五年普查与评估等定期监测评估机制，形成规划计划与实施效果反馈的闭环，为规划计划的优化调整与动态更新提供参考依据。

4.2.2 工作流程统筹

以成果文件为抓手，各地市老旧小区改造工作流程可大致分为四个阶段（图4-1）：编制与发布政府专项工作方案阶段、编制与发布专项规划阶段、编制与发布年度行动计划阶段、项目实施方案审查与实施监管阶段。

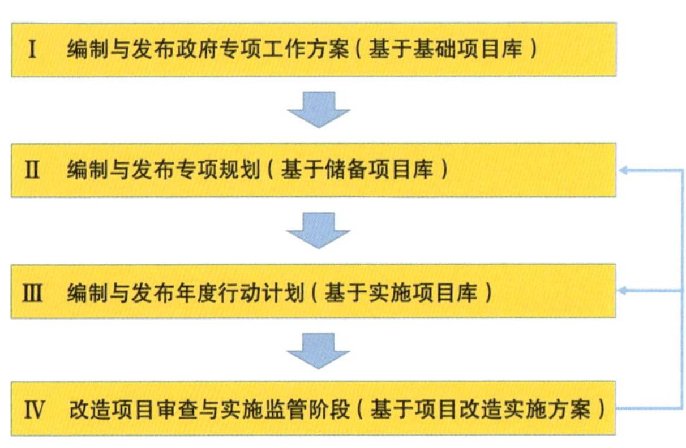

图4-1 市、区层面老旧小区改造工作统筹四阶段

1.建立基础项目库，编制与发布政府专项工作方案阶段

市、区级政府层面的老旧小区改造专项工作方案由工作专班统筹组起草，经与专班专项组讨论、领导小组审定后，与项目实施手册同步下发至各委办局及区县政府。

政府工作方案包括但不限于以下基本内容：

——专项工作目标、工作对象及任务内容；

——相关管理机制、政策集成、标准更新、规划编制等计划与建议；

——改造任务验收形式、要求与标准、进度安排等。

专项工作方案的编制与发布基于既有老旧小区与改造需求摸底等基础性工

作，以及逐步建立健全的基础项目库等数据平台。既有老旧小区与改造需求摸底、建立基础数据库（台账）等基础性工作由主责机构牵头，采取自上而下摸查与自下而上申报相结合的方式，具体内容详见4.3。

2.建立储备项目库，编制与发布专项规划阶段

由工作专班或主责部门牵头，在老旧小区台账基础上，采取第三方评估方式，对改造对象和改造内容进行综合评价、排序，建立老旧小区改造项目储备库（具体内容详见4.4）。

基于老旧小区改造储备项目库，较大规模的城市应由工作专班或主责部门牵头开展专项规划（或专题研究）编制与发布工作，重点是落实上位规划、加强区域统筹、与市政交通等相关专项规划相衔接（具体内容详见4.5）。

结合长效反馈机制，专项规划实施的体检评估可对政府专项工作方案进行动态更新与定期修订。

3.建立实施项目库，编制与发布年度行动计划和项目实施手册阶段

由工作专班或主责部门牵头，结合财政、金融、土地、交通等各专项年度计划，编制老旧小区改造年度计划或三年滚动实施行动计划，计划所列项目库即为实施项目库（具体内容详见4.6）。

项目实施手册由工作专班或主责部门牵头，委托第三方技术团队，邀请相关委办局、代表性乡镇政府和街道办事处、有改造经验的实施主体（国企或社会企业）及相关专家参与研讨、编制形成具有普适性的项目实施手册，下发给区县、委办局及各街道办事处、乡镇政府，以便为中期阶段的项目实施提供详细指引。手册内容包括但不限于：相关主体权责、相关手续等。具体可参见京建发〔2020〕100号文《关于印发〈北京市老旧小区综合整治工作手册〉的通知》。

结合长效反馈机制，年度行动计划实施的体检评估可对专项规划或三年行动计划进行动态更新与定期修订。

4.项目实施方案审查与实施监管阶段

以项目实施手册为抓手，以“街道吹哨、部门报到”为原则，由市、区政府指导街道办事处、乡镇政府、相关委办局参与议事平台搭建、改造方案审查与认定、施工监管与竣工验收、工程和材料移交、实施后运营维护与评估等全流程的管理与服务，具体内容详见第五章。

结合长效反馈机制，项目实施方案审查与实施监管中的成效、问题等反馈可对政府工作方案、专项规划、年度行动计划或三年滚动计划进行动态更新与定期修订。

4.2.3 实施模式与配套政策统筹

各地市政府结合国家政策，因地制宜探索不同社会经济水平、不同产权类型、不同实施主体的差异化改造实施模式，摸索政府主导、单位主导、市场化运作、联合改造、自行改造等多种实施模式的实施路径。在土地供应、财政扶持、金融支持、税收减免、容积率补偿等方面推进政策创新与集成。

4.2.4 技术标准体系统筹

结合国家相关技术规范，市、区政府应充分结合地方实际情况，推动适宜老旧小区改造的技术标准体系更新，标准内容包括但不限于房屋综合改造、基础设施改造、公共设施改造、无障碍及适老化改造、改造实施与验收、后期管理与维护等，营造安全、卫生、方便、舒适、美丽、和谐以及多样化的居住生活环境。

4.3 既有老旧小区与改造需求摸底

4.3.1 上下联动摸查改造意向

1. 开展自上而下信息摸查

由市级专班通过房屋普查、整合相关委办局现有数据等方式，摸查全市老旧小区情况。鼓励市级专班与专业第三方机构建立合作关系，利用第三方机构城市大数据信息，委托第三方机构对摸查信息平台的架构与维护提出专业意见，丰富摸查维度，提升摸查准确性。

摸查信息应包含小区位置、居住人口规模、用地面积、建筑面积、建筑年代、建筑质量、维修频率、市长热线关注度、改造意向等内容。摸查结果应由各区级专班进一步校核，判断各项信息是否准确，并提交市级专班统筹，等待纳入台账。各市可根据自身资源及改造需求制定具体信息摸查标准。

应注重建立数据获取与动态更新的长效机制，为下一步建立房屋全生命周期的反馈平台打好基础。

2. 推动自下而上自主申报

按照部门指导、街道组织、居民申请的方式，由主责部门建立自主申报机制，由街道办事处（或乡镇政府）组织居民申请，上报区政府审核后，提交市级专班统筹，等待纳入台账。

部门指导是指由住建委等主责部门在工作专班的指导下建立自主申报机制，

下发给街道办事处（或乡镇政府）。

街道组织是指由街道办事处（或乡镇政府）组织居民开展自主申请工作。街道办事处（或乡镇政府）向社区居民委员会传达自主申报的工作方法。社区居民委员会协助街道办事处（或乡镇政府）联系小区业主，积极组织参与有关事项决定并进行监督，做好自主申报信息的收集、整理、汇总、上报工作。

居民申请是指由居民业主、业主委员会、社区居民委员会等组成的申请主体，自主申报有改造需求的老旧小区。自主申报渠道应包含电话、官方网站、微信公众号等，申报渠道及申报方法应及时向居民宣传。申报文件可包含但不限于图片、文档等附件。申报内容及审核结果应及时向居民公示。

自主申报主体应在改造内容清单及优先序上打意向勾。改造内容清单参考国务院办公厅《关于全面推进城镇老旧小区改造工作的指导意见》(国办发〔2020〕23号）中“基础类、完善类、提升类”三类内容要求（如后文所示）。改造优先序应包含“紧急、急、一般”三类。申报主体在进行改造内容及优先序勾选时，应本着客观、真实、公正的原则，为后期评估工作提供有力支撑。

基础类为满足居民安全需要和基本生活需求的内容，主要是市政配套基础设施改造提升以及小区内建筑物屋面、外墙、楼梯等公共部位维修等。其中，改造提升市政配套基础设施包括改造提升小区内部及与小区联系的供水、排水、供电、弱电、道路、供气、供热、消防、安防、生活垃圾分类、移动通信等基础设施，以及光纤入户、架空线规整（入地）等。

完善类为满足居民生活便利需要和改善型生活需求的内容，主要是环境及配套设施改造建设、小区内建筑节能改造、有条件的楼栋加装电梯等。其中，改造建设环境及配套设施包括拆除违法建设，整治小区及周边绿化、照明等环境，改造或建设小区及周边适老设施、无障碍设施、停车库（场）、电动自行车及汽车充电设施、智能快件箱、智能信包箱、文化休闲设施、体育健身设施、物业用房等配套设施。

提升类为丰富社区服务供给、提升居民生活品质、立足小区及周边实际条件积极推进的内容，主要是公共服务设施配套建设及其智慧化改造，包括改造或建设小区及周边的社区综合服务设施、卫生服务站等公共卫生设施、幼儿园等教育设施、周界防护等智能感知设施，以及养老、托育、助餐、家政保洁、便民市场、便利店、邮政快递末端综合服务站等社区专项服务设施。

4.3.2 建立既有老旧小区台账

整合信息摸查和自主申报两部分结果，建立既有老旧小区台账。重复部分不二次纳入。台账字段设置及填报要求由市级专班统筹，以街道办事处（或乡镇政府）为单位填报，区、市逐级汇总。台账内容以“基本信息+”的形式构建，“基本信息”为必填项，“附加信息”可包含需求清单、改造清单、实施进度、后评估等内容。

台账基本信息内容可包含小区名称、小区地址、所属街道（乡镇）、所属社区、楼号、住房套间数、住房建筑面积、建筑层数、单元门数、建成竣工时间、房屋管理性质、产权单位或产权人、建设单位、结构类型、建筑节能设计标准、已实施更新改造内容（抗震加固、节能保温等）与时间等。

市级专班应注重台账形式设计的可读性与易用性，如设置下拉菜单规范填报类型，设置其他选项使特殊情况得到考虑等。

4.4 明确改造对象范围和任务内容

4.4.1 开展老旧小区改造综合评估

市区级专班应针对台账中老旧小区的改造必要性、紧迫性、改造综合效益和改造成本与投资能力等方面进行综合评估。

改造必要性评估：主要包括建筑年代、建筑结构稳定性与房屋质量安全、住房保温特性、房屋设施设备完善程度、住房成套化率等因子。建筑年代较早、建筑结构不稳定（抗震性较差）、房屋存在一定安全隐患但尚未达到必须拆除重建标准的、住房保温无法达到本地住宅建筑节能规范最低要求的、住宅楼上下水、燃气、排烟、消防安全等与卫生健康和安全密切相关的设施缺损严重的、住宅成套化率较低，改造必要性更高。

改造紧迫性评估：主要针对小区违法建设、开墙打洞、地下空间违规、乱搭架空线等违法行为，以及小区居民改造意愿较强烈（需求摸底反馈的突出问题数量、小区居民同意支持改造者比例、小区居民愿意出资改造的比例与平均出资金额等）等因子开展维度。

改造综合效益预评估：主要对老旧小区在合理改造预算下，改造后可实现的住房安全和品质、小区环境品质（绿地率、绿地开放率、绿地可进入可使用性、适老化和儿童友好型场地建设惠及的老人儿童数量）、小区配套服务设施补充率、低效存量空间转化提升率、小区治理体系与物业服务水平等方面进行预评估，可进行定性与定量评估，并应充分考虑小区人口密度、当地平均老旧小区改造分项资金投入强度等因素。

改造成本初步评估：根据自主申报的老旧小区需改造的楼栋数、建筑规模、公共空间环境面积与居民申请改造的项目等，初步匡算改造资金总需求，与政府财政与社会资本综合投融资能力进行比对分析。此外，改造成本初步评估还应包含小区住房产权结构复杂度、小区治理体系与物业管理覆盖度等“隐性成本”要素。

根据改造意愿、改造效益和政府可投入的预算能力，合理确定老旧小区改造范围，重点改造2000年底前建成的老旧小区。综合评估的技术规范、标准，可委托的第三方评估机构及相关资质标准等，应由市级老旧小区改造主管部门（市住建部门）研究制定后，统一下发执行。

4.4.2 建立更新改造项目储备库

市级专班应统筹各区级专班，在老旧小区台账基础上，结合评估报告、财力物力，建立市区两级老旧小区改造项目储备库。储备库应包含五年内准备进行改造的老旧小区，并以分期储备为原则以五年为期实行动态调整。储备库中的老旧小区基本信息、综合评估分项与汇总结果，应在网上进行公示，公示期不少于30日，公示意见的回收与采纳机制应予以明确。改造项目储备库应成为编制老旧小区改造专项规划和行动计划的重要基础资料。

4.5 区域统筹与规划衔接

4.5.1 加强规划目标引领，加强人口、住房与城市活力等多维目标统筹

跳出“单一住宅和居住空间更新”范畴，站在城市整体健康、高效、可持续运行层面，加强城镇老旧小区改造与区域人口规模、人口结构、建筑规模与开发强度、产业竞争力、公用设施与服务能力、城市环境品质等多维目标统筹。

通过老旧小区改造，合理控制建成区人口与建筑规模增量，引导人口结构优化，促进节约集约利用土地，提升住房可负担水平，引导开发强度优化布局，提升以生活服务业为主的社区多元业态活力，为城市建成区人居空间提供更具包容性、更可持续、更加安全的物质空间与社会环境。

4.5.2 合理拓展实施范围，科学划定老旧小区改造实施单元

坚持实事求是、因地制宜、统筹实施原则，推进城镇老旧小区集中连片改造。中小城市原则上在单个社区范围内，将地理位置相邻、历史文化底蕴相近、产业发展相关的老旧小区合理划定为同一个改造实施单元。大城市与超大城市可根据小区基本条件、周边公共服务设施现状，综合区域老旧小区分布情况、现状

特征和改造需求相似度等因素，推进老旧小区与相邻小区及周边地区联动改造，合理拓展改造实施单元范围至社区、街区或街道，鼓励采取小区内自平衡、大片区统筹平衡、跨片区统筹平衡等多种模式，实现打包改造、整体运营，提升综合效益。

4.5.3 加强空间资源任务统筹，因地制宜选择改造模式

推行社区更新、街区更新和片区整体更新活化理念，在城市整体更新视角下，坚持全局统筹与系统观念，梳理区域内与老旧小区改造相关的资源与任务清单，评估改造全生命周期内，各项任务投入成本，以及各类更新资源的经营收益与公共财政收入情况（包括商业经营活动产生的现金流，以及政府对改造后固定资产与企业运营征收的税费收入），以空间临近且激发积极影响、实施主体可统筹、产权或经营权可转移为原则，在空间上和实施时序上将资源、任务进行统筹搭配，形成以老旧小区更新为主要任务的更新项目群。

任务清单包括老旧小区楼本体改造、环境整治，以及与之密切相关的道路交通微循环优化、红线内外市政基础设施扩容提升、公共服务设施补短板、城市生态修复与公共空间更新提升等投入较大、周期较长、盈利能力相对较低，难以进行资产定价但具有较强社会经济正外部性的更新任务。资源清单包括与存量低效空间改造、既有建筑功能转换等盈利潜力较大的“空间资源”。

借鉴先进地区老旧小区改造经验，推进灵活多样、因地制宜的改造模式，吸引社会资本参与改造。一是大片区统筹改造。把一个或多个老旧小区与相邻的旧城区、棚户区、旧厂区、城中村、危旧房改造和既有建筑功能转换等项目统筹搭配，统一划定为一个较大的实施单元，由市县、街道属地政府为主体，或采用政府和社会资本合作（PPP）模式，通过特许经营权、合理定价、财政补贴等事先公开的收益约定规则，引导社会资本参与改造，建立城市更新或老旧小区改造实施平台，整合大片区更新任务资源，实现自我平衡。二是跨片区组合平衡模式。将拟改造的老旧小区与其不相邻的城市建设或改造项目组合，以项目收益弥补老旧小区改造支出，以居住、商业、办公等项目的功能互补，形成区域产业发展与人员流动的良性互动循环，实现业态活化、社会增效与资金平衡。三是小区内自求平衡模式。在有条件的老旧小区内新建、改扩建用于公共服务的经营性设施，以未来产生的收益平衡老旧小区改造支出，塑造较长运营周期内微利可持续模式。四是政府引导的多元化投入改造模式。对于市、县（市、区）有能力保障的老旧小区改造项目，可由政府引导，通过居民出资、政府补助、各类涉及小区资金整合、专营单位和原产权单位出资等渠道，统筹政策资源，筹集改造资金。

对接不同实施模式与老旧小区改造分区规划引导。针对各级城市中心区老旧小区建成年代早、空间资源紧张、数量多等特点，宜采取大片区统筹模式，实现土地的集约高效利用和公共服务设施和公共空间共享。针对城市远郊区老旧小区数量少、空间资源价值有限等特点，采取跨片区统筹平衡模式，与商业、历史街区改造等资源地块改造捆绑，以项目后期经营收益平衡前期投资。

4.5.4 加强老旧小区改造与国土空间规划体系衔接

加强各级国土空间规划在战略性、协调性和实施性三方面对老旧小区改造工作的指导作用。老旧小区改造规划对土地用途、建筑规模、人口承载等方面的引导要求，应与省级、市县级国土空间规划确定的区域功能定位、国土空间规划分区与用途管控、刚性底线管控、规模管控约束（人口、用地、建筑规模）相一致，并与大型市政基础设施、交通基础设施防护管控范围、输水燃气电力等市政生命线廊道保护要求相协调。

详细规划层面，加强不同场景下，老旧小区改造与详细规划的协调与衔接。

第一，对于新编制详细规划的地区，对于老旧小区所在的用地范围、地上地下建筑规模、开发强度等控制指标的确定，原则上应参考老旧小区用地现状情况与改造规划设计方案确定。对于危旧楼拆除重建和改建类项目，应在详细规划方案编制过程中充分考虑区域生态环境、历史文化风貌保护、基础设施、交通系统承载能力与职住平衡、生活配套等因素，科学合理确定详细规划指标和城市设计方案，并指导危旧楼改建、重建项目设计方案编制。原则上不能以项目资金平衡为详细规划编制主要依据，杜绝“规划跟着项目走”。

第二，针对老旧小区在建筑密度、日照间距、停车位、绿地率、小区出入口、建筑后退距离等方面的特殊情况，应以实事求是、安全保障、现状改善、灵活共享为原则，在详细规划中适度放宽相关要求，但原则上不应低于现状水平。

第三，已有规划行政许可且沿用原规划的地区，对于老旧小区改造后，增加建筑规模、人口，提升土地开发强度、补充公共服务与配套设施，优化片区道路交通系统的，应按当地详细规划审查备案程序，纳入相应空间单元的国土空间规划一张图管理系统。

第四，在街道、街区层面的详细规划中，应在住房和人居环境等专项规划内容中研究落实老旧居住小区综合整治与更新方案。综合评估街区范围内现状居住小区的建设年代、住房与居住环境品质，明确街区范围内老旧小区数量与空间范围，对老旧小区综合整治重点内容提出引导要求。

加强老旧小区改造与各类专项规划的密切衔接，着力补齐老旧小区服务配套与防灾能力短板。城镇老旧小区改造要与养老、文化、教育、卫生、托育、体育、邮政快递、社会治安等相关设施规划，电力、通信、供水、排水、供气、广播电视等相关设施管线改造规划，以及居住社区补短板、绿色社区、绿道等建设计划相衔接。结合城镇老旧小区改造，深入落实养老、托幼、家政等服务业，鼓励建设社区生活服务中心，支持社会力量发展托育服务，有效整合、重组和优化片区内公共服务资源。结合小区规模及小区实际情况，通过改造增设文化活动室、图书室、老年食堂、居家养老工作站等养老配套服务性场所。加强老旧小区改造与市区层面居住区物业规划的衔接。实施综合改造的老旧小区原则上应实行专业化物业管理；暂不具备专业化物业管理条件的，可按单位自管等现行管理方式或准物业管理方式进行管理。切实增强城镇老旧小区的防灾韧性，对接海绵城市、卫生防疫、应急避难等专项规划，补齐老旧小区在排水、公共卫生和灾害防护等方面的短板。

4.5.5 密切老旧小区改造与投融资规划的衔接

总量上，明确老旧小区改造实施单元内改造任务，核算改造与后期运营维护总投入（居住区生命周期内），密切对接项目投融资规划，确保项目总投资预算平衡，确保项目实施周期与投融资时序相匹配。匹配不同类别的改造任务与各类投融资主体关系，按照谁受益、谁出资原则，明确政府公共财政投资、居民个人出资和社会企业投资的边界、组合方式与各类改造项目和场景的关系。对于各类让渡空间使用权益，对社区和地区公共利益产生积极影响（正外部性）的行为，应在改造规划中明确利益平衡与奖励激励的原则与工作机制，并纳入必要的投融资规划核算中。

4.6 编制改造行动计划

依据专项规划要求，以试点先行、压茬推进为原则，在更新改造项目储备库的基础上，结合财政承受能力及居民意愿，编制三年与年度改造行动计划，明确进度安排与任务分工。改造行动计划应由市、区、街乡办逐级编制，自下而上进行汇总。

改造计划需与城乡规划中的详细规划充分衔接，并有效对接养老、文化、教育、卫生、托育、体育、邮政快递、社会治安等有关方面涉及城镇老旧小区的各类设施增设或改造计划，以及电力、通信、供水、排水、供气、供热等专业经营单位的相关管线改造计划，同步推进实施。

改造计划内容包括但不限于工作目标、阶段任务、组织机构、任务分工，并明确已确认项目的推进实施计划。

1.明确改造目标任务

明确工作目标，包括开工及完成项目总个数、投资总额等指标，以及制度机制建设、经验模式探索等工作方向。

2.建立项目推进大表

制定项目清单，明确改造项目名称、楼栋数、建筑面积，并勾选房屋建筑本体与小区公共空间两方面的各项细化改造内容。由各区政府明确项目投资主体和实施主体。鼓励具有规划设计、改造施工、物业管理和后期运营能力的企业作为项目投资和实施主体。

3.明确实施体系及责任分工

确定计划实施的组织机构、实施体系，对部门职责分工、资金支持、手续办理、监督考核等方面加以明确。

4.建立计划实施反馈闭环和长效机制

定期对老旧小区改造计划完成情况进行体检评估，总结经验，识别问题。对行动计划及时进行动态调整、滚动更新维护。

（编写人员：王崇烈、刘欣、游鸿、吴俊妲、舒畅、刘健、陈冬冬、陈思伽）

第五章

详细实施方案

本章共包括老旧小区改造工作流程和适宜技术清单两部分内容。

工作流程主要是结合各地实践情况将小区改造划分为项目动员、前期准备、项目申报、建设准备、改造实施、竣工验收、运营管理、项目审计、考核评价9个阶段，明确各个阶段的责任单位并详细介绍工作内容。该节在提炼各地区老旧小区改造案例基础之上，将典型老旧小区改造做法融入各阶段，希望为小区改造各阶段责任主体提供借鉴。

结合国务院印发的《关于全面推进城镇老旧小区改造工作的指导意见》，老旧小区改造适宜技术清单结合老旧小区改造特点及现状，从市政基础设施、建筑公共部分、公共服务设施、室外环境4个方面25大类技术进行了介绍。每类技术分别包括主要技术内容和工程案例。因为每类技术又包括了很多小的技术，在本书的附录中列举了老旧小区改造涉及的主要标准规范，对于具体项目在实施改造时，应以这些标准为依据。同时，本书鼓励在老旧小区改造中采用相关新技术、新方法、新工艺等，例如屋顶光伏发电、直流供电、建筑信息模型、健康建筑、建筑工业化等，进一步提升改造后的综合效果。但是，当采用某项创新的技术时，应进行充分论证，以获得最佳投资回报效益。

5.1 工作流程

老旧小区改造流程见图5-1。

5.1.1 项目动员

1. 人员培训

县（区）老旧小区改造主管部门组织街道、社区、小区等相关人员进行业务培训，认真研读上级文件精神和工作方案，让相关人员了解掌握城镇老旧小区改造的内容、流程、方法、步骤及目标等。采取县（区）内结对帮扶、县（区）外学习标杆等方式，全面提升相关办事人员的业务工作能力，为实施“共同缔造”奠定基础。

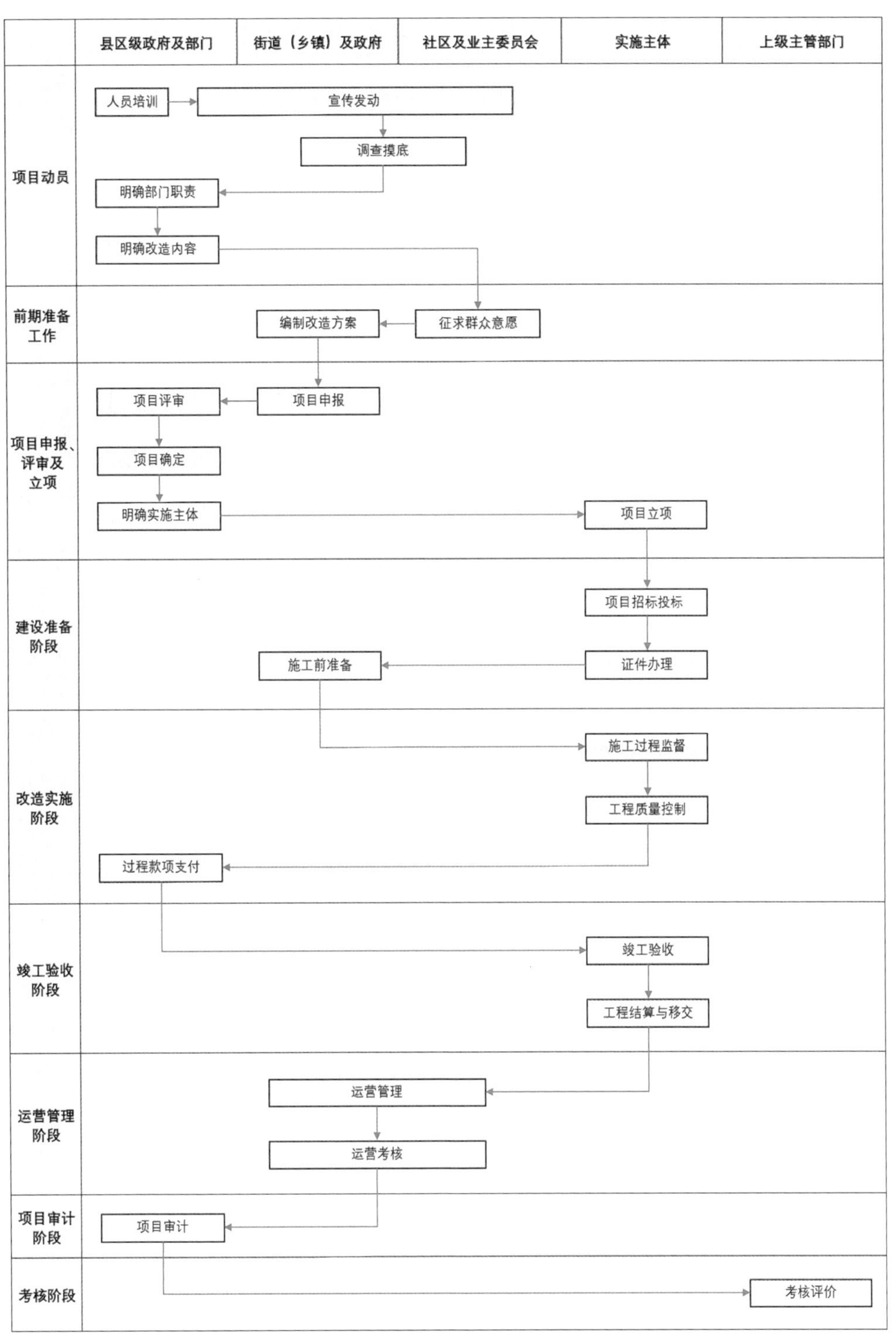

图5-1　老旧小区改造流程图

山东省淄博市临淄区借助街道办、社区、网格员层层做好组织工作，对网格员进行多次培训，使其详细了解改造方案、吃透政策，每个网格员负责200多户居民入户宣传、沟通工作。临淄区闻韶街道网格员培训会现场见图5-2。

图5-2　临淄区闻韶街道网格员培训会

2. 宣传发动

县（区）、街道、社区通过动员会、宣讲班正确解读国家老旧小区改造政策；利用媒体全方位宣传老旧小区改造的重要意义，加大对优秀项目、典型案例的宣传力度，着力引导群众转变观念，形成社会广泛支持、群众积极参与的良好氛围；通过张贴通告、《致广大居民的一封信》等多种方式广泛宣传老旧小区改造提升的目的、内容、实施步骤，确保试点小区绝大多数居民赞成支持改造工作；指导成立业主委员会或居民自治小组，便于推动后续各项改造工作，引导居民参与改造。

3. 调查摸底

按照属地原则，对城镇老旧小区开展全面调查摸底。由各县（区）政府牵头，相关部门参与，街道办事处和社区居委会具体实施。通过实地调研，摸清符合认定标准的老旧小区数量及相应的户数、建筑面积、产权性质、建成时间等基本情况，并登记造册建档，确保调查范围内的老旧小区不重不漏，调查数据真实、完整、可靠，并建立老旧小区改造项目储备库，作为编制城镇老旧小区改造规划和年度改造计划的重要参考（表5-1）。

4. 明确部门职责

老旧小区改造往往需要政府、居民、企业等多方力量共同参与，需要明确各方主体的权责边界；各相关部门、单位要加强协同配合、形成工作合力，构建齐抓共管的全县（区）城镇老旧小区改造工作格局。

住房城乡建设部门：负责牵头推进城镇老旧小区改造工作，会同发展改革、

老旧小区改造摸底调查汇总表（河南省样板） **表5-1**

填报单位：（盖章）

序号	房屋现状								需整治内容																								
									房屋建筑本体												小区公共部分												
	小区名称	所属地市	占地面积	建筑面积（m^2）	幢数	户数	建成时间	房屋管理性质	产权单位或产权人	抗震加固	节能改造	配电改造	燃气改造	供暖改造	通信改造	光纤入户	上下水更新	空调、楼体外线缆规整	楼体清洗粉刷	地下空间治理	拆除违建	绿化补建	修补破损道路	完善公共照明	完善安防设施	完善消防设施	室外管线改造（水电气热）	架空线入地	完善垃圾分类投放收集站	增建公厕	无障碍设施和适老性改造	补建停车位（个）	增建便民服务和文体设施
	合计																																

填表说明：1.房屋管理性质：填写物业管理、单位自管、市（区）直管公房、街乡管理、无管理或其他（请注明）；

2.需整治内容：补建停车位按个数统计，其余项目如需进行整治，则按所列内容划“√”，无需整治则不填写。

单位负责人： 填报人： 联系电话：

财政部门编制年度改造计划及项目内容清单。

发展改革部门：牵头做好中央预算内资金支持项目有关的立项、资金计划申报、资金分配、资金使用绩效管理等工作。

财政部门：负责城镇老旧小区改造专项资金的筹措和年度预算编制以及专项资金的拨付、监督、绩效管理等工作。

自然资源部门：负责优化城镇老旧小区改造相关规划许可、土地使用手续。

市场监管部门：负责加装电梯检测等相关事项的监督管理。

街道：全面负责辖区老旧小区改造提升工作，合理安排辖区内老旧小区改造提升计划并组织实施，落实资金保障，及时向上级相关部门报送工作情况。

教育、民政、城市管理、卫生健康、文化、体育、广播电视、通信、电力等相关部门和单位按照职责分工，配合做好城镇老旧小区改造工作。

5.明确改造范围、内容

只有明确老旧小区改造的范围、内容和标准，才能实现精准施策。国务院办公厅印发的《关于全面推进城镇老旧小区改造工作的指导意见》明确城镇老旧小区改造任务，重点改造2000年底前建成的老旧小区，将改造内容划分为基础类、完善类、提升类三类。各省、自治区、直辖市人民政府因地制宜确定改造内容清单、标准和支持政策，制定老旧小区改造实施方案、指导意见等，明确所辖各市县老旧小区改造范围和改造内容。例如河北省人民政府办公厅下发的《关于全面推进城镇老旧小区改造工作的实施意见》确定重点改造2000年底前建成的城镇老旧小区，2000年以后建成的城镇老旧小区，80%以上居民同意且居民和社会出资比例达到本小区改造总投资20%以上的，也可纳入改造范围。各市、县（区）会结合当地实际情况，在充分调研的基础上，进一步明确、细化所辖地区内老旧小区改造范围及内容，尤其是对改造内容进行详细介绍。城镇老旧小区改造工作主管部门在官网主动公开城镇老旧小区改造各类政策、申请条件、申请方法等。业主委员会或小区业主代表结合小区实际情况、当地小区改造政策确定所属小区是否符合老旧小区改造条件。

5.1.2 前期准备工作

1.征求群众意愿

城镇老旧小区改造坚持“业主主体”原则，“改不改、怎么改、改什么”由业主说了算。只有在充分征求居民意见的基础上，业主委员会方可提出书面改造申请。虽然各地政府对业主意见统一性的要求有所差异，但是均规定业主委员会或业主代表在项目实施之前需充分征求居民意见（表5-2）。例如韶关市编制了《韶关市区老旧小区改造项目清单居民选项表（菜单式）》。通过这个菜单式的改造项目清单及单价，居民可以对改造项目进行选择。申报项目需符合"双2/3"条件，即小区业主的改造同意率达2/3，小区业主对改造方案的认可率达2/3。温州市、厦门市等地则规定由业主委员会或居民自治小组征集小区居民对改造提升内容的意见，经专有部分占建筑物总面积三分之二以上的业主且占总户数三分之二以上（以下简称"双三分之二"）的业主同意，业委会方可向街道提出改造方案设计书面申请。

城镇老旧小区改造入户调查表（湖南省样板）　　表5-2

小区（楼栋）名称		房号	栋单元层号
地址			
户主姓名		联系方式	
开展老旧小区改造：同意□；不同意□；		居住情况：自住□；租赁□；	
居住面积：m^2；		常住人口：人；	
居民自筹一部分小区改造资金：同意□，分摊金额　　元；不同意□；			
房屋性质：商品房□；房改房□；经济适用房□；集资房□；自建房□；			
居住环境：好□；一般□；差□；			
有无自建违章建筑（构筑物）：有□，m^2；无□；		拆除自建违章建筑（构筑物）：同意□；不同意□；	
引入物业服务，并交纳物业费：同意□，接受物业费　　月/元；不同意□；			
拆除小区所有违章搭建建筑物（构筑物）：支持□；不支持□；			
您的小区存在以下哪些问题［多选题］ □楼栋主体结构存在安全隐患，无法满足抗震设防要求 □楼顶屋面漏水 □存在违法建筑物（构筑物） □水表未实行"一户一表"，二次供水设施破损严重 □排水管网不畅，雨水管、污水管未分流，无排水防涝设施，窨井盖、化粪池破损 □电力、通信、广电等线路错综复杂，形成蜘蛛网			
□道路破损 □无管道天然气或未实行气表"一户一表" □无电梯 □环卫设施不足，公共厕所破损严重 □消防通道不畅，无消防配套设施 □公共照明设施配置不足，无充电桩 □环境"脏、乱、差"，无绿化或绿地面积偏少 □无停车场或车位偏少 □无邮政、快递等便民服务设施 □无物业管理 □其他＿＿＿＿＿＿			
被调查人签字	年　月　日		
工作人员签字	年　月　日		

杭州市下城区文晖街道流水北苑老旧小区综合旧改改什么？居民说了算。为了更好地发挥居民群众的主人翁精神，街道坚持民意先行，结合深化设计方案开展意见征求座谈会，落实“四问四权”，找准居民群众最关心、最关注的痛点和难点。经过多轮优化最终形成“10+5”改造内容，其中10项为必有改造内容。

衢州市荷花小区改造提升工程坚持以业主为中心的发展理念，以党组织公转力带动群众自转，让居民群众由“配角”变“主角”，充分激发社区改造的居民主人翁意识。针对小区改造问题，建立“红色议事会”。“红色议事会”主要通过“六步议事法”进行规范操作，即多种渠道谈改造、多方恳谈出主意、红色议事会商讨、专家审查定方案、张榜公示开言路、居民表决说了算，通过决策听证会、矛盾调解会、政务评议会等形式，更多地赋权于民，实现小区改造从“群龙无首”到“核心引领”的转变。

梅州市梅县区县属宿舍改造，小区党支部主动召集党员、居民代表召开座谈会，并开展党员志愿者活动，充分听取居民代表意见，共同探讨解决方案；同时开展改造意愿调查，利用晚上6点半业主较齐的时间段上门征求业主意见，并且协调物业召开业主委员会充分听取业委会意见；小区党支部还通过张贴宣传海报、座谈会形式告知业主老旧改造事宜，激发业主参与积极性。

2.编制改造方案

街道委托相关设计咨询单位编制改造方案。改造方案包括改造项目、工程设计、工程预算、资金筹集方案、长效管理机制等内容。设计咨询单位应以小区居民意愿为主，结合专项工程实施需求、小区实际情况进行方案设计，对居民迫切需要改造的问题应优先考虑。

改造方案编制完成后，街道应及时组织召开小区改造方案审议会，由业主对方案进行表决，表决结果应在小区内显著位置进行公示。小区业主如有异议的，由业主委员会或自治小组牵头协商调解。例如温州市鹿城区规定在初步方案编制完成后，由社区向小区公布，发放《×××小区改造方案居民意见签字表》并组织业主对方案进行表决，表决应经专有部分占建筑物总面积2/3以上的业主且占总户数2/3以上的业主同意。然后在小区内显著位置公示《×××小区改造居民意见公示书》《×××小区同意改造居民房号汇总表》及改造方案等，公示时间不少于5个工作日。

佛山市禅城区祖庙街道旭日社区为省级老旧小区试点。旭日社区“共同缔造”项目于2019年末展开前期筹备工作，委托佛山市南方建筑设计院进行旭日社区微改造的方案定制工作，期间开展了对旭日社区20天现场踏勘，针对全区107个点位，采集现场资料1900多项，调研及方案涉及内容包含2个板块14个大类，33个小类，建立囊括98个项目的项目库，其中约40次走访与居民接触沟通，并向居委领导了解社区的现状概况，听取居民对社区改造的实际需求意见，形成旭日社区“一社一策”改造方案。

5.1.3 项目申报、评审及立项

1.项目申报

业主委员会向属地街道提出改造申请，提交项目申报材料。街道办事处对申请项目自筹资金承诺比例、居民积极性等因素进行初审，通过后统一向各县（区）政府推荐。例如宁波市镇海区规定初步改造方案经公示无异议的，业主委员会或者社区向街道提交《×××小区改造申请表》《×××小区改造设计方案》《×××小区管理规约》《×××小区改造业主意见公示书》《×××小区改造居民承诺书》及其他材料。

2.项目评审

主管部门会同发改、财政等相关单位及专家进行项目评审，并将评审结果报县（区）人民政府审核。目前部分省份对实施方案进行联评联审。城镇老旧小区改造方案由市、县（区）人民政府组织住建、发改、财政、自然资源、公安、生态环境、应急、消防等相关部门及水电气、通信、广电等企业，相关专家和部分小区业主代表进行联合审查。联合审查通过的改造方案，作为城镇老旧小区改造项目办理立项用地规划、工程建设许可、施工许可、竣工验收等审批依据。例如湖南省益阳市安化县由县住房保障服务中心对已受理的改造申请材料进行汇总，报县保障性安居工程工作领导小组办公室（以下简称“县安居办”），由县安居办组织县住建、发改、财政、自然资源、住保中心等相关单位及专家进行项目评审，并将评审结果报县人民政府审核。

3.项目确定

县（区）主管部门根据街道上报的改造申请及项目预算，实行竞争性安排，结合当地财政可承受能力、小区实际情况等，确定年度老旧小区综合整治项目。

在确定小区改造项目时，需区分轻重缓急，优先改造提质基础设施缺失、陈旧，群众改造愿望迫切、意见统一、自筹资金到位率高的项目。县（区）人民政府同意实施的老旧小区改造项目报上级主管部门审议确认。在上级主管部门批准后纳入年度改造计划，年度改造计划应及时向社会公布。例如湖南省规定老旧小区改造项目实施方案经项目所在地市州、县市区主管部门初审通过后，向省住房城乡建设厅提出申请。省住房和城乡建设厅组织召开专家评审会，形成专家审核意见。省住房和城乡建设厅根据专家审核意见，综合评估后形成结论意见，及时函告送审单位。对改造方案审核通过的小（片）区，出具审核编号，作为纳入全省老旧小区改造计划的唯一识别码，由市州、县市区人民政府批准后实施。

4.明确实施主体

对于纳入年度改造计划的城镇老旧小区改造项目，由各县（区）政府明确项目投资主体和实施主体。县（区）主管部门确定实施主体后向各实施主体下达任务清单，由实施主体负责组织实施。鼓励具有规划设计、改造施工、物业管理和后期运营能力的企业作为项目投资和实施主体；支持有实力的国有企业参与城镇老旧小区改造项目建设。市、县政府原有的融资平台通过市场化改制，实现市场化运营，在不承担政府融资职能的前提下，可以作为实施主体承接城镇老旧小区改造服务，如广西南宁市通过国有平台公司南宁威宁集团统一实施老旧小区改造，确保了改造资金来源的同一性、资金投入的均衡性，有效避免由于多个主体资金投入不同而造成改造效果参差不齐的情况。

5.项目立项

实施主体应及时完成项目立项，向主管部门递交项目建议书、可行性研究报告。浙江省等地对老旧小区改造项目立项手续进行了简化。浙江省规定总投资在2000万元以下的政府投资改造项目，可以合并编报和审批项目建议书、可行性研究报告；规定总投资在1000万元以下的政府投资改造项目，可以合并编报和审批项目建议书、可行性研究报告、初步设计，将项目建议书、可行性研究报告、初步设计及概算合并为可行性研究报告（代初步设计）进行审批。

5.1.4 建设准备阶段

1.项目招标投标

由各县（市）区明确的项目实施主体根据《中华人民共和国招标投标法》《必须招标的工程项目规定》及相关法规组织项目招标投标。在招标文件中，合理设置对投标企业资质条件、财务、信誉等方面的要求。优先选择技术过硬、建筑市场信用评价好的企业实施改造，确保小区改造能够保质保量完成。例如江苏省昆山市要求所有小区改造工程均进行公开招标。为确保小区改造能够保质保量完成，昆山市高新区与住建局招标办沟通后，在招标文件中明确只有近三年承担过类似工程的企业才能参与投标。同时，为加强工程管理，实现工程质量、进度、投资及安全、文明等预控目标，高新区还制定了《昆山高新区实事工程管理办法》，在招标时一并发于投标企业。凡违反该制度相关规定的企业要进行处罚。

确定施工单位后，实施主体与其签订施工和监理合同。施工单位根据小区改造方案及施工图编制施工方案，合理安排各单项改造任务的时间计划，统筹协调、同步推进、倒排工期，确保各项目如期完工并通过竣工验收。

目前部分地区探索小区改造项目工程总承包模式（EPC）。例如宁波市实施设计、施工、监理、市政、绿化等全过程EPC总包模式，一次性招标投标，将老旧小区改造审批时间缩到最短。

2.证件办理

项目开工前，由实施主体到相关部门办理项目用地及施工建设等相关手续，包括用地手续、工程建设许可证、施工许可证等。城镇老旧小区改造建设项目审批流程划分为立项用地规划许可、工程建设许可、施工许可、竣工验收四个阶段。浙江省、内蒙古自治区等省份开展“清单制+告知承诺制”探索。根据改造项目特点和风险等级，制定和公布不同类型建设工程的审批事项清单，并明确对某类项目的全部或部分审批事项实行告知承诺制审批。与此同时，目前部分省份对城镇老旧小区改造项目审批手续进行简化，主要简化内容包括以下六项：

（1）推行改造方案联合审查。城镇老旧小区改造方案经居民同意后，可由各地政府组织住建、发展改革、财政、自然资源等部门进行联合审查。联合审查通过的改造方案，作为城镇老旧小区改造项目办理立项用地规划、工程建设、施工许可、竣工验收等审批依据，相关部门直接办理审批手续。目前天津市、河北省、浙江省、江西省、山东省、四川省、甘肃省、内蒙古自治区均出台政策鼓励所辖各级政府建立联审机制。

（2）免除工程建设许可手续。天津市规定建设项目不改变原有建筑外轮廓的，或者涉及既有住宅增设电梯的，免于办理建设工程规划许可证。甘肃省规定城镇老旧小区改造不增加建筑面积、不改变建筑结构的项目，无需办理工程建设规划许可手续。浙江省对不涉及规划条件调整、重要街道两侧外立面改造的项目，无需办理建设工程规划许可证。

（3）免除施工许可。重庆市规定涉及新建、改建、扩建的项目，增加建筑面积在500平方米以下或工程投资额在100万元以下的，可不办理施工许可手续。不涉及变动结构或增加建筑面积的项目，除了有高边坡、深基坑、高填方、高空作业、重物吊装等高风险施工的外，可不办理施工许可手续。

（4）探索工程建设许可和施工许可合并为一个阶段。甘肃省规定涉及新增建设项目、改建和扩建等增加建筑面积、改变建筑功能和结构的城镇老旧小区改造项目，可合并或同步办理建设工程规划许可和施工许可。江西省、四川省、贵州省也在积极探索将工程建设许可和施工许可合并为一个阶段。

（5）简化用地手续。天津市、河北省、江苏省、江西省、四川省、甘肃省、内蒙古自治区、贵州省纷纷出台政策简化用地审批手续。上述省份规定不涉及土地权属变化的项目，可用已有用地手续等材料作为土地证明文件，无需再办理城镇老旧小区改造用地。

（6）免除施工图审查。浙江省、甘肃省实行项目建设单位告知承诺制的，不再进行施工图审查。天津市、河北省、江西省、四川省、重庆市、江苏省、内蒙古自治区则规定在不涉及建筑主体结构变动的社会低风险项目，实行项目建设单位告知承诺制的，可不进行施工图审查。同时重庆市规定涉及新建、改建、扩建的项目，增加建筑面积在1000平方米以下的，除了有高边坡、深基坑、高填方外，可不办理施工图审查手续。

3.施工前准备

街道搭建由居委会、实施主体、施工单位、小区业主组成的议事平台，落实施工现场居民接待场所和接待人员，及时回应居民诉求。改造类内容实施前，街道办事处应当统筹协调完成拆除违法建设、地桩地锁，治理开墙打洞、地下空间违规使用、矛盾调解等工作，为改造施工奠定基础。例如宜昌、鄂州、黄石等地坚持拆违先行，扫清改造障碍。在编制好市中心城区96个小区片区整合、优化、规划的基础上，按照先拆违后改造的原则，在摸清底数的同时，组织自然资源和规划、城管等部门和办事处、社区组建强有力的拆违专班，坚决拆除乱搭乱建的违法建筑和附属物，腾出公共空间，畅通小区道路，为老旧小区改造创造有利条件。

施工单位在小区的主要出入口张贴告市民书并设置工程公示牌，方便小区居民了解工程情况。施工单位与实施主体签订项目实施廉政责任书，明确双方在施工过程中廉政责任，严防违规违纪行为发生。各施工单位按进度进场施工，服从施工总承包单位的现场管理，确保施工现场管理有序。

浙江省江北区日湖家园小区改造项目通过三步走推进快速进场施工：一是信息公开惠民心。进场前，对小区业主及物业进行告知，说明本次主要改造内容及施工措施、施工进度计划安排等，让所有小区业主知晓政府的惠民工程。二是措施到位保安全。因疫情影响，小区居民都存在抵触心理，为消除业主们的担心，工程方将参与本小区施工的所有工人、管理人员的个人信息，一人一表提交至业委会处备案。三是多方协商成一致。组织小区业委会、物业、社区、街道等召开多次对接协调会，最终经过友好协商，同意进场施工。

5.1.5 改造实施阶段

1.实施过程监督

在项目实施过程中，必须严格执行工程项目建设法规和标准规范，相关单位要切实落实工作责任，杜绝安全隐患，共同做好安全质量监督和施工管理，协调有关矛盾和问题。

实施主体需落实质量安全主体责任，明确施工现场的进度安排、工程质量和安全文明施工要求，并在施工期间严格执行；委托住建、质检等相关部门抽调技术过硬的监理、质检人员组成项目部，现场监督指导施工；定期组织开展项目巡查督促，确保项目有序推进，保障工程质量和安全，严肃查处违法违规行为；组织设计方、施工方、监理方定期召开施工图纸技术交底、工期进度管理、设计变更、施工安全质量管理等工作会，并邀请居民代表参会。

此外，实施主体也可聘请第三方专业咨询机构进行项目管理。例如宁波市全面推进全过程工程咨询试点的各项工作。工程咨询单位全面承担了从方案设计、立项审批、施工图设计、工程招标、施工管理（包含工程监理）等各个阶段的管理工作。工程咨询单位在现场派驻了相应充足的各类管理人员，既有按规定配置的总监理工程师、专业监理工程师、监理员，也有负责沟通协调的专业经理，确保沟通渠道的畅通。“全过程工程咨询服务”的新模式，已在宁波市海曙区老旧住宅小区改造和加装电梯项目中应用。

小区居民全过程参与改造项目现场的监督管理。街道应当组织业主委员会或居民自治组织负责人、业主代表参与监督，例如成立居民质量监督小组、建立现场临时党支部、招募居民代表担任义务监督员等。相关单位应采纳小区居民提出的个别单项工程合理变更以及为完善小区设施功能增加项目的意见，及时优化调整改造方案，真正做到城市老旧小区改造“怎么改”小区居民说了算。督导组一线监督示例见图5-3。

图5-3　督导组一线监督

江苏省昆山市许文唐小区改造工程开工后，街道每周初召开工程例会；建设单位（实施主体）每周三召开工程管理会议一次，管理会参加人员为建设单位负责人、街道负责人、项目总监；其中每月召开现场管理会一次，参加人员为建设单位负责人、街道负责人、施工单位项目经理、项目总监及设计单位相关人员等；现场管理会上午将对所有工地进行质量、安全大检查，下午集中开会，会议内容为总结检查发现的问题，落实预控目标等。

合肥市经开区在施工单位进场时，各管理处同其充分沟通，提前告知小区相关管理制度和注意事项，并要求签订《文明施工协议》及缴纳施工保证金。同时在施工过程中，安排人员跟进施工进度及质量，发现问题及时反馈并要求整改，如在朝霞园小区，原计划厨房和卫生间污水排入同一个污水井，虽可以减少工程量但易造成管道堵塞满溢，管理处人员立即制止，并提出整改意见，最终现场增加16个污水井，有效规避了后期管理难题。

川汇区人和街街道办事处纪工委成立了以纪工委书记为组长的老旧小区改造督查组，通过实地查看、拍照、录像等方式，与施工单位责任人、社区居民面对面交流，点对点了解真实情况，紧紧围绕改造项目、工程质量、施工进度等，开展精准监督。

2. 工程质量控制

在项目实施过程中，要加强工程质量管理。实施单位委托质监部门全程跟踪，及时发现和纠正项目实施中存在的问题，确保工程质量。此外，实施单位要建立多位一体、各方参与的现场沟通协调平台，及时听取居民诉求，鼓励具有技术特长的居民参与工程质量监督。例如招远市在已有工程监理、社区监督力量的基础上，市住建局抽调工程质量监督技术人员，每月不定期开展项目工程质量抽查，发现问题及时下发整改单给各主体、施工单位及监理单位，限期整改；累计开展质量抽查监督15次，发现问题4个，均当场整改完毕。另外，充分发挥群众监督员队伍，由社区牵头群众监督员，每周开展质量监督反馈，每月开展意见反馈会，疑难问题则由相关职能部门参与协调解决。

监理单位加大老旧小区改造工程质量安全巡查力度，建立质量安全监督档案，对重点部位重要工序加大抽查抽测频率，及时排除质量安全隐患。在监管过程中发现施工单位存在未按照工程设计图纸和施工技术标准施工、擅自修改工程设计、偷工减料等工程质量安全问题的，应严格按照有关法律法规对责任单位进行处罚。同时，要现场展示改造中使用的施工材料及其出厂证明、质量合格证明，接受小区居民监督。

设计单位应指派设计人员全过程现场跟踪，提供技术服务指导。根据现场情况调整或变更设计，及时解决现场技术问题，并就调整或者变更设计的技术合理性和经济性向建设单位书面说明。涉及重大内容、投资改变的，履行报批手续后要在小区现场公示。

3. 过程款项支付

施工单位按合同约定时间节点由项目法人、项目经理签字盖章上报监理单位，监理单位审核后由监理、总监签字盖章报县（区）住建局，业主代表和住建局领导审核签字盖章后报县（区）财政局，县（区）财政局经审核后支付工程进度款。在项目资金拨付中，严格按照有关项目资金管理规定及施工合同约定执行，确保项目资金的合理使用。

5.1.6 竣工验收阶段

1. 组织竣工验收

工程竣工后，施工单位经自检自查后提出验收申请，由监理单位核查后报主管部门，然后由主管部门组织相关各方对城镇老旧小区改造项目进行验收。天津市、四川省、甘肃省、江西省、江苏省、浙江省等地鼓励相关各方进行城镇老旧小区改造项目联合验收。具体而言，由各县（市）区政府组织街道办事处、社区居委会、业主委员会(或业主代表)、物业管理单位、设计单位、施工单位和监理等相关单位按规定进行竣工验收。工程质量监督机构应对老旧小区改造竣工验收的组织形式、验收程序、执行验收标准等进行现场监督。竣工验收通过的，形成验收报告并报工程质量监督部门备案。对验收中发现的问题，要及时进行整改，整改到位后方可通过验收，确保工程质量，并及时向辖区住建部门竣工备案。浙江省简化竣工验收流程政策可圈可点。浙江省简化竣工验收备案材料，建设单位只需提交工程竣工验收报告、施工单位签署的工程质量保修书即可办理竣工验收备案，消防验收备案文件通过系统共享。

韶关市曲江区改造工程项目验收分为初步验收和整体验收两个阶段。项目完工后施工单位按工程验收程序收集资料向镇（街）提出项目竣工验收申请。镇（街）组织小区自治小组、居委会组织初步验收。初步验收合格后，向区老旧办申请项目竣工验收。区老旧办收到镇（街）验收申请后，组织成立验收小组，对小区改造进行整体竣工验收。验收小组由区委宣传部、区财政局、区民政局、区规划分局、区经信局等区老旧小区改造试点工作领导小组成员单位及自治小组、监理单位、施工单位、设计单位等组成。建设单位及小区业委会或自管小组联合作为验收组长单位。施工单位汇报项目实施情况，现场核查竣工验收资料、项目完成情况和质量情况，填写项目竣工验收报告，参与验收单位签字盖章，并形成验收会议纪要。验收资料一式三份，自治小组、镇政府、区老旧办（区领导小组办公室）各存档一份。

2.工程结算与移交

城镇老旧小区改造项目竣工验收通过后，应及时完成竣工结算。施工单位要保留改造前、中、后影像资料，工程竣工验收后，编制完整的竣工结算资料作为结算的重要依据(表5-3)。经监理审核后上报住建局审核，合格后报财政局，经财政局决算审核后支付工程款。对某一项目有争议时，监理和施工单位可根据施工现场的实际情况进行测量。关于质量保证金，在工程质量保修期结束后，由物业企业或社区出具意见后方可支付。

施工单位做好竣工项目的资料整理、归档和移交工作，按有关维保责任将竣工验收资料移交给业委会或专营单位。接收单位与施工单位依据决算报告、审计报告，做好移交资产的财务清理、资产清查、产权变更等工作，并签订资产移交协议。供水、供电、供气、供热、通信、有线电视等共有设施设备，经相关专业单位、建设单位共同验收合格后，移交相关专业单位负责管理，各专项工程牵头

竣工结算送审材料目录　　表5-3

序号	资料明细	序号	资料明细
1	工程结算书	9	施工过程中现场记录、会议纪要
2	工程量计算书（即计算底稿）	10	经监理、发包人确认的施工方案，施工组织设计、索赔、罚款单
3	工程投标预算书，工程承包合同及补充合同	11	隐蔽工程记录（所有涉及工程造价的有关资料必须有 相关参建方确认，含影像资料）
4	经监理、发包人确认的工程量确认清单	12	材料设备差价的证明材料、暂定价变化资料
5	经发包人确认工程竣工图	13	开工通知书，停复工报告
6	竣工资料、验收证明	14	发包人工程款支付明细表
7	经发包人确认的设计交底、设计变更、技术核定单（工程联系单）、图纸会审纪录	15	材料设备应提供产品检验检测合格证明、质量保证书、保修书、使用手册
8	经监理、发包人确认的工程签证资料	16	其他涉及工程造价的核定审批单（如材料品牌确认表、材料价格确认表等）

部门要落实工程移交及后续维修养护事宜。其余改造工程在保修期满后，由业主承担维护保养责任和费用。

5.1.7 运营管理阶段

1.运营管理

项目竣工后，加强老旧小区管养力度，确保改造后的小区质量不再下降。对有条件实行市场化物业管理的老旧小区，积极引入专业物业服务企业管理。部分老旧小区建设规模小、分布散，专业的物业服务企业不愿进驻，可以实行片区物业管理。例如延安市宝塔区通过片区物业管理让物业管理由“分散型”变为“规模化”形成了规模效益，降低了运行成本，促进了规范管理，提升了服务质量，赢得了群众好评。对于一时难以实行市场化物业管理的老旧小区，连片打包，实行社区保障性管理。辖区街道办事处、社区应指导无物业管理的老旧小区实行自行管理，积极组织老旧小区成立业主大会，选举产生业主委员会，逐步实现小区业主对物业的共同管理。

由于老旧小区居民没有花钱买服务意识，部分老旧住宅小区长期存在的“物业服务标准低、居民缴费率低”的恶性循环。借鉴宁波市、北京市经验，地方政府可以确定并公布老旧住宅小区物业服务最低收费参照标准，对调整最低物业服务收费标准到位的老旧住宅小区进行财政补贴。此外，改造完成初期物业费用由政府全额支付或与居民按比例支付，在居民感受到有偿使用物业服务的便利后，再逐步增加居民付费比例。

除引入专业物业服务企业管理外，需健全相关机制。建立健全社区党组织、社区居民委员会、业主委员会和物业服务企业“四位一体”的议事协调机制，引导居民协商确定改造后小区的管理模式、管理规约及业主议事规则，共同协商解决涉及居民利益的重大事项。推进社区管理、物业管理、商业管理深度融合，形成共建、共治、共享的社会治理格局。

此外，物业专项维修资金是住房的“养老金”，建立物业专项维修资金十分必要。例如北京市规定综合整治完成后，同步建立住宅专项维修资金。住宅专项维修资金建立前，房屋修缮责任由原产权单位承担。

浙江省杭州市住房保障和房产管理局出台了“2020年起对承接经济适用房、农转居公寓或老旧小区的物业企业，实施三年期限的财政资金补助”等相关政策，对引进物业企业实施专业化物业服务，物业费标准和收缴率提升达到规定条件且物业服务质量考核达标的，将给予资金补助。这推动了物业企业进驻老旧小区，顺利完成向专业物业服务的提档升级。湖滨街道向阳新村把小区常规服务内容全部打包交由一家专业物业服务企业管理，包括小区的楼道路面保洁、保安、工程维修、绿化等。湖滨街道积极寻找维持企业长久运作的方式，包括提供免费物业用房、筹划整体打包等方式变相降低运营成本。同时，积极与多方沟通，希望有机会以较低成本获得空置商铺或闲置用房，用以拓宽物业服务内容、贴补运营费用。通过整合政府补贴、合法合规运用经营性收支平衡资金，向阳新村既维持原有的物业费标准，又提高物业服务品质，使居民的满意度和获得感得到了显著提升。

山东省济宁市兖州区在推进老旧小区改造的同时，积极探索老旧小区物业管理新模式，经过广泛调研及深入研究，确定了“公益为主、市场为辅”的实施方式和“政府补点、业主交点、物业贴点”的收费机制，对老旧小区进行分级分类，差异化管理。对面积较大、基础设施相对完善的小区，采取“先期介入、先行接管、先行服务、适当补助”的方式，交由专业物业企业管理。对零星独栋、弃管小区，采取“财政补助与居民自筹相结合”的方式，由居委会实施简易物业或打包交由物业企业接管。2018年6月，26家物业公司进驻全区248个老旧小区，实现了兖州老旧小区物业管理全覆盖，这也标志着兖州已全面实现物业管理全覆盖。兖州区东苑小区成立便民食堂见图5-4。

图5-4 兖州区东苑小区成立便民食堂

北京市则发布了《关于建立我市实施综合改造老旧小区物业管理长效机制的指导意见（征求意见稿）》以及《北京市物业管理条例》，提出强化基层党组织在老旧小区物业管理工作中的核心领导作用，并将物业管理作为老旧小区改造的前置条件，在获得业主同意的前提下将其一并列入改造计划中，避免改造后失管问题的出现。同时，将老旧小区改造中的物业管理分为专业化物业管理、准物业管理、单位自营等多种模式，要求提供四项基本服务，即秩序维护、共用部位及公共设施设备运行维修养护、保洁清洁、绿化养护。此外，还有对新引入的物业管理单位给予财政补贴等方式进行市场培育和扶持，切实地建立老旧小区长效管理机制。金融街街道作为西城区党建引领物业的试点街道，由街道办牵头成立了街道物业服务联盟，形成"物业服务企业、社区、街道办"三方共治的社区治理新模式，并且将分散的社区整合，统筹开展物业管理工作，形成集约化管理的长效机制。一方面，提供"先尝后买"的"菜单式"物业服务，即初期由政府全额支付或与居民按比例支付物业费用，在居民感受到有偿使用物业服务的便利后，逐步增加居民付费比例，同时提供物业服务项目明细表，依据服务内容制定不同的收费标准，居民则可按需付费。另一方面，物业联盟还搭建了实时交流平台，推出"一站式"物业服务。即街道办、物业公司、居委会、业主委员会等可在交流平台上实时同享各类信息和需求，各方及时沟通和处理有关问题。北京金融街街道物业联盟党支部成立仪式见图5-5。

图5-5　金融街街道成立物业联盟党支部

2.运营考核

街道办事处要切实履行职责，制定物业管理考核内容和评分标准，联合社区、业主委员会定期对物业公司进行监督管理和考核。在拟定相关考核标准时，应充分征求小区居民意见，将小区居民关心的问题纳入考核范围。作为小区日常工作的监管主体，社区、业主委员会要建立对物业公司的日常监管和考核机制，把日常管理纳入考核。加强小区居民代表对小区长效管理的监督，通过居民满意度测评的方式，将测评结果列入街道对小区的考评依据。此外，街道要对小区物业管理工作进行不定期暗查。街道定期汇总对各小区物业管理工作的考核结果并向县（区）主管部门汇报，根据考核结果对物业公司进行奖补。对于在考核过程中发现的问题，应提出整改意见，督促指导小区物业限期整改完毕。

合肥市将老旧小区物业管理纳入市人民政府年度目标管理绩效考核内容。制定年度物业管理工作目标考核细则，印发《关于组织开展2020年度物业管理工作考核的通知》，分市区（开发区）和县（市）两部分进行，分别考核11个方面、49项内容和13个方面、56项内容，激励属地政府和物业管理企业的工作积极性。辖区华源国际城小区通过摸索、研究，建立了居民评议机制，让居民参与小区管理评议，社区形成小区治理合力。为防范物管企业在考核时突击应付，除了街道物业管理考核工作领导小组对物管企业的考评外，实行每月动态考评，邀请热心社区建设且在居民中有一定的影响力的党群代表和楼组长进行动态评议打分，得分在小区内现场反馈，接受居民的监督。同时，街道有效利用物业补贴的“经济杠杆”作用，加强社区党组织对物管企业的监督管理，在年终考核中，社区党组织对小区的考核具有一票否决权，确保社区在物业管理中有抓手、不缺位。合肥市老旧小区物业管理考核现场见图5-6。

图5-6　考核现场

部分小区改造以PPP模式实施，项目实施机构负责编制PPP项目绩效目标与绩效指标，报项目所属行业主管部门、财政部门审核。PPP项目绩效目标包括总体绩效目标和年度绩效目标。总体绩效目标是PPP项目在全生命周期内预期达到的产出和效果；年度绩效目标是根据总体绩效目标和项目实际确定的具体年度预期达到的产出和效果，应当具体、可衡量、可实现。PPP项目绩效指标体系由绩效指标、指标解释、指标权重、数据来源、评价标准与评分方法构成。项目建设成本参与绩效考核，且实际与绩效考核结果挂钩部分占比应超过30%；政府付费和可行性缺口补助项目，政府承担的年度运营补贴支出应与当年项目公司（社会资本）绩效评价结果完全挂钩，在项目合作期内连续、平滑支付；使用者付费项目，项目公司（社会资本）获得的项目收益应与当年项目公司（社会资本）绩效评价结果挂钩。项目实施机构应根据项目合同约定，在执行阶段结合年度绩效目标和指标体系开展PPP项目绩效评价，原则上每年至少开展一次绩效监控。项目建设期应结合竣工验收开展一次绩效评价，分期建设的项目应当结合各期子项目竣工验收开展绩效评价；项目运营期每年度应至少开展一次绩效评价，每3～5年应结合年度绩效评价情况对项目开展中期评估；移交完成后应开展一次后评价。

日照市东港区生态旅游精致城市及老旧小区改造配套基础设施建设PPP项目。项目运行后，营业收入主要为广告收入、城市驿站租赁收入、停车场收入及充电桩经营收益。本项目自身有较大数额运营收入，采用“可行性缺口补助”的回报机制，项目公司负责完成项目的投资、建设并负责项目的运营维护工作，政府通过财政资金在运营期内根据绩效考核情况向项目公司支付可行性缺口补助。东港区财政局应将本项目列入东港区财政PPP项目目录，并负责将本项目可行性缺口补助纳入政府财政预算和政府中长期财政规划，确保项目资金及时拨付。根据财金〔2019〕10号文规定，项目可用性付费和运维付费挂钩将与运营期绩效评价100%挂钩，若项目公司未达到绩效考核标准，则按照相应的规定进行扣款。项目实际绩效优于约定标准的，项目实施机构应执行项目合同约定的奖励条款，并可将其作为项目期满合同能否展期的依据。这是超额收益分享机制设计的基础。奖励的方式一般包括：从超额收益提取奖金支付社会资本方；超额收益由社会资本与政府按比例提成；延期政府与社会资本方合作期限。

5.1.8 项目审计

各县（区）审计局成立老旧小区改造审计组，对老旧小区改造项目进行全过程跟踪审计，实现对项目的动态监督。审计工作前期，细化审前调查，制定审计方案，确立明确的审计重点内容，对项目前期工作、过程管理及竣工结算开展审计。

关注项目前期程序的规范性。将项目立项申报、招标投标、资金来源、开工手续等作为审计的重点。重点审查是否按规定履行项目立项审批程序；是否对项目建设内容进行公示、公告；项目是否按规定程序进行招标投标；各建设环节审批手续是否完备。

（1）关注合同签订的合规性。严格审核合同主体的合法、合规性，全面审查施工、监理、检测、代理等单位的主体资格、资信能力、履约能力，重点核实有无改变招标文件实质性条款、是否将中标承诺量化等问题。

（2）关注工程建设内容。以现场为根据地，开展审计工作。积极听取民意，在施工现场走访居民，掌握施工的最真实情况。重点审查是否按合同建设内容规范施工；施工图纸、竣工图与现场实际情况是否一致；是否降低材料和工程建设标准；是否按规定程序和规范进行工程监理；改造项目的进度控制、质量控制；

项目变更及隐蔽工程施工前是否履行相关报批手续等。

关注项目资金来源和使用情况。重点审查财政资金有无挪用、滞留情况；建设工程款支付情况，是否存在拖欠工程款的问题；工程竣工结算的真实合理性，是否存在重复计算工程量的情况等。

及时将审计调查结果反馈项目主管部门。针对审计调查发现的问题，严格要求被审计单位落实整改责任，限期逐一整改落实到位。同时，加大对被审计单位落实整改任务的监督检查力度，确保将审计发现的问题全部整改落实到位。

宁波市江北区审计局为抓手，把好“两关”助力老旧小区改造提升。

通过全国企业信用系统、浙江省勘察设计行业、宁波市勘察设计行业管理平台、天眼查等多平台查询，对各设计单位承揽资质进行全面审查，就审计查出的个别设计单位不具备房屋建筑设计资质问题，审计建议所在街道建立工程项目管理机制，杜绝类似问题再次发生。江北区孔浦街道高度重视，制定出台了《孔浦街道工程项目管理办法》，对工程项目承揽（或参建）单位资质作出明确规定。

盯好“管理”关。审计过程中，紧盯建设单位监管主体责任，对建设单位是否有效保障设计与施工的质量、是否有力监管参建单位相关工作等进行重点关注，并就该区4个项目工期延误、4个项目结算价超合同价、3个工程进度款拨付不及时等问题提出整改建议。目前，审计发现的问题已列入江北区人大督办件，2020年老旧小区改造计划已纳入全区统一管理，项目进度款拨付不及时、工期延误等问题得到了有效整改。

踏好“现场”关。在结算审计环节，以竣工图为蓝本开展现场踏勘，现场审查老旧小区改造内容与图纸是否相符、种植绿化苗木的真实性等，重点对价高树种的胸径、冠幅进行测量、比对。通过现场把关，审计发现部分绿化带杂草丛生、养护期内的苗木缺失等问题，已督促施工单位整改到位。

5.1.9 考核评价

各地要加强对老旧小区改造工作的督查巡查。小区改造完成后，应及时对改造工作进行考核，考核工作由上级主管部门负责组织实施。例如延安市规定小区改造考评由市住房和城乡建设局具体负责组织实施，考核结果上报市委、市政府。目前部分省市如安徽、山东等要求所辖各县区老旧小区整治改造主管部门对照考核内容和要求进行自查。考核结果要及时公开，同时将考核结果纳入市对县区政府目标责任考核，考核结果与项目申报、奖励资金分配、先进评比挂钩，并根据考评结果对相关责任主体、主要负责同志进行奖惩。

六安市住建委印发《六安市住建委关于开展2016年城市老旧小区整治改造考核工作的通知》，提出将按照“综合评价、分级负责、公平公正、注重绩效”的原则，统一对2016年各县、区城市老旧小区整治改造工作进行考核。考核内容由目标任务、工作推进、绩效评价三部分组成。其中，目标任务完成率是考核的基础和关键，占总分值的60%。工作推进情况主要包括加强领导、政策出台、编制规划、项目实施、资金管理五个方面，占总分值的16%。绩效评价工作包括工作成效、管理创新、信息沟通、试点工作、廉政风险防控、群众满意度六个方面，占总分值24%。考核采取自查自评与重点核查、日常评价与年终考核相结合方式进行，要求各县区老旧小区整治改造主管部门对照考核内容和要求进行自查，于12月15日之前将书面和电子版的自评报告上报。考核结果报市政府，纳入民生工程统一考评范围，作为市政府及有关部门对各县区政府管理绩效考核和民生工程考核评价结果的依据。

小区改造考核内容涉及改造全流程，包括项目申报、资金管理、施工安全、文明施工、项目实施进度、物业覆盖情况、施工总体质量及费用控制等。评价过程要充分考虑群众满意度。结合各地相关经验，老旧小区整治改造考核内容总结如下：

（1）项目申报情况：①进行事前摸排、建立数据库；②根据摸排结果制定中长期工作规划；③制定项目年度计划和实施方案；④是否充分征求群众意见。

（2）资金筹措：①居民出资；②引入社会；③房屋维修资金归集；④统筹使用各级各部门财政资金；⑤争取地方政府专项债、金融机构信贷支持；⑥管线单位或国有专营企业出资参与改造。

（3）资金管理：①按照财务管理要求，设置专账核算，使用手续规范；②制定保障资金安全及规范资金管理的措施或办法；③开展资金专项督查；④做到工程款及时拨付、监督工程款专项专用，采用跟踪审计方式确保资金用到实处。

（4）项目实施：①程序规范：依法依规履行项目设计备案、方案编制评审、项目立项、项目招标投标程序、施工合同签订，施工手续办理、竣工结算流程等；②技术规范：项目施工过程是否严格按照施工图纸和相关技术标准实施；③监督有效：对项目进展情况及时监督管理、制定奖惩措施，业主委员会居民代表充分参与，保证文明施工和工程质量；④质量管理：是否被上级质检部门处理。

（5）项目效率性：①目标任务完成情况：改造户数及完成率、改造面积及完成率、改造楼栋及完成率、改造小区及完成率；②项目时限达标情况：改造工程周期、改造及时完工率、资金支付及时率；③工程验收合格率。

（6）项目经济性分析：①成本是否超出预算；②老旧小区平均每户改造成本。

（7）项目效益：①社会效益：项目实施后，人居环境、公共配套设施、基础设施是否得到改善；②生态效益：在小区改造完成后，小区及周边生态环境、市容市貌是否得到较大改善；③可持续性：小区长效管理机制建立情况如引入专业物业管理公司、成立小区业主委员会等。

（8）社会满意度：通过对小区居民进行回访调查，发放满意度调查问卷，获取小区居民对项目实施效果的满意程度。

（9）新闻宣传：项目实施过程中进行新闻宣传情况，是否在省级及以上主要新闻媒体，或在省级及以上有关信息专刊上刊载经验、做法或成效。

5.2 改造适宜技术清单

5.2.1 市政配套基础设施

1.给水系统改造

我国老旧小区给水系统存在的主要问题是给水管材及配件选择不当、水箱的设计与管理不当、与城市管网的连接未设防倒流装置等引起水质污染、“跑冒滴漏”、水表计量不准确、噪声等。就供水管网材质而言，2000年之前建设的小区多以灰口铸铁管、镀锌管、UPVC管等管道材质为主，加之使用年限长，存在胶圈老化、锈蚀严重、爆管频繁的现象，极易造成水质不稳定，存在供水安全隐患；2000年以后建设的小区，供水管道材质多为PE管等塑料管、球墨铸铁管、不锈钢管、金属塑料复合管等，这些材质的管道在耐腐蚀、抗压等方面性能有待提升。供水管网长期埋于地下，自然老化及酸碱土壤腐蚀等问题，管网漏水点数逐年增高，明漏、暗漏总量巨大，改造潜力大。老旧小区供水系统改造的目的是保障给水水质、节水、防治噪声等，改造时可结合小区给水系统实际情况，通过更换选用供水安全、耐久耐腐蚀、节能节水的管材配件、更换IC卡水表或远传水表等智能水表、设置倒流防止器等方式进行改造，有条件的小区还可设置管网监测系统、直饮水系统等。不锈钢管材示意见图5-7，智能远传水表示意见图5-8，过滤倒流防止器防污隔断阀示意见图5-9，水质自动检测系统示意见图5-10，直饮水装置示意见图5-11。

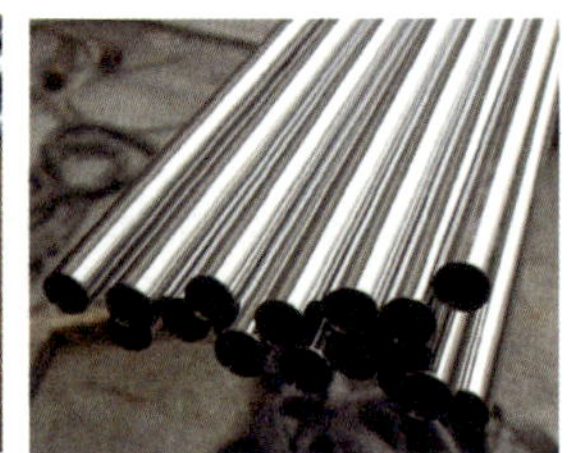

图5-7　不锈钢管材

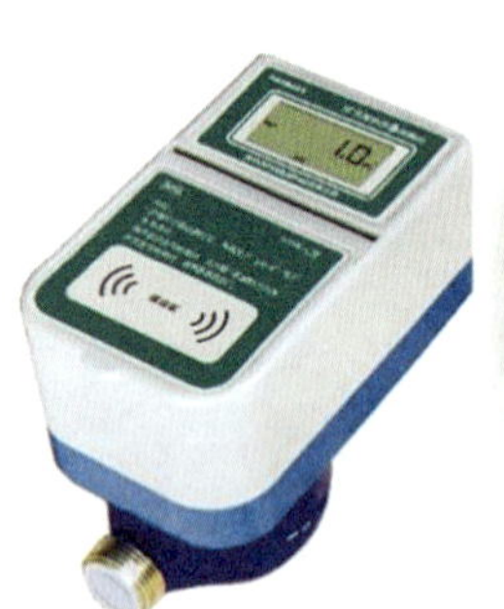

图5-8　智能远传水表

图5-9　过滤倒流防止器防污隔断阀

图5-10　水质自动检测系统

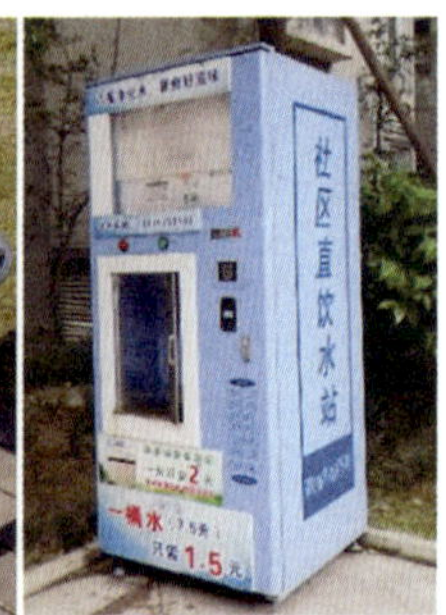

图5-11　直饮水装置

某小区由于房屋建造年代久远，居民住宅内自来水管大部分使用镀锌钢管，同时因水池、水箱及水泵、水表等设施没有内衬，材质的腐蚀性能和密封性能较差，产生的二次污染对自来水水质影响较大，为了保证居民住宅小区的供水水质和供水安全，在旧住宅改造的同时，统一进行了二次供水设施改造。

为此，项目进行二次供水设施改造，包括：

①水池、水箱、水泵、水表的改造，同时将水表统一安置在公共部位。

②给水管道材料改为有内衬或耐腐蚀的管道。其中，管道直径DN≤100mm时，选用钢塑复合管（涂塑、衬塑）、聚乙烯类管（PE、PE-X）、聚丙烯类管（PP-R、PP-B）等；管道直径为100mm＜DN＜300mm时，选用钢塑复合管。

某小区对现有直饮水供水设备进行改造，主要分为两个方面，一是更新升级原有直饮水供水系统和设备，升级为自助式一体化供水设备，提升供水质量和居民使用的便捷性。二是在原有直饮水供水点基础上合理增设供水点，提高居民使用的便捷程度。同时，在改造中要优先选用质量好且安全的管材及设备，从使用安全性的角度上提升直饮水供水点的整体服务质量和服务范围。

2. 排水系统改造

老旧小区排水系统存在的问题有排水管道老化破损与堵塞渗漏、内涝、污水与雨水混接混排等。老旧小区排水管道主要为铸铁管、PVC管、陶土管、混凝土或钢筋混凝土管，经过长时间使用后会出现排水管道结构性缺陷和功能性缺陷等情况。结构性缺陷是由于管道结构损伤造成的管道强度、刚度、结构稳定性的缺陷，改造时应对管道进行替换、修缮；功能性缺陷是管道结构未损伤，只影响管道过流能力、水质等方面，改造时应管道进行疏通、清洗、清捞。在进行小区内涝、污水与雨水混接混排改造时，梳理小区内地下地上、楼外的雨污水管网，结合地域特点及海绵化改造需求，合理设置雨水收集入渗设施、雨水调节排放设施、雨水净化回用设施，同时还应从源头实施雨污分流改造，可采用屋顶雨落管断接、阳台雨污水分流等技术。雨污分流改造示意见图5-12，雨落管改造示意见图5-13。雨水收集入渗设施包括透水砖铺装、植草透水铺装、下沉式绿地、高强度透水模块、透水塑胶铺装、渗透塘等；雨水调节排放设施包括生物滞留设施、蓄水池、湿塘、景观调节塘等；雨水净化回用设施包括雨水罐、初期雨水弃流设施、雨水回用池、一体式雨水收集净化渠等。雨水收集利用系统示意见图5-14，部分海绵改造技术展示见图5-15。

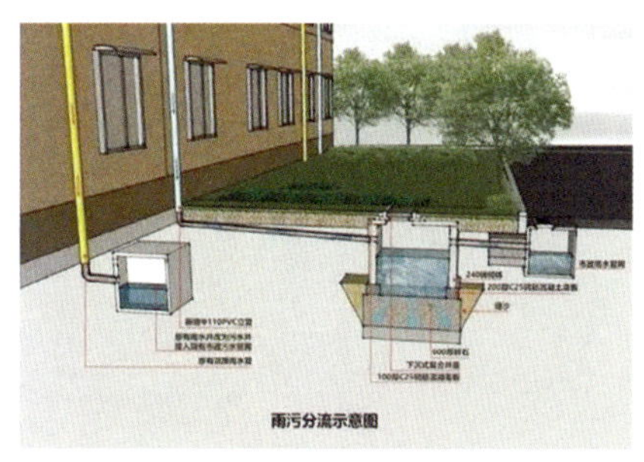

图5-12　雨污分流改造示意图

图5-13　雨落管改造

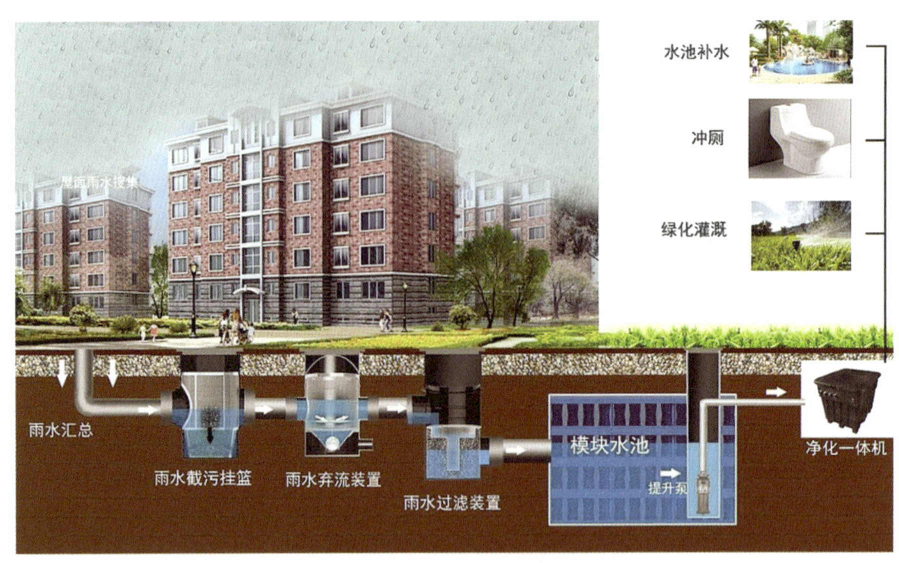

图 5-14　雨水收集利用系统

图 5-15　海绵改造技术

某小区实施优化雨水分区及竖向设计，合理组织社区排水系统。保留现状合流制盖板沟为污水管网，并新增一套雨水管网作为LID设施雨水溢流及建筑雨水外排出路，同时规划结合小区内的集中绿地增设一处调蓄池与雨水管网并联，雨水经净化处理后优先进入调蓄池，加强雨水资源化利用。同时，将社区内的雨污分流改造与外围市政道路的雨污分流改造相结合，完善排水系统。该小区排水系统改造方案示意见图5-16。

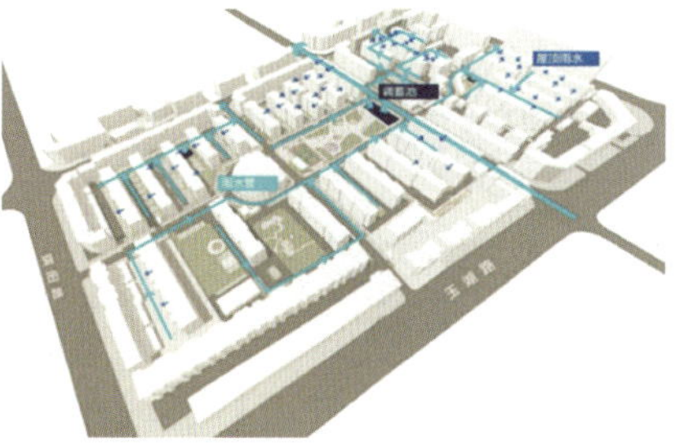

图5-16　排水系统改造方案示意图

3.电气设施改造

电气设施改造时要充分考虑改造后建筑物的用电负荷情况和使用要求，室外中、低压配电网改造应优先考虑采用缆线管廊形式集约化敷设电力、通信缆线，集约化利用地下空间，架空线入地示意见图5-17；建筑公共部位电气线路应穿管或在槽盒内敷设，建筑公共部位线缆槽盒敷设示意见图5-18；更换非成套表箱、锈损表箱或存在安全隐患的表箱，实现一户一表，将传统电表更换为远程智能电表，智能电表见图5-19；在特定区域增设和移除路灯，同时设置草坪灯、地面照明灯等不同灯具，可合理完善公共照明的覆盖范围，解决原有室外环境中

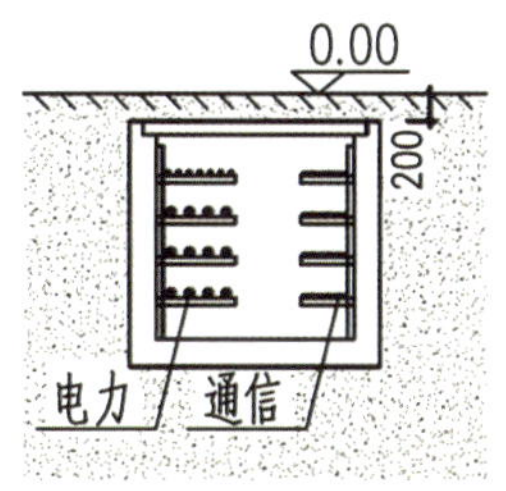

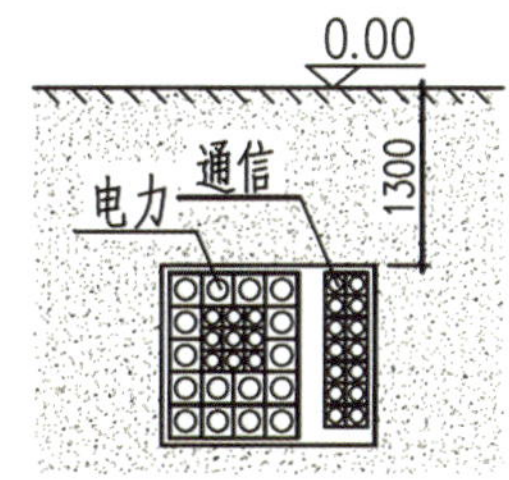

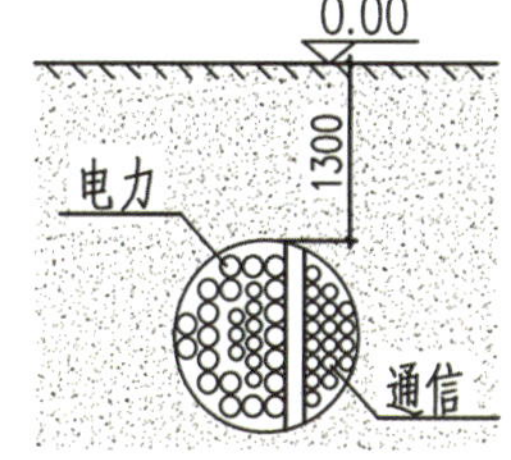

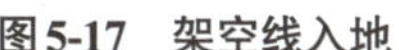

图5-17　架空线入地

图5-18　建筑公共部位线缆槽盒敷设

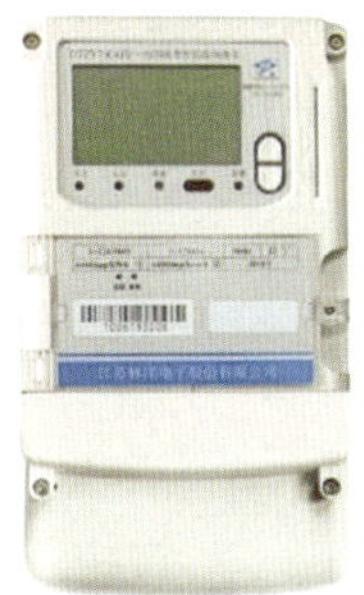

图5-19　智能电表

照明缺乏、照明强度不足等现象。成套电表箱示意见图5-20，庭院路灯改造后效果见图5-21。

图5-20 成套电表箱

图5-21 庭院路灯

某小区外挂线乱拉乱挂，小区内电线、电缆、电话线等各类线缆杂乱无章，纵横交错像一张“蜘蛛网”高悬半空，不仅影响美观，而且存在极大安全隐患，小区线缆改造前线路情况见图5-22。对小区内建筑上的外挂线及楼梯间线进行清理，采用弱电管道植埋或外墙桥架来收纳各种线缆，建筑内外杂乱的网线消失，提高了小区品质。同时，采用直埋管道形式，为未来线路更新及升级创造了基础条件，避免外挂线的再次出现，小区线缆改造后线路情况见图5-23。

图5-22 某小区线缆改造前

图5-23 某小区线缆改造后

某小区建筑物出入口、支路照明或景观散步路等个别区域缺乏照明、照明强度不高、活动场地照明较弱等问题，参照适老性健康环境人工照明安装高度及参考照度值，衡量各区域所需照度值。建议增设和移除路灯十余处；同时设置路灯、草坪灯及地面照明灯等不同用途的照明灯具。改造前小区现状照明问题展示见图5-24，公共照明改造设计方案见图5-25。

图5-24　现状照明问题

图5-25　公共照明设计方案

4. 供热及燃气设施改造

针对北方供暖地区老旧小区集中供热管网改造，应对热力站、小区内管网、室内系统等进行检查排查，维修或更换损坏或超期使用的管道、管件、换热设施，提高管网输送效率；在热力出口（一级网、二级网供水侧）安装热量计量装置，在小区建筑入户处应设置热量计量装置及静态水力平衡阀。

对于已通天然气的城镇，对燃气市政配套未到位的老旧小区，增设天然气管道系统，铺设小区地下燃气管道，并沿建筑物外墙架空敷设楼幢燃气立管，实现管道燃气入户，且美观、整齐、不影响通行。对于燃气市政配套已到位的老旧小区，排查燃气楼幢调压箱、立管及阀门，对腐蚀老化的进行更换。增设或更新天然气管道系统时，有条件的可将燃气引入口的阀门安装在住户外，明确设置燃气管道标识，并设置防车辆冲撞栏加以保护。热量计量表示意见图5-26，静态水力平衡阀示意见图5-27。

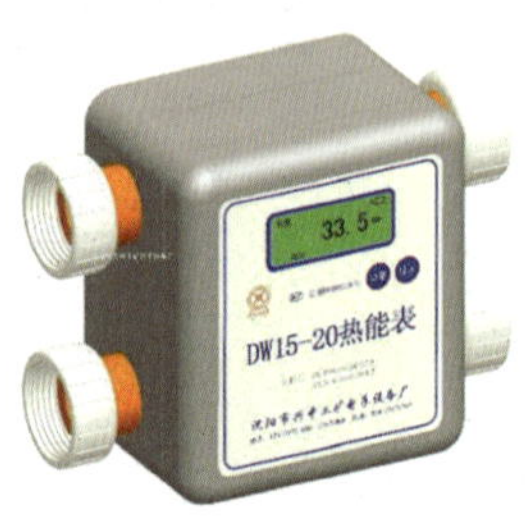

图5-26　热量计量表

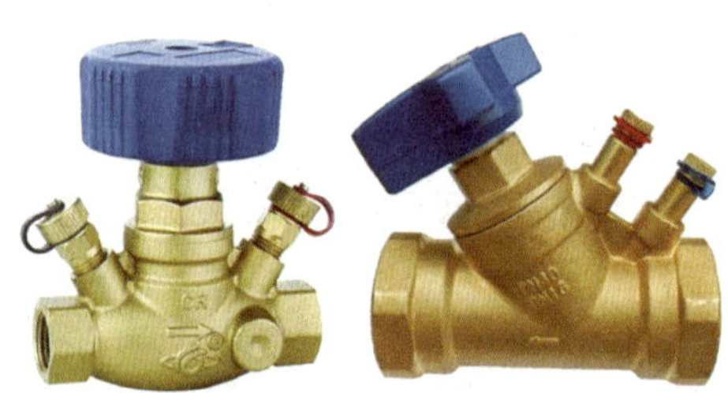

图5-27　静态水力平衡阀

某小区室内供暖系统为垂直单管顺流式系统，散热器锈蚀严重，室内供暖不平衡。为此，提出对室内外供暖设施进行改造。小区改造前散热器现状见图5-28。

供暖系统具体改造措施如下：

（1）室内散热器统一更换为钢三柱散热器，管道换为热镀锌钢管并加跨越管，加装低阻力三通恒温控制阀，供业主自行调节散热器温度，室内散热器改造示意见图5-29。

（2）将本工程分为三个系统，B1层为一个单独的低压系统，1～9层为低压区，10～18（20）层为高压区，B1层供暖系统采用上供上回双管系统，其他高压区、低压区供暖系统均为上供下回单式双管系统，室内高、低区热力入口示意见图5-30。供暖工作压力：高区为1.1MPa，低区为0.85MPa。

（3）室外供暖系统的所有管网、阀门等设备部件都进行更换，并安装楼栋热计量表。

室内外管网和散热器以及换热站改造后，提高了供暖效率、降低了供暖热损耗。原供暖系统为垂直单管顺流式系统，改为垂直单管跨越式，解决了供热分布不均的问题，室内舒适度得到明显提升。

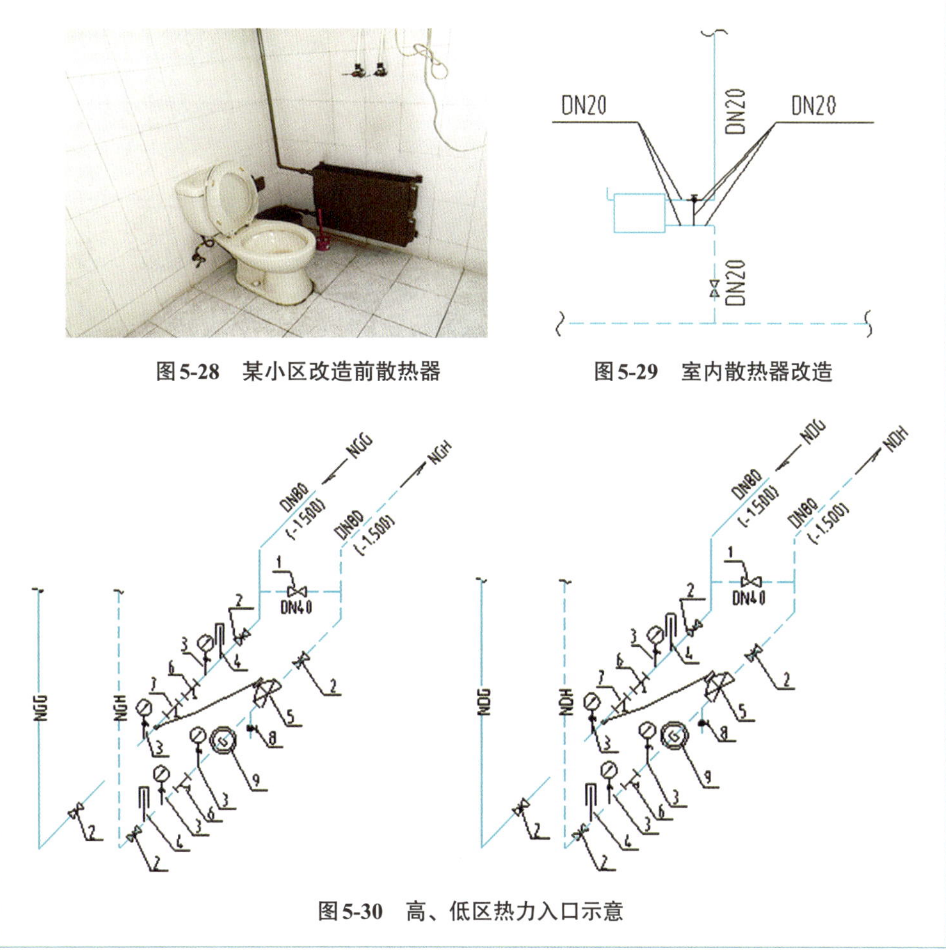

图5-28　某小区改造前散热器

图5-29　室内散热器改造

图5-30　高、低区热力入口示意

某小区老旧住宅厨房内的管线分散布置、杂乱无章、各行其是，表位不合理，煤气灶具位置不当等诸多问题，致使居民入住后不得不私自拆改燃气管道，重新布置燃气设备，从而造成了极大的安全隐患。有些燃气管道已经超过了使用年限，管道和附属设备都已严重老化，存在管道穿孔、裂缝或断裂的现象。为此需要更换新管材、新工艺替换老的管道设备(如引进接插式接头等)、安装漏气自熄型灶具等。

燃气是一种危险性很大的气体，如果一旦泄漏，后果不堪设想。为此，需要对小区居民楼内加装燃气泄漏报警器探测器。燃气泄漏报警器探测器的安装示意见图5-31。

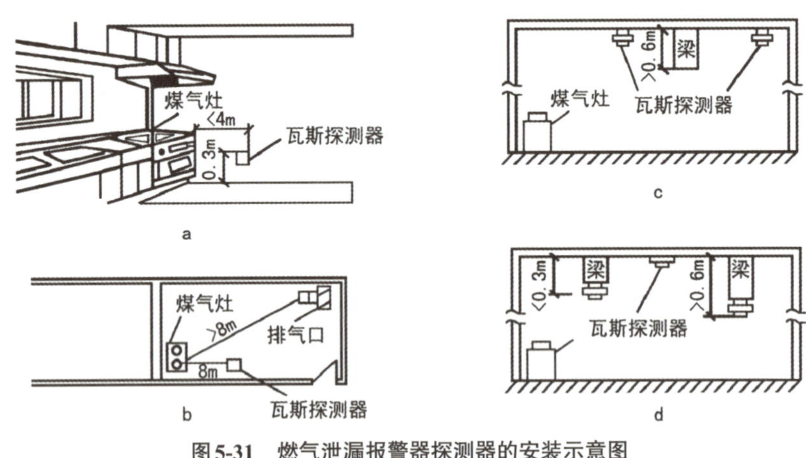

图5-31　燃气泄漏报警器探测器的安装示意图

5. 消防系统改造

老旧小区建筑内部消防设备设施配置不足、消火栓残破或故障、小区消防通道被占用是普遍现象。改造时，在疏散楼梯和走道中设置醒目的指示标识，结合实际需要，合理增加或更换灭火器、应急照明、消火栓等消防设施，清理和优化小区内消防通道。有条件的小区，还可设置消防给水设施、火灾报警系统、应急广播系统、智能消防系统等，进一步提升老旧小区突发火灾的应对能力。消防设施安装效果见图5-32，微型消防站安装效果见图5-33，消防报警装置安装效果见图5-34，应急广播系统见图5-35。

图5-32　消防设施

图5-33　微型消防站

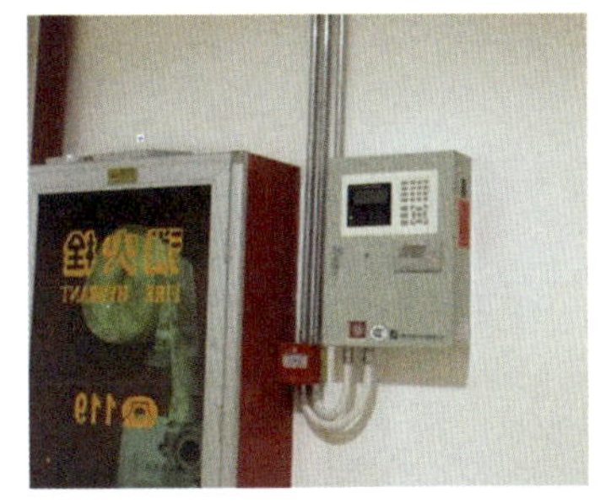

图5-34　消防报警装置

图5-35　应急广播系统

图5-36　规划停车位

某小区重新规划组织交通系统，梳理消防通道与停车位，保证生命通道畅通，满足日常生活停车需求。原有楼间道路宽约5m，路边停车后宽度约3m，不能保证消防车、救护车正常通行，存在安全隐患。改造后楼间道路宽约6.5m，路边停车后宽度4m，在保证消防车、救护车正常通行前提下，满足日常停车需求。规划停车位效果见图5-36。

图5-37　火栓及火灾报警系统

某小区改造后为每栋建筑安装了完善的消防系统，包括消火栓、防火门、干湿式灭火器等，同时还配备有烟雾报警系统、喷淋系统及应急照明系统。通过改造，增加了居住建筑的消防安全。消火栓及火灾报警系统安装效果见图5-37。

某小区北部沿车行道旁有一圈连廊，用于二层住户入户使用。但该连廊阻碍了消防通道的连通性，通过改造对其进行了拆除，同时规划3条环形消防通道、5处消防出入口、9处消防登高面，并设立应急救援指示牌。拆除连廊打通消防通道设计方案见图5-38。

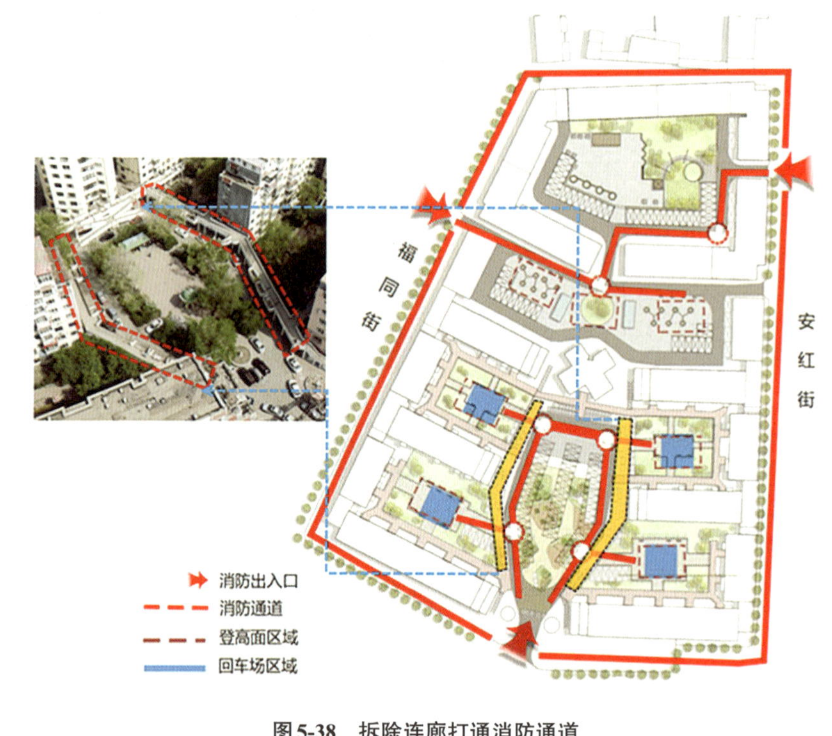

图5-38 拆除连廊打通消防通道

6. 安防系统改造

老旧小区因建设早、管理不到位，常常存在安防设施缺乏、老化或失效等问题，无法对小区人员流动进行有效管理，给居民带来了安全风险隐患。老旧小区安防系统改造涉及楼栋门禁管理及对讲系统、视频监控系统、周界防范与报警系统。楼栋门禁管理及对讲系统为访客和主人之间提供双向通话，来访者可通过楼下单元门呼叫住户并与其对话，住户在户内控制单元门的启闭，条件允许时可设置具有视频监视功能的门禁系统，更加有效地管理出入口人员。视频监控系统拥有先进的现代计算机技术、图像智能分析技术及监控设备，利用视觉处理技术自动、高效地完成人群计数、入侵检测、目标跟踪、行为识别等工作，实现对小区的实时动态安全防范监控。周界防范与报警系统是小区安全的第一道防线，主要包括在小区围墙（栏）安装的红外探头和感应电缆等报警探测设备、在监控中心安装报警主机，一旦有人非法跨入，系统将立即发出报警信号，保证小区内居民生活安全。周界防范与报警系统示意见图5-39，社区电子巡更系统结构示意见图5-40，视频监控系统改造后效果见图5-41，门禁系统改造后效果见图5-42，楼宇对讲系统改造后效果见图5-43。

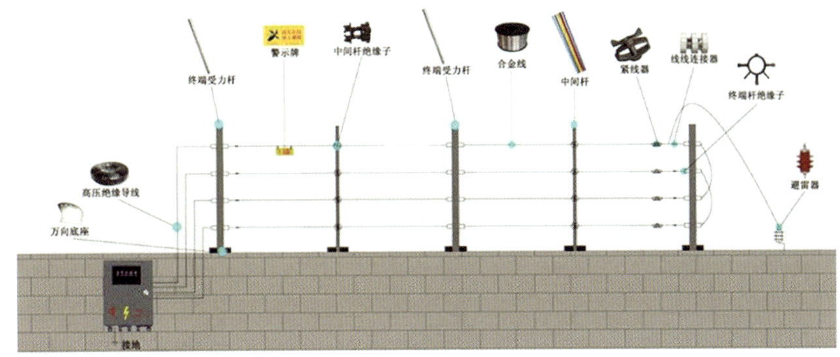

图5-39　周界防范与报警系统

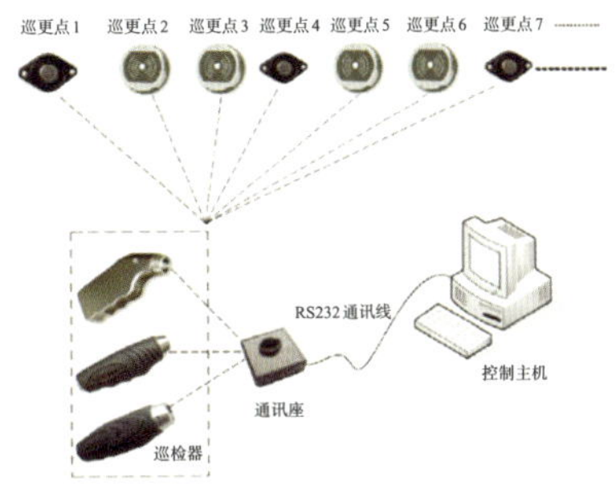

图5-40　社区电子巡更系统结构图

图5-41　视频监控系统改造

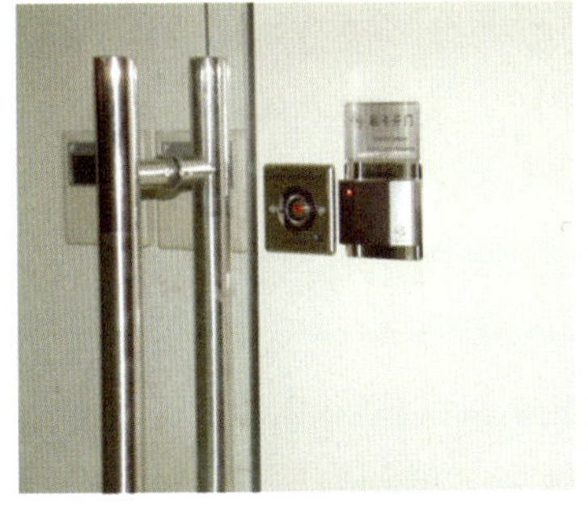

图5-42　门禁系统改造

图5-43　楼宇对讲系统改造

某小区在物业中心设置主机、汇聚网络交换机。将各区域POE交换机引至汇聚网络交换机，交换机连接至管理主机。主机内置管理平台，将主要区域划分为9宫格，并进行实时监控。物业中心内置2组2×5T硬盘录像机，存储时间不小于7天。

监控前端立杆要求样式美观，外饰奶白色涂料，其厚度要求不小于4mm；立杆高度在3.5～4.0m之间，立杆1.5m处喷监控点统一编号；安防摄像头金属外壳与路灯金属灯杆焊接，共同接地。若监控光纤可走墙体外侧敷设，则优选择就近路由。监控系统改造示意见图5-44。

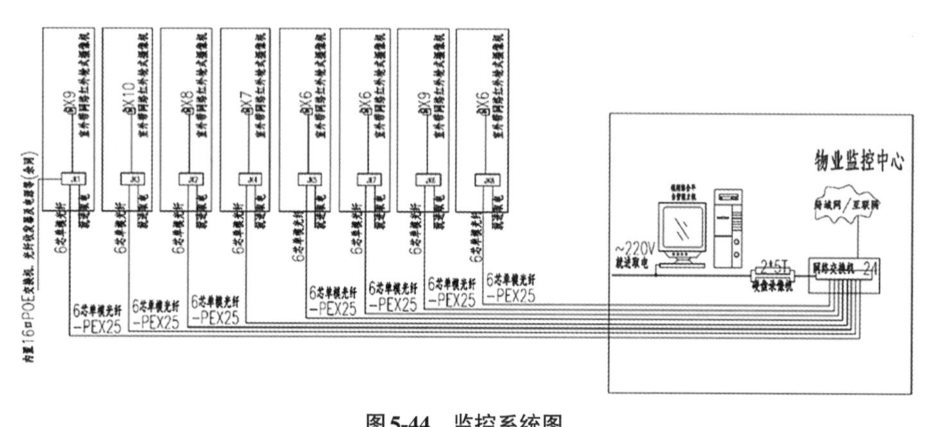

图5-44　监控系统图

7.通信设施改造

小区通信设施改造主要是保留、更新或预留移动通信基础设施，实现光纤入户，保障信号覆盖质量，确保老旧小区通信网络可以满足居民日常生活，并为智慧养老、智慧安防、智慧消防、智慧停车、远程抄表等智慧应用的通信需求预留容量。光纤入户示意见图5-45。有条件的情况下，可采用三网融合技术，该技术具有占用空间小、避免二次布线的优点，符合资源共享、绿色、环保理念，可有效解决老旧小区中多类架空线路冗杂、乱摆乱放等问题，降低安全隐患、提升小区美观性。三网融合技术示意见图5-46。

8.道路整治

老旧小区建设年代早、使用时间长，普遍存在路面破损、道路硬化面积过大、道路渗水能力弱、人车混行、消防车道侵占等问题，应结合现状条件进行道路铺地改造、道路规划改造、海绵化改造等。道路铺地改造主要包括路面修整、铺装防滑路面、合理设置坡道坡度。道路规划改造主要是考虑小区道路实际宽度进行人车分流路网改造和消防车道疏散改造。同时，可对小区道路进行透水铺装

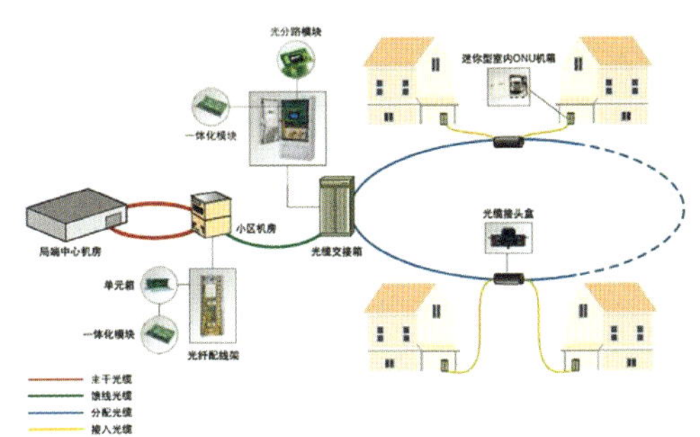

图5-45　光纤入户示意图

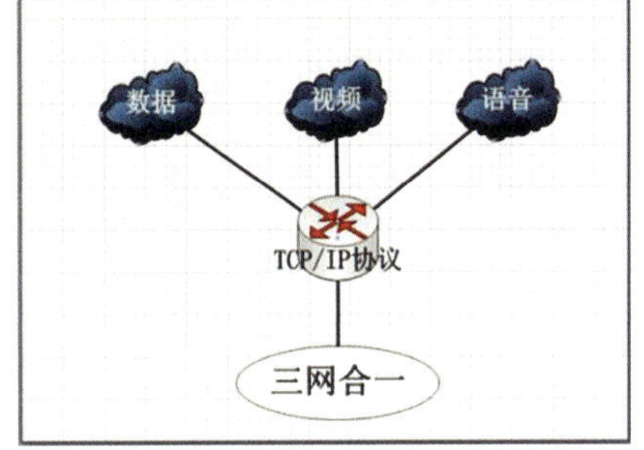

图5-46　三网融合技术示意图

改造，如透水混凝土、透水沥青、透水塑胶地面、混凝土透水砖、陶瓷透水砖、烧结透水砖、沙基透水砖、植草砖等。

某小区原有道路为人车混行，交通组织较为混乱，停车位数量严重不足。根据小区日照分析，合理优化场地平面布局，将机动车道及增设停车区域布置在建筑阴影区域，活动场地则布置在日超较充足的区域，通过景观铺装将道路分隔，将人行路线与车行动线明显区分，并合理地调整消防登高面，使其与停车场地结合。场地道路优化改造后效果见图5-47。

图5-47　场地道路优化

某小区内道路进行了透水铺装改造。改造后，地面使用透水混凝土路面或砖块，表面粗糙，摩擦力大，颜色采用灰色系的砖块铺设，在地面有高差处铺设深色的砖块。道路透水铺装改造后效果见图5-48。

图5-48　道路铺装

5.2.2 建筑公共部位

1.结构加固

结构加固涉及既有居住建筑安全问题，是老旧小区的主要内容之一，同时结构加固与电梯加装、屋面和外墙修缮等息息相关。所以在老旧小区改造时应先做好结构加固改造工作，对处于危险状态的结构构件或承载力不能满足正常使用要求的部分承重结构，及时修缮或加固。结构加固要包括改造实施和功能材料两部分内容，结构加固改造实施可分为结构检测与鉴定、设计、施工和验收等内容，结构加固功能材料可分为钢筋、混凝土、胶黏剂、纤维复合材料等。因为建设时间和标准不同，老旧小区既有建筑的结构包括混凝土结构、砌体结构、钢结构等，所以在改造时，应根据既有建筑现状，选择合理的结构检测与鉴定方法、加固技术和材料，优化施工流程，做到经济合理，减少扰民。同时，在既有居住建筑结构加固时，还要核算其经济效益。对于部分危房，如果加固成本过大，且改造意义不大，建议拆除重建。

某居住建筑为括南楼、北楼两栋建筑，主楼结构形式为钢筋混凝土框架-剪力墙结构，地上均为28层，南楼附带2层地下室，北楼附带1层地下室。为满足更新功能空间的需求，开展结构加层、核心筒移位、楼板开洞、高层低区插加层、新增结构出挑、新增连廊、地下开挖、筏板开洞、既有建筑增加钻孔灌注桩（原地库扩容）等多项改造。按后续使用年限50年及现行规范要求进行加固，采用基于性能的加固设计理念。通过模型计算分析与优化，选取最合理和最有效率的加固方法，并且精确到点，全面核查所有梁、板、柱、墙、筏板、桩等结构构件及设备基础、填充墙等非结构构件的受力及使用安全。对承载力及抗震性能不满足要求的构件进行合理加固，并优先选用对主体结构影响较小的方法。结构加固示意见图5-49。

天井部位新增加交叉造型的走道拟采用钢结构，且装修材料尽量采用轻质材料。新增走道如会造成原构件承载不足，则采用相应的加固措施。此外，人群行走引起的走道加速度振幅过大，超过人体舒适度耐受极限。如果依靠增大截面和改变结构形式的办法，从技术、经济和空间利用的角度看，是不合理和不现实的。因此，项目在对走道结构动力特性分析的基础上，采用调频质量阻尼器减振技术，对结构的人行活动共振响应进行振动控制。标准层结构连廊平面布置及阻尼器安装位置示意见图5-50。

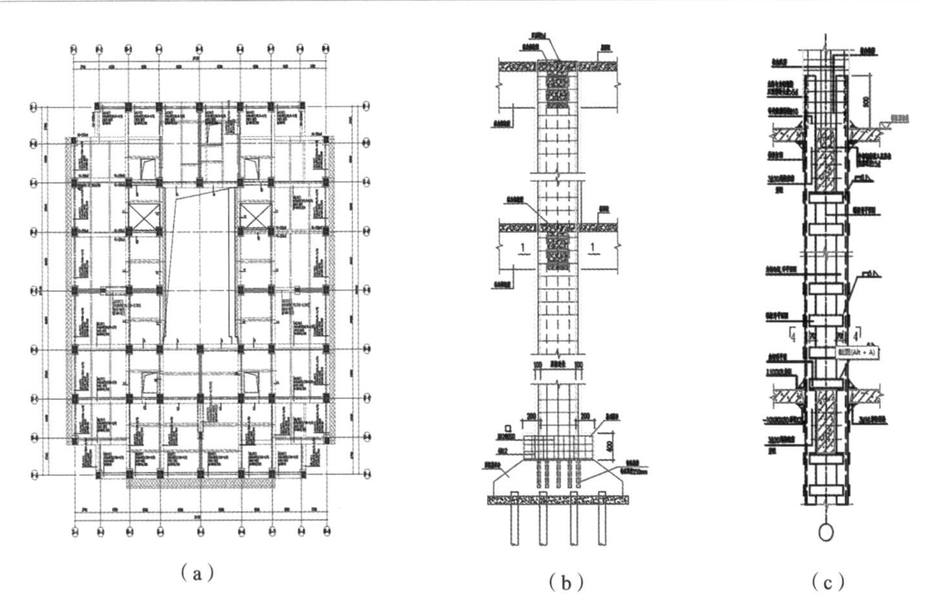

（a） （b） （c）

图5-49　结构加固示意图

（a）12.00m标高层梁加固图；（b）增大截面加固柱构造；（c）包钢加固中柱构造

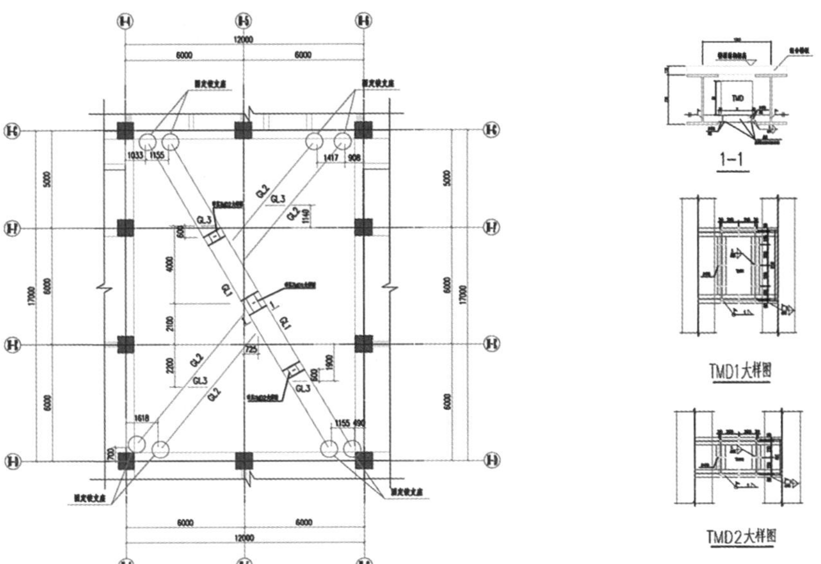

图5-50　标准层结构连廊平面布置图及阻尼器安装位置

改造后可达到户型重组、提高净空、新增地库、连接通道、立面更新、设备更换的功能改造目的，同时完成了拆除保护、抗震加固、变形控制等结构安全性能和防灾性能的提升。

2. 屋面和外墙修缮

老旧小区建筑屋面迅速老化的原因有很大一部分是迎水面、承水面等容易积水的部位长期在雨水浸泡造成的老化、发霉、变质、脱落。改造时，对存在渗漏水或防水材料超过使用年限的建筑屋面，重做屋面防水层和隔热保温层，条件允许的情况下，还可考虑立体绿化、“平改坡”等形式。屋面防水保温一体化设计示意见图5-51，屋面绿化改造后效果见图5-52，屋面平改坡效果见图5-53。建筑外墙外立面存在渗漏水或脱落的，采取局部修补或重做外立面粉刷层、喷涂层进行修复整治，外墙外立面修复整治施工见图5-54。

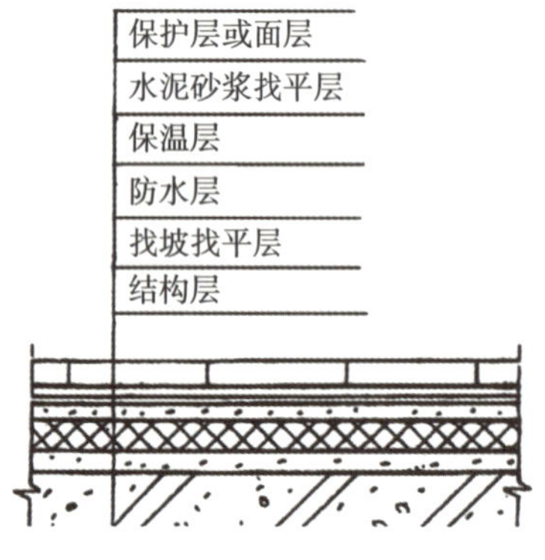

图5-51 屋面防水保温一体化设计

图5-52 屋面绿化

图5-53 屋面平改坡

图5-54 外墙外立面修复整治

某住宅建筑采用聚氨酯防水保温一体化屋面施工技术进行了屋面改造，聚氨酯防水保温一体屋面实施原理见图5-55。具体施工方法为：

（1）原有木屋架不拆除并安装长度100mm的C形钢镀锌支架，其规格为C80mm×50mm×20mm×2mm；采用双螺丝钉将其与屋架檩条连接，支架横纵间距为900mm×700mm。采用规格为4mm×50mm镀锌扁钢将镀锌支架纵向连接；采用长度为40mm燕尾钉将规格为40mm×40mm×2mm的镀锌方钢、4mm×50mm镀锌扁钢、长度100mmC形钢支架连为一体。

（2）喷涂硬泡聚氨酯，聚氨酯厚度≥80mm。待硬泡聚氨酯成型完成后，喷射10mm厚DBI砂浆，表面喷抹平整；喷涂硬泡聚氨酯密度≥55kg/m^3，燃烧性能B1级，成型压缩强度≥300kPa，泡沫吸水率≤1。

（3）喷涂硬泡聚氨酯时，屋面边缘500mm范围设置防火隔离带。屋面边500mm范围内硬泡聚氨酯厚度为50mm，发泡成型后上面铺设30mm厚竖丝岩棉复合板，完成后喷射10mm厚的DBI砂浆，随坡找平。

（4）DBI砂浆喷抹找平后，采用配套防水螺丝钉安装合成树脂瓦。合成树脂瓦安装后，采用耐候密封胶将螺母、钉孔薄弱部位进行防水处理。

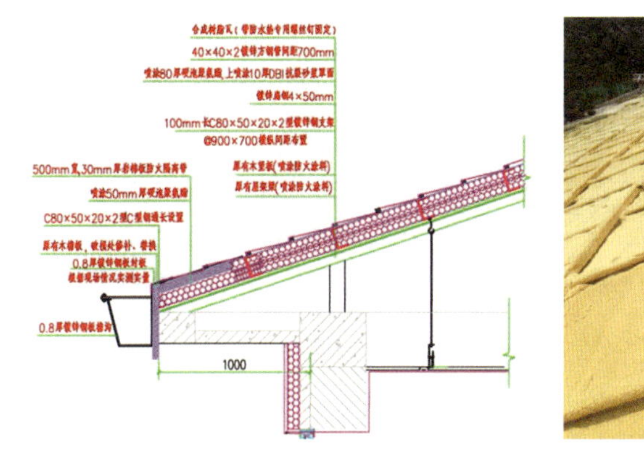

图5-55　聚氨酯防水保温一体屋面

某住宅由于建设年代较早，房屋整体的外观难以满足当前城市居民的审美要求、难以与周边城市区域的风貌相协调。楼房外立面进行重新设计，对门窗、阳台、出挑外遮阳、外墙面进行一体化统一规划设计，颜色包括淡黄色、橙色、红色及灰色，做到各类外立面及构件颜色协调统一。此外，单元入户玻璃大门改造新建。改造前建筑外观见图5-56，改造后建筑外观见图5-57。

图5-56　建筑外观图

图5-57　改造后外立面实拍图

3. 楼梯维修

老旧小区建筑楼内楼梯扶手较高或扶手残破失修、松动脱落等给残疾人、老年人、儿童等人群的安全出行造成了阻碍。改造时，应更换为防滑楼梯扶手，并在靠墙一侧设置高度为850～900mm与高度为650～700mm的上下双层防滑扶手。对于楼梯踏步及休息平台面层损坏严重的，进行修补或更新。

某小区原来已有部分无障碍坡道和扶手，但年久失修，部分已经损坏，在此次改造中集中对适老化设施统一进行维修及翻新，原有坡道统一铺瓷砖，破旧的扶手进行更换，并在楼梯铺设防滑条。小区楼道改造后效果见图5-58。

图5-58　某小区残疾人坡道及楼梯改造后

4. 建筑节能改造

老旧小区围护结构节能改造的重点是在保证不破坏原有结构体系并尽量减少墙和屋面的荷重的前提下，针对外墙、外窗、屋面等部分进行改造。我国建筑气候划分为严寒地区、寒冷地区、夏热冬冷、夏热冬暖地区、温和地区，并针对各个气候区特点，对围护结构保温隔热性能提出了不同的要求。老旧小区建筑围护结构节能改造应按照本地区适用的现行节能设计标准实施。

我国外墙体保温隔热主要有外墙外保温、外墙内保温、夹芯保温、外墙自保温四种方式，其中外墙外保温技术是将保温隔热体系置于墙体外侧，改造时无需临时搬迁，基本不影响住户的室内活动和正常生活，是老旧小区建筑墙体保温改造的主要形式。常见的外墙外保温系统有聚苯乙烯泡沫塑料板薄抹灰外墙外保温系统、胶粉聚苯颗粒保温浆料外墙外保温系统、喷涂硬泡聚氨酯外墙外保温系统、预制复合保温板外墙外保温系统、岩棉板外墙外保温系统等。

外窗是建筑物热交换最活跃、最敏感的部位，节能改造时，严寒地区、寒冷地区可采用双层或三层中空玻璃窗，也可在原有窗外（或内）加建一层，并确定合理间距且满足对窗户的热工性能指标，避免层间结露；夏热冬冷地区可以使用双层中空玻璃窗，也可在原有窗外（或内）加建一层，部分东西向窗也可以用活动外遮阳和玻璃加膜等隔热措施；夏热冬暖地区的改造重点是提高外窗综合遮阳系数，可采取贴低辐射遮阳膜的方式，也可以安装外遮阳装置或者更换为Low-E玻璃。

屋面节能改造技术主要包括干铺保温隔热屋面、架空保温隔热屋面和种植屋面。其中，种植屋面是一种生态型的节能屋面，通过在屋顶上种植植物达到隔热降温的目的，其优点是温度变化较小、保温隔热性能好，目前已广泛应用于我国夏热冬冷、夏热冬暖地区。

某两栋住宅楼位于寒冷B区，分别建造于20世纪80年代和90年代，均为砌体结构建筑，两栋楼中间有10cm的伸缩缝。主要存在下列问题：屋面隔热差；外墙无保温层；外窗采用单框单玻窗，窗框大部分为塑钢和铝合金，有个别窗框为木制材料，窗扇封闭不严，冷风渗透严重；室内供暖系统全部为传统的上供下回式单管串联系统，管材为铸铁管，散热器全部为铸铁制散热器，无分户控制，不能进行室温调节。主要改造如下：

1.屋面改造

在原有屋面基础上采用倒置法对屋面进行超低能耗改造，将原有屋面清理至基层后，重新做保温层、防水层、找坡层，保温层为190mm厚挤塑聚苯板，双层铺设，改造后屋面的传热系数均小于0.15W/(m^2·K)。屋面与外墙之间采用宽度不小于500mm的岩棉防火隔离带。为保证屋面上人孔的保温性能及气密性，本工程在上人孔安装可开启式节能窗，用于维修人员出入。屋面改造示意见图5-59，屋面铺设防水层改造示意见图5-60，屋面保温错缝干铺示意见图5-61。

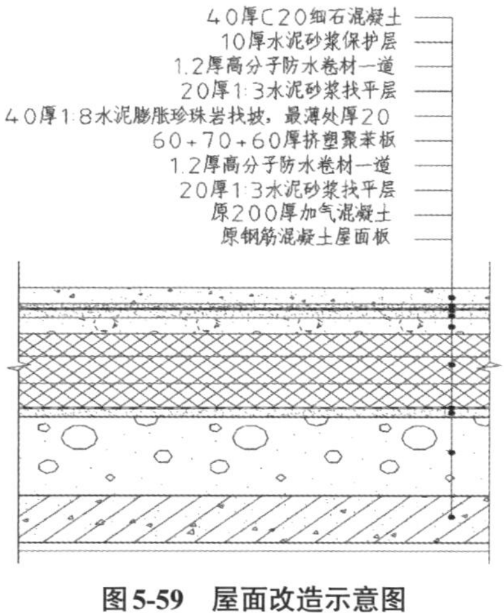

图5-59　屋面改造示意图

2.外墙改造

外墙节能改造采用石墨聚苯板薄抹灰外墙外保温系统，保温层石墨聚苯板的厚度为220mm，燃烧性能等级为B1级。改造后外墙的传热系数均小于0.15W/(m^2·K)。外墙与地面交接处、穿外墙的所有管道(如雨水管支架、空调孔等)均采取断热桥处理措施。外墙外保温系统中沿楼层每层设置岩棉防火隔离带，宽度为300mm，错缝搭接。外墙保温做法节点示意见图5-62，管道穿墙处做法节点示意见图5-63，外墙保温错缝粘贴示意见图5-64，穿墙管道断热桥处理示意见图5-65。

图5-60 屋面铺设防水层

图5-61 屋面保温错缝干铺

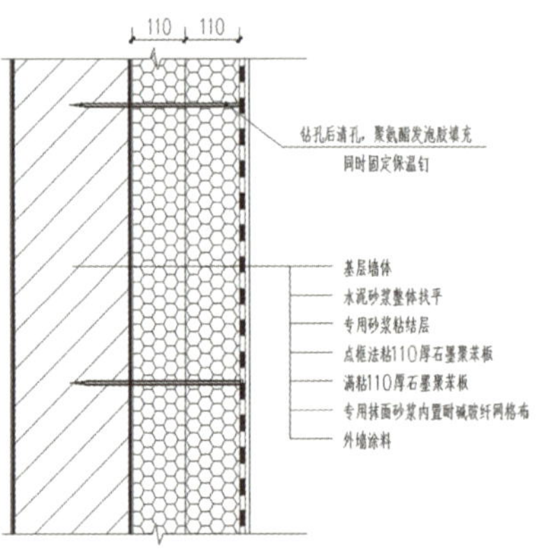

图5-62 外墙保温做法节点

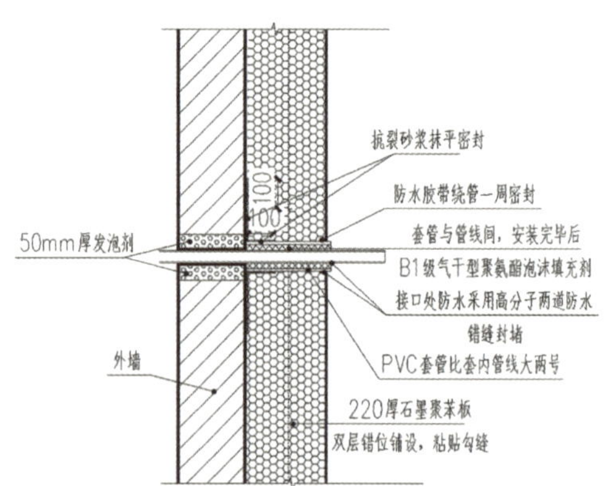

图5-63 管道穿墙处做法节点

图5-64　外墙保温错缝粘贴

图5-65　穿墙管道断热桥处理

3.外门窗改造

本工程外窗进行改造时，在不拆除原外窗的情况下，在原有窗户的外侧加装节能窗。节能窗窗户玻璃采用三玻两中空玻璃，改造后整窗传热系数Kw≤1.0W/(m²·K)，气密性能为8级，水密性能为4级，隔声性能为3级，抗风压性能为6级，在改造时，为了避免由于墙体承载能力不足而发生安全问题，外窗采用外嵌式安装。单元门更换为节能门，传热系数Kw≤0.8W/(m²·K)，采用“外挂式”安装。外窗安装节点做法示意见图5-66，外门安装节点做法示意见图5-67，旧窗拆除施工见图5-68，被动窗外嵌式安装见图5-69。

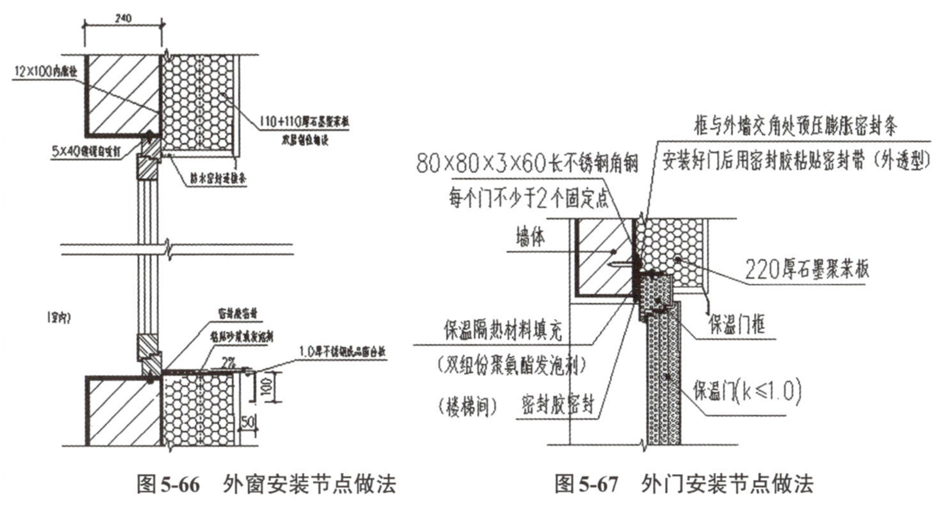

图5-66　外窗安装节点做法

图5-67　外门安装节点做法

图5-68　旧窗拆除

图5-69　被动窗外嵌式安装

4.阳台改造

原阳台三侧为栏板，上部安装单框单玻窗，传热系数大。本次改造在原有阳台外侧新砌砖墙，然后外粘石墨聚苯板，安装节能窗，节能窗窗户玻璃采用三玻两中空玻璃。改造后，整窗传热系数Kw≤1.0W/(m^2·K)，气密性能为8级，水密性能为4级，隔声性能为3级，抗风压性能为6级。阳台改造剖面示意见图5-70，原有阳台外侧新砌砖墙效果见图5-71。

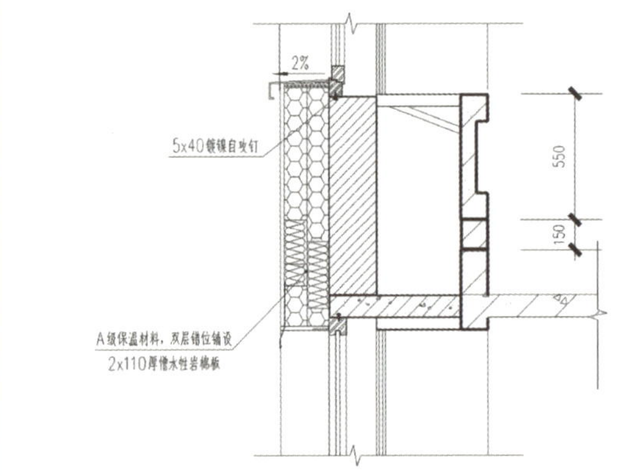

图5-70　阳台改造剖面图

图5-71　原有阳台外侧新砌砖墙

5. 厨房飘窗改造

原厨房飘窗底部一半为现浇混凝土板，一半为后加三角形角钢支撑，上部安装单框单玻窗，窗顶采用钢盖板，传热系数不满足要求。本次改造将原三角形角钢支撑拆除后，上下均增设100mm厚混凝土板，然后安装节能窗，飘窗顶部和底部粘贴保温层，最后在外部统一增设排烟通道，设置烟道一侧用ASA板封堵。厨房飘窗改造做法示意见图5-72，厨房飘窗底部粘贴保温改造见图5-73，外部统一增设排烟道改造见图5-74。

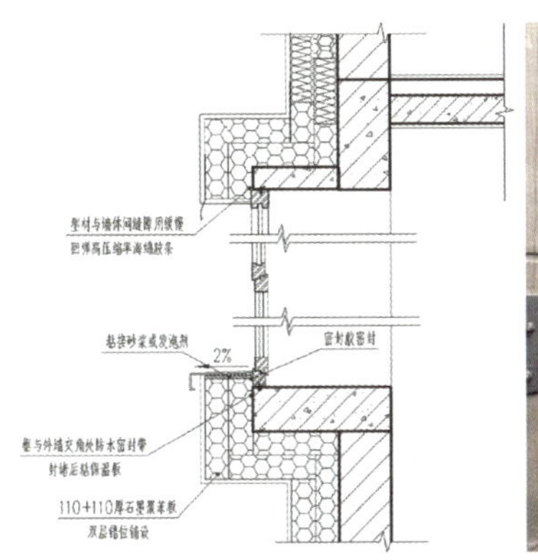

图5-72　厨房飘窗改造做法

图5-73　厨房飘窗底部粘贴保温层

图5-74　外部统一增设排烟道

6. 室内供暖系统改造

本项目共提供三种方案供住户选择。方案1：不保留暖气，使用新风系统加分体式空调相结合的形式，不再收取暖气费；方案2：不保留暖气，安装能源环境一体机，供暖期间不再收取暖气费；方案3：保留暖气，安装新风系统，供暖期间正常收取暖气费。对于改造后不保留暖气的住户，散热器可拆除也可截断。

本项目结合新风系统、空调、能源环境一体机三种供暖系统，统一在外墙每户预留新风系统送风管和回风管各1个孔洞，卧室和客厅均预留空调孔，并根据不同室外机规格统一增设室外空调板。

通过改造，两栋住宅楼达到了超低能耗改造的目标，具有开创性意义。超低能耗改造以保障居住人员的正常生活为前提，改善建筑居住水平，提高环境质量，最大限度地降低对居住人员的生活影响。

5. 加装电梯

2000年之前建设的小区，受当时经济发展水平所限，大多未安装电梯，给行动困难或者住在高层需要急救的居民带来了诸多不便和阻碍，有条件的小区改造时可结合使用要求和原有建筑的既有条件考虑加装电梯，解决“上下楼难”的麻烦，加装电梯前后对比效果见图5-75。老旧小区加装电梯工程涉及规划、建筑、结构、管线、环境等方方面面，改造前，应分析影响加装电梯的相关因素，从消防间距、日照间距、用地红线、场地绿线、场地道路、采光、通风、噪声、既有建筑结构可靠性、加装电梯对既有结构影响和地下管线等11项指标进行加装电梯可行性评估，结合建筑户型特点、周围环境等，因地制宜确定电梯入户方式、布设、选型、运维管理等方案，尽量减少加装电梯对结构、采光、通风、消防、景观等方面的不利影响。既有建筑加装电梯流程主要包括筹备阶段、报批阶段、施工阶段、完工阶段，具体流程见图5-76。

图5-75　加装电梯前后对比

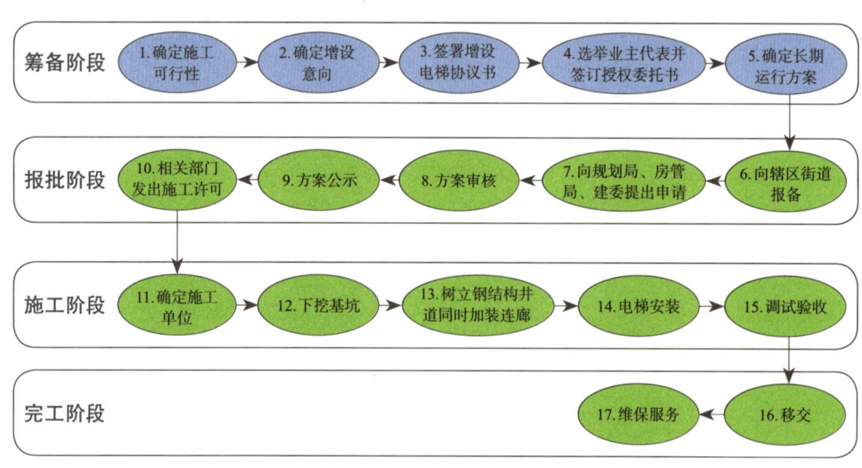

图5-76　既有建筑加装电梯流程

某小区住宅楼建于20世纪80年代，是典型的既有多层住宅建筑。因为无电梯，极大限制了老人出行自由和居住体验，业主加装电梯意愿强烈。

为解决既有住宅建筑加装电梯遇到的加装电梯挡光、挡风、空间拥堵，侵占门前道路，占压地下市政管线，小区空间环境变差，费用高等问题。采用了井道与电梯的一体化、小型化设计，轿厢、门机、导轨、对重进行平面的不同布置，电梯门与井道构件、楼梯间尺寸的紧凑设计，井道玻璃幕墙特小尺寸的安装设计，井道结构轻量化与新旧结构整体化设计与计算，井道基坑与旧建筑基础协调设计与加固，基坑防雨防撞新材料预制构件设计，井道顶盖与旧建筑檐沟的协调避让设计，太阳能光伏供电的井道防止过热设计，防噪声设计，适老化设计等多种创新性设计与技术。通过建筑—结构—设备高度紧凑的设计，加装电梯后效果见图5-77，最终井道获得面宽1.92m、进深1.67m的极小外围尺寸，实现占用场地面积仅3.3m^2，为常规加装电梯的30%左右。

图5-77　某住宅建筑加装电梯效果

某住宅建筑建成于1994年，6层砖混结构，一梯两户，无电梯。与新建建筑设置电梯不同，既有建筑受场地条件限值，会出现多种问题。该建筑给水管线布置方式为环状式，经过楼梯间入户，易与电梯基坑发生冲突。下水管井紧邻地下基础承台设计位置，造成基础承台施工不便。工程场地南侧燃气管线与桩基位置发生冲突，北侧燃气管线影响基础承台支模浇筑。

为此，结合前期调研，该住宅采用了管线改造技术、基础建设技术、井道连廊技术等创新性设计，实现了加装方案最优解的组合：加装方位为楼栋西侧，避免遮挡南向阳光的问题；入户采取了平层入户的方式，实现了完全的无障碍出行；电梯选用一体化钢构电梯，外形材料为透明玻璃，额定载重量800千克，速度1.00米/秒适合轮椅出行的型号，符合老年人的日常使用习惯，也符合老年人对安全性的要求，加装电梯效果见图5-78。该工程的楼型和户型都具有代表性，为今后类似条件下的加装电梯项目提供了可供参考的范例和依据，具有开创性意义。

图5-78　某住宅建筑加装电梯工程竣工图

5.2.3 公共服务设施

1.适老适幼设施改造

大量老旧小区存在适老适幼公共服务设施少、种类单一等现象，无法满足小区内居家养老、幼儿照护、体育锻炼、医疗保健等需求。改造时，合理增设休息座椅、适老健身器材等户外活动适老适幼设施，如与高大乔木结合设置公共休息座椅，座椅高度宜为400～420毫米、深度500毫米，座椅的设置布局应满足老年人的交往习惯、利于交流，结合实际情况，在座椅周边设置轮椅停留空间、小型儿童游乐区等；在老年活动室和门卫处等聚集老人较多的地方，建筑外墙上距地面1200毫米处增加紧急救助呼叫按钮。有条件的小区，结合小区规模及实际需求，通过改造增设文化活动室、图书室、老年食堂、托育、幼儿园、儿童活动场所、居家养老服务中心、便民市场、便利店等养老托幼配套服务性场所；结合光纤入户实施情况，增加居民家庭应急呼叫系统。老旧小区中游戏区周围座椅的摆放方式示意见图5-79，老人健身器材设置见图5-80，宅间空间改造为老人休闲交流场所效果见图5-81。

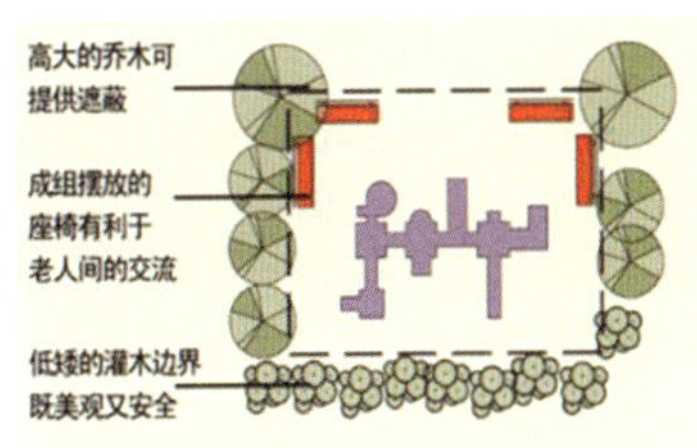

图5-79　游戏区周围座椅的摆放方式①

图5-80　适合老人使用的健身器材

图5-81　利用宅间空间改造为老人休闲交流场所

南京市金尧山庄小区508户、1500多人中，六旬以上的老人占了一半，本次小区整治改造以“居住宜老、设施为老、活动便老、服务助老、和谐敬老”为目标，对小区进行适老化改造：新建122平方米养老服务用房，新增2个广场、健身场等丰富室外老人活动场地，在大门口和单元门口设置无障碍通道，内楼道增设靠墙扶手和折叠椅，重点关注老年人群的服务需求，解决老年居民的后顾之忧。改造后金尧山庄小区居家养老服务中心效果见图5-82。2018年，金尧山庄老旧小区整治工程获评“南京市十大精细化建设管理项目”。

图5-82　金尧山庄小区居家养老服务中心

① 何凌华.老龄化背景下老旧小区环境改造的适老性设计研究[C]//城乡治理与规划改革——2014中国城市规划年会，2014年.

上海市长宁区仙霞街道虹旭小区通过空间合理布局和功能复合利用，将小区南侧被违章建筑及杂物占用的边角地进行拆除和清理后，结合原有植物，改造成一处独立的儿童活动场地，为儿童提供活动设施、种植体验、科普观察等功能。虹旭小区儿童活动场地改造前后对比见图5-83。

图5-83　上海市虹旭小区儿童活动场地改造

2. 无障碍设施改造

无障碍设计强调小区公共空间以及建筑设施、设备的规划设计要充分考虑满足残疾人、老年人等不同程度生理伤残缺陷者和正常活动能力衰退者的使用需求。老旧小区改造时，应在建筑出入口、道路、休憩设施、儿童游乐场、休闲广场、健身运动场、公共厕所等设置无障碍出入口、轮椅坡道、醒目的无障碍标识；小区内的步行交通系统也应为无障碍设计，根据不同条件，沿途宜设置休息区，如结合景观设计座椅等。有条件的小区，改造时还可设置无障碍导览系统。在小区步行系统中设置无障碍景观座椅效果示意见图5-84，配套的可进入绿化空间效果见图5-85。

图5-84　步行系统中设置无障碍景观座椅

图5-85　可进入的绿化空间

北京莲花池西里6号院是20世纪90年代中期建成的离退休干部住宅小区，针对没有电梯、无障碍设施不完善的情况进行了改造，在建筑楼栋入口单元门处设置了无障碍坡道和扶手，小区的室外设计从铺装、坡道、出入口、步道等地方都采用了无障碍设计理念，极大地方便了行动不便人群出行。小区无障碍设计改造后效果见图5-86。

图5-86　北京莲花池西里6号院无障碍设计改造

3. 停车设施升级改造

通过空间整合整治、紧凑利用、混合利用及地下空间拓展等空间优化措施，对部分公共空间进行小规模的功能置换，结合小区现状和经济条件，新建或改扩建机动车、非机动车停车位（场），实现停车泊位扩容，解决老旧小区“停车难”的问题。零散空间整合利用改造为嵌草停车位效果见图5-87。老旧小区停车设施改造可采用地面平层停车、地下平层停车、立体机械停车三种形式。立体机械停车设施是解决停车问题的主要途径，改造中应因地制宜选择升降横移类机械车库、简易升降类机械车库、垂直循环类机械车库、巷道堆垛类机械车库、平面移动类机械车库等适宜类型，简易升降类机械车库效果见图5-88，垂直循环类机械车库效果见图5-89。对于有条件的小区，还可增设适老无障碍机动车位；对于相邻多个小区连片改造且条件允许时，可设置智慧共享停车系统，用户通过实时查看共享停车场，及时掌握闲置的共享停车位，并进行预约停车、线上缴费等。

图5-87　零散空间整合利用改造为嵌草停车位

图5-88　简易升降类机械车库

图5-89　垂直循环类机械车库

南京市秦淮区四方新村小区建于20世纪90年代，共有88幢建筑，入住5200多户居民，整治前停车泊位只有600多个，难以满足居民停车需求。整治过程中，物业对小区800多处违建进行拆除，同时拓宽道路和房前屋后挖掘潜力，增设地面停车位，改造后小区拥有停车泊位1731个，基本破解了居民呼吁解决的停车难题。

北京市海淀区清河毛纺北小区通过拆除1400余平方米临建，建设了一座上下4层的升降横移立体车库，面积达2950m²，设置升降横移立体停车位140个，停车场旁边还配建了10个平面清洁能源停车桩专用停车位，基本满足了小区业主停车需求。小区改造后升降横移立体车库效果见图5-90。

图5-90　北京市海淀区清河毛纺北小区升降横移立体车库

4.电动自行车及汽车充电设施改造

老旧小区停车设施改造时，应结合小区实际情况，在小区室外停车场中合理设置集中充电区域，安装具备定时充电、自动断电、故障报警等功能的智能充电控制设施，电动汽车充电桩应选择具备高兼容性和扩展性，适用车型多、易升级的充电桩，充电桩数量的设置可参照《城市旧居住区综合改造技术标准》T/CSUS 04的相关要求，满足电动自行车及汽车的充电需求，避免从家里拉插线板充电，从而消除充电不当引起的火灾隐患。新能源汽车充电桩设置效果见图5-91，自行车车库改造电动车集中充电效果见图5-92。

图5-91 新能源汽车充电桩

图5-92 自行车车库改造电动车集中充电

北京城市副中心华龙小区是于1993年建成的老旧小区，共有3100户居民、近1万人，近些年来小区内购买电动车的居民越来越多，改造前，最近的公共充电桩都在5公里之外，充电桩就变得“一桩难求”。为此，小区物业开辟了专用电动车充电区域，安装了12个充电桩供居民使用，不仅充电问题解决了，也解决了部分停车位的问题。小区电动车充电设施安装过程见图5-93。

图5-93 北京城市副中心华龙小区电动车充电设施安装

为了防止飞线充电、楼道充电带来的安全隐患，上海已连续两年把“为住宅小区新增电动自行车充电设施建设”列入市政府实事项目，2020年全市共733个小区完成新增非机动车充电设施，包括探索实施了共享充电桩、可移动充电柜等新模式。上海市不同形式充电设施改造效果见图5-94和图5-95。

图5-94 上海市管弄新村集中共享充电区

图5-95 上海市浦东新区北蔡镇鹏丰苑小区可移动式充电柜

5. 智能信包箱改造

随着电子商务的发展，我国的快递业越来越发达，老旧小区中设置的信报箱又窄又小，没有信报放、又放不下快递，久而久之弃用的现象也越来越普遍。改造中，可将原有信报箱升级改造成智能信包箱，在传统信报箱功能基础上增加邮政小包、快件等投递功能，即具备取件、收件和暂存的基本功能，支付和查询的辅助功能，以及广告服务、代收缴费和其他服务的增值服务功能，美化了小区环境，也有利于破解快递“最后100米”的末端配送难题。信报箱升级改造前后对比见图5-96。

图5-96 信报箱升级改造

北京新风南里中直社区引进了中国邮政投放智能信包箱，既整合了信件、报纸、包裹等邮政服务业务，还吸纳了其他快递企业的派送业务，共涉及信报格口816个、包裹格口216个。该新型末端投递模式基本实现对社区用户的全覆盖。中国邮政投放智能信包箱效果见图5-97。

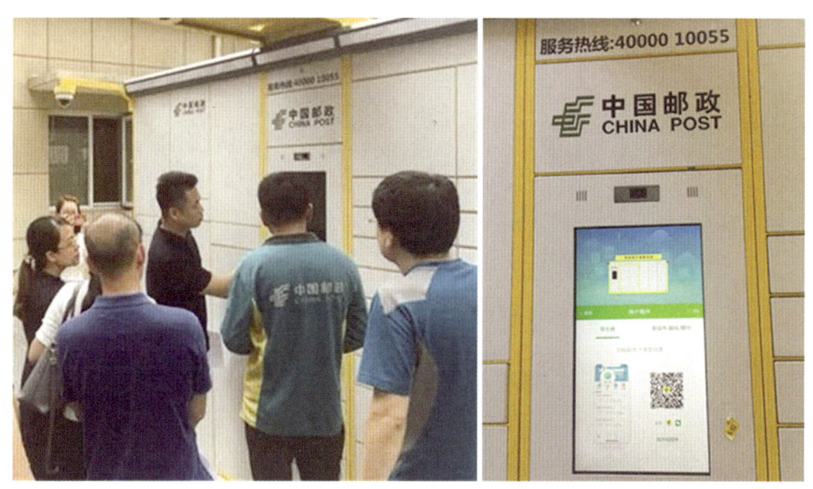

图5-97 北京新风南里中直社区智能信包箱

6. 生活垃圾分类

对老旧小区内垃圾进行分类并清理，取消垃圾道、垃圾房、垃圾池，设置可回收垃圾、厨余垃圾、有害垃圾及其他垃圾四类密封式垃圾桶（箱），并根据小区实际情况，合理布置垃圾桶数量与位置，设置生活垃圾分类公示牌，满足居民日常使用需求且美观、卫生。有条件的情况下，可采用智能化生活垃圾分类服务技术，如智能垃圾桶、智能垃圾袋发放设备、智能可回收垃圾投放箱等，通过在小区引入智能化设备辅助实施生活垃圾分类，降低居民分类投放难度，提高垃圾分类效果、改善生活环境。传统生活垃圾分类设施见图5-98。

图5-98 生活垃圾分类设施

南京市玄武区邓府巷54号小区安装了带有LED视频的垃圾分类亭，内设有害垃圾收集容器、餐厨垃圾收集容器、其他垃圾收集容器、可回收物收集容器四种智能垃圾回收箱，实现了对生活垃圾分类收集。小区智能垃圾回收箱设置效果见图5-99。

图5-99 邓府巷54号小区智能垃圾回收箱

5.2.4 室外环境

1.拆除违法建设

部分老旧小区存在公共空间被违法侵占，建设违章建（构）筑物、围墙等的情况，影响了居民日常通行、消防安全、环境卫生等，改造时，应依法清理拆除老旧小区内侵占地面公共空间的违章建设，增加公共疏散空间的规模，结合停车、绿化、健身等需求进行合理规划利用，提升空间利用率、美化环境。建筑违章建设拆除过程见图5-100和图5-101，原停车棚拆除后统一规划的地面停车位效果见图5-102。

图5-100 建筑周边贴建建筑拆除

图5-101 建筑原有外挑阳台拆除

图5-102　拆除停车棚后统一规划地面停车位

2.建筑外观美化更新

建筑外观美化改造应遵循安全美观、节能环保、符合区域风貌控制规划、与周边建筑环境相协调的原则，结合老旧小区现状进行：建筑楼外饰面修复，空调外机位整治或增设遮挡装饰，拆除原有老旧外设防盗网并更换为隐形防盗网，设置墙面垂直绿化、屋顶绿化等。建筑楼外饰面修复效果见图5-103，空调室外机位整治后效果见图5-104。隐形防盗网由一根钢丝盘绕而成，钢丝间隔小可以有效防止人员钻进去，一旦遇到火灾等紧急情况时成人可以使用老虎钳剪断，而且钢丝中间设有一根导体，使钢丝具有剪断智能报警功能，与传统的铁铝防盗护栏相比，隐形防盗网简洁、美观、安全。

图5-103　建筑楼外饰面修复后

图5-104　空调室外机位整治

此外，杂乱无章的架空线在老旧小区中也是随处可见，已成为老旧小区消防隐患的风险点，并严重影响了城市景观。老旧小区改造时，优先考虑实施缆线管廊形式集约化入地埋设，设置线缆识别标识并及时清理地上杆线，通过架空线入地实现集约化利用地下空间、消除安全隐患；对于因条件限制无法埋地的，在废旧线缆清理、杆路合并拆除的基础上，因地制宜采用捆扎、桥架固定等方式进行线缆梳理规整。

北京市龙潭街道是东城区老旧小区防护栏改造的试点街道，针对老旧小区居民楼防盗窗储物杂乱、锈蚀残破等情况，率先为夕照寺西里小区临街居民楼12号楼免费更换隐形护栏，即在每一个窗户外都安装由直径2mm不锈钢丝制成的隐形防盗窗，该隐形防盗窗可实现15m外隐形，不影响视线和城市景观，符合消防环境要求，还具有断线报警功能，改造完成后得到了居民的一致好评。隐形防盗网安装后效果见图5-105。

图5-105　北京市龙潭街道夕照寺西里小区12号楼隐形防盗网改造

安徽省合肥市蜀山区某街道针对小区“蜘蛛网”线缆情况，实施架空线入地改造，把电信、移动、联通、长城、有线电视5家通信运营企业光缆整合在一起，在地面开挖新建专用管道通至各楼栋单元，同时为保证施工进度，新建管道与老旧小区改造同步施工，待项目完工且各运营商交接完毕后，管线统一入地，确保了小区空间的整洁美观。某街道线缆入地改造过程见图5-106。

图5-106　安徽省合肥市蜀山区某街道线缆入地改造

3.小区绿化改造

根据老旧小区内外的环境特征、绿地条件和居民的实际需求，综合考虑小区功能用地与绿化用地的需求和平衡关系，尽量保留和利用原有绿地的基础上，补植裸露绿化地，对于有条件新建绿地时，应选择适应当地气候和土壤条件的植物，并进行乔灌花草复层绿化，充分发挥植物净化空气、改善微环境、遮阳、隔声、防尘杀菌的作用。

条件允许时，可结合实际情况因地制宜进行屋顶绿化和墙面垂直绿化，不仅能改善老旧小区建筑室内湿热环境，利于建筑节能，还能在一定程度上提高老旧小区整体绿化质量和水平。地面复层绿化效果见图5-107。屋顶绿化有根据种植土层厚度的不同分为轻型屋顶绿化和重型屋顶绿化，种植区基本构造由上到下依次为：植物层、基质层、过滤层、排水层、隔根层、分离滑动层、防水层、保温隔热层、找平层、结构层，根据屋顶绿化的实际情况，垂直构造的内容会略有不同。轻型屋顶绿化是在屋顶上种植地被植物或小灌木，植土厚度为5～25cm之间，适合屋顶荷载有限以及后期养护投资有限的改造项目；重型屋顶绿化通常指屋顶花园，植土厚度大于等于25cm，造价较高、荷载较大。屋顶绿化效果见图5-108。传统的墙面垂直绿化技术是利用植物的攀爬特性形成墙面绿化的效果，适用于日照和光线充足的室外、室内及后期养护管理投入少的改造项目；新型的墙面垂直绿化技术是利用支撑构架和人工种植基盘固定植物，例如容器立壁式、模块式、铺贴式等多种形式，通常具备完整的、精密的灌溉系统，容器立壁式和模块式需在墙外加骨架、绿化墙面厚度较大（通常大于20cm）、容器与框架设计不当会影响立面效果、骨架与墙体的连接点处容易产生漏水、骨架锈蚀等隐患等缺点，铺贴式的缺点是造价相对较高。墙面垂直绿化效果见图5-109。

图5-107　地面复层绿化

图5-108　屋顶绿化

图5-109　墙面垂直绿化

4.光环境改善

光环境对于营造健康舒适的生活环境至关重要，同时对居民的身心健康也会产生较大影响。对于老旧小区，由于建筑布局无法改变，只能是对局部的光照情况进行较低程度的改变或者通过改变房间使用功能被动地适应日照条件。小区光环境质量提升可采取的措施有：在建筑南向种植落叶灌木或乔木，利于冬季室内自然采光和夏季遮阳；对于室外夜景照明，可采用5SDCM的光源，提供夜间室外照明并保证人们夜间的正常休息；对于室外带照明的广告和标识牌，改造为具有表面亮度调节功能，可根据背景亮度等因素进行调节，避免因为过亮而影响人们的正常活动和休息或因为过暗而达不到效果。此外，对于有条件的小区，还可设置智能照明系统，进而有效节约照明系统能耗、降低运维成本。建筑南向种植落叶乔木效果示意见图5-110，室外路灯改造后效果见图5-111，智慧灯杆示意见图5-112。

图5-110　建筑南向种植落叶乔木

图5-111　室外路灯

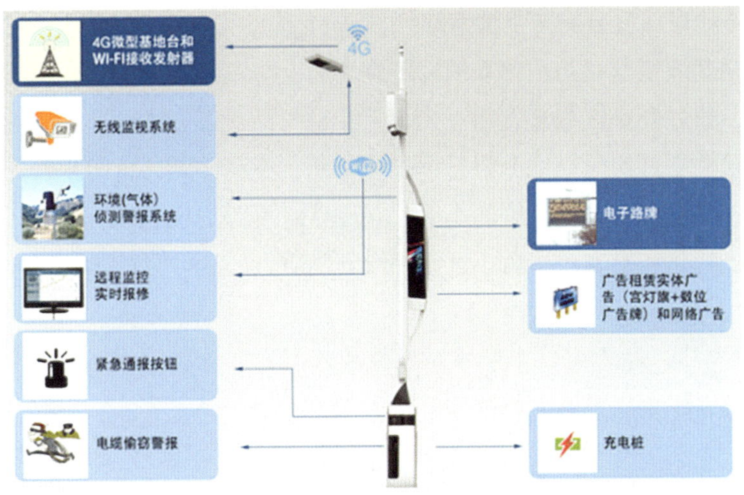

图 5-112　智慧灯杆

5. 室外风环境改善

小区风环境对人的舒适性、污染物的扩散以及建筑安全性等具有十分重要的影响。我国地域辽阔、气候条件差异较大，特别是严寒地区和寒冷地区，在夏季，高大密集的建筑群降低了小区内部的通风、自净能力，加剧了低风速条件下小区内的空气污染和热岛效应；在寒冷冬季，风速较大时，建筑周围会产生局部强风，影响行人舒适与安全，同时，局部强风的出现可能会引起建筑门窗或外装饰物破损、脱落，造成伤人等事故。老旧小区改造时，可结合地域特点和小区现状，采用建筑底层架空改造、设置围墙挡风和立体绿化等方式，改善室外风环境。

深圳市某小区室外环境改造中，采用底层架空方式形成建筑通风廊道，通过优化气流通道，改善室外热环境，提升小区室外微环境热舒适性，底层架空做法效果见图 5-113。

图 5-113　深圳市某小区改造项目底层架空做法

6. 室外物理环境监测与反馈系统

室外物理环境监测与反馈系统以传感器为监测基础，以无线数据传输技术为通信手段，通过在小区内布置声、光、热和空气品质等方面的监测传感器，远程采集、传输数据并实时在线分析、评价和诊断，反馈诊断评价结果，为调节环境改善措施提供支撑。条件允许的小区，在改造时可考虑设置室外物理环境监测与反馈系统，优化和提升改造后小区室外微环境质量。

（编写人员：赵乃妮、朱荣鑫、王博雅、温标、朱东剑、张子健、张佳丽、刘杨、张涛、丁力、张振才、雷耀）

第六章

项目运作模式与资金平衡机制

新一轮城镇老旧小区改造呈现内外兼修、软硬兼施、上下兼容、公私兼顾的新特点，如何顺应形势任务新变化，实现从过去政府包揽、工程主导工作范式向市场化和可持续发展新模式转变，是一个迫切需要回答的崭新课题。我国幅员辽阔，各地经济社会发展水平差异较大，即使在同一个区域内，老旧小区本身的资源禀赋也各不相同，难以就城镇老旧小区改造提出“放之四海而皆准”的标准答案和统一模式。基于此，本章从各地的成功实践出发，抓住城镇老旧小区改造项目形成稳定现金流这个核心，围绕政府财政资金发挥基础性引领作用，从项目构成和融资需求入手描述多类型的项目运作模式与资金平衡机制，厘清权责、整合资源、理顺流程，探索实现城镇老旧小区改造的市场化、规模化、金融化的可行路径。

城镇老旧小区改造是涉及党委、政府、国有企业、金融机构、专营单位、居民和社会资本多个主体的系统复杂工程。形成符合实际、切实可行的项目运作模式与资金平衡机制，需要党建引领、政府推动、民意导向、市场运作、长效治理的系统集成，也需要政策体系、工作机制、运作流程等各方面的系统创新、优化重塑。作为组织领导中枢，各地党委、政府应着眼政策机制创新，统筹棚改、旧改、危改等各类政策，整合资金、存量、规划、市场、金融、税收、文化等各类资源，对形成符合实际、切实可行的项目运作模式与资金平衡机制提供强有力支撑。社会资本则应秉持“微利可持续”价值导向，在资金拉动、咨询策划、设计改造、长效服务等方面增强能力、发挥优势。通过不断完善多类型的项目运作模式与资金平衡机制，进一步呈现政策综合、资源整合、资金融合的汇聚效应，形成党委领导、政府组织下的国企平台、金融机构、专营单位、居民和社会资本紧密协同联动的生动局面。

6.1 项目运作模式

6.1.1 确认实施主体

1. 由政府部门作为实施主体

2019年《政府工作报告》中提出，城镇老旧小区量大面广，要大力进行改造提升，更新水电路气等配套设施，支持加装电梯和无障碍环境建设，健全便民市场、便利店、步行街、停车场等生活服务设施。

《国务院办公厅关于全面推进城镇老旧小区改造工作的指导意见》(国办发〔2020〕23号) 明确指出，建立统筹协调机制，各地要建立健全政府统筹、条块协作、各部门齐抓共管的专门工作机制，明确各有关部门、单位和街道（镇）、社区职责分工，制定工作规则、责任清单和议事规程，形成工作合力，共同破解难题，统筹推进城镇老旧小区改造工作。

老旧小区改造项目的基础类改造属于公益类民生项目，虽然大多在社区内进行改造，但涉及行业非常多，相关部门又属于条块化管理，为确保项目效率和实施效果，需建立电力、通信、供水、排水、供气、供热、广播电视等经营单位协同推进老旧小区改造的协调机制，改造前明确各专业管线改造工程标准、资金来源、施工组织及改造完成后维修、养护责任等。为保证小区管线设施安全运转和居民正常使用，各地纷纷通过建立省、市（区、县）政府部门作为统筹实施单位，多部门协作工作机制推进项目落地。

浙江省成立由政府各有关部门组成的城镇老旧小区领导小组，由省政府分管负责同志任组长。8个城市均成立了城镇老旧小区改造工作领导小组，由市长任组长（宜昌由书记任第一组长），成员包括有关部门、区县主要负责同志。青岛、宁波、长沙、福州、苏州、宜昌6市的领导小组，成员单位还包括组织部、宣传部、政法委等党委组成部门，电力、通信等专营单位和金融机构分支机构。

在各领导小组的统筹协调下，多地采取了由住建局、住房保障局、房管局、城市更新局、街道作为老旧小区改造的实施主体，通过委托代建的方式进行老旧小区改造，这也是目前以财政资金作为主要投资来源的重要组织方式。

2.城投公司作为实施主体

2018年国家发展改革委发布《关于实施2018年推进新型城镇化建设重点任务的通知》，其中深化城镇化制度改革为城投公司探索转型发展带来了新的发展机遇，文件指出要分类稳步推进地方融资平台市场化转型，剥离政府融资职能，支持转型中的城投公司及转型后的公益类国企依法合规承接政府项目。

作为城市开发和建设的主力军，各区县的城投公司积累了大量城市建设经验和资源整合优势，并牢牢把握老旧小区改造和城市更新的重大机遇，以时间换空间，发挥自身的建设能力，作为老旧小区改造的实施主体，承接老旧小区改造的主要职责。

老旧小区改造的基础类主要属于公益性项目，城投公司以承接财政资金来完成基础类项目的改造，提升类及完善类项目大多有收益，但收益较为微薄，投资回收期较长。城投公司可以发挥自身在资源整合及融资上的优势，以此为契机转型升级，全面提升综合服务水平，加快从开发商到运营商转型。

云南城投集团斥资15亿元组建的全省老旧小区和城市更新改造平台——云南省城市更新有限公司，于2020年10月23日完成组建工作。城市更新公司前身是云南省政府确定的省级棚户区改造实施平台之一——昆明未来城开发有限公司，这是一家通过市场化运作平衡棚改成本的棚户区改造平台公司，成立后将积极参与民生、基础设施和公共服务配套项目投资建设，形成保障性住房、棚户区改造、基础设施和公共服务设施配套建设、城镇老旧小区改造等城市更新业务格局。

除此之外，上海、武汉、长沙等地的城投公司也陆续组建了城市更新公司或城市更新业务部门，布局城市更新和老旧小区改造业务。

3.社会资本作为实施主体

国办发〔2020〕23号文指出，“通过政府采购、新增设施有偿使用、落实资产权益等方式，吸引各类专业机构等社会力量投资参与各类需改造设施的设计、改造、运营。支持规范各类企业以政府和社会资本合作模式参与改造。支持以‘平台+创业单元’方式发展养老、托育、家政等社区服务新业态。”

老旧小区综合整治一直采取政府投资和兜底的模式，在治理效果和效率方面存在诸多问题。北京市朝阳区劲松社区打造的“劲松模式”的一个重要特点是引入社会资本参与老旧小区综合整治，借助专业团队的管理力量，在提升老旧小区综合整治和管理水平上取得显著效果，为老旧小区综合整治探索出一条新的路径。

一是重点引入社会资本先进的社区治理能力和经验。“劲松模式”中，引入社会资本更多的还是为了构建社区长效治理机制，社会资本以专业化的视野，将社区前期改造方案与后期运营方案有效衔接，保持整治效果的长期性和稳定性。

二是鼓励社会资本商业创新，因地制宜对小区低效使用资源进行改造利用。老旧小区在建设时，普遍建有一部分社区配套用房，零星分布在楼前屋后，面积大小不一，有的被作为自行车棚、锅炉房、小仓库，有的处于闲置状态，利用效率较低。“劲松模式”中，政府支持社会资本对小区低效利用资源重新改造，引入养老、便民服务等业态，在方便小区居民生活、提高公共服务供给能力的同时，实现了社会资本创收，为长期可持续经营奠定坚实基础。

三是发挥社会资本灵活性，精准定位居民需求。为满足老旧小区居民多样化需求，综合整治方案需要经过多轮修改和调整，在传统模式下，政府需要根据改造方案制定预算，一旦确定，后期难以进行调整。“劲松模式”中，社会资本投资的灵活性在方案设计过程中得到体现。

6.1.2 资金保障方式

1.政府为实施主体的老旧小区改造

1）财政补助及各类专项资金

国办发〔2020〕23号文指出，将城镇老旧小区改造纳入保障性安居工程，中央给予资金补助，按照“保基本”的原则，重点支持基础类改造内容。中央财政资金重点支持改造2000年底前建成的老旧小区，可以适当支持2000年后建成的老旧小区，但需要限定年限和比例。省级人民政府要相应做好资金支持。市县人民政府对城镇老旧小区改造给予资金支持，可以纳入国有住房出售收入存量资金使用范围；要统筹涉及住宅小区的各类资金用于城镇老旧小区改造，提高资金使用效率。

根据公开资料整理，2019年中央财政城镇保障性安居工程专项资金用于老旧小区改造资金共计297.9190亿元，其中东部地区应分配金额30.4351亿元，中部地区166.1641亿元，西部地区101.3198亿元，河南、湖南、江西、湖北、云南分配金额位于前列。2020年老旧小区改造的中央预算内资金共计300亿元，其中东部地区44.7308亿元，中部地区156.2308亿元，西部地区99.0384亿元，河南、黑龙江、四川、吉林、河北分配金额位于前列。2021年老旧小区改造的中央预算内资金共计300亿元，其中东部地区59.2269亿元，中部地区142.4082亿元，西部地区98.3649亿元，河南、四川、山东、陕西、湖北分配金额位于前列。

2）专项债

2020年4月，财政部副部长许宏才在国务院联防联控机制上表示，今年明确政府的专项债不用于土地收储和与房地产相关的项目，同时根据2019年12月中央经济工作会议“加强城市更新和存量住房改造提升、做好城镇老旧小区改造”的要求，在专项债的使用范围方面作了调整，将城镇老旧小区改造纳入了专项债券的支持范围。

国办发〔2020〕23号文明确“要求全面推进城镇老旧小区改造工作，支持各地通过发行地方政府专项债券筹措改造资金”。

2020年7月，财政部发布《关于加快地方政府专项债券发行使用有关工作的通知》(财预〔2020〕94号)，明确“允许省级政府及时按程序调整用途，优先用于党中央、国务院明确的‘两新一重’、城镇老旧小区改造、公共卫生设施建设等领域符合条件的重大项目”。

自2020年4月财政部明确将城镇老旧小区改造纳入专项债券支持范围以来，

全国密集发行城镇老旧小区改造相关专项债。据统计，2020年全年共计28个省、直辖市政府启动了城镇老旧小区改造专项债券的发行工作，累计发行规模为541.12亿元（表6-1）。

各地老旧小区专项债券发行情况　　表6-1

省份	专项债（亿元）	省份	专项债（亿元）	省份	专项债（亿元）
湖北	110.76	湖南	13.21	重庆	5.15
广东	65.99	山西	12.33	四川	4.93
浙江	52.09	天津	11.20	河南	4.79
江苏	47.62	贵州	10.29	陕西	3.81
山东	39.33	黑龙江	10.00	广西	1.00
河北	28.17	北京	7.61	海南	0.60
福建	27.77	安徽	7.59	吉林	0.50
上海	26.70	内蒙古	6.83	宁夏	0.13
江西	16.92	云南	6.10		
新疆	14.42	甘肃	5.28	总计	541.12

（数据来源：中国债券信息网&企业预警通整理所得）

2.城投公司作为实施主体的老旧小区改造

老旧小区改造是一项长期的系统工程，过程中涉及改造、运营以及公共服务供给等费用，资金需求规模非常大。推进老旧小区改造，痛点之一就是要解决资金问题。老旧小区改造具有长期惠民型社会事业属性，项目利润率低、盈亏平衡周期长，亟须长周期低成本金融产品的支持。商业性金融由于其商业性特点，一般在遵循国家有关法律的前提下，以追求自身财务效益和利润最大化为主要行为特征，因此老旧小区改造的融资需求较难匹配合适的商业性金融产品。政策性金融机构是贯彻政府政策的一种工具，其目标是政策效益和社会效益，可以参与商业性金融机构不愿意参与的项目，并提供中长期的低息资金，解决老旧小区改造对资金的需求与难以匹配合适的金融产品的问题。

政策性金融机构对老旧小区改造项目进行资金投放后，也会带动更多商业性金融机构关注城镇老旧小区改造项目，推动商业性金融机构推出适合城镇老旧小区改造项目的金融产品，进一步改善城镇老旧小区改造的资金需求问题。

在住房和城乡建设部推动下，国家开发银行、中国建设银行已与全国5省9市签署战略合作协议，未来五年内将提供4360亿元贷款，重点支持市场力量参与的城镇老旧小区改造项目。

3. 以社会资本为主体的老旧小区改造

推进老旧小区改造应充分发挥市场的作用，吸引社会资本参与到老旧小区改造中，但老旧小区改造具有长期惠民型社会事业属性，项目利润率低、盈亏平衡周期长，吸引社会资本参与的成效仍有很大提升空间。社会资本之所以缺乏动力，主要是因为与房地产项目相比老旧小区改造项目收益率低且资金回收期太长，此外，还缺少相应的配套金融机制，特别是长期限融资工具。

国办发〔2020〕23号文提出应持续提升金融服务力度和质效。金融机构加大产品和服务创新力度，在风险可控、商业可持续前提下，依法合规对实施城镇老旧小区改造的企业和项目提供信贷支持。

6.1.3 项目运作参与主体组织协同机制

1. 充分发挥政府引导作用，统筹使用各类财政资金

各级财政在预算中统筹安排资金用于老旧小区改造，可采取投资补助、项目资本金注入、贷款贴息等方式，发挥财政资金引导作用，有序引导社会资本进入和鼓励金融机构提供融资支持。

2. 科学规划市场化项目，引导社会资本有序进入

各级住建部门应在项目规划阶段，盘点项目内及周边可利用资源，科学设计包装老旧小区项目，确保自身现金流稳定充分，可引导城投公司及社会资本有序进入，并鼓励符合条件的城投公司及社会资本作为老旧小区改造项目融资主体。

3. 搭建银企合作体系，量身制定融资方案

加强推进与金融机构的合作体系建立，鼓励银行机构紧密结合老旧小区改造特点，推进业务创新、流程创新，开发适宜金融产品。深入调研项目建设规划、资产状况，科学评估未来经营收入等情况，会同小区改造融资主体研究制定融资方案，提高项目融资的可操作性。对融资规模较大的改造项目，可通过银团贷款等方式，集中金融资源，给予融资支持。

6.1.4 项目实施模式

1. 以政府财政资金投资为主的实施模式

1）EPC模式

老旧小区改造的基础类项目属于公益性项目，政府应根据《政府采购法》关于工程采购的要求，按照公正、公平、公开的原则，引入竞争机制，采用公开招标投标方式确定建筑供应商，签订工程采购合同，最大限度地发挥资金的效果。因各地政府目前对于老旧小区改造工作缺乏经验，为了提高政府工作效率，实现财政资金的有效利用，政府通常会采取EPC模式引入具备全过程工程管理咨询的社会资本方来承包项目。EPC：工程（Engineering）、采购（Procurement）、建设（Construction），是国际通用的工程总承包产业的总称，指社会资本方受业主委托，按照合同约定对工程建设项目的设计、采购、施工、试运行等实行全过程或若干阶段的承包。供应商在总价合同条件下，对其所承包工程的质量、安全、费用和进度进行负责，是我国目前推行总承包模式最主要的一种。

相较于传统承包模式，EPC模式在老旧小区改造中的运用（图6-1）具备以下基本优势：

（1）强调和充分发挥老旧小区整体功能及功能规划设计在整个工程建设过程中的主导作用。充分发挥基于前期小区现状摸底及居民意愿调查调研的设计在整个工程建设过程中的主导作用，有利于老旧小区工程中各项目建设整体方案的不断优化。

（2）避免设计、采购、施工以及老旧小区改造过程中涉及的建委、街道办、居委会、业委会、产权单位、物业服务等部门之间相互制约和相互脱节的矛盾，有利于设计、采购、施工各阶段工作的合理衔接，有效地实现建设项目的进度、成本和质量控制符合建设工程承包合同约定，确保获得较好的投资效益。

（3）建设工程质量责任主体明确，有利于追究工程质量责任和确定工程质量责任的承担人。

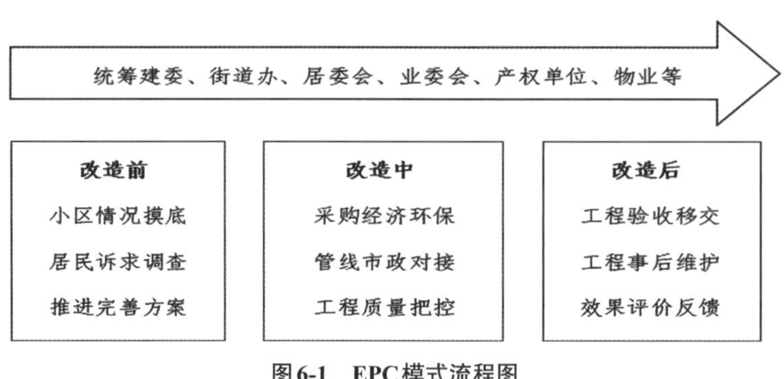

图6-1　EPC模式流程图

2）EPC+O模式

EPCO即EPC和OM的打捆，把项目的设计—采购—施工—运营等阶段整合后由一个承包商负责实施的模式。

2016年财政部发布的《关于开展2016年中央财政支持地下综合管廊试点工作的通知》（财办建〔2016〕21号）中首次提出要“积极采取设计采购施工运营总承包（EPC+O）等模式，实现地下综合管廊项目建设运营全生命周期高效管理”。

EPCO模式的优势：

（1）运营导向下的全生命周期管理的需要。传统模式下，政府投资项目的建设和运营往往分离，一般项目建成后再委托第三方运营或由平台公司运营，但如果项目建设阶段考虑运营不足，往往会造成运营不畅、成本增加、技术适用错误等，最终导致项目失败。对于强运营属性的项目，EPCO通过将设计、施工和运营等环节的集成，可以解决设计和施工脱节和建设和运营脱节的问题，强化运营责任主体，使得承包商在设计和施工阶段就必须考虑运营策划问题，通过EPCO模式实现建设运营一体化来实现项目全生命周期的高效管理。

（2）EPCO模式是提升政府项目投资效率的需要。近年地方政府的融资主战场已经转向专项债和市场化融资，在国务院常务会议要求确保专项债快速见效的背景下，项目采用EPCO模式可实现投资和建设运营的分离，项目资金筹措由政府通过专项债和市场化融资解决，建设运营由承包商和运营商负责实施，可以大幅度提高投资效率，促进设计、施工和运营各个环节的有效衔接。

（3）政府方为了充分发挥老旧小区的治理效果和最优利用财政资金，对于改造目的并不是仅仅只“改外”，“改内”也显得尤为重要，要让老小区改造达到“好看又好住”的效果，在老旧小区外貌换新颜的基础上，进一步提升小区内部的日常运维及管理，这样才能持续提升小区居民的获得感、幸福感和安全感，充分体现老旧小区改造的价值和意义。

因此，对于纯公益性的老旧小区改造，政府在主导社会资本在参与的过程中，要共同秉承着市场情怀，利长效，建立“政府引导、市场运作、社会参与、居民出资、共建共享”的长效机制。将EPCO模式运用到老旧小区改造上，在传统工程EPC的基础之上对改造完成的老旧小区进行相关产业的导入，这就是字面上的“O”，即Operation（运营），比如专业物业管理、便民菜场、社区驿站、社区便利店、社区食堂、社区养老、社区托幼、家政服务等内容，达到长效运营的效果。政府在这个环节中的作用主要在于引导，加强部门协同合作，“各出一盘菜，共办一桌席”，有效整合公共资源、财政资金和政策，发挥好财政资金的引导和撬动作用，积极引入社会资本，有机植入商业模式，挖掘市场空间。

3）EPC+ROT/BOT特许经营模式

因准公益类项目除基础的工程建造改造部分外，老旧小区甚至是片区范围内的业态内容具备一定的经营性质，因此对于准公益性项目的合作模式一般为EPC+ROT（设计采购施工总承包+改建经营移交）或EPC+BOT（设计采购施工总承包+建设经营移交，特许经营），特许经营是指政府采用竞争方式依法授权中华人民共和国境内外的法人或者其他组织，通过协议明确权利义务和风险分担，约定其在一定期限和范围内投资建设运营基础设施和公用事业并获得收益，提供公共产品或者公共服务。

《基础设施和公用事业特许经营管理办法》(国家发展改革委等六部委令2015年第25号)指出，基础设施和公用事业特许经营可以采取以下方式：①在一定期限内，政府授予特许经营者投资新建或改扩建、运营基础设施和公用事业，期限届满移交政府；②在一定期限内，政府授予特许经营者投资新建或改扩建、拥有并运营基础设施和公用事业，期限届满移交政府；③特许经营者投资新建或改扩建基础设施和公用事业并移交政府后，由政府授予其在一定期限内运营；④国家规定的其他方式。

北京石景山鲁谷社区老旧小区一体化“建管结合”

北京市石景山区人民政府鲁谷街道办事处通过一体化公共招标投标流程选取北京愿景集团作为石景山鲁谷老旧小区改造的社会资本方，是全北京市首例投资、建设、运营一体化招标模式，创新实现“建管结合”的老旧小区有机更新模式。

鲁谷项目共计约26.7万平方米，涉及三个社区，分属三个社区居委会，共7个小院，4089户居民。合作范围包括老旧小区有机更新的相关投资、设计、改造、物业管理、商业运营及社区治理。石景山鲁谷模式形成了治理维度、模式维度、统筹能力及要素层面的四大创新，在多渠道资金层面，实现以政府专项资金为主导，社会资本投入相统筹，创新老旧小区改造灵活的资金模式。

2.以城投公司为主导的实施模式

1)将老旧小区和商业项目搭配模式

该模式对整个老旧小区及周边进行统筹规划，通过联动改造，提升周边商业配套品质，将周边国有资产的低效空间改造为邻里中心，或将部分国有资产进行商业化改造，如改造为人才公寓、酒店公寓等方式，将有稳定现金流保障的商业项目与老旧小区进行打包，通过商业项目弥补老旧小区改造资金不足的问题。

湖南省衡阳市2020年老旧小区改造项目中配套商业中约有3万平方米，项目通过配套商业20年出租收入，弥补老旧小区改造的投入资金问题。

塔城市2020年老旧小区改造项目在7个小区空地处建设邻里中心，打造多种服务功能于一体的现代化公共社区服务中心以及建设地下停车场，解决老旧小区内停车难的问题，并通过多种经营的收益反哺老旧小区改造。

2）“保留、改造、拆除”整合模式

为解决老旧小区改造资金问题，山东将按照不增加政府隐性债务、保持房地产市场平稳健康发展、培育形成相对稳定现金流、引入社会资本的原则，结合城镇低效用地再开发，在多元融资上下功夫，创新老旧小区及小区外相关区域“4+N”改造方式和融资模式。对此提出了大片区统筹平衡、跨片区组合平衡、小区内自求平衡、政府引导的多元化投入改造模式，以及鼓励各地结合实际探索多种模式。

大片区统筹平衡模式，即把一个或多个老旧小区与相邻的旧城区、棚户区、旧厂区、城中村、危旧房改造和既有建筑功能转换等项目捆绑统筹，生成老旧片区改造项目，加大片区内D级、C级危房改造力度，做到项目内部统筹搭配，实现自我平衡。跨片区组合平衡模式则将拟改造的老旧小区与其不相邻的城市建设或改造项目组合，以项目收益弥补老旧小区改造支出，实现资金平衡。

3. 以社会资本为主导的实施模式

1）BOT/ROT模式

特许经营是社会资本参与老旧小区改造的首要模式，各地进行了不同的创新性政策探索。

四川：积极推广政府和社会资本合作（PPP）模式，通过特许经营权、合理定价、财政补贴等事先公开的收益约定规则，带动社会资本参与改造。

甘肃：推广特许经营、BOO等模式，享受市场准入、产业扶持等优惠政策。

河南、湖南、福建、重庆：鼓励电梯、快递、物流、商贸、停车设施、物业服务等企业进行投资，并通过获得特许经营、公共位置广告收益、便民服务等途径收回改造成本的方式参与老旧小区改造。

目前以BOT/ROT模式在北京及全国各地多个项目进行了多种尝试，形成了一套可复制可推广的经验，有些老旧小区改造效果非常亮眼。

长效运营、微利可持续的“劲松模式”

2018年7月，北京愿景集团与劲松街道签订战略合作协议，共同推进劲松北社区老旧小区改造项目。三年来，经过改造的劲松北社区重新焕发活力，甚至成为不少年轻人“打卡”的网红社区（图6-2、图6-3）。

老旧小区改造是一个复杂的系统工程，是从新建和推倒重建式的增量拓展到资源重新适配的存量优化思维的转变，对应着城市更新和开发建设方式转型。在劲松老旧小区改造项目推进过程中，北京愿景集团与劲松街道协同

图6-2 北京劲松北社区与不远处的CBD遥相辉映

图6-3 改造后的劲松北社区小区入口

配合，注重发挥市场优势，探索“四个突破”，让“劲松模式”实现了从0到1的跨越。

在建立党建引领老旧小区改造长效机制和共治平台上率先突破。劲松改造项目由区级领导统筹形成“五方联动”工作机制和工作平台，各职责部门紧密协同支持，搭建了社区党委牵头的社区“党建共同体”。

在引入社会力量推动老旧小区改造市场化和可持续发展上率先突破。除由劲松街道按程序申请市、区两级财政资金担负小区基础类改造费用外，北京愿景集团自有资金投入优化类项目改造，通过赋予社区低效空间经营权、物业服务付费以及社区增值服务等方式实现投资平衡。北京愿景集团投资约

3000万元，预计10年左右收回投资。

在以社区善治为本促进老旧小区改造“软硬兼顾”上率先突破。劲松改造项目既注重硬件设施提升，又注重美好生活社区营造，以平安社区、有序社区、宜居社区、敬老社区、家园社区、智慧社区“六型社区”来统领更新改造。在此过程中，社区居民决策模式得到优化，基层社会治理机制不断健全。

在运用“双过半”和“先尝后买”方式提升老旧小区物业服务专业化水平上率先突破。通过组织为期1个月的入驻宣贯，劲松北社区成为北京市以“居民户数过半、建筑面积过半”的“双过半”形式引入专业物业服务企业的第一个老旧小区。“先服务、再体验、后收费”方式，让居民在感受到生活品质提升基础上，逐步接受物业服务付费理念，2020年底，物业服务费收缴率已达82%。

劲松改造项目取得了良好经济社会效益，得到了各方面的充分认可，被称为社会力量参与老旧小区改造的“劲松模式”。“劲松模式”从0到1的突破，为老旧小区改造工作打开了一扇窗户。

“简而言之，‘劲松模式’就是政府与社会力量合作，以市场化方式促进城镇老旧小区改造的创新探索，核心在于形成党建引领、政府推动、民意导向、市场运作、长效治理的系统集成。”在北京愿景集团总裁仓梓剑看来，“劲松模式”不是一个静态模式，其在组织、运行、民本、市场、治理等维度协同推进，内涵和外延需要不断迭代升级。

在组织维度，以党建引领实现多元力量参与老旧小区改造的融合协同，强化党建在改造各阶段的主导、引导、指导、督导、倡导和领导作用，有力促进资源、力量的高效整合，确保了社会力量方位清晰、方向正确。

在运行维度，突出街道一级政府在基层治理体系中的枢纽作用，依托北京市“街乡吹哨、部门报到”等基层治理机制建设成果，有力促进涉及条块权责、管理边界事项的解决，减少社会力量“单”对“多”、“私”对“公”的协调成本。

在民本维度，坚持民有所呼、我有所应，让居民意愿成为最大导向，让居民参与成为价值追求，让居民评判成为最终标准，有力促进居民成为老旧小区改造的最重要参与者和最大化受益者。

在市场维度，挖掘社会力量参与老旧小区改造的潜在盈利点，初步形成老旧小区改造的商业逻辑和盈利模型，对减轻政府财政资金压力、实现老旧小区改造市场化、规模化和金融化做了有效探索，社会力量得以树立“微利可持续”的商业价值导向。

在治理维度，聚焦社区善治，坚持“改管一体”，专业化物业服务企业入驻并提供服务，为完善社区治理体系增添了有机力量，助力基层党政管理方式从兜底式、包揽式向引领式、监督式转化。

“我们清醒地认识到，我国各地经济社会发展情况千差万别，老旧小区的要素禀赋也不相同，‘劲松模式’是在北京这样的一线城市，在资源禀赋优异、可以实现小区内自平衡的老旧小区进行的有效探索。但对于零星分散的楼房院落，对于规模体量较小、内部可利用资源较少的老旧小区，对于街巷型老旧街区等，还需要因地制宜的探索。”北京愿景集团总裁仓梓剑认为，关键在于解决社会资本投资平衡问题。

2）PPP模式

PPP作为政府提供公共产品及服务的创新模式，具备多种可行模式，城镇老旧小区改造是新生事物，党中央、国务院从上层提出了总的要求，具体怎么实施操作需要各地根据具体情况制定具体模式和方案。PPP模式的创新属性可以很好地解决这一问题，通过具体PPP项目的创新模式，可以灵活进行各种改造模式实践，创新城镇老旧小区改造模式。而老旧小区改造及后续长时间的运营服务特点也一定程度上符合PPP拒绝暴利、要求项目具有长期稳定的收益特点。

在采取PPP模式实践于老旧小区改造运营项目操作过程中应注意在PPP的完整法律及入库框架内进行。首先，老旧小区改造项目不同于一般公共设施或服务项目，前期的物有所值评价过程会较为烦琐；财政可承受能力评价方面，国办发〔2020〕23号文要求不能在老旧小区改造中形成新的政府隐性债务，要充分调动各方力量筹集资金。所以，在城镇老旧小区改造PPP项目财政可耗受能力评价时，要注意既不能把政府应该承担的费用遗漏，也不能把不应该政府承担的费用当作政府费用列入。其次，在实施方案编制过程中，要充分体现老旧小区改造的特点，区别于一般PPP项目，老旧小区改造要注意综合城市基本功能，充分考虑新建、改建设施的综合利用及共用问题，还要协调与老旧小区改造相关的部门如业主委员会、居委会、社区、物业、产权单位及专业公司的意见。另外，对于老旧小区的投资额要切合实际，不能像通常PPP项目对投资规模作太大要求，在资金来源方面，除财政资金外，还包括社会资本专业公司投资、改造住户承担费用、原产权移交单位补贴、物业维修基金等。政府付费部分应列入财政，上级补助资金应抵充政府付费，其他来源资金应视作使用者付费来源。老旧小区改造使用者付费来源复杂，有些在合同中明确各部门的付费机制及来源。最后，要简化及建立针对老旧小区改造PPP项目的联审机制，在现有PPP项目入库标准的基础之上，优化简化入库流程，既要防止过去PPP项目一窝蜂违规上车，存在变相隐形债务的问题，又要充分运用PPP模式的灵活创新性，由上而下、由内而外扫除制度及流程上的障碍。

综上，在PPP的规范性和严格的法律框架背景下，老旧小区改造倡导政策作为近年才逐渐提出并着重强调的政府工作内容，在老旧小区改造的立法实践及操作经验上，政府、咨询机构及社会资本方都需要不断的探索实践。

太原市结合了老旧小区既有居住建筑节能改造，采用PPP模式，引入中国铁建、远东宏信进行老旧小区的投资、融资、建设和运营等工作，改造内容主要为外墙保温、屋面保温、外窗更换、地下室顶板保温以及楼宇门更换等工程，改造建设面积约为1001万平方米，总投资约23亿元，双方合作期限为3+15年，社会资本通过15的运营权，收回投资保障自己的收益。

采用PPP模式进行老旧小区改造，改变过去由政府单一主体从事投资和运营情况，将建设运营过程中的风险与社会资本共同承担，一方面可以引入社会资本的先进管理经验，推动项目在施工、设施管理及运营过程等方面的革新，促使社会资本提高建设和运行有效衔接和责任，保证项目在技术和经济方面的可行性；另一方面在引入社会资本后，可以平衡政府财政支出压力，缓解政府增量债务，有助于地方政府债务治理。

6.2 资金性质分析

6.2.1 政府投资

1. 中央财政城镇保障性安居工程专项资金

国办发〔2020〕23号文提出："将城镇老旧小区改造纳入保障性安居工程，中央给予资金补助，按照'保基本'的原则，重点支持基础类改造内容。中央财政资金重点支持改造2000年底前建成的老旧小区，可以适当支持2000年后建成的老旧小区，但需要限定年限和比例。"

中央财政城镇保障性安居工程专项资金是指中央财政安排用于支持符合条件的城镇居民保障其基本居住需求、改善其居住条件的共同财政事权转移支持资金，专项资金由财政部、住房和城乡建设部按职责分工管理。2019年，财政部和住房和城乡建设部联合印发《中央财政城镇保障性安居工程专项资金管理办法》(财综〔2019〕31号)，明确公租房保障和城市棚户区改造、老旧小区改造及住房租赁市场发展为专项资金支持范围，老旧小区改造专项资金“主要用于小区水电路气等配套基础设施和公共服务基础设施改造，小区内房屋公共区域修缮、建筑节能改造，支持有条件的加装电梯支出”。

老旧小区改造专项资金采取因素法，按照各地区年度老旧小区改造面积、改造户数、改造楼栋数、改造小区个数和绩效评价结果等因素以及相应权重，结合财政困难程度进行分配。2019年老旧小区改造面积、改造户数、改造楼栋数、改造小区个数等因素权重分别为40%、40%、10%、10%，以后年度老旧小区改造面积、改造户数、改造楼栋数、改造小区个数因素、绩效评价因素权重分别为40%、30%、10%、10%、10%。

国家发展改革委固定资产投资司负责人刘世虎在2020年7月的国务院政策例行吹风会上指出，城镇老旧小区改造中，中央预算内投资主要支持供水、排水、道路等与小区相关的配套基础设施建设，以及养老、托育、无障碍、便民服务等小区及周边的配套公共服务设施建设。其中，中央预算内投资将向排水等公益性改造内容倾斜。

2.各地老旧小区改造财政支持政策梳理（截至2020年12月）

国办发〔2020〕23号文提出，老旧小区改造“省级人民政府要相应做好资金支持。市县人民政府对城镇老旧小区改造给予资金支持，可以纳入国有住房出售收入存量资金使用范围”。

1）改造资金来源

（1）北京。

2018年，北京市人民政府办公厅发布《老旧小区综合整治工作方案（2018—2020年）》提出：“加大资金支持：在明晰政府、市场、业主投资边界基础上，合理确定市、区两级财政资金负担比例。市财政局、市发展改革委会同相关行业主管部门按整治计划同步确定年度综合整治市级配套资金；市财政局以转移支付方式将市级资金全部安排至各区，由其统筹使用。”

（2）浙江。

2020年12月，浙江省人民政府办公厅发布《关于全面推进城镇老旧小区改造工作的实施意见》提出：“省财政安排资金支持城镇老旧小区开展综合整治改造。市县政府对城镇老旧小区改造给予资金支持，可纳入国有住房出售收入存量资金使用范围；符合条件的，可申请发行地方政府专项债券给予支持。统筹涉及住宅小区的各类财政资金用于城镇老旧小区改造，对相关资金开展全过程预算绩效管理，提高资金使用效益。”

（3）山东。

2020年3月，山东省人民政府办公厅发布《山东省深入推进城镇老旧小区改造实施方案》（鲁政办字〔2020〕28号）提出："创新财政资金政策。积极争取中央补助资金，各级财政在预算中统筹安排资金用于老旧小区改造。省财政对纳入省项目库的承担全国老旧小区改造试点任务或'4+N'融资试点任务的项目择优给予奖补资金支持。各地整合涉及老旧小区的民政、城市建设和管理、文化、卫生、商务、体育等渠道相关资金，统筹投入老旧小区改造。"

（4）福建。

2020年9月，福建省人民政府办公厅发布《福建省老旧小区改造实施方案》（闽政办〔2020〕43号）提出："积极争取国家补助资金，省级财政统筹安排资金支持老旧小区改造。相关省直部门在专项补助资金安排时，对老旧小区改造配套项目予以倾斜支持，对老旧小区改造中符合社区综合服务建设等省级专项资金使用对象条件的项目予以补助；从省级体彩公益金等渠道安排资金，补助老旧小区改造中符合条件的项目；在相关省级以上专项资金中予以优先安排，支持老旧小区改造涉及幼儿园、中小学校等公共教育服务设施项目建设。市、县（区）人民政府可通过城市基础设施配套费、土地出让收入、彩票公益金、新增一般债券额度等渠道安排财政资金，统筹专项补助资金，向老旧小区改造配套项目倾斜。老旧小区改造可纳入国有住房出售收入存量资金使用范围。"

（5）济宁。

2020年7月，济宁市人民政府办公室印发《济宁市关于支持城镇老旧小区改造十条措施的通知》（济政办发〔2020〕7号）提出："整合政策资源，统筹体育、卫生健康、民政、公安、住房城乡建设、城市管理、人防等渠道的健身、医疗、养老、安防和保障性安居工程配套设施、建筑节能改造、黑臭水体治理、海绵城市等国家补助资金，用于老旧小区改造，并按政策要求匹配相应项目。"

2）改造资金用途

（1）北京。

2019年，北京市财政局发布《关于老旧小区综合整治市区财政补助政策的函》（京财经二〔2019〕204号）提出："由政府负责改造、财政部门给予补助的项目，财政实施定额补助；增设电梯、增设楼道代步器改造项目，市财政实施定额补助。由各区负责的引入专业化物业管理项目，各区负责制定鼓励支持办法，对优质服务企业进行奖励。"

（2）上海。

2017年，上海市人民政府出台《关于坚持留改拆并举深化城市有机更新进一步改善市民群众居住条件的若干意见》(沪府发〔2017〕86号)提出:“市级专项资金主要用于支持经认定的重点区域风貌保护相关支出及重点旧改地块改造、配套基础设施建设完善以及旧住房和保护建筑修缮改造补助等。”

(3)湖南。

2020年4月,湖南省住房和城乡建设厅等多部门联合发布《湖南省关于推进全省城镇老旧小区改造工作的通知》(湘建城〔2020〕50号)提出:“基础类改造内容,坚持应改尽改,中央和省级资金用于基础类改造内容的占比不得低于70%。有条件加装电梯的,应当纳入改造内容,并在资金上予以支持,重点保障。市州、县市区人民政府要加大对城镇老旧小区改造的资金投入。在小区(片区)内新建或改造幼儿园、医务室、体育健身、日间护理、养老等设施的,当地教育、卫生健康、体育和民政等部门要加大支持力度。”

3)改造资金标准

(1)北京。

2019年,北京市财政局发布《关于老旧小区综合整治市区财政补助政策的函》(京财经二〔2019〕204号)提出:“市财政根据补助单价,按实际改造工程量实施定额补助。考虑到各区的实际情况,建议:城六区、通州区区财政负担改造资金不高于市级补助单价的1.2倍;远郊区区财政负担改造资金不高于市级补助单价。”

(2)杭州。

2019年8月,杭州市人民政府办公厅印发《杭州市老旧小区综合改造提升工作实施方案》(杭政办函〔2019〕72号)提出:“落实财政资金。对2000年前建成的老旧小区实施改造提升的,由市级财政给予补助,其中对上城区、下城区、江干区、拱墅区、西湖区补助50%,对滨江区、富阳区、临安区,钱塘新区补助20%,其他区、县(市)补助10%。补助资金基数按核定的竣工财务决算数为准(不包括加装电梯和二次供水等投入),高于400元/平方米的按400元/平方米核定,低于400元/平方米的按实核定。”

(3)宁波。

2020年4月,宁波市人民政府办公厅印发《宁波市城镇老旧小区改造三年行动方案(2020—2022年)》(甬政办发〔2020〕18号)提出:“积极争取中央专项补助资金及专项债券。市级财政按年度对市中心城区(不含奉化区)老旧小区改造项目政府出资额的40%予以补助,补助资金基数以核定的竣工财务决算数为准(不包括电梯加装、危房解危等专项)。涉及危房解危、电梯加装、物业费提价等补助资金安排仍按原政策执行。”

（4）济宁。

2020年7月，济宁市人民政府办公室印发《济宁市关于支持城镇老旧小区改造十条措施的通知》（济政办发〔2020〕7号）提出："加大财政支持力度。对老旧小区既有多层住宅符合条件加装电梯的，按照属地管理原则，实行'先建后补'，县（市、区）财政按照每台电梯安装总费用（包含设备费用、安装费用、土建费用等）的20%进行补助，每台最高补助不超过10万元，验收合格后，市财政统筹市以上财政资金从次年开始按照同等标准进行奖补。对于接管已改造老旧小区的物业服务企业，县（市、区）财政按照每月0.15元/平方米给予补助后，市财政统筹市以上财政资金按每月0.05元/平方米给予奖补，限期3年。"

4）改造参与方式

（1）上海。

2017年，上海市人民政府出台《关于坚持留改拆并举深化城市有机更新进一步改善市民群众居住条件的若干意见》（沪府发〔2017〕86号）提出："继续完善市、区合作实施旧区改造模式，对重点旧区改造地块继续采取市、区合作进行土地储备的方式，或通过市级财政资金给予补贴支持。积极推进政府购买旧区改造服务工作。"

（2）青岛。

2021年1月，青岛市《关于加快推进城镇老旧小区改造工作的实施意见》（青政办发〔2021〕4号）提出："落实财政资金。各区（市）要做好项目立项等准备工作，积极争取中央补助资金。各级财政在预算中统筹安排资金用于城镇老旧小区改造，可采取投资补助、项目资本金注入、贷款贴息等方式，发挥财政资金引导作用。"

3.各部委涉老旧小区改造专项资金（截至2020年12月）

国办发〔2020〕23号文提出，"要统筹涉及住宅小区的各类资金用于城镇老旧小区改造，提高资金使用效率"。由于民政、文化、教育、医疗、卫生、体育、绿化等渠道涉及的老旧小区专项资金、项目资金种类繁多，且不同省市差别较大，本文以北京市为例，介绍梳理与老旧小区相关的资金政策。

1）社区建设

（1）社区健身。

国办发〔2020〕23号文明确将建设改造体育健身设施纳入到城镇老旧小区的改造，2020年12月，《国务院办公厅关于加强全民健身场地设施建设发展群众体育的意见》提出："社区健身设施未达到规划要求或建设标准的既有居住小区，要紧密结合城镇老旧小区改造，统筹建设社区健身设施。"根据国新办就《关于加强全民健身场地设施建设发展群众体育的意见》有关情况举行吹风会[①]，武汉等社区足球场地建设试点城市，在全国社会足球场地建设专项行动中利用中央预算内资金给予补助。

（2）社区服务设施、社区公共和公益事业。

2019年2月，中共北京市委和北京市人民政府印发《关于加强新时代街道工作的意见》提出，“加大社区建设资金支持力度，动态调整社区公益事业专项补助资金，实现街道年度预算80%以上用于为群众办实事”。

2）养老服务

（1）社区居家养老服务。

2018年11月，北京市人民政府办公厅发布《关于加强老年人照顾服务完善养老体系的实施意见》（京政办发〔2018〕41号）提出，“加大资金扶持力度，完善各类养老服务设施运营补贴制度。市、区要把老年人照顾服务工作所需资金和工作经费纳入本级财政预算，并建立多渠道资金筹措机制。制定市、区、街道（乡镇）三级购买服务目录和实施流程，通过政府购买服务方式，将老年人照顾服务项目逐步交由具备条件的社会组织和企业承担。”

（2）老年人助餐配餐。

2019年1月，北京市老龄办发布《关于进一步加强老年人助餐配餐服务工作的意见》提出，“对已备案的老年餐集中配送中心、社区（村）食堂、老年餐桌等养老助餐服务单位通过养老服务驿站给老年人提供助餐配餐服务的，按照《北京市养老服务驿站运营扶持办法》有关规定执行。”

（3）养老服务驿站运营扶持。

2019年3月，北京市民政局发布关于印发《北京市促进养老领域消费工作方案》的通知（京民养老发〔2019〕43号）提出，“对社区养老服务驿站，从服务流量补贴、托养流量补贴、连锁运营补贴、运维支持等方面加大养老服务驿站运营扶持力度，促进驿站可持续发展。支持本市养老驿站连锁化品牌化运营，连锁运营一家养老驿站，可获得不低于5万元补贴。”

（4）非营利性社会福利机构运营补助。

2014年，北京市民政局、北京市财政局、北京市残疾人联合会发布《社会力量兴办非营利性社会福利机构运营补助办法的通知》提出，“生活能够自理的

① https：//article.xuexi.cn/articles/index.html ？ art_id=13063985081979932338&study_style_id=feeds_default&study_share_enable=1&study_comment_disable=0&ptype=0&item_id=13063985081979932338&pid=&source=share&share_to=wx_single.国新办就《关于加强全民健身场地设施建设发展群众体育的意见》有关情况举行吹风会。

老年人，每人每月市级补助300元；接受不能够完全自理的老人，每人每月补助500元。”

3）护理服务

基层护理服务。2019年7月，北京市卫生健康委等多部门联合印发《北京市促进护理服务业改革与发展实施方案》提出，“充分利用相关科技、建设专项资金和产业基金等，推动护理与康复、运动等产业进行融合发展，积极培育护理产品用品、设备设施等相关产业，支持开发和创新适合不同人群特点的护理、康复、生活照料等相关产品用品、设备设施等，满足人民群众多元化健康需要。”

4）体育生活

（1）体育锻炼达标测验。

2019年11月，北京市体育局等多部门联合发布《关于广泛开展国家体育锻炼标准达标测验活动的通知》（京体群字〔2019〕48号）提出，“各区要从体育彩票公益金市对区专项转移支付资金和各区全民健身工作经费中预留专项资金，为国家体育锻炼标准达标测验工作的实施提供基本保障。”

（2）体育生活化达标。

2016年10月，北京市体育局发布《关于拨付北京市体育生活化达标社区扶持资金的通知》（京体群字〔2016〕51号）提出，“市体育局以体育彩票公益金作为扶持资金，对每个达标社区拨付扶持资金5万元。其中直接拨付每个社区3.9万元，另1.1万元由市体育局统一招标，用于购买体育生活化社区体质促进项目配套器材。”

5）供热供电

老旧小区供热管网。2016年，北京市《关于2016—2018年老旧供热管网改造工作的通知》提出，“资金出资比例为：企业（如市热力集团）50%，市级财政30%，区级财政20%”。

6）交通建设

立体停车场。2014年，北京市交通委发布《关于鼓励老旧居住区挖潜建设立体停车设施的意见》，提出对新增加的立体停车位补助5000元/个。

7）社会公益

社区公益。2007年，北京市财政局和北京市民政局发布《北京市社区公益事业经费专项补助资金管理办法》提出，“1.社区公益事业市级补助标准：按照社区居委会规模大小，2000户以下的每年补助8万元，超过2000户的每增加1户增加补助40元。区（县）应根据财力情况，在市级补助的基础上，逐步加大本区（县）对社区公益事业的投入。2.社区公益事业补助资金主要用于购买服务项目，培育发展社区民间组织，以及开展社区文体、社区教育、社区治安、社区精神文明建设等公益事业活动所需要的活动场地、活动器械、活动宣传、活动奖品、活动劳务等费用。”

8）社会救助

（1）社会工作参与精准救助。

2017年3月，北京市民政局和北京市财政局发布《关于社会工作参与精准救助的实施意见》（京民社工发〔2017〕23号）提出，“建立健全社会工作参与精准救助的财政支持体系，将社会工作服务纳入政府购买服务目录，列入单位部门预算。各区开展社会工作参与精准救助的经费由区级财政负担，形成常态化财政投入机制。市级部门通过福彩公益金资助等方式，支持社会工作参与精准救助的重点服务项目。”

（2）残疾人职业康复。

2014年，北京市残疾人联合会发布《北京市残疾人职业康复劳动项目资金补助办法》（京残发〔2014〕3号）提出，“1.对新批准开办的职康项目，市级残疾人就业保障金给予每个项目10万元标准的一次性资助扶持，按照职康项目的实际服务残疾人对象人数，以每人每月1100元标准给予运行经费补助。2.符合《北京市残疾人职业康复劳动项目基本条件》开办并通过残联部门审批的残疾人职业康复劳动项目，均可列入本办法规定的项目资金补助范围。执行区县属地管理，包括街道（乡镇）社区举办、民办和依托各级各类社会福利机构、卫生医疗机构、教育机构开展的职康项目。”

9）生活服务

连锁直营便民商业网点（设施）、移动便民设施等。2020年3月，北京市商务局发布《关于申报2020年度生活性服务业发展项目的通知》（京商生活字〔2020〕7号）提出，“对营业执照取得日期在2019年1月1日（含）以后的新建连锁直营便民商业网点（设施），给予店面装修、硬件设备购置、房屋租金等费用支持。”

4.财政拨款模式特点及发展趋势分析

1）财政拨款模式特点分析

（1）使用流程规范、项目完成度高。

近几年尤其是2019年财政部将老旧小区改造纳入中央预算内资金以来，老旧小区改造工作全面铺开。财政资金有着严格的计划编制、项目申报、资金下发、过程监管及绩效考核等全流程规范化的操作机制，保证了申报项目的应改尽改。以2020年为例，2020年《政府工作报告》提出，新开工改造城镇老旧小区3.9万个，支持管网改造、加装电梯等，发展居家养老、用餐、保洁等多样社区服务。根据各地上报情况汇总，2020年1月至12月，全国新开工改造城镇老旧小区已达4.03万个，涉及居民736万户。

（2）基础改造为主、完善提升为辅。

政府财政资金尤其是中央财政预算资金，多用于抗震加固、外墙保温、上下水改造等基础类改造项目，涉及加装电梯、小区建筑节能改造等完善类和养老、托幼、教育等提升类项目时，注重发挥其财政资金引导作用，采用和社会资本合作、鼓励居民出资等多种方式参与改造。

（3）居民信任充分、带动社会资本。

由政府主导、财政拨款改造的老旧小区，居民对项目改造的信任度高，利于项目开展。在老旧小区改造中的加装电梯、立体停车库、住宅结构加固、太阳能屋顶和户内中水等单项改造项目都可以采取社会资本参与共建的模式，政府财政资金的背书可以大大提高企业参与的积极性。

2）财政拨款模式发展趋势分析

（1）加强组织机制建设，统筹利用财政资金。

民政、文化、教育、医疗、卫生、体育、绿化等渠道涉及的老旧小区专项资金、项目资金种类繁多，外界如果缺乏关注很难了解。随着老旧小区改造工作的全面展开，全国各区级甚至市级层面将陆续成立老旧小区改造领导小组，加强组织机制建设，统筹各类社区资金管理，形成资金、政策“一揽子”协同效应。

（2）转变作用发挥方式，提高杠杆撬动能力。

根据各地的实践情况，财政资金发挥作用的方式将发生变化，其示范作用和杠杆作用将更加突出，如青岛提到“政府以奖代补给予支持”、重庆提到“政府和社会资本合作”、上海提到“积极推进政府购买旧区改造服务”等。

（3）明确资金使用范围，实现各方力量协同。

财政拨款和社会资本各有优势，国办发〔2020〕23号文提出，“将城镇老旧小区改造纳入保障性安居工程，中央给予资金补助，按照‘保基本’的原则，重点支持基础类改造内容。”北京、山东、湖南等各地对政府资金的改造内容进一步细化，今后这一趋势将进一步加强，政府、企业、专营单位及居民的出资责任将更加明确，实现各方力量协同。

6.2.2 专项债券

1.城镇老旧小区改造专项债券的政策

国办发〔2020〕23号文明确，“要求全面推进城镇老旧小区改造工作，支持各地通过发行地方政府专项债券筹措改造资金。”

2020年7月，财政部发布《关于加快地方政府专项债券发行使用有关工作的通知》（财预〔2020〕94号）明确，"允许省级政府及时按程序调整用途，优先用于党中央、国务院明确的'两新一重'、城镇老旧小区改造、公共卫生设施建设等领域符合条件的重大项目。"

2020年12月，财政部印发《地方政府债券发行管理办法》（财库〔2020〕43号），相较于2015年发布的政策法规，本次新发行的《地方政府债券发行管理办法》（财库〔2020〕43号），涉及政府专项债券方面主要有以下改变：

（1）承销团成员增加外国银行。在2015年发布的关于一般债券和专项债券政府政策文件中，承销团成员主要是中国境内依法设立的金融机构，在本次新公布的政策文件，增加了外国银行，并规定若外国银行参与承销，则必须获得该银行总行的授权。

（2）明确专项债券期限和方式等要求。专项债券期限设计充分结合项目周期、债券市场需求等合理确定，专项债券期限应当与项目期限相匹配。专项债券可以对应单一项目发行，也可以对应多个项目集合发行。

（3）允许以接续发行方式进行专项债券融资。专项债券期限与项目期限不匹配的，可在同一项目周期内以接续发行的方式进行融资。

（4）允许调整专项债券资金用途。在原有的政策规定中，对于政府专项债券的要求是应当做到专款专用，然而在本次新公布的政策中，提出债券发行后确需调整债券资金用途的，地方财政部门应当按程序报批，经省级人民政府或省级人大常委会批准后及时披露相关信息。

（5）对专项债券信息披露内容提出新要求。在信息披露方面，应及时公布公开地方政府债券发行安排、债券基本信息、本地区财政经济运行及债务情况、债券信用评级报告等。专项债券还应当全面详细公开项目信息、项目收益与融资平衡方案、债券对应的政府性基金或专项收入情况、由第三方专业机构出具的评估意见以及对投资者做出购买决策有重大影响的其他信息。

在国务院和财政部明确将城镇老旧小区改造纳入专项债券支持范围后，我国地方政府专项债券的债券类型新增加"城镇老旧小区改造专项债券"一项，狭义的城镇老旧小区改造专项债券仅包含以上单独勾选"城镇老旧小区改造专项债券"类型的地方政府专项债券。而广义的城镇老旧小区改造专项债券从改造内容上进行界定，除狭义"城镇老旧小区改造专项债券"类型外，还包含与城镇老旧小区改造内容相关的专项债券。这是因为从我国城镇老旧小区改造的内容看，会涉及水、电、气、热等基础设施改造、配套停车场的新建或改造、城镇污水垃圾处理、养老托幼设施的新建或改造等改造内容，这些类型项目虽可申报对应项目类型的地方政府专项债券，但由于项目实质建设内容针对城镇老旧小区，仍属于城镇老旧改造专项债券范围。本文除明确限定外，均为广义的城镇老旧小区改造专项债券。

2.城镇老旧小区改造专项债券发行情况

自2020年4月财政部明确将城镇老旧小区改造纳入专项债券支持范围后，全国密集发行城镇老旧小区改造相关专项债。据统计，2020年全年共计28个省、直辖市政府启动了城镇老旧小区改造专项债券的发行工作，累计发行规模为541.12亿元。

2020年城镇老旧小区改造专项债券发行特征如下：

1)5月份开始发行密集

财政部4月明确将城镇老旧小区改造纳入专项债券支持范围，5月份开始城镇老旧小区改造专项债券发行量陡然增加，5月至12月累计发行数量（笔数）占全年总量比重超过96.5%。

2)项目类型不限于城镇老旧小区改造专项债券

从地方政府专项债券项目信息披露模板分析，部分省份申报城镇老旧小区改造相关的专项债券时会将项目类型明确归入“城镇老旧小区改造专项债券”类型。如“2020年山东省政府交通能源市政产业园基础设施及民生社会事业发展专项债券（五期）——2020年山东省政府专项债券（四十九期）”等。但在“2020年湖南省老旧小区改造专项债券（一期）——2020年湖南省政府专项债券（四十三期）”中，虽然专项债券名称为老旧小区改造专项债券，项目类型却归类为“其他”。部分老旧小区改造专项债券根据项目建设内容被归类为“市政和产业园区基础设施”“棚户区改造”“生态环保”（一般为老旧小区内雨污分流改造）等。

3)部分项目突破城镇老旧小区改造本身建设内容

在专项债券申报上大多数项目仅围绕老旧小区进行包装，但部分项目将老旧小区改造与其他建设内容进行打包。如“江汉区武汉金融街片区老旧小区功能提升工程项目”，除老旧小区改造升级外，将新金融产业服务中心、新商业智慧街区、新经济产业服务中心三项商业化项目同时打捆。

4)专项债券配合其他资金筹措方式

从样本分析来看，超过77.6%的城镇老旧小区改造项目中专项债券募集资金额度占项目总投资额的比例不足50%。在实际城镇老旧小区改造过程中一般会配合其他资金筹措方式，如大多数城镇老旧小区改造项目会采用财政资金+专项债券方式，或财政资金+专项债券+金融机构融资等多种方式。在部分省、直辖市发布城镇老旧小区改造实施办法中甚至鼓励居民采取据实分摊、让渡公共收益、使用（补交）物业专项维修资金等方式自筹资金。

5）发行年限普遍较长

城镇老旧小区改造专项债券发行年限为5年、7年、10年、15年、20年和30年，从统计来看各地发行20年、15年和10年专项债券占绝大多数，三者合计占比84.7%，另外30年年限专项债券占比10.3%，而5年和7年的产品仅占比5%（图6-4）。究其原因，城镇老旧小区改造项目自身收入相对薄弱，需要拉长期限以实现预期收益与融资平衡。

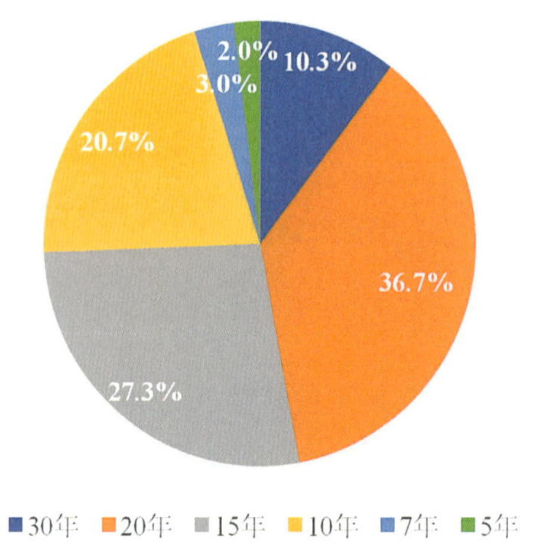

图6-4 城镇老旧小区改造专项债券发行年限占比示意

6）本息覆盖倍数大于1即可

从本息覆盖倍数（项目净现金流入对总债务本息的覆盖倍数）来看，大多数项目围绕在1.1倍上下，其中分布在1～2之间的产品数量占比74.9%，亦与城镇老旧小区改造项目自身收入微薄有关。

3.城镇老旧小区改造专项债券发行要点

1）项目申报资料完善

申报城镇老旧小区改造专项债券可以是尚未开工的项目，但在申报资料前需要完成前期工作，包括项目初步规划与设计、项目立项、编制项目可行性研究报告及论证，并取得立项批复、可研批复、初设批复等必要审批。

同时，项目申报前需要据此提供“一案两书”，即项目实施机构联合专业机构编制《专项债券实施方案》，简称“一案”。会计师事务所独立出具的《专项债券项目收益与融资自求平衡专项评价报告》和律师事务所独立出具的《专项债券法律意见书》，简称“两书”。

2）募集资金可作为项目资本金但建议统筹其他资金

专项债券作为项目资本金是由中共中央办公厅、国务院办公厅印发《关于做好地方政府专项债券发行及项目配套融资工作的通知》（厅字〔2019〕33号）首次提出的。厅字〔2019〕33号文规定，“在评估项目收益偿还专项债券本息后专项收入具备融资条件的，允许将部分专项债券作为一定比例的项目资本金，但不得超越项目收益实际水平过度融资。”除厅字〔2019〕33号文，2019年9月4日，李克强总理主持召开的国务院常务工作会议上提出要扩大专项债券的使用范围，“重点用于铁路、轨道交通、城市停车场等交通基础设施，城乡电网、天然气管网和储气设施等能源项目，农林水利，城镇污水垃圾处理等生态环保项目，职业教育和托幼、医疗、养老等民生服务，冷链物流设施，水电气热等市政和产业园区基础设施”，并“将专项债可用作项目资本金范围明确为符合上述重点投向的重大基础设施领域。以省为单位，专项债资金用于项目资本金的规模占该省份专项债规模的比例可为20%左右。”

在城镇老旧小区改造建设内容中多与水电气热等市政、托幼养老等民生服务和城镇污水垃圾处理等息息相关，因此城镇老旧小区改造专项债券募集资金原则上可以作为项目资本金。实际发行案例中，江苏省泰州市两单城镇老旧小区改造专项债“泰兴市2020年老城区（北片区）老旧小区改造项目”[2020年江苏省城乡建设专项债券（七期）——2020年江苏省政府专项债券（九期）]和“高港区老旧小区雨污分流改造工程一期”[（2020年江苏省城乡建设专项债券（六期）——2020年江苏省政府专项债券（八期）]中专项债券募集资金金额甚至与项目总投资金额一致，即两个项目投资100%由城镇老旧小区改造专项债券匹配。

但从2020年城镇老旧小区改造专项债券全年发行样本统计来看，97.5%的项目发行专项债券募集金额不超过项目总投资的80%。大多数老旧小区改造项目资本金来源于财政资金，虽不要求财政资本金立即到位，但需要财政部门出具承诺，会根据项目建设进度，分期足额到位。此外，涉及供水、供热、供气等的老旧小区改造项目可以采用三方出资或由企业出资+专项债券融资的模式，吸引居民和社会资本参与城镇老旧小区改造，避免对专项债券资金和财政资金的过度依赖。

3）专项债券发行期限配合长效运营

专项债券的发行期限原则上由各地综合考虑项目建设、运营、回收周期和债券市场状况等合理确定。城镇老旧小区改造项目的建设施工期虽然较短，但一般情况下为达到较好改造效果需要长效运营。因此，城镇老旧小区改造专项债券的发行期限主要考虑的就是项目运营期的收益情况，在确保债券存续期间本息覆盖倍数达到1.0及以上的前提下，通过适当拉长发行期限的方式来实现项目收益与融资自求平衡。

从上文城镇老旧小区改造专项债券发行年限分析来看，超过95%的发行年限集中在10年、15年、20年和30年。但是需要注意的是，发行期限越长，在《项目预期收益与融资平衡方案》中未来收入预测越谨慎。

4）项目预期收益满足融资自求平衡

根据《财政部关于印发〈地方政府专项债务预算管理办法〉的通知》（财预〔2016〕155号）规定，专项债务应当有偿还计划和稳定的偿还资金来源。专项债务本金通过对应的政府性基金收入、专项收入、发行专项债券等偿还。专项债务利息通过对应的政府性基金收入、专项收入偿还，不通过发行专项债券偿还。专项债务收支按照对应的政府性基金收入、专项收入实现项目收支平衡。

从专项债券预算管理办法来看，财政老旧小区改造专项债券也须满足项目预期收益与融资自求平衡。但一般情况下城镇老旧小区改造项目一直存在收入薄弱的难题，因此需要充分挖掘项目本身产生的收入，也可以寻找改造区域范围内其他政府收入以实现收益与融资自求平衡。老旧小区改造项目自身的收入主要来源于改造小区自身运营产生的收入，主要包括物业管理费、停车费、电动汽车和电动车充电费、公共区域广告收入、闲置低效空间改造提升带来的收入等。而改造区域范围内其他政府收入主要包含与老旧小区改造同区域范围的国有资产出租收入、土地出让收入等。值得注意的是，这部分偿债资金来源需要与项目处于同区域内，同时主管政府部门出具相关文件，明确将该收入作为专项债券的偿债资金来源。

城镇老旧小区改造的主要成本为经营成本及相关税费。其中经营成本主要包括燃料动力费、物业及配套设施的维护保养费用、职工工资及福利费和管理费用。相关税费为从营业收入中直接扣除的税金及附加，主要有增值税、城市维护建设税、教育附加税和地方教育费及附加和企业所得税等。

项目债券存续期净收益为项目可获得总收入减去总运营成本支出，该部分即为可用于融资平衡的资金总额。项目满足预期收益与融资自求平衡，是指存续期项目净收益应大于存续期内需支付的专项债券本息总额。

5）本息总债务全覆盖

在城镇老旧小区改造专项债券的项目保障中计算本息覆盖倍数是指对项目总债务融资本息的覆盖，项目总债务融资本息包括本期专项债券本息、后续拟申请专项债券本息、金融机构贷款本息。

在现实操作中，部分城镇老旧小区改造项目专项债券可以分期发行，如

“2020年湖南省老旧小区改造专项债券（三期）”中，项目总投资40570.16万元，发行政府专项债券资20000.00万元（其余资金筹措为建设单位自筹资金、上级补助资金）。第一期发行15000.00万元，未来拟申请5000.00万元。在该项目第一期计算本息覆盖倍数时债务融资本息金额为本金20000.00万元及其利息。另外，部分老旧小区改造项目在发行专项债券外还需要向金融机构进行贷款融资，专项债券存续期内贷款融资的本息也需要计算在总债务融资本息中。

6）压力测试

项目的本息覆盖倍数可以直接用债券存续期内项目净收益和总债务本息计算，务必达到1.0及以上，但考虑到未来收入、成本因素变动，仍需进行压力测试。

在本息覆盖倍数测算中由于总债务本息固定，而收入和成本变动是影响本项目资金平衡的敏感因素。压力测算一般分两种情况：第一种情况是当整个项目的收入下降10%的情况下，对总融资本息资金的覆盖倍数能否通过压力测试；第二种情况是当整个项目的成本上升10%情况下，对总融资本息资金的覆盖倍数能否通过压力测试。若在以上不同的压力测试条件下本息覆盖倍数全部在1.0及以上，从总体看，项目收益与融资能实现自求平衡，不能还本付息的风险较小。

4.城镇老旧小区改造专项债券偿债资金来源分析

为满足城镇老旧小区改造专项债券本息覆盖要求，需要积极拓展债券偿债资金来源。综合2020年城镇老旧小区专项债券的偿债情况，其资金来源主要包括项目自身直接产生的收益、改造区域内水电暖气收益、区域内配套商业运营收入、区域内国有资产出租租金收入、政府专项补贴收入、改造区域内土地出让收入、打捆项目整体收入平衡等。

1）老旧小区改造项目自身直接产生的收益

老旧小区改造项目自身直接产生的收益主要有小区物业服务费、小区现有闲置房屋改造后出租收入、新增便民服务出租收入、停车位服务收入、小区广告位收入、5G基站建设租金收入、充电桩服务收入、电梯安装补贴及居民自费部分收入等。例如“内蒙古二连浩特市2020年老旧小区改造项目”运营收益来源除物业费和停车费外，改造小区的丰巢柜、直饮水机场地费、自动售货机场地费、垃圾分拣柜场地费等新增便民服务出租收入也是重要的偿债来源。

2）改造区域内水电暖气收益

部分老旧小区改造项目涉及水电暖气等配套基础设施改造，则水电暖气等的收入将是专项债券的偿债资金来源之一。例如“2020年北京市政府专项债券（一期）”用于北京市丰台区、东城区、西城区、大兴区等7个行政区老旧小区内部供水管网改造工程，债券偿债资金主要来源于对应项目的售水收入。

与北京专项债券案例直接用供水等收益作为偿债资金来源不同，部分老旧小区改造专项债券则采用水电暖气收入分成方式。“2020年广东省城镇老旧小区改造专项债券（一期）茂名国家高新区七迳镇老旧小区改造项目”中明确偿债来源包括水电暖气收入分成方式，居民水电、燃气、通信、排污费按200元/人/月，以上市政设施均需使用本项目新建设施，分成比例按收入的15%计算。

3）区域内配套商业运营收入

在部分老旧小区改造区域内存在配套商业，而此部分商业运营的租金收入将会成为城镇老旧小区改造专项债券偿债资金的重要来源之一。“湖南省衡阳市2020年老旧小区改造项目”中配套商业中约有30000平方米，项目配套商业出租单价按均价560元/平方米/年、每五年上浮10%计算。运营期前4年的出租率按60%、70%、80%、90%逐年增长，考虑闲置率，之后均按95%的出租率计算。15年配套商业租金收入达到22816万元，占据总偿债资金的50%以上。而在“仁化县县城老旧小区改造提升项目”中建成后区域内可增加3个加油站，特许经营权收费每个每年可增加60万元收入。

4）区域内国有资产产生的收益

在老旧小区改造同区域内存在大量的国有资产，这部分国有资产收益也可以适当考虑纳入至老旧小区改造专项债券的偿债资金来源。“深圳市（福田区）老旧小区改造专项债券（一期）项目”主要建设内容为福田区城中村管道燃气及环境综合整治工程，城中村电力设施的综合整治，但在偿债资金安排上100%以项目改造范围内的深圳文化创意园出租收入作为债券还本付息的资金来源。该债券实施方案表示：通过对项目片区内电力设施、管道燃气系统及综合环境等进行全面整治改造，更新市政基础设施，大幅度改善福田区整体环境，提升福田区的招商引资和人才引进吸引力，对福田区整体投资价值项目带来较大积极影响，为此，专项债券存续期内，政府安排项目改造范围内的深圳文化创意园出租收入作为债券还本付息的资金来源。

5）财政专项补贴收入

部分地方政府发行的老旧小区改造专项债券中，一些项目偿债收入来源除了项目自身直接产生的收益外，还可以有政府补贴。“2020年湖北省武汉市硚口区新冠肺炎疫后重建项目——老旧小区改造工程”中偿债资金专门安排财政专项补贴资金，该项目从2021年开始，区财政每年从预算中安排780万元作为项目专项补贴资金。整个项目存续期30年专项补贴金额达到23400万元，从偿债资金来源结构看，政府专项补贴收入占总偿债资金接近一半的比例。

6）改造区域内土地出让收入

“2020年深圳市（龙华区）城镇老旧小区改造专项债券（二期）”项目总投资87亿元，其中申请10年期专项债券16.98亿元，偿债资金100%来源于土地出让收入。从发行文件中可以看出该项目积极响应国家和深圳市建设宜居宜业的现代化国际化创新型城市的号召，通过采取有效措施，高标准、高质量加快推进城中村综合整治项目建设，全面提升龙华区环境品质，改善生活空间，提高居民生活质量，并提升龙华区的招商引资和人才引进吸引力，是龙华区城市建设的重要项目。按照政府的规划依据并结合项目定位，从项目改造后的环境效益及经济效益考虑，在项目存续期内，政府将安排龙华辖区内的国有土地使用权出让收入和城市更新用地出让收入作为本项目的还本付息来源。

7）打捆项目整体收益平衡

部分地方政府发行的专项债券实质将不同项目类型进行打捆，不同类型项目收益不均衡但通过打捆处理后实现整体项目预期收益与融资自求平衡。“汉口历史风貌区老旧小区改造及旅游功能提升项目”项目总投资144亿元，发行专项债券规模100亿元，首期40亿元，项目包含老旧小区改造、历史文化风貌街区整治与文物保护建筑修缮改造、市政基础设施建设等内容。对应项目收益分别为老旧社区收入、历史文化风貌街区收入、市政基础设施收入，项目经过打捆处理后实现了项目收益与融资的整体自求平衡，本息覆盖倍数为1.29。

6.2.3 政策性金融

1.城镇老旧小区改造政策性金融政策

1）国家老旧小区改造政策性金融政策

（1）《城镇老旧小区改造试点方案》。

2019年10月，住房和城乡建设部在系统内部下发《城镇老旧小区改造试点方案》，针对老旧小区改造中需要重点解决的问题，确定山东、浙江2省及上海、青岛、宁波、合肥、福州、长沙、苏州、宜昌8市开展深化试点工作。方案确定了九个试点任务，其中提到需探索金融机构以可持续方式支持老旧小区改造的机制。方案鼓励各地结合实际采取多种改造模式和融资模式，探索金融机构以可持续方式加大对老旧小区改造的金融支持。

（2）国办发〔2020〕23号文。

国办发〔2020〕23号文针对老旧小区改造“改什么”“怎么改”“谁出钱”“如何管”等问题进行了阐述，提出应持续提升金融服务力度和质效。“金融机构加大产品和服务创新力度，在风险可控、商业可持续前提下，依法合规对实施城镇老旧小区改造的企业和项目提供信贷支持。”

2）地方老旧小区改造政策性金融政策

（1）山东省：《山东省深入推进城镇老旧小区改造实施方案》。

2020年3月，山东省政府出台《山东省深入推进城镇老旧小区改造实施方案》，在信贷支持方面，提出“国家开发银行山东省分行、中国农业发展银行山东省分行在依法合规、风险可控的前提下，加大对老旧小区改造项目的金融服务力度，优化贷款流程和授信进度，提供信贷资金支持。支持商业银行、基金公司等金融机构创新金融产品，改善金融服务，为老旧小区改造项目及居民户内改造和消费提供融资支持。”

（2）山东省：《关于做好金融支持全省城镇老旧小区改造工作的通知》。

2020年5月，山东省地方金融监督管理局、省住建厅等五部门联合下发《关于做好金融支持全省城镇老旧小区改造工作的通知》，强化政策扶持引导、创新金融服务模式、发挥开发性金融和政策性金融优势、推进政银企高效对接等4个方面给出了13条具体金融政策。

（3）浙江省：《全省城镇老旧小区改造试点工作方案》。

2019年12月，浙江省住房和城乡建设厅印发《全省城镇老旧小区改造试点工作方案》提出，探索金融机构以市场化方式支持机制：①试点城市在不增加地方政府隐性债务，保持本地区房地产平稳健康发展的前提下，探索金融机构以市场化方式加大对城镇老旧小区改造的金融支持。②积极培育城镇老旧小区改造规模化实施运营主体，为金融机构提供清晰明确的支持对象。③充分利用金融机构提供的住房租赁金融产品和服务，积极推进增加租赁住房供应的城镇老旧小区改造。

3）政策性金融机构老旧小区改造相关政策

（1）国家开发银行。

①股权类产品。

国开行可参与投资、协助政府设立城市更新基金、老旧小区改造基金等。

②债权类产品。

A.银行间市场债务直接融资工具

国开行可作为债券承销商承销实施主体发行的超短融、短融、中票、公司债等债券业务。

B.证券化债务融资工具

国开行可帮助实施主体申请类REITS、CMBS、ABS等资产证券化业务，盘活存量资产，拓展多个融资渠道。

C.中长期贷款业务

借款人：符合银行要求的企业法人。

贷款用途：符合国办发〔2020〕23号文要求的基础类、完善类、提升类的各种类型的改造内容。

资本金：按照国家对于资本金比例要求的最低比例，不低于总投资的20%。居民出资、市区级财政补贴、政府专项债以及国有企事业单位等老旧小区原产权单位给予的资金均可作为项目的资本金。

还款来源：小区配套设施、公共服务设施等出租、经营收入；自行车棚、闲置锅炉房、堆煤场等多种经营资产的收入；企业公司现金流等。

贷款期限：最长为25年，宽限期（只付息不还本）最长为5年。

贷款利率：不高于贷款市场报价利率（LPR）。

信用结构：经营性资产形成的应收账款质押、资产抵押、保证担保、股权质押、企业信用良好的可采用免担保等。

③流动资金贷款。

国开行可提供1年期、3年期的流动资金贷款，用途为实施主体运营期的日常经营所需。

（2）中国农业发展银行。

①中长期贷款业务。

借款人：符合银行要求的企业法人。

贷款模式：PPP模式；公司类自营模式。

贷款期限：一般不超过15年，精准扶贫贷款、PPP项目贷款期限不超过20年；宽限期原则上不超过项目建设期。

贷款利率：按照保本微利，对标同业，适当优惠。

信用结构：采用保证、抵质押等担保贷款方式，主要以项目未来运营收益形成的应收账款进行质押担保。但原则上不得采用单一应收账款质押方式；其他担保方式提供的担保额度应不低于全部担保额度的20%。借款人同时在其他金融机构融资的，农发行贷款担保方式实质上不得弱于其他金融机构同类贷款的最低要求。

2.政策性金融参与城镇老旧小区改造现状

老旧小区改造是“三房两改”住房保障体系的重要组成部分。以老旧小区改造为抓手，统筹推进和全面带动住房保障体系的协调发展，对构建房地产市场健康发展长效机制、提升城市可持续发展能力具有重大的历史和现实意义。

全国2000年底前建成的老旧小区大概22万个，涉及居民近3900万户。国办发〔2020〕23号文明确，“2020年新开工改造城镇老旧小区3.9万个，涉及居民近700万户。到‘十四五’期末，结合各地实际，力争基本完成2000年底前建成的需改造城镇老旧小区改造任务。”据住房和城乡建设部测算，“十四五”期间全国将改造老旧小区3500万户。

2020年7月，在住房和城乡建设部推动下，国家开发银行、中国建设银行已与全国5省9市签约战略合作协议，未来五年内将提供4360亿元贷款，重点支持市场力量参与的城镇老旧小区改造项目。

3.城镇老旧小区改造政策性金融典型案例分析

1）河南省兰考县玉兰社区老旧小区改造项目

河南省兰考县玉兰社区老旧小区改造项目位于河南省开封市兰考县境内。2020年9月，中国一冶建安公司中标“兰考县老旧小区改造项目——玉兰社区项目设计—施工总承包（EPC模式）”。

项目建成后，将有效改善居民居住条件，提高周边配套服务，让居民生活更方便、更舒心、更美好，营造一个稳定、和谐的居住环境，提高居民的幸福感，对保障当地城市总体规划，推动社会经济持续健康稳定发展具有重要作用。

（1）借款人。

河南省兰考县玉兰社区老旧小区改造项目的借款人为兰考县兴工财政投资有限公司，信用等级A，注册资本20亿元，由兰考县国有资产管理中心100%控股，已完成市场化转型。

（2）投资构成。

河南省兰考县玉兰社区老旧小区改造项目总投资2.38亿元，其中：资本金0.48亿元（占总投资额比例20.17%），由兰考县兴工财政投资有限公司负责出具；国家开发银行发放贷款1.9亿元（占总投资额比例79.83%）。项目贷款期限为20年（含宽限期2年）。

（3）建设内容。

河南省兰考县玉兰社区老旧小区改造项目涉及94栋楼3636户居民，改造范围主要是小区范围内基础设施、功能设施等改造提升。项目改造内容主要包括道路、路灯、供水排水、供配电、供气、供暖、硬化场地、绿化、机动车停车位及充电桩、非机动车车棚及充电桩、防盗门、屋面防水、监控、楼道、垃圾箱、菜市场、小吃街、便民服务设施等；项目新建内容主要包括日间照料中心、幼儿园、便利店等。

（4）还款来源。

河南省兰考县玉兰社区老旧小区改造项目还款来源均为经营性设施出租产生

的现金流。项目收入来源为改造和新建的菜市场、小吃街、日间照料中心、幼儿园、便利店等各类经营性设施产生的租金收入。

（5）信用结构。

兰考县城市建设投资发展有限公司提供连带责任保证担保；风险缓释措施包括兰考县兴工财政投资有限公司以其合法拥有的7套房产提供抵押担保等。

2）济宁市任城区老旧小区改造项目

济宁市任城区老旧小区改造项目是在任城区政府主导下，由任城区国有企业任兴集团全资子公司济宁创展置业有限公司为实施主体，将各级财政资金以项目资本金的形式和区政府、区属平台闲置、低效资产注入，并由其承接政策性金融机构贷款，向国开行山东分行申请“老旧小区改造专项贷款”，用于老旧小区改造及经营性资源建设。“创展置业”通过公开招采，确定愿景集团提供EPC+O一体化服务。同时，“创展置业”与愿景集团共同设立联合运营公司，对项目形成资产进行20年长期运营，将闲置资产改造为租赁住房，核心城区低效土地新建、改建为便民服务中心等，运营收益用于国开行贷款还本付息。

（1）借款人。

济宁市任城区老旧小区改造项目的借款人济宁市创展置业有限公司，信用等级A-，注册资本10亿元，实际控制人为济宁市任城区国有资产运营服务中心。

（2）投资构成。

济宁市任城区老旧小区改造项目总投资6.625亿元，其中：资本金1.625亿元（占总投资额比例24.53%），由济宁市创展置业有限公司负责出具；国家开发银行贷款发放5亿元（占总投资额比例75.47%。）项目贷款期限20年（含宽限期3年）。

（3）建设内容。

济宁市任城区老旧小区改造项目共计10个居住小区，涉及121栋楼，4497户居民，建设内容包括对居民楼的粉刷、修缮、设施完善，改造物业用房、加装电梯，改造便民服务中心、便民市场，整合资源完善公共服务设施等。

（4）还款来源。

本项目还款来源均为经营性设施产生的现金流，主要包括人才公寓运营收入及便民服务中心运营收入。

（5）信用结构。

任兴集团有限公司提供连带责任保证担保，风险缓释措施包括抵押担保、账户监管、流动性支持等。

3）西安市长安区老旧小区改造项目

（1）借款人。

西安市长安区老旧小区改造项目借款人为西安南城嘉苑物业服务有限公司，公司信用等级A-，实际控制人为西安市长安城乡建设开发有限公司。

（2）投资构成。

项目总投资8.74亿元，其中：资本金2.24亿元（占总投资额比例25.6%），由西安南城嘉苑物业服务有限公司负责出具；国家开发银行贷款发放6.5亿元（占总投资额比例74.3%）。项目贷款期限20年（含宽限期3年）。

（3）建设内容。

西安市长安区老旧小区改造项目共计135个小区，涉及1.2万户居民。建设内容以基础类和完善类为主，包括：屋面防水、外墙保温、楼体公共部分维修、小区内道路、供水、供气、供暖、雨污水分流、线缆落地、消防、安防设施、路灯、自行车棚、停车场等。

（4）还款来源。

项目还款资金来源为《委托代建运营协议》项下资金和已接管小区的物业、停车场等运营收入。

（5）信用结构。

一是由母公司及第三方企业西安市常宁开发建设有限公司保证担保；二是借款人以其与母公司签订的委托代建运营协议项下权益提供质押担保；三是母公司以其合法享有的全区的道路停车场收费权提供质押担保。

4）乐陵市城区生态水系综合治理PPP项目

（1）运作模式。

乐陵市城区生态水系综合治理PPP项目采取政府与社会资本合作模式（PPP模式），即由乐陵市人民政府授权乐陵市住房和城乡建设局作为该PPP项目实施主体，乐陵市住建局通过公开招标方式进行采购，山东七星园林建设有限公司、海绵水环境科技控股有限公司为社会资本联合体中标供应商。社会资本联合体中标供应商与政府出资代表乐陵市城市资产经营建设投资有限公司共同出资设立项目公司乐陵七星公司，项目公司全面负责本项目的投资、建设、运维和移交，并用取得的使用者付费（停车位费、广告费、游乐设施等经营收入）和可行性缺口补助偿还农发行贷款本息。

（2）建设内容。

一是盘河综合整治工程，包括5个部分：盘河约3.9公里的河道整治以及河岸两侧景观带工程；沿河公园改造工程，包括中央公园、枣林公园在内的两座公园的改造工程；公园周边放射性的8条道路和桥涵工程；中央大道的景观带建设工程；兴隆大街南延工程。二是老城区雨污分流制改造，包括两个部分：老城区雨污分流制改造以及小区外管网；3座污水泵站及周边配套管网。

（3）资金来源。

该项目总投资10.36亿元，项目资本金2.56亿元，占总投资的比例为24.68%，全部由股东出资；向农业发展银行申请贷款7.8亿元，占总投资比例为75.32%。

（4）还款来源。

该项目还款来源为项目运作过程中取得的使用者付费和可行性缺口补助。

（5）信用结构。

该项目以PPP合同项下应收账款质押设定质押担保、山东七星园林建设有限公司提供全额无限连带责任保证担保，并按贷款比例共出具1.56亿元定期存单设定质押担保。

5）乳山市老旧小区改造暨热力提升项目

（1）运作模式。

该项目采用公司自营模式，乳山市热力集团有限公司承担"2020年乳山市老旧小区改造暨热力提升项目"建设，具有供热特许经营权，采取"以丰补歉"的经营模式，项目建成达产后为有利于改善13018户居民的居住条件和生活品质，新增供热面积为5486144平方米，以收取供热收入和物业管理费作为主营业务收入来源。

（2）建设内容。

项目对乳山市城区内29个老旧小区进行拆违拆临、安防设施、消防设施、给水设施、供电基础配套设施、电力设施、热力设施、房屋修缮、道路设施、绿化工程、公共照明、垃圾分类设施、排水管网、体育健身设施及公共活动场地、非机动车停车棚及充电设施、机动车停车位、社区养老、党建、社区、物业配套、抚幼设施等方面的改造提升。

（3）资金来源。

该项目总投资75577万元，项目资本金15577万元，由借款人自筹，占比20.61%；申请农业发展银行贷款60000万元，占比79.39%。

（4）还款来源。

该项目还款来源为项目建成运营后收取的新增供热收入和老旧小区改造后的物业管理费收入。

（5）信用结构。

该项目贷款以乳山市财金资产运营有限公司提供连带责任保证担保，乳山市城市国有资产经营有限公司提供价值为16555.83万元的国有土地使用权抵押担保。

4.政策性金融参与城镇老旧小区改造的创新方向

政策性金融参与城镇老旧小区改造的创新方向有以下几方面：

1）持续提升金融服务力度和质效

支持城镇老旧小区改造规模化实施运营主体采取市场化方式，运用公司信用类债券、项目收益票据等进行债券融资，但不得承担政府融资职能，杜绝新增地方政府隐性债务。国家开发银行、农业发展银行结合各自职能定位和业务范围，按照市场化、法治化原则，依法合规加大对城镇老旧小区改造的信贷支持力度。商业银行加大产品和服务创新力度，在风险可控、商业可持续前提下，依法合规对实施城镇老旧小区改造的企业和项目提供信贷支持。

2）量身制定融资方案

银行机构结合老旧小区改造模式特点，推进业务创新、流程创新，开发适宜金融产品。调研项目建设规划、资产状况，科学评估未来经营收入等情况，会同小区改造融资主体研究制定融资方案，提高项目融资的可操作性。对融资规模较大的改造项目，可通过银团贷款等方式，集中金融资源，给予融资支持。

3）以共同立项支持大片区统筹项目融资

对于大片区统筹平衡模式或跨片区组合平衡模式生成的小区改造项目，将无法产生收入的老旧小区改造与具备充足现金流的棚户区、老厂区改造等项目统筹搭配、捆绑立项，实现项目资金平衡，银行机构可通过整体授信方式提供融资支持。

4）支持项目以未来现金流提供融资增信

对于小区内自求平衡模式的改造项目以及其他模式的改造项目，能够通过新建、改扩建用于公共服务的经营性设施，银行机构可以将相关设施未来产生的收益作为还款来源，为改造项目提供融资支持。

5）积极承销和投资专项债券

省财政可调剂部分地方政府一般债券用于老旧小区改造，对符合条件的老旧小区改造可通过发行地方政府专项债券筹措改造资金。鼓励金融机构积极开展相关承销和投资业务，支持专项债券发行工作。

6）优化消费金融服务

针对老旧小区改造带来的居民户内改造和装修消费、银发消费、幼儿消费、绿色发展、节能减排等新的消费领域，银行机构要契合场景金融，创新金融产品，提供个性化金融服务，满足多样化消费金融需求。

7）探索发行REITs支持老旧小区改造

在社会公募融资等方面给予定点倾斜，探索老旧小区基础设施改造类REITs项目，有针对性地加大交易所和银行间市场的金融产品投放。

6.2.4 居民合理出资

国办发〔2020〕23号文指出要建立改造资金政府与居民、社会力量合理共担机制，合理落实居民出资责任。按照谁受益、谁出资原则，积极推动居民出资参与改造，可通过直接出资、使用（补建、续筹）住宅专项维修资金、让渡小区公共收益等方式落实。研究住宅专项维修资金用于城镇老旧小区改造的办法。支持小区居民提取住房公积金，用于加装电梯等自住住房改造。鼓励居民通过捐资捐物、投工投劳等支持改造。鼓励有需要的居民结合小区改造进行户内改造或装饰装修、家电更新。

本节将重点阐述关于鼓励居民合理出资的各地具体政策、分析影响居民出资的主要因素、列举居民出资的典型案例及经验总结。

1.鼓励居民合理出资的相关政策

1）住房和城乡建设部

2020年12月，住房和城乡建设部办公厅印发《城镇老旧小区改造可复制政策机制清单（第一批）》（建办城函〔2020〕649号）指出，“在城镇老旧小区改造过程中，各地积极探索形成了一些可复制可推广的政策机制。”“在实践中，不少城市探索完善资金分摊规则。湖北省宜昌市探索小区范围内公共部分的改造费用由政府、管线单位、原产权单位、居民等共同出资；建筑物本体的改造费用以居民出资为主，财政分类以奖代补10%或20%。”

2）北京

2020年6月，北京市住房和城乡建设委员会、北京市规划和自然资源委员会、北京市发展和改革委员会、北京市财政局4部门联合发布《关于开展危旧楼房改建试点工作的意见》指出，“改建资金由政府、产权单位、居民、社会机构等多主体筹集，可通过政府专项资金补助、产权单位出资、居民出资、公有住房出售归集资金、经营性配套设施出租出售等多种方式解决。”“居民应分摊改建项目的部分改造成本，其中：（1）承租公房的居民，有获取改造后房屋产权意愿的，应负担房屋改造的部分成本。其中，原面积部分，负担成本不高于综合改建成本中除政府和产权单位补助之外的不足部分；改建后新增面积部分，按照不低于综合改建成本负担，也可按照同地段、同品质普通商品住房价格70%左右负担，具体标准由区政府制定。居民因经济困难无力负担的，可继续承租改建后的房屋。原房屋面积部分，继续按照公房租金标准收取租金；改建后新增面积部分，按照公租房租金标准收取租金，具体标准由区政府制定。(2)原住房为已购公房或商品房的居民，应负担原住房面积部分的综合改建成本中除政府和产权单位补助之外的不足部分，改建后房屋新增面积部分的成本按照不低于综合改建成本负担，也可按照同地段、同品质普通商品住房价格70%左右负担，具体标准由区政府制定。"

3）上海

为促进居民意愿统一、达成共识，积极推动既有多层住宅加装电梯工作，上海市房管局在总结各区加装电梯成功案例的基础上，制定了《既有多层住宅加装电梯不同楼层业主出资指导区间》。相关业主可以按照"谁受益，谁出资"的原则，通过协商确定具体加装电梯分摊费用（表6-2）。

既有多层住宅加装电梯不同楼层业主出资指导区间 **表6-2**

加装电梯入户方式	多层住宅楼型	出资指导区间						
		1楼	2楼	3楼	4楼	5楼	6楼	7楼
平层入户	7层楼型	0	4%～6%	8%～10%	13%～15%	18%～20%	23%～25%	28%～30%
	6层楼型	0	6%～8%	12%～14%	19%～21%	26%～28%	32%～34%	
	5层楼型	0	9%～11%	19%～21%	29%～31%	39%～41%		
	4层楼型	0	16%～18%	32%～34%	49%～51%			
错层入户	7层楼型	0	2%～4%	7%～9%	13%～15%	18%～20%	24%～26%	30%～32%
	6层楼型	0	3%～5%	11%～13%	19%～21%	27%～29%	35%～37%	
	5层楼型	0	5%～7%	18%～20%	30%～32%	43%～45%		

4）山东

2020年3月，山东省人民政府办公厅发布《关于印发山东省深入推进城镇老旧小区改造实施方案的通知》(鲁政办字〔2020〕28号）指出，"老旧小区改造过程中需引导小区群众积极参与。加强社区党建工作，提高基层治理水平，坚持共同缔造原则，广泛发动群众共谋共建共管共评，实现改造成果共享。社区党组织、居委会组织业主委员会等基层组织，征求居民意愿，确定改造项目、内容及改造完成后的物业管理模式，实行'一小区一策'。引导居民通过住宅专项维修资金、小区公共收益、捐资捐物等渠道出资改造，促进住户户内门窗、装修等消费。”

5）其他地区

湖南省长沙市探索落实居民出资责任。对居民直接受益或与居民紧密相关的改造内容，动员居民通过以下几种方式出资：一是业主根据专有部分建筑面积等因素协商，按一定分摊比例共同出资；二是提取个人住房公积金和经相关业主表决同意后申请使用住宅专项维修资金；三是小区共有部分及共有设施设备征收补偿、小区共用土地使用权作资、经营收益等，依法经业主表决同意作为改造资金。

浙江省宁波市根据改造内容产权和使用功能的专属程度制定居民出资标准，比如楼道、外墙、防盗窗等改造内容，鼓励居民合理承担改造费用。小区共有部位及设施补偿赔偿资金、公共收益、捐资捐物等，均可作为居民出资。

山东省青岛市探索居民提取住房公积金用于城镇老旧小区改造项目和既有住宅加装电梯项目。市政府批复的城镇老旧小区改造项目范围内的房屋所有权人及其配偶，在项目竣工验收后可提取一次，金额不超过个人实际出资额。实施既有住宅加装电梯项目的房屋所有权人及其直系亲属，在项目竣工验收后可就电梯建设费用提取1次，金额不超过个人实际出资额。

2.影响居民出资的因素

1）购房原因多元

与西方国家习惯于租赁住房不同，中国人普遍具有非常传统的居家观念，房子就是家的缩影，对于家庭观念很重的中国人来说，有自己的房子才算有一个安身立命之所。房子在居住的意义之上更被赋予了代表事业有成、代表财富甚至代表权力和占有等等的意义。在小区内居住时间小于5年的住户属于居住时间较短的流动性人口，在小区内购房原因可能是临时周转、就业上学等因素，更新带来的变化不是关注的重点，比较影响出资意愿。

2）租户居住房主配合意愿低

一方面，房主已将房屋租给中介或租户，长期不在小区居住，参与社区事务意愿较低。另一方面，社区公共设施改造提升意味着租金可能上涨，因租户多数收入有限，房租上涨后容易造成租户搬迁、房屋空置。

3）认为改造费用应当由政府承担

由于更新改造的老旧小区原居民收入水平普遍较低，更新行为基本无直接经济收益，老旧小区改造在具体实践过程中往往成了带有社会福利色彩的行为。不同于新建小区已形成通过缴纳物业费对小区公共设施进行维护整治的习惯，老旧小区居民的观念较为落后，对小区公共设施仍停留在应由政府负责处理的认知层面。因此，对部分居民而言，公共设施的更新应由政府进行出资。另外，常年居住在此的老居民经历了社区的繁荣与衰败，在周边快速发展成城市核心之后，部分居民认为社区的破败是由政府的发展策略、管理方式等原因导致，应由政府负责治理，因而不愿出资。

4）担心出资不能用到实处

部分居民认为资金管理不完全透明，担心资金流向所以不愿出资，需要属地政府提升自己的公信力，同时建立一套公正透明的监管和保障机制以实现对支付款的合理使用。

5）考虑房屋存在拆迁的可能性

老旧小区往往地处城市较核心区域且建筑较为破败，与周围新兴建筑格格不入且存在级差地租，不可避免地催生了一批期待“拆迁致富”的居民。考虑到改造后是否会被拆迁而白费投入，同时也期待房屋拆迁来使自己利益最大化，此部分居民并不愿意对老旧小区更新进行投入。

3.典型案例

1）关于房屋原拆重建的居民出资

光华里5号、6号楼建于20世纪50年代，位于北京市朝阳区建外街道光华里社区，总建筑面积合计2382.3平方米，成套住宅36套、共计58户。其中合居住户44户，成套独户14户。依据《房屋结构综合安全性鉴定标准》鉴定为危房。街道工委坚持党建统领，积极发挥“吹哨报到”机制作用，协调区职能部门，会同产权单位、责任规划方，共同协调推进改造项目。在推进过程中，建外街道和光华里社区入户宣传改造政策80余次，并多次召开居民代表会议，在前期充分摸底调研基础上，科学制定居民安置方案。同时，小区物管会发挥桥梁作用，积极反映居民诉求，帮助社区“一户一策”做好居民工作，得到了居民普遍认可。

朝阳区相关负责人介绍，光华里5号、6号楼的改建工程，主要成本由属地政府和产权方首开集团承担。58户居民中有55户属于承租户，不用掏钱；其余3户则是已购公房，房主承担扩建部分的成本价，每户约为10万元。

2）关于加装电梯的居民出资

上海市杨浦区殷行街道市光四村7号楼是20世纪90年代建成的售后公房小区。2017—2018年起，小区里有三幢楼的居民都在发起筹备加装电梯。根据预算，市光四村7号加装电梯的总费用为60多万元。按照多层住宅加装电梯的政策，在总金额超过60万元的情况下，政府可以给予24万元的补贴，但其余费用还需业主自筹。市光四村7号一楼是门面房，二楼至六楼是一梯四户的住宅，共有居民20户。加装电梯要得到楼内所有业主的同意。居民邵敬农自告奋勇作为发起人，成立了由楼组长、党员骨干等人组成的加装电梯工作小组，邀请每户派一名业主代表召开楼组会议。会议确定六楼至三楼按“4321”比例出资，二楼按比例承担维修经费。底楼的门面房不参与出资，剩余的2楼居民作为最低层的住户，居民们在楼组会议上协商出了统一意见，确定了“4321”的出资比例。受惠最大的6楼承担40%，向下逐层递减，5楼30%、4楼20%、3楼10%。2楼不承担安装费用，但如需使用电梯，应按比例承担维修经费。2楼居民表示愿意使用电梯，并承担维修经费。最终，7号楼确定，每年8000元左右的维修经费由所有楼层共同承担，其中6楼承担38%、5楼28%、4楼18%、3楼11%、2楼5%。最终，电梯工程于2019年1月中旬开工，当年9月份完成施工。

3）关于综合改造的居民出资

厦门市“海洋新村”位于大学路174号1～15号，北邻厦门大学，南隔演武大桥，东接国家级研究所第三海洋研究所（海洋三所），西靠厦大医院。小区于1973年至1988年期间建成，共16栋23梯266户，均为楼梯房。原为国家海洋局第三海洋研究所职工用房，1998年房改后房屋产权归私人所有。现居住在小区里的居民85.2%为研究所离退休职工，其余为二手房陆续买入的住户。

2015年9月，厦门市委、市政府提出“共同缔造”理念和方法，推动厦门市老旧小区环境改造和居住品质提升。历经40年的风雨侵蚀，海洋新村呈现较为严重的破败景象，小区居民盼望改造的意愿十分强烈。并且海洋新村留有原单位海洋三所遗留下来的140余万元公共维修基金，符合市政府提出的先期试点项目条件。

此次改造费用由政府、管线单位、国家海洋三所、海洋新村居民共同出资。其中小区建筑本体及周边环境方面的改造按照共同缔造的原则筹集、政府“以奖代补”，居民每户业主出资3000元。小区市政配套设施改造提升资金由管线单位投资，政府财政补贴20%。整个改造耗资约1052万元，其中政府和管线单位出资832万元、占比80%，提取国家海洋三所遗留下来的公共维修金约140万元、居民出资79.8万元，二者占比20%。

在实际改造过程中，为了解决发动居民难、筹资难的问题，下沃社区居委会一方面积极动员海洋新村原主管单位国家海洋三所，通过海洋三所党委和离退休联做小区居民的工作以及移交小区公维金140余万元，并且为了推动改造工程的顺利推行，居民出资额到账只要达到建筑及环境整治中自筹比例要求20%的一半，政府就会让改造工程开始动工。另一方面，社区居委会工作人员和自治小组成员会利用下班和周末时间逐家入户，采用拉家常的方式，说服社区居民加入改造。通过动员国家海洋三所发动居民、移交公维金以及社区居委会和自治小组入户动员这两种方式，解决了前期居民参与积极性不高、自主筹资意愿不强的问题。截至2015年底，已有92.5%的业主交齐改造经费。

为了使得改造后的成果能够保持并且小区以后的更新维护资金来源，海洋新村在改造后成立了业主委员会，引进源恩物业有限公司进行物业管理。源恩物业有限公司每户每月收取物业费0.85元/平方米以及代收小区公维金0.15元/平方米，业主委员会负责公维金的管理和使用。物业公司通过收取物业费，为小区提供安保、保洁和绿化等服务。通过收取公维金为小区的建筑物本体以及电梯、楼道等共有部分提供维修所需资金来源。小区共有部分和楼栋都有自己的公维金，公维金的使用对应小区大修、中修、小修三个层级。大修指整个小区基础设施维修，以及大门等公用设施维修，这部门的资金主要来源于海洋三所遗留的公维金。中修指楼栋的维修，涉及楼栋建筑主体维护，这部分来源于楼栋的维修金。小修指的是门窗等维修，也由楼栋维修金出。并且小区通过对停车场、鸟箱以及广告牌的经营，获取公共收益补充，为小区的管理和维护提供了更多的资金来源。

与同为“共同缔造”的老旧小区比，海洋新村在改造速度以及深度上都具有优势，主要有三个原因。第一是居民收入和素质高，海洋新村大部分居民为国家级科研单位国家海洋三所的退休职工，学历高退休金高，这使得与其他低收入群体为主的小区比，其自主筹资难以及协商难的问题不那么明显。第二是海洋新村规模大，有16栋、266户，每月物业收入加公维金加公共收益经营收入近3万元，这使得引进物业公司成为可能。第三是采用封闭式管理，这使得小区的治安得到保障，公共环境整治后的受益人群为本小区居民，减少了搭便车的现象，大大提高了小区居民的积极性。

4）关于楼内设施的居民出资

位于泉州市中心区泉淮社区的大淮新村，自1988年兴建，1990年完工。部分居住在老旧小区的居民自筹资金，计划对存在安全隐患的楼栋进行改造。2016年，38幢A楼的居民施秀云接到其他住户的投诉称家里漏水，萌生了彻底改变整幢居民楼环境的想法。当时，该幢楼房破损严重，存在墙体潮湿脱落、电线乱牵乱搭、楼梯台阶破损等安全隐患。

居民施秀云找到社区居委会，挨家挨户动员，说服大家参与楼道改造。同时，邀请装修公司来现场，列出十个改造项目。经过居委会与居民历时2年的群策群力，2018年8月，20户业主敲定了众筹方案：每户出资约4600元，由专业的装修公司施工，其间社区负责协调和监督。经过前期的准备，2018年10月23日，改造工程终于动工。两个月后，所有改造项目全部完工，老旧居民楼重焕新颜，成为大家的“幸福家园”。

5）关于居民通过捐资捐物、投工投劳参与改造

攀枝花市2018年被住房和城乡建设部确定为全国15个老旧小区改造试点城市之一，秉承“共同缔造”理念，根据实际确定了“先民生、后提升，先急需、后改善”的改造原则，覆盖了老旧小区市政配套设施、小区环境、建筑物本体、公共服务设施等改造内容。改造过程中，按照政府主导、社会参与、居民共担的原则，老旧小区改造费用原则上由市、县（区）、小区居民按58∶248∶21比例共同承担，居民的出资可以以直接捐款、缴纳物业费或维修资金、捐赠绿化植物、投工投劳参与小区管理等多种方式进行。水、电、气、通信等管线表前改造费用由管线单位和政府按8∶2比例承担，表后改造费用由小区居民承担。截至2020年底，2018年已实施的7个小区改造项目均顺利完成管线改造及费用分摊。

建立“居民服务公司+国有公司”模式。该模式主要在老旧保障性住房小区和公租房小区使用。由社区兴办从事居民服务的社会企业，对小区居民免费开展环境清洁卫生工作；国有公司协助开展重大基础设施和公共配套设施的维修等工作。如河门口廉租房小区，由社区成立服务公司负责小区内简易的卫生清扫，国有资产管理公司作为国有企业平台承担小区内基础设施和公共配套设施的管理维护。

建立“居民自治+国有公司”模式。该模式主要在移民安置小区和廉租房小区使用，由社区组织各种志愿者服务队伍，动员居民投工投劳，实现物业管理的居民自治；对于重大基础设施维修等项目，采取政府补贴一点、居民自筹一点、国有公司集中统筹解决。如清香坪廉租房小区，社区邀请老旧小区离退休党员干部、楼栋长、居民代表组建“业主委员会”，参照现代物业管理标准共同议定小区公约、楼栋公约，动员居民投工投劳，探索邻里互助“爱心储蓄银行”，实现物业管理居民自治。

6）关于居民捐资

2020年5月，河南省人民政府办公厅《关于推进城镇老旧小区改造提质的指导意见》明确要求，“老旧小区改造要以‘政府主导，居民参与；以人为本，突出重点；因地制宜，分类施策’为基本原则。”“在居民出资方面，按照‘谁受益、谁出资’和‘公益设施共同出资、个性项目户主负责’的原则。”焦作市山阳区以“党群360工作法”推进老旧小区改造提质工作，发挥群众主体作用、激发群众参与热情，居民踊跃出力，捐资约10万元，共同参与到改造工作中来。

焦作市山阳区丰收社区建成于1997年，有712户家庭共2500多人。最早为市供电局家属院，由于时间较早，空房、租户也较多。社区书记介绍，小区在改

造前社区就动员，争取全体居民共同参与，动员过程充分利用了“党群360工作法”来指导工作。山阳区的党群360工作法，其要义是“三全六步同心圆”，即通过党建全引领、群众全参与、项目全支撑，落实问、议、定、办、晒、评“六步议事”程序，提升基层组织在群众中的感召力、提升群众的自治力，构建全方位的党群深度融合社区治理体系，绘就党群同心圆。

第一步在小区张贴倡议书、悬挂条幅来制造氛围。重要的是要在党群议事会上先把党员工作做通，给党员们讲明白为什么要这么做、会带来哪些好处等。第二步发动党员利用中午、下班、周末时间入户宣讲政策，不少群众为此感动，主动捐钱并带动其他群众捐钱，这种“以党员带动群众，以先进群众代表带动更多的群众”的工作方式很有效，很快大家的思想都从不理解转变成理解，不参与转变成主动参与。最终，小区出资群众的比例超过了90%。

4.经验总结及意见建议

综合分析全国的典型案例及影响居民出资的各类因素，本节对于居民合理出资的经验总结及意见建议如下：

1）持续培育居民素质及加强居民主体性地位

在老旧小区更新活动中，居民素质即居民在更新活动所具有的参与意识、价值观念、道德伦理意识、权责意识、认知及行为能力等。居民作为老旧小区更新的核心利益相关者，其参与支持和理解程度是更新能否顺利进行的关键，也是老旧小区更新后良好环境能否持续保持的关键。通过培育居民素质，提高居民对于老旧小区更新的认知，做好群众的思想转变工作，建立起老旧小区居民为服务买单的市场观念，明白居民才是小区建设维护的主体，有利于提高居民的支付意愿，促进更新实施的顺利开展，也有利于后期物业管理服务的进驻。

培育居民素质可以从宣传教育和实践体验两方面着手，而实践体验无疑能使居民素质得到快速的提高。在实践中通过亲力亲为加深对老旧小区更新的认知，改变价值观念，加强参与意识、权责意识、道德伦理意识与能力，再辅以适当的宣传教育，综合地提高居民素质，加强其在老旧小区更新中的能力。

具体而言，宣传教育可以通过小区宣传栏、公益讲座、报刊等形式进行，也可以通过媒体、网络、通信软件等加强社区的集体凝聚力。在更新前进行民意调查，征集居民的意见与改造方案，尊重居民的意见与诉求。还可以组织小区居民到已成功进行更新的小区进行实地参观和了解，亲身感受老旧小区更新带来的变化，理解更新带来生活舒适度增加、便利性提高、安全性增强、房屋质量与价值提升等综合效益的同时，较好地保持和维护了原有的居住生态和网络，改变对更新的陈旧观念，为改善居民出资意愿和参与老旧小区更新奠定基础。

通过由居民对更新活动进行出资，不仅将居民的资金纳入老旧小区更新活动，更重要的是以此为契机促使居民深度参与更新活动，加强公众参与。在居民投资者与使用者身份重合后，更新的效果将直接影响到居民出资的效益，势必会增强居民对更新活动的关注度，提高参与的积极性，进一步提高对更新工作的要求。而居民的诉求既是更新活动的出发点，也是判断老旧小区更新成效的基准。只有把握住了居民的意愿和需求，老旧小区更新才能有的放矢，因此保证居民的有效参与尤为重要。

需要明确居民参与的组织机制和诉求的表达机制，鼓励和引导居民成立多元化的组织机构，以组织的形式来代表居民行使权利，维护利益，负责信息的传递共享与意见协商。建立多元畅通的表达机制，如民意调查制度、听证会制度、协商谈判制度等，从而有效地将居民的意愿吸纳进老旧小区更新决策的过程，提高决策的科学合理性。

2）建立公开透明的资金监管制度

一是关于物业维修基金的管理。物业维修基金是指专项用于小区物业共用部位、共用设施设备期满后大修、更新、改造的资金，是大修更新的储备基金。物业维修基金由全体业主缴纳，由经业主大会授权的业主委员会负责专项维修资金的日常管理。2008年2月开始实施的《住宅专项维修资金管理办法》规定，业主应当在办理房屋入住手续前将首期住宅专项维修资金存入住宅专项维修资金专户，并按照当地住宅建筑安装工程每平方米造价5%～8%的比例交存住宅专项维修资金。与新建商品房小区不同，老旧小区大多为政府、企事业单位建设的职工家属院，小区的物业服务单位基本都是单位下属部门，物业管理达不到市场化水平。另外，小区居民自治能力差，从前依靠单位大包大揽的思想延续至今，不理解缴纳住宅专项维修资金的意义，拖欠住宅专项维修资金的现象时有发生。为了能管好用好物业维修基金，首先是做到专款专用，要严格将保修期内应当由建设单位或者施工单位承担的住宅共用部位、共用设施设备维修、更新和改造费用和应当由物业服务企业承担的住宅共用部位、共用设施设备的维修和养护费用区分开；其次是在使用维修资金过程中，要加强对业主大会、业主委员会和物业服务企业的指导和监督，提倡引入第三方专业机构参与审价、监理、验收等使用管理工作，保证维修资金使用的公开透明，保障业主维修资金的知情权和监督权，从而发挥物业维修基金对老旧小区改造的积极作用。

二是关于业主自筹资金的管理。业主自筹资金是对老旧小区改造项目的重要补充，是业主以主人翁身份积极参与小区改造工作的体现，更是解决业主之间因利益划分不均所产生矛盾的有效手段。以老旧小区加装电梯为例，由于电梯设备运行的特殊性，低楼层业主往往不希望动用按照统一标准缴纳的物业维修基金去满足高楼层业主收益更多的项目，多地曾出现过低楼层业主反对、阻挠加装电梯的事件。为解决这种矛盾，大多数地区采取首层不出资，二层以上业主按约定比例出资的方式筹集资金，收益与付出相对公平，业主更容易接受。实际上，小区业主虽然缴纳过物业维修基金等费用，但是老旧小区改造不仅改善了小区的居住环境，更提升了业主的生活品质，对业主房产的保值增值也具有积极影响。本着“谁受益，谁出钱”的原则，作为小区改造直接受益方的业主，将资金投入到改造项目中也是为自己的未来投资。

三是建立协商机制。充分发挥属地管理的优势，由有机更新主管部门通过居委会协调业委会和物业服务企业，充分听取业主和居民的意愿。实施单位在编制和公示有机更新实施方案时，应认真听取业主和居民意见，不断优化方案；有机更新实施中，应充分依靠业主和居民。区县有机更新主管部门应会同相关街镇、居委会、社区等细化工作措施，取得业主和居民的理解、支持和配合；此外，有机更新工程实施后，应充分重视业主和居民的评估意见。

四是完善监督管理。一是建立完善市民监督员和社会监督机制；二是充分的信息公开，依托相应的管理信息平台，向社会公布有机更新工程项目的各类信息；三是充分发挥群众的参与机制，让群众、特别是老旧小区的居民以及其他利益相关者参与到监督与管理的过程中。

3）建立包含居民出资意愿的老旧小区综合评价体系

建立和完善包含居民出资意愿的老旧小区改造综合体系。虽然居民对老旧小区更新的出资意愿在一定程度上只是一种潜在的支付可能，并非实际的支付金额，但却说明了居民对于老旧小区更新的迫切需要且愿意为这种服务进行付费。居民的出资意愿虽仍难以覆盖老旧小区更新所需的资金投入，且占总体比例较小，但已经可以作为老旧小区更新资金的有力补充之一。同时，根据前述分析，在经济发展水平较好，人均收入水平较高的地区以及小区较好的居民将具有更强的出资意愿，居民出资可以在总投资中占据更大的比例，从而更好地减轻更新资金压力。

将居民出资作为老旧小区更新资金的有力补充已具备现实基础，有必要通过完善的措施对居民出资意愿进行评估，从而更好地发掘和利用居民出资意愿，而在具体评估过程中可以运用意愿价值评估法对出资意愿进行量化评估，判断居民对于老旧小区更新的支付能力和不同改造实施方案的偏爱程度，进一步了解居民的真实诉求与意愿，合理确定实施方案的资金来源与构成。通过建立完善包含居民出资意愿的指标体系，开展老旧小区全生命周期的持续评估，对老旧小区进行综合评价打分，将分值高的小区优先纳入更新计划，实行科学持续的动态更新机制。

总之，老旧小区改造中的资金筹措往往是影响项目能否顺利推进最重要的一环，居民合理出资的比例虽然不高，但能够有效地补充资金缺口和激发居民的主人翁意识，是一举多得的工作抓手。就各个地方而言，居民出资已有诸多可行性案例及具体的操作办法，未来在推进此项工作中，可在建立全生命周期的评估体系、建立健全资金监管方式、持续培育居民素质等方面多管齐下，让居民真正成为老旧小区改造的“投资者”“受益者”。

6.2.5 专营单位投入

1.专营单位参与老旧小区改造政策梳理

1）国家及部委政策梳理

（1）国办发〔2020〕23号文。

①编制专项改造规划和计划。养老、文化、教育、卫生、托育、体育、邮政快递、社会治安等有关方面涉及城镇老旧小区的各类设施增设或改造计划，以及电力、通信、供水、排水、供气、供热等专业经营单位的相关管线改造计划，应主动与城镇老旧小区改造规划和计划有效对接，同步推进实施。

②建立改造项目推进机制。为专业经营单位的工程实施提供支持便利，禁止收取不合理费用。

③推动社会力量参与。引导专业经营单位履行社会责任，出资参与小区改造中相关管线设施设备的改造提升；改造后专营设施设备的产权可依照法定程序移交给专业经营单位，由其负责后续维护管理。

④落实税费减免政策。专业经营单位参与政府统一组织的城镇老旧小区改造，对其取得所有权的设施设备等配套资产改造所发生的费用，可以作为该设施设备的计税基础，按规定计提折旧并在企业所得税前扣除；所发生的维护管理费用，可按规定计入企业当期费用税前扣除。

（2）各地市政策梳理。

①北京市：《北京市老旧小区综合整治市政专业管线改造统筹工作方案》。

加强统筹。进一步梳理老旧小区综合整治市政专业管线改造任务，统一规划，稳步推进。不断完善老旧小区综合整治市政专业管线改造统筹推进机制，切实强化市区相关部门对专业管线改造工作统筹。

流程再造。落实审批制度改革的相关要求，将各专业公司针对不同专业管线分别制定开展“勘察设计、改造方案、立项批复、工程招标、工程验收”优化为由实施主体组织各专业公司统一设计方案、统一立项审批、统一改造施工、统一验收移交。

强化服务。改造后，各市政专业管线专业化管理延伸至小区红线内各专业管线产权分界点，基本实现专业管线管理入楼入户，打通管理服务“最后一公里”。支持社会资本参与老旧小区综合整治市政专业管线改造工作。

②吉林省:《吉林省全面推进城镇老旧小区改造工作实施意见》。

统筹落实专营管线单位责任。引导专业经营单位履行社会责任，采取以奖代补、协助申报中央补助资金等方式，支持专营单位改造供水、供电、供气、供暖、通信、有线电视等专业经营基础设施。专营设施改造前产权属于专营单位的，由专营单位负责改造；产权不属于专营单位的，改造后依照法定程序移交给专营单位，由其负责维护管理。电力、通信管理、广播电视、住房城乡建设部门要加强规划和年度计划的统筹协调，主动做好相关管线的改造规划和年度计划与城镇老旧小区改造规划和年度计划的有效对接，确保同步实施。各管线专营单位要在属地政府的领导下，参与调查摸底、“一区一案”的编制和城镇老旧小区改造项目的联合审查。

③四川省:《支持城镇老旧小区改造十条措施的通知》。

开通市政道路挖掘许可办理绿色通道。水、电、气、通信等专业经营单位参与城镇老旧小区改造，涉及挖掘市政道路的，各地主管部门在相关许可办理等方面要积极给予支持，开通绿色通道。

④杭州市:《关于在老旧小区综合改造提升中进一步加强管线改造工作的指导意见》。

由市旧改办会同相关管线单位，制定年度老旧小区综合改造提升管线实施计划，明确任务清单、责任主体和时间期限，进一步统筹改造需求和实施时序，指导老旧小区综合改造提升工作的有序实施；由建设单位牵头做好管线综合，预排施工计划，为管线单位实施单项管线改造留出合理施工工期；管线单位应根据全市老旧小区改造总体计划，合理安排相关的管线改造计划。

⑤甘肃省:《甘肃省人民政府办公厅关于全面推进城镇老旧小区改造工作的实施意见》。

鼓励专业经营单位积极出资。电力、通信、有线电视、供水、燃气等专业经营单位要积极履行社会责任，主动参与支持城镇老旧小区改造。涉及管线的迁改、规整费用，由相关专业经营单位和地方共同承担，具体比例由各地研究确定。改造范围内的电力、通信、有线电视管沟、站房及箱柜设施，土建部分建设费用纳入财政支持，网络缆线、电线等更新及规整入地由专业经营单位组织实施。鼓励小区楼面资源对5G等移动通信基础设施开放。

⑥《城镇老旧小区改造可复制政策机制清单（第一批）》部分相关内容，福建省、江西省上饶市提出：明确电力、通信、供水、排水、供气等专业经营单位出资责任。对老旧小区改造范围内电力、通信、有线电视的管沟、站房及箱柜设施，土建部分建设费用由地方财政承担。供水、燃气改造费用，由相关企业承担；通信、广电网络缆线的迁改、规整费用，相关企业承担65%，地方财政承担35%。供电线路及设备改造，产权归属供电企业的由供电企业承担改造费用；产权归属单位的，由产权单位承担改造费用；产权归属小区居民业主共有的，供电线路、设备及“一户一表”改造费用，政府、供电企业各承担50%。非供电企业产权的供电线路及设备改造完成后，由供电企业负责日常维护和管理，其中供电企业投资部分纳入供电企业有效资产。

2.专营单位改造现状情况

1）现状情况

专营单位其实是从“专营制度”衍生而来，专营是由国家对某些特定产品的产运销全过程或部分环节实行垄断经营的制度，简称“专卖”。国家实行垄断经营的产品称为专卖产品。国家运用法律手段禁止私人或其他社会团体从事这些产品的经营活动。专卖方式有完全专卖和不完全专卖。前者是国家对专卖产品从生产到运销的全过程中的各个环节都实行垄断经营，不允许私人或其他社会团体经营；后者是国家只对产运销过程中的某个或某几个环节进行垄断经营，部分环节由社会经济体参与经营。老旧小区改造中最迫切需要进行的给排水、供气、供暖、供电和弱电的改造，正是由专营单位来为居民使用者提供服务的。

对于老旧小区来说，小区内主要基础管网由于设施运行年代较长、建设年代久远、规划设计标准较低等原因，跑冒滴漏、爆管现象时有发生，老旧小区普遍存在供热、给排水、强电、弱电建设标准落后的问题，影响到供应安全与供应质量，同时也增加了能源消耗和污染物的排放，一方面影响了小区居民的生活体验，另一方面也会带来一定的安全隐患，群众对此反映较多、意见较大，迫切需要在老旧小区改造过程中加以统筹考虑和合理改造。从前期市研情况看，部分城市在老旧小区改造实践中，针对各类管线杂乱无章的情况，因地制宜采取了一些有效管理方法，值得各地学习借鉴。

多数老旧小区改造项目因与管线专营单位相关改造计划不匹配，老旧小区改造中最重要的市政基础设施改造在实际工作中的协同和推进较为困难。在未来的老旧小区改造项目实施过程中，需提前与供电、给排水、供热、弱电等专营单位之间的就本年度及后续年度的改造计划进行沟通交流，形成计划协调、工作合力，按照管线权属关系和改造管理责任，共同做好老旧小区管线改造工作。

2）难点分析

（1）旧城管网规划有待梳理。

目前，我国城市地下管网的更新改造存在规划不足的问题。首先，一些城市在对地下管网进行改造的过程中，缺乏完善的计划规划，没有结合城市各类基础设施的实际情况进行设计规划，导致工程施工进度缓慢，难以达到预期效果。其次，一些城市虽然对地下管网改造有一定的重视与关注，也建立了适当的管理机制，但是由于缺乏足够的经验，不能对其进行科学合理的管理与控制。

（2）管理服务边界问题。

不同于按照现行建设规范新建的保障房、商品房社区，老旧小区大多建成于20世纪70—90年代，建设规范并不完善，供电、给排水、供热、弱电等基础管网的铺设、改造和管理的边界未进行明确，因此造成老旧小区管网改造的“最后一公里”难题。

（3）改造资金筹集问题。

“资金问题”是管网改造的最大难题，除了政策性补贴有限，居民出资比例偏低也是“资金难关”中的关键一环。老旧小区里的大多数居民收入偏低，导致部分居民群众在管网改造时自愿出资的积极性不高，出资比例偏低，加之财政补贴有限，管网改造受资金限制推进较为缓慢。

（4）利益协调难度较大。

市政管网改造项目涉及的专营单位层级和数量众多，利益协调难度大。基于市政管网改造的公用事业属性，政府方作为项目主要发起人，关注社会效益；社会公众作为主要受益者，注重管网改造后的服务质量；管线单位作为管理服务者，又因为长期的政策性亏损，改造资金无源筹集，这些都将影响管线单位的改造意愿。

3.专营单位参与老旧小区改造的模式

1）财政补贴，专营单位实施

财政补贴是一种政府政策或行为，旨在通过直接或间接的方式影响特定生产者或消费者，纠正市场缺陷，体现政府公共服务职能，同时可以降低专营单位的社会公益性成本。因属于公益属性，政府定价较低，多数专营单位的新项目建设及旧有项目改造的资金来源依托于地方财政补贴。

老旧小区改造是一项长期的工作，既有当期改造资金的投入，也有长期管理维护的费用，仅靠各级财政支出难以保证，必须有可持续的资金筹措渠道予以保证。同时还可加大奖补资金支持力度，将国家有关保障性住房基础设施配套资金、棚改补助资金、既有房屋的节能改造资金等统筹用到试点城市老旧小区管网改造工作中，发挥资金的整体效益。

2）特许经营方式

给水排水、燃气、供暖、电力等城镇公用事业属于有一定收入来源的准经营性项目，项目的改造和建设发展可采取特许经营模式、PPP（即政府和社会资本合作的运作模式）或政府购买服务的方式筹集建设资金。

4.专营单位参与老旧小区改造案例

1）改造案例

（1）山东省济宁市协调实现弱电下地序化改造。

济宁市在深入推进老旧小区改造工作中，针对“蜘蛛网”式的弱电线路，以“破除飞线症结、照顾各方利益、兼顾长远功能”为目标，创新推进机制、破解资金难题、调动各方积极性，深入实施弱电下地序化改造。

①创新推进机制，出台政策支持。

组建“部门+专营单位+街道社区”的“飞线整治联盟”，定期召开联席会议，出台《济宁市支持城镇老旧小区改造十条措施》，建立“部门主抓、专营单位主建、街道社区保障”的工作推进机制，明确通信专营单位的责任义务和参与改造的支持政策，产权属于专营单位的由专营单位负责改造；产权不属于专营单位的，专营单位承担公共部位管线改造总费用的50%。

②深入沟通协调，落实各方责任。

在济宁医学院职工宿舍项目改造前，住建部门牵头组织街道社区、物业企业、居民代表、设计单位以及移动、联通、电信、广电等召开六方联席会议，议定弱电改造方案、责任分工、出资比例、施工划片等重要事项。明确由建设单位负责开挖地下管沟、埋设管道，在楼体各单元敷设安装槽板或桥架等工作；街道社区、物业企业负责改造方案公示、宣传、施工现场安全保障等工作；各通信专营单位负责按照出资比例和施工划片将线路接入“弱电综合管槽”，并分别承担部分楼栋线路改造费用。

③共沟共管共线共箱，一次改造到位。

在实际改造中，统一改造路由，将移动、联通、电信、广电等四网合一，并将线路统一纳入管沟，实现了共沟共管共线；通过将各类通信线路归集到光缆交接箱，并在每个单元安装光缆交接箱分支箱，通过运营商四家运营商共享共用交接箱、分支箱，真正实现了小区选网“菜单化、便捷化”，居民在更换网络运营商时，无需再重新敷设线路，仅在分支箱内转换网络插头，即可更换网络运营商，既方便了小区居民，又倒逼专营单位提高服务水平。

④完善后期管护，构筑长效机制。

将改造后弱电线路的日常管护纳入老旧小区改造后续管护体系，与老旧小区同步管理同步维护。物业公司、业主委员会负责日常监督，街道社区负责不定期检查，各通信专营单位负责各自线路的日常检修、报装维修等工作，同时建立物业公司与专营单位时时沟通机制，用户网线出现问题，既可以通过拨打专营单位电话进行维修，也可通过物业公司帮助联系专营单位，为居民解决上网问题提供了多种报修途径。

（2）山东省滨州市无棣县加大财政资金补助破解电力设施改造难题。

滨州市无棣县创新思路，积极协调，加快推进供电专营设施设备改造移交工作，大力破解强电专营设施改造难题，取得了突破性进展。

无棣县老旧小区大多建成于20世纪90年代，普遍存在供电设施超期运行、设备老化、容量偏小等问题，供电质量难以保证，安全隐患较多。小区住户通过向人大代表提意见、12345政府服务热线等方式，表达对供电的强烈愿望。“民有所需，改有所为”，无棣县积极回应百姓诉求，组织电力公司对26个老旧小区改造开展供电等设施设备改造，协调供电公司出资800余万元负责安装入户电能表、表箱、集中采集器等供电设备，住户出资安装户内的线路设施，政府采取“以奖代补”方式对改造项目出资1700余万元，有力调动了专营单位参与改造的积极性。在供电设施改造完成后，小区内的专营设施设备将按照《山东省物业管理条例》有关规定，移交给各专营单位进行维护和管理。

（3）老旧小区管线改造管理的“杭州模式”。

杭州老旧小区综合改造提升中，弱点管线入地入槽模式是最先进的一种，叫“多网合一模式”，另外还有弱电线路传统“上改下”模式和既有线缆整理模式。

在老旧小区综合改造提升管线项目上，市区两级电力、水务、燃气等国有企业给予了大力支持。据不完全统计，杭州市水务集团正在对129个小区、120余公里的灰口铸铁管、劣质塑料管等老旧管线进行更换，总投资达8800万元；市燃气集团正在对30余个小区的燃气管网进行整体翻建或局部引入登高管改造，提高管网安全用气保障能力。

2）案例启示

（1）标本兼治，因地制宜。

对群众反映强烈的老旧破损、存在安全隐患、影响群众生活的管线及“空中蜘蛛网”，努力实现应修尽修、应改尽改。同时，充分考虑小区实施条件，合理安排资金预算，根据轻重缓急，因地制宜地确定管线改造内容、安排建设时序。

（2）综合改造，共同推进。

老旧小区管网改造中应坚持“综合改一次”的理念，制度的顶层设计上，各地方应结合自身专营单位的历史沿革和现状情况，设立专营单位管网改造的长效管理机制，明确专营单位的管理服务内容、管理服务分界点。统筹考虑5G网络建设、智慧安防、电梯加装、应急防控、服务拓展等的需求，系统推进管线改造；积极为管线专营单位创造管网更新、业务拓展、企业发展的机遇，调动管线专营单位参与改造的积极性和主动性。

（3）政策保障，权责清晰。

老旧小区管网改造的“最后一公里”过程中，应坚持政策制度先行，厘清专营单位的权责边界，从而实现改造到位，长效维护。结合北京市相关政策，各地市可结合自身情况，明晰专营单位管网权属与居民权属的分界点，从而顺利推动改造。

（4）计划先行，同步实施。

由相关管线单位，制定年度老旧小区综合改造提升管线实施计划，明确任务清单、责任主体和时间期限，进一步统筹改造需求和实施时序，指导老旧小区综合改造提升工作的有序实施。由建设单位牵头做好管线综合，预排施工计划，为管线单位实施单项管线改造留出合理施工工期。管线单位应根据全市老旧小区改造总体计划，合理安排相关的管线改造计划。

（5）建管并重，重在长效。

按照完成改造后五年内小区原则上不得开挖敷设管线的要求，建立长效管理机制，落实各方管理责任，维护好老旧小区综合改造提升的成果。

6.2.6 城市更新基金

1.城市更新基金的政策

城市更新基金是以城市更新为投资标的私募基金。城市更新基金是私募基金的一种基金形式，遵循《证券投资基金法》《证券投资基金备案法》《私募投资基金监督管理暂行办法》《合伙企业法》《公司法》等相关法律法规的进行业务的合法合规的开展城市更新基金的设立、备案、发行、募集、投资。

国办发〔2020〕23号文提出吸引各方社会力量进行投资参与城市更新进行投资，基金协会鼓励支持城市更新的私募基金的备案。

各地对老旧小区改造的相继进行政策鼓励中都提出创新金融以及基金等模式进行老旧小区改造资金的进入。其中山东省地方金融监督管理局、山东省财政厅等5部门联合发文《关于做好金融支持全省城镇老旧小区改造工作的通知》对老旧小区改造的文件中对基金作为老旧小区改造的资金来源方式之一。《通知》提出深化政府和社会资本合作。对符合条件的项目，鼓励运用政府和社会资本合作（PPP）模式，引入银行机构、基金公司、民间资本，拓宽资金来源，共同推动老旧小区改造项目。

2.城市更新基金的市场分析

随着传统地产行业的热度降低以及城市更新的需求不断提升，国家对城镇老旧小区改造纳入“十四五”规划。全国存量住宅面积338亿平方米，城镇需改造老旧小区面积60亿平方米，且以每年3.3%的增长率进行增长。老旧小区及城市更新的空间体量和投资机会将会迎来更多的资本涌入。伴随着地产金融的强监管，除国家政策支持政府进行老旧小区的发行专项债券、申请专项资金落实权益资产、政策银行的贷款等。社会资本方参与城市更新项目的投资，城市更新基金会是社会资本方的较好的投资形式之一，城市更新基金投资老旧小区改造项目为老旧小区注入资本活力，为项目前期的启动提供项目资金，且能够吸引更多的资本进入老旧小区改造项目，以小资本撬动大项目。城市更新基金投资城镇老旧小区改造项目是社会资本方参与城市更新项目并通过基金的形式持有资产权益进行长期投资的方向。

城市更新基金是以私募的方式融资的基金，投向以城市有机更新的项目。包括但不限于老旧的基础设施、老旧工业厂房、老旧小区等。全国各地城市更新基金不断的进行设立发行，目前城市更新基金的发起设立备案的基金包括深圳城市更新私募股权投资基金、力汇城市更新一期、二期私募股权投资基金、青白江交子城市更新股权投资基金等。此类基金的投资参与者包括地产开发公司、城市运营商、金融机构以及其他偏爱地产类投资者。该类型的基金通常涉及拆迁、重建、地产开发、并购等业务。以老旧小区改造为目标的城市更新基金不断的创新探索，建立以老旧小区改造为投资标的城市更新基金，寻求老旧小区城市更新基金的投资参与者，包括不限于长期稳定的金融机构、建设开发公司、城市运营服务商等，以老旧小区的运营收益实现基金的收益。

3.城市更新基金的搭建

城市更新基金根据城市更新项目的特点进行基金的搭建。城市更新的种类相对较多，包括原拆重建、物业收购改造租售、老旧小区改造提升更新等。原拆重建、物业收购改造收租的操作形式是一种开发和资产收并购的形式基金，在此阐述老旧小区改造城市更新基金由政府的引导基金和社会资本发起的投资基金。老旧小区改造具有项目前期居民事务协调、改造项目分区、收益资产体量较小的问题，这对于基金投资带来相对的难点。城市更新基金在搭建需从以下方面进行考虑：

（1）城市更新基金根据老旧小区改造的特点进行老旧小区改造项目的资产资源收益的平衡，实现基金的投资收益；

（2）城市更新基金考虑资产的后期收益的稳定性以及资本市场对收益资产的估值；

（3）城市更新基金投资者的选择，根据项目的特点具有周期长的原因，对投资者的投资期限需求较长。

城市更新基金通过设立省级或城市级城市更新引导基金，引入投资人、产业方等多种资源，再分别设立老旧小区改造、美丽乡村、历史街区开发利用、城市有机更新等专项子基金，整合更为广泛的经营性资源，在弥补老旧小区改造资金缺口的同时，完成城市有机更新。

城市更新引导基金将重点投向老旧小区改造、旧村镇、旧厂区、历史文化街区等方面，通过土地资源高效改造集约利用和物业活化。

城市更新引导基金将根据开发改造项目设立不同专项的子基金，以满足不用投资机构、产业投资人的投资偏好，从而充分发挥各方的投资能力，通过将“多种项目、多类项目”进行整体捆绑，实现基金获取合理的投资收益（图6-5）。

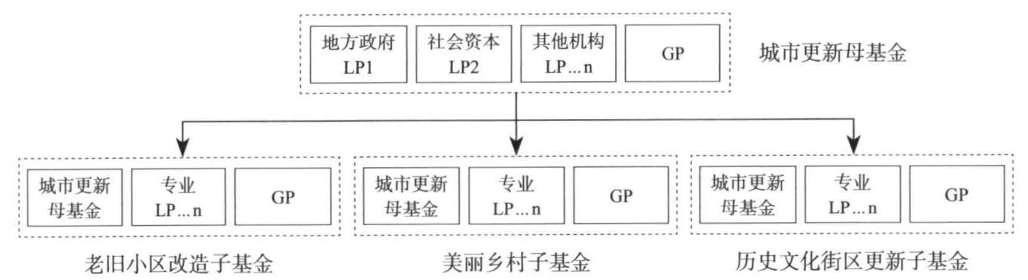

图6-5　城市更新引导基金投融资模式

4.城市更新基金运作模式

1）基金组织设立

城市更新基金绝大多数是私募股权基金以有限合伙的形式出资设立，有限合伙制私募股权投资基金的法律基础主要是《合伙企业法》《合伙企业法登记》《国务院关于个人企业和合伙企业征收所得税问题的通知》。按照合伙型私募股权投资基金企业设立有限合伙企业并进行设立和备案，并严格按照《合伙企业法》审核合伙人资格、募集方式、出资方式和额度、各方的权利义务。

2）基金投资初步审核

基金投资的初步审核包括以下步骤：项目来源—项目考察—项目初步判读—财务标准评估。

城市更新基金投资老旧小区改造项目的投资标准侧重于老旧小区改造后平衡资源的资产收益以及后期的稳定性，能在未来实现投资收益的回报。

3）基金运营管理

城市更新基金的运营管理主要是对城市更新项目的运营能力的体现，一般情况下基金的管理人和投资项目的运营团队是紧密合作伙伴，才能保证后期项目的运营收益为基金的投资收益提供有力的管理职能。其中运营团队和基金管理人有效的结合为投资人进行资金管理，对项目的运营具有实时的把控。城市更新基金的收益来源于后期的长期投资收益，故基金的运营管理实现收益在于项目的运营管理。基金的运营管理在于基金搭建时的结构以及合伙企业的内部治理结构、内部收益分配与激励机制、基金风控制度、项目投资评判标准等。

4）基金的退出

城市更新基金的退出机制是私募股权投资基金获得收益，而收益的实现则是通过所投资项目中退出来实现。一般私募股权的退出方式为上市退出、转让退出、并购回购、清算。

城市更新基金投资老旧小区其投资行为为投资和运营。不同于其他类型城市更新基金，其他类型城市更新基金可通过出售、固定资产资本化方式实现收益，后期通过并购、资产升值转让等方式退出。老旧小区改造的收益来源于后期的运营，根据长期收益的来源特点其短期的退出可通过转让进行退出。长期角度看老旧小区改造的运营收益的规模体量增加以及收益的不断稳定增长，可通过估值提高公司的估值进行资本市场的退出。

6.3 资金回报机制

6.3.1 支持政策汇总

1.国办发2020〔23〕号文

国办发2020〔23〕号文提出，“推动社会力量参与。通过政府采购、新增设施有偿使用、落实资产权益等方式，吸引各类专业机构等社会力量投资参与各类需改造设施的设计、改造、运营。支持规范各类企业以政府和社会资本合作模式参与改造。支持以‘平台+创业单元’方式发展养老、托育、家政等社区服务新业态。

“完善适应改造需要的标准体系。因改造利用公共空间新建、改建各类设施涉及影响日照间距、占用绿化空间的，可在广泛征求居民意见基础上一事一议予以解决。

“建立存量资源整合利用机制。各地要合理拓展改造实施单元，推进相邻小区及周边地区联动改造，加强服务设施、公共空间共建共享。加强既有用地集约混合利用，在不违反规划且征得居民等同意的前提下，允许利用小区及周边存量土地建设各类环境及配套设施和公共服务设施。其中，对利用小区内空地、荒地、绿地及拆除违法建设腾空土地等加装电梯和建设各类设施的，可不增收土地价款。整合社区服务投入和资源，通过统筹利用公有住房、社区居民委员会办公用房和社区综合服务设施、闲置锅炉房等存量房屋资源，增设各类服务设施，有条件的地方可通过租赁住宅楼底层商业用房等其他符合条件的房屋发展社区服务。

“明确土地支持政策。城镇老旧小区改造涉及利用闲置用房等存量房屋建设各类公共服务设施的，可在一定年期内暂不办理变更用地主体和土地使用性质的手续。增设服务设施需要办理不动产登记的，不动产登记机构应依法积极予以办理。”

2.北京

2020年4月，北京市住房和城乡建设委员会等关于印发《2020年老旧小区综合整治工作方案》提出：“（七）试点存量资源整合利用机制。研究相关措施，破解小区现有服务设施产权多元化，导致使用统筹难的问题。探索‘不求所有、但求民用’，在区级层面试点小区多产权配套设施在统一平台上实现精细化利用，最大限度满足居民需求。（八）试点增建公共服务设施机制。对存量资源整合利用后仍不能满足居民需求的小区，研究出台增建公共服务设施的支持政策措施，在适度放宽规划指标、新建设施所有权和使用权分离、所有权容缺容错办理等方面给予支持。”

2019年12月，北京市规划和自然资源委员会等部门关于印发《关于完善简易低风险工程建设项目审批服务的意见》的通知（京规自发〔2019〕439号）提出：“社会投资简易低风险工程建设项目是指，未直接使用各级公共财政投资进行建设，地上建筑面积不大于10000平方米，建筑高度不大于24米，功能单一、技术要求简单的社会投资新建、改扩建项目及内部装修项目”，并将住宅性质的建筑物纳入简易低风险工程建设项目清单。

3.山东

2020年3月，《山东省人民政府办公厅关于印发山东省深入推进城镇老旧小区改造实施方案的通知》提出：“创新老旧小区及小区外相关区域‘4+N’改造方式和融资模式。”

（1）大片区统筹平衡模式。把一个或多个老旧小区与相邻的旧城区、棚户区、旧厂区、城中村、危旧房改造和既有建筑功能转换等项目捆绑统筹，生成老旧片区改造项目，加大片区内D级、C级危房改造力度，做到项目内部统筹搭配，实现自我平衡。

（2）跨片区组合平衡模式。将拟改造的老旧小区与其不相邻的城市建设或改造项目组合，以项目收益弥补老旧小区改造支出，实现资金平衡。

（3）小区内自求平衡模式。在有条件的老旧小区内新建、改扩建用于公共服务的经营性设施，以未来产生的收益平衡老旧小区改造支出。

（4）政府引导的多元化投入改造模式。对于市、县（市、区）有能力保障的老旧小区改造项目，可由政府引导，通过居民出资、政府补助、各类涉及小区资金整合、专营单位和原产权单位出资等渠道，统筹政策资源，筹集改造资金。

（5）鼓励各地结合实际探索多种模式。引入企业参与老旧小区改造，吸引社会资本参与社区服务设施改造建设和运营等。

同时，创新支持政策和配套措施："（一）加强规划统筹。市、县（市、区）住房城乡建设、自然资源和规划部门组织编制老旧片区改造实施方案，测算所需投资和未来收益，合理划分改造区域，优化资源配置，策划、设计可以产生现金流的老旧片区改造项目。对在小区内及周边新建、改扩建社区服务设施的，在不违反国家有关强制性规范、标准的前提下，可适当放宽建筑密度、容积率等技术指标。（二）探索土地支持政策。鼓励各地积极探索土地出让支持大片区统筹改造或跨片区组合改造的政策措施。把大片区统筹改造和跨片区组合改造与城镇低效用地再开发项目统筹谋划，并结合实际给予相应政策支持。老旧小区'15分钟生活圈'内城镇低效用地再开发整理腾出的土地，优先用于建设社区服务设施。"

4.江苏

2020年12月，江苏省城镇老旧小区改造工作领导小组印发《关于全面推进城镇老旧小区改造工作的实施意见》（苏旧改〔2020〕2号）提出："（十二）探索创新改造模式。各地要结合城市更新，探索把一个或多个老旧小区与相邻片区更新，以及棚户区、旧厂区、危旧房改造和既有建筑功能转换等项目捆绑统筹，生成老旧小区片区化改造项目，实现项目资金自我平衡。探索将拟改造的老旧小区与其不相邻的城市建设或改造项目进行组合，形成组合类项目，实现改造投入跨项目平衡。探索老旧小区改造项目'清单'中用于公共服务的经营性设施，通过市场化进行新建、改扩建并运营，以未来产生的收益平衡老旧小区改造支出。探索通过市场化方式收购待改造区域房源，形成改造后的房屋价值增值，补充增加改造资金。"

5.深圳

2020年12月,《深圳经济特区城市更新条例》提出:“城市更新应当与土地整备、公共住房建设、农村城市化历史遗留违法建筑(以下简称历史违建)处理等工作有机衔接,相互协调,促进存量低效用地再开发。”“旧住宅区和旧商业区因配套设施不完善或者建筑和设施建设标准较低的,可以采取整饰建筑外观、加建电梯、设置连廊、增设停车位等措施实施综合整治类城市更新。”“实施主体在城市更新中承担文物、历史风貌区、历史建筑保护、修缮和活化利用,或者按规划配建城市基础设施和公共服务设施、创新型产业用房、公共住房以及增加城市公共空间等情形的,可以按规定给予容积率转移或者奖励。”

6.四川

2020年9月,《四川省人民政府办公厅关于全面推进城镇老旧小区改造工作的实施意见》(川办发〔2020〕63号)提出:“积极推广政府和社会资本合作(PPP)模式,通过特许经营权、合理定价、财政补贴等事先公开的收益约定规则,带动社会资本参与改造。鼓励以‘平台+创业单元’创新模式,结合夜间经济、户外经济等新需求,依法依规统筹利用小区及周边存量房屋、存量用地,活化利用历史建筑,发展养老、托育、家政、物流、便民服务、物业服务、商旅文创等新业态,打造特色街区街巷,注入创新动力,推动旧城复兴。”

2020年11月,四川省住房和城乡建设厅印发《支持城镇老旧小区改造十条措施》提出:“三、统筹城镇老旧小区改造与棚户区改造。相邻地段城镇老旧小区和拟通过改建(扩建、翻建)方式改造的危房,可按规定分别申报纳入城镇老旧小区改造计划和棚户区改造计划,分别立项,统筹实施,利用城镇老旧小区改造政策支持配套基础设施和公共服务设施改造,利用棚户区改造政策支持危险房屋主体改造。四、鼓励实行工程总承包。城镇老旧小区改造项目,鼓励以初步设计或者方案设计为基础,采用设计施工总承包或者设计采购施工总承包方式发包,合理减少项目前期准备时间。可采用总价合同,并在招标文件及合同中明确改造范围、改造标准、功能需求、主要材料设备型号(技术参数)与质量要求等内容。”“八、统筹运用租赁型保障性住房政策。可将城镇老旧小区改造后满足条件的房源纳入保障性住房房源预备清单,政府投资公租房存在缺口的,可购买或者长期租赁,作公租房使用,优先向拟领取公租房租赁补贴的保障对象推送。改造后用于出租的小户型房源,可纳入保障性租赁住房清单管理,按照国家规定享受相关政策支持。”

7.浙江

2020年12月,浙江省人民政府办公厅《关于全面推进城镇老旧小区改造工作的实施意见》(浙政办发〔2020〕62号)提出:"因拆除重建增加的住宅面积可以出售，出售资金用于充抵建设成本、增配社区公共服务等。实施拆改结合改造的，市县政府可在妥善考虑居民需求和相邻关系人利益的前提下，科学合理确定容积率、层高、层数、绿化等技术指标。"

8.湖南

2020年4月，湖南省住房和城乡建设厅等多部门《关于推进全省城镇老旧小区改造工作的通知》(湘建城〔2020〕50号)提出:"鼓励电梯、快递、物流、商贸、停车设施、物业服务等企业进行投资，并通过获得特许经营、公共位置广告收益、便民服务等途径收回改造成本的方式参与老旧小区改造。"

9.宁波

2020年4月，宁波市人民政府办公厅《宁波市城镇老旧小区改造三年行动方案(2020—2022年)》提出:"吸引市场主体投资城镇老旧小区改造项目，在满足片区规划导向的前提下，推动办公用地、商业用地的规划调整；探索'毛地出让'的土地开发利用模式，出让方案中应明确市场主体责任，满足规划条件的，允许其通过适度拆建平衡资金。"

6.3.2 资金平衡方式

2019年7月，住房和城乡建设部会同国家发展改革委、财政部联合印发《关于做好2019年老旧小区改造工作的通知》指出:"老旧小区改造需推动地方创新改造方式和资金筹措机制等，按照'业主主体、社区主导、政府引领、各方支持'的方式统筹推进，采取'居民出一点、社会支持一点、财政补助一点'等多渠道筹集改造资金。"

据住房和城乡建设部标准定额司巡视员倪江波介绍，据初步统计，全国共有老旧小区近16万个，涉及居民超过4200万户，建筑面积约为40亿平方米，根据全国老旧小区的平均强度进行初步测算，需要投资额1万亿元以上，如此大规模的投资，全由政府财政投入将不可持续，必须吸引社会资本，通过市场化运作，用财政资金撬动社会资本的进入。且老旧小区改造是一个需要坚持长期投入的过程，如果只是依靠财政资金的投入，完全抛弃市场化方式，有限的人力财力和物力，必然无法形成老旧小区改造的长效机制，无法切实提高居民的生活品质。

因目前大多数老旧小区改造项目都是社区内建设项目，且多以公益和民生项目为主，无法形成良好的现金流和资金平衡机制，缺乏吸引社会资本和金融机构进入老旧小区改造的动力，因此老旧小区改造的社会资本目前较少。

为鼓励和支持社会资本和金融机构有序进入老旧小区改造，需在政策上给予大力支持外，在项目设立初期应对项目进行总体设计和资源规划相结合，在满足居民诉求的基础上，保障社会资本及金融机构投资的基本利润要求，通过空间上的社区自平衡、大片区统筹、跨片区统筹、城市更新单元等方式，实现“肥瘦搭配”，解决项目投资周期长、回报率低的问题，提高社会资本的投资动力和积极性（表6-3）。

资金平衡方式特点分析 **表6-3**

平衡方式	区域	资源	社会资本参与度
社区自平衡	社区内	社区内闲置/低效经营性资源	低
大片区统筹	街区	边角/低效土地再开发、简易低风险、旧厂	中
跨片区统筹	市区	旧厂、棚户区、商业街	高
城市更新单元	城市更新单元	土地、旧村、旧城、旧厂	高

1.自平衡模式：社区内（或街道内）闲置/低效经营性资源

在无法改变房屋容积率的情况下，社区内的空间资源紧缺，一方面，政府应加大对老旧小区改造的财政补贴力度；另一方面，对社区（或街道内）老旧小区改造，要对区域内空间资源要进行统筹规划，按照补短板、提功能的实际需求，优先配建养老和社区活动中心等便民设施，同时探索授权企业改造运营小区低效闲置空间、停车场、物业、广告等投资回报方式，吸引社会资本参与改造。

2.大片区统筹模式：边角/低效土地再开发、简易低风险、旧厂集中连片作为项目经营性资源

国办发〔2020〕23号文提出：“建立存量资源整合利用机制。各地要合理拓展改造实施单元，推进相邻小区及周边地区联动改造，加强服务设施、公共空间共建共享。加强既有用地集约混合利用，在不违反规划且征得居民等同意的前提下，允许利用小区及周边存量土地建设各类环境及配套设施和公共服务设施。其中，对利用小区内空地、荒地、绿地及拆除违法建设腾空土地等加装电梯和建设各类设施的，可不增收土地价款。整合社区服务投入和资源，通过统筹利用公有住房、社区居民委员会办公用房和社区综合服务设施、闲置锅炉房等存量房屋资源，增设各类服务设施，有条件的地方可通过租赁住宅楼底层商业用房等其他符合条件的房屋发展社区服务。”

大片区统筹模式即跨出单个社区，在多个社区及社区周边进行社区居民配套服务，并通过服务收益弥补老旧小区改造支出，实现资金平衡。该模式对整个老旧小区及周边进行统筹规划，通过联动改造，提升周边商业配套品质，或将部分住宅进行商业化改造，如改造为商业或民宿。该模式的优势在于，一是有利于社会资本通过捆绑开发，解决资金投入产出平衡问题，减轻政府老旧小区改造的财政资金压力；二是有利于优化完善老旧小区周边的商业配套，通过社会资本引进合适的商业等服务业态为居民提供更高品质的生活服务。

3.跨片区统筹模式：边角/低效土地再开发、简易低风险、旧厂、棚户区、“跨区域/跨行政区划”作为项目经营性资源

2020年12月，江苏省城镇老旧小区改造工作领导小组印发《关于全面推进城镇老旧小区改造工作的实施意见》(苏旧改〔2020〕2号）提出：“（十二）探索创新改造模式。各地要结合城市更新，探索把一个或多个老旧小区与相邻片区更新，以及棚户区、旧厂区、危旧房改造和既有建筑功能转换等项目捆绑统筹，生成老旧小区片区化改造项目，实现项目资金自我平衡。探索将拟改造的老旧小区与其不相邻的城市建设或改造项目进行组合，形成组合类项目，实现改造投入跨项目平衡。探索老旧小区改造项目‘清单’中用于公共服务的经营性设施，通过市场化进行新建、改扩建并运营，以未来产生的收益平衡老旧小区改造支出。探索通过市场化方式收购待改造区域房源，形成改造后的房屋价值增值，补充增加改造资金。”

4.城市更新单元模式

城市更新单元最早来源于深圳市，是指一定区域面积内，进行地块的功能属性、权属边界、建筑情况、公共服务配套设施、市政工程于道路交通综合规划和城市更新活动。

南京探索开展居住类地段城市更新，对地段进行精细化甄别，结合建筑质量、风貌和需求目标，区分需要保护保留、改造和拆除、适应性再利用、可以新建的部分，通过维修整治、改建加建、拆除重建等“留、改、拆”模式，达到地段的有机更新。

实施主体在城市更新中承担文物、历史风貌区、历史建筑保护、修缮和活化利用，或者按规划配建城市基础设施和公共服务设施、创新型产业用房、公共住房以及增加城市公共空间等情形的，可以按规定给予容积率转移或者奖励。

6.3.3 实际落地案例

1.北京朝阳区劲松北社区改造案例

1）项目基本情况

北京市朝阳区劲松街道劲松北社区为改革开放后第一批成建制住宅，有居民楼43栋，项目涉及总户数3605户，老年居民比率39.6%，其中独居老人占比52%。

2）项目改造实施

2018年7月，愿景集团与朝阳区劲松街道签订合作协议，共同推进劲松北社区改造更新工作。在项目中围绕公共空间、智能化、服务业态、社区文化四大类16小类30余项专项作业实施改造，打造了以“一街·两园·两核心·多节点”为改造重点的示范区（图6-6～图6-8）。

图6-6 劲松北社区鸟瞰图

图6-7 劲松北社区改造前后对比图

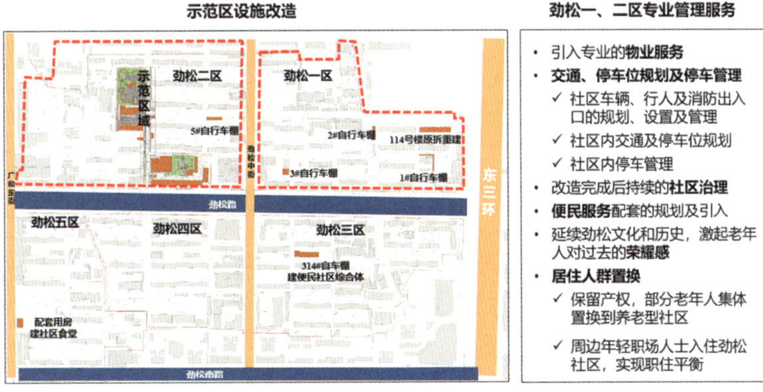

图6-8 劲松改造示范区基本情况图

项目积极引入金融机构融资，建设银行北京分行已向“劲松项目”提供2000万元贷款支持，社会资本参与、金融机构支持模式有了初步成效。

同时，该项目探索建立了引入以物业服务为基础的老旧小区专业化综合服务机制。面对劲松北社区原有物业“政府兜底、街道代管”模式和居民缺乏付费意识的难题，在北京市首次以“居民过半、建筑面积过半”“双过半”形式入驻的老旧小区，当年物业费收缴率即突破80%。为促进物业服务企业自运转，街道设置为期3年的物业扶持期，将原来承担的兜底费用向物业公司购买服务，帮助物业公司度过缓冲期，增强自身造血功能，3年后物业企业完全自负盈亏。

2. 山东济宁任城“4+N”旧改项目（图6-9）

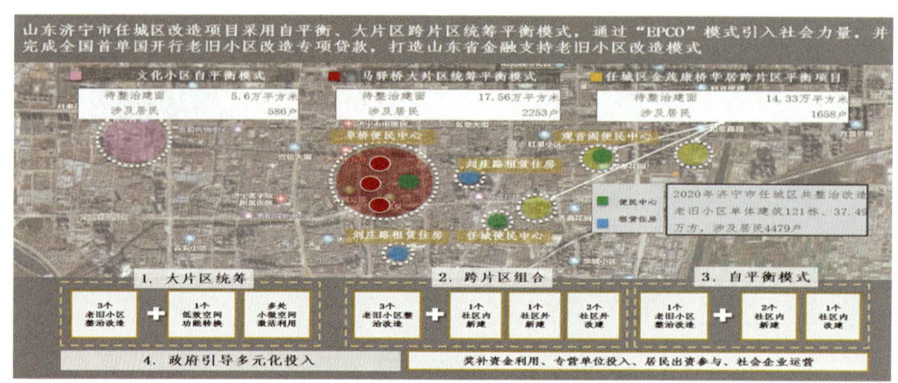

图6-9 济宁改造项目基本情况图

1）项目基本情况

任城区2020年老旧小区3个试点项目，共实施改造14个组团，涉及7个片区，建筑面积37.49万平方米，居民4497户，总投资7.93亿元，将各级财政补助资金约5343万元，以及闲置楼房等资产注入区属企业任兴集团创展置业公司，由其作为老旧小区改造项目规模化实施运营主体，为国开行贷款提供明确的支持对象。采取公开招标的方式引入了具备投资、规划设计、运营管理全链条业务能力的北京愿景集团，参与设计、施工。同时，创展置业公司与北京愿景集团成立联合运营公司，负责改造后平衡资源和公共便民服务设施的运营，在老旧小区改造方式和融资模式上做出了多元探索。项目包括马驿桥大片区统筹平衡模式项目、康桥华居跨片区组合平衡模式项目，以及文化小区自平衡模式项目（图6-10）。

2）项目改造内容

改造内容包括基础类、完善类、提升类三类改造。

（1）基础类改造主要是拆违拆临、安防、环卫、消防、道路、照明、绿化、水电气暖、光纤、建筑物修缮、管线规整等，突出解决基础设施老化、环境脏乱差问题。

图6-10　济宁任城区改造项目前后对比图

（2）完善类改造主要是完善社区和物业用房、建筑节能改造、停车场、文化、体育健身、无障碍设施等。

（3）提升类改造主要是完善社区养老、托幼、医疗、家政、商业设施以及智慧社区等。

3）案例示范意义

（1）理清组织架构，明确权利义务。

发挥联合运营公司在融资中的主阵地、主平台作用，履行好项目运营、监督和协调职责，负责平衡资源和提升类改造项目建成后的运营，实现运营收益，对国开行还本付息。立足北京愿景集团与创展置业公司的定位、优势，厘清两个实体在联合运营公司中的分工，主要由北京愿景集团负责规划、设计、施工、运营等；由创展置业公司作为借款人，向国开行申请“老旧小区改造专项贷款”，用于老旧小区改造及经营性资源建设，并作为投资管理单位，负责改造建设实施。

（2）激活闲置资源，实现微利可持续。

围绕“拓还款来源、提信用等级”，政府与社会力量制定了贷款专案，打包包装可利用资源，将拟改造小区与周边闲置单位宿舍楼、闲置厂房等资源统筹规划，新增便民服务中心、停车场、人才公寓、社区食堂等有收益的服务设施，通过20年的运营，以未来现金流作为还款来源，同时贷款提供信用增级。工作中探索出三种收益平衡模式，对冲改造资金压力。一是激活低效资源，推动大片区统筹平衡。任城区马驿桥大片区统筹平衡项目，涉及6个小区、2353户、建筑面积17.6万平方米，片区内改建约1万平方米阜桥街道便民服务中心，打造成为党建文化高地、政务下沉实体、保障服务中心、便民惠民平台，“多节点”利用片区内其他闲置空间改造便民服务设施，满足居民停车、助餐、养老、托幼等需求。二是统筹内外资源，推动跨片区组合平衡。任城区康桥金茂华居跨片区统筹项目，涉及7个小区，通过改建、新建片区内1处闲置资源、片区外3处闲置资源，打造便民中心、建设租赁住房、完善服务设施，进行综合运营盈利，实现资金平衡。三是整合零星资源，推动小区内自平衡。任城区文化小区项目，涉及586户、5.6万平方米，通过新建家园中心、增建停车场、改建自行车棚、便民商业网点、通过后续管理运营等实现小区改造自平衡。

3.深圳鹿丹村城市更新案例[①]

鹿丹村片区综合改造项目由深圳市政府委托市住房和建设局负责具体实施，是以政府为主导，基于公共利益需要，解决该市历史遗留问题而进行的旧住宅区改造项目，是深圳市内首个成功拆除改造的商品房住宅小区。

1）基本情况

鹿丹村社区位于广东省深圳市罗湖区桂园街道，管辖范围为东南环绕深圳河、西至红岭路、北至滨河路，与香港仅一河之隔，是深圳市较早的多层福利房住宅小区。辖区面积0.14平方公里，共有住房24栋，每栋7层。

2）项目历程

鹿丹村于1987年开工建设，1989年竣工建成，由于工程质量问题（建造大量使用海沙，受到强烈腐蚀），建成不久便出现墙体开裂及楼板渗水等问题。在屡屡投诉未果后，1999年底鹿丹村业委会成立，推动小区拆除重建，便是当时业委会的两大任务之一。

2000年6月，60多位鹿丹村村民联名致信时任深圳市代市长的于幼军。不久，于幼军造访鹿丹村，特别对两户渗水严重的居民家进行了实地调查。考察后，于幼军确定10天之后拿出鹿丹村改造方案交付村民讨论，3年内彻底改造完毕。

2001年，深圳市政府常务会议通过了鹿丹村的拆除重建方案。2002年4月28日，原市住宅局发布拆迁通告。但是，由于在拆迁补偿问题上一直有分歧，改造迟迟没有得到有效推进。随后受国家推行住房货币化改革、房改制度改革等政策，及房地产行业发展、拆迁行业变革等影响，项目各类历史遗留问题错综复杂。

2004年，深圳市进行政府机构改革，负责鹿丹村事务的原住宅局撤销，大部分职能划入原国土房产局，鹿丹村的重建工作就此搁置。2008年5月30日，市政府四届九十六次常务会议召开，原则批准了《关于鹿丹村拆除重建相关问题的请示》，决定正式启动鹿丹村的拆除重建工作。当年底，原市规划局向全社会

① 欧国良，刘芳.深圳市城市更新典型模式及评价——以城中村拆除重建类型为例[J].中国房地产，2017（03）：48-54.

公示了鹿丹村重建的规划设计详细蓝图。2009年，深圳又经历一次大规模的政府机构改革，负责鹿丹村事务的原国土房产局撤销，有关鹿丹村改造这块事务的管理机构并入住房和建设局。

至此鹿丹村改造项目经历了两次市政府大部制改革，改造责任主体也相应地由原市住宅局转到市国土房产局，再转到市住房和建设局。由于房屋质量存在严重安全隐患，大部分业主改造意愿强烈。然而，由于房改遗留问题，及受市内城市更新项目高额补偿之风的影响，业主在项目补偿标准，及房屋质量问题维权方面，仍存在争议，历次补偿方案公布后，大部分业主对补偿标准及房改遗留问题的解决方式仍有异议，导致改造工作一直陷入僵局。

2010年初项目补偿方案第一次对外公布，2013年9月18日补偿方案正式通过市政府审议，期间补偿方案历经修改了十余次，3次公开征求公众意见，至2013年12月21日，鹿丹村片区综合改造工程房屋征收工作正式启动。

3）地块规划情况

鹿丹村所在地块为H103-0010地块，土地总面积47166.23平方米，均为建设用地。土地使用年期为70年，用途为居住用地，性质为商品房，超高层建筑，土地利用要求建筑覆盖率不超过30%，容积率上限为5.18。规划总建筑面积为244067平方米，其中，住宅234537平方米（包括回迁住房面积144051.49平方米与商品住房面积90485.51平方米），商业3300平方米，其余为幼儿园、社区管理用房等配套设施（表6-4）。

H103-0010地块规划建筑面积情况　　表6-4

类别		建筑面积（平方米）
总建筑面积		244067
住宅	回迁住房	144051.49
	商品住房	90485.51
商业		3300
配套设施	幼儿园	独立占地面积不小于2700
	社区菜市场	500
	社区管理用房	250
	物业服务用房	560
	社区警务室	20
	社区服务中心	400
	文化活动室	1000
	社区健康服务中心	400
	邮政所	100
	社区老年人日间照料中心	300

4）拆迁补偿

鹿丹村旧改项目历经了商业运作的城市更新模式高额补偿之风的冲击，以及国家废止了拆迁条例出台房屋征收条例等行业变革的影响，经市区政府、市区房屋征收主管部门、市区法制办等部门反复研究论证，在法规政策允许的范围内，最大程度保障了业主基本权益。其征收补偿具有以下特点：

一是在补偿、回迁等关键问题上，综合运用市场和政策手段，制定了“房屋产权调换”（就地产权调换、异地产权调换）和“货币补偿”两种补偿方式，由业主自主选择。

二是按征收条例规定，对被征收房屋价值的补偿不得低于房屋征收决定公告之日被征收房屋类似房地产的市场价格。考虑鹿丹村小区部分房屋为小户型，改造后新建高层住宅房屋的使用面积比旧小区多层建筑使用面积低，在补偿方案的制定过程按照被征收房屋的套内面积进行补偿，同时允许业主增购部分建筑面积，并给予一定的优惠政策。

三是对存在安居房历史遗留问题的业主制定了专门的解决办法。

四是过渡期安置费、装修补偿等条款充分参考了市场状况，确保业主能租到同类型的房屋。

五是设置了整栋奖励条款，发动业主做业主的思想工作。

5）改造方式

项目采用“定地价、竞容积率”方式的土地拍卖，即定地价和回迁物业建筑面积，向下竞争可售商品住房建筑面积。地价核算为按规划条件地块总地价核减回迁物业建筑的代建成本，为8.88亿元，回迁物业建筑面积为144051.49平方米，起始可售面积90485.51平方米。成交后，总建筑面积随竞得人所报建筑面积核减，即总建筑面积=回迁住房面积+竞得人所报建筑面积+商业面积+配套面积（其中，回迁住房、商业和配套各分项建筑面积不变）。按照要求，在项目建成后，竞得人需与深圳市住房和建设局签订《深圳市鹿丹村片区综合改造工程重建项目回迁住房建设管理协议书》，按照《管理协议书》的要求，将144051.49平方米回迁住房建筑面积无偿移交市住房建设局。

经过竞拍中海地产以报出3.99万平方米的可售面积竞拍成功，较起始可售面积90485.51平方米减少了56%，极大地降低了片区容积率，有效保障了片区综合环境。

4.太原市PPP项目案例

太原市结合了老旧小区既有居住建筑节能改造，采用PPP模式，引入中国铁建、远东宏信进行老旧小区的投融资、建设和运营等工作，改造内容主要为外墙保温、屋面保温、外窗更换、地下室顶板保温以及楼宇门更换等工程，改造建设面积约为1001万平方米，总投资约23亿元，双方合作期限为3+15年，社会资本通过15年的运营权，回收投资并获取合理回报（图6-11、表6-5）。

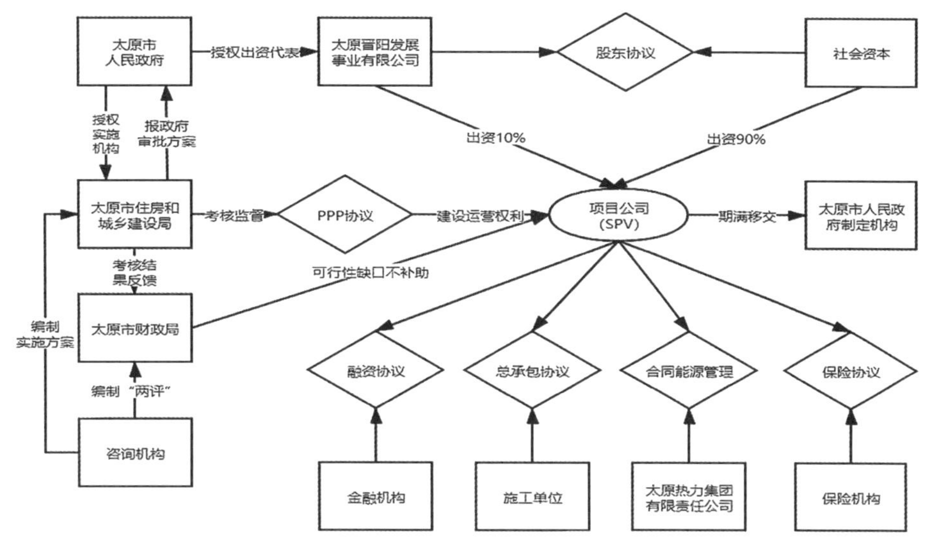

图6-11　太原市老旧小区既有居住建筑节能改造PPP项目交易结构图

山西省太原市城镇老旧小区改造项目基本情况　　表6-5

项目名称	太原市既有居住建筑节能改造PPP项目
建设性质	新建
合作期限	合作期固定期限18年，其中建设期3年，运营期15年
项目运作方式	新建—运营—移交（BOT）
实施机构	太原市住房和城乡建设局
政府出资代表	太原晋阳发展实业有限公司
投资规模	232616.56万元
出资方式	1.项目公司注册资本46523.31万元，占总投资20%
	2.政府方出资代表以财政拨款、专项资金等出资，出资金额4652.33万元，占股权比例10%
	3.社会资本方以自有资金出资，出资金额41870.98万元，占股权比例90%
项目回报机制	可行性缺口补助（可用性服务费+运营服务费-使用者付费）
调价机制	建设总投资调价+运营维护服务费调价+税费变更
项目融资	项目公司、社会资本方通过融资方式解决18.61亿元资金
社会资本方	中铁十四局集团有限公司
	中铁十七局集团有限公司
	中铁建中原投资建设有限公司
	上海宏信建设投资有限公司

太原市采用PPP模式进行老旧小区改造，改变过去由政府单一主体从事投资和运营情况，将建设运营过程中的风险与社会资本共同承担，首先，可以引入社会资本的先进管理经验，推动项目在施工、设施管理及运营过程等方面的革新，促使社会资本提高建设和运行有效衔接和责任，保证项目在技术和经济方面的可行性；其次，在引入社会资本后，可以平衡政府财政支出压力，缓解政府增量债务，有助于地方政府债务治理；最后，项目采用“合同能源管理”的方式，使太原市热力集团有限责任公司的节能效益与项目公司分享，高度匹配了“碳达峰”和“碳中和”的国家战略。

6.4 老旧小区单项改造实施案例

6.4.1 加装电梯实施案例

1.委托代建模式

委托代建模式为业主自行发起成立加梯小组，本单元内自筹资金并委托增设电梯咨询服务机构提出加梯申请。由增设电梯公司实施建设，产权归业主所有的电梯加装模式。

1）委托代建模式案例

以广州某项目为例，加梯项目定额预算造价为60万元，由加装电梯同意的业主全额出资进行报建及工程施工，委托我司具体实施，所有加装电梯费用按合同约定比例进行支付。电梯建成后政府补贴由业主自行申请，补贴直接进入业主共同认可的账户，由业主自行支配。

2）委托代建模式分析

（1）优点：

①坚持“谁投资谁受益、谁组织谁负责”的原则，充分尊重业主自我要求加装电梯的意愿，加装电梯发起、组织、协调、推进等工作都由业主自行负责，政府仅在审批、监管、协调、补贴等方面指导工作，政府角色定位清晰。由于业主自发组织，主观意愿强烈，因此沟通效率高，在加装报建及后期工作中出现的问题和纠纷，可内部有效避免或妥善解决，不完全依赖政府有关部门出面调解。

②大多数地区加装电梯的报建审批流程相对繁琐，需街道有关部门负责对加装电梯是否达到同意的业主数量及面积进行审批、对是否存在反对业主及反对情况进行审批；建设部门对加装电梯施工方案是否合规进行审批；规划部门对加装方案是否符合规划规定进行审批。虽然与之前多部门联合审批相比，以上三个部

门审批流程已有所简化，但是依然有三个部门各自审批，审批流程依旧复杂，且都有一票否决权，加大审批的难度。广州加装电梯审批模式中，仅需向规划部门提交报建申请一站式解决加装电梯报建问题，街道及居委仅扮演协调与协助的角色，无需进行审批，所以广州的报建流程简单，报建时间短，大大加快了报建的速度。

③严格执行本幢房屋专有部分占建筑物总面积2/3以上的业主且占总人数2/3以上的业主参与表决，同时参与表决人数3/4以上同意且方案不存在严重遮挡的情况即可报建的原则。对于反对的意见有清晰且可操作的同意标准，要求以居委为主体对反对户和同意户进行有效的协商协调，充分尊重反对业主和同意业主双方的权利和意愿。积极指导反对业主以考虑整体利益为重，给予一定让步或补偿，但是对于多次有效协商仍不能达成一致的，依然按照法律法规严格执行，给予发放规划许可证，大大提高的报建的成功率。

④良好的加装电梯的市场氛围。委托代建模式对加梯企业资金压力小，在市场规模大、有一定盈利空间的情况下，加装电梯企业参与市场的意愿强烈，大量的加装电梯专业公司的出现也倒逼广州加装电梯市场的成熟，使加装电梯建立标准、成本下降、技术专业，大大提升了工程的效率和品质，避免了一些因施工经验不足而出现的细节考虑不周的问题。充分的市场竞争也倒逼加装电梯企业加大市场推广和营销的力度，从一定层面上来说激发了既有楼宇业主加装电梯的意愿，营造了一个良好的加装电梯的市场氛围，加快了加装电梯的发展进度。

⑤从“怎么建”到“怎么管”。加装电梯项目的后期维护也是迫切需要解决的重要问题。广州市也全国首创“电梯托管”服务，广州市市场监督管理局实施了《电梯托管标准化管理规范》，界定了市场化物业公司介入旧楼加装电梯管理的职责范围和能力评估方案，实现该领域的“有规可依”。有效破解了旧楼加装电梯安全监管难题，促进电梯安全主体责任落实，确保电梯“有人管”，住户“有得选”，责任“有落实”。

（2）缺点：

①政府补贴比例与力度相对较小，并且前期都是由加装电梯同意业主自行全额集资，对于某些低楼层、单元少的楼宇而言，一次性投资的资金压力大。另外虽然可以提取公积金且有补贴，但基本都是资金后置，对前期集资帮助不大。

②加装电梯公司能力参差不齐。对加装电梯公司的要求比较低，导致加装电梯市场公司实力与经验良莠不齐，由于是充分的市场行为，每栋楼的业主对加装电梯公司的鉴别和评价的能力也参差不齐，导致一些工程项目的质量低下甚至出

现了烂尾的项目，影响了电梯加装市场的良性发展。

③对加装电梯施工方案审批不足，仅对规划方案进行审批，对于施工方案没有专业的要求，导致项目出现不同程度的技术规范问题，甚至存在安全隐患。

2.融资租赁模式

融资租赁模式是指由企业等社会资本全额出资建设，并享有政府补贴，提供20年运营服务。前期居民支付运营统筹服务费，企业拥有电梯产权及运营权，居民刷卡付费使用，不使用不付费，无需支付其他费用。由企业提供设计、建造、安装、维护及运营等服务，承担后期电梯全部运营费用支出，包括但不限于保险费、电费、维修费、保养费、年检费、大修、中修费用等。

1）融资租赁模式案例

以北京某项目为例，加梯项目定额预算造价为50万，由企业全额出资；作为实施主体的企业享有政府补贴；居民后期刷卡付费使用。

2）融资租赁模式分析

（1）优点：

①居民无需出资，只需要按此支付电梯使用费，极大地减少了经济方面的压力。在资金层面大大推进了加装电梯项目实施的难度。租赁模式谁使用谁付费，并且前期无需集资，更容易达成统一意见，也加大了高层居民加装电梯的意愿，增强了居民推进加装电梯项目落实的积极性。

②方便省心，减少矛盾。租赁模式由企业作为实施主体，本来加装电梯会遇到管线移位费用、资金分摊、审批流程等难题，每一个难题对于居民都需要大量时间完成和准备，租赁模式将这些问题的解决主体都转移到企业，解决了加装电梯居民很多报建方面的工作量。

③对加梯企业来讲，租赁模式享有电梯产权及运营权，可以更好地控制整体成本和运营模式。并且这种前期垫资的模式也增强了企业的竞争力，让有实力的企业更容易拿下项目订单。

④北京加装电梯报建流程简单、成功率高，只需要完成居民签约工作、获得街道及建设部门相关认可就可以获得确认书进行下一步工作。北京电梯加装技术标准详细，前期就基本可以判定项目实施的方案，所以进行图纸强审报建时的成功率极高。

（2）缺点：

①后期收费困难、成本收回周期长。以刷卡次数计费的模式在后期居民使用的缴费率远远低于预期，居民心态变成非必要不乘坐电梯，大大减少了预期刷卡缴费率。过低的刷卡收费及不稳定的刷卡频率也极大增加了回收的周期，现在已

在运行的电梯回收周期已超过20年，甚至达到30年，由于无法盈利，前期投入巨大，导致租赁模式无法维持，降低了企业推进的积极性。

②未充分调动有加装电梯居民的积极性和主观能动性。北京的加梯政策是一个由政府主导、企业支持、居民同意的模型。加装电梯是民生工程，政府在力所能及的范围内提供帮助是政府的担当，但是引导居民在加装电梯事宜上有“谁投资谁受益、谁组织谁负责”的意识是政府担当的有效补充，也是加快北京加装电梯事宜更好更快推进的关键。只有让居民认识到加装电梯事宜既是政府的担当也是有意愿加装电梯居民共同的责任才能从两头共同发力提高加装电梯推进的效率。

6.4.2 养老服务实施案例

2020年我国老龄人口将达2亿，约占人口总数的14%，伴随着出生率下降，人口老龄化会更加严重，伴随着家庭结构核心化，家庭养老功能逐渐弱化，社会化养老趋是必然的趋势。未来十年，随着支付能力更强的“60后”和“70后”逐渐进入60岁，养老服务市场将进入高速发展时代。

在养老方式的选择上，目前有95%以上老人选择居家社区养老，由于老年人生活半径相对较小，对社区的依赖程度和社区事务参与程度高，在城市更新改造实施和长效运营过程中可以获得天然的“银发流量”，发展养老服务有助于获得居民满意、提升盈利能力、稳定长效运营。

1.养老服务行业发展政策

2019年自然资源部发布的《关于加强规划和用地保障支持养老服务发展的指导意见》(自然资规〔2019〕3号)指出：新建城区和新建居住(小)区要按照相应国家标准规范，配套建设养老服务设施，并与住宅同步规划、同步建设、同步验收。已建成城区养老服务设施不足的，应结合城市功能优化和有机更新等统筹规划，支持盘活利用存量资源改造为养老服务设施，保证老年人就近养老需求。

2019年城企联动普惠养老的启动标志着我国支持社会力量成为基础型、普惠性养老服务的开始。《普惠养老城企联动专项行动实施方案(2019年修订版)》在《城企联动普惠养老专项行动实施方案(试行)》的基础上，对中央预算内投资支持的内容和建议各地纳入本地区相关规划的内容进行了调整。其中修订版将“社区、医养、学习、旅居”4类项目作为中央预算内投资重点支持的项目，养老服务联合体建设、医养结合合作机制、老年人用品推广、文体餐桌等生活设施拓建和社区居家基础设施适老化改造作为地方规划的内容。

2020年六部委联合发布的《住房和城乡建设部等部门关于推动物业服务企业发展居家社区养老服务的意见》(建房〔2020〕92号)要求，包括盘活小区既有公共房屋和设施，保障新建居住小区养老服务设施达标，加强居家社区养老服务设施布点和综合利用，推进居家社区适老化改造；推行“物业服务+养老服务”居家社区养老模式，丰富居家社区养老服务内容。包括支持参与提供医养结合服务，支持开展老年人营养服务和健康促进，发展社区助老志愿服务，促进养老产业联动发展，积极推进智慧居家社区养老服务。包括建设智慧养老信息平台，配置智慧养老服务设施，丰富智慧养老服务形式，创新智慧养老产品供给；完善监督管理和激励扶持措施。

在老旧小区改造，城市更新的过程中，需要充分考虑老年群体的需求和意见，结合养老服务各项政策支持，将养老设施建设、适老化改造和养老服务融入更新改造和长效运营的全过程。结合各地养老服务优惠政策，获得政府专项资金支持，有助于更新改造过程的快速推进。

2.目前存在的问题

1)长照型项目投资回报周期较长，专业化要求高

养老机构的建设装修、设备采购等前期投入和日常运营成本较高。项目运营需要关注制度标准化、服务专业化和风险可管控等方面，前期成本投入较高。日间照料中心公共服务/商业运营定位模式不够清晰，对于社区嵌入式照料中心、老年活动中心的运营，除满足社区公共服务功能，商业化运营模式还处于市场探索阶段。

2)老旧小区养老用地配建缺失，空间资源不足

政府支持老旧小区的闲置空间用于养老综合服务，随着社区场地的腾退和改造，场地供给逐渐充足，但由于早期规划用途多样，房屋场地情况复杂，存在一定的改造困难。需要经验丰富的专业团队，采取设计改造运营的一体化的方式，应对情况多样的空间改造运营。

3)行业服务规范、人才培养政策有待完善

目前社区居家养老服务市场还存在一定的问题，但随着长护险逐渐落地，社区和居家养老服务市场将迎来政策利好，随着行业规范和人才培养体系逐渐完善，社区居家养老服务功能将发挥更大作用。

3.物业+养老服务案例

1)和物业服务深度融合的智慧养老服务模式：以劲松北物业+养老服务内容为例

劲松北社区辖区内有劲松一区和二区两个小区，建成于1979年，社区内有

3605户居民、9494名户籍人口，60岁以上老人有3185人，占总人口39.6%，老龄化程度较高；劲松北社区内由于缺少可利用的房屋空间，社区养老驿站等服务机构一直没有设立，为老服务的开展长期以来缺少一个抓手；社区内家政便民服务、医疗保健服务和老年人生活照料服务较为缺失。

借助劲松北社区老旧小区综合整治更新的契机，依托物业管理服务引入、社区内部便民业态引入以及整合第三方服务全面解决劲松北社区为老服务工作。以物业管理为基础，便民服务业态运营和第三方服务引入为辅助，在助动、助餐、助洗、助洁、助便、助娱等方面满足居民的诉求，建立档案管理和评价服务不断完善为老服务工作。

2）基于互联网技术的智慧互助医养结合服务模式

目前劲松北社区通过劲松智慧物联系统，将劲松一卡通、智能面部识别门禁、一键呼数据实现了互联互通，基于老年人的社区生活服务档案和智慧大屏演示系统，可以实现对重点人群的日常生活风险异常提示，提示工作人员进行人工应答和干预。

对物业现有人员进行了服务和管理培训，物业办公地点内在原有24小时客服+专业人员值守的基础上，增加了为老服务应急处理流程和机制，保障紧急事件处理有序效率。

通过和附近三甲医院、社区卫生服务中心建立沟通对接机制，实现了社区内居民实现基础医疗需求和紧急医疗服务需求协助的工作。

3）针对不同需求的精准养老服务模式

运营公司通过“地毯式”走访，在服务过程中和社区紧密互动，动态更新社区养老服务档案。从老人生活的实际需求出发，联合小区内便民服务商家、居家上门服务商家的资源，提供个性化“菜单式”的居家养老服务。针对失能半失能老人，物业+为老服务提供居家上门服务，解决燃眉之急，针对社区活力老人，通过志愿者服务、社区活动丰富老年生活，形成客户消费习惯和产品黏性，提升盈利能力。

4.建议

1）对于城市更新企业进入养老服务领域政策壁垒

2020年，多地陆续发布新规，鼓励企业进入养老服务行业，实现专业化连锁化运营，支持行业头部企业快速扩张发展。城市更新和社区运营企业进入养老行业，需要更多政策鼓励支持，开放市场，鼓励创新。

2）获得长期养老服务项目的运营期限

在资金筹措和资源获取方面，鉴于养老服务的社会服务和长效运营属性，需要争取专项资金和税收政策支持，在空间运营权时，争取更长的运营年限，便于实现长期持续收入。

（编写人员：张恒斌、刘楚、赵子渲、吴承坤、张佳丽、刘鹏、李碧滢、吴杨洋、张灵燕、张铁林、袁媛、顾名扬）

第七章 实施保障机制

7.1 优化组织实施，统筹协调工作

7.1.1 建立工作领导小组，统筹协调

1.建立健全政府统筹、条块协作工作机制

成立以党政主官、主管领导为组长、副组长，以相关行政部门、市政公用公司、基层行政机构为成员的领导小组。其中成员单位可包括：市、县、区委秘书处、办公室、组织、宣传、政法、政研、信访、督查、发改、教育、经信、公安、民政、财政、自然资源与规划、住建、文体、卫健、应急、审计、国资、市场监管、城管、交通运输、消防、政务服务和大数据等行政管理机构以及各县区、园区及街道等基层政府。领导小组办公室可设立于住建部门（图7-1）。

宜昌市城镇老旧小区改造工作领导小组	
第一组长	市委书记
组长	市委副书记、市政府市长
副组长	市委政法委书记、市政府常务副市长、市委组织部部长、市政府分管城建工作的副市长
成员（26个）	市委副秘书长、市委办公室主任，市政府联系城建的副秘书长，市委组织部、市委宣传部、市委政法委、市委研究室、市信访局、市委督查室、市发改委、市教育局、市经信局、市公安局、市民政局、市财政局、市自然资源和规划局、市住房和城乡建设局、市文化和旅游局、市卫生健康委、市应急管理局、市审计局、市国资委、市市场监管局、市政府研究室、市城管委、市政务服务和大数据管理局主要负责人（主要负责人为市领导兼任，由常务副职任成员），各县市区政府主要负责人，宜昌高新区管委会分管城建工作负责人
领导小组下设办公室	住房和城乡建设局局长兼任办公室主任

图7-1　宜昌市城镇老旧小区改造工作领导小组组成

2.建立部门间协同联动机制

建立改造牵头部门与专项工程牵头机构的部门协作机制，明确职责，形成合力；建立相关专项工程和项目管理系统平台，实现项目建设与资金运行的数据、信息互联互享；整合项目和资金，建立改造项目补助资金与专项工程资金的统筹管理制度，加强资金统筹使用、绩效管理和审计监督。

3.统筹相关部门政策及资源

结合改造完善社区综合服务站、卫生服务站、幼儿园、室外活动场地等设

施，梳理了相关部门政策以及项目、资金等资源，以与城镇老旧小区改造项目对接。积极协调，争取将可用于社区体育设施配置和养老、托幼设施建设的体彩、福彩资金等，用于城镇老旧小区改造（图7-2）。

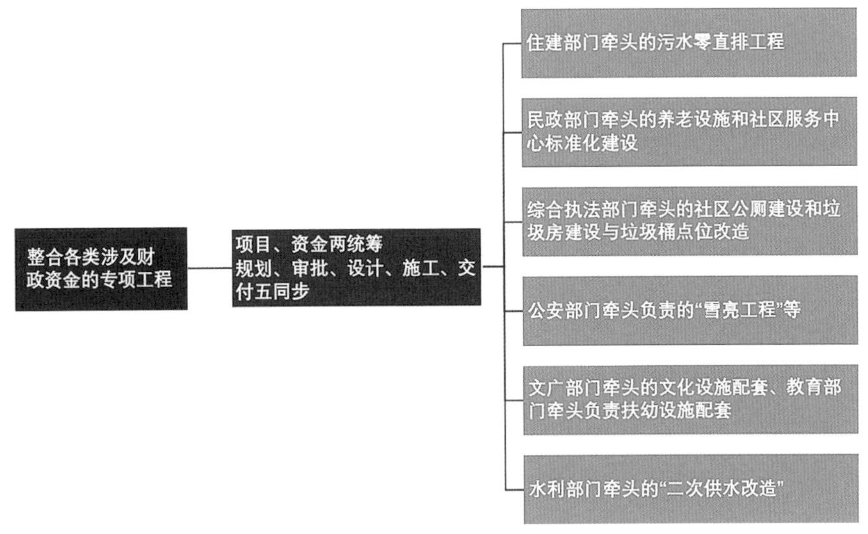

图7-2　宁波市城镇老旧小区改造项目统筹整合各专项工程

4.建立专营单位协同推进的工作机制

建立协调电力、通信、供水、排水、供气、供热等相关经营单位调整完善各自专项改造规划，协同推进城镇老旧小区改造的机制。积极与供水、供气、供电等专营单位对接，协调专营单位专项规划，与城镇老旧小区改造年度计划衔接。可出台关于城镇老旧小区管线整治改造工作的指导意见，明确各区、县要建立城镇老旧小区改造办公室、街道、专营单位组成的管线改造协调机制，共同编制项目设计方案、实施管线改建工程、做好施工衔接，避免各自为政、反复开挖。

5.编制改造规划和年度计划

兼顾区域，打包做大项目，在专项规划的基础上，还要编制老旧小区片区的修建性详细规划与城市设计，有针对性地做好区域规划统筹，结合城市功能结构优化，人口疏解及互嵌式居住区建设等实施，将老旧小区改造同扩大老城区人居生活空间、营造宜居和谐生活环境、提高城市品位结合起来。

7.1.2 明确部门责任分工，建立评估和考核机制

1.建立专项跨部门合作机制

科学划分有关部门单位职责，在此基础上建立改造牵头部门与专项工程牵头机构的部门协作机制，明确职责，形成合力。可将住建、教育、公安、民政、水

利、文化、体育等部门单位牵头负责的雨污分流、海绵城市改造、污水零直排工程、加装电梯、垃圾分类、智慧安防、室外活动场地以及抚幼、文化、健身设施等专项建设项目与城镇老旧小区改造项目统筹，要求规划、审批、设计、施工、交付同步（表7-1）。

相关部门主要职责分工参考 **表7-1**

相关部门	主要职责分工参考
住建/人居部门	牵头推进全市城镇老旧小区改造，负责老旧小区改造工作的组织、指导、协调和考核工作
财政部门	负责老旧小区改造市级补助资金的预算、指导、监管等工作，负责统筹上级资金，依据计划和考评结果拨付资金
发展和改革部门	负责指导各区县（市）发改部门做好权限内老旧小区改造项目审批工作，负责老旧小区改造配套中央预算内投资计划申报及转发下达工作
自然资源/规划部门	负责老旧小区改造规划设计的指导
住建部门	负责指导、督促老旧小区实施专业化的物业管理、海绵城市建设、给排水改造、加装电梯、停车设施建设等工作
交通运输部门	负责老旧小区周边公交线路的调整优化
城管部门	负责督促指导老旧小区违法建（构）筑物和违章广告的执法整治以及市政管网、市容秩序的改造与整治
工信部门	负责督促通信企业对所属管线进行清理、规范及公用移动通信基站建设管理
公安/消防部门	负责指导小区交通微循环改造、监控系统、消防设施建设
文体部门	负责指导老旧小区健身设施、体育休闲场地、文化设施的配建与完善，集中采购全民健身、文化活动器材
供电公司	负责配合做好老旧小区电力管网改造、强电下地、小区路灯电源接入等工作
供水公司	负责配合做好老旧小区自来水管网改造和自来水入户改造，负责安装住户入户水表和接管运营改造后的供水设施
燃气公司	负责老旧小区天然气入户和管网改造
电信、移动、联通、有线电视运营商	负责光纤等信息通信基础设施、广电网线设施的建设与管理

2.建立与政府绩效挂钩的考核机制

对市、区、街道及有关部门职责进行科学划分，通过召开专题会议、定期通报、督导约谈、奖优罚劣等方式，加强激励约束，确保改造工作顺利推进。可将改造任务完成、工作推进、资金筹措、共同缔造、长效管理等方面情况作为考核内容，对区县及各部门进行目标责任考核，市级财政对考核排名靠前的区县（市）给予资金奖励；可建立工作通报制度，以工作进度、融资速度、推进力度等为重点，每月通报试点工作进展和改造情况（表7-2）。

宜昌市城区老旧小区改造考核标准 表 7-2

环节	考核内容	评分标准
改造前	统筹协调	是否成立小区党支部或党小组 是否成立业委会或居民自治小组 是否选拔优秀能人担任“带头人” 违建是否全部拆除
	群众发动	入户工作率 群众支持率
	资金分担	居民出资率
改造中	项目生成	是否纳入国家、省、市级试点 改造内容涵盖范围（小区环境及配套设施、建筑物本体、公共服务设施）
	项目推进	开工和完工进度 改造质量（采取各区自评+市级实地核查的方式确定） 改造特色和亮点
	存量资源利用	是否拆除小区围墙、打通交通微循环，实现与周边小区联动改造 是否实现存量房屋、存量土地等再利用
	市场化支持	是否结合实际，引入社会资本参与支持老旧小区改造
	金融化支持	是否小区结合实际，引入金融机构参与支持老旧小区改造
改造后	长效管理	改造后居民满意率 改造后物业费收缴率 改造后是否实行物业企业管理或业主自主管理
其他	媒体报道	改造成效是否被媒体报道（包括媒体级别和次数）
	经验总结	改造经验或典型案例是否被市级以上行政机关采纳和推广
	接受观摩	是否接待观摩及接待观摩次数

7.2 动员社会参与，推进共同缔造

7.2.1 引入社会力量参与

1.创新金融产品促进企业参与

专营企业负责其权属范围内的改造投资，由于集中改造量大、资金压力大，建议给予一定的金融支持。如通过国家开发银行等金融机构给予政策性低息贷款予以支持，以后续收费作为还款来源。支持商业银行、基金公司等金融机构创新金融产品，改善金融服务，依法合规为城镇老旧小区改造项目及居民户内改造和消费提供融资支持。如设立市级层面的老旧小区改造发展基金，用股权基金的方式，解决老旧小区改造的资金瓶颈问题，这种模式可以将政府资本与民间资本联动，以缓解地方政府债务压力。

2. 地方研究出台支撑政策

各地探索因地制宜出台政策，促进原产权单位对已移交地方的原职工住宅小区改造给予资金等支持。同时，鼓励其将小区内未利用的房屋、设施等转（赠）为街道、社区资产，改造后用于活动场所或引入公共服务。

3. 完善公积金用于老旧小区改造

建议研究完善提取公积金或出台提供公积金贷款用于个人权属范围内房屋装修的政策。明确支持小区居民提取住房公积金用于加装电梯等老旧小区提升类设施的改造，减轻居民出资部分筹资压力。除此之外，鼓励居民通过申请房屋专项维修资金、银行信贷、捐资捐物等方式筹集改造资金，如青岛市明确规定住房公积金可提取用于城镇老旧小区项目和既有住宅加装电梯项目（表7-3）。

青岛允许个人提取公积金用于城镇老旧小区改造 **表7-3**

改造项目	操作要求	备注
城镇老旧小区改造	市政府批复的城镇老旧小区改造项目范围内的房屋所有权人及其配偶，在项目竣工验收后，可提取一次，金额不超过个人实际出资额（扣除政府奖补资金）	同一加装电梯项目中的其他职工再次提取的，可以不再提供既有住宅加装电梯协议书原件、项目验收报告原件等同一项目中的共性材料
既有住宅加装电梯	实施既有住宅加装电梯项目的房屋所有权人及其直系亲属，在项目竣工验收后，可就电梯建设费用（不含电梯运行维护费用）提取1次，金额不超过个人实际出资额（扣除政府奖补资金）	

4. 提高社会资本参与建设运营

社会资本可以通过以下方式获取回报：第一，通过物业运营逐步回收成本（前三年政府提供补助）；第二，参与停车、养老抚幼、加装电梯等可经营有收益的单个或多个公共服务设施项目建设；第三，将闲置用房改造为公共服务或商贩经营场所，由社会资本运营来取得收益；第四，整体承担某个或某片既有城市住区综合改造任务，使得企业在老旧小区改造中的投入，可以在其他一些新建地区的开发中收回。

苏州市吴江区鲈乡二村三村片区改造引入阿里巴巴等社会资本

苏州市初步制定社会资本参与改造的实施办法，明确企业出资、企业提供服务、企业提供设备3类参与形式，并以项目收益、社会荣誉、政府补贴、税费减免等方式激励社会力量参与。

苏州市吴江区鲈乡二村三村片区引入阿里巴巴等社会资本，在邮件驿站、停车管理、物理管理等方面广泛实现公私合作。阿里云菜鸟驿站公司、乐泊停车管理公司、民企永安物业、民企德天地物业以及市政管线等公司通过提供相关服务，获取收益，包括购买物业服务、购买市政基础服务等；居民个人通过出资享有高品质街区居住环境和便捷的公共服务。

图7-3 菜鸟驿站

愿景集团参与北京市朝阳区劲松小区一区二区改造

在劲松小区的改造上，政府的投入主要在基础建设上，比如道路绿化、电线改造等。愿景集团通过自筹资金，实施提升类改造。后期通过提供物业服务，停车设施、便民设施获取收益。在规划过程中，通过闲置空间盘活，改造成为便民商店、办公区等，增加收益。

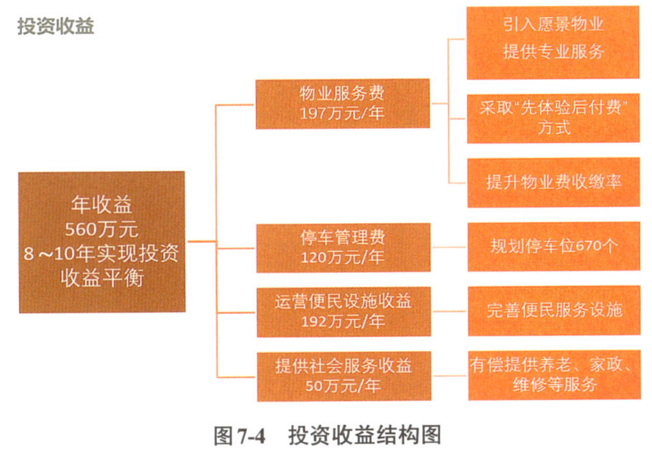

图7-4 投资收益结构图

7.2.2 动员群众共建共治

1. 基层党组织积极发挥引导作用

建立和完善党建引领城市基层治理机制，充分发挥社区党组织的领导作用，治理重心下移至基层党委。充分发挥基层党组织内聚作用。以基层党组织为核心，协调、引导、组织社区业主、物业公司、产权单位、居委会四方力量，引领的多种形式基层协商，主动了解各方诉求，促进达成共识，建立有凝聚力的基层组织。充分发挥基层党组织外联作用。通过上级党组织协调各方力量，联络区域内其他机关、企事业单位党组织，引导机关、企事业单位积极配合社区治理工作。

2. 搭建改造沟通议事平台

基层党组织和社区组织要起到领导组织作用，发动本社区的居民参与既有城市住区改造。还要起到协商作用，就本社区内关于既有城市住区改造的问题、诸如对改造方案不统一、拆除违章建筑等进行内部协商，以求达成统一意见。

3. 成立相关社区组织

完善居民（代表）会议制度、公众议事制度，成立相关社区组织。在具体的操作形式上，可以举办社区居民议事会、小区理事会、小区协商、业主协商、居民决策听证、民主评议等线下形式。开展入户访谈与问卷调研，设立社区文体反馈箱等形式。并且通过在社区搭建议事场所，使其成为开放式的公众活动空间，活动中心还可以兼具其他休闲交流功能，提升社区发展活力。通过“互联网+共建共治”等线上手段，包括微博、微信、专业的网络沟通议事平台等信息化平台建设，开展小区党组织引领的多重形式的基层协商。

上海鞍山四村老旧住区改造中的居民参与

居民在更新工作中主要参与三个方面：①改造立项需要经过小区业主2/3同意后方可以由业主委员会向政府提出改造申请。②初步改造方案需要征求每户居民意见，并协调各栋各层住户的意见，经修改后才确定最终的改造方案。③改造方案须由全体业主一致同意并在协议书上签字后方能通过。

网络沟通议事平台

宁波、长沙、东营等开发了网络沟通议事平台及业主投票决策信息系统，实现多项公共事项在线表决，包括成立业主委员会、确认改造方案、使用住宅专项维修资金、调查业主满意度、选聘解聘物业服务企业等。

东营市智慧物业管理平台，该系统提前审核、录入业主信心，对成立业委会、确定老旧小区改造方案、选解聘物业服务企业、动用住宅专项维修资金、业主满意度等不同类别的小区公共事务，实现居民在线表决。

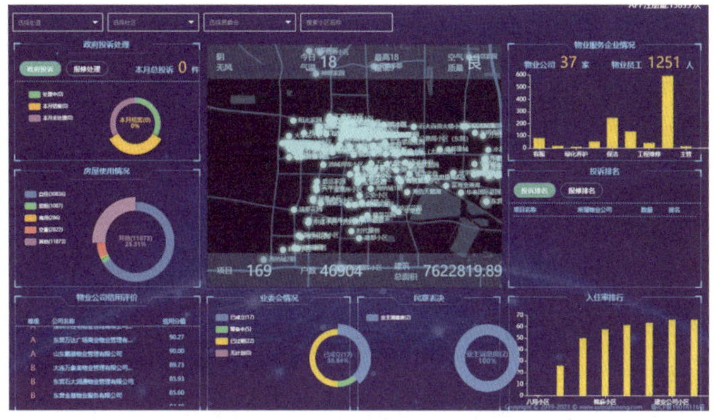

图7-5　东营市东营区智慧物业管理平台管理界面

图7-6　宜昌市红光小区改造方案意见征求会

图7-7　宜昌市入户征求居民意见

图7-8　线下组织议事活动

充分发挥社会监督作用。强化居民参与评价和反馈小区改造效果的权利，以大多数群众满意为标准，畅通投诉举报渠道，组织做好工程验收移交。

浙江省金华市成立以办事处、社区干部、居民代表为主力的工作专班，协调监督老旧小区改造实施。上海市通过“三会制度”(工程实施前征询会、工程实施中协调会、工程实施后评议会)、项目信息公开制度、市民监督员制度等，确保工程项目全过程接受居民、社会监督（图7-9）。

图7-9　老旧小区改造的社会监督案例

7.2.3 推动专业力量进社区

1. 建立社区规划师制度

社区规划师作为多元的组织者、协调者、引导者，需要充分发挥链接政府、群众、社团等多元主体的作用。社区规划师可以是具有各种技巧与经验的专家、地区相关领导、大学规划系师生，也可以是社会义工组织，企事业单位。社区规划师可以由城乡规划相关部门向全市规划师征集报名，报名的规划师可以自愿选择对口社区，由城乡相关部门、街道、规划师本人签订社区规划师聘书，确定聘任年限。

2. 明确社区规划师主要的职责

社区规划师主要职责包含以下四点：一是向居民及基层部门宣传规划知识；二是通过公众参与的方式进行以公共利益为引导的规划与建设；三是通过上下结合的沟通机制推动规划编制审批及建设管理程序的完善；四是积极参加社区规划师培训课程、社区规划政策讨论及咨询会，积极向市一级规划协会反馈社区规划的经验与建议。

地区社区规划师案例

浙江省引导建筑科学设计研究院、建筑设计院分别成立老旧小区改造中心、城市更新发展中心，邀请设计院及大专院校专家参加，对改造项目跟踪指导。

宁波、宜昌2市组建设计师、工程师等志愿者队伍提供志愿服务，倾听收集居民意见，辅导居民参与项目改造方案制定、工程监督等，得到基层热烈欢迎。

图7-10　宜昌市设计师现场与居民交流

上海徐汇区社区规划师工作机制

一是建立定向结对机制。原则上每个街道、乡镇至少结对联系一名社区规划师，鼓励有条件的居村配备本级社区规划师，形成社区规划师与街镇居村定向联系共创机制。

二是建立供需对接机制。定期通过社区委员会和居村民委员会等平台征询意见，梳理形成社区规划需求清单，推动供需精准对接。

三是建立沟通会商机制。围绕项目设计、项目选址、项目实施过程中的难点问题，经常性开展会商研究，推动问题解决。

四是建立双向赋能培训机制。社区规划师为所在社区的自治共治力量普及社区空间改造知识，社区组织帮助规划师了解掌握群众工作方法，形成优势互补。

3. 建立社区改造工作坊

建立社区改造工作坊，共同推进老旧小区改造。社区工作坊的成员包括参与者、规划师与促成者。参与者包括社区居民代表、商家代表等。规划师团队可以包括各类专家学者及专业人士。促成者提供场地，协助规划师举行工作坊，发动群众参与。工作坊可以通过现场调研、咨询会、座谈会（圆桌形式、核心小组形式）、研讨会（与专家、政府）、方案设计交流会等多种形式。工作坊的成果应该通俗易懂，适于公众阅读。

广州市盐运西微改造工作坊

广州盐运西微改造工作坊举办设计成果展，邀街坊为喜爱的设计方案投票，共同绘造未来愿景。工作坊的老师同学们把盐运西社区正街街道作为本次展览的露天场地，展架沿人行道依次排开。当天共展出40幅设计方案，每块展板下方留有“请您投票”区域，工作坊的老师同学们以“笑脸表情贴纸”作为选票派发，邀请街坊为自己满意和喜欢的方案贴上一个灿烂的笑脸。最后在盐运西二巷改造内容中，更换康体设施，增设了滑梯和游乐设施的方案，深受孩子们喜爱，获得了100多个笑脸投票。

图 7-11　设计成果展投票现场

7.3 优化审批政策，提高改造效率

老旧小区改造工作时间紧、任务重，改造事项中往往不涉及用地性质变更，房屋结构变化和新增建设项目也较少，按照建设项目常规审批程序，周期过长且部分环节不事宜老旧小区改造。国办发〔2020〕23号文印发以来，各地积极贯彻落实文件精神，围绕城镇老旧小区改造工作统筹协调、改造项目生成、改造资金政府与居民合理共担、社会力量以市场化方式参与、金融机构以可持续方式支持、动员群众共建、改造项目推进、存量资源整合利用、小区长效管理等“九个

机制”深化探索，形成了一批可复制可推广的政策机制[①]。2020年12月15日，住房和城乡建设部总结地方加快城镇老旧小区改造项目审批、存量资源整合利用和改造资金政府与居民、社会力量合理共担等3个方面的探索实践，形成《城镇老旧小区改造可复制政策机制清单（第一批）》，其中加快项目审批重点从以下四个方面进行了总结。

7.3.1 联合审查改造方案

老旧小区改造包含了小区公共服务设施、建筑房屋、小区道路及停车位、各类市政管线以及弱电管线、景观绿化、小品家具、环卫配套设施、消防等内容，涉及住建局、发改、财政、自然资源和规划、城管、消防、管线专营单位以及街道社区，并且与居民生活息息相关。因此加强老旧小区改造方案审查效率至关重要。

1. 重视方案编制

推进城镇老旧小区改造，应充分征求居民意见，加强规划引导，合理划分改造区域，优化资源配置，综合安排改造内容，因地制宜编制改造项目实施方案。方案应包括改造内容、规划设计、投资概算、资金筹措方式、招标实施方案等内容，满足部门联合审查要求。增加公共建筑或设施的，应与小区业委会、居委会、产权单位等达成权属协议。改造方案应对接社区服务、养老、文化、教育、卫生、托育、体育、邮政快递、社会治安、新能源汽车充电等设施增设及水电气暖信等改造计划，同步实施[②]。

2. 实行多方联合会审

县（市、区）政府确定牵头部门，组织住房城乡建设、发展改革、财政、自然资源和规划、人民防空、气象、行政审批服务、城市管理等部门联合审查改造方案，邀请水电气暖信等专营单位及社区居委会、业主代表参加。对项目可行性、市政设施和建筑效果、消防、建筑节能、日照间距、建筑间距、建筑密度、容积率等技术指标一次性提出审查意见。联合审查牵头部门根据经审查通过且公示无异议的改造方案，出具联合审查意见。审批部门根据审查通过的改造方案和联合审查意见，一次性告知所需办理的审批事项和申请材料，直接办理立项、用地、规划、施工许可等。利用公共空间新建、改扩建相关公用服务设施，需征求

① 住房和城乡建设部办公厅关于印发《城镇老旧小区改造可复制政策机制清单（第一批）的通知》（建办城函〔2020〕649号）。

② 山东省优化提升工程建设项目审批制度改革专项小组办公室关于印发《关于优化城镇老旧小区改造项目审批的指导意见（试行）》的通知（鲁建审改字〔2020〕24号）。

居民意见，依法依规办理相关手续[1]。

7.3.2 简化立项用地规划许可审批

1. 简化立项过程

纳入城镇老旧小区改造年度计划的项目，可依据联合审查通过的改造方案，将项目建议书、可行性研究报告、初步设计及概算合并为可行性研究报告（代初步设计）进行审批，可行性研究报告（代初步设计）应达到初步设计深度，可研批复中需分类明确基础类（主体改造修缮+配套基础设施）、完善类、提升类投资规模和建设内容（需量化）。

> **浙江经验**
>
> 根据国家及浙江省政府投资项目管理有关规定：
>
> 总投资在2000万元以下的政府投资改造项目，可以合并编报和审批项目建议书、可行性研究报告；
>
> 总投资在1000万元以下的政府投资改造项目，可以合并编报和审批项目建议书、可行性研究报告、初步设计。

2. 简化用地规划许可审批

不涉及土地权属变化的城镇老旧小区改造项目，无需办理用地规划许可，可用已有用地手续等材料作为土地证明材料。对不涉及规划条件调整、重要街道两侧外立面改造的项目，无需办理建设用地规划许可证和建设工程规划许可证，由自然资源部门在会商意见中明确；自然资源部门还可以在会商意见中明确简化规划许可的其他措施。

7.3.3 精简工程建设许可和施工许可

1. 施工图备案制

改造项目的施工图免予审查，建设单位委托勘察、设计单位将全部施工图上传至施工图联审系统，即可作为办理建筑工程施工许可证所需的施工图纸。建设单位可以用承诺书替代施工图审查合格书、依法办理用地批准手续的证明文件，作为申请办理施工许可证的材料。住房城乡建设部门对改造项目施工图进行事后

① 浙江省住房和城乡建设厅 浙江省发展和改革委员会 浙江省自然资源厅《关于优化城镇老旧小区改造项目审批的指导意见》（浙建〔2020〕9号）。

抽查，发现工程设计违反法律、法规、规章和工程建设强制性标准的，依法责令改正、作出行政处罚，处理结果向社会公开。

2.免除建设工程规划许可

不增加建筑面积（含加装电梯、外墙增加保温层、楼顶平改坡等）、不改变既有建筑功能和结构的城镇老旧小区改造项目，无需办理建设工程规划许可证。

3.施工许可简化

对不涉及权属登记、变更，无高空作业、重物吊装、基坑深挖等高风险施工，建筑面积在300平方米以内的新建项目可不办理施工许可证。简化施工许可要件，按需提供用地批准手续（或已有用地手续）、建设工程规划许可证（或改造方案联合审查意见）、施工合同（依法应当招标的，提供中标通知书或直接发包的批准手续）、施工图设计文件审查合格书（或勘察设计质量承诺书）、相关责任主体工程质量责任授权书及工程质量终身责任承诺书、工程项目安全生产责任承诺书、具备施工条件、建设资金已落实承诺书、施工组织设计文件（可实行告知承诺制）。

4.简化质检备案

在工程质量安全监督手续与施工许可合并办理的基础上，不再出具《工程质量监督登记证书》《建筑工程施工安全报监书》，加强电子证照应用，相关信息通过工程审批系统共享给住房城乡建设部门。

5.专项审查要求

实施主体委托具有相应资质的设计单位按照现行电梯标准和安全技术规范要求进行施工图设计。设计单位应当对加装电梯的建筑结构及消防设计安全负责。施工图设计文件需经认定的施工图审查机构审查合格。

6.其他许可

加装电梯项目，电梯安装单位应按《特种设备安全法》相关规定办理施工告知，申请电梯安装监督检验。老旧小区改造项目（含加装电梯工程）无需办理环境影响评价手续[①]。

① 湖南省工程建设项目审批制度改革工作领导小组办公室关于印发《湖南省城镇老旧小区改造建设项目（不涉及用地审批等）审批工作指南（试行）》的通知（湘工改办〔2020〕13号）。

湖南省城镇老旧小区改造建设项目（不涉及用地审批等）立项用地规划许可阶段、工程建设许可阶段和施工许可阶段办事指南

由项目属地的市县人民政府组织有关部门联合审查城镇老旧小区改造方案，有关部门在联合审查的同时还需提出如下意见，具体如下：

自然资源与规划主管部门需要作出项目是否“不涉及土地权属变化，无需再办理用地手续，可用已有用地手续等材料作为土地证明文件”的书面意见，是否属于“内部增设相关公共设施符合相关规划要求，不涉及提高容积率和建筑密度、降低绿地率的城镇老旧小区改造，免于办理建设工程规划许可”的书面意见。

有关部门需要作出项目是否不涉及“历史建筑实施原址保护审批”的书面意见，是否不涉及“历史文化街区、名镇、名村核心保护范围内拆除历史建筑以外的建筑物、构筑物或者其他设施审批”的书面意见，是否不涉及“历史建筑外部修缮装饰、添加设施以及改变历史建筑的结构或者使用性质审批”的书面意见。

人防主管部门需要作出项目是否“无需办理应建防空地下室的民用建筑项目报建审批等人防工程审批”的书面意见。

生态环境主管部门需要作出是否“无需办理建设项目环境影响评价审批（报告书或报告表）”的书面意见。

在设计单位提交“不涉及建筑主体结构变动（含加装电梯等），不涉及需依法进行消防设计审查”的书面意见，项目建设单位作出告知承诺制后，由项目属地住房城乡建设主管部门出具项目“不进行施工图审查备案，不进行消防设计审查”的书面意见。

联合审查通过后，可实行项目建议书审批、项目可行性研究报告审批、项目初步设计审批、项目初步设计概算审批、施工图设计文件审查（多图联审，含消防等）、招标上限值评审、建设工程规划许可证核发、建设工程质量安全监督手续办理并核发建筑工程施工许可证等审批事项并联办理，并按照法定前置手续在本指南规定的审批时限内依次发证，实现“一次申报、并联审批、依次发证”。

项目可行性研究报告审批，修建性详细规划、总平面图、建设工程设计方案审查是项目初步设计审批的法定前置手续之一，如项目可行性研究报告审批或修建性详细规划、总平面图、建设工程设计方案审查不通过，则项目初步设计审批同步终止，本次并联申请不予许可，按办结处理，建设单位可在符合条件后重新申请并联审批。项目可行性研究报告审批以及修建性详细规划、总平面图、建设工程设计方案审查通过，项目初步设计审批不通过，本次并联申请不予许可，按办结处理。建设单位可在符合条件后重新申请并联审批，再次申报时无需申请办理项目可行性研究报告审批以及修建性详细规划、总平面图、建设工程设计方案审查，在系统上勾选“已取得项目可行性研究报告批复”“已通过修建性详细规划、总平面图、建设工程设计方案审查”，由住房城乡建设部门通过“工程审批系统”获取相应证照，在本指南规定时限内办理初步设计审批。

项目可行性研究报告审批是建设工程规划许可证核发的法定前置手续之一，如项目可行性研究报告审批不通过，则建设工程规划许可证核发同步终止，本次并联申请不予许可，按办结处理，建设单位在符合条件后重新申请并联审批。项目可行性研究报告审批通过，建设工程规划许可证核发不通过，本次并联申请不予许可，按办结处理。建设单位可在符合条件后重新申请并联审批，再次申报时无需申请办理项目可行性研究报告审批，在系统上勾选“已取得项目可行性研究报告批复”，由有关部门通过“工程审批系统”获取相应证照，在本指南规定时限内办理建设工程规划许可证核发事项审批。

项目初步设计审批是项目初步设计概算审批的法定前置手续之一，如项目初步设计审批不通过，则项目初步设计概算审批同步终止，本次并联申请不予许可，按办结处理，建设单位可在符合条件后重新申请并联审批。项目初步设计审批通过，项目初步设计概算审批不通过，本次并联申请不予许可，按办结处理。建设单位可在符合条件后重新申请并联审批，再次申报时无需申请办理项目初步设计审批，在系统上勾选“已取得项目初步设计批复”，由有关部门通过“工程审批系统”获取相应证照，在本指南规定时限内办理项目初步设计概算审批。

项目初步设计概算审批是招标上限值评审的法定前置手续之一，如项目初步设计概算审批不通过，则招标上限值评审同步终止，本次并联申请不予许可，按办结处理，建设单位可在符合条件后重新申请并联审批。项目初步设计概算审批通过，招标上限值评审不通过，本次并联申请不予许可，按办结处理。建设单位可在符合条件后重新申请并联审批，再次申报时无需申请办理项目初步设计概算审批，在系统上勾选“已取得项目初步设计概算审批批复”，由有关部门通过“工程审批系统”获取相应证照，在本指南规定时限内办理招标上限值评审。

建设工程规划许可证核发是施工图设计文件审查（多图联审，含消防等）、建设工程质量安全监督手续办理并核发建筑工程施工许可证的法定前置手续之一，如建设工程规划许可证核发不通过，则施工图设计文件审查（多图联审，含消防等）、建设工程质量安全监督手续办理并核发建筑工程施工许可证同步终止，本次并联申请不予许可，按办结处理，建设单位可在符合条件后重新申请并联审批。建设工程规划许可证核发通过，施工图设计文件审查（多图联审，含消防等）或建设工程质量安全监督手续办理并核发建筑工程施工许可证不通过，本次并联申请不予许可，按办结处理。建设单位可在符合条件后重新申请并联审批，再次申报时无需申请办理建设工程规划许可证核发，在系统上勾选“已取得建设工程规划许可证”，由住房城乡建设部门通过“工程审批系统”获取相应证照，在本指南规定时限内办理施工图设计文件审查（多图联审，含消防等）、建设工程质量安全监督手续办理并核发建筑工程施工许可证审批。

施工图设计文件审查（多图联审，含消防等）是建设工程质量安全监督手续办理并核发建筑工程施工许可证的法定前置手续之一，如施工图设计文件审查（多图联审，含消防等）不通过，则建设工程质量安全监督手续办理并核发建筑工程施工许可证同步终止，本次并联申请不予许可，按办结处理，建设单位可在符合条件后重新申请并联审批。施工图设计文件审查（多图联审，含消防等）通过，建设工程质量安全监督手续办理并核发建筑工程施工许可证不通过，本次并联申请不予许可，按办结处理。建设单位可在符合条件后重新申请并联审批，再次申报时无需申请办理施工图设计文件审查（多图联审，含消防等），在系统上勾选“已通过施工图设计文件审查（多图联审，含消防等）”，由住房城乡建设部门通过“工程审批系统”获取相应证照，在本指南规定时限内办理建设工程质量安全监督手续办理并核发建筑工程施工许可证审批。

以下事项可在立项用地规划许可阶段、工程建设许可阶段和施工许可阶段并联或并行办理：

市政设施建设类审批事项，工程建设涉及城市绿地、树木审批事项，因工程建设需要拆除、改动、迁移供水、排水与污水处理设施审核事项，建设单位在相应工程内容动工前办理完成即可。此类项目实行告知承诺制，有关部门在材料齐全后立即办理。

依法需要进行施工、监理等招标的项目，住房城乡建设主管部门在材料齐全后，于2个工作日内办理完成建设工程施工招标文件（最高投标限价）、文件澄清或修改备案。

住房城乡建设主管部门在材料齐全后，于2个工作日内办理完成建设工程招标投标情况书面报告。

7.3.4 实行联合竣工验收

由实施主体组织参建单位、相关部门、居民代表等开展联合竣工验收。无需办理建设工程规划许可证的改造项目，无需办理建设工程竣工规划核实。加装电梯项目通过联合验收后，投入使用前或者投入使用之日起30日内，按规定办理特种设备使用登记。简化竣工验收备案材料，报建单位提交工程竣工验收报告、施工单位签署的工程质量保修书、联合验收意见即可办理竣工验收备案。消防验收备案文件通过系统共享。简化档案验收。城建档案管理机构可按照改造项目实际形成的文件归档。

7.3.5 优化审批服务

1.优化招标投标服务

实施主体承诺在投标截止日前提供项目审批文件后，允许以项目赋码提前进入勘察、设计招标程序；实施主体承诺在投标截止前提供初步设计或概算批复文件并承担初步设计或概算批复改变责任后，允许提前进入监理、施工招标程序。属于政府采购范畴的，按照政府采购相关规定执行。

2.推行网上审批

在城市工程审批系统中设置“老旧小区改造项目”审批模块，明确网上办理流程，实行“一网通办”。

3.设立审批绿色通道

将老旧小区改造项目审批纳入工程建设项目综合服务窗口，实行“一窗受理”。

4.实行按阶段并联审批

要按照“一张表单”要求，制定并公布立项用地规划许可、工程许可、竣工验收三个并联审批阶段的申请表和服务指南。

5. 试点开展“清单制+告知承诺制”

公布改造项目审批服务事项清单，扩大告知承诺制覆盖范围，制定并公布具体要求和承诺书格式文本。实施主体按照要求作出书面承诺，审批部门直接作出审批决定。

具体可参见山东省城镇老旧小区改造项目审批主题式流程（图7-12、图7-13）。

7.3.6 加强底线管控

1. 加强文物保护、历史文化底线管控

涉及文物保护单位、不可移动文物、历史文化街区、历史建筑的改造项目，应当严格按照文物管理、历史文化名城名镇名村保护相关法律法规和保护规划要求实施审批管理。

2. 加强消防、结构等涉及安全内容的底线管控

改造项目涉及消防、结构、抗震等安全内容的，应严格执行有关标准，依法办理相关手续。建设单位在组织竣工验收时，按照要求组织各方主体开展竣工验收消防查验，查验合格后方可编制工程竣工验收报告。考虑老旧小区建设年代久远的特殊性，对确实无法满足现有标准的，经组织专家论证通过，可以在不低于改造项目竣工验收合格时有关标准的前提下进行建设。

7.4 完善配套政策，促进存量整合利用

7.4.1 存量资源整合利用联动协调

1. 协调社区管理，促进空间整合

老旧小区中有一部分住区是由企事业和行政单位建设的小型居住组团聚合而成，这些小型的居住组团往往各自独立成院、开发面积较小、建筑密度很高、公共空间狭小。对于这些居住组团或者居住组团拼合的住区，可以拆除隔离组合成较大规模的小区，将各类公共空间分类融合，形成规模更大、更便于利用场地。

2. 整治违法违规利用，挖潜存量空间

针对建筑密度较小或者户外空间相对充足，但场地现状不佳的居住小区，可以通过空间整治的方式加以改造。第一，清理被私人或机构占用的公共空间，还地于民；第二，整修场地、完善设施，包括改造铺装、绿化、修缮或增加照明设施、卫生设施、休息设施、体育设备等。

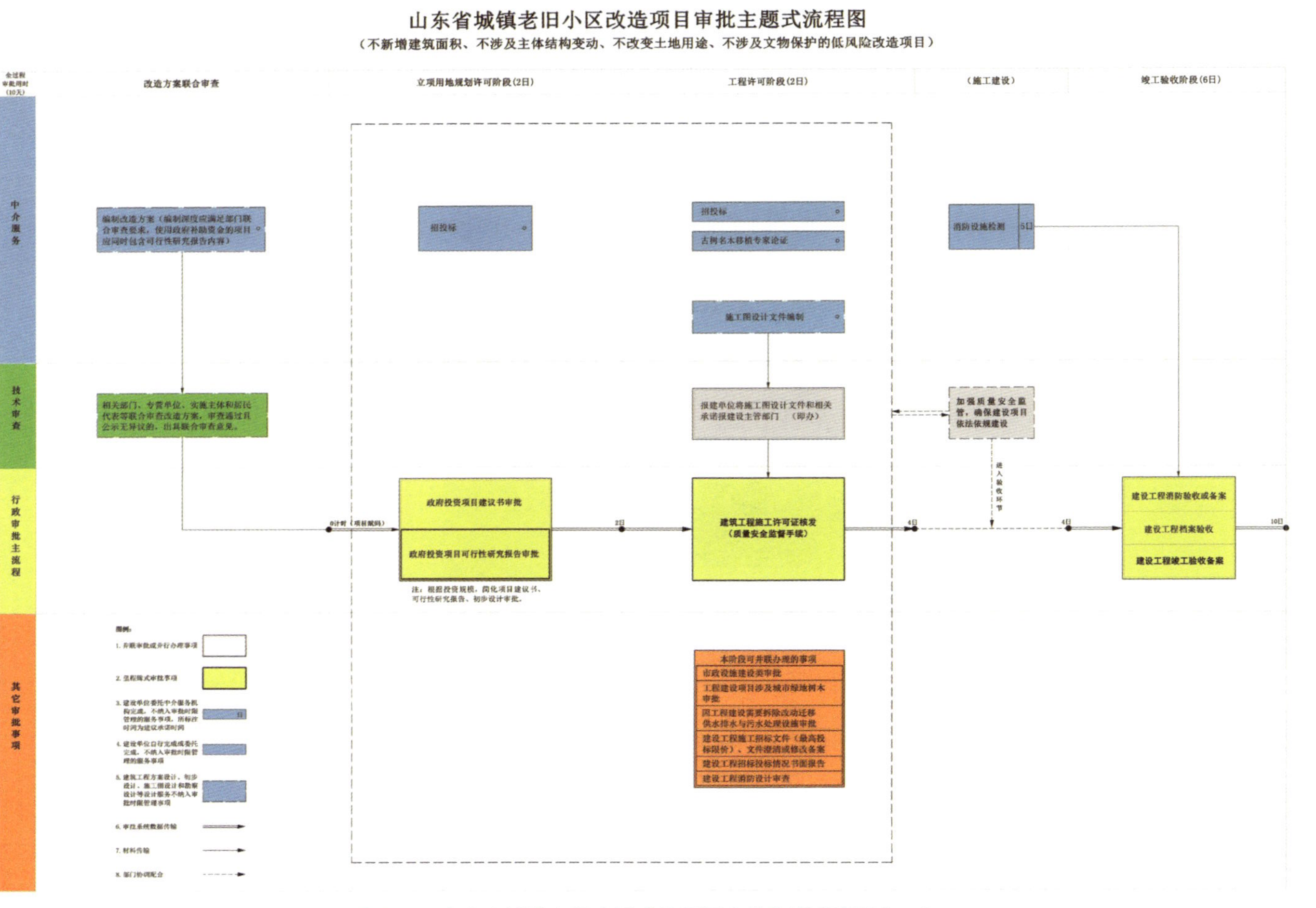

图 7-12 山东省城镇老旧小区改造项目审批主题式流程（一）

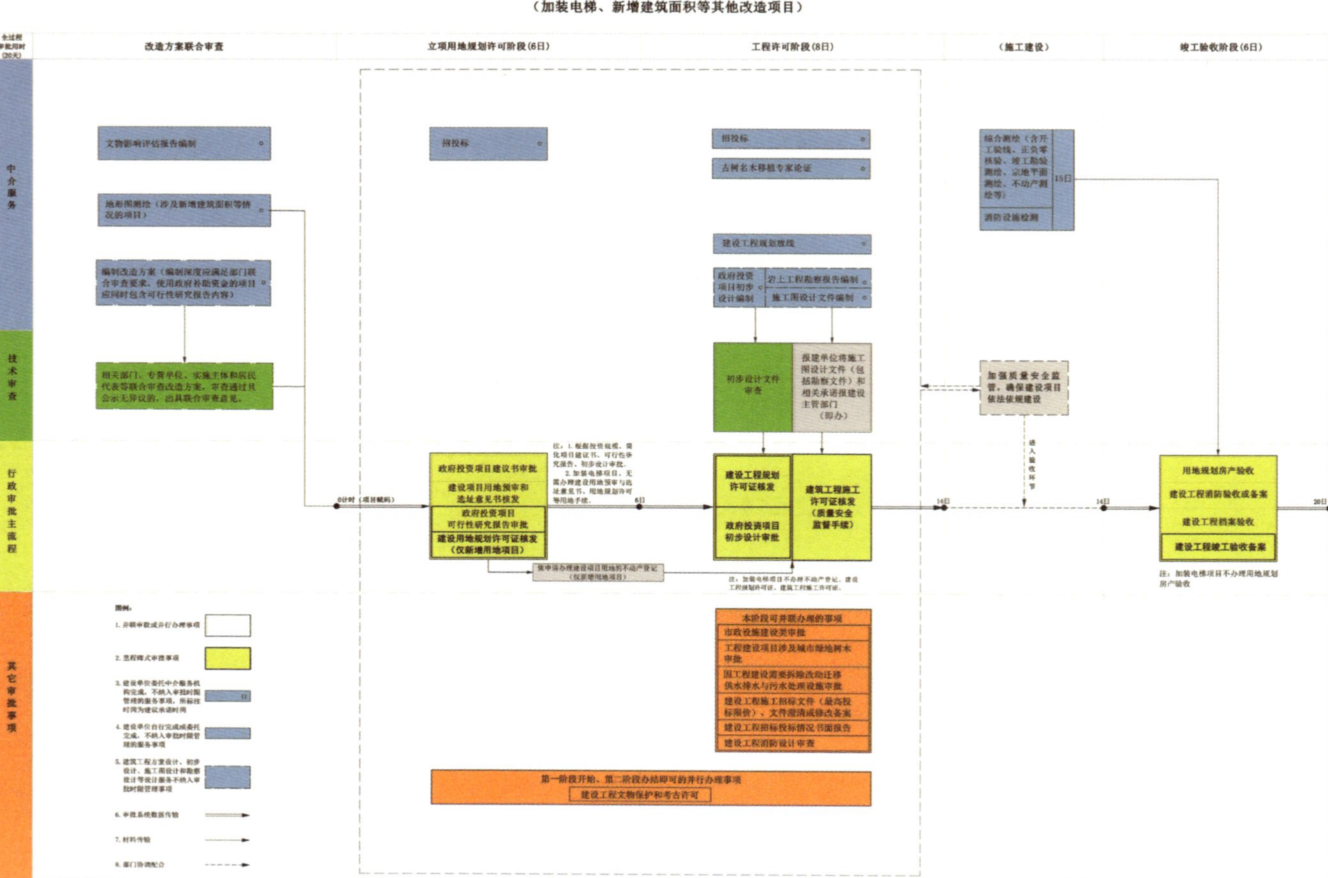

图 7-13　山东省城镇老旧小区改造项目审批主题式流程（二）

7.4.2 存量土地再利用机制

1. 明晰存量土地再利用流程

各地因地制宜按照调查、规划、(收储)、再开发(建设)的流程推进老旧小区改造。调查是对区域及调查区块发展背景、建筑物情况、周边区域发展情况、人口组成结构、产权情况、基础设施情况等做详细调查，评估各种可能的发展模式，为存量土地再利用规划提供依据；在调查的基础上以上位规划为依据，结合改造需求编制存量土地再利用专项规划并纳入法定规划(控制性详细规划)，规划应报所在市县人民政府批准后实施，经批准的专项规划和项目实施方案均向社会公示；依据法定规划对存量土地进行收储出让或推动土地所有者推进建设。

2. 建立适应存量利用项目审批制度

在对存量土地在利用根据实际情况制定相应的政策，为存量土地在利用提供依据。结合工程建设项目审批制度改革，建立城镇老旧小区改造项目审批绿色通道。采取告知承诺、建立豁免清单、下放审批权限等方式，简化立项、财政评审、招标、消防、人防、施工等审批及竣工验收手续。

3. 创新存量土地再利用的特色机制

针对存量土地再利用过程中的重点难点创新或完善推进机制，如供地监管机制、投入合作机制、权益分配机制、权益人协商机制等。

4. 分类明确存量利用奖励机制

再利用的存量土地应优先安排一定比例用地，用于基础设施、市政设施、公益事业等公共设施建设。对涉及经营性房地产开发的改造项目，可根据实际配建保障性住房或公益设施，按合同或协议约定移交当地政府统筹安排。对参与改造开发，履行公共性、公益性义务的，可给予适当政策奖励。

厦门市利用存量土地完善老旧小区服务设施

以厦门为例，自1997—2017年，储备地中用于学校、医院、公园、社区服务中心、轨道交通等城市配套公建等公益设施和民生项目的用地达到5.61平方公里。

5. 利用存量土地实施社区补短板

临时利用存量储备土地用于完善老旧小区设施通过土地收储和开发整理形成的储备土地，在供应给具体项目开发建设前可将储备土地或连同地上建(构)筑物，通过出租等方式加以临时利用。储备土地临时利用应重点用于公益性临时利用，如停车场、绿化场地、文体设施、老幼服务设施等。

7.4.3 存量建筑再利用机制

1. 整合存量信息，提高转化效率

利用大数据平台整合存量建筑信息，提高存量建筑改价转化效率。充分运用大数据，建立租赁住房跨地区、多部门的统一管理平台，不断提高政府监管与服务的效率与能力。建议各城市基于租赁住房信息化管理平台，整合既有租赁房源信息与城市现状空置及低效利用建筑信息，分别建立面向政府、企业、租户三方的服务平台。基于平台对接存量资源，增强租赁企业与原物业产权所有者的高效对接，降低企业拿房成本，提高改建效率。

2. 建立快速审批通道

建立存量建筑改造再利用项目的快速审批通道，明晰审批流程和责任分工。针对本地存量用房明确适用范围及实施主体，确定常规性及特殊性项目的工作协调机制。各地应根据有关法律法规和政策规定出台改建租赁住房的具体实施流程。市住房建设管理部门牵头组织相关部门成立组织协调工作小组，负责改建类项目的日常管理工作。建立改建类项目的专项快速审批通道，建议由各城市的区县（市）住房管理部门牵头，定期召开一次审查会议。根据项目实际需要，组织区县（市）住建、自然资源、消防、环保、卫生、供水、供电、燃气等相关部门依职责进行审核，审核合格的经区县（市）政府同意出具同意改建项目的认定意见后实施。

3. 因地制宜探索改建创新机制

探索在原用地出让条件下可适当允许提高改建项目的建筑面积。改建项目按照实际使用用途进行审批，同时允许在原有用地出让容积率、建筑高度等的限制内，适当增加必要的配套用房（设备用房等）建筑面积。

深圳经济特区城市更新条例

第四十七条　综合整治类城市更新主要包括下列内容：

（一）修缮建筑物外观；

（二）加建电梯、连廊、楼梯和遮蔽通道等辅助性设施；

（三）完善道路交通、给排水、供电、燃气、消防、安防、垃圾分类、通信等公共服务设施；

（四）增设或改造养老、文化、教育、卫生、托育、体育、快递、停车场、充电设施、社会治安等各类社区服务设施；

（五）保护、活化利用不可移动文物或者历史风貌区、历史建筑；

（六）改变建筑物功能；

（七）其他加建、改建、扩建或者局部拆建行为。

第五十二条　因消除安全隐患、完善产业及配套功能、改善空间环境品质等目的对旧工业区开展综合整治类城市更新，增加面积不超过现状建筑面积百分之十五的电梯、连廊、楼梯、配电房等辅助性设施的，可以适当简化相关程序。

4.减免改造、营运等环节税费

综合考虑存量建筑改造利用的目的，制定针对建筑改造再利用过程中的税收优惠政策。例如，对在改建装修期间发生的其他相关税，如装修改造的增值税，物业管理的增值税进行适当减免。

5.减免或返还存量房源的税收

针对原建筑出租给老旧小区服务用房的，考虑按照4%的房产税执行，减少税收转嫁。制定个人所得税返还机制，对于私人存量建筑交给改建经营机构进行改造出租的，可在运营期间返还个人房产税即所得税，提升个人房东将房源改造再利用的积极性。

7.5 财税政策

7.5.1 老旧小区改造业务涉税种类及概念

老旧小区改造业务，以其业务全面性和复杂性的特点，造成其涉及税种多、涉税计算复杂、特殊性政策应用广的现状。其涉及增值税、附加税、企业所得税、个人所得税、印花税等内容。现我们按税种大致梳理老旧小区改造业务涉及的各类税收概念。

1.增值税

增值税是对销售货物或者提供加工、修理修配劳务以及进口货物的单位和个人就其实现的增值额征收的一个税种。从计税原理上说，增值税是对商品生产、流通、劳务服务中多个环节的新增价值或商品的附加值征收的一种流转税。增值税征收通常包括生产、流通或消费过程中的各个环节，是基于增值额或价差为计税依据的中性税种，理论上包括农业各个产业领域（种植业、林业和畜牧业）、采矿业、制造业、建筑业、交通和商业服务业等，或者按原材料采购、生产制造、批发、零售与消费各个环节。

当前，一般纳税人适用的税率有：13%、9%、6%、0等。小规模纳税人适用征收率，征收率为3%。某些特殊规定下，还存在2%、1%的征收率。

增值税应纳税额的基本计算公式分为一般纳税人及小规模纳税人：

一般纳税人计算公式为：应纳税额=当期销项税额-当期进项税额。其中销项税额=含税销售额 ÷（1+税率）× 税率。销项税额是指纳税人提供应税服务按照销售额和增值税税率计算的增值税额。进项税额是指纳税人购进货物或者接受加工修理修配劳务和应税服务，支付或者负担的增值税税额。

小规模纳税人应纳税额=含税销售额 ÷（1+征收率）× 征收率。

增值税涉及的税务规定丰富，其中纲领性文件罗列如下：

《中华人民共和国增值税暂行条例》（务院令第691号最新修订）

《中华人民共和国增值税暂行条例实施细则》（中华人民共和国财政部 国家税务总局令第65号）

《财政部 国家税务总局关于全面推开营业税改征增值税试点的通知》（财税〔2016〕36号）

2. 附加税

附加税是一种笼统的说法，通常包括城市维护建设税、教育费附加、地方教育费附加等。其计税基础有赖于增值税税金及消费税税金。由于老旧小区改造业务暂不涉及消费税，本文所提及附加税，仅只按照增值税税额的一定比例征收的税。附加税款一般专款专用，为城市建设和教育事业提供资金。

城市维护建设税是以纳税人实际缴纳的流通转税额为计税依据征收的一种税，纳税环节确定在纳税人缴纳的增值税、消费税的环节上，从商品生产到消费流转过程中只要发生增值税、消费税的当中一种税的纳税行为，就要以这种税为依据计算缴纳城市维护建设税。

城市维护建设税计算公式为：应纳税额=（增值税+消费税）× 适用税率。税率按纳税人所在地分别规定为：市区7%，县城和镇5%，乡村1%。大中型工矿企业所在地不在城市市区、县城、建制镇的，税率为1%。

主要涉税政策如下：

《中华人民共和国城市维护建设税法》

《财政部 税务总局关于实施小微企业普惠性税收减免政策的通知》（财税〔2019〕13号）

教育费附加是由税务机关负责征收，同级教育部门统筹安排，同级财政部门监督管理，专门用于发展地方教育事业的预算外资金。计算公式为：应纳教育费附加=（实际缴纳的增值税+消费税）×3%；地方教育费附加=（实际缴纳的增值税+消费税）×2%。

主要涉及政策如下：

《国务院关于统一内外资企业和个人城市维护建设税和教育费附加制度的通知》（国发〔2010〕35号）。

3.企业所得税

企业所得税是对我国境内的企业和其他取得收入的组织的生产经营所得和其他所得征收的一种所得税。企业所得税的纳税人包括各类企业、事业单位、社会团体、民办非企业单位和从事经营活动的其他组织。企业所得税采取收入来源地管辖权和居民管辖权相结合的双管辖权，把企业分为居民企业和非居民企业，分别确定不同纳税义务。

居民企业，是指依法在中国境内成立，或者依照外国（地区）法律成立但实际管理机构在中国境内的企业。

非居民企业，是指依照外国（地区）法律成立且实际管理机构不在中国境内，但在中国境内设立机构、场所的，或者在中国境内未设立机构、场所，但有来源于中国境内所得的企业。

企业所得税应纳税额计算公式为：企业应纳所得税额=（收入总额－准予扣除项目金额）×适用税率。适用税率如表7-4所示。

企业所得税税率表 **表7-4**

类别	适用范围	税率（%）	法律法规依据
基本税率	居民企业	25	《企业所得税法》第四条
低税率	（1）非居民企业在中国境内未设立机构、场所的，或者虽设立机构、场所但取得的所得与其所设机构、场所没有实际联系的，其来源于中国境内的所得；（2）符合条件的小型微利企业	20	《企业所得税法》第四条、第二十八条
优惠税率	国家需要重点扶持的高新技术企业	15	《企业所得税法》第二十八条
优惠税率	非居民企业取得企业所得税法第二十七条第（五）项规定的所得，亦即企业所得税法第三条第三款规定的所得，亦即：非居民企业在中国境内未设立机构、场所的，或者虽设立机构、场所但取得的所得与其所设机构、场所没有实际联系的，其来源于中国境内的所得	10	《企业所得税法实施条例》第九十一条

企业所得税按年计算，但为了保证税款及时、均衡入库，对企业所得税采取分期（按月或季）预缴、年终汇算清缴的办法。按月份或季度预缴税款的纳税人，

应在月份或季度终了后15日内向主管税务机关进行纳税申报并预缴税款。其中，第四季度的税款也应于季度终了后15日内先进行预缴，然后在年度终了后45日内进行年度申报，税务机关在5个月内进行汇算清缴，多退少补。

企业所得税收入成本计算复杂，优惠政策及扣除限制极多，在此只做概念性介绍。企业所得税涉及的主要政策如下：

《中华人民共和国企业所得税法》

《中华人民共和国企业所得税法实施条例》(国务院令第512号)

《国家税务总局关于印发〈房地产开发经营业务企业所得税处理办法〉的通知》(国税发〔2009〕31号)

《财政部国家税务总局关于企业重组业务企业所得税处理若干问题的通知》(财税〔2009〕59号)

国家税务总局关于发布《企业所得税税前扣除凭证管理办法》的公告(国家税务总局公告2018年第28号)

4.个人所得税

老旧小区改造中通常都会存在对居民个人的各类支出，包括补偿款、安置款、租金、赔偿金、劳务费等等。这一系列支出均会涉及改造单位代扣代缴居民个人所得税事项。

个人所得税是国家对本国公民、居住在本国境内的个人的所得和境外个人来源于本国的所得征收的一种所得税。个人所得税的纳税义务人，既包括居民纳税义务人，也包括非居民纳税义务人。居民纳税义务人负有完全纳税的义务，必须就其来源于中国境内、境外的全部所得缴纳个人所得税；而非居民纳税义务人仅就其来源于中国境内的所得，缴纳个人所得税。

在老旧小区改造业务中，虽然新个税法将工资、薪金所得、劳务报酬所得、稿酬所得、特许权使用费所得统一视为综合所得，按纳税年度合并计算个人所得税，以每一纳税年度的收入额减除费用6万元以及专项扣除、专项附加扣除和依法确定的其他扣除后的余额，为应纳税所得额。但是，工资、薪金所得和劳务报酬所得预扣预缴个税的计算方法却截然不同。

工资、薪金所得预扣预缴个税是按照“累计预扣法”进行计算的。而劳务报酬所得预扣预缴个税却基本保留了原个税法下的计算方法。

根据《关于全面实施新个人所得税法若干征管衔接问题的公告》(国家税务总局公告2018年第56号)第一条第二项：“扣缴义务人向居民个人支付劳务报酬所得、稿酬所得、特许权使用费所得，按次或者按月预扣预缴个人所得税。”具体预扣预缴方法如下：

劳务报酬所得、稿酬所得、特许权使用费所得以收入减除费用后的余额为收入额。其中，稿酬所得的收入额减按70%计算。

减除费用：劳务报酬所得、稿酬所得、特许权使用费所得每次收入不超过4000元的，减除费用按800元计算；每次收入4000元以上的，减除费用按20%计算。

应纳税所得额：劳务报酬所得、稿酬所得、特许权使用费所得，以每次收入额为预扣预缴应纳税所得额。劳务报酬所得适用20%～40%的超额累进预扣率，稿酬所得、特许权使用费所得适用20%的比例预扣率。

劳务报酬所得应预扣预缴税额=预扣预缴应纳税所得额×预扣率-速算扣除数

个人所得税主要涉及政策如下：

《个人所得税法》

《个人所得税法实施条例》

《关于全面实施新个人所得税法若干征管衔接问题的公告》(国家税务总局公告2018年第56号)

5.印花税

印花税是对经济活动和经济交往中订立、领受具有法律效力的凭证的行为所征收的一种税。印花税的纳税人包括在中国境内设立、领受规定的经济凭证的企业、行政单位、事业单位、军事单位、社会团体、其他单位、个体工商户和其他个人。

主要涉及政策如下：

《中华人民共和国印花税法（草案）》(2021年1月4日国务院常务会议通过)以及《中华人民共和国印花税暂行条例》。

7.5.2 各税种政策在老旧小区改造业务线中的应用

根据北京市人民政府办公厅关于印发《老旧小区综合整治工作方案（2018—2020年)》，整治内容采用菜单式，分为基础类和自选类。自选类业务线主要包含物业管理服务、加装电梯、补建停车位，以及其他社区综合服务等。现将老旧小区改造各个业务条线中涉及的税种逐一列明。

1.综合整治改造（基础类）

老旧小区综合整治改造为老旧小区改造业务中的重点，将以该项业务为基础展开分析，其他条线将仅就其特殊涉税事项加以说明，本业务向下的类似问题便不再一一赘述。

基础类包含楼本体及公共区域两大类，该项改造主要由市、区两级政府资金负担。主要涉及工程改造支出。

收入方面，市、区两级财政资金的收取主要分为两种性质，即政府补助和政府采购。在增值税和所得税方面，这两种性质的收益处理方式完全不同，政府补助免税，而政府采购则正常缴税，企业务必严格依据文件切实处理不同情况。

增值税方面，在2019年12月31日前，一般采用资金来源的方法判定政府补助和政府采购。依据《国家税务总局关于中央财政补贴增值税有关问题的公告》（2013年第3号）规定："纳税人取得的中央财政补贴，不属于增值税应税收入，不征收增值税。"

在2020年1月1日后，税务局出台了新的规定。依据《国家税务总局关于取消增值税扣税凭证认证确认期限等增值税征管问题的公告》（国家税务总局公告2019年第45号）第七条第一款规定："纳税人取得的财政补贴收入，与其销售货物、劳务、服务、无形资产、不动产的收入或者数量直接挂钩的，应按规定计算缴纳增值税。纳税人取得的其他情形的财政补贴收入，不属于增值税应税收入，不征收增值税。"

对于财政补贴是否征收增值税，税总45号公告有一个显著的变化，就是认定标准已经由"资金来源"改为"销售绑定"。需要重点关注两点：一是与销售挂钩，对于采购等其他环节取得的财政补贴，不征收增值税；二是直接挂钩，跟销售间接挂钩的补贴，不征收增值税。

企业所得税方面，《财政部、国家税务总局关于财政性资金、行政事业性收费、政府性基金有关企业所得税政策问题的通知》（财税〔2008〕151号）规定："企业取得的各类财政性资金，除属于国家投资和资金使用后要求归还本金的以外，均应计入企业当年收入总额；对企业取得的由国务院财政、税务主管部门规定专项用途并经国务院批准的财政性资金，准予作为不征税收入，在计算应纳税所得额时从收入总额中减除。""财政性资金，是指企业取得的来源于政府及其有关部门的财政补助、补贴、贷款贴息，以及其他各类财政专项资金，包括直接减免的增值税和即征即退、先征后退、先征后返的各种税收，但不包括企业按规定取得的出口退税款。"

企业从县级以上各级人民政府财政部门及其他部门取得的应计入收入总额的财政性资金，如果同时符合《财政部、国家税务总局关于专项用途财政性资金企业所得税处理问题的通知》（财税〔2011〕70号）规定的下列三个条件可以作为不征税收入，在计算应纳税所得额时从收入总额中减除：

（一）企业能够提供规定资金专项用途的资金拨付文件；

（二）财政部门或其他拨付资金的政府部门对该资金有专门的资金管理办法

或具体管理要求；

（三）企业能够对该资金以及以该资金发生的支出单独进行核算。

上述不征税收入用于支出所形成的费用，不得在计算应纳税所得额时扣除；用于支出所形成的资产，其计算的折旧、摊销不得在计算应纳税所得额时扣除。凡作为不征税收入处理的财政性资金，在5年（60个月）内未发生支出且未缴回财政部门或其他拨付资金的政府部门的部分，应计入取得该资金第6年的应税收入总额；计入应税收入总额的财政性资金发生的支出，允许在计算应纳税所得额时扣除。

在区别好政府补助和政府采购后，应明确老旧小区改造收入的增值税纳税税目。通常来讲，综合整治改造（基础类）政府采购收入，增值税税目为"建筑业"，税率为9%。政府采购合同印花税税率为万分之三。

在成本方面，老旧小区改造支出通常包括货物采购、建筑服务采购、物业服务采购、租赁服务（包括有形动产及不动产）采购等。以上支出通常可以取得合同、增值税专用发票等票据支撑。而另一些支出，比如个人零星采购，通常很难取得发票。对此，我们可参考国家税务总局公告2018年第28号国家税务总局关于发布《企业所得税税前扣除凭证管理办法》的公告。

该公告第九条规定，企业在境内发生的支出项目属于增值税应税项目（以下简称"应税项目"）的，对方为已办理税务登记的增值税纳税人，其支出以发票（包括按照规定由税务机关代开的发票）作为税前扣除凭证；对方为依法无需办理税务登记的单位或者从事小额零星经营业务的个人，其支出以税务机关代开的发票或者收款凭证及内部凭证作为税前扣除凭证，收款凭证应载明收款单位名称、个人姓名及身份证号、支出项目、收款金额等相关信息。具体额度可参考如下文件：

《增值税暂行条例实施细则》第三十七条规定，增值税起征点的适用范围限于个人。增值税起征点的幅度规定如下：

（一）销售货物的，为月销售额2000～5000元；

（二）销售应税劳务的，为月销售额1500～3000元；

（三）按次纳税的，为每次（日）销售额150～200元。

《财政部 国家税务总局关于全面推开营业税改征增值税试点的通知》（财税〔2016〕36号）文件附件一《营业税改征增值税试点实施办法》第五十条规定，增值税起征点幅度如下：

（一）按期纳税的，为月销售额5000～20000元（含本数）。

（二）按次纳税的，为每次（日）销售额300～500元（含本数）。

另外关于个人支出，还应注意代扣代缴个人所得税事宜。

2.社区商业改造

社区商业改造主要涉及工程改造支出、腾退支出等。工程改造支出通常可以取得合同、增值税专用发票等票据支撑。而腾退支出通常很难取得发票。对此，我们可参考国家税务总局公告2018年第28号国家税务总局关于发布《企业所得税税前扣除凭证管理办法》的公告。

社区商业运营收入，是指在老旧小区改造业务中，为补偿改造社会资本投资改造成本，由政府将一部分便民商业配套的运营权交予企业而产生的运营收益。企业实现该部分收益通常有两种途径。第一，企业取得该部分商业的租赁权，从而出租给符合小区形象和定位的商户。第二，企业仅取得该部分商业的运营权，企业将引进商户收取运营管理费。前者增值税税目为“不动产租赁”，税率9%，后者根据合同内容，增值税税目为“现代服务业—商务辅助服务”，或者“销售无形资产—其他权益性无形资产”税率为6%。

3.物业

在老旧小区改造完成之后，通常会引进物业公司进行后续管理。物业收入多种多样，十分复杂。

增值税方面，物业管理属于企业管理服务，是对区域内的物业进行维护管理，也包括代收业主水电费、车辆管理服务、广告位出租等。因此，其涉及的增值税税率包括6%，3%等多种税率。

物业公司取得的物业收入根据财税〔2016〕36号附件1相关规定，按6%计算销项税额。

物业公司代业主收取电费的收入根据财税〔2016〕36号附件1第三十七（二）规定“以委托方名义开具发票代委托方收取的款项”的，可不计算增值税销售额。若电费发票不是直接开给业主，不符合上述规定，则物业公司按转售电处理。分两种情况：

（一）如果物业公司是小规模纳税人，按照向业主收取金额的3%缴纳增值税。

（二）如果物业公司是一般纳税人，按照取得的电费发票计算进项、开具给业主的电费发票计算销项。

物业公司代业主收取水费的收入根据总局〔2016〕54号公告，提供物业管理服务的纳税人，向服务接受方收取的自来水水费，以扣除其对外支付的自来水水费后的余额为销售额，按照简易计税方法依3%的征收率计算缴纳增值税。同时，物业公司可以按3%向服务接受方开具增值税专用发票，其中一般纳税人自行开具，小规模纳税人可以向税务机关申请代开。但需要注意的是，2016年5月

1日以后已发生并处理的事项，不再作调整。

物业公司收取的水电暖气煤气费，以上仅为通行政策。各地方的国税局对此也有各不相同的单独规定，需要详细研读所在地区的地方性政策后进行税务处理。

物业公司收取的停车管理费和广告位出租的租金，根据财税〔2016〕36号文件《销售服务、无形资产、不动产注释》，将建筑物、构筑物等不动产或者飞机、车辆等有形动产的广告位出租给其他单位或者个人用于发布广告，按照经营租赁服务缴纳增值税。车辆管理服务、道路通行服务（包括过路费、过桥费、过闸费等）等按照不动产经营租赁服务缴纳增值税。因此，物业公司收取的停车费按照不动产经营租赁服务缴纳增值税，广告位的出租则按照该广告位置属于不动产还是动产分别按照不动产经营租赁和有形动产经营租赁缴纳增值税。

物业公司涉税情形细致而复杂，在进行老旧小区改造业务的过程中，应对该业务的涉税问题提起高度重视。切莫因其金额小而轻视，以至于造成严重的涉税后果。

4.电梯

根据国家税务总局公告2017年第11号第四条第一款规定，一般纳税人销售电梯的同时提供安装服务，其安装服务可以按照甲供工程选择适用简易计税方法计税。

根据国家税务总局公告2017年第11号第一条规定，纳税人销售活动板房、机器设备、钢结构件等自产货物的同时提供建筑、安装服务，不属于《营业税改征增值税试点实施办法》（财税〔2016〕36号文件印发）第四十条规定的混合销售，应分别核算货物和建筑服务的销售额，分别适用不同的税率或者征收率。

因此根据上述11号公告规定，一般纳税人自产电梯销售并安装的必须分别核算销售货物和建筑服务，即销售电梯税率13%；安装服务可以选择9%税率或3%税率（选择适用简易计税需要进行备案）。小规模纳税人全部按3%的征收率征收增值税。

一般纳税人企业外购电梯销售带安装模式不适用11号公告，不属于自产货物不能适用分别核算货物和建筑服务的销售额，只能按混合销售处理。

根据财税〔2016〕36号第四十条规定，一项销售行为如果既涉及服务又涉及货物，为混合销售。从事货物的生产、批发或者零售的单位和个体工商户的混合销售行为，按照销售货物缴纳增值税；其他单位和个体工商户的混合销售行为，按照销售服务缴纳增值税。本条所称从事货物的生产、批发或者零售的单位和个体工商户，包括以从事货物的生产、批发或者零售为主，并兼营销售服务的单位和个体工商户在内。

根据上述36号文及11号公告规定，一般纳税人按照其企业性质，有可能全部适用13%税率或19%税率。小规模纳税人全部按3%的征收率征收增值税。

安装运行后的电梯提供的维护保养服务根据国家税务总局公告2017年第11号第四条第二款规定，按照“其他现代服务”缴纳增值税。适用税率为6%，征收率为3%。

对电梯的修理一般有两种征税情形：

第一种：对电梯维修按提供加工修理修配征收增值税，适用13%税率，征收率3%。例如：福建国税。

第二种：对电梯维修按建筑服务—修缮服务处理，适用9%税率，征收率3%。例如：河北国税、安徽国税、江西国税。

5.其他

在老旧小区改造业务中，医疗、养老、家政、托幼等增值服务日渐重要目前涉及的主要税收优惠政策如下：

《财政部 国家税务总局关于全面推开营业税改征增值税试点的通知》(财税〔2016〕36号)。

《财政部 税务总局关于明确养老机构免征增值税等政策的通知》(财税〔2019〕20号)。

《国务院办公厅关于推进养老服务发展的意见》(国办发〔2019〕5号)。

《财政部 国家税务总局关于医疗卫生机构有关税收政策的通知》(财税〔2000〕42号)。

《财政部 国家发展改革委关于减免养老和医疗机构行政事业性收费有关问题的通知》(财税〔2014〕77号)。

7.5.3 老旧小区改造税收减免的政策梳理及建议

国办发〔2020〕23号文明确提出落实税费减免政策，多省市也已出台相应的税收优惠政策。

1.北京市

(1)2019年9月，北京市财政局、北京市发改委联合发布《关于养老、托育、家政等社区家庭服务业部分收费优惠政策的通知》(京财综〔2019〕1989号)明确：“自2019年6月1日至2025年12月31日，为社区提供养老、托育、家政服务的机构，可享受以下优惠政策：①用于提供社区养老、托育、家政服务的房产、土地，免征不动产登记费、耕地开垦费、土地复垦费、土地闲置费。②用于提供社区养老、托育、家政服务的建设项目，免征城市基础设施配套费。③确因地质条件等原因无法修建防空地下室，并经人民防空主管部门确认同意的，免征防空地下室易地建设费。减免上述行政事业性收费和政府性基金后，有关部门和单位依法履行职能所需经费，由同级财政预算予以安排。”

（2）2020年5月，北京市人民政府办公厅印发《关于加快推进养老服务发展的实施方案》（京政办发〔2020〕17号），规定社区养老服务机构提供养老服务取得的收入免征增值税，在计算应纳税所得额时减按90%计入收入总额。非营利性养老机构按规定免征企业所得税。非营利性养老机构建设全额免征土地复垦费、土地闲置费、耕地开垦费、防空地下室易地建设费以及本市设立的行政事业性收费，营利性养老机构减半征收。

2. 上海市

2020年5月，上海市人民政府办公厅发布《关于促进本市养老产业加快发展的若干意见》（沪府办〔2020〕30号），提出对在社区依托固定场所设施，采取全托、日托、上门等方式为社区居民提供养老服务的企业、事业单位和社会组织，其提供养老服务取得的收入，免征增值税，在计算企业所得税应纳税所得额时，减按90%计入收入总额。

3. 杭州市

2014年1月，杭州市人民政府办公厅发布《关于鼓励社会力量兴办养老服务机构的实施意见（试行）》（杭政办〔2014〕3号），规定：①经认定为非营利性养老机构的，可以免征企业所得税，对其提供的养老服务免征营业税（现已停止征收营业税，改征增值税）。营利性社会办养老机构如将育养服务收入直接用于改善养老条件的，其后5年缴纳的育养服务收入相关税收按地方留成部分给予减半补助，由机构所在地财政部门以项目扶持的形式给予补助。②对各类非营利性养老服务机构免征自用房产、土地的房产税和城镇土地使用税。③企业公益事业的捐赠支出，在年度利润总额12%以内的部分，准予其在计算应纳税所得额时予以扣除。④养老服务机构用电、用水、用气（燃气）等与居民用户实行同价，并免收相应的配套费；减半收取养老服务机构工程定额测定费、绿化费、城镇垃圾处理费；新建和扩建非营利性养老机构设施，减半收取城市建设配套费、防空地下室易地建设费。⑤除法律法规明确规定的收费项目外，不得对社会办养老机构另行收费。凡收费标准设置上、下限的，均按下限收取。

4. 重庆市

2014年4月，重庆市人民政府发布《重庆市人民政府关于加快推进养老服务业发展的意见》（渝府发〔2014〕16号），规定养老机构用水、用电、用气按居民生活类价格执行，天然气初装费降低30%收取，水电气安装工程费用适当减免。

有线数字电视收视维护费执行低收入用户减免政策。

5.苏州市

2014年7月，苏州市人民政府发布《关于加快发展养老服务业的实施意见》（苏府〔2014〕108号）指出："落实税费优惠政策，对非营利性养老服务机构建设减免城市基础设施配套费、墙改费、人防工程易地建设费，对营利性养老机构建设减半征收；对各类养老机构减半收取白蚁防治费、建筑施工安全监督登记费、施工图设计文件审查费、防雷设计审查费、防雷设施质量监督验收费、有线电视数字化工程配套建设费等行政事业性收费。"

6.深圳市

2020年6月，深圳市民政局等11部门联合发布《深圳市养老服务投资扶持政策措施清单》，指出在税费优惠政策方面，属于小微企业的养老服务机构可以享受相应减免优惠。2019年1月1日至2021年12月31日，对月销售额10万元以下（含本数）的增值税小规模纳税人，免征增值税；对小型微利企业年应纳税所得额不超过100万元的部分，减按25%计入应纳税所得额，按20%的税率缴纳企业所得税；对年应纳税所得额超过100万元但不超过300万元的部分，减按50%计入应纳税所得额，按20%的税率缴纳企业所得税；对增值税小规模纳税人减征50%的资源税、城市维护建设税、房产税等。

关于进一步落实税收优惠的政策，建议从以下四方面入手。

第一，专业经营单位参与政府统一组织的城镇老旧小区改造，对其取得所有权的设施设备等配套资产改造所发生的费用，可以作为该设施设备的计税基础，按规定计提折旧并在企业所得税前扣除；所发生的维护管理费用，可按规定计入企业当期费用税前扣除。

第二，在城镇老旧小区改造中，为社区提供养老、托育、家政等服务的机构，提供养老、托育、家政服务取得的收入免征增值税，并减按90%计入所得税应纳税所得额；用于提供社区养老、托育、家政服务的房产、土地，可按现行规定免征契税、房产税、城镇土地使用税和城市基础设施配套费、不动产登记费等。

第三，明确基础类改造补贴资金及涉及政策指导下养老、托幼、家政补贴资金为政府补助，而非政府采购，可减免增值税。

第四，涉及老旧小区便民业态的配套资产运营，对此部分只有经营权，能否不按租金缴纳增值税，按运营权转让缴纳增值税或者直接进行税收减免。

7.6 加强基层管理，建立长效管理机制

7.6.1 落实小区管理责任对应

1.梳理小区产权、物权、管理权，责任落实到位

借助《民法典》物权编中关于建筑物区分所有权的规定和参照国务院及有关部委的文件精神，率先界定老旧小区内专有部分及共有部分的产权归属问题，分清在改造实施过程中各方责任与义务，进而减少改造过程中，由于权属规则不清问题导致的利益冲突，提高改造进程和效率。并适时呼吁国家层面出台关于老旧小区改造的专门法律法规，完善相关权属责任主体权利义务、清晰资金筹措渠道来源等，减少政策多头适用或互相制约的情形，促进老旧小区改造的整体推进。

1）进一步将老旧小区产权明确化

建议由房管局牵头，居委会协助彻底摸清老旧小区产权结构，将老旧小区产权明确化，消除有问题找不到责任主体的混乱现象。

2）建立基于产权的业主或准业主组织

小区业主应该根据政府的指导，按照合法程序建立业主委员会，努力提升业主委员会工作的专业化、规范化，加强业主自治意识以及业主之间的沟通，不断完善小区内部业主自治机制，逐步引导业主走上自主自治的道路。对于产权改革之后仍然混杂的老旧小区，建议构建适应产权混杂的老旧小区的准业主组织。即成立小区管理委员会作为老旧小区的物业管理主体。小区管理委员会应该从小区全体业主和居民中选举产生，参选范围要覆盖原产权单位、房改房购买人、回迁房所有人以及公房承租人等权利主体。

3）坚持全体产权人付费的筹资原则

居民小区内的市政设施设备和管线等具有规模效应和专业性，应该由专业经营单位承担并且向政府申请专项补贴。除了管线设施之外的小区的共用产权和服务的生产维护费用严格按照“谁受益，谁付费”的原则进行分担。小区产权属产权单位的，产权单位就要负责老旧小区的更新改造以及日常的维修管理，住宅产权及公共设施已经移交给小区业主的，业主就不能再享受单位提供的一切福利，应按照要求缴纳相关治理费用；产权单位已经破产的，其名下的公共物业治理费用由政府和业主共同承担，政府补贴一部分，业主自筹一部分。

4）根据不同权属的住户需要选择物业服务产品和形式

物业服务的生产提供形式多种多样，根据产权所有人在物业服务中的参与程度可以分为不同的形式。主要概括起来有三种，一是业主或使用人自行提供服

务；二是将所需服务的内容分别委托专业服务单位提供服务；三是将服务整体外包，聘请专业物业公司提供物业服务。当然，具体的物业服务生产形式，也可以根据小区居民的成本和对服务的偏好，在上述三种之间进行任何的优化组合。但无论采用哪一种物业服务的生产形式，关键的一点是要基于产权人的治理组织的选择做出抉择。

5）优化产权管理模式

鼓励原产权单位对已移交地方的原职工住宅小区改造给予资金等支持，推动公房产权单位出资参与老旧小区改造。引导专业经营单位履行社会责任，出资参与小区改造中相关管线设施设备的改造提升，改造后专营设施设备的产权可依照法定程序移交给专业经营单位，由其负责后续维护管理。通过政府采购、新增设施有偿使用、落实资产权益等方式，吸引各类专业机构等社会力量投资参与各类需改造设施的设计、改造、运营。支持规范各类企业以政府和社会资本合作模式参与改造。支持以“平台+创业单元”方式发展养老、托育、家政等社区服务新业态。对于拆除重建的旧改小区，可参考广东省“三旧”改造模式，社会资本方通过传统的土地一级或二级开发等方式参与旧改。

6）社区居民积极参与

社区居民的参与是提高社区治理效能的动力源泉。促进老旧小区社区居民积极参与到社区公共事务管理中去，小区内部的资源和力量才能够得到有效的整合，同时也能增强社区居民对于社区的归属感和认同感。

2.推动“三供一业”改革，加强市场化运营

“三供一业”是指企业的供水、供电、供热和物业管理。“三供一业”分离移交是指国企（含企业和科研院所）将家属区水、电、暖和物业管理职能从国企剥离，转由社会专业单位实施管理的一项政策性和专业性较强、涉及面广、操作异常复杂的管理工作。

1）按照“三供一业”政策规定，坚持先移交后改造

按照《关于国有企业职工家属区“三供一业”分离移交工作的指导意见》（国办发〔2016〕45号）文件要求，坚持“属地管理、企业自愿、整体移交、有序接收、分批实施、部门联动、体制优化、平稳过渡”的原则，坚持“先完成移交，再维修改造”，提高服务质量和运营效率。同时，有利于国有企业减轻负担，集中精力发展主营业务，有利于整合资源改造提升基础设施，也有利于居民提早介入，积极参与改造和改造后的管理，调动居民参与的积极性和主动性，进一步改善职工居住环境。

2）强化物业管理、提高居民生活幸福感

各街道办事处设立改造及物业管理机构，加强社区工作力量，推进小区改造管理与基层党组织建设、小区管理与社区管理、自治与共治相结合，引导改造小区引入物业服务管理或建立自治管理，健全小区管理制度。创新居民自治管理模式，引导居民合理选择自治管理或物业管理，不断巩固改造成果，推进小区后续管理专业化、常态化。改造小区成立党支部或党小组，组建业主委员会或居民自治小组，培育小区自治管理力量，建立完善居民公约，保障居民自治有序开展。实施市场化物业服务或社区准物业管理，逐步形成“政府负责、部门协调、社区落实”的管理格局。加强宣传指导，建立、归集房屋专项维修资金形成机制。有条件地区可借鉴质量保险机制，为老旧小区后续改造提供资金支持，积极探索老旧小区物业管理的模式。坚持高标准、高质量、高效率，把“三供一业”改造工作同改善居民居住环境、提高生活质量、规范小区物业管理、提升城市形象结合起来，切实把民生工程办实办好，为后期物业运营创造条件，努力打造环境更美、更宜居的小区，提升广大居民的获得感和幸福感。

通过多种渠道加大对老旧小区居民的宣传力度，增强居民花钱购买服务的意识；其次是努力提升物业服务标准和水平，把服务做到位，推进物业服务市场化。

3）推动市场化运营管理

采取政府采购、新增设施有偿使用、落实资产权益等方式，吸引专业机构、社会资本参与养老、抚幼、助餐、家政、保洁、购物、文体等服务设施的改造建设和运营。引导国有企业、民营企业、房地产开发企业投资实施老旧小区公共服务设施改造和物业管理。

对建设停车库（场）、充电桩和加装电梯等改造项目，充分运用市场化方式吸引社会力量参与，按照“改造+政策扶持+运营服务”一体化的市场运作模式推进老旧小区改造。

在土地、规划、不动产登记等方面制定支持市场化、可持续推进老旧小区改造的政策。全面落实对老旧小区改造配套设施的建设、买卖、经营等环节税收优惠政策。优先安排老旧小区腾空土地建设公共设施。简化老旧小区改造过程中涉及的土地、规划、不动产等方面的审批流程。

7.6.2 建立多主体参与的小区管理机制

坚持改造与整治相结合，是加强老旧小区后续管理、确保改造成果的必然要求。在城镇老旧小区改造中，同步建立小区党组织领导，居委会、业主委员会、物业管理公司等多主体参与的小区管理联席会议机制，协商确定小区管理模式、管理规约及居民议事规则，共同维护城镇老旧小区改造成果。

1.建立健全物业管理机制

1）创建和优化物业管理模式

（1）择优选择物业企业。

依据“先易后难、统筹兼顾、重点突破、以点带面”的原则，每个市、县（市、区）都要选择基础条件较好的街道或社区，择优选定骨干物业企业，与街道办事处或社区居委会签订《物业管理合作协议书》。物业企业接管老旧小区后，采取“先期介入、先行接管、先行服务，分期分层次整治改造”的办法，先配套安保、环卫设施，开展卫生保洁、秩序维护、门卫执勤等简易物业服务，再配合所在街道或社区进行整治改造。各地根据实际，也可采取先整治改造、后物业接管的方式，也可由街道办事处或社区居委会暂时实行准物业管理（保安、保洁）。

（2）注重物业管理。

实施综合改造的老旧小区原则上实行专业化物业管理，原先没有实施物业管理的小区，改造后应选聘物业服务企业，实行物业管理；对不具备条件的，实行业主自治或社区管理，制订居民公约，实现小区管理制度化、规范化、经常化，但不能改造后仍无管理主体。实施专业化物业管理模式的，可通过招标投标或其他业主认可的方式选聘物业服务企业。

（3）提升物业管理水平。

针对老旧小区现状，建立“准物业小区”物业服务标准，引进物业服务企业，提升小区物业管理水平。实现老旧小区物业服务全覆盖。引进专业的物业管理公司，积极引导居民出资提高物业管理费标准；同时，通过探索实行物业管理打包连片、区域性管理的模式，降低物业管理成本。对小区闲置用房、物业用房、社区用房等进行改扩建或综合改造提升，通过置换、转让、腾退、收购等多种方式，增加老旧小区配套服务用房，探索引入第三方运营机构，为居民提供便民服务，形成有稳定投资收益的可持续发展模式。物业管理公司需从设备的日常维护、绿化的日常养护、小区的安全保障、居民的便民需求、小区的停车管理等方面进行专业化管理。

（4）建立日常物业管理长效机制，实现建管并举、标本兼治。

严格执行物业管理制度，按照“优质优价、质价相符”原则，完善物业服务标准规范，明确服务最低要求。鼓励品牌物业服务企业管理小区，实现同步改造提升、同步服务提升。鼓励小区居民积极参与小区管理各项事务，依法维护自身合法权益。小区管理要调动专业物业服务机构的力量，推行合适的物业管理模式。

2）完善社区治理体系

建立党委领导、政府组织、业主参与、企业服务的居住社区治理机制改革物业管理制度，将物业管理纳入社区治理体系，提高物业管理覆盖率。推动城市管理执法力量下沉，推动城市管理进社区，打通服务群众的最后一公里。开展美好环境与幸福生活共同缔造活动，发挥居民群众主体作用，共建共享美好家园。

3）物业成本管理

通过税收优惠、政策补贴、招标投标倾斜等措施，激励、吸引专业的物业服务企业接管老旧小区，从而实施规范的物业管理。将部分业务，如治安、清洁、绿化、四害消杀等基础性物业管理内容通过公开招标投标的方式，分别承包出去，并由专人对其进行质量监管。尝试引入物业管理职业经理人（如注册物业师），在降低管理成本的同时，通过专业的管控，逐步规范老旧小区的物业管理工作。通过专业化物业管理，可以加强老旧小区改造后期的长效管理，既能够有效巩固改造的成果，又能够进一步提升居民的获得感、幸福感和安全感。

引进物业公司案例情况

（一）山东经验

1. 2019年，山东省东营市广饶街道将县城区54个破产单位或自建小区划分为6个片区，投资600余万元，选聘优质物业公司入驻，实现物业服务全覆盖。

2. 街道设立“开荒专项补贴”，投资300余万元，用于老旧小区道闸、监控、绿化、道路维修等基础设施建设。

3. 县和街道每年拿出"真金白银"，对老旧小区物业服务企业实施5年逐年递减的补贴政策，既减轻企业负担，又逐步提高居民物业缴费意识，推动老旧小区实现市场化物业管理。

（二）金华市浦江县浦阳街道塔山社区中山路小区示范项目简介

引进专业的小区物业公司，对小区进行物业管理，物业收费标准为每平方0.8元/月，平均每户家庭一年支出为1000元，收费较普通商品房便宜许多，而服务质量又有保障，获得了居民的认可。同时针对小区改造前停车难、停车乱的问题，改造后由物业公司统一对沿环线改造新增的三处停车场地（化肥厂停车场、浦棉厂停车场、塑料厂停车场）220个停车位进行统一管理，并且对外开放停车。

4）引入“小区管家”

“改好不易，管好更不易”，打破公共服务由社区负责或部分外包的传统模式，对改造完毕的小区引入“小区管家”服务，统筹服务资源，统一服务标准，公开招聘服务企业，由第三方为小区提供保洁、保绿、保序等专业的综合性服务，同时结合小区AI云管家智能管理和人脸识别系统，实现停车、火情、电梯运行、小区门禁、道路积水等大事小事都“有人管，并管得好”。通过引入“小区管家”，可以有效提高小区的管理水平和服务质量，妥善解决小区普遍存在的资源分散、设施老化、服务滞后等管理问题。引导居民协商确定管理规约，共同维护改造成果。

杭州市下城区引入“小区管家”案例

引入“小区管家”后，此项目交付后的小区居民满意度均提升至90%以上。

2.注重党建引领

1）创建党建引领，多主体共同管理模式

（1）党建引领、创新模式是关键。

按照“因地制宜、分类指导、有序推进”的原则，在符合条件的业委会中组建党支部、成立党的工作小组，暂不具备组建条件的，要通过交叉任职、明确党建工作指导员联系业委会等途径实现党的工作全覆盖，并将业委会成立党组织工作纳入基层党建工作责任制考核，力争已成立的业委会党组织组建实现全覆盖，业委会委员中党员比例一般不低于50%。通过成立片区物业企业联合党支部或单独组建挂靠街镇“两新”组织、居民区党支部等形式推动物业领域党组织“应建尽建、能建尽建”，对条件不成熟的物业企业成立党的工作小组或派驻党建联络员，实现党的组织覆盖和工作覆盖。以点带面打造“红色物业”品牌，夯实物业服务企业“红色阵地”，做到“有场所、有设施、有标志、有党旗、有书报、有制度”。

依托三方平台，充分发挥作用。街道充分运用“业委会组建100%”成果，紧密依托“社区+业委会+物业”的三方平台，按照“业委会主导、居民参与、社区组织、街道实施、政府统筹”的总体思路，让“共同缔造”“共建共管”理念深入人心、聚得民心。

湘潭市岳塘区老旧小区改造新塘美好社区

新塘村拆违力度大，主要依靠业委会、居民代表、网格员做工作，该小区还利用拆违腾出来的空地打造党建阵地，对项目指挥部全体成员和“四员”职责进行公示，让群众看得清楚，改得明白。组建了“五色党员志愿者服务队”，践行“我是党员我闪光”行动，例如老党员杜秋兰组织美好社区政策宣讲和上门收集意见，让群众解了疑惑，纷纷支持改造工作；施工过程中有居民晒被子、晾衣服，党员黄际华一边检查施工安全，一边劝说居民，为项目施工减轻了阻力，保障了安全。

（2）坚持党建引领，凝聚参与活力。

把小区党员发动起来。紧紧围绕改造内容“谁来定”、改造资金“谁来出”、改造过程“谁监督”、改造之后“谁维护”等重大议题，反复开展协商，有效激发了居民群众参与改造的活力。实现了过去政府主导改造，居民“不买账”，变为现在业主主导、政府统筹、居民满意的重大转变。

（3）加强社区党建工作，提高基层治理水平。

坚持共同缔造原则，广泛发动群众共谋共建共管共评，实现改造成果共享。社区党组织、居委会组织业主委员会等基层组织，征求居民意愿，确定改造项目、内容及改造完成后的物业管理模式，实行“一小区一策”。引导居民通过住宅专项维修资金、小区公共收益、捐资捐物等渠道出资改造，促进住户户内门窗、装修等消费。

2）把党建贯穿于老旧小区改造全过程

建立以社区党组织为核心，居委会、业委会（自治小组）、物业公司和社会组织为成员的“五方融合”机制，把党建贯穿于老旧小区改造全过程，建立物、居、业党建支部，加强物、居、业党组织建设，发挥党组织的引领作用，确保新的机制有效运行。

针对实现物业管理的小区，有效增加业委会中党员比例；在未实施物业管理的小区中，则成立以党员为核心的居民自治小组，推进共同缔造，有效实现“支部建在小区”。充分发挥党员先锋模范作用，积极构建“党员分片包户无遗漏”的全面走访摸排机制。

先锋带头形成合力。引导党员以身作则，带头支持改造、带头拆违控违、带头主动缴纳物业管理费和物业维修资金、带头协助处理信访和不稳定问题，带动一批有一定社会影响、邻里关系和谐、热心公益的居民，全面助推改造工作。

各地积极开展党建引领、红色物业主题活动，协调社区居委会、业主委员会、产权单位、物业服务企业共同推动改造后长效管理，变脱管为托管。

山东某地区老旧小区长效管理模式

截至2020年底，有1545个老旧小区项目确定物业管理模式，其中社区党组织领导下的以居委会为主的管理模式104个、物业公司运营模式752个、原产权单位代管模式190个、简易物业管理模式512个、多元管理模式13个。

实现信息化网络化的管理模式。以社区党委为主导，倡导实现线上管理，使小区居民足不出户就可解决难题。

宁波某社区示范项目案例

以社区党委倡导、网格党支部主导、自治组织引领、居民共同参与的形式，结合居民说事"畅言微平台""主题党日"，搭建"书记面对面""党群零距离""公益伙伴日"等平台载体，构建多渠道的民意"直通车"。以网格化为基石，优化拆迁地块网格长"一岗双责"制，包片落户，发挥小区微信群的作用，以"居民线上发声—网格及时处理—街道督导反馈"实现"民需民困"快解决，形成了"路长+网格长+楼（梯）长"的小区治理新体系。

把基层党组织建设与老旧小区改造组织工作、社区管理与小区管理相结合，加强党的建设贯穿于老旧小区改造及基层社会治理的全过程，充分发挥各级党组织的领导核心作用和党员先锋模范作用，尤其是基层党组织的战斗堡垒作用。坚持"共建共享、共同缔造"的改造新理念，突出"决策共谋、发展共建、建设共管、效果共评、成果共享"，更加注重老旧小区改造与管理的可持续性。党的组织进社区，发挥政治核心和领导核心作用，成为发动群众组织群众的骨干力量。让政府的服务走进社区，构建"完整社区"，塑造社会治理基本单元。加强基层党组织建设，发扬群众路线优良传统，紧密依靠基层组织和党员群众，构建强有力的老旧小区改造推进机制，统一部署、协调、管理更新改造工作，齐心协力，正确引导，形成全社会共同支持、积极参与、密切配合的工作氛围和环境。

3.确立小区管理规约及居民议事规则

议事规则是业主大会开展各项活动的基本准则和依据。通俗地说，是对业主大会日常具体行动的各方面内容的约定，会议怎么开，由谁主持、业主大会怎样形成有效决定，业主委员会如何开展工作、业主大会经费来源及支出范围等一系列具体问题都由议事规则来约定。可以说，《议事规则》是小区的“宪法”，是对法律法规和条例框架下细则的补充。

居民委员会、业主委员会、物业服务企业等组织应在改造过程中引导居民协商确定改造后小区的管理模式、管理规约及业主议事规则，共同维护改造成果。

1）确定小区管理规约

构建“绿色生态、安全智慧、友邻关爱、教育学习、收支平衡”的完整居住社区，打造全国老旧小区综合改造的样板。引导居民协商确定管理规约，共同维护改造成果。

构建“三方协同”机制，“如何管”由居民定。在制定改造方案时同步制定长效管理方案，构建“一次改造、长期保持”的管理机制。强化基层党建和引领，着力推动党支部建在业委会、物业公司上，构建党组织领导下的社区居委会、业委会和物业公司参与的社区治理“三方”协调联动机制，落实“双向进入、交叉任职”，增强居民参与社区管理的主人翁意识，积极营造“我们的家园共同守护”的良好氛围。

社区居委会在依法自治的前提下，组织引导老旧小区走上“自我管理、自我服务、自我监督、自我教育”。建立开放包容议事空间，要以民主的形式确定自治小区的议事规则、规章制度、管理公约，包括公共部位的管理服务，停车位收费，绿化设施的维护，以及流动人员的登记等。要建立详细的规章制度并做出公示，力求让每位小区居民自觉的遵守。以小区事务的共商共治形成小区管理共识，推动美丽小区的建设。

西湖区西溪街道居民公约案例

组建以居民为主体的“家园自管小组”，制定居民自治公约，赢得了居民的好评。

2）搭建沟通议事平台

搭建沟通议事平台，改造前问需于民，改造中问计于民，改造后问效于民。

（1）建立线上、线下议事平台。

通过线上线下互动，坚持做好四问四权，利用线上、线下议事平台开展入户调查、座谈商讨、问卷调查等民主协商工作，充分征询改造区域居民群众意见，广泛统一思想，凝聚共识，增强居民支持旧改、参与旧改的自觉性和主动性。例如杭州市在议事平台方面做出了大量的工作可供借鉴。

利用“互联网和共建共治”等线上线下手段，搭建沟通议事平台，并发动小区内党组织开展基层协商。同时，鼓励企业携资参与。老旧小区大多处于城市中心，可以利用区位优势，对小区闲置土地或临街土地进行二次开发，以开发代筹金吸引社会资本。同时，可以减免相关参建企业负担，如通信、燃气、电力等企业的管线搬运费用，减低企业建设成本。

杭州市建立议事平台经验

1.街道精心打造以“和”为理念的“议事港”——“和睦议事港”，建立“123”机制：“1”即发挥社区主导作用，“2”即居民和社会组织参与建设，“3”即听证会、协调会和评议会“三会”，实现“共谋、共建、共管、共评、共享”新格局。

2.通过“和睦议事港”，邀请居民代表、党员和社区老年人，参与讨论小区建设，激发居民的家园共建意识，如在设计社区阳光餐厅的怀旧墙时，居民们纷纷捐献出自家的老物件，装饰上墙。

杭州市通过“四问四权”，充分听取居民意见，在改造中最大限度尊重民意，搭建“草帽议事团”“红茶议事会”等基层民主协商议事平台。

宁波市江北区外滩街道正大社区正大花园小区示范项目简介

依托“红管家”议事会、开放空间、“畅言微平台”线上线下互动、摆摊设点，通过现场接待居民等形式组织收集汇总改造意愿，先后就防盗门款式、活动室点位设置、公共空间设计、优化停车位、监控点位选址、保留正大火柴厂“火花”元素，“共同缔造”居民出资方式等问题进行了专题协商，组织召开各类专题议事会80余次，收集居民意见建议50余条。

(2) 建立沟通议事机制。

建立每日沟通议事机制为施工推进以及居民沟通提供便捷及时的渠道：街道、社区、居民代表、总包单位、施工班组、监理单位在项目部会议室中可以召开每日晨会，各班组分别就各自工种的工程进度及前一日所遇问题进行集中汇报，确保遇问题即发现即整改，避免问题放大化。同时，每日晨会上社区和居民代表可以便利的将居民的意见反映给街道及总包单位，及时得到反馈结果，提高沟通效率，真正实现老旧小区怎么改，和睦居民说了算。

3) 多方联动，问题有效流转

通过凝聚物业、业委会、辖区单位、社会组织及其他企事业单位力量，扩大社区治理“朋友圈”。以“红色业联体”的建设为破解基层治理难题，建设“七个一”体系（即一个健全领导机制，一个联动管理机制，一个规范的小区业主自管会，一个多样化组织覆盖体系，一个多方协作议事机制，一个多元化小区服务模式，一个工作保障体系），建立“周巡查、月分析、季处置”三环联动机制，为小区提供“八保”服务（即保宣传、保清洁、保绿化、保安全、保和谐、保秩序、保维修、保活动）。深化以社区民情恳谈会、社区事务协调会、社区工作听证会和社区成效评议会等“四会”为重点的协商共治机制，实现小区治理难题流得动、转得起、办得好。

4.多部门联动管理

注重联动执法。探索建立了“一次改造、长期保持”的管理机制，加强部门协同，理清职责边界，梳理执法监管依据，明确监管主体，建立执法清单，形成联动协作、合力推进小区执法新格局。

1）“多方参与”机制

建立区、街镇、居民区三级住宅小区综合管理联席会议制度，联席会议成员包含涉及住宅小区综合治理的行政职能部门和水、电、气等专业服务单位。区级联席会议制度负责研究制定相关配套政策，协调解决重大问题。街镇联席会议协调处理物业管理综合事务和纠纷，指导监督业主大会、业委会的组建和日常运作等。居民区联席会议协调处理小区物业管理的具体事务和矛盾，加强对业主大会、业委会日常工作的指导监督，推动业主自治管理健康发展。

健全以居民区党组织为领导的联席会议制度，每月对小区存在的突出问题进行集中“问诊”。推进小区综合治理信息平台建设，借助“互联网+”等信息化手段，搭建共建共治共享的党建引领住宅小区综合治理平台，形成“一支队伍管执法、社会治理一张网”的管理模式。通过进一步整合资源，实现跨部门、跨行业综合执法，使各部门变被动为主动、变零散为集合、变单兵作战为联合协作，合力解决社区治理难点问题。

2）业主委员会和其他部门联动管理

引导居民成立业主委员会，实现业主自治管理，建立业主“民主协商、利益平衡”议事机制，大力推进人民调解工作，实现居民自我管理、自我服务，保障物业管理活动顺利进行。

3）党群联合管理模式

着力破冰开放式老旧小区物业管理难题。挑选综合素质高、热衷社会公益且在群众中有一定威信党员骨干组成小区管理团队核心，成立小区巡逻队、水电维修队、绿化修剪队、管道疏通队等红色服务小分队。精准定位居民的物业管理服务需求，推出卫生保洁、园林绿化养护、车辆管理、公共部位设施设备维护、敬老助老志愿服务等方面服务项目，为小区居民提供人性化物业服务，有效解决老旧小区脱管难题，建立起长效管理机制。

以网格精细化管理工作为基础，以小区网格为单位，发挥党员小组长、楼栋长力量，开展“党员分片包户，精准入户走访”活动；成立业主党员为主体的志愿者读物，充当老旧小区改造的政策宣讲员、民情观察员、施工环境维护员、施工现场监督员，最大限度赢得群众认同，推动小区改造。

临安某小区案例信息

临安区南苑小区共有40幢，1244户，居住人口2820人。改造过程中发挥党建引领作用，发动小区热心居民、退休党员与社区共建单位在职党员一起，组建一支“红管家”服务队。该服务队在监督改造工程质量，做好工程“监督员”的同时，还化身政策“宣传员”、民情“联络员”和矛盾“协调员”，一旦出现住户不理解甚至阻挠施工等情况，及时做好思想疏通、矛盾化解工作。同时，在南苑小区改造现场设立服务点，累计收集业主改造意见建议78条，化解停电断水等矛盾纠纷135项，有效助推老旧小区改造快速平稳推进。

4）街道办事处（乡镇人民政府）和其他部门联动管理

建立“街道+社区+小区”三级党组织联动机制，践行“支部引领、党员担当、发动群众、小区自治”的治理思路，构建共建、共管、共享、共治的长效机制。优化街道、社区党组织领导下的社区居委会、业委会和物业企业三方联动服务体系，强化街道、社区、业委会、物业企业等各方主体责任，建立后续长效维护及日常改造工作机制，巩固综合改造提升成果。

强化街道办事处（乡镇人民政府）党工委在老旧小区物业管理工作中的领导作用，加强社区党组织对业主委员会的领导。加强街道办事处（乡镇人民政府）物业管理方面的队伍建设，配备与承担职责相适应的人员力量，选择符合条件的物业管理单位组建老旧小区管理应急队伍，并定期开展应急能力培训和演练，确保管理无盲区。

建立应急管理体系，制定和完善消防、排涝、卫生防疫等应急预案，明确各类突发事件的防范处置程序和要求，健全社区应急突发事件领导机构，完善应急管理工作联络机制。

街道办事处（乡镇人民政府）在县（市、区）主管部门的指导下负责具体实施工作，通过居民（含单位业主，下同）认可的方式组织成立业主大会、组建业委会、小区议事协调委员会等组织。社区居委会协助街道办事处（乡镇人民政府）

联系小区业主积极参与有关事项的决定并进行监督。

街道办事处（乡镇人民政府）组织业主成立业主大会及业主委员会的，业主大会、业主委员会应当积极配合社区居委会依法履行自治管理职责，支持社区居委会开展工作。

各街道办事处（乡镇人民政府）可在党工委的领导下，由社区党组织牵头建立由社区居委会、产权单位、物业服务企业、业主委员会、其他自管组织、辖区单位、政府相关部门等共同参与的小区议事协调委员会，协商解决小区物业管理过程中的重要事项。

5）社区联动其他部门管理

（1）定期由属地社区召开民主议事会议。召集业委会、物业公司了解小区管理动态，根据问题导向分析根源，经社区联动街道职能部门，有力指导和解决相关问题矛盾，形成小事不出社区、大事不出街道的良好氛围。街道、社区两级均成立治理中心，加强老旧小区物业管理工作，并对物业经理设置KPI考核。根据物业经理所管理的物业项目得分情况，按考核比例形成物业经理个人积分，年终根据考核细则，对老旧小区物业经理予以奖励，激励完善老旧小区管理。

（2）采用社区统筹管理模式。可充分发挥社区的主导地块，形成资源共用、成果共享。通过全国首创的社区居委会、物业、小区业委会三方协同治理机制，由区、街道、社区三级“三方办”实体化运作。通过社区党组织引领，引导社区党员业主参选业委会，加强与业委会的沟通联系。在操作层面上，一是建立实施小区居民公约、小区议事协商制度。深入推进“小区事、大家议”模式。以社区党委为中心，物业、业主、自管会三方协同运作，为各方交流提供平等、畅通的平台；实现协同各方的相互平衡与利益趋同，尽可能化解矛盾达成相互理解。凝聚物业、业委会、辖区单位、社会组织及其他企事业单位力量，扩大社区治理“朋友圈”。

（3）以“红色业联体”的建设为破解基层治理难题，建设“七个一”体系（即一个健全领导机制，一个联动管理机制，一个规范的小区业主自管会，一个多样化组织覆盖体系，一个多方协作议事机制，一个多元化小区服务模式，一个工作保障体系）。建立“周巡查、月分析、季处置”三环联动机制，为小区提供“八保”服务（即保宣传、保清洁、保绿化、保安全、保和谐、保秩序、保维修、保活动）。深化以社区民情恳谈会、社区事务协调会、社区工作听证会和社区成效评议会等“四会”为重点的协商共治机制，实现小区治理难题流得动、转得起、办得好，小区治理成效明显。

6）配套设施管理

电力、燃气、通信等设施由相应单位负责管养，社区和物业配合。其中通信设施由管线改造实施的牵头代建单位负责共建部分的管道、检查井、箱盒、线缆的管养维护。通过责任落实来严控再次出现线乱拉现象。

强化街道办事处（乡镇人民政府）党工委在老旧小区物业管理工作中的领导作用，加强社区党组织对业主委员会的领导。

加强街道办事处（乡镇人民政府）物业管理方面的队伍建设，配备与承担职责相适应的人员力量，选择符合条件的物业管理单位组建老旧小区管理应急队伍，并定期开展应急能力培训和演练，确保管理无盲区。

建立应急管理体系，制定和完善消防、排涝、卫生防疫等应急预案，明确各类突发事件的防范处置程序和要求，健全社区应急突发事件领导机构，完善应急管理工作联络机制。

老旧小区改造要加强政府引导，压实地方责任，加强统筹协调，发挥社区主体作用，尊重居民意愿，动员群众参与。

创新投融资机制，鼓励金融机构和地方积极探索，运用市场化方式吸引社会力量参与。

优化街道社区党和政府组织领导下的社区居委会、业委会和物业企业三方联动服务体系，强化街道、社区、业委会、物业企业等各方主体责任，建立后续长效维护及日常改造工作机制，巩固综合改造提升成果。

5.智慧化管理

1）加快物业智慧信息系统覆盖老旧小区

发展社区服务业对扩大内需具有重要作用。对接智慧社区管理服务平台，推动物业服务企业大力发展线上线下社区服务业，满足居民多样化需求。物业服务是拉动社区消费、发展社区服务的有效路径。

搭建智慧物业平台，推动物业服务企业对接各类商业服务，构建线上线下生活服务圈。引导物业服务企业向家政服务领域延伸，满足居民多样化多层次服务需求。推动物业服务企业探索“物业服务+养老服务”模式，增加社区居家养老服务供给。

各地物业主管部门要加快推进物业管理的智能化、信息化建设，落实工作经费，建设开发物业管理服务、经营性收益公开等信息化平台。以打造智慧物业为平台，构建数字化物业管理体系，实现服务覆盖老旧小区。建立或引进成熟的智慧小区信息化平台，将与小区有关的政府职能、物业管理、业主服务、社会服务资源、区域经济信息通过平台融为一体，进行全方位整合和充分利用。特别是加快推进业主大会电子投票决策支持系统的建设和使用，有效解决老旧小区“召开难、投票难”的瓶颈。并与当地街道、社区社会基层治理信息平台、城市管理服务平台等互联互通，提升物业管理信息化水平，切实保障业主的合法权益。

2）智慧化信息系统平台综合运用

建立“人、车、物、事”的信息资源库及立体动态的关系数据库，为社区的管理和服务提供信息化支撑，并进一步实现公共服务平台的联动。具体包括以下措施：

（1）通过智能化管理实现人工维护成本的降低，在物业费持平的情况下增加盈利空间和服务水平。

（2）推广智能安保，智能垃圾分类回收、智慧停车、智能灯杆等智能化系统，加强社区管理规范化、标准化、人性化。

（3）在住户家庭安装智能民用三表、智能传感器等设备，保障用户的用水、用电、用气安全和社区消防安全，改善用户家庭环境。

（4）相关部门加大政策扶持与资金补助，对于部分公共设施提高补助力度，提升企业的积极性，居民的自主性。

（5）可探索在部分示范小区改造中落实未来社区关于新技术的运用。除已有的未来社区要素外，还可结合重大公共事件，在人员控制、信息管理、活动轨迹分析、物资无接触运送和保障等方面做出应对举措的探索。

7.6.3 建立健全老旧小区房屋管理各项收费管理机制

1. 建立健全老旧小区房屋专项维修资金有关机制

建立健全老旧小区房屋专项维修资金归集、使用、续筹机制，促进改造后的小区实现自我管养。

1）拓宽专项资金筹措渠道

结合老旧小区改造，各地应探索实施维修资金的补建、续筹工作。

（1）补建。未设立专项维修资金的老旧小区，应在老旧小区改造方案中明确筹集专项维修资金的措施。探索物业专项维修资金补建机制。对部分房改房维修资金不足或未建立物业专项维修资金的老旧小区，可采取一次性建立、分年度建立、帮扶建立等方式，鼓励居民通过据实分摊归集物业专项维修资金，或利用物业共用部位、共用设施设备进行经营的所得收益，经业主大会通过后用于补充专项维修资金。

（2）续筹。有条件的市、县可推行专项维修资金“即交即用即补”机制；在老旧小区改造中，对涉及业主承担部分费用可以纳入维修资金使用范围。逐步扩大老旧小区专项维修资金交缴覆盖面，为老旧小区改造后实施的长效管理提供资金保障。

老旧小区改造，最终受益的是居民，改善了居民居住环境，提高了居民生活品质，按照“谁受益，谁出资”的原则，正确引导居民、产权单位积极主动参与小区改造提升，多方筹集资金。

项维修资金补建案例

宁波经验

宁波市对仅交纳部分房改房维修资金或未交纳住宅专项维修资金的老旧小区，引导居民按照新建项目住宅专项维修资金的60%～80%进行补交，如在鄞州区孔雀小区改造中，90%小区居民同步补建了住宅专项维修资金账户。

长沙经验

长沙市在不损害业主利益的前提下，由城镇老旧小区改造实施主体归集小区新建或改建的配套设施收益，补充小区住宅专项维修资金。

2）提升专项维修资金使用效率

优化维修资金使用流程，简化申请材料，缩短审核时限，及时拨付资金。建立紧急维修事项清单，除消防、电梯等重大安全事项以外，对于外立面脱落，屋面、外墙渗漏，排水、排污设施堵塞、破损，围墙、道路坍塌等危及公共安全或严重影响业主正常居住使用等紧急情形时，业主委员会可直接申请使用维修资金。业主委员会缺位时，由街道组织代为维修，并从维修资金中列支相关费用。各地通过业主大会议事规则规定和管理规约约定，可授权业主委员会行使一定额度内住宅小区公共收益支出、维修资金使用决策事项。

2.加强小区物业费和经营性收益管理

确保社会公共停车位、小区便民服务设施等公共利益不减，所得收益用于反哺老旧小区物业运营。业主应按照物业服务合同的约定或老旧小区规定标准按时足额缴纳物业服务费。老旧小区改造可以拓展停车位、经营用房、广告点位等出租收入渠道，所得收益，用于补充物业服务费或弥补维修资金不足。

按照“谁受益、谁出资”原则，编制居民参与老旧小区改造的管理办法，积极推动居民出资参与改造，可参考电力局家属楼的做法，通过直接出资明确出资方式，或使用（补建、续筹）住宅专项维修资金、让渡小区公共收益等方式落实。系统研究住宅专项维修资金用于城镇老旧小区改造的办法。支持并鼓励小区居民提取住房公积金，用于加装电梯等自住住房改造。大力鼓励居民通过捐资捐物、投工投劳等支持改造。鼓励有需要的居民结合小区改造进行户内改造或装饰装修、家电更新。

“三供一业”改造案例

电力局家属院靠自筹资金解决小区加建电梯的案例外（每户自筹约4.8万元，每个单元加建一部电梯，每户约增加8平方米的阳台通道面积）。

3.整合使用老旧小区公共管理经费

针对未实施专业化物业管理的老旧小区，城市政府要研究整合公共管理经费使用，将原由街道承担的绿化、保洁、公共设施维护等工作，可打包交由物业服务企业提供服务，并按照一定标准向居民收取相应费用，改善老旧小区综合管理水平。各地要建立健全级政府应定期安排保障性住房和老旧普通住宅小区物业服务补助资金机制，对承接的物业服务企业给予财政资金补助支持。

7.7 加强宣传引导，提高公众参与

7.7.1 成立专职专班

老旧小区改造工作涉及面广，居民协调工作繁重且复杂，各方改造需求统筹协调难度大。为保障老旧小区改造工作高效、顺利开展，各级政府务必高度重视宣传工作，最好成立专职专班，将宣传工作贯穿整个改造过程中。

西江石河子改造宣传案例

农八师石河子市为确保老旧小区改造项目顺利实施，于2019年底成立了师市老旧小区改造工作领导小组，由师市常委牵头负责，下设八个工作组，其中专门设立宣传指导组，成立专职专班，抽调师市宣传部和住建局相关人员组成，由分管文明城市创城工作的负责同志负责，负责做好老旧小区改造工作的宣传报道，正确引导社会舆论，负责老旧小区改造中涉及文明创建协调等工作，有力地保障了2020年全年老旧小区宣传工作，相应工作在新建建设兵团、农八师电视、报纸、微信公众号等各种媒体进行了系统全面的宣传报道。

7.7.2 制定专项方案

为促进老旧小区改造健康有序开展，各级政府应结合改造工作实际情况，制定老旧小区改造宣传专项方案，就宣传活动主题、内容、活动形式进行统筹谋

划，并明确责任分工，制定实施计划，有序开展宣传工作。做好宣传的素材工作，把老旧小区改造主要政策、进展情况、创新做法、典型经验及工作成效等基础素材及时整理归纳，在地方主要媒体上健全完善老旧小区改造专栏，及时报道老旧小区改造动态，及时更新老旧小区改造栏目内容。

安徽省黄山市改造宣传案例

安徽省黄山市开展老旧小区改造宣传月活动

一、活动时间

2020年10月15日至11月15日，为期1个月。

二、宣传内容和重点

（一）宣传实施成效。重点宣传2020年老旧小区改造工程实施进度及任务完成情况，改造前与改造后对比情况，特别是改造后基础设施改善、环境优化，居民生活更加便捷等情况。

（二）宣传经验做法。重点从资金保障、质量管控、建后管养、结果考核和信息宣传六个方面，宣传项目实施过程中好的经验和做法，推进民生工程管理科学化、规范化，提升民生工程惠民效应。

（三）宣传2021年老旧小区改造谋划部署情况。重点宣传2021年老旧小区改造工作的总体部署及工作安排情况，强化时序调度，精准对接政策。

（四）宣传惠民实例。重点宣传老旧小区改造给群众带来实惠的典型事例，同时开展受益群众评价，创新评价方式，严格评价结果运用，提升民生工程绩效。

三、宣传范围及方式

牢固树立宣传创新意识，充分利用电视、报纸、广播、网络、标语横幅、公益广告、宣传栏（版）、宣传册（单）、手机短信等方式开展宣传，充分发挥“互联网+”的宣传推动作用，加强部门网站“民生工程”专栏建设，创新“微信公众号”平台，进行广泛宣传，提高民生工程宣传的广度和深度。

四、活动安排

（一）开设媒体宣传专栏。在电视台和报纸上开辟老旧小区整治改造专栏，宣传报道老旧小区整治改造的意义，讲解相关政策，及时发布工作动态，并建立网上互动平台，及时回复网民意见。

（二）加强网上公开公示。在本单位网站上建立老旧小区改造专栏，加强民生工程信息网上公开公示，公示相关政策、操作程序、受益对象、工程进展等，让民生工程在阳光下实施。

（三）开展基层入户宣传。积极发挥各街道、社区等基层组织作用，安排人员深入各老旧小区展开宣传，广泛听取居民意见建议。

五、工作要求

1.开展民生大走访。认真开展老旧小区改造受益对象回访工作。耐心、细致地做好政策解释，围绕民意调查有针对性的开展工作，切实提高民生工程的知晓度和满意度。

2.加大基层宣传覆盖面。做到每个街道或社区在政务公开（宣传）栏制作黑板报；在交通路口或人群集聚的位置，制作民生公益广告牌；组织开展广场宣传等多种形式的集中宣传活动，通过宣传展板、发放宣传单、进行现场政策解答等形式让群众积极参与。

3.推进档案整理收集工作。为确保老旧小区改造宣传月活动取得实实在在的效果，住建局将所有宣传月活动的文件、资料、表格、图片、照片等整理归档。

7.7.3 抓好宣传培训

1.政策文件的宣传及培训

国家以及省市出台老旧小区相关政策文件后，应快速组织召开专题政策培训会，并对照地方实际情况，坚持问题导向，杜绝面面俱到，围绕基层在理解执行政策、操作层面遇到的共性问题和突出问题，针对政策边界怎么把握、规划计划怎么制定、改造内容和标准怎么把握、项目怎么生成、资金怎么争取和使用、群众积极性怎么调动、长效机制怎么建立等方面进行集中解读和答疑。积极开展现场推进会，通过对优秀案例的现场交流和学习，加强各方对老旧小区工作的认识和理解，并通过现场会对老旧小区改造工作进一步全面动员部署。同时，举办老旧小区改造投融资和全过程咨询管理的专题讲座，举行现场答疑、成功案例分享、政企银交流对接等活动，进一步宣传贯彻政策。相应会议要开到街道社区，并积极组织相关部门、专业经营企业、金融机构及相关企业参加各级城镇老旧小区改造政策培训会、工作推进会以及现场会，保障各级各方都能充分理解和学习到相应精神（图7-14、图7-15）。

图7-14　2020年全国城镇老旧小区改造推进工作会

图7-15　杭州市梅堰小区改造工作推进会

2.改造案例的宣传及培训

全面推进老旧小区的改进工作，相关部门需要积极推广已改造成功的小区典型案例，加强对优秀项目的宣传力度，更好地发挥典型示范带动效应，促进老旧小区改造快速、协调、健康发展。浙江省于2019年被列入全国城镇老旧小区改造试点省，历来也特别重视城镇老旧小区改造这项工作，由浙江省住建厅、省“三改一拆”办组织专家评审，开展了老旧小区省级样板工作，并对示范项目给予省级财政奖励。2019年6月12日，迎接了中共中央政治局常委、国务院总理李克强视察，走进居民家中关切询问老人照护、幼儿入托等情况，实地考察杭州市拱墅区和睦新村老旧小区综合改造工程，为全国老旧小区树立了既要“好看”又要“好住”的典型示范，对杭州市进一步推进老旧小区改造起到了十分重要的促进作用（图7-16）。湖南省虽不是老旧小区改造试点省份，但比照国家试点要求，大力推进省级试点。2019年8月，湖南省级财政安排8020万，支持了14个市州的18个县市区分别建设2～3个示范小区，分类探索加强统筹协调、引导居民参与、推进项目生成和实施、动员社会力量参与、建立长效管理机制等方面的具体做法，现已形成一批可复制推广的经验，为湖南省建立机制、出台文件提供

图7-16　和睦新村改造后的公共空间

了实践基础和依据。2020年9月将于湖南省在湘潭市召开了全省推进会，进行集中推介，进一步放大示范效果（图7-17）。

图7-17　2020年9月湖南省在湘潭市召开老旧小区改造现场会

7.7.4 走好群众路线

一是积极宣传动员，获取群众支持。可以采用广泛宣传、发放《致广大业主的一封信》、悬挂横幅标语、召开居民说事等方式广泛宣传老旧小区改造的重要意义及紧迫性，积极争取群众支持配合。对于少数不理解的住户，可以组织社区干部深入居民家中宣传政策，让他们了解社区整体规划，引导居民自觉拆除乱搭乱建，用通俗易懂的语言、生动活泼的事例，宣讲剖析政策，与群众交流互动，推动老旧小区改造民生项目入脑入心，得到群众广泛认同。二是以居民为关键主体，构建同心共建格局。强调小区作为人们生活共同体和精神命运家园，通过共建共治，打造“美好家园”。“改不改”居民说了算，纳入改造的项目必须符合两个“2/3原则”，即居民改造同意率达2/3，对改造方案的认可率达2/3，真正做到“改不改”由居民说了算。以尊重居民意愿为前提，变“要我改”为“我要改”，推行“菜单式”改造，“改什么”由居民选。从“完善功能、优化环境、提升服务、打造文化、强化管理”等方面，列出改造清单，由居民“看菜单点菜”，视居民意愿量身定制。

湖南省湘潭市老旧小区改造创新开展“15个一”群众工作

成立一个强有力工作班子、构建一套完整机制、建立一户一策（重点对象）群众工作组、打造一支群众志愿者服务队、用好一个微信平台、写好一封给居民的信、设置一个意见箱、发放一份征求意见书、落实一份政策宣传单、编制一份改造清单、召开一轮民情恳谈会、展示一张规划展示图、开展一场征文及演讲赛、组织一次小区LOGO创意邀请赛、张贴一张民情回应榜等“15个一”。新塘里小区发放《致广大居民的一封信》《老旧小区改造居民意见征集表》及《违建整治宣传单》等2000余份，广泛征询收集居民群众在老旧小区改造中的意见建议，掌握社情民意，寻求居民群众参与共建共管的最大公约数。

浙江省杭州市以居民为关键主体，构建同心共建格局

（1）拱墅区小河街道

在社区议事中引入“促动师”，由“促动师”在现场画一个矩阵图，把居民代表们的意见和解决方案分门别类梳理、提炼共识共商共议“家门口的改造”。

（2）下城区小天竺社区

在方案设计之初，发放并回收民意调查表1437份，汇总意见建议80个，以高于90%的支持率确定改造方案。在实施过程中推进设计师全程驻点，及时根据居民意见完善改造方案，确保方案精准实施。

（3）上城区南班巷“微更新”

设计院党组织与市区两级党组织进行党建联建，先后组织党员干部1500余人次参与，勘查现场20余次，召开各类讨论会议40余次，围绕改造方案广泛听取居民意见。

7.7.5 用活社会力量

广泛调动专业机构、社会力量参与改造工作，营造社会广泛支持、群众积极参与的良好氛围。如南京市启动“社区设计师”制度，推动高校教授、设计院专家、艺术家走进社区，为老旧小区改造出谋划策，从民意中提取社区更新“密码”，凸显社区人文关怀，实现城市“微美颜”让“老、破、小”变身“网红”打卡地，老旧小区迎来“逆生长”。南京姚坊门宜居示范街区建设，通过各种活动全面、准确的了解当地百姓的真实需求，唤醒社会各界的参与意识，打造共建共治共享的社会治理格局。如街道座谈、社区议事会、规划进校园、暑期工作营等，让全社会都更加关注老旧小区改造（图7-18）。推进志愿者队伍建设，吸引改造小区居民、周边企事业单位自发加入老旧小区改造宣传活动。在西安市长乐中路街道海纳物流小区改造过程中，活跃着一支“向阳花”志愿者服务队，他们为老旧小区改造征集民意、出谋划策，争当“监工”，成为项目改造工作中的“黏合剂”。正是因为志愿者的加入，作为新城区“三改一通一落地”首批改造项目，海纳物流小区的改造效果受到了社会各界的充分肯定（图7-19）。

图7-18　南京姚坊门开展暑期工作营活动

图7-19　西安“向阳花志愿者”工作照片

7.7.6 创新宣传方式

1. 宣传理念创新

树立以人民为中心的基准理念。宣传思想工作要紧紧围绕人民需求来开展工作，要坚持把人民性作为宣传工作的活力源泉和动力根基，牢固树立宣传思想工作根基在基层、力量在群众、智慧在群众的理念。一是构建适应大众需求的宣传话语体系，抓住基层和群众的“兴奋点”。更加注重宣传思想工作语言的亲和力、对话的平等性、受众的接受能力，及时捕捉新时代形成的生动鲜活、极具价值内涵的话语方式，丰富和发展宣传思想工作的话语体系，推动话语表达的时代化、大众化、通俗化。二是充分发挥基层百姓宣讲员的作用，积极开展群众喜闻乐见的“草根”式理论宣讲，善于观察不同群体对象的话语方式及其产生的背后因素，善于学习和使用他们的语言与之交流交心，在分享和体验中实现思想引导。

2. 宣传形式创新

紧跟时代步伐，积极借助网络力量探索宣传新渠道，不断丰富宣传形式，提升主题宣传实效。一方面，“两微”使用嵌入日常，成为常规运营平台。运用常规新媒体平台“微信”“微博”广泛发布老旧小区改造等相关消息，转发重大新闻，获取民众意见，为公众提供易懂、高质、准确、快捷的信息，让公众享受技术红利，同时及时收集、整理、回复群众在互联网上形成的意见建议，并做好回复工作。另一方面，探索运用直播形式，有效提升民众互动热情。主动借助新媒体传播优势，在直播领域积极探索，选取老旧小区改造适合的内容进行直播，分挖掘改造过程中的典型人物、故事，策划群众喜闻乐见的选题，邀请社区群众参与采访直播互动，讲述老旧小区改造“老百姓自己的故事”，运用“理论宣讲+图片”“理论宣讲+故事”“理论宣讲+文艺”等形式，使老旧小区改造通俗化、生动化、生活化，让宣讲过程更加轻松，提高老旧小区改造宣讲工作的传播性、便捷性、实效性。

（编写人员：刘杨、王一丹、余猛、张震、叶竹、王越、周博颖、秦臻）

附录1　国家部委老旧小区改造政策

1.1 国务院办公厅关于全面推进城镇老旧小区改造工作的指导意见（国办发〔2020〕23号）

国务院办公厅关于全面推进城镇老旧小区改造工作的指导意见

国办发〔2020〕23号

各省、自治区、直辖市人民政府，国务院各部委、各直属机构：

城镇老旧小区改造是重大民生工程和发展工程，对满足人民群众美好生活需要、推动惠民生扩内需、推进城市更新和开发建设方式转型、促进经济高质量发展具有十分重要的意义。为全面推进城镇老旧小区改造工作，经国务院同意，现提出以下意见：

一、总体要求

（一）指导思想。以习近平新时代中国特色社会主义思想为指导，全面贯彻党的十九大和十九届二中、三中、四中全会精神，按照党中央、国务院决策部署，坚持以人民为中心的发展思想，坚持新发展理念，按照高质量发展要求，大力改造提升城镇老旧小区，改善居民居住条件，推动构建“纵向到底、横向到边、共建共治共享”的社区治理体系，让人民群众生活更方便、更舒心、更美好。

（二）基本原则。

——坚持以人为本，把握改造重点。从人民群众最关心最直接最现实的利益问题出发，征求居民意见并合理确定改造内容，重点改造完善小区配套和市政基础设施，提升社区养老、托育、医疗等公共服务水平，推动建设安全健康、设施完善、管理有序的完整居住社区。

——坚持因地制宜，做到精准施策。科学确定改造目标，既尽力而为又量力而行，不搞“一刀切”、不层层下指标；合理制定改造方案，体现小区特点，杜绝政绩工程、形象工程。

——坚持居民自愿，调动各方参与。广泛开展“美好环境与幸福生活共同缔造”活动，激发居民参与改造的主动性、积极性，充分调动小区关联单位和社会力量支持、参与改造，实现决策共谋、发展共建、建设共管、效果共评、成果共享。

——坚持保护优先，注重历史传承。兼顾完善功能和传承历史，落实历史建筑保护修缮要求，保护历史文化街区，在改善居住条件、提高环境品质的同时，展现城市特色，延续历史文脉。

——坚持建管并重，加强长效管理。以加强基层党建为引领，将社区治理能力建设融入改造过程，促进小区治理模式创新，推动社会治理和服务重心向基层下移，完善小区长效管理机制。

（三）工作目标。2020年新开工改造城镇老旧小区3.9万个，涉及居民近700万户；到2022年，基本形成城镇老旧小区改造制度框架、政策体系和工作机制；到“十四五”期末，结合各地实际，力争基本完成2000年底前建成的需改造城镇老旧小区改造任务。

二、明确改造任务

（一）明确改造对象范围。城镇老旧小区是指城市或县城（城关镇）建成年代较早、失养失修失管、市政配套设施不完善、社区服务设施不健全、居民改造意愿强烈的住宅小区（含单栋住宅楼）。各地要结合实际，合理界定本地区改造对象范围，重点改造2000年底前建成的老旧小区。

（二）合理确定改造内容。城镇老旧小区改造内容可分为基础类、完善类、提升类3类。

1.基础类。为满足居民安全需要和基本生活需求的内容，主要是市政配套基础设施改造提升以及小区内建筑物屋面、外墙、楼梯等公共部位维修等。其中，改造提升市政配套基础设施包括改造提升小区内部及与小区联系的供水、排水、供电、弱电、道路、供气、供热、消防、安防、生活垃圾分类、移动通信等基础设施，以及光纤入户、架空线规整（入地）等。

2.完善类。为满足居民生活便利需要和改善型生活需求的内容，主要是环境及配套设施改造建设、小区内建筑节能改造、有条件的楼栋加装电梯等。其中，改造建设环境及配套设施包括拆除违法建设，整治小区及周边绿化、照明等环境，改造或建设小区及周边适老设施、无障碍设施、停车库（场）、电动自行车及汽车充电设施、智能快件箱、智能信包箱、文化休闲设施、体育健身设施、物业用房等配套设施。

3.提升类。为丰富社区服务供给、提升居民生活品质、立足小区及周边实际条件积极推进的内容，主要是公共服务设施配套建设及其智慧化改造，包括改造或建设小区及周边的社区综合服务设施、卫生服务站等公共卫生设施、幼儿园等教育设施、周界防护等智能感知设施，以及养老、托育、助餐、家政保洁、便民市场、便利店、邮政快递末端综合服务站等社区专项服务设施。

各地可因地制宜确定改造内容清单、标准和支持政策。

（三）编制专项改造规划和计划。各地要进一步摸清既有城镇老旧小区底数，建立项目储备库。区分轻重缓急，切实评估财政承受能力，科学编制城镇老旧小区改造规划和年度改造计划，不得盲目举债铺摊子。建立激励机制，优先对居民改造意愿强、参与积极性高的小区（包括移交政府安置的军队离退休干部住宅小区）实施改造。养老、文化、教育、卫生、托育、体育、邮政快递、社会治安等有关方面涉及城镇老旧小区的各类设施增设或改造计划，以及电力、通信、供水、排水、供气、供热等专业经营单位的相关管线改造计划，应主动与城镇老旧小区改造规划和计划有效对接，同步推进实施。国有企事业单位、军队所属城镇老旧小区按属地原则纳入地方改造规划和计划统一组织实施。

三、建立健全组织实施机制

（一）建立统筹协调机制。各地要建立健全政府统筹、条块协作、各部门齐抓共管的专门工作机制，明确各有关部门、单位和街道（镇）、社区职责分工，制定工作规则、责任清单和议事规程，形成工作合力，共同破解难题，统筹推进城镇老旧小区改造工作。

（二）健全动员居民参与机制。城镇老旧小区改造要与加强基层党组织建设、居民自治机制建设、社区服务体系建设有机结合。建立和完善党建引领城市基层治理机制，充分发挥社区党组织的领导作用，统筹协调社区居民委员会、业主委员会、产权单位、物业服务企业等共同推进改造。搭建沟通议事平台，利用“互联网+共建共治共享”等线上线下手段，开展小区党组织引领的多种形式基层协商，主动了解居民诉求，促进居民达成共识，发动居民积极参与改造方案制定、配合施工、参与监督和后续管理、评价和反馈小区改造效果等。组织引导社区内机关、企事业单位积极参与改造。

（三）建立改造项目推进机制。区县人民政府要明确项目实施主体，健全项目管理机制，推进项目有序实施。积极推动设计师、工程师进社区，辅导居民有效参与改造。为专业经营单位的工程实施提供支持便利，禁止收取不合理费用。鼓励选用经济适用、绿色环保的技术、工艺、材料、产品。改造项目涉及历史文化街区、历史建筑的，应严格落实相关保护修缮要求。落实施工安全和工程质量责任，组织做好工程验收移交，杜绝安全隐患。充分发挥社会监督作用，畅通投诉举报渠道。结合城镇老旧小区改造，同步开展绿色社区创建。

（四）完善小区长效管理机制。结合改造工作同步建立健全基层党组织领导，社区居民委员会配合，业主委员会、物业服务企业等参与的联席会议机制，引导居民协商确定改造后小区的管理模式、管理规约及业主议事规则，共同维护改造成果。建立健全城镇老旧小区住宅专项维修资金归集、使用、续筹机制，促进小区改造后维护更新进入良性轨道。

四、建立改造资金政府与居民、社会力量合理共担机制

（一）合理落实居民出资责任。按照谁受益、谁出资原则，积极推动居民出资参与改造，可通过直接出资、使用（补建、续筹）住宅专项维修资金、让渡小区公共收益等方式落实。研究住宅专项维修资金用于城镇老旧小区改造的办法。支持小区居民提取住房公积金，用于加装电梯等自住住房改造。鼓励居民通过捐资捐物、投工投劳等支持改造。鼓励有需要的居民结合小区改造进行户内改造或装饰装修、家电更新。

（二）加大政府支持力度。将城镇老旧小区改造纳入保障性安居工程，中央给予资金补助，按照“保基本”的原则，重点支持基础类改造内容。中央财政资金重点支持改造2000年底前建成的老旧小区，可以适当支持2000年后建成的老旧小区，但需要限定年限和比例。省级人民政府要相应做好资金支持。市县人民政府对城镇老旧小区改造给予资金支持，可以纳入国有住房出售收入存量资金使用范围；要统筹涉及住宅小区的各类资金用于城镇老旧小区改造，提高资金使用效率。支持各地通过发行地方政府专项债券筹措改造资金。

（三）持续提升金融服务力度和质效。支持城镇老旧小区改造规模化实施运营主体采取市场化方式，运用公司信用类债券、项目收益票据等进行债券融资，但不得承担政府融资职能，杜绝新增地方政府隐性债务。国家开发银行、农业发展银行结合各自职能定位和业务范围，按照市场化、法治化原则，依法合规加大对城镇老旧小区改造的信贷支持力度。商业银行加大产品和服务创新力度，在风险可控、商业可持续前提下，依法合规对实施城镇老旧小区改造的企业和项目提供信贷支持。

（四）推动社会力量参与。鼓励原产权单位对已移交地方的原职工住宅小区改造给予资金等支持。公房产权单位应出资参与改造。引导专业经营单位履行社会责任，出资参与小区改造中相关管线设施设备的改造提升；改造后专营设施设备的产权可依照法定程序移交给专业经营单位，由其负责后续维护管理。通过政府采购、新增设施有偿使用、落实资产权益等方式，吸引各类专业机构等社会力量投资参与各类需改造设施的设计、改造、运营。支持规范各类企业以政府和社会资本合作模式参与改造。支持以“平台+创业单元”方式发展养老、托育、家政等社区服务新业态。

（五）落实税费减免政策。专业经营单位参与政府统一组织的城镇老旧小区改造，对其取得所有权的设施设备等配套资产改造所发生的费用，可以作为该设施设备的计税基础，按规定计提折旧并在企业所得税前扣除；所发生的维护管理费用，可按规定计入企业当期费用税前扣除。在城镇老旧小区改造中，为社区提供养老、托育、家政等服务的机构，提供养老、托育、家政服务取得的收入免征增值税，并减按90%计入所得税应纳税所得额；用于提供社区养老、托育、家政服务的房产、土地，可按现行规定免征契税、房产税、城镇土地使用税和城市基础设施配套费、不动产登记费等。

五、完善配套政策

（一）加快改造项目审批。各地要结合审批制度改革，精简城镇老旧小区改造工程审批事项和环节，构建快速审批流程，积极推行网上审批，提高项目审批效率。可由市县人民政府组织有关部门联合审查改造方案，认可后由相关部门直接办理立项、用地、规划审批。不涉及土地权属变化的项目，可用已有用地手续等材料作为土地证明文件，无需再办理用地手续。探索将工程建设许可和施工许可合并为一个阶段，简化相关审批手续。不涉及建筑主体结构变动的低风险项目，实行项目建设单位告知承诺制的，可不进行施工图审查。鼓励相关各方进行联合验收。

（二）完善适应改造需要的标准体系。各地要抓紧制定本地区城镇老旧小区改造技术规范，明确智能安防建设要求，鼓励综合运用物防、技防、人防等措施满足安全需要。及时推广应用新技术、新产品、新方法。因改造利用公共空间新建、改建各类设施涉及影响日照间距、占用绿化空间的，可在广泛征求居民意见基础上一事一议予以解决。

（三）建立存量资源整合利用机制。各地要合理拓展改造实施单元，推进相邻小区及周边地区联动改造，加强服务设施、公共空间共建共享。加强既有用地集约混合利用，在不违反规划且征得居民等同意的前提下，允许利用小区及周边存量土地建设各类环境及配套设施和公共服务设施。其中，对利用小区内空地、荒地、绿地及拆除违法建设腾空土地等加装电梯和建设各类设施的，可不增收土地价款。整合社区服务投入和资源，通过统筹利用公有住房、社区居民委员会办公用房和社区综合服务设施、闲置锅炉房等存量房屋资源，增设各类服务设施，有条件的地方可通过租赁住宅楼底层商业用房等其他符合条件的房屋发展社区服务。

（四）明确土地支持政策。城镇老旧小区改造涉及利用闲置用房等存量房屋建设各类公共服务设施的，可在一定年期内暂不办理变更用地主体和土地使用性质的手续。增设服务设施需要办理不动产登记的，不动产登记机构应依法积极予以办理。

六、强化组织保障

（一）明确部门职责。住房城乡建设部要切实担负城镇老旧小区改造工作的组织协调和督促指导责任。各有关部门要加强政策协调、工作衔接、调研督导，及时发现新情况新问题，完善相关政策措施。研究对城镇老旧小区改造工作成效显著的地区给予有关激励政策。

（二）落实地方责任。省级人民政府对本地区城镇老旧小区改造工作负总责，要加强统筹指导，明确市县人民政府责任，确保工作有序推进。市县人民政府要落实主体责任，主要负责同志亲自抓，把推进城镇老旧小区改造摆上重要议事日程，以人民群众满意度和受益程度、改造质量和财政资金使用效率为衡量标准，调动各方面资源抓好组织实施，健全工作机制，落实好各项配套支持政策。

（三）做好宣传引导。加大对优秀项目、典型案例的宣传力度，提高社会各界对城镇老旧小区改造的认识，着力引导群众转变观念，变"要我改"为"我要改"，形成社会各界支持、群众积极参与的浓厚氛围。要准确解读城镇老旧小区改造政策措施，及时回应社会关切。

国务院办公厅

2020年7月10日

1.2 住房和城乡建设部办公厅 国家发展改革委办公厅 财政部办公厅关于申报2021年城镇老旧小区改造计划任务的通知（建办城〔2020〕41号）

住房和城乡建设部办公厅 国家发展改革委办公厅 财政部办公厅关于申报2021年城镇老旧小区改造计划任务的通知

建办城〔2020〕41号

各省、自治区住房和城乡建设厅、发展改革委、财政厅，直辖市住房和城乡建设（管）委、发展改革委、财政局，新疆生产建设兵团住房和城乡建设局、发展改革委、财政局：

为贯彻落实党中央、国务院有关决策部署，扎实有序推进2021年城镇老旧小区改造工作，把好事办实，真正解决群众所思所盼，请各省（区、市）抓紧申报2021年城镇老旧小区改造计划任务。现将有关要求通知如下：

一、总体要求

以习近平新时代中国特色社会主义思想为指导，全面贯彻党的十九大和十九届二中、三中、四中全会精神，坚持以人民为中心的发展思想，坚持新发展理念，按照高质量发展要求，认真落实《国务院办公厅关于全面推进城镇老旧小区改造工作的指导意见》（国办发〔2020〕23号，以下简称《意见》）有关要求，扎实有序推进城镇老旧小区改造，促进涉及城镇老旧小区的各类设施增设或改造计划、相关管线改造计划，与城镇老旧小区改造计划有效对接、同步实施，切实改善居民居住条件，推动建设安全健康、设施完善、管理有序的完整居住社区。

各地要从人民群众最关心最直接最现实的利益问题出发，大力改造提升建成年代较早、失养失修失管、市政配套设施不完善、社区服务设施不健全、居民改造意愿强烈的住宅小区（含单栋住宅楼）。要严格评估财政承受能力，科学确定改造目标，既尽力而为、又量力而行，不搞"一刀切"、不层层下指标。已纳入过中央补助支持城镇老旧小区改造计划的项目，不得重复申报。拟对居民进行征收补偿安置，或者拟以拆除新建（含改建、扩建、翻建）方式实施改造的住宅小区（含单栋住宅楼），不得纳入城镇老旧小区改造计划。严禁借城镇老旧小区改造之名变相搞房地产开发。

二、合理安排2021年城镇老旧小区改造计划任务

（一）明确本地区城镇老旧小区改造对象范围。各地应当以《意见》明确的城镇老旧小区改造对象范围为基础，从当地实际出发，合理界定本地区改造对象范围，重点改造2000年底前建成的老旧小区。全省（区、市）适宜统一界定改造对象范围的，由省级住房和城乡建设部门会同发展改革、财政等部门，报请省级人民政府确定。

（二）进一步摸清底数，建立项目储备库。各地要在前期调研摸底的基础上，依据本地区城镇老旧小区改造对象范围，进一步摸清需改造城镇老旧小区底数，包括小区数、居民户数、楼栋数、住宅建筑面积等，要重点摸清2000年底前建成需改造城镇老旧小区的数量。国有企事业单位、军队所属老旧小区按属地原则，一并纳入调查摸底范围。各地应从实际出发，采取灵活多样的调查方式、调查手段，积极应用调查新技术、新方法。在摸清底数，逐项确定项目位置后，建立本地区城镇老旧小区改造项目储备库。省级住房和城乡建设部门要会同发展改革、财政等部门，加强对市、县调查摸底工作的指导。

（三）科学合理安排年度计划任务。市、县要加快建立激励机制，优先将项目储备库内居民改造意愿强、参与积极性高的小区（包括移交政府安置的军队离退休干部住宅小区）纳入计划、实施改造。提出2021年城镇老旧小区改造计划任务时，应当提交本市、县财政承受能力论证评估报告，证明计划任务在其财政承受能力范围之内。各市、县2021年城镇老旧小区改造计划任务明确后，应通过专门工作机制，提供给有关部门、专业经营单位，便于有关方面在制定各类设施增设或改造计划、相关管线改造计划时与城镇老旧小区改造计划有效对接。

各省（区、市）住房和城乡建设部门要会同发展改革财政等部门，坚持以人为本，区分轻重缓急，自下而上研究提出本地区2021年城镇老旧小区改造计划任务，填写《2021年中央补助支持城镇老旧小区改造计划表》(见附件)，报经省级人民政府同意后，于2020年9月30日前分别报住房和城乡建设部、国家发展改革委、财政部。2021年，各省（区、市）原则上应重点改造2000年底前建成的老旧小区。在保障重点改造任务的前提下，有条件的地区可以适当将2000年底后建成的小区纳入改造范围，但年限不得超过2005年底后，且2021年计划任务中建成于2000年底后的小区占比不得超过15%(按居民户数计)。

（四）同步编制2021—2025年城镇老旧小区改造规划。市县应在确定2021年城镇老旧小区改造计划任务的基础上，按照“实施一批、谋划一批、储备一批”的原则，统筹安排储备库内项目改造时序，抓紧编制2021—2025年城镇老旧小区改造规划，并抓好规划的组织落实。省级住房和城乡建设部门会同发展改革、财政等部门，审核汇总市、县城镇老旧小区改造主管部门报送的城镇老旧小区调查摸底结果和2021—2025年改造规划，报经省级人民政府批准后，于2020年10月31日前分别报住房和城乡建设部、国家发展改革委、财政部。

三、全面推进《意见》贯彻落实工作

（一）抓紧出台《意见》配套规定。各地要从当地实际出发，抓紧确定本地区城镇老旧小区改造内容清单、标准和支持政策。研究出台住宅专项维修资金用于城镇老旧小区改造、小区居民提取住房公积金用于加装电梯等自住住房改造的办法。要结合工程建设项目审批制度改革，精简城镇老旧小区改造工程审批事项和环节，及早明确审批管理办法，构建快速审批流程。抓紧制定本地区城镇老旧小区改造技术规范。

（二）积极探索可持续的城镇老旧小区改造模式。各地要认真落实《意见》要求，在城镇老旧小区改造工作统筹协调、改造项目生成、改造资金政府与居民合理共担、金融机构以可持续方式支持、社会力量以市场化方式参与、动员群众共建、改造项目推进、存量资源整合利用、小区长效管理等方面，抓紧探索适合当地实际的城镇老旧小区改造模式。要大力培育城镇老旧小区改造规模化实施运营主体，抓紧探索金融机构以可持续方式支持社会力量参与的城镇老旧小区改造模式。

（三）广泛开展“美好环境与幸福生活共同缔造”活动。各地要学习借鉴试点省、市经验做法，结合城镇老旧小区改造开展“美好环境与幸福生活共同缔造”活动，激发居民参与城镇老旧小区改造的主动性、积极性，充分调动小区关联单位和社会力量支持、参与改造，实现决策共谋、发展共建、建设共管、效果共评、成果共享，把城镇老旧小区改造做成“民心”工程。

（四）加强主动宣传。各地要主动宣传城镇老旧小区改造政策措施，加大对优秀项目、典型案例的宣传力度，提高社会各界对城镇老旧小区改造的认识，着力引导群众转变观念，变“要我改”为“我要改”，形成社会各界支持、群众积极参与的浓厚氛围。

四、扎实做好城镇老旧小区改造项目组织实施

各地在城镇老旧小区改造项目实施中，要坚持一区一策、精准施策，回应居民关切、体现小区特点，合理制定改造方案，杜绝政绩工程、形象工程。要尊重居民意愿，大力改造提升小区各类市政配套基础设施、环境及配套设施、社区服务设施，积极推进项目范围内存量资源的整合利用、各类设施的共建共享，切实改善小区周边环境和服务条件，让人民群众生活更方便、更舒心、更美好。要抓好项目工程质量和施工安全。对于列入年度城镇老旧小区改造计划的项目，要采取有力措施，做好征询居民意见、办理项目审批等前期工作，积极落实资金，加快项目进度确保按时保质保量完成全年计划任务。要加快续建项目建设，做好施工组织和项目管理，力争早日竣工。

住房和城乡建设部办公厅

国家发展改革委办公厅

财政部办公厅

2020年8月24日

1.3 住房和城乡建设部等部门关于开展城市居住社区建设补短板行动的意见（建科规〔2020〕7号）

住房和城乡建设部等部门关于开展城市居住社区建设补短板行动的意见

建科规〔2020〕7号

各省、自治区、直辖市住房和城乡建设厅（委、管委）、教育厅（委）、通信管理局、公安厅（局）、商务主管部门、文化和旅游厅（局）、卫生健康委、市场监管局（厅、委）、体育局、能源局、邮政局、残联，国家税务总局各省、自治区、直辖市和计划单列市税务局，新疆生产建设兵团住房和城乡建设局、教育局、公安局、商务主管部门、文化和旅游局、卫生健康委、市场监管局、体育局、能源局、邮政局、残联：

居住社区是城市居民生活和城市治理的基本单元，是党和政府联系、服务人民群众的"最后一公里"。当前，居住社区存在规模不合理、设施不完善、公共活动空间不足、物业管理覆盖面不高、管理机制不健全等突出问题和短板，与人民日益增长的美好生活需要还有较大差距。为贯彻落实习近平总书记关于更好为社区居民提供精准化、精细化服务的重要指示精神，建设让人民群众满意的完整居住社区，现就开展居住社区建设补短板行动提出以下意见：

一、总体要求

（一）指导思想。以习近平新时代中国特色社会主义思想为指导，全面贯彻党的十九大和十九届二中、三中、四中全会精神，坚持以人民为中心的发展思想，坚持新发展理念，以建设安全健康、设施完善、管理有序的完整居住社区为目标，以完善居住社区配套设施为着力点，大力开展居住社区建设补短板行动，提升居住社区建设质量、服务水平和管理能力，增强人民群众获得感、幸福感、安全感。

（二）工作目标。到2025年，基本补齐既有居住社区设施短板，新建居住社区同步配建各类设施，城市居住社区环境明显改善，共建共治共享机制不断健全，全国地级及以上城市完整居住社区覆盖率显著提升。

二、重点任务

（一）合理确定居住社区规模。以居民步行5—10分钟到达幼儿园、老年服务站等社区基本公共服务设施为原则，以城市道路网、自然地形地貌和现状居住小区等为基础，与社区居民委员会管理和服务范围相对接，因地制宜合理确定居住社区规模，原则上单个居住社区以0.5万—1.2万人口规模为宜。要结合实际统筹划定和调整居住社区范围，明确居住社区建设补短板行动的实施单元。

（二）落实完整居住社区建设标准。按照《完整居住社区建设标准（试行）》（附件），结合地方实际，细化完善居住社区基本公共服务设施、便民商业服务设施、市政配套基础设施和公共活动空间建设内容和形式，作为开展居住社区建设补短板行动的主要依据。

（三）因地制宜补齐既有居住社区建设短板。结合城镇老旧小区改造等城市更新改造工作，通过补建、购置、置换、租赁、改造等方式，因地制宜补齐既有居住社区建设短板。优先实施排水防涝设施建设、雨污水管网混错接改造。充分利用居住社区内空地、荒地及拆除违法建设腾空土地等配建设施，增加公共活动空间。统筹利用公有住房、社区居民委员会办公用房和社区综合服务设施、闲置锅炉房等存量房屋资源，增设基本公共服务设施和便民商业服务设施。要区分轻重缓急，优先在居住社区内配建居民最需要的设施。推进相邻居住社区及周边地区统筹建设、联动改造，加强各类配套设施和公共活动空间共建共享。加强居住社区无障碍环境建设和改造，为居民出行、生活提供便利。

（四）确保新建住宅项目同步配建设施。新建住宅项目要按照完整居住社区建设标准，将基本公共服务、便民商业服务等设施和公共活动空间建设作为开发建设配套要求，明确规模、产权和移交等规定，确保与住宅同步规划、同步建设、同步验收和同步交付，并按照有关规定和合同约定做好产权移交。规模较小的新建住宅项目，要在科学评估周边既有设施基础上按需配建；规模较大的，要合理划分成几个规模适宜的居住社区，按照标准配齐设施。地方相关行政主管部门要切实履行监督职责，确保产权人按照规定使用配套设施，未经法定程序，任何组织和个人不得擅自改变用途和性质。

（五）健全共建共治共享机制。按照基层党组织领导下的多方参与治理要求，推动建立"党委领导、政府组织、业主参与、企业服务"的居住社区管理机制。鼓励引入专业化物业服务，暂不具备条件的，通过社区托管、社会组织代管或居民自管等方式，提高物业管理覆盖率。推动城市管理进社区，将城市综合管理服务平台与物业管理服务平台相衔接，提高城市管理覆盖面，依法依规查处私搭乱建等违法违规行为，协助开展社区环境整治活动。

三、组织实施

（一）加强组织领导和部门协调。各级住房和城乡建设部门要会同教育、工业和信息化、公安、商务、文化和旅游、卫生健康、税务、市场监管、体育、能源、邮政管理、残联等部门建立协同机制，统筹整合涉及居住社区建设的各类资源、资金和力量，有序开展居住社区建设补短板行动。住房和城乡建设部门要结合城镇老旧小区改造、绿色社区创建、棚户区改造等同步推进居住社区建设补短板行动，建立居住社区建设项目审批绿色通道，加强对幼儿园、养老等基本公共服务设施的设计、建设、验收、移交的监管落实，提高物业管理覆盖率，推动城市管理进社区。教育部门要配合有关部门做好居住社区配套幼儿园规划、建设、验收、移交等工作。工业和信息化部门要加快光纤入户和多网融合。公安机关要加强社区警务工作及警务室建设，推进社区智能安防设施及系统建设。商务部门要支持便民商业服务设施建设，鼓励小店"一店多能"提供多样化便民服务，引导连锁企业进社区提供优质服务。文化和旅游部门要支持社区文化设施建设。卫生健康部门要协调有关部门加强社区卫生服务机构建设，完善婴幼儿照护服务政策规范。税务部门要落实社区服务税收优惠政策。市场监管部门要依法对住宅加装的电梯实施监督检验和使用登记。体育部门要加大对社区健身场地设施建设的指导支持力度，协调有关资金向居住社区倾斜。能源部门要支持居住社区充电桩等设施建设。邮政管理部门要加强对居住社区快递末端网点的监督管理。残联要积极组织残疾人代表开展体验活动，配合推进社区无障碍环境建设和改造工作。

（二）制定行动计划。各城市住房和城乡建设部门要会同有关部门按照完整居住社区建设标准，开展居住社区建设情况调查，摸清居住社区规模和数量，找准各类设施和公共活动空间建设短板，制定居住社区建设补短板行动计划，明确行动目标、重点任务和推进时序，并与城镇老旧小区改造计划等相衔接。按照行动计划，细化年度工作任务和建设项目库，纳入政府重点工作统筹推进。

（三）推动社会力量参与。通过政府采购、新增设施有偿使用、落实资产权益等方式，吸引各类专业机构等社会力量参与居住社区配套设施建设和运营。支持规范各类企业以政府和社会资本合作模式开展设施建设和改造。引导供水、供气、供热、供电、通信等专业经营单位履行社会责任，出资参与相关管线设施设备的改造提升及维护更新管理。建立物业管理服务平台，推动物业服务企业发展线上线下社区服务业，接入电子商务、健身、文化、旅游、家装、租赁等各类优质服务，拓展家政、教育、护理、养老等增值服务。

（四）动员居民广泛参与。以开展居住社区建设补短板行动为载体，大力推进美好环境与幸福生活共同缔造活动，搭建沟通议事平台，充分发挥居民主体作用，推动实现决策共谋、发展共建、建设共管、效果共评、成果共享。引导各类专业人员进社区，辅导居民参与居住社区建设和管理。加强培训和宣传，发掘和培养一批懂建设、会管理的老模范、老党员、老干部等社区能人。建立激励机制，引导和鼓励居民通过捐资捐物、投工投劳等方式参与居住社区建设。发布社区居民公约，促进居民自我管理、自我服务。

（五）做好评估和总结。各省级住房和城乡建设部门要会同有关部门加强跟踪督导，定期开展本辖区居住社区建设补短板行动评估，每年11月30日前将工作进展情况报送住房和城乡建设部，2025年底前对城市居住社区建设补短板行动进行总结。住房和城乡建设部会同有关部门将定期对全国居住社区建设补短板行动进行调研评估。

附件：完整居住社区建设标准（试行）

中华人民共和国住房和城乡建设部
中华人民共和国教育部
中华人民共和国工业和信息化部
中华人民共和国公安部
中华人民共和国商务部
中华人民共和国文化和旅游部
中华人民共和国国家卫生健康委员会
国家税务总局
国家市场监督管理总局
国家体育总局
国家能源局
国家邮政局
中国残疾人联合会
2020年8月18日

附件

完整居住社区建设标准（试行）

目标	序号	建设内容	建设要求
一、基本公共服务设施完善	1	一个社区综合服务站	建筑面积以800平方米为宜，设置社区服务大厅、警务室、社区居委会办公室、居民活动用房、阅览室、党群活动中心等。
	2	一个幼儿园	不小于6班，建筑面积不小于2200平方米，用地面积不小于3500平方米，为3—6岁幼儿提供普惠性学前教育服务。
	3	一个托儿所	建筑面积不小于200平方米，为0—3岁婴幼儿提供安全可靠的托育服务。可以结合社区综合服务站、社区卫生服务站、住宅楼、企事业单位办公楼等建设托儿所等婴幼儿照护服务设施。
	4	一个老年服务站	与社区综合服务站统筹建设，为老年人、残疾人提供居家日间生活辅助照料、助餐、保健、文化娱乐等服务。具备条件的居住社区，可以建设1个建筑面积不小于350平方米的老年人日间照料中心，为生活不能完全自理的老年人、残疾人提供膳食供应、保健康复、交通接送等日间服务。
	5	一个社区卫生服务站	建筑面积不小于120平方米，提供预防、医疗、计生、康复、防疫等服务。
二、便民商业服务设施健全	6	一个综合超市	建筑面积不小于300平方米，提供蔬菜、水果、生鲜、日常生活用品等销售服务。城镇老旧小区等受场地条件约束的既有居住社区，可以建设2—3个50—100平方米的便利店提供相应服务。
	7	多个邮件和快件寄递服务设施	建设多组智能信包箱、智能快递箱，提供邮件快件收寄、投递服务，格口数量为社区日均投递量的1—1.3倍。新建居住社区应建设使用面积不小于15平方米的邮政快递末端综合服务站。城镇老旧小区等受场地条件约束的既有居住社区，因地制宜建设邮政快递末端综合服务站。
	8	其他便民商业网点	建设理发店、洗衣店、药店、维修点、家政服务网点、餐饮店等便民商业网点。
三、市政配套基础设施完备	9	水、电、路、气、热、信等设施	建设供水、排水、供电、道路、供气、供热（集中供热地区）、通信等设施，达到设施完好、运行安全、供给稳定等要求。实现光纤入户和多网融合，推动5G网络进社区。建设社区智能安防设施及系统。
	10	停车及充电设施	新建居住社区按照不低于1车位/户配建机动车停车位，100%停车位建设充电设施或者预留建设安装条件。既有居住社区统筹空间资源和管理措施，协调解决停车问题，防止乱停车和占用消防通道现象。建设非机动车停车棚、停放架等设施。具备条件的居住社区，建设电动车集中停放和充电场所，并做好消防安全管理。
	11	慢行系统	建设联贯各类配套设施、公共活动空间与住宅的慢行系统，与城市慢行系统相衔接。社区居民步行10分钟可以到达公交站点。

续表

目标	序号	建设内容	建设要求
三、市政配套基础设施完备	12	无障碍设施	住宅和公共建筑出入口设置轮椅坡道和扶手，公共活动场地、道路等户外环境建设符合无障碍设计要求。具备条件的居住社区，实施加装电梯等适老化改造。对有条件的服务设施，设置低位服务柜台、信息屏幕显示系统、盲文或有声提示标识和无障碍厕所（厕位）。
	13	环境卫生设施	实行生活垃圾分类，设置多处垃圾分类收集点，新建居住社区宜建设一个用地面积不小于120平方米的生活垃圾收集站。建设一个建筑面积不小于30平方米的公共厕所，城镇老旧小区等受场地条件约束的既有居住社区，可以采用集成箱体式公共厕所。
四、公共活动空间充足	14	公共活动场地	至少有一片公共活动场地（含室外综合健身场地），用地面积不小于150平方米，配置健身器材、健身步道、休息座椅等设施以及沙坑等儿童娱乐设施。新建居住社区建设一片不小于800平方米的多功能运动场地，配置5人制足球、篮球、排球、乒乓球、门球等球类场地，在紧急情况下可以转换为应急避难场所。既有居住社区要因地制宜改造宅间绿地、空地等，增加公共活动场地。
	15	公共绿地	至少有一片开放的公共绿地。新建居住社区至少建设一个不小于4000平方米的社区游园，设置10%—15%的体育活动场地。既有居住社区应结合边角地、废弃地、闲置地等改造建设“口袋公园”、“袖珍公园”等。社区公共绿地应配备休憩设施，景观环境优美，体现文化内涵，在紧急情况下可转换为应急避难场所。
五、物业管理全覆盖	16	物业服务	鼓励引入专业化物业服务，暂不具备条件的，通过社区托管、社会组织代管或居民自管等方式，提高物业管理覆盖率。新建居住社区按照不低于物业总建筑面积2‰比例且不低于50平方米配置物业管理用房，既有居住社区因地制宜配置物业管理用房。
	17	物业管理服务平台	建立物业管理服务平台，推动物业服务企业发展线上线下社区服务业，实现数字化、智能化、精细化管理和服务。
六、社区管理机制健全	18	管理机制	建立“党委领导、政府组织、业主参与、企业服务”的居住社区管理机制。推动城市管理进社区，将城市综合管理服务平台与物业管理服务平台相衔接，提高城市管理覆盖面。
	19	综合管理服务	依法依规查处私搭乱建等违法违规行为。组织引导居民参与社区环境整治、生活垃圾分类等活动。
	20	社区文化	举办文化活动，制定发布社区居民公约，营造富有特色的社区文化。

1.4 国家发展改革委关于印发《中央预算内投资保障性安居工程专项管理暂行办法》的通知（发改投资规〔2019〕1035号）

国家发展改革委关于印发《中央预算内投资保障性安居工程专项管理暂行办法》的通知

发改投资规〔2019〕1035号

中央预算内投资保障性安居工程专项管理暂行办法

第一章 总则

第一条 为规范中央预算内投资支持保障性安居工程建设有关项目管理，提高资金使用效益，推进中央预算内投资管理制度化、规范化、科学化，根据《中央预算内投资补助和贴息项目管理办法》（国家发展和改革委员会令第45号）等有关规定，制定本办法。

第二条 住房城乡建设部和各省（区、市）确定年度保障性安居工程各项建设目标任务后，中央预算内投资保障性安居工程专项（以下简称“本专项”）采用投资补助方式对符合条件的项目予以支持，推进保障性安居工程建设，改善住房困难群众居住条件。投资补助资金应用于计划新开工或续建项目，不得用于已完工项目。

第三条 本专项原则上采用切块方式。中央预算内投资计划切块下达后，各省（区、市）应在规定时限内分解安排到具体项目。

第四条 加强中央预算内投资计划事中事后监管，实行项目储备、信用承诺、进展报告、绩效评价等制度，完善管理程序，督促各省（区、市）及时解决计划执行中存在的问题，确保中央预算内资金使用合法合规、安全高效。

第五条 对于已经足额安排的项目，各省（区、市）不得重复申请。

第二章 支持范围和补助标准

第六条 本专项支持范围如下：

（一）各类棚户区改造等保障性安居工程配套基础设施建设和国有工矿、林业、垦区棚户区改造，其中采取货币化安置的棚户区改造项目，可安排集中安置片区的配套基础设施建设；

（二）新筹集集中片区公租房配套基础设施建设；

（三）城市、县城（城关镇）老旧小区改造配套基础设施建设；

（四）按照党中央、国务院部署，开展的其他保障性安居工程建设任务及其配套基础设施建设。

上述方面中，相关配套基础设施包括：小区内的道路、供排水、供电、供气、供暖、绿化、照明、围墙、垃圾收储等基础设施，小区的养老抚幼、无障碍、便民等公共服务设施，与小区直接相关的道路和公共交通、通信、供电、供排水、供气、供热、停车库（场）等城镇基础设施项目。原则上不得用于主干道、主管网、综合管廊、广场、城市公园等与小区不直接相关的城镇基础设施项目。

第七条　国家发展改革委主要依据以下因素，确定各省（区、市）年度中央预算内投资计划规模：

（一）各省（区、市）当年和上一年度住房保障工作目标任务；

（二）考虑东中西部区域差异；

（三）考虑不同类型保障性安居工程配套基础设施建设差异；

（四）按照党中央、国务院部署，需要考虑的其他因素。

第八条　各省（区、市）应按照"区别对待，分类指导"的原则，确定本地区中央预算内投资补助标准。对不同地区、不同类型的配套基础设施建设项目，可结合实际采取不同的投资补助标准，补助金额最高不超过核定的项目建安投资。

第三章　年度投资需求申报

第九条　各级发展改革部门会同本级住房城乡建设等部门，按照加强投资项目储备的有关要求，根据本专项支持范围，依托重大建设项目库编制保障性安居工程配套基础设施建设三年滚动计划、加快推进前期工作，做好项目日常储备工作。

第十条　省级发展改革部门按要求组织开展专项投资申报工作，项目单位按有关规定报送资金申请报告和综合信用承诺书。项目单位对所提交的资金申请报告内容的真实性负责。项目单位在申报时存在严重失信行为、被列入失信联合惩戒对象名单的，各级发展改革部门不得受理其资金申请报告。

第十一条　省级发展改革部门商住房城乡建设等有关部门对资金申请报告进行审核，并对审核结果负责。审核重点包括申报项目是否符合专项支持范围、是否重复申报，项目单位是否被列入失信联合惩戒对象名单，申报投资是否符合补助标准，项目是否完成审批、核准或备案程序，计划新开工项目前期工作条件是否成熟，在建项目各项建设手续是否完备，地方建设资金是否落实，项目单位和日常监管责任单位"两个责任"填报是否规范等。

第十二条　省级发展改革部门审核汇总后确定本地区专项年度投资规模和年度投资需求，报国家发展改革委。报送的年度投资需求应符合本省（区、市）财政承受能力和政府投资能力，不会造成地方政府隐性债务，应合理确定地方政府建设投资任务和项目，严控债务高风险地区政府建设投资规模。地方建设资金不落实、年内无法开工的不得申报。省级发展改革部门报送年度投资计划请示文件时，应包含以下内容。

（一）本专项年度中央预算内投资需求；

（二）本专项年度中央预算内投资绩效目标；

（三）是否造成地方政府隐性债务的审核结论。

第四章　年度投资计划下达

第十三条　国家下达投资计划后，省级发展改革部门应充分征求住房城乡建设部门意见，在规定时限内分解到具体项目，逐一落实日常监管直接责任单位及监管责任人，报国家发展改革委备案，同时在重大建设项目库中相应分解至具体项目。项目责任人、监管责任人应分别为项目单位、日常监管直接责任单位的有关负责同志。安排中央预算内投资的项目应符合以下条件：

（一）纳入住房城乡建设部与各省（区、市）确定的年度目标任务；

（二）纳入保障性安居工程配套基础设施建设三年滚动计划；

（三）符合固定资产投资管理规定，提交的相关文件齐备、有效，项目的主要建设条件基本落实，可按期开工建设；

（四）项目单位未列入失信联合惩戒对象名单。

第十四条　各省（区、市）按照中央有关要求，在分解时严格落实国家在贫困地区安排的公益性建设项目取消县级和西部连片特困地区地市级建设资金的政策，进一步加大向贫困地区特别是深度贫困地区倾斜支持力度，切实落实省市级建设资金、及时到位。

第十五条　项目出现以下情况时，应及时调整：

（一）中央预算内投资计划下达后未按时开工建设的；

（二）建设严重滞后导致资金长期闲置的；

（三）建设规模、标准和内容发生较大变化；

（四）其他原因导致项目无法继续实施的。省级发展改革部门原则上在本专项内调整有关项目，并报国家发展改革委备案，同时在重大建设项目库中及时更新相关信息。调出项目一定时间内不再安排中央预算内投资，新调整安排的项目应是已开工项目或近期能够开工的项目。有特殊情况需跨专项调整的项目，报国家发展改革委按照相关规定进行调整。

第五章　监管措施

第十六条　本专项实行定期调度制度，省级发展改革部门于每月10日前将中央预算内投资项目的开工情况、投资完成与支付情况、工程形象进度等数据通过重大建设项目库报送国家发展改革委（涉密项目按有关要求报送）。

第十七条　国家发展改革委会同住房城乡建设部适时组织中央预算内投资计划执行情况检查，对投资计划分解落实、投资计划执行和资金拨付使用等情况进行监督，督促各省（区、市）对发现问题及时整改，并根据投资计划执行情况采取适当措施予以奖惩。

第十八条　按照省级人民政府负总责、市县人民政府抓落实要求，各省（区、市）应建立保障性安居工程中央预算内投资项目上下联动、分级负责的监管机制，切实履行监管职责。省级发展改革委会同住房城乡建设（房地）部门按照隶属关系加强对市县有关部门的督促指导，强化本区域内项目的监管，特别是发挥基层发展改革部门和行业管理部门就近就便监管的优势，压实“两个责任”。

第十九条　项目单位有下列行为之一的，项目汇总申报单位责令其限期整改；拒不整改或整改后仍不符合要求的，核减、收回或者停止拨付补助资金，暂停其申报中央预算内投资，将相关信息纳入全国信用信息共享平台并在“信用中国”网站公开，根据情节轻重提请或移交有关机关依法追究相关责任人的行政或者法律责任：

（一）提供虚假情况，骗取投资补助资金的；

（二）转移、侵占或者挪用投资补助资金的；

（三）擅自改变主要建设内容和建设标准的；

（四）其他违反国家法律法规和本办法规定的行为。

第六章　附则

第二十条　省级发展改革部门可商住房城乡建设部门根据本办法制定项目管理细则。

第二十一条　本办法由国家发展改革委负责解释。

第二十二条　本办法从发布之日起施行，有效期五年。

1.5 财政部 住房和城乡建设部关于印发《中央财政城镇保障性安居工程专项资金管理办法》的通知（财综〔2019〕31号）

财政部 住房和城乡建设部关于印发《中央财政城镇保障性安居工程专项资金管理办法》的通知

财综〔2019〕31号

各省、自治区、直辖市、计划单列市财政厅（局）、住房和城乡建设厅（委），新疆生产建设兵团财政局、建设局，财政部各地监管局：

为了规范中央财政城镇保障性安居工程专项资金管理，提高资金使用效益，根据《中华人民共和国预算法》和国家保障性安居工程的有关法律法规及《中共中央国务院关于全面实施预算绩效管理的意见》等预算管理的相关规定，我们重新制定了《中央财政城镇保障性安居工程专项资金管理法》。现印发给你们，请遵照执行。

2019年4月下达的中央财政城镇保障性安居工程专项资金清算仍按照《财政部 住房和城乡建设部关于印发〈中央财政城镇保障性安居工程专项资金管理办法〉的通知》（财综〔2017〕2号）执行。

附件：中央财政城镇保障性安居工程专项资金管理办法

财政部

住房和城乡建设部

2019年8月22日

附件

中央财政城镇保障性安居工程专项资金管理办法

第一章　总则

第一条　为了规范中央财政城镇保障性安居工程专项资金（以下简称专项资金）管理，提高资金使用效益，根据《中华人民共和国预算法》和国家保障性安居工程的有关法律法规及《中共中央 国务院关于全面实施预算绩效管理的意见》等预算管理的相关规定，制定本办法。

第二条　本办法所称专项资金，是指中央财政安排用于支持符合条件的城镇居民保障其基本居住需求、改善其居住条件的共同财政事权转移支付资金。

第三条　专项资金由财政部、住房和城乡建设部按职责分工管理。

财政部负责专项资金中期财政规划和年度预算编制，确定专项资金分配方案、下达专项资金预算，对专项资金的使用管理情况进行监督和绩效管理。财政部各地监管局充分发挥就地就近优势，对专项资金实行监管。

住房和城乡建设部负责住房保障计划编制，督促指导地方开展城镇保障性安居工程相关工作，组织做好绩效目标制定、绩效监控和评价等。

第四条　专项资金管理遵循公平公正、公开透明、突出重点、注重绩效、强化监督的原则。

第五条　专项资金实施期限为3年，期满后，财政部根据国务院有关规定及国家城镇保障性安居工程形势需要等进行评估，根据评估结果再作调整。

第二章　支持范围和资金分配

第六条　专项资金支持范围包括：

（一）公租房保障和城市棚户区改造。一是租赁补贴主要用于向符合条件的在市场租赁住房的城镇住房保障家庭发放租赁补贴。二是公租房筹集。主要用于新建（改建、配建、购买）实物公租房的支出。三是城市棚户区改造。主要用于城市棚户区改造项目中的征收补偿、安置房建设（购买）和相关配套基础设施建设等支出。不得用于城市棚户区改造中安置房之外的住房开发、配套建设的商业和服务业等经营性设施建设支出。

（二）老旧小区改造。主要用于小区内水电路气等配套基础设施和公共服务设施建设改造，小区内房屋公共区域修缮、建筑节能改造，支持有条件的加装电梯支出。

（三）住房租赁市场发展。主要用于多渠道筹集租赁住房房源、建设住房租赁信息服务与监管平台等与住房租赁市场发展相关的支出。

第七条　公租房保障和城市棚户区改造资金，采取因素法，按照各地区年度租赁补贴户数、公租房筹集套数、城市棚户区改造套数、绩效评价结果等因素以及相应权重，结合财政困难程度进行分配。具体计算公式如下：

分配给某地区的公租房保障和城市棚户区改造资金=（该地区租赁补贴户数×该地区财政困难程度系数）÷Σ（各地区租赁补贴户数×相应地区财政困难程度系数）×年度租赁补贴资金+（该地区公租房筹集套数×该地区财政困难程度系数）÷Σ（各地区公租房筹集套数×相应地区财政困难程度系数）×年度公租房资金+（该地区城市棚户区改造套数×该地区财政困难程度系数）÷Σ（各地区城市棚户区改造套数×相应地区财政困难程度系数）×年度城市棚户区改造资金+（该地区绩效评价结果÷Σ经核定的各地区绩效评价结果）×年度绩效评价资金

其中，年度租赁补贴资金、年度公租房资金、年度城市棚户区改造资金，由财政部会同住房和城乡建设部根据年度城镇保障性安居工程任务状况、上年度专项资金补助水平等因素确定，上述三项资金占公租房保障和城市棚户区改造资金的比重为90%，年度绩效评价资金占比为10%。

年度租赁补贴户数、公租房筹集套数、城市棚户区改造套数按各地向住房和城乡建设部、财政部申报数确定，绩效评价结果为经财政部当地监管局审核认定的绩效评价结果。

第八条　老旧小区改造资金，采取因素法，按照各地区年度老旧小区改造面积、改造户数、改造楼栋数、改造小区个数和绩效评价结果等因素以及相应权重，结合财政困难程度进行分配。具体计算公式如下：

分配给某地区的老旧小区改造资金=〔（该地区老旧小区改造面积×该地区财政困难程度系数）÷Σ（各地区老旧小区改造面积×相应地区财政困难程度系数）×相应权重+（该地区老旧小区改造户数×该地区财政困难程度系数）÷Σ（各地区老旧小区改造户数×相应地区财政困难程度系数）×相应权重+（该地区老旧小区改造楼栋数×该地区财政困难程度系数）÷Σ（各地区老旧小区改造楼栋数×相应地区财政困难程度系数）×相应权重+（该地区老旧小区改造个数×该地区财政困难程度系数）÷Σ（各地区老旧小区改造个数×相应地区财政困难程度系数）×相应权重+（该地区绩效评价结果÷Σ经核定的各地区绩效评价结果）×相应权重〕×年度老旧小区改造资金总额

2019年老旧小区改造面积、改造户数、改造楼栋数、改造小区个数等因素权重分别为40%、40%、10%、10%，以后年度老旧小区改造面积、改造户数、改造楼栋数、改造小区个数因素、绩效评价因素权重分别为40%、30%、10%、10%、10%。

年度老旧小区改造面积、改造户数、改造楼栋数、改造小区个数按各地向住房和城乡建设部申报数确定，绩效评价结果为经财政部当地监管局审核认定的绩效评价结果。

第九条　省级财政部门应当会同同级住房城乡建设部门及时组织本地区各市县申报年度租赁补贴发放户数，公租房筹集套数，城市棚户区改造套数，老旧小区改造面积、改造户数、改造楼栋数、改造小区数，绩效目标和上年度绩效评价报告、自评表及能够佐证绩效评价结果的相关材料。

省级财政部门、住房城乡建设部门应承担审核本地区各市县申报材料的主体责任。每年2月28日之前，审核汇总本地区各市县的申报资料，并向财政部、住房和城乡建设部报送。同时，将上年度绩效评价报告、自评表及能够佐证绩效评价结果的相关材料提交财政部当地监管局审核。对于无故不按时提交绩效评价自评表及相关证明材料的地区，该地区绩效评价得分按零分认定。

财政部各地监管局对地方报送的上年度绩效评价报告、绩效评价自评表及相关证明材料进行审核和实地抽查后，于每年3月20日之前将审核总结报告和审核意见表报送财政部，抄送住房和城乡建设部和省级财政、住房城乡建设部门。其中，实地抽查审核比例原则上不少于3个地级市（含省直管县），抽查数据比例原则上不低于该地区申报数据的20%。

住房和城乡建设部审核汇总各地区本年度计划、绩效目标和上年度绩效评价自评表后，于每年3月20日前提交财政部。

第十条　住房租赁市场发展资金，采取竞争性评审方式分配。由相关城市财政、住房和城乡建设部门通过省级财政住房城乡建设部门，向财政部、住房和城乡建设部申报编制实施方案，财政部、住房和城乡建设部组织竞争性评审，确定住房租赁市场发展示范城市。示范期内，专项资金标准按城市规模分档确定。其中，直辖市每年10亿元，省会城市和计划单列市每年8亿元，地级城市每年6亿元。示范期3年。

第十一条　对于发生重大自然灾害等特殊情况的地区，以及党中央、国务院确定需要重点支持和激励的地区和项目，财政部会同住房和城乡建设部按程序报批后在专项资金分配时予以适当倾斜。

第三章　资金预算下达

第十二条　财政部在全国人大审查批准中央预算后30日内，将专项资金预算分配下达省级财政部门，同时抄送财政部有关监管局。

第十三条　省级财政部门在接到公租房保障和城市棚户区改造资金预算、老旧小区改造资金预算后，应当在30日内正式分解下达本行政区域县级以上各级政府财政部门，同时抄送财政部当地监管局；省级财政部门在接到住房租赁市场发展资金预算后，应当在30日内正式分解下达相关试点城市财政部门，同时抄送财政部当地监管局。

省级财政部门分配公租房保障和城市棚户区改造资金、老旧小区改造资金时，可以适当向城镇保障性安居工程任务较重的资源枯竭型城市和三线企业比较集中的城市倾斜。

第十四条　基层财政部门接到专项资金预算后，应当会同同级住房城乡建设部门及时将资金预算分解或明确到具体项目，并将分配结果报上级财政、住房和城乡建设部门备案。市县住房城乡建设部门应当督促项目实施单位加快项目进度，切实提高资金使用效率。

第十五条　各级财政部门应当在预算下达文件形成后20日内，向社会公开资金分配结果。

第四章　资金管理和监督

第十六条　专项资金支付按照国库集中支付制度有关规定执行。属于政府采购管理范围的，按照政府采购有关规定执行。结转结余的资金，按照《中华人民共和国预算法》和其他有关结转结余资金管理的相关规定处理。

第十七条　专项资金根据支持内容不同，可以采取投资补助、项目资本金注入、贷款贴息等方式，发挥财政资金引导作用，吸引社会资本参与城镇保障性安居工程投资建设和运营管理。

第十八条　地方各级财政部门应当对专项资金实行专项管理，分账核算，并严格按照规定用途使用；不得截留、挤占、挪作他用，不得用于平衡本级预算。

地方各级住房城乡建设部门及项目实施单位应当严格按照本办法规定使用专项资金，不得挪作他用。专项资金不得用于人员经费、公用经费、购置交通工具等支出。

第十九条　各级住房城乡建设部门、财政部门应当按照全面实施预算绩效管理的有关规定，强化绩效目标管理，严格审核，做好绩效运行监控和绩效评价，并加强绩效评价结果应用。各级财政部门会同住房城乡建设部门将绩效评价结果作为分配专项资金、制定调整相关政策以及加强保障性安居工程建设和运营管理的参考依据。

财政部各地监管局按照工作职责和财政部要求，对专项资金管理使用情况实施执行监控。

第二十条 单位和个人违反本办法规定，在资金申报、使用管理中存在弄虚作假骗取专项资金，或者挤占、挪用、滞留专项资金等财政违法行为的，依照《中华人民共和国预算法》《财政违法行为处罚处分条例》等国家有关规定追究法律责任。

各级财政部门、住房城乡建设部门及其工作人员在专项资金审核、分配、管理工作中，存在违反规定分配资金，以及其他滥用职权、玩忽职守、徇私舞弊等违法违纪行为的，按照《中华人民共和国预算法》《中华人民共和国公务员法》《中华人民共和国监察法》《财政违法行为处罚处分条例》等国家有关规定追究相应责任；涉嫌犯罪的，移送司法机关处理。

第五章 附则

第二十一条 本办法由财政部会同住房和城乡建设部负责解释。

第二十二条 省级财政部门会同同级住房和城乡建设部门可以结合本地实际，制定具体实施办法，并报财政部、住房和城乡建设部备案。

第二十三条 本办法自印发之日起施行。《财政部住房城乡建设部关于印发〈中央财政城镇保障性安居工程专项资金管理办法〉的通知》（财综〔2017〕2号）同时废止。

财政部办公厅

2019年8月29日印发

1.6 城镇老旧小区改造试点工作方案

城镇老旧小区改造试点工作方案

（2019年9月30日）

一、试点范围

试点城市（7个）：山东青岛、浙江宁波、安徽合肥、福建福州、湖南长沙、江苏苏州、湖北宜昌。

试点省份（2个）：浙江省、山东省。试点省份重点探索省级层面推动城镇老旧小区改造的体制机制和支持政策体系；可在国家确定的试点城市之外，确定若干城市作为本省试点，同步推进试点工作。

二、试点任务

（一）建立城镇老旧小区改造工作统筹协调机制。

1.建立领导小组等城镇老旧小区改造工作机制，由政府主要负责同志任组长。

2.科学划分市、区、街道及有关部门单位的职责，明确责任清单，实现职责明确、分级负责、协同联动。

3.统筹相关部门政策和资源，结合改造完善社区综合服务站、卫生服务站、幼儿园、室外活动场地等设施，打通各部门为民服务的"最后一公里"。

4.建立协调电力、通信、供水、排水、供气、供热等相关经营单位调整完善各自专项改造规划，协同推进城镇老旧小区改造的机制。

试点成果：12月底前，试点省份和城市制定建立统筹协调机制的文件，试点城市建立责任清单。

（二）建立城镇老旧小区改造项目生成机制。

1.摸清城镇老旧小区的数量、户数、楼栋数和建筑面积基本情况，建立城镇老旧小区改造项目储备库。

2.确定城镇老旧小区改造对象范围，优先将2000年前建成，配套设施欠账较多的房改房等非商品房小区纳入改造范围。

3.编制城镇老旧小区改造规划和年度改造计划，区分轻重缓急，尊重群众意愿，切实评估论证财政承受能力，有序组织实施。

4.建立激励先进机制，同等条件下，优先对居民改造意愿强、参与积极性高的小区实施改造。

试点成果：12月底前，试点省份和城市在相关文件中明确城镇老旧小区改造项目生成的基本原则和要求。

（三）建立改造资金政府与居民合理共担机制

1.结合不同改造内容明确出资机制。结合拟改造项目的具体特点和改造内容，合理确定改造资金共担机制，通过居民合理出资、政府给予支持、管线单位和原产权单位积极支持，实现多渠道筹措改造资金。

原则上，基础类改造内容，即满足居民安全需要和基本生活需求的，政府应重点予以支持；完善类，即满足居民改善型生活需求和生活便利性需要的，政府适当给予支持；提升类，即丰富社会服务供给的，以市场化运作为主，政府重点在资源统筹使用等方面给予政策支持。

2.落实居民出资。建立居民对不同改造内容，按不同比例承担出资责任的规则；探索动员、引导居民按规定出资参与改造的有效工作方法；明确居民出资参与改造，可通过直接出资、使用住宅专项维修资金、个人提取公积金、捐资捐物、投工投劳等多方式。

3.政府以奖代补给予支持。

一是，多渠道安排财政奖补资金。通过财政资金安排土地出让收入等多渠道安排财政奖补资金。

二是，实现财政性资金统筹使用。统筹中央补助资金、地方各渠道财政性资金及有关部门各类涉及住宅小区的专项资金，用于城镇老旧小区改造，提高资金使用效率。

4.引导管线单位或国有专营企业出资参与改造。政府通过明确相关设施设备产权关系，给予以奖代补政策等，支持管线单位或国有专营企业对供水、供电、供暖、供气、通信等专业经营设施设备的改造提升。

5.引导原产权单位出资参与改造。鼓励国有企业等原产权单位结合“三供一业”改革，捐资捐物共同参与原职工住宅小区的改造提升工作。

6.探索以政府债券方式融资。

一是，探索通过调整优化地方政府一般债券支出结构，调剂部分资金用于城镇老旧小区改造。

二是，探索通过发行地方政府专项债券筹措改造资金，要合理编制预期收益与融资平衡方案、因地制宜拓展偿债资金来源。

试点成果：12月底前，试点城市出台文件，明确支持城镇老旧小区改造具体规定，完成5个项目融资方案编制，明确资金来源渠道；2020年6月底前，5个项目各渠道资金落实到位。

（四）探索社会力量以市场化方式参与的机制。

1.采取政府采购、新增设施有偿使用、落实资产权益等方式，吸引专业机构、社会资本参与养老、抚幼、助餐、家政、保洁、便民市场、便利店、文体等服务设施的改造建设和运营。

2.在改造中，对建设停车库（场）、加装电梯等有现金流的改造项目，鼓励运用市场化方式吸引社会力量参与。

3.从土地、规划、不动产登记等方面创新支持市场化、可持续推进城镇老旧小区改造的政策。

试点成果：12月底前，试点省份和试点城市出台文件，明确支持社会力量以市场化方式参与的支持政策；试点城市各确定1—2个项目开始探索。

（五）探索金融机构以可持续方式支持的机制。

1.试点城市在不增加地方政府隐性债务，保持本地区房地产市场平稳健康发展的前提下，探索金融机构以可持续方式加大对城镇老旧小区改造的金融支持。

2.积极培育城镇老旧小区改造规模化实施运营主体，为金融机构提供清晰明确的支持对象。

3.充分利用金融机构提供的住房租赁金融产品和服务，积极推进增加租赁住房供应的城镇老旧小区改造。

试点成果：2020年6月底前，试点省份和试点城市探索出金融支持的案例。

（六）建立健全动员群众共建机制。

1.运用美好环境与幸福生活共同缔造理念和方法，把推进城镇老旧小区改造与加强基层党组织建设、社区治理体系建设有机结合，充分发挥基层党组织统领全局、协调各方的作用，推动构建“纵向到底、横向到边、协商共治”的社区治理体系。

2.搭建沟通议事平台，利用“互联网+共建共治”等线上线下手段，开展小区党组织引领的多种形式基层协商，改造前问需于民，改造中问计于民，改造后问效于民，实现决策共谋、发展共建、建设共管、效果共评、成果共享。

3.积极推动设计师、工程师进社区，辅导居民有效参与改造，实现共建共享。

4.充分发挥社会监督作用，畅通投诉举报渠道，组织做好工程验收移交。

试点成果：12月底前，试点省份和试点城市制定印发在城镇老旧小区改造中开展美好环境与幸福生活共同缔造活动实施方案；试点城市各确定5个美好环境与幸福生活共同缔造试点社区。

（七）建立健全改造项目推进机制。

1.明确城镇老旧小区改造的责任主体和实施主体。

2.制定城镇老旧小区改造工作流程、项目管理机制，明确相应的责任制。

3.建立适应改造需要的项目审批制度和模式。结合工程建设项目审批制度改革，建立城镇老旧小区改造项目审批绿色通道。采取告知承诺、建立豁免清单、下放审批权限等方式，简化立项、财政评审、招标、消防、人防、施工等审批及竣工验收手续。

4.健全适应改造需要的标准规范体系。通过综合运用物防、技防、人防等措施满足消防安全需要。通过应用新技术、新产品、新方法，优化完善有关建筑消防标准。在广泛征求群众意见基础上，对新建、改建基础设施和服务设施影响日照间距、占用绿地等公共空间的，因地制宜予以解决。

试点成果：2020年6月底前，试点省份和试点城市制定城镇老旧小区改造技术导则，明确相应要求。

（八）建立存量资源整合利用机制。

1.合理拓展改造实施单元，推进相邻小区及周边地区联动改造，实现片区服务设施、公共空间共建共享。

2.研究支持存量资源整合利用的政策。对改造中拆除违法违规建筑、临时建筑腾空的土地，整理乱堆乱放区域等获得的用地，优先用于配套设施、服务设施建设，或用于改善小区及周边环境。

3.推进既有用地集约混合利用。在征得居民同意前提下，利用小区及周边空地、荒地、闲置地、待改造用地及绿地等，新建或改扩建停车场（库）、加装电梯等各类配套设施、服务设施、活动场所等。

4.对各类公有房屋进行统筹使用，利用社区综合服务中心、社区居委会办公场所、社区卫生站以及住宅楼底层商业用房等小区公有住房，改造利用小区内的闲置锅炉房、底层杂物房，增设养老、托幼、家政、便利店等服务设施。

试点成果：12月底前，试点省份和试点城市出台文件，明确存量资源整合利用的思路和要求。

（九）完善小区长效管理机制。

1.在城镇老旧小区改造中，同步建立小区党组织领导，居委会、业主委员会、物业管理公司等多主体参与的小区管理联席会议机制，协商确定小区管理模式、管理规约及居民议事规则，共同维护城镇老旧小区改造成果。

2.建立使全老旧小区房屋专项维修资金归集、使用、续筹机制，促进改造后的小区实现自我管养。

试点成果：12月底前，试点省份和试点城市制定结合改造同步建立小区后续管理机制的政策。

三、试点要求

（一）编制试点方案。试点省份根据试点内容，因地制宜制订城镇老旧小区改造试点方案，进一步细化试点内容、明确部门职责、提出目标任务等。试点城市在所在省住房和城乡建设主管部门的统一指导下，制定试点方案。初步方案于10月中旬在部试点工作启动会上作汇报。会后，根据会议精神进一步调整完善后，报住房和城乡建设部备案。

（二）推进试点项目。试点期间，每个试点城市应根据当地实际，确定若干不同类型（不同建成年代、不同房屋产权、不同房屋性质）城镇老旧小区改造项目，对照试点任务先行先试，力争形成可复制可推广经验做法。

（三）提报意见建议。试点城市在试点期间，如有需中央层面予以政策支持或协调解决的问题，在充分调研的基础上提出建议，及时报住房和城乡建设部。

（四）加强沟通联络。在试点期间，试点地区应各选派一名业务骨干，作为联络员驻住房和城乡建设部工作，加强试点期间各项工作的沟通协调。

（五）总结试点经验。12月底前，报告试点中期进展2020年6月底前，形成试点工作总结报告，通过省厅及时报住房和城乡建设部。

1.7 住房和城乡建设部关于推进老旧小区改造试点工作的通知（建城函〔2017〕322号）

住房和城乡建设部关于推进老旧小区改造试点工作的通知

建城函〔2017〕322号

河北省、内蒙古自治区、辽宁省、山东省、浙江省、福建省、河南省、湖北省、湖南省、广东省、广西壮族自治区、四川省住房城乡建设厅，秦皇岛、张家口、呼和浩特、沈阳、鞍山、淄博、宁波、厦门、许昌、宜昌、长沙、广州、韶关、柳州、攀枝花市人民政府：

为全面贯彻落实党的十九大精神，在发展中保障和改善民生，在住有所居上取得新进展，经协商确定，决定在秦皇岛、张家口等15个城市开展老旧小区改造试点工作，探索城市老旧小区改造新模式，为推进全国老旧小区改造提供可复制可推广的经验。现就有关事项通知如下：

一、充分认识做好老旧小区改造工作的重要意义

开展老旧小区改造是解决城市发展不平衡不充分问题，满足老旧小区居民日益增长的美好生活需要，使人民群众安居乐业、共享改革发展成果的重要举措。老旧小区改造有利于改善老旧小区居民的居住条件和生活品质，提高群众获得感、幸福感、安全感；有利于改善小区环境，延续历史文脉，实现城市可持续发展；有利于加强和创新社会治理，打造共建共治共享的社会治理格局。

二、试点工作主要任务

试点城市要积极推进老旧小区改造工作。改造对象主要是2000年以前建成的环境条件较差、配套设施不全或破损严重、无障碍建设缺失、管理服务机制不健全、群众反映强烈的住宅小区。改造内容的确定，应坚持先民生后提升的原则，从问题出发，顺应群众期盼。以完善老旧小区配套设施为切入点，通过实施供水、供电、供气、供热、弱电、道路等改造提升项目，重点解决居民的用水、用电、用气等问题；通过楼道修缮、绿化美化等，对小区建筑物本体和小区环境进行适度提升；有条件的小区可以同步考虑增加电梯等适老设施、建设停车设施等。

试点城市老旧小区改造工作要坚持以人民为中心的发展思想，充分运用“共同缔造”理念，重点探索老旧小区改造在工作组织、资金筹措、项目建设、长效管理等方面的机制，研究有效推进老旧小区改造的方式方法，切实提供老旧小区改造可复制可推广的经验。

（一）探索政府统筹组织、社区具体实施、居民全程参与的工作机制。政府主要发挥组织协调作用，落实老旧小区改造顶层设计、机制保障、技术支撑的责任。发挥街道、社区基层组织作用，积极组织居民参与，充分反映居民需求，汇聚民众智慧，在老旧小区改造规划、建设、管理等各环节实现决策共谋、发展共建、建设共管、效果共评、成果共享。

（二）探索居民、市场、政府多方共同筹措资金机制。坚持居民、市场、政府多方共同出资原则，建立健全可持续资金筹措机制。按照“谁受益、谁出资”原则，探索居民出资部分通过住宅专项维修资金、公共收益等方式筹集，鼓励居民个人捐资、捐物，参与老旧小区改造。有原产权单位的老旧小区，原产权单位应帮助做好老旧小区维修养护工作，鼓励其以适当方式支持和参与老旧小区改造。管线单位要落实责任，通过直接投资、落实资产权益等方式参与老旧小区改造。研究因地制宜确定规划指标等支持引导政策，通过购买服务、新增设施有偿使用等方式，引入专业机构、社会资本参与老旧小区改造工作。政府资金主要通过以奖代补等方式予以支持，发挥“四两拨千斤”的作用。

（三）探索因地制宜的项目建设管理机制。强化统筹，完善老旧小区改造操作流程、技术规范、施工管理、工程考核等管理制度，形成科学的施工流程和管理机制。以小区居民意愿为主，通过方案设计、造价咨询等方式，结合本地和小区实际，共同制定科学的改造方案。可通过引入社区工程师、社区规划师等，发挥专业人员作用，帮助居民了解掌握老旧小区改造的内容、流程、方法、步骤等。

（四）探索健全一次改造、长期保持的管理机制。充分发挥街道党组织和办事处的属地管理职能，加强基层组织建设，指导业主委员会或业主自我管理组织和物业服务企业，加强改造后的管理与服务，实现老旧小区的长效管理。

三、试点工作具体要求

（一）编制实施方案。老旧小区改造试点时间为期1年，2018年12月底前，完成试点各项任务。省级住房城乡建设部门要指导试点城市结合实际抓紧编制老旧小区改造实施方案，明确老旧小区改造的目标、内容及时间安排，细化任务措施，于2018年1月底前将试点城市老旧小区改造实施方案报送我部。

（二）组织试点工作实施。落实试点城市政府老旧小区改造工作的主体责任，切实履行责任，精心组织实施，重点探索建立适合本地实际的老旧小区改造实施机制，争取社会各界支持，共同推动老旧小区改造试点工作。省级住房城乡建设部门要加强指导，协调本地区试点城市有序开展试点。建立试点情况月报制度，试点城市每月底向我部报送当月试点工作进展情况。

（三）总结试点经验。试点工作结束后，试点城市政府要结合试点重点任务，梳理总结本地区试点总体情况、主要做法成效、可复制可推广的经验及存在的问题和建议等，形成试点工作报告，于2019年1月底前报送我部。

附件：老旧小区改造试点城市名单

中华人民共和国住房和城乡建设部

2017年12月22日

附件

老旧小区改造试点城市名单

1.河北省秦皇岛市

2.河北省张家口市

3.内蒙古自治区呼和浩特市

4.辽宁省沈阳市

5.辽宁省鞍山市

6.山东省淄博市

7.浙江省宁波市

8.福建省厦门市

9.河南省许昌市

10.湖北省宜昌市

11.湖南省长沙市

12.广东省广州市

13.广东省韶关市

14.广西壮族自治区柳州市

15.四川省攀枝花市

附录2 相关办法

2.1 浙江省住房和城乡建设厅 浙江省发展和改革委员会 浙江省财政厅印发《关于加快推进全省城镇老旧小区改造工作的指导意见》

浙江省住房和城乡建设厅 浙江省发展和改革委员会 浙江省财政厅印发《关于加快推进全省城镇老旧小区改造工作的指导意见》

为认真贯彻落实党中央、国务院关于实施城镇老旧小区改造的决策部署，根据住房城乡建设部、国家发展改革委、财政部三部委办公厅《关于做好2019年老旧小区改造工作的通知》(建办城函〔2019〕243号)精神和全国城镇老旧小区改造试点工作部署，现就推进全省城镇老旧小区改造工作，提出如下意见：

一、指导思想

以习近平新时代中国特色社会主义思想为指引，以助推浙江两个“高水平建设”为目标，按照高质量发展要求，统筹谋划、重点突破、系统推进，大胆探索城镇老旧小区改造模式和运作管理机制，全面改善城镇老旧小区居住环境和功能品质，切实增强基层治理能力建设，将城镇老旧小区改造打造成为“百姓得实惠、企业得效益、政府得民心”的民生工程和发展工程，为全国城镇老旧小区改造提供浙江样板。

二、基本原则

政府引导、多方参与。加强政策引导和统筹协调，发挥居民主体作用，充分调动社会力量和小区关联单位参与的积极性，形成各方力量共同推动城镇老旧小区改造的良好条件和氛围，实现决策共谋、发展共建、建设共管、效果共评、成果共享。

整体谋划、有序推进。科学确定老旧小区改造目标任务，明确改造对象范围和改造内容，以设施改造、环境优化、服务提升为重点，以问题为导向，结合实际情况，顺应群众期盼，既尽力而为又量力而行，实行“一小区一方案”，有序推进城镇老旧小区改造工作。

部门联动、系统推进。构建多部门协调联动机制，将城镇老旧小区改造与美丽城镇建设、海绵城市建设、城市有机更新、垃圾分类、污水零直排区建设等工作有机结合，有效整合各方资源，制定综合举措，系统推进城镇老旧小区改造工作。

创新机制、优化治理。探索部门并联式审批、多元化融资、数字化管理等机制，为老旧小区改造提供良好的机制保障；创新社区治理模式，将提升社区居民参与力、加强社区社会工作实务应用和社会组织参与基层社会治理融入城镇老旧小区改造过程中，并健全管理机制，有效管理和运营改造后的老旧小区。

三、工作目标

城镇老旧小区是指建设标准不高、房屋年久失修、设施缺损、功能不全、环境脏乱差、影响居民基本生活且群众改造意愿强烈的住宅小区。改造重点是2000年前建成的小区，优先将房改房小区、公房小区纳入改造范围，不包括已纳入棚户区改造计划的小区。以改造带动提升，有序推进，分步实施，实现“六个有”目标：即有完善的基础设施、有整洁的居住环境、有配套的社区服务、有长效的管理机制、有特色的小区文化、有和谐的邻里关系；达到“四提升”效果，即提升居民对改造工作的“认可度”，提升居民对小区家园建设的“参与度”，提升居民邻里之间的“亲切度”，提升居民的“获得感、幸福感、安全感”。

2019年底前，全面实施全国城镇老旧小区改造试点工作，探索建立针对老旧小区改造的体制机制和政策体系。同时，每个县（市、区）至少打造1个老旧小区改造样板。2020年全面启动城镇老旧小区改造工作，年底前累计完成三年行动方案确定改造任务的30%。2022年，完成三年行动方案确定的改造任务，建立城镇老旧小区滚动改造机制。

鼓励支持有条件的小区按未来社区建设模式改造，鼓励存在多孔预制楼板等安全隐患的老旧小区实行全拆重建或插花式改修建，不留安全隐患，具体要求按《浙江省人民政府关于印发浙江省未来社区建设试点工作方案的通知》（浙政发〔2019〕8号）《浙江省人民政府办公厅关于高质量加快推进未来社区试点建设工作的意见》（浙政办发〔2019〕60号）执行。

四、主要任务

（一）科学制定改造计划。各市、县（市、区）在认真做好调查摸底工作的基础上，综合考虑群众意愿和地方财政承受能力，合理确定城镇老旧小区改造内容清单，并明确相应改造和验收标准，区分轻重缓急，逐一明确、统筹安排城镇老旧小区的改造时序、类型，建立城镇老旧小区改造项目库，2019年11月底前编制城镇老旧小区改造三年行动方案（2020—2022年）和年度实施计划。在此基础上，2019年12月底前编制全省城镇老旧小区改造三年行动方案（2020—2022年）。（省建设厅、省发展改革委、省财政厅、市、县（市、区）人民政府。以下任务均由各市县人民政府负责落实，不再单列出）

（二）合理确定改造内容。实施城镇老旧小区改造要优先解决水、电、气、路、通信基础设施、安防设施、停车泊位、邮政、快递服务、环境整治等影响小区居住功能、群众反映迫切的问题；视小区环境条件和群众意愿，开展屋面整修、加装电梯、"十海绵"设施改造、运动休闲设施建设、无障碍改造、配套幼儿园建设和适老化改造。推进小区门禁、视频监控系统、消防监控等安防设施建设、联网工作，推进社区服务中心规范化建设，积极引导社区居民安装家居信息服务系统，实现居民足不出户即能享受家政服务、家庭紧急医疗呼叫，水、电、煤气远程抄表缴费等公共服务。鼓励通过临近小区联动改造、拆除违法建筑、既有用地集约混合利用等方式，为配套建设停车场、社区综合服务中心、社区卫生站、物业用房等基础设施和养老、抚幼、家政、便利店等各类公共服务、社会服务设施创造空间，提升服务功能，解决服务面积不达标、布局不合理、使用不方便等问题。在老旧小区改造过程中，对确须拆除解危的危旧房，按征收补偿政策实行异地安置或货币化安置，符合棚户区改造政策范围的可申报纳入棚户区改造计划。其拆除后的腾退空间，主要用于建设小区配套公共服务和社会服务设施。鼓励行政事业单位、国有企业将老旧小区内或附近的存量房屋，提供给街道、社区用于老旧小区养老托幼、医疗卫生等配套服务。（省建设厅、省发展改革委、省财政厅、省教育厅、省公安厅、省民政厅、省司法厅、省自然资源厅、省商务厅、省卫生健康委、省市场监管局、省体育局、省通信管理局、省邮政管理局、浙江能源监管办）

（三）共同制定改造方案。积极搭建政府与居民、居民与居民的沟通平台，开展基层党组织引领的主体广泛、形式多样、组织有序、实施规范的基层协商，充分了解居民需求，达成共识，落实协商成果。结合本地和小区实际，优先考虑居民改造意愿强、参与积极性高的小区，由街道（乡镇）牵头制定改造方案。改造方案应包括规划设计、工程预算、资金筹措、后续管理模式等内容，在街道（乡镇）、社区和小区进行公示。鼓励将片区内有共同改造需求、距离近但分属不同管理主体的城镇老旧小区进行归并整合，统一规划设计，统筹实施改造。对于公布为历史文化街区的城镇老旧小区，其改造实施方案应严格遵循历史文化街区内保护修缮相关要求。大力推动规划师、建筑师、工程师进小区，发挥专业人员作用，帮助居民了解掌握城镇老旧小区改造的内容，流程、方法、步骤等，提升改造实效。（省建设厅、省民政厅、省自然资源厅）

（四）多方筹措改造资金。一是在市县层面，规范做好城镇老旧小区项目的前期审批工作，统筹使用各级财政资金、居民和关联企业出资等各类资金，提高资金使用效率。对于符合条件、确需融资的，可争取地方政府一般债券支持；二是探索居民出资模式，引导居民出资参与老旧小区改造和管理；三是鼓励有条件的地方按市场化原则成立专门的项目运作公司，争取金融机构依法给予信贷支持；四是在明晰产权基础上，供水、供电、供气、邮政、快递、网络通信、有线电视等有关单位和企业按照“谁产权谁治理、谁运营谁规范”的原则，结合各地城镇老旧小区改造计划，合理完善各自项目建设安排和年度实施计划，积极推进城镇老旧小区改造。五是鼓励有条件的小区通过引进专业团队合理开发运营加装电梯的管理维护、停车管理、公共广告及部分社区服务设施等，实现改造资金运营自平衡。（省财政厅、省发展改革委、省建设厅、省商务厅、省市场监管局、人行杭州中心支行、浙江银保监局、省通信管理局、省邮政管理局、浙江能源监管办）

（五）加强项目建设管理。各市、县（市、区）要积极探索老旧小区改造全过程管理及监督机制，实现过程可监督、责任可追溯、绩效可量化、群众满意度可感知。在老旧小区改造前，由县（市、区）建设部门牵头，组织发改、民政、自然资源等部门和管线产权单位等对老旧小区改造具体方案进行联合审查，优化项目审批。坚持项目带动，优先推行EPC等工程总承包模式，鼓励由一个建设主体设计、施工，减少交叉施工协调工作，按照先设计、拉清单、做预算、分责任、抓实施的原则，加强项目的投资、质量等管理，加快改造进度、提高改造质量。按照“谁建设、谁负责”“谁服务、谁负责”的原则，落实建设单位和勘察、设计、施工、监理等项目改造建设各方主体责任，以及单位负责人、项目负责人和有关专业技术人员的终身责任。同时，建立适合城镇老旧小区改造的质量安全监管机制及相关配套制度。（省建设厅、省发展改革委、省民政厅、省自然资源厅、省审计厅、省市场监管局、省通信管理局、浙江能源监管办）

（六）建立后续长效管理机制。一是推行“共同缔造”理念，积极探索党建引领社区治理的有效路径，发挥“三社联动”协调参与优势，完善居民自治公约、章程，深化基层治理实践；二是完善基层党组织，加强老旧小区业主大会、业主委员会建设，鼓励实行社区党组织和业主委员会成员双向交叉任职；三是按照“同步改造提升，同步服务提升”原则，改造后的老旧小区可根据实际情况选择聘用专业物业公司、准物业服务或实行业主自治管理，加强物业费用收取管理，并建立动态收费调整机制；四是对部分房改房维修资金不足或未建立物业专项维修资金的老旧小区，鼓励探索改造后小区建立物业专项维修资金机制；五是落实加装电梯使用单位主体责任，对加装电梯属于业主共有，未委托他人管理的，应在加装电梯前书面约定电梯管理的实际负责人，切实履行使用单位义务。（省委组织部、省建设厅、省民政厅）

五、保障措施

（一）加强组织领导。成立浙江省城镇老旧小区改造办公室，明确相关部门职责分工。办公室设在省建设厅，具体负责全省城镇老旧小区改造工作的组织协调、督导宣传工作。各市、县（市、区）要建立政府主要领导亲自抓、分管领导具体抓，部门各负其责、街道（乡镇）实施、社区协同的工作机制，强化工作责任，合力推进实施。

（二）加强政策推动。积极争取中央资金，省级财政适当安排奖补资金支持城镇老旧小区改造。编制城镇老旧小区改造技术导则，修订浙江省物业专项维修资金管理办法，研究制定适用于老旧小区改造的容积率、层高、层数、消防、日照、结构安全性、绿化等技术规范。探索适用于城镇老旧小区改造的土地集约利用、建筑用途变更等方面的政策。针对老旧小区后续管理，探索建立建设、公安、综合执法、应急管理、卫生健康、生态环境等部门联合执法机制。加强城镇老旧小区改造政策和技术培训，组织高等院校、科研院所专家力量实施指导服务。（省建设厅、省发展改革委、省财政厅、省公安厅、省司法厅、省自然资源厅、省生态环境厅、省卫生健康委、省应急管理厅）

（三）加强评估激励。每年组织对各市县城镇老旧小区改造工作情况进行绩效评估，将评估结果与中央和省级奖补资金挂钩；对工作突出的市县，提请省委、省政府予以褒扬激励。各市县要从民意协商、方案编制、改造成效和满意度等方面，对改造项目定期开展绩效评价。（省委组织部、省建设厅、省发展改革委、省财政厅）

（四）加强宣传引导。充分发挥各类媒体的宣传引导作用，通过多种形式广泛宣传城镇老旧小区改造的重要意义、方法步骤和改造政策，广泛调动专业机构、社会力量参与城镇老旧小区改造的积极性和能动性，营造社会广泛支持、群众积极参与的良好氛围。适时召开全省城镇老旧小区改造工作推进会、现场会，及时总结推广典型经验，推动工作落实。（省委宣传部、省建设厅）

2.2 浙江省住房和城乡建设厅 浙江省发展和改革委员会 浙江省自然资源厅关于优化城镇老旧小区改造项目审批的指导意见（浙建〔2020〕9号）

浙江省住房和城乡建设厅 浙江省发展和改革委员会 浙江省自然资源厅关于 优化城镇老旧小区改造项目审批的指导意见

浙建〔2020〕9号

各市、县（市、区）建委（建设局）、发改委（局）、自然资源局：

根据《国务院办公厅关于全面推进城镇老旧小区改造工作的指导意见》（国办发〔2020〕23号）要求，为进一步深化工程建设项目审批制度改革，加快推进全省城镇老旧小区改造，优化城镇老旧小区改造项目审批，现提出以下指导意见。

一、总体要求

按照工程建设项目审批制度改革全流程、全覆盖要求，在确保工程质量安全的基础上，优化城镇老旧小区改造项目（以下简称改造项目）审批流程，精简审批环节和材料，压减办理时间，推动改造项目快速决策和实施，切实增强人民群众获得感。

二、适用范围

本指导意见适用于不改变土地权属、用地性质和房屋使用性质，不新增建筑面积，建筑主体和承重结构不发生重大改变的改造项目。对其他改造项目，鼓励各地参照本指导意见精神优化、简化审批手续。

三、优化措施

（一）重视实施方案编制

推进城镇老旧小区改造，应充分征求居民意见，加强规划引导，合理划分改造区域，优化资源配置，综合安排改造内容，因地制宜编制改造项目实施方案。

（二）实行多方联合会商

各地住房城乡建设部门或者政府确定的改造项目牵头部门，组织相关部门和街道办事处（乡镇政府）、居民委员会、居民代表，以及电力、供水、燃气、通信、广播电视等公用设施管理单位，对改造项目实施方案进行联合会商，形成会商意见。会商意见中可以明确优化简化审批程序、材料的具体要求，作为改造项目审批及事中事后监管的依据。

（三）优化立项规划审批

根据国家及我省政府投资项目管理有关规定，总投资在2000万元以下的政府投资改造项目，可以合并编报和审批项目建议书、可行性研究报告；总投资在1000万元以下的政府投资改造项目，可以合并编报和审批项目建议书、可行性研究报告、初步设计。对不涉及规划条件调整、重要街道两侧外立面改造的项目，无需办理建设用地规划许可证和建设工程规划许可证，由自然资源部门在会商意见中明确；自然资源部门还可以在会商意见中明确简化规划许可的其他措施。

（四）免予审查施工图

改造项目的施工图免予审查，建设单位委托勘察、设计单位将全部施工图上传至施工图联审系统，即可作为办理建筑工程施工许可证所需的施工图纸。建设单位可以用承诺书替代施工图审查合格书、依法办理用地批准手续的证明文件，作为申请办理施工许可证的材料。住房城乡建设部门对改造项目施工图进行事后抽查，发现工程设计违反法律、法规、规章和工程建设强制性标准的，依法责令改正、作出行政处罚，处理结果向社会公开。

（五）简化项目竣工验收

改造项目完工后，可以由项目建设单位召集相关部门、参建单位、居民代表等进行项目联合验收。对会商意见中明确无需办理建设工程规划许可证的改造项目，无需办理建设工程竣工规划核实。简化竣工验收备案材料，建设单位只需提交工程竣工验收报告、施工单位签署的工程质量保修书即可办理竣工验收备案，消防验收备案文件通过系统共享。城建档案管理机构可以按照改造项目实际形成的文件归档。

（六）推行全流程在线审批

改造项目应在浙江政务服务网工程建设项目审批管理系统2.0（投资项目在线审批监管平台3.0）申请项目赋码，并办理相关审批事项，实现全流程在线办理。

（七）开展“清单制+告知承诺制”探索

各地可以在改造项目中探索“清单制+告知承诺制”改革，根据改造项目特点，制定和公布不同类型项目的审批事项清单，并明确对某类项目的全部或部分审批事项实行告知承诺制审批。

（八）加强文物保护、历史文化底线管控

涉及文物保护单位、不可移动文物、历史文化街区、历史建筑的改造项目，应当严格按照文物管理、历史文化名城名镇名村保护相关法律法规和保护规划要求实施审批管理。

（九）加强消防、结构等涉及安全内容的底线管控

改造项目涉及消防、结构、抗震等安全内容的，应严格执行有关标准，依法办理相关手续。建设单位在组织竣工验收时，按照要求组织各方主体开展竣工验收消防查验，查验合格后方可编制工程竣工验收报告。考虑老旧小区建设年代久远的特殊性，对确实无法满足现有标准的，经组织专家论证通过，可以在不低于改造项目竣工验收合格时有关标准的前提下进行建设。

（十）鼓励简化其他改造项目审批手续

对完善小区环境及配套设施，缓解停车困难，提升社区养老、托育、医疗等公共服务水平的其他改造项目，鼓励通过相关部门提前服务、联合审查等方式简化报建手续。

四、工作要求

（一）加强组织落实。优化改造项目审批，是我省城镇老旧小区改造的重要内容，也是深化工程建设项目审批制度改革、优化营商环境的重要举措。各地各部门要充分认识老旧小区改造的重要意义，切实加强组织领导和统筹协调，根据本指导意见结合当地实际，研究提出进一步优化审批流程、提高审批效率、完善事中事后监管的具体措施。

（二）持续改革创新。各地要结合"清单制+告知承诺制"试点等工作，根据改造项目特点，探索整合事项、精简材料、优化流程创新举措。对实践中行之有效的做法，要及时总结上报，形成可复制、可推广的经验。

（三）加强宣传引导。充分利用各类媒体，向参与改造项目的各方主体和群众做好政策宣传解释工作，增进全社会对城镇老旧小区改造和优化审批工作的理解与支持，为顺利推进我省城镇老旧小区改造工作营造良好的舆论环境。

本指导意见自2020年9月1日起施行。

浙江省住房和城乡建设厅

浙江省发展和改革委员会

浙江省自然资源厅

2020年7月24日

2.3 浙江省住房和城乡建设厅关于加强和改进城镇老旧小区物业管理工作的指导意见（浙建房〔2020〕54号）

浙江省住房和城乡建设厅
关于加强和改进城镇老旧小区物业管理工作的指导意见

浙建房〔2020〕54号

各市建委（建设局），杭州市住保房管局，台州市综合执法局：

为贯彻落实国家和省关于实施城镇老旧住宅小区改造有关部署，推进建立老旧小区长效管理机制，现就加强和改进老旧小区物业管理工作提出如下意见。

一、加强党对物业管理工作领导。按照党建统领和属地主体工作责任的要求，各地要把老旧小区物业管理纳入各级党组织年度工作重点，明确责任，健全机制。各地物业主管部门要主动会同所在街道党（工）委，完善物业管理标准，加强业务指导和培训。积极发挥街道党（工）委综合统领的优势，条块共管，形成合力，建立健全街道、社区党组织领导下的社区居委会、业主委员会、物业企业多方议事协调工作制度，建立老旧小区后续长效维护及日常管理工作机制，巩固提升老旧小区改造成果。

二、坚持改造与管理同步提升原则。老旧小区改造后，有条件的老旧小区应在街道、社区组织协调、指导下，由业主及时依法选聘物业服务企业，实施专业化物业管理。暂不具备条件的小区，由街道办事处牵头征求业主意见，可通过社区托管、社会组织代管、居民自管等方式，实现物业管理覆盖。鼓励以街道或市（县、区）为单位，成立或明确国有物业企业进行托底有偿服务，实现老旧小区物业服务全覆盖。有条件的市（县、区）可给予财政补贴等方式，鼓励品牌物业服务企业管理老旧小区，切实推进老旧小区实现同步改造提升、同步服务提升。

三、完善老旧小区治理制度。各地物业主管部门要在当政府统一领导下，厘清业主、业主大会、业主委员会职责边界，厘清物业服务与政府管理、行政执法、公共服务、专业运营的责任边界，协调所在街道、社区负责具体指导监督业主大会、业主委员会的运行。推动业主大会、业主委员会规范运作，确保业主大会、业主委员会议事等程序有章可循；推动业主委员会从“不作为、乱作为”到“有序自治”的转变。鼓励业主积极参与小区管理各项事务，依法维护自身合法权益。

四、完善物业服务标准规范。对改造后的老旧小区严格执行物业管理制度，按照“优质优价、质价相符”原则，完善物业服务标准规范，明确服务最低要求。市、县（区、市）物业主管部门要会相关部门建立质价相符的物业服务价格形成和动态调整机制，物业服务收费达到最低物业收费标准的老旧小区，各地可按有关规定给予补助。补助资金专项用于小区公共部位、共用设施设备维修。

五、健全对业主委员会履职监督机制。各地物业主管部门要加强对街道、社区物业管理业务指导培训，积极支持街道社区党组织加强对业主大会筹备、业主委员会选举和换届改选的组织领导，以及业主委员会委员人选的推荐关、审核关。推动符合条件的社区“两委”成员通过法定程序兼任业主委员会委员，提高业主委员会党员比例。明确业主委员会人选条件，建立业主委员会委员履职负面清单，出现负面清单情形的，由街道责令其暂停履行职责，并提请业主大会定期会议或临时会议决定是否终止其委员资格，并公告全体业主。

强化业主委员会信息公开，定期公布小区公共收益、经费开支、维修资金使用等事项。业主委员会作出违反法律法规和议事规则的决定，街道应当责令限期整改，拒不整改的撤销其决定，应公告全体业主。对不作为、乱作为的业主委员会，可暂由居民委员会代为履职并由街道组织换届改选。加大对业主委员会委员收受贿赂、职务侵占等违法犯罪行为查处力度，对违规违纪的党员委员给予党纪处分。

六、规范物业服务运作机制。市、县物业主管部门要会同有关部门，建立健全老旧小区物业服务合同备案、项目经理备案和项目招投标等制度。推行业主大会成立后通过公开招投标方式选聘物业服务企业。配合街道组织相关部门、单位和业主代表开展物业承接查验和项目交接查验，并公开查验结果。细化物业服务示范小区评定标准，构建多层次、多渠道、多形式的物业服务监管体系。

七、拓展专项维修资金筹措渠道。结合老旧小区改造，各地应探索实施维修资金的补建、续筹工作。未设立专项维修资金的老旧小区，应在老旧小区改造方案中明确筹集专项维修资金的措施。有条件的市、县可推行专项维修资金“即交即用即补”机制；在老旧小区改造中，对涉及业主承担部分费用可以纳入维修资金使用范围。逐步扩大老旧小区专项维修资金交缴覆盖面，为老旧小区改造后实施长效管理提供资金保障。

八、提升专项维修资金使用效率。优化维修资金使用流程，简化申请材料，缩短审核时限，及时拨付资金。建立紧急维修事项清单，除消防、电梯等重大安全事项以外，对于外立面脱落，屋面、外墙渗漏，排水、排污设施堵塞、破损，围墙、道路坍塌等危及公共安全或严重影响业主正常居住使用等紧急情形时，业主委员会可直接申请使用维修资金。业主委员会缺位时，由街道组织代为维修，并从维修资金中列支相关费用。各地通过业主大会议事规则规定和管理规约约定，可授权业主委员会行使一定额度内住宅小区公共收益支出、维修资金使用决策事项。

九、加强小区物业费和经营性收益管理。业主应按照物业服务合同的约定或老旧小区规定标准按时足额缴纳物业服务费。老旧小区改造可以拓展停车位、经营用房、广告点位等出租收入渠道，所得收益，用于补充物业服务费或弥补维修资金不足。

十、整合使用老旧小区公共管理经费。针对未实施专业化物业管理的老旧小区，城市政府要研究整合公共管理经费使用，将原由街道承担的绿化、保洁、公共设施维护等工作，可打包交由物业服务企业提供服务，并按照一定标准向居民收取相应费用，改善老旧小区综合管理水平。各地要建立健全保障性住房和老旧普通住宅小区物业服务补助机制，对承接的物业服务企业给予财政资金补助支持。

十一、统筹推进老旧小区管理服务提升。按照《浙江省物业管理条例》《浙江省城镇老旧小区改造技术导则（试行）》等有关规定，老旧小区改造中应增设一定面积的物业办公用房和物业经营用房。实现硬件改造和软性服务的同步提升，改造完成即引入专业物业服务，并将能否落实长效物业服务作为老旧小区综合提升改造的考核成效之一。

十二、加快物业智慧信息系统覆盖老旧小区。各地物业主管部门要加快推进物业管理的智能化、信息化建设，落实工作经费，建设开发物业管理服务、经营性收益公开等信息化平台。以打造智慧物业为平台，构建数字化物业管理体系，实现服务覆盖老旧小区。特别是加快推进业主大会电子投票决策支持系统的建设和使用，有效解决老旧小区“召开难、投票难”的瓶颈。并与当地街道、社区社会基层治理信息平台、城市管理服务平台等互联互通，提升物业管理信息化水平，切实保障业主的合法权益。

浙江省住房和城乡建设厅

2020年7月9日

2.4 杭州市城乡建设委员会 杭州市财政局关于印发《杭州市老旧小区综合改造提升专项补助资金管理办法》的通知（杭建村改〔2020〕23号）

杭州市城乡建设委员会 杭州市财政局
关于印发《杭州市老旧小区综合改造提升专项补助资金管理办法》的通知

杭建村改〔2020〕23号

各区、县（市）政府、管委会：

经研究决定，现将《杭州市老旧小区综合改造提升专项补助资金管理办法》印发给你们。

杭州市城乡建设委员会

杭州市财政局

2020年3月5日

杭州市老旧小区综合改造提升专项补助资金管理办法

为规范和加强我市老旧小区综合改造提升补助资金管理，进一步加快推进老旧小区综合改造提升工作，改善人民群众居住条件，根据《杭州市老旧小区综合改造提升工作实施方案》(杭政办函（2019）72号）及预算管理的有关规定，制定本办法。

第一条 资金来源

本办法所称市级专项补助资金（以下简称市级补助资金），是指市级财政安排专项用于我市老旧小区综合改造提升项目的补助资金。

第二条 补助范围

申请补助资金的改造项目，应符合以下条件：

列入2019年杭州市老旧小区综合改造提升试点项目清单及2020年—2022年杭州市老旧小区综合改造提升年度计划。

原则上开工时间应在2019年1月1日（含）之后，竣工时间应在2022年12月31日（含）之前。

2000年（含）以前建成的老旧小区（2000年后建成的保障性安居工程小区实施综合改造提升的，不在补助范围之内，由原责任主体承担改造费用）。

第三条　市级资金补助基数

市级资金补助基数是指杭州市本级在核定区、县（市）政府（管委会）实施老旧小区项目总投资和总补助资金基数的基础上，扣除居民出资部分和中央（省级）补助资金部分。（核算公式：市级资金补助基数=总补助资金基数–居民出资数–中央（省级）资金补助数）。各科目核算口径如下：

改造项目总投资额。项目总投资核算的上限为联合审查文件确定的概算数，最终以区、县（市）政府（管委会）相关部门核定的项目竣工财务决算批复数为准；内容包含建筑安装工程费、工程设计费、工程监理费、工程咨询费（代理、审计）、EPC总承包管理费等涉及老旧小区综合改造提升的费用。

既有住宅加装电梯和二次供水改造等涉及的费用按相关政策执行。改造内容涉及其他市级财政补助的，不得重复申报。

总补助资金基数。总补助资金基数（改造项目平均成本）=项目总投资额/改造面积。其中改造面积以相关审批文件或测绘成果等载明的房屋建筑面积为准。本着实事求是、量力而行的原则，总补助资金基数不高于400元/平方米。高于400元/平方米的，按400元/平方米确定，低于400元/平方米的，按实际额度确定。

居民出资数。原则上居民要出资参与本小区改造提升工作，按总补助资金基数的10%统一核算。

中央（省级）资金补助数。中央（省级）资金补助数=中央（省级）补助资金/改造面积。

第四条　市级补助资金核定

市级资金补助基数确定后，按项目改造面积和对应的补助比例对区、县（市）政府（管委会）实施的老旧小区改造项目给予市级财政资金补助。（核算公式：市级补助资金=市级资金补助基数 × 项目改造面积 × 补助比例）

补助比例：上城区、下城区、江干区、拱墅区、西湖区范围内实施的老旧小区改造项目，市级财政补助比例为50%；滨江区、富阳区、临安区、钱塘新区范围内实施的老旧小区改造项目，市级财政补助比例为20%；其他区、县（市）补助比例为10%。

第五条　绩效评价

市建委对补助资金实施绩效管理，按规定设立绩效目标，在政策实施过程中建立绩效运行监控机制，对资金使用情况开展绩效评价。市财政局根据项目实施和部门自评情况，适时安排开展重点绩效评价。

市建委对各区、县（市）政府（管委会）的任务完成、改造成效、满意度、长效管理、模式创新等方面实施绩效评价。绩效考核奖补资金由市财政局按照不高于省级补助资金50%的额度安排。

第六条　预算编报及管理

各区、县（市）政府（管委会）应于每年10月底前申报下一年度老旧小区改造计划及投资额。市建委会同市发改委、市财政局进行审查，确定下一年度改造计划后，由市财政局根据财力情况统筹安排下一年度专项补助资金预算。

各区、县（市）政府（管委会）应根据申报的改造计划及投资额规模，相应落实区级承担部分的资金，纳入下一年度财政预算。各区、县（市）政府（管委会）应及时将相关改造资金下达情况报市建委和市财政局。

第七条　拨付流程

各区、县（市）政府（管委会）住建部门根据本区域老旧小区综合改造提升项目实施进度，可在每年3月、6月、9月底前向市建委提出市级补助资金申请，经市相关部门审核后，在4月、7月、10月底前将补助资金拨付至各区、县（市）政府（管委会）财政部门。

1.项目开工预拨补助资金

各区、县（市）政府（管委会）资金到位、项目正式开工后，街道或区、县（市）政府（管委会）明确的建设单位（以下简称建设单位）持项目联合审查文件（投资额、建筑面积证明材料）、开工报告等材料，填写《杭州市老旧小区综合改造提升申请市级补助资金项目清单》(以下简称《补助资金项目清单》和《杭州市老旧小区综合改造提升项目市级补助资金申请表》(以下简称《补助资金申请表》)，经各区、县（市）政府（管委会）老旧小区综合改造提升工作牵头部门（以下简称“区级牵头部门”）和区财政部门审核，报市建委确认后，按区级资金到位情况同比例予以拨付市级补助资金，最高不超过50%。

2.项目竣工拨付补助资金

项目竣工验收后，建设单位持《联合竣工验收报告》、改造部位前后对比图等资料，填写《补助资金项目清单》《补助资金申请表》，经区级牵头部门和财政部门审核，报市建委确认后，按区级资金到位情况同比例予以拨付市级补助资金，拨付至市级补助资金的80%。

3.项目财务决算后全额拨付

项目财务决算完成后，建设单位持竣工财务决算文件等资料，填写《补助资金项目清单》《补助资金申请表》，经区级牵头部门和财政部门审核，报市建委确认后，在区级财政资金全额到位的情况下拨付市级补助资金的剩余部分。

至2023年8月底前未完成竣工财务决算的项目，不再给予市级补助资金。

第八条 主体责任

街道（乡镇）是老旧小区综合改造提升工作实施主体，要及时落实组织发动、项目建设、资金使用等相关工作，及时做好居民出资部分的筹措工作。

第九条 监督管理

补助资金的使用应接受审计、财政、住建等部门的监督检查。各区、县（市）政府（管委会）要加强辖区内老旧小区综合改造提升资金使用、项目实施情况的跟踪、检查和监督，确保资金使用规范、安全、有效。

第十条 违法责任

专项资金应确保“专款专用”。对改造范围、改造面积、改造内容等弄虚作假，截留、挪用、骗取专项资金，以及其他违法使用专项资金的行为，依据中华人民共和国《预算法》《财政违法行为处罚处分条例》等有关规定进行处理。

第十一条 本办法由市建委会同市财政局负责解释。执行期为2020年至2023年。

2.5 北京市财政局 北京市住房和城乡建设委员会 北京市重大项目建设指挥部办公室关于印发《北京市市级保障性安居工程财政专项资金办法》的通知（京财经二〔2017〕1164号）

北京市财政局 北京市住房和城乡建设委员会
北京市重大项目建设指挥部办公室
关于印发《北京市市级保障性安居工程财政专项资金办法》
的通知

京财经二〔2017〕1164号

各区财政局、住房城乡建设委（房管局）、重大项目办，东城区、西城区住房城市建设委，北京市保障性住房建设投资中心，北京新奥集团有限公司，各相关部门：

为规范我市市级保障性安居工程财政专项资金管理，提高财政资金使用效益，根据《国务院办公厅关于保障性安居工程建设和管理的指导意见》（国办发〔2011〕45号）、《中央财政城镇保障性安居工程专项资金管理办法》（财综〔2017〕2号）等规定，我们制定了《北京市市级保障性安居工程财政专项资金管理办法》（见附件），请遵照执行。

北京市财政局
北京市住房和城乡建设委员会
北京市重大项目建设指挥部办公室
2017年6月14日

北京市市级保障性安居工程财政专项资金管理办法

第一章　总则

第一条　为规范我市市级保障性安居工程财政专项资金（以下简称“专项资金”）管理，提高财政资金使用效益，根据《国务院办公厅关于保障性安居工程建设和管理的指导意见》（国办发〔2011〕45号）、《中央财政城镇保障性安居工程专项资金管理办法》（财综〔2017〕2号）等规定，结合我市实际情况，制定本办法。

第二条　本办法所称专项资金主要是指市财政局从一般预算、土地出让收益、地方政府债券等方面筹集用于支持我市保障性安居工程的财政资金。

市发展改革委从市政府固定资产投资中安排的用于支持保障性安居工程的资金，按照《基本建设财务规则》（财政部令第81号）及相关文件规定执行。

第三条　专项资金管理遵循以下原则：

（一）依法依规。按照中央及我市保障性安居工程有关规定，依法依规使用专项资金。

（二）突出重点。按照市委、市政府的要求，做好重点地区、重大保障性安居工程项目资金支持保障工作。

（三）注重绩效。按照财政部及我局绩效评价有关要求，对专项资金开展绩效评价，强化绩效评价结果运用。

（四）强化监督。加强与市审计局等监督审计机构的沟通配合，按照中央及我市有关要求，做好专项资金监督审计工作，确保专项资金安全、规范、有效使用。

第二章　管理职责

第四条　市财政局负责建立健全专项资金管理制度；组织实施专项资金预算编制及执行；组织开展绩效评价和监督检查等工作。

市住房城乡建设委、市重大项目办按照职责负责做好专项资金申请材料的审核工作，并按照相关规定出具审核意见；配合开展专项资金绩效评价和监督检查。

第五条　区财政局负责按照预算管理要求申请专项资金，并及时下达专项资金预算；具体负责专项资金的日常监督检查工作，组织开展本区专项资金绩效评价工作。

区住房城乡建设委（房管局）等主管部门按照各自职责，负责会同区财政局做好专项资金申请、审核、绩效评价、监督检查等工作。

第六条　按照市委、市政府要求承担市级保障性安居工程建设、投融资、运营的专业机构（以下简称“专业机构”）负责按照预算管理要求，申请专项资金；具体负责专项资金的日常监督检查工作，按照规定开展本单位专项资金绩效评价工作。

第三章　使用范围

第七条　支持已纳入我市棚户区改造和环境整治年度计划的项目，包括用于棚户区改造项目中的征收（拆迁）、安置房建设（购买）和相关配套基础设施等支出。

第八条　支持建设筹集公共租赁住房项目，包括新建、改建、购买、长期租赁公共租赁住房和相关配套基础设施等支出。

第九条　支持各区发放租金补贴，包括向符合条件入住公共租赁住房或自行承租社会房源的中低收入家庭发放租金补贴支出。

第十条　支持其他保障性安居工程支出。

第四章　专项资金申报、下达

第十一条　专项资金可采取定额补助、资本金注入、以奖代补、贷款贴息等多种方式投入，充分发挥财政资金引导放大作用，吸引社会资本参与我市保障性安居工程投资建设和运营管理。

第十二条　区财政局、区住房城乡建设委（房管局）等主管部门，应按照相关规定，及时向市财政局申请棚户区改造一户两万以奖代补、棚户区改造项目贷款贴息、核心区筹集建设棚户区改造定向安置房支付外区公共资源建设及后期社会管理费用、筹集公共租赁住房投资补助、公共租赁住房财政贴息奖励等专项资金，并提供相关材料。

市财政局、市住房城乡建设委、市重大项目办应按照相关规定，及时审核相关材料。符合要求的，市财政局及时下达专项资金预算；不符合要求的，区财政局、区住房城乡建设委（房管局）等主管部门应完善材料，待具备条件后重新申报。

第十三条　对于竞出保障性住房异地建设专项资金（以下简称“异地建设资金”）的区财政局，在异地建设资金入库次年6月底前，向市财政局提出异地建设资金申请。

市财政局按照相关规定，及时审核相关材料。符合要求的，市财政局及时下达异地建设资金预算；不符合要求的，区财政局应完善材料，待具备条件后重新申报。

竞出异地建设资金的区财政局，未在异地建设资金入库次年6月底前提出申请，或已提出申请但不符合要求、且未在异地建设资金入库次年6月底前补充材料的，市财政局不再安排异地建设资金预算，统筹用于全市保障性住房筹集工作。

第十四条　区住房城乡建设委（房管局）等主管部门应按照市住房城乡建设委的要求，通过住房保障管理信息系统等方式，填报租金补贴发放等相关情况。市住房城乡建设委汇总各区上年度8月至当年7月租金补贴发放情况，于每年8月底前提供给市财政局。

市财政局根据各区租金补贴发放情况，安排下达租金补贴资金预算。

第十五条　专业机构应及时向市财政局申请专项资金，并提供相关材料。市财政局通过资本金注入、直接投入等多种方式支持其统筹做好我市保障性安居工程。

第五章　监督管理

第十六条　各相关单位应当对专项资金实行专项管理、分账核算，并严格按照规定用途使用，不得截留、挤占、挪作他用；区财政局不得将专项资金用于平衡本级预算。

第十七条　市、区财政局、住房城乡建设委（房管局）应对专项资金开展绩效评价工作，并加强对绩效评价结果的应用。

第十八条　市财政局、市住房城乡建设委、市重大项目办应加强对专项资金监督检查工作，通过定期、不定期方式对专项资金使用情况进行检查。

第十九条　各相关单位应当制定、实施内部控制制度，对专项资金管理风险进行预防和控制；并按照政府信息公开有关要求，依法公开保障性安居工程相关情况，广泛接受社会监督。

第二十条　各相关单位应自觉接受审计、监察等部门的监督检查。

第二十一条　对有虚报、冒领、截留、挪用、滞留财政资金等违法违规行为的，依照《财政违法行为处罚处分条例》等有关规定追究相应责任。构成犯罪的，依法移交司法机关追究其刑事责任。

第六章　附则

第二十二条　本办法由市财政局会同市住房城乡建设委、市重大项目办负责解释。

第二十三条　本办法自印发之日起施行，过去文件规定与本办法不一致的，以本办法为准。

2.6 广州市住房和城乡建设局关于优化广州市老旧小区微改造项目建设流程的指导意见（穗建环境〔2019〕1716号）

广州市住房和城乡建设局
关于优化广州市老旧小区微改造项目建设流程的指导意见

穗建环境〔2019〕1716号

各区人民政府，市发展改革委、财政局、规划和自然资源局、生态环境局、交通运输局、水务局：

《关于优化广州市老旧小区微改造项目建设流程的指导意见》已经市政府同意，现予以印发，请遵照实施。

广州市住房和城乡建设部

2019年9月12日

（联系人：张奕玮，联系电话：83124494）

关于优化广州市老旧小区微改造项目建设流程的指导意见

为贯彻落实习近平总书记视察广州重要讲话精神和市委、市政府工作部署，推动广州实现“老城市、新活力”，根据老旧小区微改造建设现状及存在问题，经市人民政府同意，提出以下指导意见。

一、工作原则

（一）效率优先

优化流程、效率优先。针对目前老旧小区微改造工程推进慢、资金使用效率低等问题，结合我市工程建设项目审批制度改革要求及微改造项目的特点，在符合工程基本建设程序的基础上对建设流程进行优化，提高效率。

（二）分级管理

分级负责，以区为主。市住房城乡建设局负责每年选取一定数量的老旧小区微改造项目纳入市重点建设项目，并重点督导推进。各区政府负责本区老旧小区微改造工作。

（三）强化统筹

强化统筹，市区配合。市住房城乡建设局负责统筹全市老旧小区微改造工作。区政府为本辖区老旧小区微改造工作的第一责任主体，具体工作由区职能部门（明确区住房城乡建设局或区城市更新局等其中一个部门牵头）统筹推进，并指导协调各建设管理单位、街（镇）等开展相关工作。

（四）技术引领

连片研究、技术引领。市住房城乡建设局负责编制全市老旧小区微改造项目的总体规划和专项规划，并制定技术导则和技术路径，以技术为先导统筹全市老旧小区微改造工作；建立以"改造方案"为基础的监督机制，对老旧小区微改造全流程进行监督、落实。

二、工作流程

（一）前期研究阶段

1.上下结合，收集老旧小区微改造意向。

（1）市住房城乡建设局根据市委、市政府工作部署及城市更新专项规划等，收集各区项目改造意向；

（2）各区根据老旧小区具体情况、居民意愿等，提出改造意向项目报市住房城乡建设局；

（3）市住房城乡建设局确定近期实施或年度实施前期研究项目清单，同步初拟市重点建设项目清单。

2.开展前期研究

（1）市住房城乡建设局将年度前期研究资金计划（即前期项目包）纳入城市更新政府投资年度计划，并向市发展改革委申报年度政府投资项目计划，经审核后按程序下达执行；

（2）建设管理单位委托专业单位，开展民意摸查和方案制订、研究等工作；

（3）各区政府（或区的统筹部门）组织方案审定，将稳定的方案和估算向市住房城乡建设局报备。

3.市住房城乡建设局根据项目前期研究、稳定方案等具体情况，编制近期实施计划，经市发展改革委审核后报市政府审定实施，并同步确定市重点建设项目清单。

4.市住房城乡建设局随机抽查项目的设计方案，并将抽查情况予以通报。

（二）前期报建阶段

1.纳入经市政府审定的近期实施计划、年度政府投资计划（前期项目包的项目除外）、专项规划、行动计划，或市政府常务会议纪要中有明确要求，或上报市政府审批同意的项目，上述规划、计划或相关文件视同项目建议书批复文件。项目建设管理单位可据此开展勘察设计招标工作，以投资估算作为招标的计价依据。

2.老旧小区微改造项目的初步设计及概算的评审工作由各区负责。

3.符合方案联审的项目，由建设管理单位组织完成方案设计，并做到初步设计深度，报市住房城乡建设局组织方案联审。通过方案联审的项目，直接开展可研（3000万元及以上）、初步设计概算及其他（规划、水务、交通等）行政审批工作，各部门应在规定审批时限内完成批复。

（三）组织实施阶段

1.以批复的概算作为开展施工招标的依据。

2.优化施工许可手续办理。质量安全监督登记与施工许可同步办理，符合条件不需申请办理施工许可证的老旧小区做改造项目，只需到属地街（镇）办理开工建设信息录入手续。不涉及规划、用地审批的，由建设单位出具情况说明。办理施工许可的其他资料（如工资账户、建设资金等），允许建设单位用承诺函的形式代替。

3.纳入城市更新计划（含年度计划、近期实施计划等）的项目，在实施过程中，因实际情况需超出原投资规模、建设规模或建设内容的，由各区政府确定后报市住房城乡建设局，市住房城乡建设局会同相关部门进行研究，对于依据充分、确需调整的项目经研究同意后按照相关程序完善审批手续。

三、优化措施

（一）各区政府应制定相应的工作保障机制。原则上，市重点建设项目、一般跨街道项目，由项目管理能力较强的建设管理单位（或代建单位）组织实施；同步压实街（镇）在民意征询、改造需求摸查、改造方案讨论、争议调解、信访维稳等方面的责任。

（二）不涉及规划、用地等审批手续的老旧小区微改造项目，参照维修加固类项目，在办理可行性研究报告报审时不要求提供规划用地等报批资料。

（三）将不涉及新建建筑物且不改变原建筑结构和功能的老旧小区微改造项目，不纳入环境影响评价管理的工程建设项目名录，免于环评管理。

（四）如项目涉及广州历史文化名城保护规划划定的历史街区、风貌区内的老旧小区微改造项目，应在项目前期立项阶段征求规划和自然资源部门意见，与历史街区、风貌区保护利用规划和实施方案等上层次规划进行衔接，统筹推进。项目不涉及广州历史文化名城保护规划划定的历史街区、风貌区内的老旧小区微改造规划修改，在办理相关规划报建手续的同时，可通过联审的方案设计、会议纪要等文件代替相关规划报建手续开展下一阶段报建工作。

（五）如涉及其他行政审批（如规划、水务、交通等）的老旧小区微改造项目，在施工许可前完成相关行政审批即可，不作为立项、初步设计、概算、招标等审批的前置条件。

广州市住房和城乡建设办公室

2019年9月12日印发

2.7 广东省人民政府办公厅关于全面推进城镇老旧小区改造工作的实施意见（粤府办〔2021〕3号）

广东省人民政府办公厅
关于全面推进城镇老旧小区改造工作的实施意见

粤府办〔2021〕3号

各地级以上市人民政府，各县（市、区）人民政府，省政府各部门、各直属机构：

为贯彻落实《国务院办公厅关于全面推进城镇老旧小区改造工作的指导意见》（国办发〔2020〕23号），更好发挥城镇老旧小区改造在推动惠民生扩内需、推进城市更新和开发建设方式转型、促进经济高质量发展等方面的重要作用，满足人民群众美好生活需要，经省人民政府同意，结合我省实际提出如下实施意见：

一、总体目标

以习近平新时代中国特色社会主义思想为指导，坚持以人民为中心的发展思想，坚持新发展理念，按照高质量发展要求，大力改造提升城镇老旧小区居住条件和环境。2021年，全省开工改造不少于1300个城镇老旧小区，惠及超过25万户居民，基本形成城镇老旧小区改造制度框架、政策体系和工作机制；到“十四五”期末，基本完成我省2000年底前建成的需改造城镇老旧小区改造任务，有条件的地区力争完成2005年底前建成的需改造城镇老旧小区改造任务。

二、明确改造任务

（一）确定改造对象范围。各地结合实际，将城市或县城（城关镇）建成年代较早、失养失修失管、市政配套设施不完善、社区服务设施不健全、居民改造意愿强烈的住宅小区（含单栋住宅楼）纳入改造范围，重点改造2000年底前建成的老旧小区。计划征收拆迁和纳入棚改范围的小区（独栋住宅）不得作为改造对象。符合要求的国有企事业单位自建或混建、军队所属城镇老旧小区，按属地原则纳入改造范围。

（二）合理确定改造内容。从人民群众最关心最直接最现实的利益问题出发，征求居民意见并合理确定改造内容，主要分为基础类、完善类、提升类3类。基础类要发挥财政资金的主导作用，做到应改尽改；完善类要在尊重居民意愿的前提下，做到宜改即改；提升类要按照政府引导、市场化运作的模式，做到能改则改。

1.基础类。为满足居民安全需要和基本生活需求的改造内容，主要是市政配套基础设施改造提升以及小区内建筑物屋面、外墙、楼梯等公共部位维修等。其中，改造提升市政配套基础设施包括改造提升小区内部及与小区联系的供水、排水、供电、弱电、道路、供气、消防、安防、生活垃圾分类、移动通信等基础设施，以及光纤入户、架空线规整（入地）等。

2.完善类。为满足居民生活便利需要和改善型生活需求的改造内容，主要是环境及配套设施改造建设、小区内建筑节能改造、有条件的楼栋加装电梯等。其中，改造建设环境及配套设施包括拆除违法建设，整治小区及周边绿化、照明等环境，改造或建设小区及周边适老设施、无障碍设施、停车库（场）、电动自行车及汽车充电设施、智能快件箱、智能信包箱、文化休闲设施、体育健身设施、物业用房等配套设施。

3.提升类。为丰富社区服务供给、提升居民生活品质、立足小区及周边实际条件积极推进的改造内容，主要是公共服务设施配套建设及其智慧化改造，包括改造或建设小区及周边的社区综合服务设施、卫生服务站等公共卫生设施、幼儿园等教育设施、周界防护等智能感知设施，以及养老、托育、助餐、家政保洁、便民市场、便利店、邮政快递末端综合服务站等社区专项服务设施。

（三）编制专项改造规划和年度改造计划。省住房城乡建设厅牵头制定广东省城镇老旧小区改造规划，明确"十四五"期间工作目标及年度计划。各地要将城镇老旧小区改造纳入城市更新进行统筹谋划，研究适合本地区发展需要、可纳入年度计划的项目准入机制；摸清城镇老旧小区底数，建立项目储备库；按照"既尽力而为、又量力而行"的原则制定本级城镇老旧小区改造规划和年度计划；要区分轻重缓急，在财力评估、群众意愿调查等基础上，明确改造小区清单及其现状问题、改造内容、责任分工、财政预算安排等，合理确定各城镇老旧小区改造实施方案。城镇老旧小区改造要与养老、文化、教育、卫生、托育、体育、邮政快递、社会治安等相关设施规划，电力、通信、供水、排水、供气、广播电视等相关设施管线改造规划，以及居住社区补短板、绿色社区、绿道、碧道等建设计划相衔接。

三、建立健全组织实施机制

（一）健全动员居民参与机制。坚持“共同缔造”理念，变“要我改”为“我要改”，采取“菜单”方式为居民提供“点菜式”征求意愿服务。建立和完善党建引领城市基层治理机制，充分发挥社区党组织的领导作用，统筹协调居民委员会、业主委员会、产权单位、物业服务企业、社区社会组织、社会工作者、社会志愿者等共同推进改造工作。完善社区党群服务中心综合服务功能，搭建沟通议事平台，利用“互联网+共建共治共享”等线上线下手段，促进达成共识，引导居民了解、参与、监督改造，鼓励群众为社区改造献计献策、出工出力。

（二）健全项目推进机制。各县（市、区）人民政府要明确项目实施主体，健全项目管理机制，推进项目有序实施。合理选择改造模式，支持城镇老旧小区改造规模化实施，鼓励采用工程总承包（EPC）、国企平台等市场化方式推进。积极推动规划师、建筑师、建造师、监理师、造价师等进社区辅导改造。鼓励、指导电力、通信、供水、排水、供气、广播电视等专业经营单位积极参与改造，为其施工、维修、养护等提供便利，加强涉企收费检查，查处违规收费行为。对涉及历史文化名城、历史文化街区、不可移动文物、历史建筑的改造项目，应严格遵循相关保护修缮要求。落实施工安全和工程质量责任，组织做好工程验收移交，杜绝安全隐患。结合城镇老旧小区改造，同步开展居住社区建设补短板行动和绿色社区创建。省住房城乡建设厅要牵头搭建省、市城镇老旧小区改造工作信息管理平台，并与政务服务一体化平台对接，加强动态管理和信息公开。

（三）完善小区后续管理维护机制。要充分结合新冠肺炎等疫情防控、消防、治安等需要，加强城镇老旧小区改造的后续管理，制定小区管理维护方案，明确资金筹集、使用、管理方式。按照“同步改造提升，同步服务提升”原则，改造后的小区可根据实际情况选择聘用物业服务企业、准物业服务或实行业主自治管理，引导居民协商确定改造后小区的管理模式、管理规约及业主议事规则。鼓励通过增设停车位、开辟广告位等方式增加小区公共收入来源，增强小区“自我造血”功能。

四、建立改造资金合理共担机制

（一）合理落实居民出资责任。各地级以上市人民政府要制定居民参与出资指引，按照“谁受益、谁出资”原则，合理确定居民出资比例。居民可通过直接出资、使用住房公积金、使用住宅专项维修资金、让渡小区公共收益等方式出资。结合实际制定居民捐资捐物、投工投劳的方式及核算办法，引导居民支持改造。省住房城乡建设厅要牵头建立健全城镇老旧小区改造住宅专项维修资金归集、使用、续筹机制，完善既有住宅增设电梯申请提取住房公积金的政策措施。

（二）加大资金支持力度。鼓励各地积极争取中央补助资金，将城镇老旧小区改造纳入保障性安居工程，按照“保基本”的原则，重点支持基础类改造内容。中央补助资金重点支持改造2000年底前建成的城镇老旧小区，可以适当支持2000年后建成的城镇老旧小区，但不得超过国家规定的限定年限和比例。各地要对城镇老旧小区改造给予资金支持，可纳入国有住房出售收入存量资金使用范围；要统筹涉及住宅小区的各类资金用于城镇老旧小区改造，提高资金使用效率；积极争取通过发行地方政府专项债券筹措改造资金，严格落实资金投向和使用要求。省政府安排资金支持，视各地工作开展实际情况给予适当奖补。

（三）加大金融税收支持力度。鼓励银行业金融机构加强政银企合作，针对性开发授信产品，优化授信审批和管理模式，在风险可控、商业可持续的前提下，依法合规对实施城镇老旧小区改造的企业和项目提供信贷支持，重点支持完善类和提升类项目。支持城镇老旧小区改造规模化实施运营主体采取市场化方式，运用公司信用类债券、项目收益票据等进行债券融资，但不得承担政府融资职能，严禁新增地方政府隐性债务。支持国家开发银行广东省分行、农业发展银行广东省分行等政策性银行依法合规加大对城镇老旧小区改造的信贷支持力度。认真落实国家相关税费减免政策。

（四）推动社会力量参与。鼓励国有企事业单位等原产权单位对已移交地方的原职工住宅小区改造给予资金等支持。公房产权单位应按国家有关规定，结合改造项目实际，合理落实出资资金。引导专业经营单位履行社会责任，出资参与小区改造中相关管线设施设备的改造提升；产权不属于专业经营单位的，改造后专营设施设备的产权可依照法定程序移交给专业经营单位，由其负责后续维护管理，切实保障专业经营单位的经营权、收益权和公平竞争权。通过政府采购、新增设施有偿使用、落实资产权益等方式，吸引社会力量参与各类服务设施的设计、改造、运营。支持规范各类企业以政府和社会资本合作模式参与改造。对增设停车库（场）、经营性服务场所、加装电梯等改造项目，可探索“改造+运营服务”一体化的市场运作模式推进小区改造。

五、落实支持政策

（一）加快项目审批。各地级以上市、各县（市、区）人民政府要结合工程建设项目审批制度改革，精简改造工程审批事项和环节，构建快速审批流程，积极推行网上审批；组织住房城乡建设、发展改革、财政、自然资源、城管等有关部门及专业管线单位开展联合审查，联合审查通过后实行并联审批，由相关部门按要求办理立项、规划、用地、资金拨付等手续。不涉及土地权属变化的项目，可用已有用地手续等材料作为土地证明文件，无需再办理用地手续。不改变建筑面积、总高度、层数、外立面，且不影响建筑安全的项目，可免于办理建设工程规划许可证。对不涉及建筑主体结构变动的低风险项目，实行项目建设单位告知承诺制的，可不进行施工图审查。改造项目竣工后，实行项目建设组织实施单位牵头，街道（镇）、社区、业主委员会（居民代表）和设计、施工、监理、管线设施设备等专业经营单位参与联合验收。

（二）健全技术标准体系。省住房城乡建设厅要牵头编制广东省城镇老旧小区改造工作指引和技术导则。各地级以上市要完善适应城镇老旧小区改造需要的技术规范或指引、导则，明确建筑本体修缮、基础设施改造、小区环境整治、服务设施提升、片区联动改造、消防改造等设计指引；明确智能安防建设要求，鼓励综合运用物防、技防、人防等措施满足安全需要。因改造利用公共空间新建、改建各类设施涉及影响日照间距、占用绿化空间的，可在广泛征求居民意见基础上一事一议予以解决。

（三）推进存量资源整合利用。鼓励各地按照连片整合、统筹配套、分批推进的要求，进行大片区或跨片区联动改造，实现片区基础设施、服务设施、公共空间等共建共享。加强既有用地集约混合利用，在不违反规划且征得居民等同意的前提下，允许利用小区和周边存量土地建设各类环境及配套设施和公共服务设施。其中，对利用小区内空地、荒地、绿地及拆除违法建设腾空土地等加装电梯和建设各类设施的，可不增收土地价款。符合“三旧”改造政策的城镇老旧小区纳入“三旧”改造项目一并实施改造。用好用足养老、托育、助残等设施建设支持政策，统筹利用公有住房、社区居民委员会办公用房和社区综合服务设施、底层杂物房等存量房屋资源，或通过租赁住宅楼底层商业用房等方式，增设各类服务设施。

（四）明确土地支持政策。城镇老旧小区改造涉及利用公有住房、社区居民委员会办公用房、社区综合服务设施、底层杂物房等存量房屋建设各类公共服务设施的，可实行5年内暂不变更用地主体和土地使用性质的过渡期政策。过渡期满和涉及转让需办理变更用地主体和土地使用性质手续的，除符合《划拨用地目录》的可保留划拨外，其余可以协议方式办理，但法律法规有明确规定及国有建设用地划拨决定书、租赁合同等规定或约定应当收回土地使用权重新出让的除外。要结合城市更新全面改造、混合改造等改造方式，制定城镇老旧小区改造的规划调整支持政策和流程指引。对需享受5年过渡期政策的改造项目，要向自然资源主管部门备案。小区内改造利用低效土地增设服务设施，立项前应与小区业委会、居委会等相关方达成权属协议。在产权明晰的基础上需要办理不动产登记的，不动产登记机构应依法办理。

六、强化组织保障

（一）建立协调机制。建立省政府领导任组长的省级城镇老旧小区改造工作统筹协调机制，省住房城乡建设厅具体承担全省城镇老旧小区改造的组织协调和督促指导工作责任，省有关部门（单位）按照职责分工（详见附件）做好城镇老旧小区改造相关工作。各地级以上市建立以政府主要负责人牵头的统筹协调机制，成立专职工作机构或工作专班，各相关部门密切配合、协同推进。

（二）压实工作责任。建立“市县统筹谋划，镇街组织实施，社区参与落实”的城镇老旧小区改造工作推进机制。市县人民政府要承担当地城镇老旧小区改造的主体责任，做好统筹谋划，健全工作机制，落实好各项配套支持政策，调动各方面资源抓好组织实施；街道办事处（镇政府）负责组织协调实施老旧小区改造，推进小区物业长效管理；社区居委会要全程参与老旧小区改造与管理具体工作。

（三）加强监督检查。建立完善城镇老旧小区改造督导检查机制，确保目标任务、政策措施、资金筹措、工作责任落到实处。建立完善日常巡查和月通报制度，组织开展城镇老旧小区改造工作绩效评估。

（四）做好宣传引导。各地要多角度、全方位宣传城镇老旧小区改造的重要意义、方法步骤和工作成效，大力宣传优秀项目、典型案例，引导形成社会各界支持、群众积极参与的浓厚氛围。要准确解读城镇老旧小区改造政策措施，及时回应社会关切。

附件：省各有关单位在城镇老旧小区改造工作中的责任分工

广东省人民政府办公厅

2021年1月21日

附件

省各有关单位在城镇老旧小区改造工作中的责任分工

序号	责任单位	责任分工
1	省住房城乡建设厅	牵头组织协调和督促指导全省城镇老旧小区改造工作
		会同省发展改革委、财政厅做好城镇老旧小区改造中央补助计划申报、分配和使用情况的监督检查工作
		会同省财政厅做好城镇老旧小区改造省级财政资金分配和资金使用情况的监督检查工作
		负责督促、指导城镇老旧小区的市政基础设施，以及小区无障碍设施、停车场（库）、环境等改造工作
		负责督促、指导建筑物屋面、外墙、楼梯等公共部位维修改造，以及建筑节能与绿色改造、加装电梯工作
2	省委组织部	负责指导社区基层党组织党建引领城镇老旧小区改造工作、完善社区党群服务中心综合服务功能
3	省发展改革委	负责督促、指导中央预算内投资计划申报、投资管理、电动汽车充电设施建设改造工作
4	省教育厅	负责指导城镇老旧小区幼儿园等教育设施建设改造工作
5	省公安厅	负责指导城镇老旧小区安防设施建设改造工作
6	省民政厅	负责指导社区居委会、社会组织等积极参与城镇老旧小区改造，指导特殊困难老年人家庭居家适老化改造、养老（助餐）设施、社区综合服务设施建设改造工作
7	省财政厅	负责督促、指导城镇老旧小区改造中央财政补助申报、地方政府专项债券发行工作
		负责安排省级财政资金支持，配合制定城镇老旧小区改造工作激励政策，配合做好有关税费减免工作
8	省自然资源厅	负责支持城镇老旧小区存量土地资源整合利用，明确土地支持政策，提供不动产登记、用地及规划许可指导工作
9	省文化和旅游厅	负责指导城镇老旧小区涉及不可移动文物改造、文化休闲设施建设改造工作
10	省卫生健康委	负责指导医疗、助残、托育服务设施建设改造工作
11	省退役军人事务厅	负责协调、指导移交政府安置的军队离退休干部住宅小区改造，以及军队城镇老旧小区改造工作
12	省国资委	负责协调、指导国有企事业单位自建或混建的城镇老旧小区改造工作
13	省市场监管局	负责指导城镇老旧小区电梯安全评估、大修、改造、更新及电梯安装工作，以及涉企收费检查工作

续表

序号	责任单位	责任分工
14	省广电局	负责指导广播电视设施建设改造工作，协助做好城镇老旧小区改造的宣传工作
15	省体育局	负责指导城镇老旧小区公共体育健身设施建设改造工作
16	省税务局	负责指导城镇老旧小区改造有关减税降费工作
17	省通信管理局	负责组织、指导城镇老旧小区光纤入户、架空线规整（入地）、移动通信设施改造工作
18	省邮政管理局	负责组织、指导城镇老旧小区智能快件箱（智能信包箱）、邮政快递末端综合服务站建设改造工作
19	人民银行广州分行、广东银保监局、广东证监局、省地方金融监管局	负责指导城镇老旧小区改造金融融资工作
20	国家开发银行广东省分行、中国农业发展银行广东省分行	负责城镇老旧小区改造政策性贷款支持的有关工作
21	广东电网公司	负责组织、指导城镇老旧小区供电设施改造、架空线规整（入地）、电动自行车及电动汽车充电设施供电工作

2.8 宁波市中心城区老旧住宅小区整治改造工作领导小组办公室关于印发《宁波市城镇老旧小区改造三年行动目标责任考核办法》的通知（甬住整办〔2020〕1号）

宁波市中心城区老旧住宅小区整治改造工作领导小组办公室关于印发《宁波市城镇老旧小区改造三年行动目标责任考核办法》的通知

甬住整办〔2020〕1号

各区县（市）人民政府、相关功能园区管委会：

为深入推进城镇老旧小区改造工作，加强督查考核，确保工作实效，现将《宁波市城镇老旧小区改造三年（2020—2022）行动目标责任考核办法》印发给你们，请认真贯彻执行。

宁波市中心城区老旧住宅小区整治改造工作领导小组办公室

2020年2月24日

宁波市城镇老旧小区改造三年（2020—2022）行动目标责任考核办法

为全面贯彻落实党的十九大、十九届四中全会和中央经济工作会议精神，以习近平新时代中国特色社会主义思想为指导，坚持以人民为中心的发展思想，大力改造提升城镇老旧小区，补齐城市配套设施、人居环境突出短板，完善城市管理和服务，打造共建共治共享社会治理格局，促进城市高质量发展，制定本考核办法。

一、考核依据

按照国务院有关会议精神和加快推进城镇老旧小区改造的工作部署，根据《关于印发〈关于加快推进全省城镇老旧小区改造工作的指导意见〉和〈全省城镇老旧小区改造试点工作方案〉的通知》（浙建城（2019）58号）等相关文件。

二、工作组织

考核工作在市中心城区老旧住宅小区整治改造工作领导小组领导下进行，由市中心城区老旧住宅小区整治改造工作领导小组办公室制定具体考核内容和评分细则，并负责实施考核评价工作。

三、考核对象

有城镇老旧小区改造、生活小区“污水零直排”创建、电梯加装任务的区县（市）及相关功能园区管委会。

四、考核内容

主要对各地目标任务、工作推进、绩效评价等落实情况进行考核（详见附件）。

五、考核方法

城镇老旧小区改造目标责任考核主要由考核对象自查、市老旧住宅小区改造领导小组办公室核查两部分组成，采取日常考核与年终考核相结合的方式进行。根据本办法所附考核内容和评分细则，于年底实行本年度考评，主要采取听取汇报、现场检查、资料审查等形式进行综合考评，每年考核一次。

六、考核评定

考核基础分值为100分，增设加（减）分项。每项任务完成计满分，未完成按比例减分。考核结果分优秀、较好、合格、不合格四个等次。对考核位次位于前列的列为优秀等次，具体名额综合进行评定。对改造目标任务完成率较低、群众投诉较多、工程质量出现严重问题或得分不足60分的列为本年度考核不合格。

2.9 宁波市中心城区老旧住宅小区整治改造工作领导小组办公室关于印发《关于宁波市城镇老旧小区改造项目实施竞争性管理的指导意见》的通知（甬住整办〔2019〕41号）

宁波市中心城区老旧住宅小区整治改造工作领导小组办公室关于印发《关于宁波市城镇老旧小区改造项目实施竞争性管理的指导意见》的通知

甬住整办〔2019〕41号

中心城区老旧住宅小区整治办，各区县（市）住建局、各功能园区建设局，各有关单位：

为顺利推进我市城镇老旧小区改造工作，市老旧住宅小区整治改造工作领导小组办公室印发了《关于宁波市城镇老旧小区改造项目实施竞争性管理的指导意见》，请各单位按照文件要求执行。

附件：《关于宁波市城镇老旧小区改造项目实施竞争性管理的指导意见》

宁波市中心城区老旧住宅小区整治改造工作领导小组办公室

2019年11月4日

关于宁波市城镇老旧小区改造项目实施竞争性管理的指导意见

为顺利推进我市城镇老旧小区改造工作，合理确定项目实施计划，提高资金使用效率，鼓励配套设施与服务缺失严重、居民改造需求迫切的老旧小区尽快列入项目计划，规范城镇老旧小区改造项目方案编制与申报、项目计划评审与确定等工作制度，现就城镇老旧小区改造项目实施竞争性管理的有关工作通知如下：

一、改造方案编制与表决

（一）街道（镇乡）、社区对辖区内老旧小区基本情况进行排摸，全面掌握小区建设年代、配套设施、安全状况等基础信息。牵头专项工程实施的职能部门也应联合参与调查、规划，做出专项工程与小区改造统筹实施的安排。

（二）街道（镇乡）、社区指导小区业主委员会或居民小组收集业主的小区改造意愿，组织业主对老旧小区改造的内容进行选择，根据业主改造意愿的表决情况，确定该小区配套缺损严重、需求集中度高的改造内容，小区业主委员会或居民小组向街道（镇乡）提出改造初步申请。

（三）街道（镇乡）委托相关设计咨询单位根据小区实际情况和改造需求编制小区改造工程设计和资金预算，并与业主委员会或居民小组共同商议拟订小区改造后长效管理的方案，综合形成老旧小区改造项目的初步改造方案。初步改造方案应包括工程设计、工程预算、资金筹集方案、长效管理机制等内容。

（四）业主委员会或居民小组应组织业主对老旧小区改造方案进行表决，表决结果应在小区内醒目地点进行公示。涉及防盗窗与遮阳篷、空调机位等个性化改造内容的、危房治理或电梯加装更新等以房屋幢或单元独立实施的，应组织该项改造所涉业主对相关内容进行表决。

二、项目计划评审与确定

（一）改造方案表决通过后，由业主委员会或居民小组向街道（镇乡）提交老旧小区改造申请和改造方案；无业委会的，社区居委会可以代为申报。街道（镇乡）对辖区内老旧小区的改造提出项目初步实施方案，报属地住建部门。

（二）区县（市）住建局会同本级发改、财政等部门结合城市有机更新理念，通盘考虑片区整体改造提升，依据本行政区域内老旧小区改造项目评价规则，对各街道（镇乡）上报的项目初步实施方案进行量化计分、排序，拟定年度城镇老旧小区改造项目，报属地政府。

（三）区县（市）人民政府根据项目评价情况，确定城镇老旧小区改造项目年度实施计划。未列入年度实施计划的改造项目可在下一年度实施计划中优先考虑。

三、其他

各区县（市）可参考《宁波市城镇老旧小区改造项目评价内容》（详见附件）制定本行政区域内老旧小区改造项目评价规则，并结合本地实际情况，制定本行政区域内城镇老旧小区改造项目实施竞争性管理的工作细则。

2.10 宁波市中心城区老旧住宅小区整治改造工作领导小组办公室关于印发《关于宁波市城镇老旧小区管线整治改造工作的指导意见》的通知（甬住整办〔2019〕43号）

宁波市中心城区老旧住宅小区整治改造工作领导小组办公室关于印发《关于宁波市城镇老旧小区管线整治改造工作的指导意见》的通知

甬住整办〔2019〕43号

中心城区老旧住宅小区整治办，各区县（市）住建局、各功能园区建设局，各有关单位：

为顺利推进我市城镇老旧小区改造工作，市老旧住宅小区整治改造工作领导小组办公室印发了《关于宁波市城镇老旧小区管线整治改造工作的指导意见》，请各单位按照文件要求执行。

附件:《关于宁波市城镇老旧小区管线整治改造工作的指导意见》

宁波市中心城区老旧住宅小区整治改造工作领导小组办公室

2019年11月4日

关于宁波市城镇老旧小区管线整治改造工作的指导意见

为进一步改善我市城镇老旧小区居住环境，提升城市形象，在老旧小区改造过程中同步推进管线整治改造工作。现就有关工作提出如下指导意见。

一、管线整治改造目标

结合城镇老旧小区改造，通过架空线路梳理、杆路合并拆除、报废线缆清理等改造，实现老旧小区内的架空线缆整洁美观、杆路设施规范有序，通过供水供电供气排水管线改造，提升小区内市政基础设施服务能力与安全保障。着力解决小区内线缆违规架设、胡乱附挂和私拉乱接等情况，着力改变老百姓反映强烈的“空中蜘蛛网”、“线乱拉”现象，改善和提升老旧小区的生活环境质量。

二、管线整治改造内容

街道应当组织相关管线单位参与城镇老旧小区改造工程管线整治改造的设计

方案编制工作，合理确定管线整治改造内容。按照“标识清晰、牢固安全、整齐有序、美观协调”的要求，楼栋内外同步推进规范管线架设，归并整理杂乱无序的线缆和箱盒设施，消除户外线缆低垂松垮，美化线缆设施形态，改善供水供电供气保障能力，实施雨污分流。

（一）架空线缆疏理，架设整齐美观，线缆产权明晰、附挂吊牌，合理利用现有杆路，及时拆除重复杆、多余杆。鼓励弱电线缆共杆，原则上弱电不与强电共杆。

（二）箱盒规整，机房规范，维护更新机房设备，合理布局楼栋内外箱盒或设施，标识清楚，适当美化，实现与周围环境的和谐统一。

（三）拆除现有废弃管线，禁止入户飞线，合理布置管线，楼栋内管线贴边固定、敷管整齐，保证使用安全。其中，供电线路“线乱拉”整治应当与居民电瓶车充电设施改造、车库车棚整治、增设充电设施等一并实施。

（四）有条件的小区可以实施管杆线“上改下”，原架空线缆改为地下管道敷设，清理地上杆线。老旧小区符合5G通信基础设施规划的，可以依法依规建设5G基站。

（五）实现水、电、气“一户一表”，抄表到户。供水水压保证顶层居民使用。

（六）疏理供水排水管网，改造更新残缺破损管网，结合住宅小区“污水零直排”创建工作，规范连接阳台洗衣排水和河道出水口，整治排水管网布置，落实雨污分流。

（七）户外地上供气管线做好警示标识，有条件、有需求的小区提高小区供电负荷能力。

（八）消防管线维修改造，完善小区消防栓使用功能。

三、管线整治改造工程实施责任

各管线经营单位要明确设施产权归属，通过投资小区管线整治更新，优化服务质量。区县（市）要制定鼓励管线单位进行老旧小区管线整治改造的政策，共同推进老旧小区管线整治改造工作。

（一）以架空线缆梳理方式进行管线整治的老旧小区改造项目，杆路利用、线缆整理、箱盒规整等工程施工及工程费用由相关管线运营单位负责，相关管线运营单位也可以共同委托一个单位统一施工。

（二）以“上改下”方式进行管线整治改造的老旧小区改造项目，管道基础设施的建设工程与小区改造同步施工，费用由政府承担；线缆埋设、箱盒规整、杆路拔除、线路迁改切割等由相关管线运营单位施工，材料费用、施工费用由相关管线运营单位负责。

（三）供水供电供气增加“一户一表”、疏理楼栋内管线及楼栋外管线改造更新移位、增设片区供水增压泵房或二次供水改造的，相关费用由管线单位承担。敷设或疏通排水管网相关费用由政府承担。

（四）区县（市）财政可以对相关管线运营单位投入老旧小区管线整治改造的相关费用予以适当补助，相关办法由各区县（市）制定。政府承担或补助的管线整治改造相关费用，列入老旧小区改造财政出资部分，市级财政按相关政策给予补助。

（五）在老旧小区内建设5G基站的，由相关企业根据宁波市有关规定依法依规组织实施。

四、管线整治改造成果长效管理

（一）各区县（市）要积极完善小区内管线的管理工作机制，协调各管线单位满足小区居民不断增长的美好生活需要。按照《浙江省物业区域相关共有设施设备管理办法》，原则上由管线运营单位或使用管理单位负责小区内居民户表（端口）以外的共有管线设施设备的维修、养护、更新改造。智慧安防系统的维修、养护及运行管理根据“雪亮工程”要求落实相关主体的职责。

（二）管线整治改造工程完成后，相关施工单位要报送竣工资料。小区业委会与相关管线单位应当明确本小区管线设备权属和日常维护保养责任，根据权责做好工程移交工作。移交后，管线运营单位及时做好检查养护维修工作，确保小区管线设施安全运转和居民正常使用。

（三）小区居民应当正常使用各类配套管线，不得私拉乱接。业委会和物业服务企业应当加强日常巡查，防止“线乱拉”等乱象重新抬头，一经发现立即劝阻并报告有关单位，巩固管线整治改造成效。

五、管线整治改造工作要求

管线整治改造应纳入城镇老旧小区改造工程范围统筹实施，同步设计，同步施工，同步投入使用。

区县（市）政府要统筹协调各管线运营单位，认真推动管线整治改造工作，坚持建管并重，研究建立符合当地老旧小区实际情况的管理体制和工作机制。街道应当协调相关管线单位参与城镇老旧小区的管线整治改造工作。

各级管线运营单位要结合各地老旧小区改造计划，合理完善各自项目建设安排和年度实施计划，并结合城镇老旧小区改造项目精心组织小区管线整治改造工程的实施。各通讯运营单位要按照共建共享要求，盘活现有资源，有序推进增量资源共享共建，减少基础设施重复建设。管线运营单位要明确小区内管线设施使用维护的权责，进行长效管理。

物业企业应当配合老旧小区改造过程同步推进管线整治改造工作，自觉清理转供电环节的不合理加价行为，配合有关企业进行转供电改直供电的工作。

六、其他

各区县（市）可结合本地实际情况，制定本行政区域内城镇老旧小区管线整治改造的工作细则。

2.11 宁波市中心城区老旧住宅小区整治改造工作领导小组办公室关于印发《关于宁波市城镇老旧小区改造项目实施专项工程统筹整合的指导意见》的通知（甬住整办〔2019〕46号）

宁波市中心城区老旧住宅小区整治改造工作领导小组办公室关于印发《关于宁波市城镇老旧小区改造项目实施专项工程统筹整合的指导意见》的通知

甬住整办〔2019〕46号

市级各有关单位，各区县（市）人民政府、开发园区管委会，各区县（市）住建局、各功能园区建设局：

为顺利推进我市城镇老旧小区改造工作，市老旧住宅小区整治改造工作领导小组办公室印发了《关于宁波市城镇老旧小区改造项目实施专项工程统筹整合的指导意见》，请各单位按照文件要求执行。

附件

1. 市级有关单位名单

2.《关于宁波市城镇老旧小区改造项目实施专项工程统筹整合的指导意见》

宁波市中心城区老旧住宅小区整治改造工作领导小组办公室

2019年12月9日

附件1

市级有关单位名单

市委组织部、市委宣传部、市文明办、市委政法委、市发改委、市经信局、市教育局、市公安局、市民政局、市司法局、市财政局、市自然资源规划局、市生态环境局、市住建局、市交通局、市水利局、市商务局、市文广旅游局、市卫生健康委、市应急管理局、市市场监管局、市金融办、市综合执法局、市轨道交通工程建设指挥部、市铁路建设指挥部、市五水共治办、市“三改一拆”办、市机关事务局、市邮政管理局、市通信管理局、市公安交警局、国家开发银行宁波分行

附件2

关于宁波市城镇老旧小区改造项目实施专项工程统筹整合的指导意见

为加强我市城镇老旧小区改造项目管理，推进各类专项工程的同步实施，统筹各类专项工程及其资金的使用管理，更好发挥资金集聚效应，现就城镇老旧小区改造项目实施专项工程统筹整合提出如下指导意见。

一、统筹整合工作内容

可与城镇老旧小区改造项目同步实施的涉及财政资金的各专项工程，如住建部门牵头负责的污水零直排工程、民政部门牵头负责的养老设施和社区服务中心标准化建设、综合执法部门牵头负责的社区公厕建设和垃圾房建设与垃圾桶点位改造、水利部门牵头负责的“二次供水改造”、文广部门牵头负责的文化设施配套、教育部门牵头负责抚幼设施配套、公安部门牵头负责的“雪亮工程”及其他专项工作牵头机构负责的相关建设项目，应加强与老旧小区改造项目统筹整合，实现项目、资金两统筹和规划、审批、设计、施工、交付五同步。

二、统筹整合工作步骤

（一）调查摸底阶段。街道、社区及专项工程牵头部门要共同深入老旧小区实地调研，掌握基础设施和配套服务的分布与需求情况，把专项工程列入向居民征询意见的改造内容范围，了解居民对专项工程改造的需求。通过城镇老旧小区改造项目与专项工程项目的信息共享，实现项目双向组合、统筹推进。

（二）规划设计阶段。老旧小区改造规划设计应当把老旧小区群众迫切需要的改造内容与小区及周边区域专项工程任务结合起来综合考虑，各个涉及财政资金的专项工程要把已列入老旧小区改造实施计划项目涉及区域内的专项工程作为优先实施项目进行计划安排。规划设计单位与专项工程牵头部门要共同参与老旧小区改造规划设计编制工作，协调落实各项工程技术要求同步规划、同步设计，共同绘好工程蓝图。

（三）工程建设阶段。纳入老旧小区改造项目整体实施的专项工程要对接进入城镇老旧小区改造项目统一管理体系，建立“分工合作、系统推进”的工作机制，同步审批、同步施工、同步交付。要加强老旧小区改造与各专项工程的全过程监督和审计，实现政策协调、施工协作、资金安排、规范执行等方面的协同管理。

（四）运营维护阶段。工程项目交付使用后，专项工程施工单位要切实履行质量保修责任。专项工程牵头部门要督促落实专项工程维修养护责任。老旧小区长效管理制度建设要把明确专项工程的日常维修养护职责和资金渠道作为重要内容。

三、统筹整合工作要求

（一）区县（市）城镇老旧小区改造的协调机构负责建立当地城镇老旧小区改造与专项工程资金统筹整合的工作制度。相关部门要加强对城镇老旧小区改造项目中各类专项工程资金统筹整合工作的调研、协调，深化顶层设计。街道负责老旧小区改造实施项目中与专项工程资金的具体统筹整合工作。

（二）区县（市）城镇老旧小区改造的牵头部门要与专项工程牵头机构加强沟通协调，建立职责清晰、高效合作的部门协作机制，研究在项目评审、立项、工程招投标、质量安全监管、资金安排、过程审计、竣工交付等环节老旧小区改造与专项工程联合办理的政策，完善项目统筹制度。

（三）区县（市）财政部门要建立老旧小区改造补助资金与专项工程资金的统筹管理制度，加强资金的统筹使用和绩效管理。区县（市）发改、审计等部门要加强老旧小区改造补助资金与专项工程资金的预决算审查和审计监督。

（四）与老旧小区改造项目一并实施的专项工程和老旧小区改造项目的建设管理应使用统一的项目管理系统平台，实现项目建设与资金运行的数据、信息的互联共享，相关部门和项目实施主体以系统平台为依托，共同做好项目统筹整合的日常管理。

四、其他

各区县（市）可结合本地实际情况，制定本行政区域内城镇老旧小区改造与专项工程统筹整合的工作细则。

附录3 相关标准

3.1 相关建设标准

市政配套基础设施　　附表3-1

序号	标准名称	标准编号	标准级别	标准类别	状态	适用范围
给水排水						
1	室外给水设计标准	GB 50013	国家标准	工程标准	现行	适用于新建、扩建和改建的城镇及工业区永久性给水工程设计
2	室外排水设计规范	GB 50014	国家标准	工程标准	现行	适用于新建、扩建和改建的城镇、工业区和居住区的永久性的室外排水工程设计
3	生活饮用水卫生标准	GB 5749	国家标准	工程标准	现行	适用于城乡各类集中式供水的生活饮用水，也适用于分散式供水的生活饮用水
4	建筑与小区雨水控制及利用工程技术规范	GB 50400	国家标准	工程标准	现行	适用于海绵型民用建筑与小区、工业建筑与厂区雨水控制及利用工程的规划、设计、施工、验收和运行管理
5	建筑与小区管道直饮水系统技术规程	CJJ/T 110	行业标准	工程标准	现行	适用于民用建筑与小区管道直饮水系统设计、施工、验收、运行维护和管理
电力与通信						
6	低压配电设计规范	GB 50054	国家标准	工程标准	现行	适用于新建、改建和扩建工程中交流、工频1000V及以下的低压配电设计
7	电力工程电缆设计标准	GB 50217	国家标准	工程标准	现行	适用于发电、输变电、配用电等新建、扩建、改建的电力工程中500kV及以下电力电缆和控制电缆的选择与敷设设计
8	民用建筑电气设计标准	GB 51348	国家标准	工程标准	现行	适用于新建、改建和扩建的单体及群体民用建筑的电气设计，不适用于燃气加压站、汽车加油站的电气设计
9	住宅区和住宅建筑内光纤到户通信设施工程设计规范	GB 50846	国家标准	工程标准	现行	适用于新建住宅区和住宅建筑内光纤到户通信设施工程设计，以及既有住宅区和住宅建筑内光纤到户通信设施的改建、扩建工程设计

续表

序号	标准名称	标准编号	标准级别	标准类别	状态	适用范围
10	综合布线系统工程设计规范	GB 50311	国家标准	工程标准	现行	适用于新建、扩建、改建建筑与建筑群综合布线系统工程设计
11	城市工程管线综合规划规范	GB 50289	国家标准	工程标准	现行	适用于城市规划中的工程管线综合规划和工程管线综合专项规划
			消防与安防			
12	建筑设计防火规范	GB 50016	国家标准	工程标准	现行	适用于新建、扩建和改建的厂房，仓库，民用建筑，甲、乙、丙类液体储罐（区），可燃、助燃气体储罐（区），可燃材料堆场，城市交通隧道等建筑
13	火灾自动报警系统设计规范	GB 50116	国家标准	工程标准	现行	适用于新建、扩建和改建的建、构筑物中设置的火灾自动报警系统的设计
14	消防给水及消火栓系统技术规范	GB 50974	国家标准	工程标准	现行	适用于新建、扩建、改建的工业、民用、市政等建设工程的消防给水及消火栓系统的设计、施工、验收和维护管理
15	消防应急照明和疏散指示系统技术标准	GB 51309	国家标准	工程标准	现行	适用于建、构筑物中设置的消防应急照明和疏散指示系统的设计、施工、调试、检测、验收与维护保养
16	安全防范工程技术标准	GB 50348	国家标准	工程标准	现行	适用于新建、改建和扩建的建（构）筑物的安全防范工程的建设以及系统运行与维护
17	出入口控制系统技术要求	GA/T 394	行业标准	工程标准	现行	适用于以安全防为目的，对指定目标进行授权、识别和控制的，单独的出入口控制系统；也适用于其他电子系统中所包含的出入口控制系统。本标准可作为设计、检测和验收出人控制系统的基本依据
18	出入口控制系统工程设计规范	GB 50396	国家标准	工程标准	现行	适用于以安全防范为目的的新建、改建、扩建的各类建筑物(构筑物)及其群体的出入口控制系统工程的设计
19	视频安防监控系统工程设计规范	GB 50395	国家标准	工程标准	现行	适用于以安全防范为目的的新建、改建、扩建的各类建筑物（构筑物）及其群体的视频安防监控系统工程的设计
20	防灾避难场所设计规范	GB 51143	国家标准	工程标准	现行	适用于新建、扩建和改建的防灾避难场所的设计
21	城镇应急避难场所通用技术要求	GB/T 35624	国家标准	工程标准	现行	适用于用作城镇应急避难场所的公园、绿地、广场、学校等场地，以及地下空间（含人民防空工程）、体育场馆、学校教室等建筑
22	城市社区应急避难场所建设标准	建标 180	行业标准	工程标准	现行	适用于新建、改建和扩建的城市社区应急避难场所项目

续表

序号	标准名称	标准编号	标准级别	标准类别	状态	适用范围
			道路与场地			
23	城市道路工程技术规范	GB 51286	国家标准	工程标准	现行	适用于新建、扩建和改建的城市道路(包括广场及停车场)的工程建设
24	城镇道路工程施工与质量验收规范	CJJ 1	行业标准	工程标准	现行	适用于城镇新建、改建、扩建的道路及广场、停车场等工程的施工和质量检验、验收
25	城镇道路路面设计规范	CJJ 169	行业标准	工程标准	现行	适用于新建和改建的城镇道路的路面设计
			供气与供热			
26	城镇燃气设计规范	GB 50028	国家标准	工程标准	现行	适用于向城市、乡镇或居民点供给居民生活、商业、工业企业生产、采暖通风和空调等各类用户作燃料用的新建、扩建或改建的城镇燃气工程设计
27	城镇燃气技术规范	GB 50494	国家标准	工程标准	现行	适用于城镇燃气设施的建设、运行维护和使用
28	城镇燃气规划规范	GB/T 51098	国家标准	工程标准	现行	适用于城市规划或镇规划中的燃气规划的编制
29	城镇供热管网设计规范	CJJ 34	行业标准	工程标准	现行	适用于供热热水介质设计压力小于或等于2.5MPa，设计温度小于或等于200℃；供热蒸汽介质设计压力小于或等于1.6MPa，设计温度小于或等于350℃的下列城镇供热管网的设计： 1以热电厂或锅炉房为热源，自热源至建筑物热力入口的供热管网； 2供热管网新建、扩建或改建的管线、中继泵站和热力站等工艺系统
30	城镇供热管网工程施工及验收规范	CJJ 28	行业标准	工程标准	现行	适用于采用明挖、暗挖、顶管、定向钻等施工工艺，并符合下列参数的城镇供热管网工程的施工及验收： 1工作压力小于或等于1.6MPa，介质温度小于或等于350℃的蒸汽管网； 2工作压力小于或等于2.5MPa，介质温度小于或等于200℃的热水管网
31	城镇供热监测与调控系统技术规程	CJJ/T 241	行业标准	工程标准	现行	适用于城镇供热监测与调控系统的设计、施工、调试、验收和运行维护

建筑公共部位　　附表 3-2

序号	标准名称	标准编号	标准级别	标准类别	状态	适用范围
结构加固						
1	建筑抗震鉴定标准	GB 50023	国家标准	工程标准	现行	适用于抗震设防烈度为6～9度地区的现有建筑的抗震鉴定
2	民用建筑可靠性鉴定标准	GB 50292	国家标准	工程标准	现行	适用于以混凝土结构、钢结构、砌体结构、木结构为承重结构的民用建筑及其附属构筑物的可靠性鉴定
3	砌体工程现场检测技术标准	GB/T 50315	国家标准	工程标准	现行	适用于砌体工程中砖砌体、砌筑砂浆和砌筑块体的现场检测和强度推定
4	建筑结构检测技术标准	GB/T 50344	国家标准	工程标准	现行	适用于建筑结构的检测和建筑结构的评定
5	混凝土结构加固设计规范	GB 50367	国家标准	工程标准	现行	适用于房屋建筑和一般构筑物钢筋混凝土结构加固的设计
6	建筑结构加固工程施工质量验收规范	GB 50550	国家标准	工程标准	现行	适用于混凝土结构、砌体结构和钢结构加固工程的施工过程控制和施工质量验收
7	钢结构现场检测技术标准	GB/T 50621	国家标准	工程标准	现行	适用于钢结构中有关连接、变形、钢材厚度、钢材品种、涂装厚度、动力特性等的现场检测及检测结果的评价
8	砌体结构加固设计规范	GB 50702	国家标准	工程标准	现行	适用于房屋和一般构筑物砌体结构的加固设计
9	工程结构加固材料安全性鉴定技术规范	GB 50728	国家标准	工程标准	现行	适用于结构加固工程中应用的材料及制品的安全性检验与鉴定
10	混凝土结构现场检测技术标准	GB/T 50784	国家标准	工程标准	现行	适用于房屋建筑、市政工程和一般构筑物中混凝土结构的现场检测，不适用于轻骨料混凝土结构的现场检测
11	建筑边坡工程鉴定与加固技术规范	GB 50843	国家标准	工程标准	现行	适用于岩质边坡高度为30m以下（含30m），土质边坡高度为15m以下（含15m）的既有建筑边坡工程和岩质基坑边坡的鉴定和加固
12	建设工程白蚁危害评定标准	GB/T 51253	国家标准	工程标准	现行	适用于房屋建筑、园林植被、水利工程等白蚁危害等级评定和县级、市级、省级行政区域白蚁危害地区评定
13	既有混凝土结构耐久性评定标准	GB/T 51355	国家标准	工程标准	现行	适用于既有普通混凝土结构耐久性评定
14	民用建筑修缮工程施工标准	JGJ/T 112	行业标准	工程标准	现行	适用于高度不超过100m的民用建筑修缮工程的施工
15	建筑变形测量规范	JGJ 8	行业标准	工程标准	现行	适用于各种建筑在施工期间和使用期间变形测量的技术设计、作业实施、成果整理及质量检验等

续表

序号	标准名称	标准编号	标准级别	标准类别	状态	适用范围
屋面和外墙						
16	屋面工程技术规范	GB 50345	国家标准	工程标准	现行	适用于房屋建筑屋面工程的设计和施工
17	屋面工程质量验收规范	GB 50207	国家标准	工程标准	现行	适用于房屋建筑屋面工程的质量验收
18	坡屋面工程技术规范	GB 50693	国家标准	工程标准	现行	适用于新建、扩建和改建的工业建筑、民用建筑坡屋面工程的设计、施工和质量验收
19	种植屋面工程技术规程	JGJ 155	行业标准	工程标准	现行	适用于新建、既有建筑屋面和地下建筑顶板种植工程的设计、施工、质量验收和维护管理
20	倒置式屋面工程技术规程	JGJ 230	行业标准	工程标准	现行	适用于新建、扩建、改建和节能改造房屋建筑倒置式屋面工程的设计、施工和质量验收
21	建筑装饰装修工程质量验收标准	GB50210	国家标准	工程标准	现行	适用于新建、扩建、改建和既有建筑的装饰装修工程的质量验收
22	建筑外墙清洗维护技术规程	JGJ 168	行业标准	工程标准	现行	适用于采用石材、烧结材料、玻璃与金属幕墙、涂料等做饰面的建筑外墙的清洗维护与质量验收
节能改造						
23	民用建筑太阳能热水系统应用技术标准	GB 50364	国家标准	工程标准	现行	适用于新建、扩建和改建的民用建筑，以及既有建筑增设和改造的太阳能热水系统的设计、安装、验收和运行维护
24	地源热泵系统工程技术规范	GB 50366	国家标准	工程标准	现行	适用于以岩土体、地下水、地表水为低温热源，以水或添加防冻剂的水溶液为传热介质，采用蒸气压缩热泵技术进行供热、空调或加热生活热水的系统工程的设计、施工及验收
25	太阳能供热采暖工程技术标准	GB 50495	国家标准	工程标准	现行	适用于新建、扩建和改建建筑中采用太阳能供热采暖，以及在既有建筑上增设或改造太阳能供热采暖设施、系统的工程设计、施工、验收及评价
26	民用建筑能耗标准	GB/T 51161	国家标准	工程标准	现行	适用于民用建筑运行能耗的管理
27	燃气冷热电三联供工程技术规程	CJJ 145	行业标准	工程标准	现行	适用于以燃气为一次能源，发电机总容量小于或等于15MW，新建、改建、扩建的供应冷、热、电能的分布式能源系统的设计、施工、验收和运行管理

续表

序号	标准名称	标准编号	标准级别	标准类别	状态	适用范围
28	燃气热泵空调系统工程技术规程	CJJ/T 216	行业标准	工程标准	现行	适用于民用和工业建筑中，以天然气、液化石油气为能源的发动机驱动的多联机热泵空调系统工程的设计、施工、调试、验收、运行与维护
29	严寒和寒冷地区居住建筑节能设计标准	JGJ 26	行业标准	工程标准	现行	适用于严寒和寒冷地区新建、扩建和改建居住建筑的节能设计
30	夏热冬暖地区居住建筑节能设计标准	JGJ 75	行业标准	工程标准	现行	适用于夏热冬暖地区新建、扩建和改建居住建筑的节能设计
31	夏热冬冷地区居住建筑节能设计标准	JGJ 134	行业标准	工程标准	现行	适用于夏热冬冷地区新建、改建和扩建居住建筑的建筑节能设计
32	外墙外保温工程技术标准	JGJ 144	行业标准	工程标准	现行	适用于以混凝土、砌体为基层墙体的新建、扩建居住建筑外墙外保温工程
33	民用建筑太阳能光伏系统应用技术规范	JGJ 203	行业标准	工程标准	现行	适用于新建、改建和扩建的民用建筑光伏系统工程，以及在既有民用建筑上安装或改造已安装的光伏系统工程的设计、安装和验收
34	既有居住建筑节能改造技术规程	JGJ/T 129	行业标准	工程标准	现行	适用于各气候区既有居住建筑进行下列范围的节能改造： 1 改善围护结构保温、隔热性能； 2 提高供暖空调设备（系统）能效，降低供暖空调设备的运行能耗
35	居住建筑节能检测标准	JGJ/T 132	行业标准	工程标准	现行	适用于新建、扩建、改建居住建筑的节能检测
36	民用建筑能耗数据采集标准	JGJ/T 154	行业标准	工程标准	现行	适用于我国城镇民用建筑使用过程中各类能源消耗量数据的采集和报送
37	采暖通风与空气调节工程检测技术规程	JGJ/T 260	行业标准	工程标准	现行	适用于采暖通风与空气调节工程中基本技术参数性能指标测试，以及采暖、通风、空调、洁净、恒温恒湿工程的试验、试运行及调试的检测
38	光伏建筑一体化系统运行与维护规范	JGJ/T 264	行业标准	工程标准	现行	适用于验收合格并投入正常使用的光伏建筑一体化系统的运行与维护
39	被动式太阳能建筑技术规范	JGJ/T 267	行业标准	工程标准	现行	适用于新建、扩建、改建被动式太阳能建筑的设计、施工、验收、运行和维护
40	太阳能光伏玻璃幕墙电气设计规范	JGJ/T 365	行业标准	工程标准	现行	适用于新建、扩建和改建的接入交流220V/380V电压等级用户侧的并网或离网太阳能光伏玻璃幕墙及采光顶的电气设计

续表

序号	标准名称	标准编号	标准级别	标准类别	状态	适用范围
			加装电梯			
41	安装于现有建筑物中的新电梯制造与安装安全规范	GB 28621	国家标准	工程标准	现行	适用于安装于现有建筑物中的新电梯（包括现有建筑物新建井道和机器空间）的制造和安装；用新电梯更换已有井道和机器空间中的在用电梯
42	电梯安装验收规范	GB/T 10060	国家标准	工程标准	现行	适用于额定速度不大于6.0m/s的电力驱动曳引式和额定速度不大于0.63m/s的电力驱动强制式乘客电梯、载货电梯
43	电梯制造与安装安全规范	GB7588	国家标准	工程标准	现行	适用于电力驱动的曳引式或强制式乘客电梯、病床电梯及载货电梯
44	既有住宅加装电梯工程技术标准	T/ASC 03	团体标准	工程标准	现行	适用于既有住宅加装电梯工程的设计、施工、验收和运行维护

公共服务设施 **附表3-3**

序号	标准名称	标准编号	标准级别	标准类别	状态	适用范围
			适老和无障碍设施			
1	无障碍设施施工验收及维护规范	GB 50642	国家标准	工程标准	现行	适用于新建、改建和扩建的城市道路、建筑物、居住区、公园等场所的无障碍设施的施工验收和维护
2	无障碍设计规范	GB 50763	国家标准	工程标准	现行	适用于全国城市新建、改建和扩建的城市道路、城市广场、城市绿地、居住区、居住建筑、公共建筑及历史文物保护建筑等
3	老年人居住建筑设计规范	GB 50340	国家标准	工程标准	现行	适用于新建、改建和扩建的老年人居住建筑设计
4	老年人照料设施建筑设计标准	JGJ 450	行业标准	工程标准	现行	适用于新建、改建和扩建的设计总床位数或老年人总数不少于20床(人)的老年人照料设施建筑设计
5	城市既有建筑改造类社区养老服务设施设计导则	T/LXLY 0005	团体标准	工程标准	现行	适用于城镇地区、立足于社区、为居家老年人提供综合性日间养老服务且是利用原有用房进行改造建设的设施
			停车库（场）			
6	汽车库、修车库、停车场设计防火规范	GB 50067	国家标准	工程标准	现行	适用于新建、扩建和改建的汽车库、修车库、停车场的防火设计
7	车库建筑设计规范	JGJ 100	行业标准	工程标准	现行	适用于新建、扩建和改建的机动车库和非机动车库的建筑设计

续表

序号	标准名称	标准编号	标准级别	标准类别	状态	适用范围
电动自行车及汽车充电设施						
8	电动汽车充电站设计规范	GB 50966	国家标准	工程标准	现行	适用于采用整车充电模式的电动汽车充电站的设计
9	电动汽车分散充电设施工程技术标准	GB/T51313	国家标准	工程标准	现行	适用于电动汽车分散充电设施的规划、设计、施工和验收
10	居住区电动汽车充电设施技术规程	T/CECS 508	团体标准	工程标准	现行	适用于新建、扩建和改建的居住区充电设施建设
智能感知设施						
11	智慧住区建设评价标准	T/CECS 526	团体标准	工程标准	现行	适用于新建、改建、扩建的智慧住区建设评价
12	智慧住区设计标准	T/CECS 649	团体标准	工程标准	现行	适用于新建、改建、扩建的智慧住区建设设计
13	居住区智能化改造技术规程	T/CECS 693	团体标准	工程标准	现行	适用于居住区建筑智能化改造工程的设计、施工、验收和运维
休闲和体育健身设施						
14	公园设计规范	GB 51192	国家标准	工程标准	现行	适用于城乡各类公园的新建、扩建、改建和修复的设计
15	公共体育设施安全使用规范	GB/T 37913	国家标准	工程标准	现行	适用于供大众使用的室内和室外公共体育设施中的器材
16	园林绿化工程施工及验收规范	CJJ 82	行业标准	工程标准	现行	适用于公园绿地、防护绿地、附属绿地及其他绿地的新建、扩建、改建的各类园林绿化工程施工及质量验收
教育设施						
17	托儿所、幼儿园建筑设计规范	JGJ 39	行业标准	工程标准	现行	适用于新建、扩建、改建托儿所、幼儿园和相同功能的建筑设计
18	中小学校设计规范	GB 50099	国家标准	工程标准	现行	适用于城镇和农村中小学校(含非完全小学)的新建、改建和扩建项目的规划和工程设计
19	中小学校体育设施技术规程	JGJ/T 280	行业标准	工程标准	现行	适用于城镇和农村中小学校(含非完全小学)的体育设施的设计、选材、施工、检验与验收及场地维护与养护
公共卫生设施						
20	城市环境卫生设施规划标准	GB/T 50337	国家标准	工程标准	现行	适用于各层次城市规划中环境卫生设施规划的编制，以及区域重大环境卫生设施布局

室外环境　　附表 3-4

序号	标准名称	标准编号	标准级别	标准类别	状态	适用范围
绿化						
1	城市绿地设计规范	GB 50420	国家标准	工程标准	现行	适用于城市绿地设计
2	城市道路绿化规划与设计规范	CJJ 75	行业标准	工程标准	现行	适用于城市的主干路、次干路、支路、广场和社会停车场的绿地规划与设计
3	绿化种植土壤	CJ/T 340	行业标准	工程标准	现行	适用于一般绿化种植土壤或绿化养护用土壤
噪声						
4	声环境质量标准	GB 3096	国家标准	工程标准	现行	适用于声环境质量评价与管理
5	社会生活环境噪声排放标准	GB 22337	国家标准	工程标准	现行	适用于对营业性文化娱乐场所、商业经营活动中使用的向环境排放噪声的设备、设施的管理、评价与控制
6	声环境功能区划分技术规范	GB/T 15190	国家标准	工程标准	现行	适用于《声环境质量标准》GB 3096规定的声功能区划分工作
7	供热站房噪声与振动控制技术规程	CJJ/T 247	行业标准	工程标准	现行	适用于供热站房噪声与振动控制工程的设计、施工、验收和运行维护
照明						
8	LED城市道路照明应用技术要求	GB/T 31832	国家标准	工程标准	现行	适用于城市道路（含城市隧道）照明用LED灯具及应用
9	城市照明建设规划标准	CJJ/T 307	行业标准	工程标准	现行	适用于城市和县人民政府所在镇的照明建设规划
10	城市照明节能评价标准	JGJ/T 307	行业标准	工程标准	现行	适用于单项或区域的城市照明的节能评价
11	城市夜景照明设计规范	JGJ/T 163	行业标准	工程标准	现行	适用于城市新建、改建和扩建的建筑物、构筑物、特殊景观元素、商业步行街、广场、公园、广告与标识等景物的夜景照明设计
热环境						
12	城市居住区热环境设计标准	JGJ 286	行业标准	工程标准	现行	适用于城市居住区详细规划阶段的热环境设计
海绵城市						
13	城镇内涝防治技术规范	GB 51222	国家标准	工程标准	现行	适用于新建、改建和扩建的城镇内涝防治设施的建设和运行维护
14	海绵城市建设评价标准	GB/T 51345	国家标准	工程标准	现行	适用于海绵城市建设效果的评价

续表

序号	标准名称	标准编号	标准级别	标准类别	状态	适用范围
15	城市水系规划规范	GB 50513	国家标准	工程标准	现行	适用于城市总体规划中的水系专项规划及以城市水系为主要规划对象的相关专业规划
16	建筑与小区低影响开发技术规程	T/CECS 469	团体标准	工程标准	现行	适用于新建和改建建筑与小区低影响开发的策划、设计、施工与验收、维护管理

综合性标准　　附表 3-5

序号	标准名称	标准编号	标准级别	标准类别	状态	适用范围
1	城市居住区规划设计标准	GB 50180	国家标准	工程标准	现行	适用于城市规划的编制以及城市居住区的规划设计
2	既有社区绿色化改造技术标准	JGJ/T 425	行业标准	工程标准	现行	适用于既有社区绿色化改造的诊断，策划，规划与设计，施工及验收，运营与评估
3	绿色住区标准	T/CECS 377	团体标准	工程标准	现行	适用于城镇新建住区建设和既有住区更新
4	城市旧居住区综合改造技术标准	T/CSUS 04	团体标准	工程标准	现行	适用于城市建成区内实施综合改造的旧居住区
5	健康社区评价标准	T/CECS 650	团体标准	工程标准	现行	适用于健康社区的评价
6	既有住区健康改造评价标准	T/CSUS 08	团体标准	工程标准	现行	适用于既有住区健康改造评价

3.2 陕西省住房和城乡建设厅 陕西省发展和改革委员会 陕西省财政厅联合印发《城镇老旧小区改造标准一览表》

城镇老旧小区改造标准一览表

改造内容			改造要求	改造标准
基础类	1	道路整治	明确道路等级，优化路网，与城市道路交通系统有机衔接	《城镇道路路面设计规范》CJJ 169—2012 《城镇道路路基设计规范》CJJ 194—2013 《城镇道路养护技术规范》CJJ 36—2016 《无障碍设计规范》GB 50763—2012 《城市居住区规划设计标准》GB 50180—2018
			满足安全通行及消防规范要求	
			路面维修养护	
			选用透水材质	
			优化排水方式	

续表

改造内容			改造要求	改造标准
基础类	2	供排水设施改造	改造影响使用功能的老化供水管网管线及设施	《城镇给水排水技术规范》GB 50788—2012 《城市排水工程规划规范》GB 50318—2017 《建筑给水排水设计标准》GB 50015—2019 《民用建筑设计统一标准》GB 50352—2019 《室外排水设计规范》GB 50014—2006（2016年版） 《室外给水设计标准》GB 50013—2018
			管网改造应满足小区内全部用水要求	
			供水、储配设备应具备安全防范措施	
			用水应分户计量，分户水表宜相对集中读数	
			改造影响使用功能的排水管道及附属设施，雨污分流改造	
			改造化粪池，含油污水应经隔油处理后排入污水管道	
			鼓励同步开展“直饮水”工程建设，推进中水和雨水资源循环利用	《建筑与小区雨水控制及利用工程技术规范》GB 50400—2016 《陕西省海绵城市规划设计导则》DBJ 61/T 126—2017
	3	电力设施改造	考虑远期发展容量，供配电系统升级改造，保障电力供应	《民用建筑电气设计标准》GB 51348—2019 《住宅建筑电气设计规范》JGJ 242—2011 《电力工程电缆设计标准》GB 50217—2018 《居住区供配电系统技术规范》DB34/T 1469—2019
			存在安全隐患的老旧供配电线路及配电装置进行维修、更换	
			整治私自搭接的电线	
			用户计量实行“一户一表”，宜采用分层集中的安装方式。	
	4	电信设施改造	推动空中管线入地，对通信架空线路进行统一梳理	《外壳防护等级（IP代码）》GB/T 4208—2017
			线路实行统一设计、多杆合一、有序敷设	《综合布线系统工程设计规范》GB 50311—2016 《民用建筑设计统一标准》GB 50352—2019 《住宅区和住宅建筑内光纤到户通信设施工程设计规范》GB 50846—2012 《建筑物移动通信基础设施建设标准》DBJ/T 167—2020
			结合供电线网改造，完善公共区域智能化设施	
			预留新一代业务发展的容量，满足未来网络升级及5G建设需求	
	5	供热设施改造	应按照相关规划要求，配套建设供热管网及热力站等设施	《城镇供热管网设计规范》CJJ 34—2010 县（区）城镇供热专项规划
			改造影响使用功能的老化供热管网管线及设施	
			维修或更换后的管网保温效率应大于97%	
			节能装置检查	
	6	燃气设施改造	对影响使用的老旧管网应进行维修、更换	《城镇燃气规划规范》GB/T 51098—2015 《城镇燃气设计规范》GB 50028—2006 县（区）城镇燃气专项规划
			按相关规范要求增设天然气管道系统	
			应符合防火、防爆等安全距离的要求	

续表

改造内容			改造要求	改造标准
基础类	7	消防设施完善	对既有消防设施进行维护升级保证消防设施完整好用、布局合理	《城市消防规划规范》GB 51080—2015 《消防给水及消火栓系统技术规范》GB 50974—2014 《消防应急照明和疏散指示系统技术规范》GB 51309—2018 《民用建筑设计统一标准》GB 50352—2019 《建筑灭火器配置设计规范》GB 50140—2005 《中华人民共和国消防法》
			保证消防通道畅通，对消防车通道实行划线、标名、立牌等标识化管理	
			采用新技术、新材料、新工艺、新产品，并应符合现行国家标准	《消防给水及消火栓系统技术规范》GB 50974—2014
			加强消防智能化建设，推广消防物联网监控系统应用	
			特殊人群住所应安装独立式烟感探测报警器	《建筑设计防火规范》GB 50016—2014（2018年版） 《建筑防排烟系统技术标准》GB 51251—2017
	8	生活垃圾分类	垃圾分类	《城市环境卫生设施规划标准》GBT 50337—2018 《城市居住区规划设计标准》GB 50180—2018 《生活垃圾分类设施配置及作业规范》DB45/T 1896—2018 《陕西省生活垃圾分类规划》(2019—2025年）
	9	建筑外立面整治	空调机位宜整齐或设计遮挡装饰，确保满足安全要求，改为有组织排水	《陕西省城市设计标准》DBJ61/T 128—2018 《老旧小区有机更新改造技术导则》(2016年10月） 《城市旧居住区综合改造技术标准》TCSUS 04—2019 《建筑装饰装修工程质量验收标准》GB 50210—2018 《建筑外墙防水工程技术规程》JGJ/T 235—2011 《自粘防水材料建筑构造》 《墙体节能建筑构造》
			建筑外立面整治应符合城镇整体风貌，与周边建筑环境相协调。重点沿街界面的建筑风貌引导应符合城镇整体风貌的规定要求	
	10	屋面修缮	屋面形式整治	《民用建筑设计统一标准》GB 50352—2019 《屋面工程技术规范》GB 50345—2012 《屋面工程质量验收规范》GB 50207—2012
			屋面修缮	
			屋面改造	

续表

改造内容			改造要求	改造标准
基础类	11	楼道整修	整洁楼道墙面，维修楼梯扶手及楼道灯	《民用建筑设计统一标准》GB 50352—2019 《楼梯栏杆及扶手》JG/T 558—2018 《无障碍设计规范》GB 50763—2012
			杂物清理，保障楼道干净、整洁	
完善类	1	违法建筑拆除	依法拆除违法建筑	《中华人民共和国城乡规划法》 《中华人民共和国土地管理法》
			鼓励改造为公共服务设施	
	2	小区绿化整治	优化绿地空间布局，改造后人均公共绿地面积不宜低于原绿地率标准	《城市绿地设计规范》GB 50420—2007（2016年版） 《城市居住区规划设计标准》(GB 50180—2018）
			拆除占绿、毁绿的违章建筑物（构筑物）	《种植屋面工程技术规程》(JGJ 155—2013）
			适度增绿，提高绿化覆盖率	《老旧小区有机更新改造技术导则》(2016年10月） 《垂直绿化工程技术规程》CJJ/T 236—2015 《城市旧居住区综合改造技术标准》TCSUS 04—2019
			考虑四季景观效果，植物配置应保障安全	
			采用兼有调蓄、净化、转输功能的绿化方式	
	3	照明设施改善	完善照明系统	《城市夜景照明设计规范》JGJT 163—201 《建筑照明设计标准》GB 50034—2013 《城市道路照明设计标准》CJJ 45—2015
	4	适老化与无障碍设施	增加适老化设施	《城镇老年人设施规划规范》GB 50437—2007（2018年版） 《老年人照料设施建筑设计标准》JGJ 450—2018
			“互联网+医疗”的智能医疗	《无障碍设计规范》GB 50763—2012
			完善无障碍设施	
	5	停车库（场）	规范小区停车	《城市停车规划规范》GB/T 51149—2016 《车库建筑设计规范》JGJ 100—2015
			优化提升原有非机动车停车设施	
			新增停车位	
	6	电动自行车及汽车充电设施	规划预留充电设施，合理设置电动自行车集中充电、停放场所	《电动汽车分散充电设施工程技术标准》GB/T 51313—2018 《汽车库、修车库、停车场设计防火规范》GB 50067—2014
	7	智能快件箱、智能信包箱	按需更新或升级老旧信报箱，将其改造为集信报箱和智能快件柜功能于一体的智能包裹箱	《住宅信报箱工程技术规范》GB 50631—2010 《快递服务》YZ/T 0128—2007 《居住区智能信报箱应用技术标准》DBJ61/T 172—2020

续表

改造内容			改造要求	改造标准
完善类	8	文化休闲设施	鼓励与社区党群服务中心、社区服务用房等设施联合建设	《城市居住区规划设计标准》GB 50180—2018 《城市社区多功能公共运动场配置要求》GB/T 34419—2017 《公共体育设施室外健身设施的配置与管理》GB/T 34290—2017 《陕西省人民政府办公厅关于印发基层综合性文化服务中心建设实施方案的通知》(2016)
	9	体育健身设施	建设室外体育健身设施	
			特殊群体使用的健身设施应设置安全设施	
	10	物业管理	明确物业管理服务区域	《中华人民共和国物权法》 《物业管理条例》 《陕西省物业管理条例》
			按物业总建筑面积的0.2%配置物业管理与服务用房	
	11	建筑节能改造	考虑地区气候特点选择适宜方式进行节能改造	《老旧小区有机更新改造技术导则》(2016年10月) 《城市旧居住区综合改造技术标准》TCSUS 04—2019 《既有居住建筑节能改造》16J908 《既有居住建筑节能改造技术规程》JGJ/T 129 《建筑外墙外保温工程质量保险规程》T/CABEE 001—2019
			优先改善门窗的保温和遮阳性能、屋面和外墙的保温隔热性能	《既有居住建筑节能改造技术规程》JGJ/T 129—2012
	12	加装电梯	加装电梯前应进行可行性评估	《民用建筑设计统一标准》(GB 50352—2019) 《电梯制造与安装安全规范》GB 7588—2016 《既有住宅加装电梯工程技术标准》T/ASC 03—2019
			电梯加装方案应避免对住户的影响	
			选用对原结构影响小的结构形式	
			考虑与相邻住户的安全防盗以及居室空间的私密性，严禁占用消防车道	
	13	风貌管控	对环境景观风貌进行综合改造和提升设计	《老旧小区有机更新改造技术导则》(2016年10月) 《城市旧居住区综合改造技术标准》TCSUS 04—2019 《陕西省城市设计标准》DBJ61/T 128—2018 《陕西省城乡风貌特色研究》(2016年)
			整体色彩与色调应与小区周边环境和城市整体风貌相协调	
			提升老旧小区入口形象	
			老旧小区围墙修缮	
提升类	1	社区综合服务设施	改建、扩建或新建社区党群服务中心(站)	《城市居住区规划设计标准》GB 50180—2018
			因地制宜建设社区服务用房(站)	《城市社区服务站建设标准》建标167—2014 《城乡社区网格化服务管理规范》GB/T 34300—2017

续表

改造内容			改造要求	改造标准
提升类	2	公共卫生设施	健全医疗卫生设施，补齐卫生防疫短板	《社区卫生服务中心、站建设标准》建标163—2013 《关于促进“互联网+医疗健康”发展的意见》
			鼓励发展社区“互联网+医疗健康”模式	
	3	教育设施	健全幼儿园等教育设施，补齐教育短板	《城市居住区规划设计标准》GB 50180—2018 《托儿所、幼儿园建筑设计规范》JGJ 39—2016
	4	智能感知设施	实行出入口管理	《居民住宅小区安全防范系统工程技术规范》2016版 《城市居住区规划设计标准》(GB 50180—2018) 《出入口控制系统技术要求》GA/T 394—2002
			普及安全监控	《特种设备安全监察条例》(2009年修订) 《入侵报警系统工程设计规范》GB 50394—2007 《视频安防监控系统工程设计规范》GB 50395—2007 《智慧社区建设指南(试行)》
			完善楼宇防盗	
	5	社区专项服务设施	健全养老服务设施	《老年人照料设施建筑设计标准》JGJ 450—2018 《无障碍设计规范》GB 50763—2012 《社区老年人日间照料中心服务基本要求》GB/T 33168—2016 《社区老年人日间照料中心建设标准》(建设143—2010) 《城市居住区规划设计标准》GB 50180—2018 《托儿所、幼儿园建筑设计规范》JGJ 39—2016 《老旧小区有机更新改造技术导则》(2016年10月) 《城市旧居住区综合改造技术标准》TCSUS 04—2019 《建筑设计防火规范》GB 50016—2014(2018年版) 《城市消防规划规范》GB 51080—2015
			健全托育设施	
			助餐设施	
			设置家政保洁服务网点	
			设置便民市场、便利店	
			设置应急救援站	

续表

改造内容			改造要求	改造标准
提升类	6	智慧化社区	建设小区物业管理信息系统	《智慧社区建设指南（试行）》 《视频安防监控系统工程设计规范》GB 50395—2007 《住宅信报箱工程技术规范》GB 50631—2010 《楼寓对讲系统第1部分：通用技术要求》 《特种设备安全监察条例》 《入侵报警系统工程设计规范》GB 50394—2007
			建设社区生活服务平台	

附录4　相关实施方案

4.1 陕西省住房和城乡建设厅 陕西省发展和改革委员会 陕西省财政厅关于印发《关于全面推动城镇老旧小区改造暨“美好环境与幸福生活共同缔造”活动的实施方案》的通知（陕建发〔2021〕1号）

陕西省住房和城乡建设厅 陕西省发展和改革委员会
陕西省财政厅关于印发《关于全面推动城镇老旧小区改造暨
“美好环境与幸福生活共同缔造”活动的实施方案》的通知

陕建发〔2021〕1号

各设区市人民政府，西咸新区管委会，杨凌示范区管委会，韩城市人民政府，省级有关部门：

《关于全面推动城镇老旧小区改造暨“美好环境与幸福生活共同缔造”活动的实施方案》已经省政府同意，现印发给你们，请认真贯彻执行。

附件：关于全面推动城镇老旧小区改造暨“美好环境与幸福生活共同缔造”活动的实施方案

陕西省住房和城乡建设厅
陕西省发展和改革委员会
陕西省财政厅
2021年1月5日

附件

关于全面推动城镇老旧小区改造暨“美好环境与幸福生活共同缔造”活动的实施方案

为贯彻落实党中央、国务院决策部署，按照国务院办公厅《关于全面推进城镇老旧小区改造工作的指导意见》(国办发〔2020〕23号）和住房和城乡建设部、陕西省人民政府签署的《在城乡人居环境建设中开展美好环境与幸福生活共同缔造活动合作框架协议》精神，全面推动我省城镇老旧小区改造暨“美好环境与幸福生活共同缔造”活动，结合全省实际，特制定本方案。

一、总体要求

以习近平新时代中国特色社会主义思想为指导，全面贯彻党的十九大和十九届二中、三中、四中、五中全会精神，认真落实习近平总书记来陕考察重要讲话，按照党中央、国务院决策部署和省委、省政府安排要求，坚持以人民为中心的发展思想，以“美好环境与幸福生活共同缔造”为路径，全面推进城镇老旧小区改造提升，改善居民居住条件，推动构建“纵向到底、横向到边、共建共治共享”的社区治理体系，让人民群众生活更方便、更舒心、更美好。

二、改造目标

“十四五”期间，全省计划改造城镇老旧小区近1万个，惠及约100万户居民。全省改造工作按照“三步走”：2021年新开工改造城镇老旧小区3622个，惠及39.23万户居民；到2022年，完成60%的改造任务，基本形成城镇老旧小区改造制度框架、政策体系和工作机制；到“十四五”期末，结合各地实际，力争基本完成2000年底前建成的需改造城镇老旧小区改造任务，建设环境整洁、设施完善、绿色生态、安全有序、管理规范、和谐宜居的“美好幸福小区”。

三、改造范围

城镇老旧小区改造是指对老旧小区及相关区域的建筑、环境、配套设施等进行改造、完善和提升的活动（不含住宅拆除新建)。城镇老旧小区是指城市或县城（城关镇）建成年代较早、失养失修失管、市政配套设施不完善、社区服务设施不健全、居民改造意愿强烈的住宅小区（含单栋住宅楼)，各地要结合实际，合理界定本地区改造对象范围，重点改造2000年底前建成的老旧小区。

四、改造内容

城镇老旧小区改造内容可分为基础类、完善类、提升类3类。

(一）基础类。为满足居民安全需要和基本生活需求的内容，主要是市政配套基础设施改造提升以及小区内建筑物屋面、外墙、楼梯等公共部位维修、清理楼道杂物及各类小广告等。其中，改造提升市政配套基础设施包括改造提升小区内部及与小区联系的供水、排水、供电、弱电、道路、供气、供热、消防、安防、生活垃圾分类、移动通信等基础设施，以及光纤入户、架空线规整（入地）等。

（二）完善类。为满足居民生活便利需要和改善型生活需求的内容，主要是环境及配套设施改造建设、小区内建筑节能改造、有条件的楼栋加装电梯等。其中，改造建设环境及配套设施包括整治小区“脏、乱、差”，清理、拆除各类违章建筑物和侵占绿地、道路的违章设施，整治小区及周边绿化、照明等环境，改造或建设小区及周边适老设施、无障碍设施、停车库（场）、电动自行车及汽车充电设施、智能快件箱、智能信包箱、文化休闲设施、体育健身设施、物业用房、智慧安防等配套设施。

（三）提升类。为丰富社区服务供给、提升居民生活品质、立足小区及周边实际条件积极推进的内容，主要是公共服务设施配套建设及其智慧化改造，包括改造或建设小区及周边的社区综合服务设施、卫生服务站等公共卫生设施、幼儿园等教育设施、周界防护等智能感知设施，以及养老、托育、助餐、家政保洁、便民市场、便利店、邮政快递末端综合服务站等社区专项服务设施。

各地应根据上述内容，结合当地实际情况，依据《陕西省城镇老旧小区改造导则》，确定具体的改造内容清单、可操作的改造标准和支持政策。

五、工作方式

（一）工作流程。城镇老旧小区改造坚持政府引导，遵循以下流程：开展摸底排查——居民意愿调查——设计方案审查——制定实施方案——初步方案公示（居民决策）——申报确定实施方案——制定改造标准及建立改造项目库——组织实施——竣工验收——建立长效管理机制。

（二）实施步骤。

1.制定年度改造计划

（1）摸底调查。由各市、县（区）人民政府组织本级住房和城乡建设部门会同发展改革、财政等部门实施，街道办事处、社区配合，梳理群众改造意愿及群众对改造项目的意见建议。通过摸底调查拟改造项目的具体情况，梳理小区改造项目库。对片区内距离近，但分属不同产权或不同管理主体的老旧小区，鼓励打破小区分割，实施统一设计、统一改造、统一管理，进行集中连片改造。

（2）编制年度改造计划。由各市、县（区）住房和城乡建设部门会同发展改革、财政等部门按照本地区城镇老旧小区改造规划，区分轻重缓急，切实评估财政承受能力，科学编制年度改造计划，不得盲目举债铺摊子，经同级人民政府同意后，报送上一级住房和城乡建设、发展改革、财政部门。建立激励机制，优先对居民改造意愿强、参与积极性高的小区（包括移交政府安置的军队离退休干部住宅小区）实施改造。养老、文化、教育、卫生、托育、体育、邮政快递、社会治安等有关方面涉及城镇老旧小区的各类设施增设或改造计划，以及电力、通信、供水、排水、供气、供热等专业经营单位的相关管线改造计划，应主动与城镇老旧小区改造计划有效对接，同步推进实施。国有企事业单位、军队所属城镇老旧小区按属地原则纳入地方改造规划和计划统一组织实施。

2.制定小区改造方案

列入改造计划的城镇老旧小区应由确定的项目主体单位组织编制改造方案。改造方案应包括项目基本情况、现状调研、改造内容、施工图文件、工程量清单、投资估算、资金来源、物业管理模式、社会经济效益分析等内容。改造方案应在小区进行公示。

3.开展项目审批

城镇老旧小区改造方案公示通过后，应报各县（区）住房城乡建设、发展改革、财政、自然资源、文化和旅游等部门联合审查批准，同步办理立项、用地、规划等前期手续。

4.实施改造施工

（1）质量安全监管。施工单位制定科学的施工组织设计，确保施工质量和安全文明施工。施工现场要公布投诉热线电话，接受居民咨询及监督。建设工程质量安全监督机构要全程介入，做好施工过程监督。住房和城乡建设部门加强对施工现场的监督检查，强化对隐蔽工程全过程监管，杜绝施工扰民。

（2）技术服务指导。设计、施工、管线等单位和技术团队要全过程现场开展跟踪技术服务，根据现场情况调整或变更设计，及时解决现场技术问题，并就调整或者变更设计的技术合理性和经济性向建设单位书面说明。涉及重大内容、投资改变的，履行报批手续后要在小区进行公示。

5.竣工验收

项目完工后，由建设单位组织，街道办事处、社区、业主委员会（或业主代表）和设计、施工、监理、管线等单位共同参与进行验收。同时，要组织小区居民对改造实效进行评价和反馈，及时整改存在问题。验收通过后，抓紧完成竣工财务决算，做好竣工项目的资料整理（特别是隐蔽工程的资料）、归档和移交工作。

6.建立长效管理机制

各县（区）可将有条件的若干个老旧小区捆绑打包，委托物业服务企业管理。

引导业主委员会自主选择专业化物业管理；对未建立住宅专项维修基金的老旧小区，引导业主补交专项维修基金；对已完成改造的无上级产权单位、无物业管理、无人防物防的“三无”小区，可采取引入物业管理、业主自治等多种模式；改造好的小区可通过公共房屋出租、停车计时收费等形式，盘活小区资源，增加小区“造血功能”，为后期维护管理提供资金保障。

六、工作措施

（一）优化项目审批。各地要结合审批制度改革，精简城镇老旧小区改造工程审批事项和环节，构建快速审批流程，积极推行网上审批，提高项目审批效率。可由市、县（区）人民政府组织有关部门联合审查改造方案，认可后由相关部门直接办理立项、用地、规划审批。不涉及土地权属变化的项目，可用已有用地手续等材料作为土地证明文件，无需再办理用地手续。探索将工程建设许可和施工许可合并为一个阶段，简化相关审批手续。不涉及建筑主体结构变动的低风险项目，实行项目建设单位告知承诺制的，可不进行施工图审查。鼓励相关各方进行联合验收。

（二）完善标准体系。各地要依据《陕西省城镇老旧小区改造导则》，研究制定本地区改造方案，逐项明确改造内容。合理确定设计方案及施工工艺，明确智能安防建设要求，鼓励综合运用物防、技防、人防等措施满足安全需要。及时推广应用新技术、新产品、新方法。因改造利用公共空间新建、改建各类设施涉及影响日照间距、占用绿化空间的，可在广泛征求居民意见的基础上一事一议予以解决。

（三）整合存量资源。各地要合理拓展改造实施单元，推进相邻小区及周边地区联动改造，加强服务设施、公共空间共建共享。深入挖掘、统筹利用既有资源空间，增加小区停车位（场）及充电设施供给。加强既有用地集约混合利用，在不违反规划且征得居民同意的前提下，允许利用小区及周边存量土地建设各类环境及配套设施和公共服务设施。其中，对利用小区内空地、荒地、绿地及拆除违法建设腾空土地等加装电梯和建设各类设施的，可不增收土地价款。整合社区服务投入和资源，通过统筹利用公有住房、社区居民委员会办公用房和社区综合服务设施、闲置锅炉房等存量房屋资源，增设各类服务设施，有条件的地方可通过租赁住宅楼底层商业用房等其他符合条件的房屋发展社区服务。

（四）明确土地支持政策。城镇老旧小区改造涉及利用闲置用房等存量房屋建设各类公共服务设施的，可在一定年期内暂不办理变更用地主体和土地使用性质的手续。增设服务设施需要办理不动产登记的，不动产登记机构应依法积极予以办理。

七、工作机制

（一）建立统筹协调机制。建立“省级统筹、市县落实、街道办事处和社区、产权单位、小区居民等全程参与”的工作协调机制。省级相关部门主要负责政策顶层设计、年度改造计划的确定和中央、省级补助资金的拨付，同时协调解决工作推进中的重大问题。各市、县（区）要建立健全政府统筹、条块协作、各部门齐抓共管的专门工作机制，明确各有关部门、单位和街道办事处（镇）、社区职责分工，制定工作规则、责任清单和议事规程，形成工作合力，共同破解难题，统筹推进城镇老旧小区改造工作。

（二）健全动员居民参与机制。各市（区）要结合全省“美好环境与幸福生活共同缔造”活动试点，以老旧小区改造为抓手，建立和完善党建引领城市基层治理机制，充分发挥街道办事处、社区党组织的领导作用，组织引导社区内机关、企事业单位积极配合、参与改造。统筹协调社区居民委员会、小区业主委员会、产权单位、物业服务企业等共同推进改造。将社区治理能力建设融入改造过程，促进小区治理模式创新，推动社会治理和服务重心向基层下移，完善小区长效管理机制。开展基层党组织引领的多种形式基层协商，搭建沟通议事平台，利用“互联网+共建共治共享”等线上线下手段，主动了解居民诉求，促进居民达成共识，发动居民积极参与改造项目方案制定、配合施工、参与监督和后续管理、评价和反馈小区改造效果等，实现决策共谋、问题共找、方案共定、资金共筹、改造共管、效果共评、成果共享。

（三）建立改造项目推进机制。省住房和城乡建设厅会同省发展改革委、省财政厅等部门，采取“月统计、季通报、年考核”的工作推进机制，对全省老旧小区改造计划、项目建设、运行管理等方面进行督导和监管。各市、县（区）人民政府要明确项目实施主体，健全政府、街道办事处、社区、项目实施主体等共同参与的项目推进工作机制，确保项目有序实施。鼓励多种所有制企业作为实施主体承接城镇老旧小区改造，支持有实力的国有企业参与城镇老旧小区改造项目建设。支持市、县政府现有的融资平台在不承担政府融资职能的前提下，通过市场化运营，作为实施主体承接城镇老旧小区改造服务。鼓励采用工程总承包（EPC）、全过程工程咨询服务等推进项目建设。积极推动设计师、工程师、法律顾问以及志愿者进社区，辅导居民有效参与改造。为专业经营单位的工程实施提供支持便利，禁止收取不合理费用。鼓励选用经济适用、绿色环保的技术、工艺、材料、产品。改造项目涉及历史文化街区、历史建筑的，应严格落实相关保护修缮要求，注重维护城市传统风貌特色、地域特征和传统街区肌理，在改善居住条件、提高环境品质的同时，展现城市特色，延续历史文脉。结合城镇老旧小区改造，同步开展“美好幸福小区”、“绿色社区”创建。

（四）强化改造过程质量安全监督机制。各市、县（区）人民政府要把老旧小区改造质量安全管理作为重点工作，切实健全责任主体、实施单位等各方的监督管理制度，细化分工，明确责任，督导责任主体和实施单位按照质量安全标准和规范要求，严把质量安全关，杜绝不合格建材进场，在开复工前对施工现场重要环节、重点部位进行全面彻底检查，重点监督检查各类脚手架、起重设备等安全使用情况，以及危大工程、临时用电、消防等安全管理情况，消除安全生产隐患。要落实全过程留痕要求，特别是隐蔽工程应录制影像资料。要防止不合理赶工期、抢进度现象，严防超定员、超强度加班带来的安全风险，严防高浓度酒精等消毒制剂以及易燃易爆品诱发火灾。

（五）完善改造项目事中事后监管机制。各地在组织施工时，必须按照下达的项目计划，对施工具体内容、投资额、资金来源、计划施工时间等信息进行公示公开，主动接受政府有关部门和社会各界的监督，畅通投诉举报渠道，保障居民在小区改造中的“知情权、参与权、选择权、监督权”，最大限度满足居民需求，真正做到把好事办好，把老旧小区改造做成“民心工程”。各市、县（区）审计部门要适时主动介入，加强对改造项目的审计监督，及时揭示存在的问题，督促整改完善。

（六）完善小区长效管理机制。结合改造工作同步建立健全基层党组织领导，街道办事处、社区居民委员会配合，业主委员会、物业服务企业等参与的联席会议机制，引导小区居民协商确定改造后小区的管理模式、管理规约及业主议事规则，共同维护改造成果。建立健全城镇老旧小区全周期管理机制，完善住宅专项维修资金归集、使用、续筹机制，促进小区改造后维护更新进入良性轨道。省住房和城乡建设厅会同省级相关部门对全省城镇老旧小区改造建设及后续运营管理情况进行考评。制定“以奖代补”政策，鼓励老旧小区运营管理主体不断提高管理维护水平。对于涉及银行借款的老旧小区改造项目，还款期内，各市、县（区）政府部门要督导借款主体落实还款责任，确保按时偿还到期资金，维护良好信用。

八、资金筹措

（一）居民合理出资。按照谁受益、谁出资原则，积极推动居民出资参与改造，可通过直接出资、使用（补建、续筹）住宅专项维修资金、让渡小区公共收益等方式落实。各市（区）人民政府组织有关部门，研究出台住宅专项维修资金用于城镇老旧小区改造的政策。支持小区居民提取住房公积金，用于加装电梯等自住住房改造。鼓励居民通过捐资捐物、投工投劳等支持改造。鼓励有出资意愿的居民结合老旧小区改造同步进行户内改造或装饰装修、家电更新。

（二）政府财政支持。省发展改革委、省财政厅、省住房和城乡建设厅等部门积极争取中央资金支持，并统筹省级财政补助资金支持全省城镇老旧小区改造。中央、省级资金主要用于基础类改造，可适当用于完善类、提升类部分项目的改造。市、县（区）人民政府要加大城镇老旧小区改造同级资金配套力度，要结合实际，将老旧小区改造项目纳入国有住房出售收入存量资金使用范围；同时要加大统筹涉及住宅小区的各类资金用于城镇老旧小区改造，提高资金使用效率。支持各地通过发行地方政府专项债券筹措改造资金。

（三）金融力量参与。省住房和城乡建设厅积极协调各金融机构授信工作。支持城镇老旧小区改造规模化实施运营主体采取市场化方式，运用公司信用类债券、项目收益票据等进行债券融资，但不得承担政府融资职能，杜绝新增地方政府隐性债务。国家开发银行陕西省分行、农业发展银行陕西省分行结合各自职能定位和业务范围，按照市场化、法治化原则，依法合规加大对城镇老旧小区改造的信贷支持力度。各商业银行加大产品和服务创新力度，在风险可控、商业可持续前提下，依法合规对实施城镇老旧小区改造的企业和项目提供信贷支持。国家开发银行陕西省分行依据陕西省人民政府与国家开发银行总行签订的《开发性金融支持城镇老旧小区改造战略合作协议》，参与陕西省城镇老旧小区改造项目规划及项目筛选，在符合国家有关规定及国家开发银行内部授信政策的前提下开展授信工作，加大对老旧小区改造项目的金融服务力度，提供优惠信贷资金支持。支持各金融机构创新金融产品，改善金融服务，探索公司融资模式及项目融资模式为老旧小区改造项目提供融资支持。

（四）专营单位投入。鼓励原产权单位对已移交地方的原职工住宅小区改造给予资金等支持。公房产权单位应出资参与改造。引导专业经营单位履行社会责任，出资参与小区改造中相关管线设施设备的改造提升；专营设施改造前产权属于专业经营单位的，由专业经营单位负责改造；产权不属于专业经营单位的，改造后专营设施设备的产权可依照法定程序移交给专业经营单位，由专业经营单位负责后续维护管理。通过政府采购、新增设施有偿使用、落实资产权益等方式，吸引各类专业机构等社会力量投资参与各类需改造设施的设计、改造、运营。对具备市场化运作条件的社区养老、托幼、医疗、助餐、超市、保洁、文体等公共服务设施，采取各运营主体与小区业主利益捆绑开发、商业捆绑开发等方式，运用市场化方式吸引社会资金参与。支持规范各类企业以政府和社会资本合作模式参与改造。支持以“平台+创业单元”方式发展养老、托育、家政等社区服务新业态。

（五）落实税费减免。专业经营单位参与政府统一组织的城镇老旧小区改造，对其取得所有权的设施设备等配套资产改造所发生的费用，可以作为该设施设备的计税基础，按规定计提折旧并在企业所得税前扣除；所发生的维护管理费用，可按规定计入企业当期费用税前扣除。在城镇老旧小区改造中，为社区提供养老、托育、家政等服务的机构，提供养老、托育、家政服务取得的收入免征增值税，并减按90%计入所得税应纳税所得额；用于提供社区养老、托育、家政服务的房产、土地，可按现行规定免征契税、房产税、城镇土地使用税和城市基础设施配套费、不动产登记费等。

九、组织保障

（一）统筹推进工作。城镇老旧小区改造作为落实“美好环境与幸福生活共同缔造”活动中城市更新内容的重要载体，各市（区）要以“共同缔造”的理念，将城镇老旧小区改造作为当前城市居住社区建设补短板行动和城市更新行动的重要内容，同步推进城镇老旧小区改造工作和“美好环境与幸福生活共同缔造”活动。

（二）层层压实责任。市县（区）政府要落实主体责任，主要负责同志要亲自抓，成立工作领导小组，组织本级政府审核城镇老旧小区改造年度申报计划和项目内容清单，进行财政承受能力评估，多方筹措老旧小区改造资金，做好辖区内老旧小区改造工作。项目责任主体要做好项目的规划设计、质量安全监管等工作，街道办事处和社区要统筹协调业主委员会、物业服务公司等，做好老旧小区改造宣传发动、群众意愿征集、化解处理矛盾纠纷等工作。省住房城乡建设厅会同省发展改革委、省财政厅等省级相关部门加强工作指导、督导检查，确保工作有序推进。

（三）做好宣传引导。加大对优秀项目、典型案例的宣传力度，加强政策解读，让群众知晓城镇老旧小区改造对象、条件、标准和范围。同时，充分利用传统媒体和新兴媒体以及群众喜闻乐见的多种形式组织宣传，着力引导群众转变观念，形成社会各界支持、群众积极参与的浓厚氛围，不断增强群众的获得感、幸福感、安全感，奋力谱写陕西新时代追赶超越新篇章。

4.2 浙江省住房和城乡建设厅 浙江省发展和改革委员会 浙江省财政厅印发《全省城镇老旧小区改造试点工作方案》

浙江省住房和城乡建设厅　浙江省发展和改革委员会
浙江省财政厅印发《全省城镇老旧小区改造试点工作方案》

为扎实推进我省全国城镇老旧小区改造试点省建设，加快探索建立城镇老旧小区改造体制机制，为全国城镇老旧小区改造提供浙江样板，现制定如下方案：

一、试点范围和时间

（一）试点范围：11个设区市

（二）试点时间：2019年11月至2020年6月

二、试点目标

建立省级层面和11个设区市推动城镇老旧小区改造的体制机制和支持政策体系，有序推进，分步实施，最终获取“五个一”试点工作成果：摸索一套社会参与、多元筹资的机制，制定一套改造的标准规范和质量安全监管机制，出台一系列优化改造审批流程、盘活空间资源等创新政策，形成一套老旧小区长效管理机制，创新一种建筑业、制造业、服务业与老旧小区改造深度融合的新模式。

三、试点任务

（一）建立城镇老旧小区改造工作统筹协调机制。

完善“业主主体、社区协同、政府引领、各方支持”的体制机制，统筹相关部门政策和资源，结合改造完善社区综合服务站、卫生服务站、幼儿园、室外活动场地等设施，打通各部门为民服务的“最后一公里”。

建立协调电力、通信、供水、排水、供气、供热等相关经营单位调整完善各自专项改造规划，协同推进城镇老旧小区改造的机制。

按照“一小区一方案”原则，做好城镇老旧小区改造方案。由建设部门会同发展改革、自然资源等部门优化审批流程、压缩审批时限。

构建适应改造需要的标准规范体系，对不适应改造需要的标准规范，在地方调整权限内的及时调整，超出地方调整权限的，及时上报修改意见建议。

成果：2019年12月初省级层面下发指导意见，建立健全组织机制。12月底前，11个设区市制定建立统筹协调机制的文件，建立责任清单。

（二）建立城镇老旧小区改造项目生成机制。

主要依据设施、功能完备状况等，合理确定改造对象范围。在此基础上，摸清各类城镇老旧小区底数。

以尊重群众意愿为前提，优先考虑居民改造意愿强、参与积极性高的小区，合理确定基础类、完善类、提升类的城镇老旧小区改造内容清单，并明确相应改造和验收标准。

统筹考虑必要性和可行性、地方财力和群众意愿等，自下而上编制全省城镇老旧小区改造三年行动方案（2020—2022年），建立相应项目库。

成果：2019年11月底前11个设区市完成城镇老旧小区改造三年行动方案（2020—2022年）的编制。12月底前，省级层面完成全省城镇老旧小区改造三年行动方案（2020—2022年）的编制，省级层面、11个设区市在相关文件中明确城镇老旧小区改造项目生成的基本原则和要求。

（三）建立政府与居民合理共担改造资金机制。

结合不同改造内容明确出资机制。结合拟改造项目的具体特点和改造内容，合理确定改造资金共担机制，通过居民合理出资、政府给予支持、管线单位和原产权单位积极支持，实现多渠道筹措改造资金。原则上，基础类改造内容，即满足居民安全需要和基本生活需求的，政府应重点予以支持；完善类，即满足居民改善型生活需求和生活便利性需要的，政府适当给予支持；提升类，即丰富社会服务供给的，以市场化运作为主，政府重点在资源统筹使用等方面给予政策支持。

落实居民出资。建立居民对不同改造内容，按不同比例承担出资责任的规则；探索动员、引导居民按规定出资参与改造的有效工作方法；明确居民可通过直接出资、使用住宅专项维修资金、个人提取公积金、捐资捐物、投工投劳等多方式参与改造。

政府加强资金统筹使用。各级政府应统筹中央补助资金、地方各渠道财政性资金及有关部门各类涉及住宅小区的专项资金，用于城镇老旧小区改造，提高资金使用效率。

引导管线单位或国有专营企业出资参与改造。政府通过明确相关设施设备产权关系，引导管线单位或国有专营企业对供水、供电、供暖、供气、通信等专业经营设施设备的改造提升。

争取地方政府债券支持。在做好老旧小区改造项目方案的规划设计和成本测算等工作的基础上，可选择符合地方政府债券发行条件的项目，争取地方政府债券支持。

试点成果：2019年12月底前，11个设区市出台文件，明确支持城镇老旧小区改造具体政策。

（四）探索社会力量以市场化方式参与的机制。

采取政府采购、新增设施有偿使用、落实资产权益等方式，吸引专业机构、社会资本参与养老、抚幼、助餐、家政、保洁、便民市场、便利店、文体等服务设施的改造建设和运营。

在改造中，对建设停车库（场）、加装电梯等有现金流的改造项目，鼓励运用市场化方式吸引社会力量参与。

从土地、规划、不动产登记等方面创新支持市场化、可持续推进城镇老旧小区改造的政策。

试点成果：2019年12月底前，省级层面在相关文件中明确支持社会资本参与社区服务设施的改造建设和运营，杭州市、宁波市、嘉兴市、绍兴市、金华市等城市出台文件，明确支持社会力量以市场化方式参与的政策并确定1—2个项目开始探索。

（五）探索金融机构以市场化方式支持的机制。

试点城市在不增加地方政府隐性债务，保持本地区房地产平稳健康发展的前提下，探索金融机构以市场化方式加大对城镇老旧小区改造的金融支持。

积极培育城镇老旧小区改造规模化实施运营主体，为金融机构提供清晰明确的支持对象。

充分利用金融机构提供的住房租赁金融产品和服务，积极推进增加租赁住房供应的城镇老旧小区改造。

试点成果：2019年12月底前，杭州市、宁波市完成5个项目市场化融资方案编制，温州市、台州市完成3个项目市场化融资方案编制，明确资金来源渠道；2020年6月底前，项目各渠道资金落实到位。省级层面编制案例汇编。

（六）建立健全动员群众共建机制。

运用美好环境与幸福生活共同缔造理念和方法，把推进城镇老旧小区改造与加强基层党组织建设、社区治理体系建设有机结合，充分发挥基层党组织统领全局、协调各方的作用，推动构建“纵向到底、横向到边、协商共治”的社区治理体系。

搭建沟通议事平台，利用“互联网+共建共治”等线上线下手段，开展小区党组织引领的多种形式基层协商，改造前问需于民，改造中问计于民，改造后问效于民，实现决策共谋、发展共建、建设共管、效果共评、成果共享。

积极推动规划师、设计师、工程师进社区，辅导居民有效参与改造，实现共建共享。

充分发挥社会监督作用，畅通投诉举报渠道，组织做好工程验收移交。

成果：2019年12月底前，省级层面和杭州市、宁波市、湖州市、嘉兴市、绍兴市制定印发在城镇老旧小区改造中开展美好环境与幸福生活共同缔造活动实施方案；杭州市和宁波市各确定6个美好环境与幸福生活共同缔造试点社区，湖州市、嘉兴市、绍兴市各确定3个美好环境与幸福生活共同缔造试点社区。其他有条件的设区市也可按情况开展此项工作。

（七）建立健全改造项目推进机制。

明确城镇老旧小区改造的责任主体和实施主体。

制定城镇老旧小区改造工作流程、项目管理机制，明确相应的责任制。

建立适应改造需要的项目审批制度和模式。结合工程建设项目审批制度改革，建立城镇老旧小区改造项目审批绿色通道。采取告知承诺、建立豁免清单、下放审批权限等方式，简化立项、财政评审、招标、消防、人防、施工等审批及竣工验收手续。

健全适应改造需要的标准规范体系。通过综合运用物防、技防、人防等措施满足消防安全需要。通过应用新技术、新产品、新方法，优化完善有关建筑消防标准。在广泛征求群众意见基础上，对新建、改建基础设施和服务设施影响日照间距、占用绿地等公共空间的，因地制宜予以解决。

试点成果：2019年12月底前，省级层面出台城镇老旧小区改造技术导则、优化项目审批等政策，11个设区市结合实际进一步细化内容，明确相关要求。

（八）建立存量资源整合利用机制。

合理拓展改造实施单元，推进相邻小区及周边地区联动改造，实现片区服务设施、公共空间共建共享。

研究支持存量资源整合利用的政策。对改造中拆除违法违章建筑、临时建筑腾空的土地，整理乱堆乱放区域等获得的用地，优先用于配套设施、服务设施建设，或用于改善小区及周边环境。

推进既有用地集约混合利用。在征得居民同意前提下，利用小区及周边空地、荒地、闲置地、待改造用地及绿地等，新建或改扩建停车场（库）、加装电梯等各类配套设施、服务设施、活动场所等。

对各类公有房屋进行统筹使用。利用社区综合服务中心、社区居委会办公场所、社区卫生站以及住宅楼底层商业用房等小区公有住房，改造利用小区内的闲置锅炉房、底层杂物房，增设养老、托幼、家政、便利店等服务设施。

有条件的小区，改造后引进专业团队运营电梯加装、停车管理、公共广告及部分社区服务设施等，通过合理开发，实现资金运营自平衡。

试点成果：2019年12月底前，11个设区市出台文件，明确存量资源整合利用的思路和要求；省级层面在汇集各设区市思路做法的基础上，出台支持存量资源整合利用的相关文件。

（九）在小区改造基础上，推动建立后续长效管理机制。

以推行“共同缔造”理念为基础，结合改造以加强基层党建为统领，提升基层社区治理能力，构建“纵向到底、横向到边、协商共治”的社区治理体系等。

完善基层党组织，加强老旧小区业主大会、业主委员会建设，实行社区党组织和业主委员会成员双向交叉任职。

探索建立建设、公安、综合执法、应急管理、卫生健康、生态环境等部门联合执法机制。

按照“同步改造提升，同步服务提升”原则，改造后的老旧小区可根据实际情况选择聘用专业物业公司、准物业服务或实行业主自治管理。

对部分房改房维修资金不足或未建立物业专项维修资金的老旧小区，探索改造后小区建立物业专项维修资金的机制。

修订浙江省物业专项维修资金管理办法。

试点成果：2019年12月底前，省级层面、11个设区市制定结合改造同步建立小区后续管理机制的政策。试点期间，杭州市、宁波市、衢州市、舟山市、丽水市各建立1—2个示范小区。

（十）梳理总结可复制可推广经验做法。归集整理各市、县出台的城镇老旧小区改造相关法规、政策、文件并汇编成册。总结提炼各地进行城镇老旧小区改造的成功经验和做法，形成既富有地方特色、又可复制可推广的典型案例，用于指导工作实践，为全国城镇老旧小区改造提供示范。

四、试点要求

（一）编制试点方案。11个设区市根据试点内容，因地制宜制订城镇老旧小区改造试点方案，进一步细化试点内容、明确部门职责、提出目标任务等，并于12月中旬将试点方案报省建设厅备案。

（二）推进试点项目。试点期间，每个设区市应根据当地实际，确定若干不同类型（不同建成年代、不同房屋产权、不同房屋性质）城镇老旧小区改造项目，对照试点任务先行先试，力争形成可复制可推广经验做法。

（三）提报意见建议。11个设区市在试点期间，如有需省级层面予以政策支持或协调解决的问题，在充分调研的基础上提出建议，及时报省建设厅。

（四）总结试点经验。12月底前，各设区市报告试点中期进展；2020年6月底前，形成试点工作总结。在此基础上，省级层面形成全省试点工作报告上报住房城乡建设部。

4.3 山东省人民政府办公厅关于印发山东省深入推进城镇老旧小区改造实施方案的通知（鲁政办字〔2020〕28号）

山东省人民政府办公厅
关于印发山东省深入推进城镇老旧小区改造实施方案的通知

鲁政办字〔2020〕28号

各市人民政府，各县（市、区）人民政府，省政府各部门、各直属机构，各大企业，各高等院校：

《山东省深入推进城镇老旧小区改造实施方案》已经省委、省政府同意，现印发给你们，请结合实际认真贯彻落实。

山东省人民政府办公厅

2020年3月6日

（此件公开发布）

山东省深入推进城镇老旧小区改造实施方案

为贯彻落实党中央、国务院决策部署，深入推进城镇老旧小区改造，制定本实施方案。

一、总体要求

（一）指导思想。以习近平新时代中国特色社会主义思想为指导，把城镇老旧小区改造作为重大的民生工程和发展工程，结合城镇低效用地再开发，补齐城市配套设施和人居环境短板，完善社区管理和服务，创新政府引导、市场运作的可持续改造模式，提升居民居住环境和生活质量。

（二）改造范围。老旧小区是指2005年12月31日前在城市或县城国有土地上建成，失养失修失管严重、市政配套设施不完善、公共服务和社会服务设施不健全、居民改造意愿强烈的住宅小区。老旧小区改造是指对老旧小区及相关区域的建筑、环境、配套设施等进行改造、完善和提升的活动（不含住宅拆除新建）。

（三）工作目标。到“十四五”末，在确保完成2000年前建成的老旧小区改造基础上，力争基本完成2005年前建成的老旧小区改造任务，建设宜居整洁、安全绿色、设施完善、服务便民、和谐共享的“美好住区”。

二、统筹实施

（一）编制老旧小区改造计划。市、县（市、区）政府要对老旧小区全面调查摸底，建立老旧小区数据库。坚持居民自愿、自下而上的原则，确定拟改造项目及时序，逐级生成县（市、区）、市、省老旧小区改造总体计划（2020—2025）和分年度计划。

（二）因地制宜制定改造标准。制定《全省老旧小区改造提升技术导则》，分基础、完善、提升三类，对老旧小区和周边区域的改造内容进行丰富和提升。基础类改造主要是拆违拆临、安防、环卫、消防、道路、照明、绿化、水电气暖、光纤、建筑物修缮、管线规整等，突出解决基础设施老化、环境脏乱差问题；完善类改造主要是完善社区和物业用房、建筑节能改造、加装电梯、停车场、文化、体育健身、无障碍设施等；提升类改造主要是完善社区养老、托幼、医疗、家政、商业设施以及智慧社区等。由市、县（市、区）确定老旧小区改造标准。

（三）引导小区群众积极参与。加强社区党建工作，提高基层治理水平，坚持共同缔造原则，广泛发动群众共谋共建共管共评，实现改造成果共享。社区党组织、居委会组织业主委员会等基层组织，征求居民意愿，确定改造项目、内容及改造完成后的物业管理模式，实行“一小区一策”。引导居民通过住宅专项维修资金、小区公共收益、捐资捐物等渠道出资改造，促进住户户内门窗、装修等消费。

（四）强化专营设施协同改造。老旧小区内入户端口以外需要改造的供水、供电、供气、供暖、通信、有线电视等专业经营设施，产权属于专营单位的，由专营单位负责改造；产权不属于专营单位的，政府通过“以奖代补”等方式，支持专营单位出资改造，与老旧小区改造同步设计、同步实施。改造后的专营设施产权移交给专营单位，并由专营单位负责维护管理。政府对相关专营单位、负责人的经营考核中应充分考虑企业此类支出负担。

（五）完善社区服务设施。集约高效利用土地，深入挖掘小区内空间资源，整合小区周边零星碎片化土地，利用机关企事业单位的空置房屋等社会资源，在老旧小区内及周边健全社区养老、托幼、医疗、停车场、体育健身、文化、应急救援站等公共服务设施，完善家政、助餐、便民市场、便利店等社会服务设施，按规定标准建设完善社区党群服务中心。

（六）提高项目审批效率。简化老旧小区改造项目审批，征求居民意见编制的改造方案，由县（市、区）住房城乡建设、发展改革、财政、自然资源和规划部门联合审查批准。在不新增建设用地、不新增污染物排放的情况下，优化老旧小区改造土地、环评等手续。

（七）加强工程建设管理和物业管理。鼓励以街道或社区为单位对区域内的老旧小区联动改造，统一设计、招标、建设和竣工验收，确保工程质量和施工安全。建立老旧小区改造评价机制和信息管理系统。推行社区党组织领导下的社区居委会、业主委员会、物业服务企业共商事务、协调互通的管理模式。建立分类施策的老旧小区物业管理模式，改造后的老旧小区实现物业管理全覆盖。

三、创新改造方式和融资模式

按照不增加政府隐性债务、保持房地产市场平稳健康发展、培育形成相对稳定现金流、引入社会资本的原则，结合城镇低效用地再开发，在多元融资上下功夫，创新老旧小区及小区外相关区域“4+N”改造方式和融资模式。

（一）大片区统筹平衡模式。把一个或多个老旧小区与相邻的旧城区、棚户区、旧厂区、城中村、危旧房改造和既有建筑功能转换等项目捆绑统筹，生成老旧片区改造项目，加大片区内D级、C级危房改造力度，做到项目内部统筹搭配，实现自我平衡。

（二）跨片区组合平衡模式。将拟改造的老旧小区与其不相邻的城市建设或改造项目组合，以项目收益弥补老旧小区改造支出，实现资金平衡。

（三）小区内自求平衡模式。在有条件的老旧小区内新建、改扩建用于公共服务的经营性设施，以未来产生的收益平衡老旧小区改造支出。

（四）政府引导的多元化投入改造模式。对于市、县（市、区）有能力保障的老旧小区改造项目，可由政府引导，通过居民出资、政府补助、各类涉及小区资金整合、专营单位和原产权单位出资等渠道，统筹政策资源，筹集改造资金。

（五）鼓励各地结合实际探索多种模式。引入企业参与老旧小区改造，吸引社会资本参与社区服务设施改造建设和运营等。

四、创新支持政策和配套措施

（一）加强规划统筹。市、县（市、区）住房城乡建设、自然资源和规划部门组织编制老旧片区改造实施方案，测算所需投资和未来收益，合理划分改造区域，优化资源配置，策划、设计可以产生现金流的老旧片区改造项目。对在小区内及周边新建、改扩建社区服务设施的，在不违反国家有关强制性规范、标准的前提下，可适当放宽建筑密度、容积率等技术指标。

（二）探索土地支持政策。鼓励各地积极探索土地出让支持大片区统筹改造或跨片区组合改造的政策措施。把大片区统筹改造和跨片区组合改造与城镇低效用地再开发项目统筹谋划，并结合实际给予相应政策支持。老旧小区“15分钟生活圈”内城镇低效用地再开发整理腾出的土地，优先用于建设社区服务设施。

（三）创新财政资金政策。积极争取中央补助资金，各级财政在预算中统筹安排资金用于老旧小区改造，可采取投资补助、项目资本金注入、贷款贴息等方式，发挥财政资金引导作用。省财政对纳入省项目库的承担全国老旧小区改造试点任务或“4+N”融资试点任务的项目择优给予奖补资金支持。调剂部分地方政府一般债券用于老旧小区改造；严格执行专项债券用于有收益的公益性资本支出的规定，对符合条件的老旧小区改造项目可通过发行地方政府专项债券筹措改造资金。各地整合涉及老旧小区的民政、城市建设和管理、文化、卫生、商务、体育等渠道相关资金，统筹投入老旧小区改造。既有住宅加装电梯涉及公有住房的，由其产权单位按居民约定比例出资。

（四）创新不动产登记做法。小区内增加公共建筑的，立项前与小区业委会、居委会等相关方达成权属协议，在产权明晰的基础上，探索所增加公共建筑不动产登记的具体做法。

（五）加大信贷支持。国家开发银行山东省分行、中国农业发展银行山东省分行在依法合规、风险可控的前提下，加大对老旧小区改造项目的金融服务力度，优化贷款流程和授信进度，提供信贷资金支持。支持商业银行、基金公司等金融机构创新金融产品，改善金融服务，为老旧小区改造项目及居民户内改造和消费提供融资支持。

五、强化实施保障

省级建立老旧小区改造工作协调机制。各市政府为责任主体，县（市、区）政府为实施主体，建立协调机制和工作专班，层层压实责任，推动工作落实。

4.4 中共广州市委 广州市人民政府关于深化城市更新工作推进高质量发展的实施意见（穗字〔2020〕10号）

中共广州市委 广州市人民政府
关于深化城市更新工作推进高质量发展的实施意见

穗字〔2020〕10号

为深入贯彻习近平新时代中国特色社会主义思想，全面贯彻党的十九大和十九届二中、三中、四中全会精神，深入贯彻习近平总书记对广东重要讲话和重要指示批示精神及中央城市工作会议精神，落实省委、省政府“1+1+9”工作部署和市委、市政府“1+1+4”工作举措，紧紧围绕实现城市新活力、“四个出新出彩”，坚持人民城市为人民，坚持高质量发展，坚持生态优先，坚持保护并传承历史文化，持用“绣花”功夫管理城市，强化规划统筹，全面深化改革，以统筹城市更新九项重点工作为抓手，加快形成新发展格局，推动城市高质量发展，推进城市治理体系和治理能力现代化，现提出如下实施意见。

一、总体要求

（一）塑造高质量发展新空间。基于“山水城田海”的自然本底和2200多年的悠久历史文化，以“美丽宜居花城、活力全球城市”为目标愿景，优化空间资源要素配置，形成沿珠江水系的多中心、网络化空间格局。通过系统推进城市更新，全面提高土地利用效率，形成以调整重构为主、结构性拓展为辅的空间发展模式，推动价值空间的释放，促进产业空间供给、城市品质提升、就业和产业结构升级，实现“住有所居”、社区共建共治共享、社会融合等多元目标，形成与绿色高质量发展相适应的美丽国土空间格局。

（二）优化城乡功能结构布局。抓重点、补短板、强弱项，通过深化城市更新工作，高水平统筹推进旧城镇、旧厂房、旧村庄改造，村级工业园、低效物流园、传统批发市场整治提升和违法建设拆除、黑臭水体治理、“散乱污”场所整治等九项重点工作，系统解决发展不平衡不充分的问题。通过城市更新，保障城市重点功能平台建设，加强新型基础设施建设，不断提高基础设施和公共服务设施的空间供给与服务水平，推动基本公共服务均等化，打造宜居宜业宜游优质生活圈，增强人民群众获得感、幸福感、安全感，促进城市可持续发展。

（三）传承历史文脉。高度重视历史文化保护，始终把保护放在第一位，不急功近利，不大拆大建，突出地方特点和岭南特色，注重文明传承与文化延续，让城市留下记忆，让人们记住乡愁。

（四）营造国际一流人居环境。强化城市风貌管控，注重人居环境改善，体现城市精神、展现城市特色、提升城市魅力。在城市更新中特别注重传统与现代融合发展，通过城市更新丰富多层次的街道空间，使城市空间更通透开阔、建筑更有美感、交通更加顺畅、服务更加完善、生活更加舒适，不断提高城市环境品质。

（五）促进社会协同治理。直面城乡二元结构矛盾，处理好城市更新和社会治理的关系，通过多元化的城市更新手段促进社会关系融合，建设开放包容的都市。通过为城市提供满足多层次需求的宜居住房、中低成本的生产与创新空间，丰富城市供给的多样性；构建新型社会治理体系，健全城乡要素自由流动、平等交换的体制机制，促进改造开发和后续管理有效结合，综合推进户籍、土地、社区管理、社会保障等配套改革，满足村民、外来人口转化为“新市民”的需求，促进实现城乡一体、共建共治、普惠共享、融合发展。

二、目标任务

按照“规划统筹、分类指导、连片策划、精准施策”原则，采取修复与活化利用、城市有机更新、全面改造和微改造相结合方式推进，落实市委、市政府部署的城市更新九项重点工作，实现城市面貌年年有变化、五年大变化、十年焕然一新。

2025年底前，先行推进重点地区更新，着重推进城中村及周边地区存量用地改造，有序推进旧城镇、旧厂房改造以及村级工业园、低效物流园、传统批发市场的整治提升工作。国土空间总体规划确定的重大功能平台核心区已划定为全面改造和战略基础设施涉及的更新片区，结合近期规划纳入先行改造。重点包括机场周边地区、铁路枢纽周边、广州人工智能与数字经济试验区、中新广州知识城片区、白鹅潭商务区、广佛高质量发展融合示范区启动区等。

2030年底前，全面推进城市集中建成区更新，以城市集中建成区内的旧村庄改造为重点，统筹推进旧城镇、旧厂房改造，牵引整合周边村级工业园、低效物流园和传统批发市场等重点工作，实现成片连片更新，推动城市集中建成区的品质全面提升。重点包括国土空间总体规划确定的重大功能平台、轨道站点周边、城市门户地区和景观廊道沿线涉及的存量用地。

2030年之后，推进全域存量用地系统更新。盘活后的存量用地优先用于落实粤港澳大湾区战略部署、促进民生发展、增加绿地供给、保障产业空间，为高水平全面实现老城市新活力、“四个出新出彩”，持续提升广州城市能级和综合竞争力提供最有效的支撑。

三、深化改革创新，推动城市更新工作提质增效

（一）规划统筹，全面提质

1.规划引领，统筹推进。在国土空间总体规划指引下，打破行政村界，推进连片策划和成片规划，科学布局“生产、生活、生态”空间，结合国民经济和社会发展规划、产业专项规划，以及综合交通枢纽、重大基础设施、重点功能区、重点平台建设和重大民生项目、生态修复、历史文化遗产保护利用、工业产业区块等，制定深化城市更新工作推进高质量发展的工作方案（三年实施计划、五年行动方案和十年改造规划等）。各区按照国土空间总体规划，从底线约束、发展容量、用地结构、城市设计、配套设施、公共开敞空间、宜居住房等方面，按国土空间详细规划单元进行规划统筹，分期分片实施。

2.产城融合，分区施策。城市更新应与国民经济和社会发展规划、产业专项规划结合，加强产业导入，降低企业成本，释放科创空间，引入科技创新产业、文化产业和现代服务业，推动村级工业园、物流园、传统批发市场转型升级；着

重引入龙头企业，带动产业转型升级。在充分考虑产业发展和职住平衡的基础上，合理配置详细规划单元产业建设量占总建设量的比例。重点地区的项目优先全面改造，侧重产业发展，注重产城融合。探索设置弹性用地和区域性功能留白机制，更好地适应产业发展和城市功能转变的需求。历史文化街区、历史文化名镇名村、历史风貌区、传统村落保护范围内不适用全面改造，原则上以现状保留及微改造为主，做好历史文化遗产保护利用工作。

3.保障民生，补强短板。落实城乡公共服务均等化要求，配齐公共服务设施，高标准配置教育、医疗、文化、城管、体育、养老、配送等设施，协同推进交通、电力、环卫、给排水等重大市政基础设施建设，保障相关项目用地供应。优先设置独立占地的社区中心，将公共服务设施及公共空间集中设置。在城中村改造中，鼓励引入优质教育资源，实现地铁、医疗、体育、文化、公园、养老等设施服务全覆盖；统筹配建公共租赁住房、共有产权住房以及人才公寓，合理配置小面积市场化租赁住房。旧城镇改造优先补足配套公共服务设施。做好更新改造后物业管理服务，因地制宜确定物业管理模式。

4.传承文化，突出特色。保护“山水城田海”总体空间格局和“两带三廊、三道十区”的保护传承总体结构，坚守历史文化保护底线，落实历史文化名城保护规划，对历史城区、26片历史文化街区、7个历史文化名镇名村、19片历史风貌区、91个传统村落、3425处不可移动文物、817处历史建筑等历史文化遗产进行优先保护、原址保护、整体保护，培育既有国际视野又有民族文化自信的工匠队伍，强化修缮工程监管，提升改造工程品质，注重文明传承与文化延续，多措并举促进历史文化遗产保护利用。鼓励城市更新改造项目延续传统格局和历史风貌，设立博物馆、图书馆、陈列展览馆、艺术馆等文化设施，在历史文化街区、历史文化名镇名村、旅游文化特色村设立旅游服务设施，规范完善旅游标识系统，支持开发文化旅游市场功能。

5.生态优先，打造精品。坚持“大师领衔、专家咨询、公共参与”，加强城市更新前瞻性和战略性，鼓励邀请院士、大师团队以及国内外名家大师参与城市更新策划咨询，提升规划设计水平，突出地方特色，打造精品项目。非重点地区涉及生态保护等情况的城市更新项目以综合整治为主，落实生态保护要求，着力打通城中村安全通道，拓展城中村生态空间；城市重要景观风貌通道沿线的城市更新项目因地制宜制定改造方案，全面提升沿线的城市风貌和品质；补强城市综合防灾体系，有效防御地震、地质灾害、洪涝、台风等自然灾害。加强质量安全管理和风险管控，建立城市更新工程安全隐患排查长效机制。推进建筑绿色化发展，落实绿色节能、循环经济和海绵城市建设要求，做好建筑废弃物可回收利用、防洪排涝评估，提高防洪排涝建设标准，解决城市防洪排涝安全、雨水收集利用、水体治理等问题。

6.智能建造，智慧管理。加强信息技术应用，发展智能建造技术，积极推广应用装配式建筑。按照“完整社区、智慧社区”标准推动更新改造，大力推进社区信息基础设施建设，建设社区级CIM（城市信息模型）平台，提升社区基础设施集约化和智能化水平。将城市管理、物业管理、小区居民需求有机融合，促进公共服务智能化、社区管理精细化。推动全市微改造小区和新建小区向智慧型转变，构建设施智能、服务便捷、管理精细的智慧社区。

7.储改结合，成片整备。兼顾城市发展与各方利益，以土地整备为抓手，通过科学划定城中村改造和土地收储范围，在满足城中村改造需求的同时，协同推进土地储备工作，为区域发展和品质提升提供用地保障。

8.整合项目，统筹实施。协同推进老旧小区微改造项目、历史文化遗产保护利用项目及其他特殊控制区内更新项目与城市更新全面改造项目组合实施。在城市更新改造中探索在本区内跨项目统筹、开发运营一体的新模式，实行统一规划、统一实施、统一运营。城市更新微改造项目原则上区内统筹平衡。受白云国际机场、白云山等特殊控制区影响的城市更新项目可通过全域统筹、联动改造实现异地平衡，原则上在本区内平衡，特殊情况可由市层面组织对改造方案涉及的跨区平衡事项进行研究。

9.固化底数，杜绝“两违”。各区要加快基础数据和历史文化遗产摸底工作，并固化基础数据摸查结果，保持高压态势，以“零容忍”的态度重拳打击“两违”行为和拆除、破坏、涂损历史文化遗产行为，杜绝新增违法用地和违法建设以及拆除、破坏、涂损历史文化遗产；健全堵疏结合机制，合理有效治理历史存量违建，做好风险防范。

（二）规范流程，稳步推进

10.简化前期工作，加快项目启动。纳入三年实施计划和五年行动方案的，或市委、市政府部署推进的项目，自动进入城市更新项目储备库，可先行开展基础数据调查等前期工作，详细规划的必要性论证内容可纳入详细规划的修改方案中，一并公示和报批。对于多条村成片连片改造的项目，可在市组织基础数据普查时按入户调查深度完成数据调查；对于单条村改造的项目，由各区按规定组织基础数据调查。原则上由市组织数据核查工作，黄埔区、南沙区、增城区和广州空港委可自行组织数据核查。对于纳入十年改造规划的项目，各区可根据需要参照上述规定执行。

11.加快方案编制，推行并联审批。纳入三年实施计划、五年行动方案和十年改造规划的项目，片区策划方案、详细规划修改方案和实施方案可同步编制、统一编制，同步征求专家、职能部门、公众意见，并推行片区策划方案和评细规划修改方案提交市城市更新工作领导小组与市城市规划委员会“套开会议”审议或同步审议，具备审议条件的实施方案也可同步提交审议。

12.分层分级管控，优化审批机制。探索建立“单元详细规划+地块详细规划”分层编制和刚弹结合分级审批管控体系。刚性指标由市政府审批，因项目实施需要，弹性指标优化可由区政府审批。

13.分阶段施工许可，加快“三旧”用地报批。按照“提高效率、并联审批”原则，可在详细规划修改方案批复后，先行办理建筑方案审查、分阶段施工许可等手续。集体建设用地转为国有建设用地涉及同步办理完善集体建设用地手续的，由区政府对该建设用地来源合法情况出具说明，单独组卷，同步审查，同步报批。

14.优化村民议事规则，提高集体表决效率。纳入三年实施计划、五年行动方案的城中村改造项目，拆迁补偿安置方案表决比例不低于村民（含“村改居”后的居民）和世居祖屋权属人总人数的80%，其余改造相关事项的表决按照《广东省农村集体经济组织管理规定》以及村集体经济组织股份制章程的规定执行。

（三）深化改革，全力攻坚

15.鼓励土地整合，支持成片连片改造。城中村全面改造项目因用地和规划条件限制无法实现资金平衡或涉及重点区域、重要地段、重要节点需要统筹改造，符合国土空间总体规划的，原则上在本行政村（转制社区）范围内，改造主体可整合收购邻近国有用地用于复建安置和公益设施，或将村集体建设用地与政府储备用地置换。

改造主体整合收购邻近的国有用地用于复建安置和公益设施的，土地整合改造成本可按旧村庄、旧城镇有关的成本核算办法执行；也可参照《广州市深入推进城市更新工作实施细则》关于收回国有旧厂房整宗土地的规定计算改造成本；涉及旧城镇的，也可参照《广州市国有土地上房屋征收与补偿实施办法》的补偿标准计算改造成本。原则上被收购整合的国有用地（不含“三地”）不超过改造范围总面积的10%，且被收购整合的国有用地上的建（构）筑物不再予以复建安置。

政府储备用地与村集体建设用地置换的，依据“面积相等、价值相当、权属清晰、双方自愿”原则置换后纳入改造范围，实现多宗地块整合后统一协议出让。

16.鼓励留用地纳入改造，统筹编制改造方案。农村集体经济组织可将留用地或未兑现的留用地指标纳入城中村攻造范围一并改造；城中村全面改造项目因用地和规划条件限制无法实现资金平衡的，可将本村权属范围内符合国土空间总体规划的其他用地纳入城中村改造范围一并实施，并抵扣留用地指标，留用地指标不足的可按规定预支留用地指标。

上述用地的权益按留用地管理规定的用途计算并在改造范围内统筹落实，其具体地块建设用途可结合城中村改造需求统筹研究确定（住宅、商业、商务、科技创新或工业等），供地方式按照城市更新政策办理。

17.动态分期，以拆促改。建立健全安全生产、生态环境、公安、消防、城管、市场监管、税务、供水供电等部门联合执法的机制，形成合力，铁腕清理城中村违法建设和违规生产经营行为。结合“两违”整治强力推进违法用地、违法建设拆除搬迁，以拆促改。城中村改造项目可在实施方案批复后，按“民生先行、灵活分片、动态分期”原则，签一片、拆一片、供一片、建一片，先行建设复建安置房、公共服务配套设施、交通基础设施，并优先移交投入使用。可根据实施情况分地块申请办理规划、用地、施工等许可事项，以支持项目加快施工建设。

18.加强合作企业管理，完善引入退出机制。注重产业优先、实力优先、信誉优先，通过公开招商优先选择具备引入优势企业、优势产业、优势资源等条件的合作企业，合作企业的自有资金、经营资质应与改造项目的规模匹配。合作企业应签订监管协议和承诺书，明确产业导入的内容与要求，保证三年内项目建设有实质性进展和项目建成后产业导入有实质性成效；履约情况纳入诚信管理。对于改造效率高、改造后产业效益突出的项目，可按规定予以奖励；对于未按监管协议和承诺书落实的，视情节承担相应责任，情节严重的应按强制退出机制依法依规处理。

19.强化社会治理，协调内部纠纷。深化“令行禁止、有呼必应”党建引领基层共建共治共享社会治理格局，发挥基层党组织的战斗堡垒作用和党员干部先锋模范作用，带动村民支持城市更新工作。发挥村民议事厅作用，规范和落实村民议事规则；对极少数谋求不当利益阻挠拆迁损害大多数被拆迁人利益的行为，村集体可根据股东（村民）代表大会等形式依法制订的“村规民约”对其采取必要的处置。涉及违法违纪的，村集体应及时移送线索交由有关部门依法查处。

20.强化行政司法保障，探索最优解决路径。依据《广东省人民政府关于深化改革加快推动“三旧”改造促进高质量发展的指导意见》有关规定，依法推动城中村改造以政府裁决、司法裁判为突破口，寻求破解产权关系难以协调、开发利益分配不均的最优方案。

四、加强组织领导，确保城市更新工作取得实效

（一）建立健全组织架构。建立市、区两级城市更新工作领导机构，市层面成立由市委主要领导任组长的深化城市更新工作领导小组，下设专职工作组。各区成立相应领导机构。市、区两级领导机构加强上下联动，强化纪检监察、组织、发展改革、教育、科技、工业和信息化、民政、司法、规划和自然资源、生态环境、住房城乡建设、交通运输、水务、商务、文化广电旅游、卫生健康、市场监管、体育、城市管理综合执法、税务等部门协同作战，形成强大合力。

（二）层层压实主体责任。各级党委和政府要进一步提高政治站位，全力以赴推进城市更新工作。市深化城市更新工作领导小组负责统筹推进全市城市更新工作，领导小组各成员单位按职责分工推进落实工作任务，在职责范围内承担相应责任。各区党委和政府对本行政区域的城市更新工作负总责，主要负责人是第一责任人。各区各部门要认真履职，明确工作节点，保障新旧政策衔接，完善统筹平衡机制，通力合作协同推进城市更新工作，形成齐抓共管的工作格局。

（三）加强技术支撑服务。成立城市更新专家顾问、技术咨询（第三方服务）团队，完善检讨、咨询、监督体系，加强前瞻谋划、实施检讨和后期监督，研究建立定期检讨机制，不断优化工作安排。加强专业技术支撑，结合工作实际强化人员队伍保障，建立定期交流沟通机制，提高城市更新工作质量和效率。

（四）强化人力资金保障。市、区两级财政要落实前期工作资金，确保按期推进城市更新三年实施计划、五年行动方案和十年改造规划，推进策划咨询、专项规划及城市更新项目基础数据调查、片区策划方案编制、详细规划编制、各类专项评估和国土空间资源“一张图”等工作。各级各部门要集中优势资源，优先保障城市更新工作，强化人员队伍保障，组建工作专班，完善工作机制，高质量推进城市更新工作。对旧城镇改造，市、区两级要积极创新改造模式，拓宽融资渠道，通过企业投资、居民自筹、政府专项债、企业债等多种方式筹集改造资金。

（五）加强政策环境保障。进一步优化营商环境，搭建行业公共服务平台，吸引更多有实力的企业参与城市更新工作。加强舆论引导，广泛宣传和培训，深入发动，引导人民群众正确认识城市更新工作，提高参与城市更新的积极性。鼓励专家学者和艺术家积极参与城市更新实践的理论研究和文艺创作，形成一批正面宣传人民物质和精神生活的优秀作品。加强城中村综治维稳工作，把城中村改造与扫黑除恶专项斗争、“头雁工程”、基层正风肃纪反腐等重要工作相结合，严防城市更新工作的腐败行为，严厉打击城中村改造中的黑恶势力和保护伞，为城中村改造提供坚强政治保证和组织保障。有关配套指引应加强前后政策衔接，确保项目顺利实施。各区要强化产业导向，补足民生短板，健全区内统筹平衡机制，加强项目实施监管，推动城市更新工作提质增效。

（六）健全监督问责机制。完善纪委监委监督、媒体监督、群众监督等监督体系，健全基层党代表、人大代表、政协委员、媒体代表全过程监督城市更新工作机制。将深化推进城市更新工作作为历练领导干部的重要“考场”，加强巡察监督和考核，对工作完成较好、成效突出的应予以奖励和提拔重用；对贯彻落实市委、市政府决策部署不坚决不彻底、落实责任制不到位、任务完成严重滞后的党政领导干部，按规定严肃问责，对履职不力、失职渎职等行为依法追究相应责任。

发：各区委、区政府，市直

中共广州市委办公厅　　　　2020年9月15日印发

4.5 杭州市人民政府办公厅关于印发杭州市老旧小区综合改造提升工作实施方案的通知（杭政办函〔2019〕72号）

杭州市人民政府办公厅
关于印发杭州市老旧小区综合改造提升工作实施方案的通知

杭政办函〔2019〕72号

各区、县（市）人民政府，市政府各部门、各直属单位：

《杭州市老旧小区综合改造提升工作实施方案》已经市政府同意，现印发给你们，请认真组织实施。

杭州市人民政府办公厅

2019年8月15日

（此件公开发布）

杭州市老旧小区综合改造提升工作实施方案

为深入贯彻国家和省、市有关决策部署，不断提升老旧小区居住品质，增强市民群众的获得感、幸福感和安全感，根据《住房和城乡建设部办公厅、国家发展改革委办公厅、财政部办公厅关于做好2019年老旧小区改造工作的通知》（建办城函〔2019〕243号）等文件精神，结合我市实际，特制定本实施方案。

一、指导思想

深入贯彻习近平新时代中国特色社会主义思想，践行以人民为中心的发展理念，以提升居民生活品质为出发点和落脚点，把老旧小区综合改造提升作为城市有机更新的重要组成部分，结合未来社区建设和基层社会治理，积极推动老旧小区功能完善、空间挖潜和服务提升，努力打造“六有”(有完善设施、有整洁环境、有配套服务、有长效管理、有特色文化、有和谐关系)宜居小区，使市民群众的获得感、幸福感、安全感明显增强。

二、基本原则

(一)坚持以人为本、居民自愿。充分尊重居民意愿，凝聚居民共识，变“要我改”为“我要改”，由居民决定“改不改”“改什么”“怎么改”“如何管”，从居民关心的事情做起，从居民期盼的事情改起。

(二)坚持因地制宜、突出重点。按照“保基础、促提升、拓空间、增设施”要求，优化小区内部及周边区域的空间资源利用，明确菜单式改造内容和基本要求，强化设计引领，做到“一小区一方案”，确保居住小区的基础功能，努力拓展公共空间和配套服务功能。

(三)坚持各方协调、统筹推进。构建共建共享共治联动机制，落实市级推动、区级负责、街道实施的责任分工，发挥社区的沟通协调作用，激发居民主人翁意识。

(四)坚持创新机制、长效管理。引导多方参与确定长效改造管理方案；相关管养单位提前介入，一揽子解决改造中的相关难题；提高制度化、专业化管理水平，构建“一次改造、长期保持”的管理机制。

三、主要内容

(一)改造范围。

重点改造2000年(含)以前建成、近5年未实施综合改造且未纳入今后5年规划征迁改造范围的住宅小区；2000年(不含)以后建成，但小区基础设施和功能明显不足、物业管理不完善、居民改造意愿强烈的保障性安居工程小区也可纳入改造范围。

(二)改造任务。

2019年年底前，开展项目试点，优化政策保障，建立工作机制。至2022年年底，全市实施改造老旧小区约950个、居民楼1.2万幢、住房43万套，涉及改造面积3300万平方米。

(三)改造内容。

以《杭州市老旧小区综合改造提升技术导则(试行)》为指引，实施“完善基础设施、优化居住环境、提升服务功能、打造小区特色、强化长效管理”等5方面的改造，重点突出综合改造和服务提升。

对影响老旧小区居住安全、居住功能等群众反映迫切的问题，必须列入改造内容，确保实现小区基础功能。

结合小区实际和居民意愿，实施加装电梯、提升绿化、增设停车设施、打造小区文化和特色风貌等改造，落实长效管理，提升小区服务功能。

加大对老旧小区周边碎片化土地的整合利用，可对既有设施实施改建、扩建，对有条件的老旧小区，可通过插花式征迁或收购等方式，努力挖潜空间，增加养老幼托等配套服务设施。

（四）改造程序。

1.计划申报。各区、县（市）政府、管委会于每年10月底向市建委申报本辖区下一年度老旧小区改造计划。原则上，申报项目需符合物权法规定的“双2/3”条件，且业主对改造方案（内容）的认可率达2/3。

（1）征集改造需求。各区、县（市）政府、管委会对辖区内当年存在改造需求且符合政策要求的老旧小区组织调查摸底，掌握问题，了解改造需求和重点。在此基础上，结合本地区财政承受能力，形成项目清单。

（2）制订初步方案。根据项目清单，由所在街道通过向专业机构购买服务等方式，制订初步改造方案及预算；同步制定居民资金筹集方案以及物业维修资金补建、续筹，物业服务引进等长效管理方案。

（3）申报改造计划。由所在街道在项目范围内对初步改造方案组织广泛公示，公示时间不少于5个工作日。公示结束后，对符合条件的项目，由各区、县（市）政府、管委会集中向市建委申报列入下一年度全市改造计划。

2.计划确定。按照“实施一批、谋划一批、储备一批”的原则，由市建委会同相关部门对各区、县（市）政府、管委会提出的改造需求组织审查，确定下一年度项目安排和资金预算，编制改造计划，报经市政府同意后，由市建委、市发改委、市财政局联合发文明确。

3.项目实施。按照年度改造计划，由各区、县（市）政府、管委会牵头落实方案设计与审查、招投标、工程实施和监管等具体工作。

（1）方案设计与审查。项目建设单位委托设计单位开展方案设计，由所在区、县（市）政府、管委会落实具体的职能部门或机构牵头进行联合审查。

（2）招投标。由建设单位向所在区、县（市）招标管理机构提出施工、监理招投标申请。鼓励采用EPC方式，确定设计和施工单位联合体。所在区、县（市）招标管理机构要根据项目特点和实际情况出台相应的招标制度，将老旧小区综合改造提升项目统一纳入当地招标平台公开招标。

（3）工程实施和监管。建设单位要严格按照相关法律法规和规范标准组织实施，相关部门、街道、社区等要全力配合，为施工提供必要条件。所在区、县（市）建设行政主管部门应根据老旧小区综合改造提升工作的特点，对工程全过程进行监管，落实工程质量、安全生产、文明施工等管理要求。

（4）项目验收。项目完工后，由各区、县（市）政府、管委会组织区级相关部门、建设单位、参建单位、街道、社区、居民代表等进行项目联合竣工验收。验收通过后，应及时完成竣工财务决算，做好竣工项目的资料整理、归档和移交工作。

（5）后续管理。巩固老旧小区改造成果，由街道、社区及小区业主委员会按照长效管理方案，落实管理和服务，做到"改造一个、管好一个"。

（五）要素保障。

1.落实财政资金。对2000年前建成的老旧小区实施改造提升的，由市级财政给予补助，其中，对上城区、下城区、江干区、拱墅区、西湖区补助50%，对滨江区、富阳区、临安区，钱塘新区补助20%，其他区、县（市）补助10%。补助资金基数按核定的竣工财务决算数为准（不包括加装电梯和二次供水等投入），高于400元/平方米的按400元/平方米核定，低于400元/平方米的按实核定。对2000年后建成的保障性安居工程小区实施改造提升的，按照"谁家孩子、谁家抱"的原则，由原责任主体承担改造费用。围绕"六有"的目标，对项目改造成效、满意度、居民出资等情况实施绩效考核，对认定为"样板项目"的，给予一定奖励。具体资金管理办法和考核办法另行制定。

2.拓宽资金渠道。原则上居民要出资参与本小区改造提升工作，具体通过个人出资或单位捐资、物业维修基金、小区公共收益等渠道落实；探索引入市场化、专业化的社会机构参与老旧小区的改造和后期管理。

3.加大资源整合。支持对部分零星用地和既有用房实施改（扩）建，可通过置换、转让、腾退、收购等多种方式，增加老旧小区配套服务用房；鼓励行政事业单位、国有企业将老旧小区内或附近的存量房屋，提供给街道、社区用于老旧小区养老托幼、医疗卫生等配套服务。

四、保障措施

（一）加强组织领导。

成立全市老旧小区综合改造提升工作领导小组，由市政府分管领导担任组长，市级相关单位和各区、县（市）政府、管委会主要负责人为成员，负责统筹、协调、督查、考核等工作。领导小组下设办公室（设在市建委）。各区、县（市）

政府、管委会成立相应工作机构。

（二）明确职责分工。

1.市建委：负责领导小组办公室的日常事务，具体负责组织协调、政策拟定、计划编制、督促推进、通报考核等工作；牵头做好全市老旧小区改造项目争取上级补助资金事宜。

2.各区、县（市）政府、管委会：全面负责辖区老旧小区综合改造提升工作，制定辖区老旧小区综合改造提升计划并组织实施，落实资金保障，及时向领导小组办公室报送工作情况。

3.市发改委：指导各区、县（市）发改部门做好老旧小区综合改造提升项目的相关审批工作；参与年度改造计划编制；协助争取上级补助资金；指导各区、县（市）创新方式，拓宽筹资渠道。

4.市财政局：参与年度改造计划编制，负责落实市级财政资金，协助争取中央补助资金。

5.市住保房管局：负责做好老旧小区综合改造提升涉及危旧房治理改造、加装电梯、物业管理等专项行动的推进；指导各区、县（市）做好老旧小区改造后的长效管理。

6.市园文局：指导各区、县（市）做好老旧小区综合改造提升所涉绿化提升和维护工作。

7.市民政局：指导各区、县（市）做好基层社区治理和服务、养老服务、社区配套用房使用等工作。

8.市公安局、市消防救援支队、市城管局、市卫生健康委员会、市教育局、市体育局、市残联等部门：根据各自职责，指导和支持老旧小区综合改造提升所涉相关专项工作的推进。

9.市委宣传部、市考评办、市信访局、市规划与自然资源局、市审计局、市文化广电旅游局等部门：根据各自职责，做好相关支持、配合工作。

10.市城投集团：负责相关管线迁改的协调推进，督促水务、燃气等单位做好水、气等改造工作。

11.供电、水务、燃气、电信、移动、联通、华数、邮政等企业：支持和配合做好水、电、气、通信、邮政设施（信报箱）等改造工作。

（三）健全推进机制。

构建“市、区、街道、社区、居民”五级联动工作机制，建立工作例会、信息报送、定期通报、巡查督查等制度，及时研究、协调解决有关重大事项和问题；将老旧小区综合改造提升工作纳入年度目标考核；充分利用现代信息技术，建立数据台账。

（四）加大宣传力度。

发挥各类新闻媒体作用，加大对老旧小区综合改造提升工作的宣传引导，强化居民的主人翁意识，为工作推进营造良好的舆论氛围。

（五）加强监督检查。

邀请各级人大代表、政协委员、社会各界市民群众，参与对全市老旧小区综合改造提升工作的监督和检查；对改造项目民意协商、方案编制、改造成效和居民满意度，定期开展绩效评价。

本方案自2019年9月15日起施行，由市建委负责牵头组织实施。

4.6 宁波市中心城区老旧住宅小区整治改造工作领导小组办公室关于印发《关于在宁波市城镇老旧小区改造工作中开展美好环境与幸福生活共同缔造活动的实施意见》的通知（甬住整办〔2019〕47号）

宁波市中心城区老旧住宅小区整治改造工作领导小组办公室
关于印发《关于在宁波市城镇老旧小区改造工作中开展美好环境与幸福生活共同缔造活动的实施意见》的通知

甬住整办〔2019〕47号

各区县（市）住建局、各功能园区建设局：

为顺利推进我市城镇老旧小区改造工作，市老旧住宅小区整治改造工作领导小组办公室印发了《关于在宁波市城镇老旧小区改造工作中开展美好环境与幸福生活共同缔造活动的实施意见》，请各单位认真落实，并可根据文件精神，结合本地实际情况制定细则。

附件：《关于在宁波市城镇老旧小区改造工作中开展美好环境与幸福生活共同缔造活动的实施意见》

宁波市中心城区老旧住宅小区整治改造工作领导小组办公室

附件

关于在宁波市城镇老旧小区改造工作中开展美好环境与幸福生活共同缔造活动的实施意见

为深入学习贯彻习近平新时代中国特色社会主义思想和党的十九大、十九届四中全会精神，顺应人民群众对美好环境与幸福生活的新期待，提升人民群众的获得感、幸福感、安全感，打造共建共治共享的社会治理格局，根据《住房城乡建设部关于在城乡人居环境建设和整治中开展美好环境与幸福生活共同缔造活动的指导意见》，现就在我市城镇老旧小区改造工作中实施美好环境与幸福生活共同缔造活动（以下简称“共同缔造”活动）提出如下意见。

一、“共同缔造”活动重大意义

党的十九届四中全会提出：必须加强和创新社会治理，完善党委领导、政府负责、民主协商、社会协同、公众参与、法治保障、科技支撑的社会治理体系，建设人人有责、人人尽责、人人享有的社会治理共同体，是重大制度创新，是党的十九届四中全会的一个突出亮点。坚持和完善共建共治共享的社会治理制度是完善和发展中国特色社会主义制度、推进国家治理体系和治理能力现代化的重要内容，是适应社会主要矛盾转化和建设人人有责、人人尽责、人人享有的社会治理共同体的必然要求。社区是促进人与人、人与自然间和谐关系，实现美好环境与幸福生活共同发展的重要载体。城镇老旧小区改造，既是民生工程，也是发展工程，是一项长期的系统工程，它不仅要在改善人居环境方面发挥作用，还要探索出能够协调各方利益的改造模式，营造良好的社区氛围，充分激发居民参与到社区建设和管理服务中来，提升基层治理体系和治理能力现代化。各地各部门要认真学习贯彻党的十九届四中全会精神，深刻领会、准确把握共建共治共享的社会治理制度建设的重要意义，通过我市城镇老旧小区改造实践，贯彻落实美好环境与幸福生活共同缔造活动的具体工作。

二、总体要求

（一）指导思想。以习近平新时代中国特色社会主义思想为指导，全面贯彻党的十九大和十九届四中全会精神，坚持以人民为中心的发展思想，坚持新发展理念，以我市城镇老旧小区改造工作为切入点，广泛深入开展“共同缔造”活动，进一步加强和创新社会治理，树立开放融合的现代思维，在坚持党委领导、政府负责的同时，调动社会参与积极性，发挥人民主人翁精神，为共建共治共享拓展广阔的空间。通过提升“整洁、舒适、安全、美丽”的社区环境品质，真正把共建共治共享的社会治理制度坚持好、完善好，提升基层治理现代化水平，使人民获得感、幸福感、安全感更加具体、更加充实、更可持续。

（二）工作目标。以推进我市城镇老旧小区改造三年行动方案（2020—2022年）为载体，同步实施美好环境与幸福生活共同缔造活动。到2022年，我市完成城镇老旧小区改造的社区实现“六有”目标，达到“四提升”效果，初步建立“共同缔造”的长效机制，为其他社区建立“共同缔造”机制提供经验。

三、工作任务

（一）加强党建引领。社会治理体系核心是党的领导。要把党的领导贯彻到社会治理全过程，真正把党的理论优势、政治优势、制度优势、密切联系群众优势转化为社会治理的强大效能。各部门要落实在职党员到社区报到亮身份的制度。各地要加强街道、社区对所辖老旧小区内居住党员的联系管理，建立党员走访联系群众、收集群众合理诉求的工作机制，建立社区党组织定期听取党员反映社情民意，指导党员宣传政策举措、分析研判城镇老旧小区改造动态的工作机制。街道、社区要构建党组织领导下的社区居委会、业主委员会、物业公司、单位团体共同参与的老旧小区长效治理体系，紧紧围绕基层党组织构建公共服务圈、群众自治圈、社会共治圈，强化党建引领城镇老旧小区改造工作，促进城镇老旧小区改造工作做得更深更实更细，推动打通党员服务群众、密切党群关系的“最后一公里”。

（二）推动决策共谋。坚持把民主协商作为推动城镇老旧小区改造、建立长效管理机制的根本方式。构建主体丰富、程序合理、环节完整的民主协商体系，推动民主协商广泛、多层、制度化发展，坚持公共事务与群众商量着办，善于在不同意见中求同、在不同利益诉求中权衡，凝聚社会治理的最大共识，形成社会治理的最大合力。通过上门入户宣传、发放图文资料以及召开楼栋会、居民座谈会等方式听取居民意见，促进居民了解城镇老旧小区改造政策，使更多居民理解和认同“共同缔造”理念，推动业主参与城镇老旧小区改造方案谋划。构建小区业主民主决策工作平台，建立快速、精准、高效的业主意见收集和决策机制，开展民主协商决策的制度化实践。

（三）推进发展共建。建立联动融合、集约高效的城镇老旧小区改造部门共建体制。以推进政府部门职能协同优化为着力点，发挥职能部门实施相关专项工程的牵头作用，结合城市有机更新理念，统筹考虑片区化整体改造，提升公共服务水平。建立开放多元、互利共赢的城镇老旧小区改造社会共建体制。支持鼓励社会各方参与城镇老旧小区改造，吸引市场主体提供养老、托幼、停车、助餐、家政保洁、便利店等公共服务，丰富公共服务内容。建立人人有责、人人尽责的城镇老旧小区改造居民共建体制。以成立业主大会、引入专业化物业管理和健全维修资金筹集、使用、续缴机制为着力点，实现业主在城镇老旧小区改造过程中权利与义务统一、风险与责任关联、激励与惩戒并重。

（四）强化建设共管。居民业主是小区的主人，是城镇老旧小区改造的重要主体。要着力构建群众参与改造的平台，拓宽群众参与改造的渠道，完善群众参与改造的机制。全面发动小区业主、居民小组和业主委员会积极参与改造工程全过程，充分发挥广大热心居民、志愿者的监督作用，组织具有技术特长的居民参与工程的监督和协调管理。要在小区内建立多位一体、各方参与的现场沟通协调平台，让居民在改造每个环节都有充分的知情权、监督权，对方案确定、工程施工、质量管控等进行全方位、全过程、深层次的参与，努力使问题在第一时间、第一现场得以解决，最大限度地调动群众参与的积极性、主动性、创造性。

（五）突出家园共治。要打造全民参与、自治法治德治"三治融合"的老旧小区治理体系。建好社区干部、网格员等队伍，发挥群团组织、社会组织作用，完善网格化管理，健全社区管理和服务机制，推动社会治理力量落到最基层。建立居民议事民主商议、业委会决策执行、居民全程监督的运行机制，建立健全老旧小区自治体系。制定老旧小区的管理规约，落实执法进小区制度，开展普法宣传进社区，推动用法治思维、法治方式破解城镇老旧小区长效管理难题。完善阳光物业制度，引导居民在法制轨道上主张权利、解决纷争。积极践行社会主义核心价值观，开展志愿者活动，通过身边榜样的示范，引导群众明是非、辨善恶、守诚信、知荣辱，提升老旧小区德治水平。

（六）注重效果共评。尊重人民主体地位，让广大群众成为城镇老旧小区改造效果的最终评判者。要建立城镇老旧小区改造效果后评估机制，组织小区居民对城镇老旧小区改造成效、长效管理制度建立与执行情况进行评价，有关财政奖补要与后评估情况挂钩。要在物业企业和项目经理信用信息评价工作中逐步引入群众参与评价，推动物业服务行业规范有序发展。

（七）促进成果共享。积极推动小区及周边区域的基础设施更新联动，努力打造服务齐全、宜居便利的15分钟社区生活圈，让全体居民都能享受到社区公共服务的便利。要盘活利用小区资源，根据小区实际扩展经营收益来源，增加小区公共收益，打通公共收益与物业专项维修资金通道，鼓励将公共收益转入物业专项维修资金账户，弥补小区维修资金不足。要发掘老旧小区的特色文脉，发扬传统文化，丰富特色文化，形成老旧小区浓厚文化氛围，营造和谐邻里关系，塑造不同社区各具特色的文化品牌，让居民有更多的获得感、幸福感和安全感。

四、组织保障

（一）完善组织领导，确保各项工作落实到位。要强化党组织对城镇老旧小区改造工作的领导，全面统筹实施“共同缔造”活动的各项工作，不断创新社会基层治理的党建工作理念和工作方法，发挥机关事业单位在职党员参与社区治理的积极性。民政、住建等部门要健全政策措施，强化沟通协调，细化对基层指导服务。各地要建立相应工作体系，及时收集问题，梳理分析、协调解决。针对重点、难点问题，组织各部门专题协商研究，确保“共同缔造”活动各项工作有分工有合力。

（二）发动群众力量，完善居民民主协商自治制度。发挥群众自治组织功能，完善业主自治制度，把基层治理的决策权、管理权、监督权交给群众。没有业主委员会的小区要推动成立业委会，业委会运行不规范的要着力提升业委会工作水平，充分发挥业委会在参与社会事务、维护公共利益、化解矛盾纠纷方面的优势和作用，确保业委会有任务有责任、有目标有作为。要积极指导小区业委会选举工作，加强业委会成员的法律知识、业务能力培训，指导小区管理规约制定落实，提升业委会履职能力，助力解决城镇老旧小区改造、治理难题。

（三）发挥科技支撑，改进基层治理手段方式。要运用现代科技手段，与城镇老旧小区改造“共同缔造”活动深度融合，利用大数据、信息化优势，为城镇老旧小区改造意愿征询、方案确定、项目审批等提供更加便捷高效的服务保障。积极提升智慧社区服务功能，利用好线上、线下渠道，发挥优势互补，促进“共同缔造”活动的动态化、精准化管理。

（四）加强宣传引导，提升“共同缔造”活动实效。沟通宣传工作，既是推进“共同缔造”活动工作的必要形式，又是实施“共同缔造”活动工作的重要内容。要通过切实有效的宣传工作，把政策精神传送到每个居民，把居民的合理意见建议转化为工作的具体措施。要通过舆论引导、双向交流、广泛宣传，推进人人有责、人人尽责、人人享有的社会治理共同体建设，推动“共同缔造”活动取得实效。

（编写人员：张佳丽、贺斐斐）

参考文献

[1] 贾梦圆，臧鑫宇，陈天.老旧社区可持续更新策略研究——新加坡的经验及启示[C]// 中国城市规划学会、沈阳市人民政府.规划60年：成就与挑战——2016中国城市规划年会论文集（2017住房建设规划）.中国城市规划学会、沈阳市人民政府：中国城市规划学会，2016：331-340.

[2] 苏多永.新加坡住房保障制度及其启示[J].中国房地产，2010，358（10）：63-64.

[3] 张天洁，李泽.优化住宅存量下的新加坡公共住宅翻新[J].建筑学报，2013（03）：28-33.

[4] 崔东红.居者有其屋——新加坡公共住宅规划与建设[J].大连干部学刊，2010，26（6）：9-14.

[5] Glass，M.R.andA.E.Salvador（2018）. "Remaking Singapore's heartland：sustaining public housing through home and neighbourhood upgrade programmes." [J]. International Journal of Housing Policy，18（3）：479-490.

[6] 林诗慧.主要翻新计划功德圆满：共拨33亿元，13万户家庭受惠[N].新加坡联合早报，2012-04-20.

[7] 李俊夫，李玮，李志刚，等.新加坡保障性住房政策研究及借鉴[J].国际城市规划，2012，27，（4）：36-42.

[8] 刘锋.我国老旧小区有机更新中的权属问题[J].中国房地产，2016（15）：75-80.

[9] 黄春明.借鉴新加坡经验保证城市持续更新[N].珠海特区报，2014，（008）：1-3.

[10] 樊星，吕斌，小泉秀樹.日本社区营造中的魅力再生产——以东京谷中地区为例[J].国际城市规划，2017，32（03）：122-129.

[11] 伊藤增辉.可持续社区居住环境与健康景观设计——以日本再生社区样板为例[J].住区，2019(06)：94-103.

[12] 张之菡，苏原，李洵.法国城市旧区更新政策演进及特征浅议.城市规划通讯[J]. 2019(07)：15-16.

[13] 中国砖瓦工业协会.法国建筑节能政策及推行情况[J].砖瓦世界，2013(004)：38-40.

[14] 葛岩.德国格拉城市更新——以萨克森广场居住街区更新项目为例[J].城市建筑，2006(12)：50-52.

[15] 杨昌鸣，张祥智，李湘桔.从“希望六号”到“选择性邻里”——美国近期公共住房更新政策的演变及其启示[J].国际城市规划，2015，30(6)：41-49.

[16] 吴文思.借鉴美国经验搞好社区重建[J].特区理论与实践，2000(05)：59-61.

[17] 钱云，武旭阳，冯霁飞. Byker Wall住区[J].住区，2012(03)：72-74.

[18] 吕芳青，夏海山.从物质空间规划到公众参与——以英国斯普林希尔合作生态住区论智慧社区规划[J].世界建筑，2015(08)：124-131.

[19] 阎耀军，李佳佳.英国政府社区治理政策与实践及对我国的启示[J].北京工业大学学报(社会科学版). 2014，14(04)：8-11.

[20] 陶希东.新时期香港城市更新的政策经验及启示[J].城市发展研究，2016，23(02)：39-45.

[21] 李晨静.高密度背景下的香港市区重建机制研究[D].哈尔滨：哈尔滨工业大学，2018.

[22] 周丽莎.香港旧区活化的政策对广州旧城改造的启示[J].现代城市研究，2009，24(02)：35-38.

[23] 牛慧丽.老旧小区改造加速推进市场先行先试在行动[N].中国建设报，2019-07-16.

[24] 老旧小区改造进行时㉒|山东：以引导市场主体参与改造为重点深化城镇老旧小区改造“九项机制”探索[N].中国建设报，2020-12-28.

后记

城镇老旧小区改造是城市更新的重要环节，“十四五”期间老旧小区改造将在各个层次进行更广泛和深入的探索，从而改善市民的居住环境。当前，老旧小区改造试点城市工作已经开展一段时间，其他地区的老旧小区改造工作也在如火如荼地进行，在改造过程中积累了一些经验，同时也暴露出一些问题。本手册紧跟国家政策要求，基于多方的参与和帮助，形成一本实用的“工具书”，力求体现政策性、理论性、知识性和实践性于一体，着重突出时代性、实效性和可操作性，旨在为参与老旧小区改造的政府部门和企业提供参考。

本手册于2020年12月正式启动编制，是城市更新和老旧小区改造系列丛书的第一本。编写组基于近年对老旧小区改造工作的实践与思考，系统地梳理了老旧小区改造的相关案例和具体做法。编写期间，编写组广泛获取相关动态信息，定期沟通手册编写方向和进展。并多次召开专家咨询会，听取来自政府部门、设计单位、施工单位、科研院所以及其他类型企业等不同领域的专家对手册的建议，不断地进行深化和修改，并最终于2021年3月成稿。

全书由全国市长研修学院和中国生态城市研究院统筹；由国务院参事、住房和城乡建设部原副部长仇保兴和同济大学吴志强院士作序；前言由全国市长研修学院逄宗展副院长编写；第一章由全国市长研修学院张佳丽、曾永光，中国生态城市研究院刘杨、贺斐斐、王一丹，中国城市科学研究会王云编写；第二章由中国城市规划设计研究院许阳、曹双全、张之菡编写；第三章由全国市长研修学院张佳丽、曾永光，中国生态城市研究院贺斐斐、钱铭、刘杨，中国城市科学研究会王云编写；第四章由北京市城市规划设计研究院王崇烈、刘欣、游鸿、吴俊妲、舒畅、刘健、陈冬冬、陈思伽编写；第五章由中国建筑科学研究院有限公司赵乃妮、朱荣鑫、王博雅，中国建筑第二工程局有限公司温标、朱东剑、张子健、张涛、丁力、张振才、雷耀，全国市长研修学院张佳丽，中国生态城市研究院刘杨编写；第六章由愿景明德（北京）控股集团有限公司张恒斌、刘楚、赵子渲、吴承坤，全国市长研修学院张佳丽编写；第七章由中国生态城市研究院刘杨、王一丹，中国城市规划设计研究院余猛、张震、叶竹、王越、周博颖，愿景明德（北京）控股集团有限公司张恒斌、刘楚、赵子渲、吴承坤编写；附录由全国市长研修学院张佳丽，中国生态城市研究院贺斐斐编写；后记由中国生态城市研究院刘杨、王一丹编写。

同时对参与本书两次咨询会的专家表示感谢！他们分别是：

第一次讨论会专家：全国市长研修学院副院长逄宗展、中国建筑第二工程局有限公司副总经理程同普、中国城市规划设计研究院原副院长李迅、中国城市科学规划设计研究院院长方明、住房和城乡建设部政策研究中心研究员赵路兴、清华同衡规划设计研究院总工程师张险峰、北京市朝阳区住建委副主任王国庆、国开行规划部区域三处处长高建辉、国开行规划部区域一处业务经理张剑锋。

第二次讨论会专家：西藏自治区拉萨市人民政府副市长、北京援藏指挥部副指挥长史育斌；北京市住建委城建研究中心房地产项目监测室主任、拉萨市住建局副局长苏伟；新疆兵团第八师石河子市党委常委、副政委、组织部部长程健；新疆兵团第八师石河子市住建局党组成员、副局长杨小玲；衡水市政府副秘书长宋鸿杰；钦州市住房和城乡建设局党组书记覃振康；钦州市住房和城乡建设局城市更新建设科副科长李结华；中国城市科学研究会学术部副主任、城市老旧小区改造专委会副秘书长王云；中铁三局集团有限公司营销总监刘钰；筑福集团董事长董有；筑福集团总工程师吴保光；筑福集团技术总监董利琴；东方雨虹建筑修缮技术有限公司总经理刘绍光。

也对所有为本书的出版、发行做出贡献的同仁以及幕后人员表示衷心的感谢。这本手册，是所有参编人员不畏辛劳、共同努力的结果，如果这本书能给各地老旧小区改造工作带来些许的帮助，将是对编写组最好的回报。

由于时间以及认识限制，本书难免有错漏，欢迎各方人士提出修改建议(jialla@126.com)，我们会进一步完善提升，以期为我国老旧小区改造和城市更新事业提供更多有益的思考与探讨。